SMART
재무관리 연습

머리말

SMART 재무관리 연습의 특징입니다.

WHO?

공인회계사 2차 시험을 응시하는 수험생을 대상으로 한 교재이다. 이론부분은 2차 시험을 위해서 반드시 알아야 할 내용을 위주로 정리하였으며, 실전문제는 기출문제, 중급문제 및 고급문제로 구분하여 동차생 및 유예생 모두 준비가 가능하도록 하였다. 매년 반복되는 형태의 문제 및 공식만 정리하여도 재무관리는 합격할 수 있기 때문에 본서에서 제시한 실전문제를 여러분 풀면 시험합격에 큰 도움이 될 것이다.

TREND

포트폴리오(6장)의 출제비중이 매우 높기 때문에 포트폴리오(6장)는 집중적으로 공략하며 반드시 정리가 되어야 한다. 최근에 중요하게 대두되는 행동재무학 및 파마 프렌치(Fama French)모형을 자세히 다루었고, 로그함수와 지수함수에 대해서도 1장에서 자세히 설명하였으며, 2000년도부터 2021년도까지의 기출문제는 모두 수록하였다.

STRATEGY

본서에서 제시하는 핵심공식과 실전문제만 정리하여도 합격한다. 합격점수는 100점이 아닌 60점임을 명심하자! 스마트한 수험전략을 위하여 본서에서 제시하는 것을 반복하여 준비하도록 한다.

SMART

실전문제의 풀이에 문제의 핵심 또는 출제의 문제점 등을 강조한 SMART BOX를 만들었다. 회독수를 높여야 하는 수험생들에게 큰 도움이 될 것이다.

HOW

단기간에 합격한 효율적 투자선상의 합격생들의 후기를 수록하였다. 수험후기에 선정된 여러분들의 선배들의 특징은 단기간 및 동차합격 또는 4과목 이상의 부분합격생들이다. 앞선 선배들의 소중한 경험이 공인회계사 2차 시험을 준비하는 수험생들에게 많은 도움이 될 것이다.

공인회계사 김 용 석

합격수기(1)

2017년 합격 권 순 명

안녕하십니까?? 저는 공인회계사 시험에서 재무관리라는 과목 때문에 합격이라는 정상에 도착하기 까지 먼 길을 되돌아오게 된 공인회계사 권순명입니다.

이 책을 보시는 분들은 1차 시험의 합격을 맛보신 분들이거나, 아깝게 1차 시험의 벽을 넘지 못하였으나 내년 동차합격을 목표로 선행학습을 위하여 보시는 분들도 있을 것이라고 생각합니다.

사람마다 차이가 있겠지만, 저는 최종합격 전에는 유예생이든, 동차생이든, 재시생이든 모두 같은 수험생이라고 생각합니다. 결국 끝까지 포기하지 않으면 언젠가는 회계법인에서든 인더스트리에서든 어디에서든지 다 공인회계사라는 자격을 가진 상태로 만날 수 있을 것입니다.

2015년부터 2차 재무관리는 난이도가 비정상적으로 상승하였으며, 16년도에 난이도 면에서 정점을 찍고 17년도에는 다시 평년 수준으로 돌아가고 있다고 생각합니다. 제가 이렇게 말할 수 있는 이유는 15년부터 17년까지 2차 재무관리 시험에 모두 응시하였기 때문입니다. 2015년도에는 동차생 신분으로 도전하였으며, 증명을 물어보는 문제나 시장포트폴리오를 접점포트폴리오 방식으로 도출하는 문제 등등 책에서 접하지 못하였거나, 접했다고 하더라도 기존의 출제방향에서 벗어난 문제들을 마주하면서 당황할 수 밖에 없었고, 그 결과 형편없는 점수로 유예생이 되는 결과를 맛보았습니다.

2016년도에는 재무관리와 회계감사 유예생 신분으로 도전하였으나, 1년의 노력이 부족했었는지 남들이 어려워하고 처음보는 유형의 문제는 그럭저럭 선방하였으나, 유예생과 동차생 가릴것 없이 누구나 쉽게 풀이할 수 있었던 초과수익률 문제에서 실수를 하는 바람에 2점 차이로 최종불합격이라는 쓴맛을 보게 되었습니다.

2년이 넘는 수험생활이 다시 출발점으로 되돌아 갔을때, 좌절하기 보단 이 시험에 합격하기 위해서 지금 내가 부족한 것이 무엇인지 진단하는데 시간을 굉장히 많이 소비했던것 같습니다.

이론적 베이스가 부족했던 부분은 유예생시절에 어느 정도 보완을 한 것 같았고, 지엽적인 부분이나 특이한 유형의 문제에 대응하는 순발력도 유예생시절에 어느 정도 보완을 하였다고 생각함에도 불구하고, 내가 재무관리를 2년 연속 떨어진 이유는 무엇 때문인지 곰곰히 생각해 본 결과, 꼼꼼함이 부족했기 때문이라는 결론에 이르게 되었습니다. 우리가 이겨내야 할 2차 시험은 실수해서는 안될 문제에서 실수하지 않고 시간내에 얼마나 풀 수 있는 문제를 정확하게 풀어 내는지가 당락의 열쇠를 쥐고 있다고 생각합니다.

종종 수험생 사이에서 말하는 회독수는 사실 굉장히 위험한 단어라고 생각합니다. 누구는 어느책을 3회독만 했는데 몇점으로 붙었다더라, 누구는 그책을 5회독이나 했는데 떨어졌다더라 라는 말이 의미하는 것은 결국 회독수는 보조적인 지표일 뿐 절대적인 합격의 지표가 될 수 없다고 생각합니다. 대다수의 합격자들이 말하는 3회독이란 숫자는 결국 평균에 수렴하는 정도일 뿐 절대로 3회독을 못하였다고 해서 불합격이 되거나 3회독 이상을 하였다고 해서 합격이 되는 것이 아닙니다. 따라서 이 책으로 공부하시는 수험생분들은 부디 회독수에 의미를 두지 마시고, 얼마나 이 책에서 다루는 문제들을 실수 없이 풀어 나가게 되었는지에 초점을 맞추시길 부탁드립니다.

이 책은 지엽적이거나, 참신한 주제를 다룬 문제는 거의 없지만 우리가 시험에 합격하는데 다뤄야 할 최소한의 문제들을 다루고 있습니다. 결국 제가 앞에서 말씀드린 부분과 이 책의 구성을 합치면 다음과 같은 결과가 나옵니다.

반드시 맞춰야 하는 문제를 실수 없이 맞추면 합격하는 2차 시험에서 반드시 맞춰야만 하는 문제만을 다루고 있는 연습서.

그렇기 때문에 이 책을 보시는 수험생 분들은 적어도 이 책에서 다루는 문제들에 있어서는 시간이 주어지는 대로 최대한 많은 반복을 통하여 작은 실수도 하지 않는 수험생이 되시길 기원합니다.

마지막으로 이 책과 김용석선생님의 강의를 가장 효율적으로 학습하는 방법은 다음과 같습니다.

1. 복습이 중요한 것은 누구나 아는 사실이지만, 2차 연습서 강의는 문제풀이가 대부분입니다. 그렇기 때문에 강의에 앞서 이론공부와 예제정도는 미리 풀어오는 것을 추천드립니다.

2. 회독수를 빨리 늘려가려고 욕심부리지 않으셨으면 좋겠습니다. 회독수를 빨리 늘리겠다고 무리해서 사소한 실수 정도는 소홀하게 생각하고 반복만 해서는 앞서 말씀드린 실수없이 맞춰야 하는 문제를 맞출 수 있는 실력에 도달하기 어렵습니다. 최대한 회독수 보다는 정확도에 초점을 맞추고 문제풀이에 임하시길 추천드립니다.

최종 합격에 이를 때까지 포기하시지 마시고 좋은 결과를 얻으셔서 좋은 곳에서 만나길 바랍니다. 수험생 여러분들의 건승을 기원합니다.

합격수기(2)

2013년 4과목합격 강 선 유 (10학번)

재무관리는 많은 수험생들이 CPA준비를 하면서 맞닥뜨리게 되는 최대의 난관 중 하나입니다. 하지만 무슨 말인지 몰라서 포기하고 싶은 그 처음 순간만 잘 견뎌내면, 그 어느 과목보다 공부하는 데 시간도 적게 걸리고 기억이 오래 가는 효자 과목이 될 수 있는 게 재무관리라고 생각합니다. 간략하게나마 재무관리 공부에 있어 중요하다고 생각하는 것을 함께 공유하고자 합니다.

1. 기출문제를 반복해서 푼다.

4개월이라는 비교적 짧은 시간 안에 2차 재무관리에 자신감이 생길 수 있었던 것은 약 100문제 정도 되는 기출문제들을 계속해서 반복했기 때문이라고 생각합니다. 재무관리에서 나올 만한 중요한 주제와 공식들은 기출문제들 속에 이미 다 나와 있습니다. 앞으로 나올 문제들은 과거 기출문제들의 변형된 반복일 뿐입니다. 저는 이러한 믿음으로 좀더 새로운 문제, 좀더 어려운 문제들을 찾아 푸는 것 보다 기존 기출문제들을 더욱 완벽하게 분석하려고 노력했고 이를 계속해서 반복해 나갔습니다. 참고로 기출문제 반복 학습의 또 다른 장점은 시간이 적게 걸린다는 것인데, 다른 문제집은 전혀 보지 않고 김용석 선생님 문제집만 반복하다 보니 5월 중순부터는 재무관리 공부에 하루 2시간도 꽤 넉넉했던 것으로 기억합니다. 이렇게 재무관리 공부에서 아낄 수 있었던 시간은, 다른 부족한 과목 공부에 많은 도움이 되었습니다.

2. 아무리 쉬운 문제라도 직접 손으로 푼다.

문제를 풀다 간혹 너무나도 쉬운 문제가 나오면 그냥 머릿속으로 '이 공식 이용해서 이렇게 풀면 되겠지.'하고 넘어가기도 하는데, 2차 시험을 위해서는 아무리 쉬운 문제라도 반드시 직접 손으로 풀어 봐야 한다고 생각합니다. 이것은 비단 재무관리뿐 아니라 다른 과목에서도 마찬가지입니다. 실제 시험장에 들어가면 단순 암기만 해 둔 공식은 그 공식의 대강은 떠오르더라도, 공식의 디테일한 부분이 잘 떠오르지 않을 수 있습니다. 따라서 공식을 직접 서술해야 하는 2차 시험을 위해선, 머리로만이 아니라 우리의 손이 공식을 기억할 수 있게 해야 합니다. 이를 위해선 평소 문제풀이를 할 때 마치 실제 시험을 보는 것처럼(혹은 보다 간략하게라도) 꼭 직접 손으로 풀이해야 합니다.

이제 막 1차의 관문을 통과해 꿈에 그리던 2차를 볼 수 있게 되었다는 기쁨도 잠시, 꽃피는 봄날에 또다시 책상 앞에 앉아야 한다는 건 그리 유쾌하지만은 않은 것 같습니다. 하지만 우리에겐 이곳 저곳 놀러 다니는 기쁨은 허락되지 않았으나, 다른 종류의 기쁨이 허락되었습니다. '나는 1차 합격생이고, 이제 드디어 감사를 공부할 수 있게 되었다.'는 뿌듯함, 1차 땐 무슨 말인지 모르겠던 내용이 갑자기 확 와 닿거나 차곡차곡 해내가고 있다는 느낌이 들 때의 보람참, '4개월만 있으면 이것도 끝이다.'는 희망. 지금 어떻게 공부하고 있는지에 따라 4개월 후에 이 쓰디쓴 수험생활이 정말로 '끝'이 날 수도 있습니다. 지금 얼마나 집중하고 있는지에 따라 끝을 보지는 못하더라도, 최대한 많은 과목을 합격해 남은 수험기간을 조금은 여유롭게 보낼 수도 있습니다. 인내는 쓰나, 그 열매는 달다. 너무 상투적인 표현이기에 안 쓰려고도 해 보았지만, 이 말만큼 수험생활을 잘 버틸 수 있게 해 주는 말도 없는 것 같습니다. 인내는 쓰나, 그 열매는 달콤합니다. 모두들 힘내세요, 파이팅!

재무관리 공인회계사 2차 시험 (2013~2021)

	2021	2020	2019	2018	2017	2016	2015	2014	2013
1장						5		15	
2장							10	15	
3장	15	15		15		20		15	15
4장	15	30	15	15	20	5	15	15	
5장			15		15	15			15
6장	30	15	45	30	25	40	45	15	30
7장	15	15	25		15			10	10
8장	25	25		40	10	15	30	15	15
9장					15				
10장									15

차 례

제10장 환율

· 정답 및 해설

· 부록

제1장 재무관리의 기초

① 재무관리의 분야

1. 재무관리의 분야

기업재무 (Corporate finance)	투자론 (Investment)
기업의 관점에서 자금 조달 및 운용 의사결정	투자자의 관점에서 증권투자 의사결정
(1) 자본예산 (Capital budgeting) 실물투자와 관련된 자금 운용결정 (2) 자본구조 (Capital structure) 자기자본이나 타인자본의 자금 조달결정	(1) 균형가격의 결정 시장가격의 과대 또는 과소평가 결정 및 재정거래 (차익거래)이익 달성 (2) 위험관리 분산투자 또는 파생상품을 이용한 위험관리
목표 : 기업가치의 극대화 (=자기자본가치의 극대화) ⇒ 현금흐름의 최대화 ⇒ 가중평균자본비용의 최소화	목표 : 투자자 효용의 극대화 ⇒ 투자수익률의 최대화 ⇒ 투자위험의 최소화
– 투자대상 : 실물투자 – NPV로 의사결정 – 균형가격 > 시장가격 → 채택 – 균형가격 < 시장가격 → 기각	– 투자대상 : 금융투자 – 투자수익률로 의사결정 – 균형가격 > 시장가격 → 매수 (long) – 균형가격 < 시장가격 → 공매 (short)

2. 화폐의 시간적 가치

(1) 미래가치

1) 일시불의 미래가치

이자율(R)이 일정한 경우 현재 P_0원의 n시점의 미래가치 P_n

복리계산의 미래가치 → $P_n = P_0 \times (1+R)^n$

단리계산의 미래가치 → $P_n = P_0 \times (1+R \times n)$

2) 연금의 미래가치

정상연금 : 매년 말에 C원씩 n년간 불입하는 연금의 n시점의 미래가치 P_n

$$P_n = C \times \frac{(1+R)^n - 1}{R} = C \times 연금의 \ 복리이자요소$$

선불연금 : 매년 초에 C원씩 n년간 불입하는 연금의 n시점의 미래가치 P_n

$$P_n^{선불연금} = P_n^{정상연금} \times (1+R)$$

(2) 현재가치

1) 일시불의 현재가치

이자율(R)이 일정한 경우 n시점의 미래금액 P_n의 현재가치 P_0

$$P_0 = \frac{P_n}{(1+R)^n}$$

2) 연금의 현재가치

정상연금 : 매년 말에 C원씩 n년간 지급되는 연금의 현재가치 P_0

$$P_0 = \sum_{t=1}^{n} \frac{C}{(1+R)^t} = C \times \frac{(1+R)^n - 1}{R \times (1+R)^n} = C \times \left(\frac{1}{R} - \frac{1}{R \times (1+R)^n} \right)$$

선불연금 : 매년 초에 C원씩 n년간 지급되는 연금의 현재가치 P_0

$$P_0^{선불연금} = P_0^{정상연금} \times (1+R)$$

영구연금 : 매년 말에 C원씩 무한히 지급되는 연금의 현재가치 P_0

$$P_0 = \frac{C}{R}$$

고정성장 영구연금 : 영구연금 중에서 매년 말 수령액이 일정한 비율(g)로 증가하는
연금의 현재가치 P_0 (단, 증가율이 할인율보다 작아야 한다. R > g)

$$P_0 = \frac{C}{R-g}$$

☞ 시점의 표현

'올해초' 또는 '작년말' → t = 0

'올해말', '내년초', '두번째해 초'→ t = 1

'세번째해 말'→ t=3

(3) 명목이자율

실질이자율(r) : 자본의 한계생산성

명목이자율(R) : 실질이자율에 물가상승률(inf)을 반영한 이자율

피셔효과

$$1+R = (1+r) \times (1+inf)$$

※ 예상물가상승률이 증가하면 명목이자율은 증가하지만 실질이자율은 일정하다.

필수예제

1-1 원리금 균등분할상환

김씨는 2017년 1월 1일에 원리금 균등분할상환 조건으로 100,000원을 차입하였다. 원리금은 매년말 1회 상환하며 만기는 5년이다. 이자율은 연 4%이고, 당해 발생이자는 당해에 지급된다. 다음 각 물음에 답하시오

(단, PVIFA(4%, 5)=4.4518이며, 모든 금액은 반올림하여 원단위로 표시한다.)

(물음1) 2018년 1월 1일 기준 차입금 잔액은 얼마인가?

(물음2) 2018년 원리금상환액 중 원금상환액은 얼마인가?

(물음3) 2019년 원리금상환액 중 이자지급액은 얼마인가?

정답

(물음1) 원리금 균등분할상환금액 $= \dfrac{100,000}{4.4518} = 22,463$

   1년 후 차입금 잔액 = 100,000 - (22,463 - 100,000 x 4%) = 81,537원

(물음2) 2018년 원리금 상환액 = 22,463 - 81,537 x 4% = 19,202원

   2년 후 차입금 잔액 = 81,537 - 19,202 = 62,335원

(물음3) 2019년 이자지급액 = 62,335 x 4% = 2,493원

   3년 후 차입금 잔액 = 62,335 - (22,463 - 2,493) = 42,365원

필수예제

1-2 연금

할인율이 연 10%로 일정할 때, 주어진 현가표를 참조하여 계산한 세 가지 금액
A, B, C의 크기를 결정하시오 (단, 현재시점은 1차년도 1월 1일이다.)

구분	n=3	n=4	n=5	n=6	n=7
PVIF(10%,n)	0.7513	0.6830	0.6209	0.5645	0.5132
PVIFA(10%,n)	2.4869	3.1699	3.7908	4.3553	4.8684

A. 현재 3,200원을 대출받고 1차년도부터 매년말 800원씩 갚아나가면 상환 마지막
해 말에는 800원보다 적은 금액을 갚게 된다. 상환 마지막 해 말에 갚아야 하는 금액

B. 4차년도부터 8차년도까지 매년말 110원씩 받는 연금의 현재가치

C. 1차년도부터 5차년도까지 매년초 70원씩 받는 연금의 현재가치

정답

$$3200 = \sum_{t=1}^{5} \frac{800}{1.10^t} + \frac{A}{1.10^6}$$
　　　　3,200원 = 3.7908 x 800원 + 0.5645 x A → A = 296원

$$B = \sum_{t=4}^{8} \frac{110}{1.10^t} = \sum_{t=1}^{5} \frac{110}{1.10^t} \times \frac{1}{1.10^3}$$
　　　　B = 110원 x 3.7908 x 0.7513 = 313원

$$C = \sum_{t=0}^{4} \frac{70}{1.10^t} = \sum_{t=1}^{5} \frac{700}{1.10^t} \times 1.10^1$$
　　　　C = 70원 x 3.7908 x 1.10 = 292원

1-3 현재가치와 미래가치

할인율이 연 10%로 일정할 때, 다음 각 물음에 답하시오.
(모든 금액은 반올림하여 원단위로 표시한다.)

(물음1) 올해로 31세가 된 투자자 A는 32세말부터 매 1년마다 납입하는 4년 만기의 정기 적금 가입을 고려하고 있다. 투자자 A는 36세말부터 40세말까지 매년 3,000만원이 필요하다. 이자율과 할인율이 연 10%일 때, 투자자 A가 32세말부터 4년간 매년 말에 납입해야 할 금액은 얼마인가?

(물음2) 5차년도부터 10차년도까지 매년 말 96원씩 받는 연금의 10차년도 말 시점에서의 미래가치는 얼마인가?

(물음3) 3차년도 말에서 45원을 받고 이후 매년 말마다 전년 대비 5%씩 수령액이 증가하는 성장형 영구연금의 현재가치는 얼마인가?

정답

(물음1) 35세말 시점의 미래가치 $FV_5 = C \times \dfrac{1.10^4 - 1}{0.10}$ = C x 4.641

35세말 시점의 현재가치 $PV_5 = 3,000 \times (\dfrac{1}{0.1} - \dfrac{1}{0.1 \times 1.10^5})$ = 3,000 x 3.7908

C x 4.641 = 3,000 x 3.7908 → C = **2,450원**

(물음2) 10년도 말 시점의 미래가치 $FV_{10} = 96 \times \dfrac{1.10^6 - 1}{0.10}$ = 96 x 7.7156 = 741원

(물음3) 현재시점 현재가치 = $\dfrac{\dfrac{45}{0.10 - 0.05}}{1.10^2}$ = **744원**

(4) 평균이자율

1기간을 초과한 투자수익률의 평균이자율은 기하평균수익률과 산술평균수익률이 있다.

1년간 이자율 : $_0R_1$　　　　2번째 기간의 이자율 : $_1R_2$　　　　2년간 이자율 : $_0R_2$

기하평균수익률 : 이자의 재투자효과를 고려한 평균 이자율

$$(1+{}_0R_2)^2 = (1+{}_0R_1) \times (1+{}_1R_2)$$

산술평균수익률 : 이자의 재투자효과를 고려하지 않은 평균 이자율

$$\frac{({}_0R_1 + {}_1R_2)}{2} = {}_0R_2$$

※ 기하평균수익률 < 산술평균수익률

(5) 실효이자율

1기간에 m회 이상 이자계산이 행해질 때

실효이자율(R_e) : 1기간 내에서 이자의 재투자효과를 고려한 이자율

표면이자율(R_s) : 1기간 내에서 이자의 재투자효과를 고려하지 않은 이자율

금융시장에서 일반적으로 사용하는 이자율은 표면이자율이므로 재무관리의 의사결정을 위하여 다음 식에 의하여 표면이자율을 실효이자율로 바꾸어야 한다.

$$(1+R_e) = (1+\frac{R_s}{m})^m$$

(6) 이산복리와 연속복리

1기간의 이자계산횟수(m)를 셀 수 있을 때 미래가치를 산출하는 과정을 이산복리계산이라고 하며 이산복리의 미래가치는 다음과 같다.

$$P_n = P_0 \times (1+\frac{R_s}{m})^{mn}$$

1기간의 이자계산횟수(m)가 무한인 경우 미래가치를 산출하는 과정을 연속복리계산이라고 하며 연속복리의 미래가치는 다음과 같다.

$$P_n = \lim_{m \to \infty} P_0 \times (1+\frac{R_s}{m})^{mn} = P_0 \lim_{x \to \infty} \times (1+\frac{1}{x})^{xRn} = P_o \times e^{Rn} \quad (\because \lim_{x \to \infty} \times (1+\frac{1}{x})^x = e = 2.7128...)$$

$$P_n = P_0 \times e^{R_s \times n}$$

(7) 로그함수를 이용한 이산복리와 연속복리

1) 로그함수의 정의

$$x = a^y \; \rightarrow \; y = \log_a x$$

1이 아닌 양수 a에 대하여 지수함수 $y = a^x$의 역함수를 로그함수라고 한다.

예) $8 = 2^3 \; \rightarrow \; 3 = \log_2 8$

2) 로그법칙

$$\log_x x = 1 \qquad\qquad \log_a 1 = 0 \qquad\qquad \log_a mn = \log_a m + \log_a n$$

$$\log_a \frac{m}{n} = \log_a m - \log_a n \qquad \log_a x = \frac{\log_b x}{\log_b a} \qquad \log_a x = \frac{1}{\log_x a}$$

3) 상용로그 : $y = \log_{10} x$ → 10을 밑으로 하는 로그, log x로 표시

4) 자연로그 : $y = \log_e x$ → e를 밑으로 하는 로그, ln x로 표시

5) 로그함수를 이용한 미래가치와 현재가치의 관계

연속복리이자율 (R_c)

$P_n = P_0 \times e_c^{nR}$에서 양변의 로그를 취하면 $R_c \times n = \ln \dfrac{P_n}{P_0}$

이산복리이자율 (R_d)

$P_n = P_0 \times (1+R_d)^n$에서 양변의 로그를 취하면 $\ln(1+R_d) \times n = \ln \dfrac{P_n}{P_0}$

동일한 원금을 일정기간 후에서의 미래가치를 같게 만드는 이산복리이자율(R_d)과 연속복리이자율 (R_c)의 관계는 다음과 같다.

$$R_c \times n = \ln \frac{P_n}{P_0} = \ln(1+R_d) \times n \; \rightarrow \; \ln(1+R_d) = R_c$$

$$R_c \times n = \ln \frac{P_n}{P_0} = \ln(1+R_d) \times n$$

$$\ln(1+R_d) = R_c$$

※ 연속복리이자율 (R_c) < 이산복리이자율 (R_d)

필수예제

1-4 표시이자율과 실효이자율

만기 2년, 연 표시이자율이 연 10%인 금융상품에 투자하려고 한다.

(물음1) 3개월마다 이자를 복리 계산한다면 연간 실효이자율은 얼마인가?

(물음2) 이자를 연속적으로 복리 계산하는 조건이라면 연간 연속 복리 실효이자율은 얼마
인가? ($e^{0.1} = 1.1052$, $e^{0.1038} = 1.1094$, $e^{0.2} = 1.2215$)

(물음3) 물음1의 조건으로 오늘 100만원을 투자하면 2년 후의 현금흐름은 얼마인가?

(물음4) 물음2의 조건으로 오늘 100만원을 투자하면 2년 후의 현금흐름은 얼마인가?

정답

(물음1) $(1 + R_e) = (1 + \dfrac{R_s}{m})^m$

$(1 + R_e) = (1 + \dfrac{10\%}{4})^4$ $\Rightarrow$ $R_e = \underline{10.38\%}$

(물음2) $(1 + R_e) = e^{R_s}$

$(1 + R_e) = e^{0.10}$ $\Rightarrow$ $R_e = \underline{10.52\%}$

(물음3) $FV_n = PV \times (1 + R_e)^n$ 공식을 사용한다.

$FV_2 = 100 \times (1 + 0.1038)^2 = \underline{121.84만원}$

(물음4) $FV_n = PV \times (1 + R_e)^n$ 공식을 사용한다.

$FV_2 = 100 \times (1 + 0.1052)^2 = 100 \times e^{0.10 \times 2} = \underline{122.15만원}$

1-5 로그함수

주어진 로그함수표를 이용하여 각 물음에 답하시오.

(물음1) 5년 후의 미래가치가 현재투자금액의 2배가 되는 연속복리이자율과 이산복리이자율은 각각 얼마인가?

(물음2) 연속복리이자율 10%와 이산복리이자율 10%로 금융상품을 투자한 경우 미래가치가 현재투자금액의 2배가 되는 시점은 각각 언제인가?

(물음3) 연 1회 이자계산하는 12% 이산이자율과 동일한 미래가치를 만드는 연속복리이자율은 얼마인가? 연 2회 이자계산하는 경우에 해당되는 연속복리이자율은 얼마인가?

($\ln 2 = 0.6931$, $\ln 1.10 = 0.0953$, $\ln 0.1 = -2.3026$, $\ln 1.1487 = 0.1386$, $\ln 1.1386 = 0.1298$,

$\ln 1.12 = 0.1133$, $\ln 1.06 = 0.058269$)

정답

(물음1) $R_c \times n = \ln \dfrac{P_n}{P_0}$ $\qquad$ $\ln(1+R_d) \times n = \ln \dfrac{P_n}{P_0}$

$\quad$ R_c x 5 = ln 2 = 0.6931 $\rightarrow$ R_c = $\underline{0.1386 \ (13.86\%)}$

$\quad$ ln (1+R_d) x 5 = In 2 = 0.6931 $\rightarrow$ ln (1+R_d) = 0.1386 $\rightarrow$ R_d = $\underline{0.1487 \ (14.87\%)}$

(물음2) $R_c \times n = \ln \dfrac{P_n}{P_0}$ $\quad$ 0.10 x n = In 2 = 0.6931 $\rightarrow$ n = $\underline{6.93년}$

$\quad$ $\ln(1+R_d) \times n = \ln \dfrac{P_n}{P_0}$ $\quad$ ln (1.10) x n = In 2 = 0.6931 $\rightarrow$ n = $\underline{7.27년}$

(물음3) $\ln(1+R_d) = R_c$

$\quad$ 연1회 이자계산 R_c = ln 1.12 = $\underline{0.1133(11.33\%)}$

$\quad$ 연2회 이자계산 R_c = 2 x ln 1.06 = $\underline{0.1165(11.65\%)}$

(8) 현재가치계산의 원칙

1) 인플레이션
- 현금흐름이 명목현금흐름이면 할인율은 명목이자율을 사용한다.
- 현금흐름이 실질현금흐름이면 할인율은 실질이자율을 사용한다.

2) 위험
- 현금흐름이 기대현금흐름이면 할인율은 위험조정이자율을 사용한다.

$$P_0 = \frac{E(CF_n)}{(1+R_f+RP)^n}$$

- 현금흐름이 무위험현금흐름(확실성등가)이면 할인율은 무위험이자율을 사용한다.

$$P_0 = \frac{CEQ_n}{(1+R_f)^n}$$

3) 세금
- 현금흐름에 절세효과가 반영되면 할인율에 절세효과는 반영하지 않는다.
- 현금흐름에 절세효과가 반영되지 않으면 할인율에는 절세효과를 반영한다.

4) 기업과 주주
- 현금흐름이 기업현금흐름이면 할인율은 가중평균자본비용을 사용한다.

$$V_0 = \frac{FCFF_n}{(1+wacc)^n}$$

- 현금흐름이 주주흐름이면 할인율은 자기자본비용을 사용한다.

$$S_0 = \frac{FCFE_n}{(1+k_e)^n}$$

II 기업재무의 기초

1. 재무제표의 재구성

(1) 회계기준의 재무상태표

자산(Asset) = 부채(Liability) + 자본(Equity)

(2) 가치평가를 위한 재무상태표

총자본(Capital) = 타인자본(Debt) + 자기자본(Equity)

(3) 가치평가를 반영한 재무상태표

기업가치 (V) = 타인자본가치 (B) + 자기자본가치 (S)

2. 기업가치

$$V_0 = \frac{FCFF_n}{(1+wacc)^n}$$

(1) 기업잉여현금흐름($FCFF$: Free cash flow to the firm)

- 기업이 실물투자를 하여 주주와 채권자에게 분배할 수 있는 현금흐름
- 실물시장의 현금흐름으로만 구성되면 금융시장의 현금흐름은 포함하지 않는다.

(2) 가중평균자본비용 ($wacc$: weighted average cost of capital)

- 주주와 채권자의 자본비용을 모두 반영한 할인율
- 자본비용은 금융시장의 요소만 포함하며, 실물시장의 요소는 포함하지 않는다.

(3) 기업재무의 목표

- 기업가치의 극대화
- Max FCFF → 자본의 운용
- Min wacc → 자본의 조달
- 기업가치의 극대화 ≡ 자기자본가치의 극대화
- 기업가치의 극대화 ≠ 회계적 이익의 극대화

회계적 이익은 다음과 같은 문제점들이 있다.
√ 이해관계자에 따라 이익의 개념이 모호하다.
√ 이익은 화폐의 시간가치를 무시한다.
√ 이익은 위험을 반영하지 못한다.
√ 투자의 기회비용인 자본비용을 고려하지 못한다.
√ 회계기준이나 회계처리방법에 따라 이익은 상이하게 측정된다.

3. 자기자본가치

$$S_0 = \frac{FCFE_n}{(1+k_e)^n}$$

(1) 주주잉여현금흐름($FCFE$: Free cash flow to the equity)

- 주주에게 귀속되는 현금흐름
- 부채기업의 경우 FCFF에서 채권자에게 귀속되는 현금흐름은 차감한다.

(2) 자기자본비용 (k_e : cost of equity)

- 주주의 요구수익률로 베타를 반영한다.

(3) 자기자본가치의 극대화

- 일반적인 상황 : 기업가치의 극대화 ≡ 자기자본가치의 극대화
- 부채대리비용 발생 : 기업가치의 극대화 ≠ 자기자본가치의 극대화

4. 재무비율

(1) 유동성 비율

- 기업의 단기 채무를 상환할 수 있는 능력을 측정하는 재무비율
- 유동비율과 당좌비율이 높을수록 유동성이 좋다.

$$유동비율 = \frac{유동자산}{유동부채} \times 100 \qquad 당좌비율 = \frac{유동자산 - 재고자산}{유동부채} \times 100$$

(2) 안정성(레버리지) 비율

- 기업의 부채의존도를 나타내는 것으로 장기채무지급능력을 측정하는 재무비율
- 부채비율이 낮을수록, 자기자본비율과 이자보상비율이 높을수록 안정성이 좋다.

$$부채비율 = \frac{타인자본}{자기자본} \times 100 \qquad 자기자본비율 = \frac{자기자본}{총자본} \times 100$$

$$이자보상비율 = \frac{영업이익(EBIT)}{이자비용(I)}$$

(3) 활동성(효율성) 비율

- 기업의 보유자산의 효율적 이용정도를 측정하는 재무비율
- 회전율이 높을수록, 회전기간이 낮을수록 활동성은 좋다.

$$재고자산회전율 = \frac{매출원가}{평균재고자산} \qquad 재고자산회전기간 = \frac{365}{재고자산회전율}$$

$$매출채권회전율 = \frac{매출액}{평균매출채권} \qquad 매출채권회수기간 = \frac{365}{매출채권회전율}$$

$$매입채무회전율 = \frac{매입액}{평균매입채무} \qquad 매입채무회전기간 = \frac{365}{매입채무회전율}$$

$$총자산회전율 = \frac{매출액}{평균총자산}$$

(4) 수익성 비율

- 기업의 이익을 매출 또는 투자금액 기준으로 수익성을 측정하는 재무비율
- 이익률이 높을수록 수익성이 좋다.

$$\text{매출액순이익률} = \frac{\text{당기순이익}}{\text{매출액}} \times 100 \qquad \text{총자산이익률}(ROA) = \frac{\text{당기순이익}}{\text{평균총자산}} \times 100$$

$$\text{자기자본이익률}(ROE) = \frac{\text{당기순이익}}{\text{평균자기자본}} \times 100$$

- 자기자본이익률(ROE)는 주주관점의 수익성 지표로서 다음과 같이 분석된다.

$$\text{ROE} = \frac{NI}{Equity} = \frac{\text{순이익}}{\text{매출액}} \times \frac{\text{매출액}}{\text{총자산}} \times \frac{\text{총자산}}{\text{자기자본}}$$

$$= \text{매출액순이익율} \times \text{총자산회전율} \times \text{자기자본비율의 역수}$$

(5) 시장가치비율

- 기업의 주당이익 또는 주당순자산금액과 주가와의 재무비율
- 주가수익비율과 주가순자산비율이 높을수록 주가는 비싸다.
- 시장가치비율이 큰 주식 : 성장주
- 시장가치비율이 작은 주식 : 가치주
- 주당이익이 음수인 경우 PER보다는 PBR을 이용한다.

$$\text{주가수익비율}(PER) = \frac{\text{주가}}{\text{주당이익}} \qquad \text{주가순자산비율}(PBR) = \frac{\text{주가}}{\text{주당순자산}}$$

(6) CVP분석

- 조업도의 변동에 따른 기업의 이익을 분석

$$\text{손익분기점수량}(BEPQ) = \frac{\text{총고정비}(TFC)}{\text{단위당공헌이익}(UCM)}$$

$$\text{손익분기점매출}(BEPS) = \frac{\text{총고정비}(TFC)}{\text{공헌이익율}}$$

$$EBIT = \text{판매수량}(Q) \times \text{단위당공헌이익} - \text{총고정비}(TFC)$$

$$= \text{매출액}(S) \times \text{공헌이익율} - \text{총고정비}(TFC)$$

1-6 재무비율

다음 재무비율에 대한 각 물음에 답하시오.

(물음1) 다음 자료에서 당좌비율(quick ratio; Q)은 얼마인가?

단, 1년은 365일이고 회전율은 매출액에 대하여 계산한다.

매출채권 120억 원	재고자산회전율 10회	
유동부채 140억 원	매출채권회수기간 60일	유동비율 150%

(물음2) 가나기업의 자기자본순이익률(ROE)은 업계 평균 10%에 비해 상대적으로 저조하다. 내부 검토결과, 매출액순이익률은 1%, 총자산회전율은 2.0으로 업계 평균과 비슷한 것으로 나타나 자본구조의 변경을 통해 현재 ROE를 업계 평균 수준으로 끌어 올리려고 한다. 이 목표를 달성하기 위한 가나기업의 적정 부채비율은 얼마인가?

정답

(물음1)

$$\text{유동비율} = \frac{\text{유동자산}}{\text{유동부채}} \rightarrow 1.50 = \text{유동자산} / 140억 \rightarrow \text{유동자산} = 210억$$

$$\text{매출채권회전기간} = \frac{365}{\text{매출채권회전율}} = 60일 \rightarrow \text{매출채권 회전율} = 6.08$$

$$\text{매출채권회전율} = \frac{\text{매출}}{\text{매출채권}} \rightarrow 6.08 = \text{매출} / 120억 \rightarrow \text{매출} = 730억$$

$$\text{재고자산회전율} = \frac{\text{매출(원가)}}{\text{매출채권}} \rightarrow 10회 = 730억 / \text{재고자산} \rightarrow \text{재고자산} = 73억$$

$$\text{당좌비율} = \frac{\text{당좌자산}}{\text{유동부채}} = \frac{210-73}{140} = \underline{0.97}$$

(물음2) $ROE = \dfrac{NI}{E} = \dfrac{\text{순이익}}{\text{매출액}} \times \dfrac{\text{매출액}}{\text{총자산}} \times \dfrac{\text{총자산}(A)}{\text{자기자본}(E)}$

$$10\% = 1\% \times 2 \times \frac{\text{자산}}{\text{자기자본}} \rightarrow \frac{\text{자산}}{\text{자기자본}} = 5 \rightarrow \frac{\text{부채}}{\text{자기자본}} = \underline{4}$$

자본시장

1. 완전자본시장

- 거래비용과 세금이 없는 시장
- 차입이자율과 대출이자율이 동일한 시장
- 운영/정보/배분의 효율성이 달성된 시장

2. 효율적 자본시장

- 시장가격에 모든 정보가 정보공시시점에서 즉시 반영되는 시장
  → 일반적으로 효율적 자본시장은 준 강형 효율적 시장을 의미한다.

  ☞ CPA 2차 시험 기출

• 4장 : 무부채기업이 부채기업으로 자본구조를 변경 　　　　공시시점에서 무부채기업의 주가가 상승한다. • 5장 : 합병의 공시시점 　　　　합병공시시점에서 합병기업의 주가가 상승한다.	

3. 균형시장

- 일물일가의 법칙이 성립하는 시장
- 투자안의 시장가격과 균형가격이 일치하는 시장
- 투자안의 기대수익률과 균형수익률이 일치하는 시장
- 차익거래의 이익을 얻을 수 없는 시장

4. 불균형시장

- 일물일가의 법칙이 성립하지 않는 시장
- 투자안의 시장가격과 균형가격이 다른 시장
- 투자안의 기대수익률과 균형수익률이 다른 시장
- 차익거래의 이익을 얻을 수 있는 시장

5. 가치평가의 기초

(1) 균형가격과 균형수익률의 관계

① 투자안의 위험을 반영하여 균형수익률을 먼저 구한다.

② 투자안의 기대현금흐름을 균형수익률로 할인한 금액이 균형가격이다.

$$P_0^{균형} = \frac{E(CF_n)}{(1+k)^n}$$

k=균형수익률

(2) 시장가격과 기대수익률의 관계

① 투자안의 시장가격을 먼저 파악한다.

② 시장가격과 기대현금흐름을 동일하게 만드는 이자율이 기대수익률이다.

$$E(R) = \frac{E(CF_n)}{P_0^{시장}} - 1$$

E(R)=기대수익률

(3) 불균형 시장

- 시장가격 > 균형가격 ⇒ 기대수익률 < 균형수익률 ⇒ 매도 (Short)
- 시장가격 < 균형가격 ⇒ 기대수익률 > 균형수익률 ⇒ 매수 (Long)

예) 투자안의 1년 후 기대현금흐름 110만원, 시장가격 90만원, 균형수익률 10%

$$P_0^{균형} = \frac{E(CF_n)}{(1+k)^n} = \frac{110}{1.10^1} = 100만원 > 시장가격 90만원 \Rightarrow 매수 (Long)$$

$$E(R) = \frac{E(CF_n)}{P_0^{시장}} - 1 = \frac{110}{90} - 1 = 22.22\% > 균형수익률 10\% \Rightarrow 매수 (Long)$$

☞ 주식을 매수하는 경우

- $P_0 < \dfrac{D_1}{k_e - g}$ ← 좌변 : 시장가격, 우변 : 균형가격

- $E(R_i) > R_f + (E(R_m) - R_f) \times \beta_i$ ← 좌변 : 기대수익률, 우변 : 균형수익률

☞ 좌변의 채권을 매수하는 경우

- $B_o < \dfrac{C}{(1 + {}_0R_1)^1} + \dfrac{C + F}{(1 + {}_0R_2)^2}$ ← 좌변 : 시장가격, 우변 : 균형가격

- $(1 + {}_0R_2)^2 > (1 + {}_0R_1) \times (1 + {}_1f_2)$ ← 좌변 : 기대수익률, 우변 : 균형수익률

☞ 실물 투자안을 채택하는 경우

- $CF_0 < \displaystyle\sum_{t=1}^{n} \dfrac{FCFF_t}{(1 + wacc)^t}$ ← 좌변 : 시장가격, 우변 : 균형가격

- $IRR > wacc$ ← 좌변 : 기대수익률, 우변 : 균형수익률

☞ 콜옵션을 매수하는 경우

- $C_0 < \dfrac{C_u \times p + C_d \times (1 - p)}{1 + R_f}$ ← 좌변 : 시장가격, 우변 : 균형가격

☞ 주가지수선물을 매수하는 경우

- $F_t < S_o \times [1 + (R_f - d) \times \dfrac{t}{12}]$ ← 좌변 : 시장가격, 우변 : 균형가격

6. 차익거래(재정거래)

(1) 차익거래의 원칙

시장이 불균형일 때 이익을 얻고자 하는 거래로서 다음의 원칙으로 구성된다.

- No cost : 추가적인 자금의 부담이 없어야 한다.
- No Risk : 추가적인 위험의 부담이 없어야 한다.

☞ 일반적으로 "복제포트폴리오"를 구성하여 목표 투자안과는 반대 포지션을 취한다.

(2) 균형가격모형을 이용한 차익거래

- 투자안 A와 B는 동일한 미래현금흐름을 가지고 있는 복제관계
- 투자안 A의 시장가가격이 투자안 B의 시장가격보다 큰 경우 ($P_A > P_B$)
  ⇒ 동일금액으로 A매도, B매수

예) 풋-콜 패러티를 이용한 차익거래

$$S - C + P > \frac{X}{(1 + R_f)^T} \quad \Rightarrow \text{동일금액으로 좌변 매도, 우변 매수}$$

(3) 균형수익률을 이용한 차익거래

- 투자안 A와 B는 동일한 미래현금흐름을 가지고 있는 복제관계
- 투자안 A의 기대수익률이 투자안 B의 기대수익률보다 큰 경우 $(E(R_A) > E(R_B))$
  ⇒ 동일금액으로 A매수, B매도

예) 수익률 곡선 패러티를 이용한 차익거래

$$(1 + {}_0R_1) \times (1 + {}_1f_2) > (1 + {}_0R_2)^2 \quad \Rightarrow \text{동일금액으로 좌변 매수, 우변 매도}$$

7. 피셔의 분리정리

소비와 투자의 결정이 분리되어 이루어지는 것을 피셔의 분리정리라고 한다. 주식회사에서는 경영자가 투자결정을 하고 그 투자성과를 주주가 소비하기 때문에 피셔의 분리정리는 주식회사제도에서 소유와 경영의 분리에 대한 이론적 근거를 제기한다.

(1) 금융시장만 존재하는 경우 최적효용

금융시장의 시장기회선을 따라 부의 기간간 이전이 가능하는데 효용이 극대화되는 소비를 결정하고 나면 나머지는 자동적으로 예금하게 된다.

$x =$ **현재소비**$, y =$ **미래소비**$, W =$ **현재부**$, R =$ **금융시장이자율**

시장기회선 : $W = x + \dfrac{y}{1+R} \ \rightarrow \ \dfrac{\Delta y}{\Delta x} = -(1+R)$

효용함수 : $U = f(x, y) \ \rightarrow \ dU = \dfrac{\partial f}{\partial x} dx + \dfrac{\partial f}{\partial y} dy$

무차별곡선 : $dU = 0 \rightarrow \dfrac{\Delta y}{\Delta x} = -MRS = -\dfrac{\dfrac{\partial f}{\partial x}}{\dfrac{\partial f}{\partial y}} = -\dfrac{MU_x}{MU_y}$

> 효용곡선상의 접선의 기울기(MRS) = 시장기회선의 접선의 기울기 (1+R)
> $$MRS = \dfrac{MU_x}{MU_y} = 1 + R$$

(2) 실물투자기회만 존재하는 경우 최적효용

실물시장의 생산기회선을 따라서 부의 기간간 이전이 가능해지는데 효용이 극대화되는 소비를 결정하고 나면 나머지는 자동적으로 투자액이 된다.

생산기회선 : $W = f(x, y) \ \rightarrow \ dW = 0 \rightarrow \dfrac{\Delta y}{\Delta x} = -MRT = -\dfrac{\dfrac{\partial f}{\partial x}}{\dfrac{\partial f}{\partial y}} = -\dfrac{MP_x}{MP_y}$

> 효용곡선상의 접선의 기울기(MRS) =생산기회선의 접선의 기울기(MRT)
> $$MRS = MRT \rightarrow \dfrac{MU_x}{MU_y} = \dfrac{MP_x}{MP_y}$$

(3) 금융시장과 실물투자기회가 함께 존재하는 경우 최적효용

금융시장과 실물투자기회가 함께 존재하는 경우 투자수준이 먼저 결정되고 다음 단계에서 소비와 예금이 결정된다.

[1단계] 투자의사결정

투자수준이 효용곡선과는 무관하게 시장이자율만을 고려하여 결정된다.

생산기회선의 접선의 기울기(MRT) = 시장기회선의 접선의 기울기 (1+R)

$$MRT = \frac{MP_x}{MP_y} = 1 + R$$

[2단계] 소비의사결정

소비수준은 실물투자가 결정된 수준을 전제로 형성된 시장 기회선상에서 각 개인의 효용함수에 따라 효용이 극대화되도록 결정한다.

효용곡선상의 접선의 기울기(MRS) = 시장기회선의 접선의 기울기 (1+R)

$$MRS = \frac{MU_x}{MU_y} = 1 + R$$

(4) 실물투자기회의 투자성과

실물투자금액은 $W-x$이며 미래의 현금흐름은 y이므로 투자성과는 다음과 같다.

투자안의 순현가 : $NPV = -(W-x) + \dfrac{y}{1+R}$

투자안의 내부수익률 : $(W-x) = \dfrac{y}{1+IRR}$

실전문제

1-1 로그함수와 현재가치 (2014년)

다음 물음에 대하여 답하라. 각 물음은 서로 연관성이 없는 별개의 물음이다.

(물음1) B채권은 만기가 5년이며 액면이자율이 6.2%이고 분기별로 이자를 지급한다. 현재 이 채권은 액면가와 동일한 가격으로 거래되고 있다. 이 채권에 대한 실효이자율 (effective rate of interest)은 얼마인가? 계산결과는 %단위로 표시하되 반올림하여 소수점 둘째 자리까지 표기하라.

(물음2) C은행의 정기예금은 연이자율이 3.6%이다. 이 정기예금을 이용해서 세후 기준으로 원금의 두 배를 마련하려면 몇 년간 투자해야 하는가? 단, 현재 이자소득세율은 15.4%이고, 이자소득세는 만기 시점에 한 번만 납부한다고 가정한다. 아래 표에 제시된 각 실수에 대한 자연대수 값을 계산에 이용하고, 계산결과는 반올림하여 소수점 둘째 자리까지 표기하라.

실수(x)	자연대수($\ln x$)
0.036	-3.3242
0.154	-1.8708
0.846	-0.1672
1.000	0.0000
1.036	0.0354
1.846	0.6130
2.000	0.6931
2.182	0.7802

(물음3) 일반적으로 재무관리의 목표는 기업가치극대화라고 말한다. 기업가치가 아니라 이익을 극대화하는 것을 재무관리의 목표로 설정하면 어떤 문제점이 있는지 5줄 이내로 설명하라.

1-2　로그함수를 이용한 이자율　(2016년)

갑부보험이 출시한 연금1은 매년 말 1,000만원씩 25년 동안 지급하는 상품이고 연금2는 매년 말 750만원씩 영원히 지급하는 상품이다. 이 두 상품의 현재가치가 동일하다면 여기에 적용된 할인율은 얼마인가? 아래 주어진 자연로그 함수와 지수 함수의 예시 표를 이용하여 실수로 반올림하여 소수점 셋째 자리까지 계산하시오.

x	Ln(x)
1.5	0.405
2.0	0.693
2.5	0.916
3.0	1.099
3.5	1.253
4.0	1.386
4.5	1.504
5.0	1.609
5.5	1.705

x	Exp(x)
0.015	1.015
0.020	1.020
0.025	1.025
0.030	1.030
0.035	1.036
0.040	1.041
0.045	1.046
0.050	1.051
0.055	1.057

1-3 현재가치(중급)

다음 각 물음에 답하시오. 각 물음은 서로 연관성이 없는 별개의 물음이다.

(물음1) 어떤 투자자가 매년 말 일정한 금액을 불입하는 적금에 가입하려고 한다. 그런데 만기에 가서 원리금을 찾아서 다시 예치하여 영구연금을 받고자 한다. 만기 이후에 매년 수령하게 될 연금액을 만기까지 불입한 매년 적금액의 절반 이상이 되게 하려면 최소한 적금만기가 몇 년 이상이 되어야 하는가? 이자율은 10%이다.

(물음2) 모기지 대출을 받아 10억원 상당의 아파트를 구입하려고 한다. 3억원을 아파트 구입 시 현금으로 지불하고 남은 금액을 20년 만기로 대출받을 예정이다. 아파트 구입 후 1년 후 부터 매년 지불해야 하는 조건이라면 20년 동안 총 이자비용은 얼마인가? 연 이자율은 8%이다.

(물음3) 20년 후에 은퇴할 계획이며 은퇴 후 10년 동안 멋지게 살아보리라 계획한다. 만일 30년 동안 매년 1,000만원씩 저축한다면 은퇴 후 10년 동안 매년 초에 얼마씩 소비할 수 있는가? 연 이자율은 8%이다.

(물음4) 가나기업은 신규로 자동차산업에 진출하고자 하는데 이를 위해 8년 후부터 3년 동안 매년 100억원씩의 설비투자를 해야 한다. 자금부장은 설비투자자금을 확보하기 위해 6개월 후부터 8년 동안 반 년 단위로 불입하는 적금을 가입하려고 한다. 표면이자율이 연 10%이고 연 2회 복리계산되는 조건하에서 가나기업이 6개월마다 불입해야 할 금액을 산출하라.

1-4 재무비율 (중급)

다음 물음에 대하여 "옳다" 또는 "옳지 않다"라고 답하고 그 근거를 제시하시오.

(물음1) 회계적 이익을 가능한 한 적게 계상하는 회계처리방법을 사용하는 기업의 경우 주가수익비율(PER)은 상대적으로 높게 나타날 수 있다.

(물음2) 매출액순이익률이 2%, 총자산회전율이 3.0, 자기자본비율이 50%일 경우 자기자본순이익률(ROE)은 3%이다.

(물음3) 유동비율이 높은 기업은 수익성 측면에서 효율적이다.

(물음4) 주가장부가치비율은 일반적으로 수익전망이 높은 기업일수록 높게 나타난다.

(물음5) 기업가치극대화를 위하여 인플레이션율이 높아지는 상황에서 재고자산에 대한 회계방식을 선입선출법(FIFO)에서 후입선출법(LIFO)으로 변경했다.

(물음6) PER은 일종의 회수기간 개념이다.

(물음6) 유동비율이 120%일 때 현금으로 재고자산을 구입할 경우 이 비율은 증가한다.

제2장 기업가치의 평가

ⓘ 기업잉여현금흐름과 기업가치평가

1. 재무상태표의 재구성

(1) 회계기준의 재무상태표

자산(Asset) = 부채(Liability) + 자본(Equity)

자산 = 영업유동자산 + 고정자산 + 비영업자산
부채 = 영업부채 (비이자발생부채) + 타인자본

(2) 가치평가를 위한 재무상태표의 재구성

$$
\begin{aligned}
총자본(Capital) &= 타인자본(Debt) + 자기자본(Equity) \\
&= 자산 - 영업부채 \\
&= NWC + FA + NOA \\
&= IC + NOA
\end{aligned}
$$

- 비영업자산 (NOA : non-operating assets) = 비영업 현금 + 금융자산
- 순운전자본 (NWC : net working capital) = 영업유동자산 - 영업부채
- 고정자산 (FA : fixed assets) = 유형자산 + 무형자산 + 투자부동산
- 투하자본 (IC : invested capital) = NWC + FA

2. 손익계산서의 재구성

(1) EBITDA (세전영업현금)

$$EBITDA = 매출액 - 현금영업비용 = 매출액 - 변동비 - 현금고정비$$

(2) EBIT (영업이익)

$$EBIT = 매출액 - 영업비용 = EBITDA - 감가상각비(Dep)$$

(3) NOPAT (세후영업이익 : net operating profit after tax)

$$NOPAT = EBIT \times (1 - t)$$

(4) NI (당기순이익)

$$NI = (EBIT - I) \times (1 - t) = NOPAT - I \times (1 - t)$$

t = 세율, I = 이자비용

☞ 일반적으로 "영업이익"은 세전영업이익을, "영업현금"은 세후영업현금을 의미한다.

3. 기업잉여현금흐름(FCFF : Free cash flow to the firm)

- 기업이 실물투자를 하여 주주와 채권자에게 분배할 수 있는 현금흐름
- 실물시장의 현금흐름으로만 구성되면 금융시장의 현금흐름은 포함하지 않는다.
- 감가상각비 절세효과를 포함하지만 이자비용의 절세효과를 포함하지 않는다.

$$FCFF = 영업현금흐름 - (자본적 지출 + 순운전자본 지출)$$

(1) 영업현금흐름 (OCF : operating cash flow)

실물투자 영업현금으로 세후영업이익(NOPAT)에 감가상각비(Dep)를 더한다.

$$OCF = NOPAT + Dep$$

(2) 자본적 지출 (CE : capital expenditures)

실물투자 고정자산지출로 고정자산의 증가금액(ΔFA)에 감가상각비를 더한다.

$$\text{자본적 지출} = \Delta FA + Dep$$

(3) 순운전자본 지출 (NWCE : net working capital expenditures)

실물투자 운전자본지출로 순운전자본의 증가금액(ΔNWC)이다.

$$\text{순운전자본 지출} = \Delta NWC$$

※ 순운전자본(NWC) = 영업 유동자산 − 영업부채

(4) 기업잉여현금흐름의 간편법 공식

기업잉여현금흐름의 공식에 위의 공식 (1), (2), (3)을 대입하면 다음과 같이 간편법으로 공식을 도출할 수 있다.

$$FCFF = NOPAT - \Delta FA - \Delta NWC$$
$$= NOPAT - \Delta IC$$

(5) 영구연금의 기업잉여현금흐름

실물투자로 매년 투하자본의 감소분만 재투자 한다고 가정하여 다음과 같이 도출한다.

$$FCFF = NOPAT$$

※ MM의 자본구조이론에서는 이 공식을 적용한다.

4. 할인율

- 기업잉여현금흐름의 할인율은 가중평균자본비용(wacc)을 사용한다.
- 이자비용 절세효과를 가중평균자본비용에 반영한다.
- 가중평균자본비용을 산출할 때 가중치는 장부가치가 아닌 시장가치 기준이다.
- 자기자본비용에 반영하는 베타는 기업의 주식베타이다.

$$wacc = k_d \times (1-t) \times \frac{B}{V} + k_e \times \frac{S}{V}$$

5. 기업잉여현금흐름(FCFF)의 가치평가 모형

일반모형	고정성장	영구연금
$V = \sum_{t=1}^{n} \dfrac{FCFF_t}{(1+wacc)^t}$	$V = \dfrac{FCFF_1}{wacc - g}$	$V = \dfrac{NOPAT_1}{wacc}$

필수예제

2-1 기업잉여현금흐름

다음 재무제표를 이용하여 다음 각 물음에 답하시오.

단, 모든 자산과 유동부채는 영업용이고 법인세율은 25%이다.

재무상태표	당기	전기
유동자산	100	85
비유동자산	200	165
자산총계	300	250
유동부채	50	40
비유동부채	120	110
자본	130	100
부채 및 자본총계	300	250

손익계산서	
매출액	500
변동영업비	220
고정영업비	180
감가상각비	24
순영업이익	76
이자	12
세전이익	64
법인세	16
당기순이익	48

(물음1) 영업현금흐름은 얼마인가?

(물음2) 자본적지출은 얼마인가?

(물음3) 순운전자본지출은 얼마인가?

(물음4) 기업잉여현금흐름은 얼마인가?

정답

(물음1) OCF = NOPAT + Dep = 76 x (1-0.25) + 24 = **81**

(물음2) 자본적 지출 = ΔFA + Dep = (200-165) + 24 = **59**

(물음3) 순운전자본 지출 = (100 - 50) - (85 - 40) = **5**

(물음4) FCFF = OCF - (자본적 지출 + 순운전자본 지출) = 81 - (59 + 5) = **17**

또는 FCFF = $NOPAT - \Delta IC$ = 76 x (1-0.25) - (300-50) - (250 -40) = **17**

필수예제

2-2 기업잉여현금흐름 및 기업가치평가

직전 회계년도의 영업이익은 35억원이고, 순투자금액(순운전자본 및 순고정자산 투자금액)은 3억원이다. 기업잉여현금흐름은 영구적으로 매년 5%씩 성장할 것으로 기대되며 부채가치는 100억원이고, 가중평균자본비용은 12%로 향후에도 일정하다. 또한 법인세율은 30%이며 감가상각비는 없다. 단 부채의 장부가치와 시장가치는 동일하며 장부가치 대비 부채비율(부채/자본)은 50%이다.

(물음1) 직전 회계연도의 기업잉여현금흐름은 얼마인가?

(물음2) 기업가치는 얼마인가?

(물음3) 주가순자산배율(PBR)은 얼마인가?

정답

(물음1) FCFF $= NOPAT - \Delta IC$ = 35억 원 × (1-0.3) - 3억원 = **21.5억원**

(물음2) $V_0 = \dfrac{FCFF_1}{wacc - g} = \dfrac{21.5 \times 1.05^1}{0.12 - 0.05}$ = **322.5억원**

(물음3) $PBR = \dfrac{S_0}{E_0} = \dfrac{322.5 - 100}{100 \times 2}$ = **1.1125**

॥ 기업잉여현금흐름과 투자안의 평가

1. 투자안의 현금흐름

투자안을 평가하기 위한 투자안의 현금흐름은 증분 기업잉여현금흐름(FCFF)를 의미하며 각 시점별로 정리하면 다음과 같다.

(1) 투자시점 (t=0)

$$\Delta FCFF_0 = -(\Delta NWC + \Delta FA(new)) + \text{Old 고정자산 세후처분금액}$$

- New 고정자산 취득, 순운전자본의 지출, Old 고정자산 처분을 고려한다.
- 시장조사비용과 같은 매몰원가는 고려하지 않는다.
- 고정자산 세후처분금액은 처분가액에서 처분손익의 세금을 가감하여 다음과 같이 구한다.

$$\text{고정자산 세후처분금액} = \text{처분가액} - (\text{처분가액} - \text{장부금액}) \times \text{세율}$$

(2) 투자기간 (t=1~n)

$$\Delta FCFF_t = \Delta EBIT_t \times (1-t) + \Delta Dep_t - (\Delta NWC_t)$$

- 증분 영업현금흐름 및 순운전자본의 증감을 고려한다.
- 투자안으로 인한 기존사업의 잠식효과를 고려한다.

(3) 투자종료시점 (t=n)

$$\Delta FCFF_n = -\Delta NWC + \text{New 고정자산 세후처분금액}$$

- 순운전자본의 회수 및 New 고정자산의 처분을 고려한다.

2. 할인율

- 자기자본비용에 반영하는 베타는 기업의 베타가 아닌 투자안의 베타이다.
- 투자안의 베타를 구하는 방법은 3장에서 자세히 논의한다.

$$wacc = k_d \times (1-t) \times \frac{B}{V} + k_e \times \frac{S}{V}$$

☞ 감가상각비의 절세효과의 할인율

항상 사용할 수 있는 경우 → 무위험이자율

항상 사용할 수 없는 경우 → 자본비용

3. 기업잉여현금흐름(FCFF)의 투자안 평가 모형

$$NPV = \Delta FCFF_0 + \sum_{t=1}^{n} \frac{\Delta FCFF_t}{(1+wacc)^t}$$

☞ 기업가치평가의 현금흐름과는 달리 투자안 평가의 현금흐름은 증분현금흐름이다.

4. 투자안의 손익분기점분석

(1) 회계 손익분기점

영업이익(EBIT)을 0로 하는 손익분기점

$$회계손익분기점 = \frac{총고정비(TFC)}{단위당공헌이익(UCM)}$$

(2) 현금 손익분기점

영업현금흐름(OCF)을 0로 하는 손익분기점

$$현금손익분기점 = \frac{TFC - Dep}{UCM}$$

(3) 재무 손익분기점

순현가(NPV)를 0로 하는 손익분기점

$$CF_0 = \sum_{t=1}^{n} \frac{FCFF_t}{(1+wacc)^t} \rightarrow 재무손익분기점$$

2-3 투자안의 기업잉여현금흐름

탄산음료를 생산하는 H사는 현재 신개념의 이온음료 사업을 고려하고 있다. 이 투자안의 사업연한은 5년이며, 이온음료 생산에 필요한 설비자산의 구입가격은 1,000만원이다. 설비자산은 잔존가치가 0원이며 5년에 걸쳐 정액법으로 상각된다. 5년 후 설비자산의 처분가치는 없을 것으로 예상된다. 이온음료는 매년 500개씩 판매되고, 이 제품의 단위당 판매가격은 5만원, 단위당 변동비용은 3만원이며, 감가상각비를 제외한 연간 총고정비용은 300만원으로 추정된다. 한편 이온음료가 판매될 경우 기존 탄산음료에 대한 수요가 위축되어 탄산음료의 판매량이 매년 100개씩 감소할 것으로 예상된다. 탄산음료의 단위당 판매가격은 2만원, 단위당 변동비는 1만원이다. H사의 법인세율은 40%이고 투자안의 자본비용은 10%이다. 설비자산의 투자는 현 시점(t = 0)에서 일시에 이뤄지고, 매출 및 제조비용과 관련된 현금흐름은 매년 말(t = 1~5)에 발생한다. 이 투자안의 순현재가치(NPV)는 얼마인가? 단, 연 10%의 할인율에서 5년 연금의 현가요소는 3.7908이다.

정답

(1) 이온음료 사업의 증분 세전영업이익

$\Delta EBIT$ = 500개 × (5만원 − 3만원) − 300만원 − 200만원

            − 100개 × (2만원 − 1만원) = 400만원

☞ 탄산음료 판매량의 감소는 잠식효과이므로 증분 현금흐름에 반영한다.

(2) 이온음료 사업의 증분 영업현금흐름

OCF = NOPAT + Dep = 400만원 × (1 − 0.4) + 200만원 = 440만원

(3) 이온음료 사업의 순현재가치

NPV = −1,000만원 + 440만원 × 3.7908 = **667.952만원**

2-4 투자안의 기업잉여현금흐름

C기업은 기존의 기계설비를 새로운 기계설비로 교체할 것을 고려하고 있다. 기존의 기계설비는 3년 전 2,400만원에 취득했으며 구입 시 내용연수는 8년, 잔존가치는 없는 것으로 추정하였다. 기존의 기계는 현재 시장에서 1,000만원에 처분할 수 있다. 내용연수가 5년인 새로운 기계설비는 2,500만원이며 투자종료시점에서의 잔존가치 및 매각가치는 없다. 기존의 기계설비를 사용하는 경우에 매출액은 1,500만원, 영업비용은 700만원이고, 새로운 기계설비를 사용하는 경우 매출액은 1,800만원, 영업비용은 600만원이다. C기업의 감가상각방법은 정액법, 법인세율은 30%로 이고 투자안의 자본비용은 10%이다. 새로운 기계설비를 도입할 경우 순현재가치(NPV)는 얼마인가? 단, 연 10%의 할인율에서 5년 연금의 현가요소는 3.7908이다.

정답

(1) 신기계의 영업현금흐름(OCF) = (1800 − 600 − 500) × 0.7 + 500 = **990**

(2) 구기계의 영업현금흐름(OCF) = (1500 − 700 − 300) × 0.7 + 300 = **650**

(3) 증분영업현금흐름 = 990 − 650 = 340

(4) 기존의 기계설비 처분가액

고정자산 세후처분금액 = 처분가액 − (처분가액 − 장부금액) × 세율

  = 1,000 - (1,000 - 1,500*) x 0.3 = 1,150

* 장부가액 = 2,400 x 5년 / 8년 = 1,500

(5) 설비교체의 순현재가치

NPV = −2,500만원 + 1,150만원 + 340만원 × 3.7908 = **(-) 61.128만원**

필수예제

2-5 투자안의 손익분기점분석

다음과 같은 투자계획이 주어졌다. 총투자액은 10,000으로 투자시작 시점에서 모두 투자되며, 10년에 걸쳐 사업이 진행된다. 투자액은 10년에 걸쳐 정액법으로 감가상각되며 투자종료 시점에서의 잔존가치 및 매각가치는 없다. 또한 매년 동일한 연간 판매 대수를 가정한다. 제품생산과 판매에 관하여 다음의 사항이 주어졌다. 단, 연 12%의 할인율에서 10년 만기 일반연금의 현가요소는 5.65이며, 10년 만기 현가요소는 0.32이다.

대당 판매가격	70
대당 변동비	30
연간 현금 고정비 (감가상각비 제외)	1,500
세 율	40%
자본비용	12%

(물음1) 영업이익을 0로 하는 회계손익분기점은 얼마인가?

(물음2) 영업현금흐름을 0로 하는 현금손익분기점은 얼마인가?

(물음3) 순현가를 0로 하는 재무손익분기점은 얼마인가?

(물음4) 10년 후 장부가치와 매각대가 각각 2,000이면 세후처분가액은 얼마인가?

(물음5) 10년 후 장부가치는 없지만 매각대가가 2,000이면 세후처분가액은 얼마인가?

(물음6) 10년 후 장부가치는 3,000이며, 매각대가가 2,000이면 세후처분가액은 얼마인가?

정답

(물음1) EBIT = 40 × Q − 2,500 = 0 → Q = **62.5개**

(물음2) OCF = (40 × Q − 2,500) × (1 − 0.4) + 1,000 = 0 → Q = **20.8개**

(물음3) NPV = -10,000 + OCF × 5.65 = 0 → OCF = 1,770

OCF = 1,770 = (40 × Q − 2,500) × (1−0.4) + 1,000 → Q = **94.6개**

(물음4) 세후 처분가액 = 2,000 − (2,000 − 2,000) × 0.4 = **2,000**

(물음5) 세후 처분가액 = 2,000 − (2,000 − 0) × 0.4 = **1,200**

(물음6) 세후 처분가액 = 2,000 − (2,000 − 3,000) × 0.4 = **2,400**

Ⅲ 주주잉여현금흐름을 이용한 가치평가

1. 주주잉여현금흐름(FCFE : Free cash flow to the equity)

- 주주에게 귀속되는 현금흐름
- 부채기업의 경우 FCFF에서 채권자에게 귀속되는 현금흐름은 차감한다.

(1) FCFE = FCFF - 채권자의 현금흐름

(2) FCFF = $NOPAT - \Delta$Capital (NOA=0 가정)

(3) 채권자의 현금흐름 = I × (1-t) - ΔDebt

(2)와 (3)을 (1)에 대입하여 정리하면

FCFE = NOPAT - ΔCapital - [I × (1-t) - ΔDebt]

   = NOPAT - I × (1-t) - ΔEquity = NI - ΔEquity

$$FCFE = NI - \Delta Equity$$

☞ FCFE는 당기순이익에서 자기자본 장부 증가금액(ΔE)을 차감한다.

※ 영구연금의 기업잉여현금흐름

실물투자로 매년 투하자본의 감소분만 재투자 한다고 가정하여 다음과 같이 도출한다.

$$FCFE = NI$$

☞ MM의 자본구조이론에서는 이 공식을 적용한다.

2. 할인율

- 주주잉여현금흐름의 할인율은 자기자본비용을 사용한다.
- 자기자본비용에 반영하는 베타는 기업 가치평가인 경우 기업의 주식베타이다.
- 자기자본비용에 반영하는 베타는 투자안 가치평가인 경우 투자안의 주식베타이다.

$$k_e = R_f + [E(R_m) - R_f] \times \beta_L$$

- 주식시장이 균형상태라면 배당할인모형을 이용하여 다음과 같이 자기자본비용을 구할 수 있다.

$$k_e = \frac{D_1}{P_0} + g$$

☞ 주식시장이 균형상태가 아니라면 이 모형으로 결정된 자본비용은 과대 또는 과소평가된다.

3. 주주잉여현금흐름(FCFE)의 가치평가 모형

일반모형	고정성장	영구연금
$S = \sum_{t=1}^{n} \frac{FCFE_t}{(1+k_e)^t}$	$S = \frac{FCFE_1}{k_e - g}$	$S = \frac{NI_1}{k_e}$

필수예제

2-6 주주잉여현금흐름

필수예제 **2-1**의 자료를 이용하여 주주잉여현금흐름을 구하시오.

정답

FCFE = NI − △Equity = 48 - (130 - 100) = **18**

조달현금흐름을 이용한 가치평가

1. 조달현금흐름 (CCF : capital cash flow)

- 주주와 채권자에게 귀속되는 현금흐름으로 이자비용의 절세효과를 포함한다.
- CCF는 FCFF에 이자비용의 절세효과 (I x t)를 가산한다.

$$CCF = FCFF + I \times t = NOPAT + I \times t - \Delta IC$$

2. 할인율

- 조달현금흐름의 할인율은 이자비용 절세효과를 반영하지 않은 가중평균자본비용을 사용한다.

$$wacc^* = k_d \times \frac{B}{V} + k_e \times \frac{S}{V}$$

3. 기업조달현금흐름(CCF)의 가치평가 모형

- 이자비용의 절세효과를 할인율이 아닌 현금흐름에 반영한다.

$$V_0 = \sum_{t=1}^{n} \frac{CCF_t}{(1 + wacc^*)^t}$$

필수예제

2-7 조달현금흐름

필수예제 2-1의 자료를 이용하여 조달현금흐름을 구하시오.

정답

$$CCF = FCFF + I \times t = 17 + 12 \times 0.25 = \mathbf{20}$$

경제적 부가가치(EVA)

1. 경제적 부가가치 (EVA : economic value added)

(1) 경제적 부가가치 (EVA)

- 기업의 영업이익에서 법인세, 타인자본비용 및 자기자본비용을 차감한 값
- 기업의 경제적 이익 또는 초과이익으로 flow개념
- 경제적 부가가치 = 세후영업이익 - 투하자본 × 자본비용

$$EVA_t = NOPAT_t - (IC_{t-1} \times wacc)$$
$$= (ROIC_t - wacc) \times IC_{t-1}$$

- 투하자본수익률 : $ROIC_t = \dfrac{NOPAT_t}{IC_{t-1}}$

  ☞ 세후영업이익은 기말, 투자자본은 기초금액이다.

(2) 투하자본 (IC)

- 투하자본(IC : invested capital)은 영업활동에 투자한 자본
- 투하자본 = 총자본(Capital) - 비영업자산 (NOA)

$$IC = Capital - NOA = NWC + FA$$

2. 시장 부가가치 (MVA : market value added)

- 플로우개념인 EVA를 가중평균자본비용으로 할인하여 스톡개념인 현재가치로 전환
- 영구현금흐름인 경우 MVA는 NPV와 동일한 의미
- MVA는 총자본의 시장가치와 총자본의 장부가치의 차이

$$MVA = \sum_{t=1}^{n} \frac{EVA_t}{(1+wacc)^t}$$

3. 경제적 부가가치를 이용한 가치평가 모형

- 기업가치 = 투하자본의 장부가치 + 시장부가가치 + 비영업자산의 가치

$$V = IC + MVA + NOA$$

2-8 경제적 부가가치

필수예제 **2-1**의 자료를 이용하여 경제적 부가가치를 구하시오.

단, 가중평균자본비용은 10%라고 가정한다.

정답

IC_{t-1} = Capital - NOA = 250 - 40 = 210

$EVA_t = NOPAT_t - (IC_{t-1} \times wacc)$

 = 76 x (1-0.25) - (210 x 0.10) = **36**

필수예제

2-9 EVA의 기초

㈜ 미래의 20X1년 초 재무상태표와 관련된 정보는 다음과 같다. (단위: 만원)

<재무상태표>

현　금	60	매입채무	40
재고자산	90	차 입 금	110
투자자산(금융자산)	20	납입자본	100
유형자산	120	이익잉여금	40
계	290	계	290

20X1년도 세후영업이익은 25만원, 당기순이익은 20만원이며, 가중평균자본비용은 10%, 자기자본비용은 15%이다.

(물음1) EVA를 계산하시오.

(물음2) 현금 20만원이 영업활동에 필요하다고 가정하고 EVA를 계산하시오.

정답

(물음1) EVA

1) 비영업자산 (NOA) = 60 + 20 = 80

2) 순운전자본 = 90 - 40 = 50

3) IC = 순운전자본 + 고정자산 = 50 + 120 = 170

4) EVA = 25억 − (170억 × 0.1) = **8만원**

(물음2) EVA

1) 비영업자산 (NOA) = 60 - 20 + 20 = 60

2) 순운전자본 = 20 + 90 - 40 = 70

3) IC = 순운전자본 + 고정자산 = 70 + 120 = 190

4) EVA = 25억 − (190억 × 0.1) = **6만원**

필수예제

2-10 EVA의 기초

㈜미래의 기초 자본구조는 부채 1,500억원(영업부채 300만원 포함), 자기자본 800억원으로 구성되어 있었다. 기말 결산을 해보니 영업이익은 244억원(감가상각비 100억원 포함)이고 이자비용은 84억원이다. 주주의 기대수익률이 15%이고 법인세율이 25%일 때, 경제적 부가가치(EVA)를 계산하면 얼마인가? 단, 장부가치와 시장가치는 같으며 비영업자산은 없다고 가정한다.

(물음1) EVA를 계산하시오.

(물음2) 영업현금흐름을 계산하시오.

정답

(물음1) EVA

1) IC = 타인자본 + 자기자본 - 비영업자산 = 1,500 - 300 + 800 = 2,000

2) 부채의 자본비용 : $k_d = \dfrac{I}{B} = \dfrac{84}{1,200} = 7\%$

3) 가중평균자본비용 : $wacc = k_d \times (1-t) \times \dfrac{B}{V} + k_e \times \dfrac{S}{V}$

$$= 7 \times (1-0.25) \times \dfrac{1200}{2000} + 15 \times \dfrac{800}{2000} = 9.15\%$$

4) 경제적 부가가치

$EVA = NOPAT - IC \times wacc = 244 \times (1 - 0.25) - 2,000 \times 0.0915 = \mathbf{0}$

(물음2) 영업현금흐름

OCF = NOPAT + Dep = 244 x (1-0.25) + 100 = **283억**

실전문제

2-1 기업잉여현금흐름과 주주잉여현금흐름 (1998년)

(주)고려건설의 부채비율(B/V)은 0.5(50%)이고, 새로이 백화점을 설립하여 유통업에 진출하려고 한다. 현재 동일 업종에서 영업을 하고 있는 연세백화점의 주식베타는 1.05이고 부채비율(B/V)은 0.4이다. 한편 (주)고려건설은 백화점의 목표자본구조의 부채비율(B/V)은 0.6 이 되도록 할 계획이며, 부채의 차입이자율은 10%이다. 무위험이자율은 10%이고 시장수익률은 18%이며 법인세율은 25%일 때 다음 물음에 답하여라.

(물음1) (주)고려건설의 초기의 투자액이 20억원이고, 매년 영업이익이 4억원인 투자안의 경제성을 평가하라.

(물음2) (주)고려건설의 자금부장은 주주의 현금흐름을 이용하여도 되기 때문에 자기자본비용을 사용하여 투자안을 평가하여도 동일한 결과를 얻는다고 주장하고 있다. 자금부장의 주장이 옳은지 설명하라.

2-2 기업잉여현금흐름과 조달현금흐름 (2001년 수정)

다음은 (주)ABC의 비교 재무상태표이다. 물음에 답하여라.

단, 모든 자산과 유동부채는 영업용이고 법인세율은 20%이다.

〈재무상태표〉

(단위: 천원)

	20X1년	20X2년		20X1년	20X2년
유동자산	200,000	600,000	유동부채	120,000	400,000
비유동자산	800,000	1,300,000	비유동부채	300,000	800,000
			자　본	580,000	700,000
계	1,000,000	1,900,000		1,000,000	1,900,000

〈손익계산서〉

(단위 : 천원)

매출액	2,000,000
매출원가	(1,800,000)
감가상각비	(50,000)
영업이익	150,000
이자비용	(50,000)
세전이익	100,000
법인세 (20%)	(20,000)
세후순이익	80,000

(물음1) 영업현금흐름, 순운전자본 및 고정자산에 대한 순투자액은 얼마인가?

(물음2) 기업잉여현금흐름과 이자비용의 절세효과를 포함한 자산으로 인한 현금흐름은 각각 얼마인가?

(물음3) (주)ABC는 금년 중에 새로운 부채 700,000천원을 차입하였다. (주)ABC의 금년 중 부채상환액은 얼마인가? 또한 채권자에 대한 현금흐름은 얼마인가?

(물음4) (주)ABC의 금년 중 증자액을 구하라. 그리고 자본으로 인한 현금흐름을 구하고, 자산으로 인한 현금흐름이 주주와 채권자에 대한 현금흐름의 합이 됨을 보여라. 단, 배당은 없다고 가정한다.

2-3 투하자본과 비영업자산 (2003년)

(주)삼천리는 100억원을 모두 자기자본으로 조달하여 건물임대업을 시작하였다. 이를 위해 이 기업은 70억원 상당의 건물을 구입하였으며, 건물임대로 인한 순수입은 매년 21억원으로 예상된다. (주)삼천리의 사장 토지애씨가 판단해본 결과 건물임대로 인한 수익률의 분산은 종합주가지수 수익률 분산의 4배이며, 두 수익률간의 상관계수는 0.5이다. 한편 이 기업은 나머지 30억원을 다음과 같이 투자하였다.

① 10억원은 5년 만기 국채에 투자하였다. 이 채권의 만기수익률은 10%이다.

② 20억원은 종합주가지수연동형 펀드에 투자하였다. 이 펀드의 수익률은 향후 20%로 계속 유지될 것으로 예상된다.

(물음) 시장의 상황이 유지되며, 기업의 자산구조가 일정하다는 가정하에 이 기업의 경제적 부가가치(EVA), 시장부가가치(MVA), 기업가치를 구하라. 세금은 없다.

2-4 조달현금흐름 (2003년)

신설법인인 삼환기업은 유아 완구업에 투자할 예정이다. 삼환기업이 부채를 조달하지 않고 투자하면 자본비용이 20%가 된다. 삼환기업은 최대한 부채를 사용하려 하지만 정부의 정책에 적극 부응하기 위해 시장가격으로 환산한 부채비율(=부채/자기자본)을 100%로 맞출 예정이다. 이 경우 주주와 채권자에게 귀속되는 현금흐름은 이자비용으로 인한 법인세 절감효과를 포함하여 9억원씩 매년 무한히 발생할 것으로 기대된다. 부채에 대한 이자율이 10%이며 법인세율은 40%이다. 또한 무위험 수익률은 10%이다. MM의 명제가 성립함을 가정한다.

(물음1) 삼환기업의 현금흐름 9억 원에 대한 할인율은 얼마인가?

(물음2) 삼환기업의 주주가 이 투자를 통해 얻게 되는 가치의 증가분은 10억 원이다. 이 기업의 장부가격 기준 부채비율(=장부상 부채/장부상 자기자본)은 얼마인가?

2-5 투자안의 재무 손익분기점 (2004년)

다음과 같은 투자계획이 주어졌다. 총투자액은 10,000으로 투자시작 시점에서 모두 투자되며, 10년에 걸쳐 사업이 진행된다. 투자액은 10년에 걸쳐 정액법으로 감가상각되며 투자종료 시점에서의 잔존가치 및 매각가치는 없다. 또한 매년 동일한 연간 판매 대수를 가정한다. 제품생산과 판매에 관하여 다음의 사항이 주어졌다.

대당 판매가격(sales price per unit)	70
대당 변동비(variable cost per unit)	30
연간 총 고정비(total fixed cost) (감가상각비 제외)	1,500
세 율	40%
자본비용	12%

1년 후부터 10년 동안 매년 1의 현금흐름을 제공하는 연금을 연 12%의 할인율로 할인했을 때의 현가는 5.65임.

(물음1) 연간 예상판매대수가 120일 경우 이러한 투자계획의 순현가(NPV)는 3,447임을 보이라. 답안에는 연간 순이익과 연간 영업현금흐름을 분명히 밝혀야 한다.

(물음2) 순현가를 0으로 만드는 연간 판매대수는 몇 대인가? 반올림하여 소수점 둘째 자리까지 나타낼 것.

2-6 투자안의 기업잉여현금흐름과 재무손익분기점 (2011년)

ABC 기업의 재무이사는 신규사업팀에서 제안한 투자수명 3년의 프로젝트 X를 검토하고
있다. 신규사업팀은 아래의 가정을 이용해서 프로젝트 X에 대한 추정손익계산서를 작성
하였다. 각 물음에 대하여 금액은 억원 단위로 표기하고 수익률은 퍼센트 단위로 표기하
되, 반올림하여 소수점 두 자리까지 계산하시오.

〈가정〉

1. 프로젝트 X에는 400억원의 고정자산 투자가 필요하다. 고정자산은 투자가 시작되는
시점(1차년 초)에 모두 구입하며 이후 고정자산에 대한 추가적인 투자는 없다. 고정자산
의 수명은 3년이고 잔존가치는 투자액의 10%이며 정액법으로 감가상각한다. 고정자산의
잔존가치는 투자가 종료되는 시점(3차년 말)에 장부가액으로 회수된다.

2. 순운전자본의 투자는 다음 해 매출액의 30% 수준을 유지해야 한다. 투자가 종료되는
3차년에는 순운전자본에 대한 추가투자가 필요하지 않으며, 3차년 말의 순운전자본은 장
부가액으로 회수된다.

3. 매출액은 1차년에 1,200억원이 되고 매년 8%씩 성장할 것으로 예상된다.

4. 변동영업비가 매출액에서 차지하는 비중은 64%이다. 감가상각비 이외에 추가로 소요
되는 고정영업비는 매년 200억원이다.

5. ABC 기업은 현재 부채비율(타인자본/총자본) 50%를 유지하고 있다. 프로젝트 X의 자
본조달에도 부채비율 50%를 적용하며 순이익은 모두 배당한다.

6. ABC 기업의 타인자본비용은 6.4%, 자기자본비용은 13.6%, 법인세율은 25%이다.

〈추정손익계산서〉

구 분	1차년	2차년	3차년
매출액	1,200.00	1,296.00	1,399.68
변동영업비	768.00	829.44	895.80
고정영업비	200.00	200.00	200.00
감가상각비	120.00	120.00	120.00
영업이익	112.00	146.56	183.88
이자비용	24.32	24.32	24.32
세전이익	87.68	122.24	159.56
세금	21.92	30.56	39.89
순이익	65.76	91.68	119.67

(물음1) 신규사업팀장은 순이익을 할인해서 프로젝트 가치를 계산하려고 한다. 그러나 재무이사는 이러한 프로젝트의 가치는 순이익이 아니라 현금흐름을 할인해야 하며, 자본조달의 효과를 배제하고 순수하게 영업의 효과만을 측정해야 한다고 지적하였다. 재무이사가 원하는 가치를 계산하기 위해서는 프로젝트에서 얻게 되는 잉여현금흐름(free cash flow)을 알아야 한다. 프로젝트 X에 대한 매년의 잉여현금흐름은 얼마인가?

(물음2) 신규사업팀장은 (물음1)에서 계산한 잉여현금흐름에 대한 NPV(순현재가치)를 계산하기 위하여 가중평균자본비용을 할인율로 사용하려고 한다. 재무이사는 잉여현금흐름은 프로젝트를 자기자본만으로 수행한다고 가정할 때의 기대수익률을 이용해서 할인해야 한다고 지적하였다. MM의 자본구조이론에 의하면 재무이사가 원하는 할인율은 얼마이며 그 때의 NPV는 얼마인가?

(물음3) 재무이사는 프로젝트 X에서 매년 얼마의 매출액이 발생해야 영업활동에서 손익분기가 되는가를 알고 싶어 한다. 이를 위해서 신규사업팀장은 세후영업이익이 손익분기를 이루기 위한 매출액을 계산하였다. 신규사업팀장이 계산한 매출액은 얼마인가?

(물음4) 재무이사는 (물음3)에서 신규사업팀장이 계산한 것은 회계적 손익분기점이며, 이 매출액만 달성해서는 고정자산 투자에 대한 기회비용을 충족시키지 못한다고 지적하였다. 영업현금흐름이 고정자산 투자에 대한 균등연간비용(equivalent annual cost; EAC)과 같아질 때를 재무적 손익분기점(financial BEP)이라고 한다. 프로젝트 X가 재무적 손익분기점에 도달하려면 매출액은 얼마가 되어야 하는가?

2-7 기업잉여현금흐름과 EVA (2012년)

AAA 기업은 3,000만원이 소요되는 설비를 도입하는 프로젝트를 고려하고 있다. 다음 자료를 이용하여 각 물음에 답하시오. 계산결과는 만원 단위로 소수점 첫째 자리까지 계산하시오.

〈자료〉

① 설비의 수명은 3년이고 잔존가치는 300만원이며 정액법으로 상각한다.

② 설비를 도입한 후에 예상되는 매출증가는 다음과 같으며 모두 현금으로 발생한다.

	1차년	2차년	3차년
매출증가	2,800만원	3,600만원	4,000만원

③ 매출증가에 필요한 변동비용은 매출액의 65%이며 모두 현금으로 지불된다.

④ 매출증가에 필요한 고정비용에는 설비의 감가상각비만 있다.

⑤ 법인세율은 25%이고 투하자본에 대한 기대수익률은 12%이다.

(물음1) 프로젝트에 대한 3년간의 추정손익계산서를 작성하시오.

(물음2) 프로젝트의 증분현금흐름(incremental cash flow)을 연도별로 계산하고 이를 이용해서 프로젝트의 순현재가치를 계산하시오.

(물음3) 프로젝트의 경제적 부가가치(economic value added)를 연도별로 계산하고 이를 이용해서 프로젝트의 순현재가치를 계산하시오. 단, 경제적 부가가치는 경제적 이익(economic income) 또는 잔여이익(residual income)과 같은 개념이다.

2-8 주주현금흐름에 의한 가치평가 (2014년)

포트폴리오 매니저인 김민국씨는 A기업의 자본비용을 추정하고, 이를 이용하여 A기업의 현재 주가가 과대 혹은 과소평가되어 있는지에 대한 보고서를 작성하고자 한다. 이를 위해 A기업에 대해 다음과 같은 자료를 수집하였다. 아래의 정보는 이후 변동이 없을 것으로 예상되며, 회사채는 채무불이행위험이 없다고 가정한다.

- 자본구조
  - 회사채를 발행하여 조달한 부채와 보통주를 발행하여 조달한 자본으로 구성
  - 부채비율(B/S) : 100%
- 회사채 관련 정보
  - 액면이자율(coupon rate) : 8%
  - 현재 액면가(par value)로 거래되고 있으며, 1년에 한번 이자를 지급하는 영구채
- 보통주 관련 정보
  - 시장포트폴리오의 기대수익률 : 9%   - 무위험이자율 : 5%
  - A기업의 주식베타 : 1.2   - A기업의 현재 주가 : 250원
  - A기업의 배당성장률 예측치 : 5%   - 작년말 주당 배당(d_0) : 5원
  - 보통주 발행 주식 수 : 3,200,000주
- 법인세율 : 30%

위의 자료를 바탕으로 김민국씨는 다음과 같은 보고서를 작성하였다.
- 자기자본비용
  - 일정성장 배당평가모형(고정성장모형)을 활용하여 자기자본비용을 계산할 수 있으나, A기업의 경우 CAPM모형을 적용하는 것이 적절하다고 판단되었다.
  - CAPM모형을 이용하여 추정한 자기자본비용은 (가)%이다.
- 타인자본비용
  - 세전타인자본비용은 현재 시장에서 거래되고 있는 A기업 회사채를 통해 추정한 만기수익률을 이용하였으며, 세후타인자본비용은 (나)%이다.
- A기업의 현재 부채비율(B/S)은 100%이고, 자기자본비용과 세후타인자본비용을 활용하여 추정한 가중평균자본비용은 (다)%이다.
- 지난 해 A기업의 주주잉여현금흐름(FCFE)은 4,000만원이었고, 영원히 매년 5% 성장할 것으로 예상된다. 따라서 현재 A기업의 주식은 (라)평가되어 있는 것으로 판단된다.

(물음1) 빈 칸 (가)와 (나)에 들어갈 자기자본비용과 세후타인자본비용은 얼마인가? 계산 결과는 %단위로 표시하되 반올림하여 소수점 첫째 자리까지 표기하라.

(물음2) A기업의 자기자본비용 추정과 관련하여 다음 물음에 답하여라.

　① 일정성장 배당평가모형을 활용하여 A기업의 자기자본비용을 추정하라. 계산 결과는 %단위로 표시하되 반올림하여 소수점 첫째 자리까지 표기하라.

　② ①의 계산결과를 이용하여 김민국씨가 일정성장 배당평가모형을 이용하였을 때의 문제점을 2줄 이내로 설명하라.

(물음3) 빈 칸 (다)에 적절한 가중평균자본비용은 얼마인지 계산하라. 계산결과는 %단위로 표시하되 반올림하여 소수점 첫째 자리까지 표기하라.

(물음4) 주주잉여현금흐름에 대한 김민국씨의 예상이 옳다고 가정할 때, 주주잉여현금흐름을 이용하여 A기업 주식의 내재가치(intrinsic value)를 계산하라. 이를 바탕으로 판단할 때, 괄호 (라)에 들어갈 적절한 단어는 무엇인가? 계산결과는 반올림하여 원단위로 표기하라.

2-9 감가상각비 절세효과의 할인율 (2015년)

가나기업은 기존의 기계설비를 새로운 기계설비로 교체할 것을 고려하고 있다. 기존의 기계설비는 3년 전 3,000만원에 취득했으며 구입 시 내용연수는 5년이고, 내용연수 종료 시점에서의 잔존가치와 매각가치는 없으며 현재 매각 시 1,000만원을 받을 수 있는 것으로 추정된다. 내용연수가 2년인 새 기계설비의 구입비용은 2,000만원이며 내용연수 종료 시점에서의 잔존가치는 없는 것으로 가정하고 감가상각을 할 예정이나 실제로는 내용연수 종료시점에서 500만원의 매각가치를 가질 것으로 예상하고 있다. 기존의 기계설비를 사용하는 경우에 기계설비 관련 연간 매출액은 1,500만원, 영업비용은 700만원이고, 새로운 기계설비를 사용하는 경우 향후 2년간 기계설비 관련 연간 매출액은 1,900만원, 영업 비용은 600만원일 것으로 추정된다. 새 기계설비를 사용하게 될 경우 교체 시점에서 1,000만원의 순운전자본이 추가되며 내용연수 종료시점에서 전액 회수된다.

가나기업은 감가상각방법으로 정액법을 사용하고 있으며 타인자본비용은 무위험이자율과 동일한 8%이다. 무부채기업이면서 같은 제품을 생산하는 경쟁업체의 자기자본비용은 12%이다. 가나기업의 법인세율은 30%이다. 가나기업은 만기가 2년이고 표면이자율이 8% 인 사채를 발행하여 새 기계설비 구입비용의 50%와 사채발행비를 조달할 예정이다. 사채를 발행하면 발행액의 2%에 해당하는 금액을 사채발행비로 지출해야 하는데 이는 사채의 만기까지 정액법으로 상각할 예정이다. 기계설비 매각대금 및 이에 관련된 처분손익의 법인세 효과는 매각시점에서 즉시 실현된다고 가정한다. 그리고 감가상각비의 절세효과는 항상 이용할 수 있다고 가정한다. 비율은 반올림하여 소수점 넷째 자리까지 표시하고 금액은 만원 단위로 소수점 둘째 자리까지 표시하시오.

(물음1) 새로운 기계설비를 도입할 경우 매년의 증분잉여현금흐름은 얼마인가?

(물음2) 자기자본만 사용한다고 가정하는 경우, 새로운 기계설비로 교체하는 투자안의 NPV는 얼마인가?

(물음3) 부채사용에 따른 기업가치 변화는 얼마인지 계산하시오.

2-10 경제적 부가가치와 잔존가치 (고급)

(주)미래는 5억원이 소요되는 설비를 도입하는 프로젝트를 고려하고 있다. 다음 자료를 이용하여 각 물음에 답하시오. 계산결과는 만원 단위로 정수로 계산하시오.

〈자료〉

① 설비의 수명은 3년이고 연간 감가상각비는 1억원이다.

② 설비를 도입한 후에 예상되는 세전영업현금의 증가는 연간 2억원이다.

③ 법인세율은 30%이고 투하자본에 대한 균형수익률은 12%이며 기대수익률은 15%이다.

(물음1) 3년 후 투자안의 잔존가치는 얼마인가?

(물음2) 프로젝트의 경제적 부가가치(economic value added)를 연도별로 계산하시오.

2-11 투자안의 기업잉여현금흐름(고급)

휴대폰을 생산하는 KS-Telecom은 스마트폰을 생산하려고 한다. 2,000만원의 비용을 소요하여 시장조사를 한 결과 기계설비는 새로 구입하여야 하며, 공장은 현재 연간 500만원씩 받고 임대하고 있는 회사 소유의 공장을 이용할 수 있다. 스마트폰의 기계설비의 구입가격은 150,000만원이고 최초의 운전자본은 10,000만원이 필요하며, 기계의 법인세법상의 감가상각은 잔존가치 없이 정액법으로 3년동안 하지만 3년 후의 실제잔존가치는 30,000만원으로 예상된다. 스마트폰의 향후 3년간 수요량은 12000, 10000, 10000대로 추정되며, 대당 판매가격은 30만원이며, 제조비용은 대당 20만원으로 추정된다. 순운전자본의 기말잔액은 매년 말의 매출액의 10%가 될 것으로 추정된다. (단, 3년 후에는 순운전자본이 0이 된다.) 스마트폰의 판매로 인하여 기존 휴대폰의 판매는 감소하며 감소한 휴대폰의 공헌이익은 매년 1,000만원으로 추정된다. 법인세율은 40%이며, 이자비용의 절세효과를 반영한 가중평균 자본비용은 10%이다.

위의 자료를 이용하여 투자안의 타당성을 분석하시오.

2-12 경제적 부가가치와 기업잉여현금흐름 (고급)

(주)미래는 40억원이 소요되는 설비를 도입하는 프로젝트를 고려하고 있다. 다음 자료를 이용하여 각 물음에 답하시오. 계산결과는 만원 단위로 정수로 계산하시오.

〈자료〉

① 설비수명은 4년이고 장부상 잔존가치는 없지만 실제 잔존가치는 1억원으로 예상된다.

② 설비를 도입한 후에 예상되는 세전영업현금의 증가는 다음과 같다.

1차년도	2차년도	3차년도	4차년도
21억	23.5억	23.5억원	21억원

③ 법인세율은 30%이고 투하자본의 자금조달은 부채와 자기자본 비율이 50:50로 한다.

④ 투하자본의 가중평균자본비용은 12%이며, 타인자본비용은 6%이다.

⑤ 매년 부채는 투자안 가치의 50%를 유지한다.

(물음1) 경제적 부가가치를 이용하여 투자안의 가치를 계산하시오.

(물음2) 기업현금흐름을 이용하여 투자안의 가치를 계산하시오.

2-13 경제적 감가상각과 주주현금흐름 (고급)

(주)미래는 40억원이 소요되는 설비를 도입하는 프로젝트를 고려하고 있다. 다음 자료를 이용하여 각 물음에 답하시오. 계산결과는 만원 단위로 정수로 계산하시오.

<자료>

① 설비수명은 4년이고 장부상 잔존가치는 없지만 실제 잔존가치는 1억원으로 예상된다.

② 설비를 도입한 후에 예상되는 세전영업현금의 증가는 다음과 같다.

1차년도	2년도	3차년도	4차년도
21억	23.5억	23.5억원	21억원

③ 법인세율은 30%이고 투하자본의 자금조달은 부채와 자기자본 비율이 50:50로 한다.

④ 투하자본의 가중평균자본비용은 12%이며, 타인자본비용은 6%이다.

⑤ 매년 말 부채는 투자안 가치의 50%를 유지한다.

(물음1) 2차년도의 경제적 감가상각비를 구하시오.

(물음2) 2차년도의 채권자 현금흐름을 구하시오.

(물음3) 2차년도의 주주 현금흐름을 구하시오.

제3장 자본예산

자본예산의 기초

1. 자본예산의 기초개념

투자안의 경제성을 평가하는 대표적인 기법은 다음과 같다.

(1) 순현재가치법

$$NPV = -\Delta CF_0 + \sum_{t=1}^{n} \frac{\Delta FCFF_t}{(1+wacc)^t}$$

(2) 내부수익률법(IRR)

- 현금유입액의 현재가치와 현금유출의 현재가치를 일치시켜 주는 할인율
- NPV=0이 되는 할인율

$$\Delta CF_0 = \sum_{t=1}^{n} \frac{\Delta FCFF_t}{(1+IRR)^t}$$

(3) 수익성지수법 (PI)

- 투자액 단위당 효율성을 측정하는 지표

$$PI = 1 + \frac{NPV}{\Delta CF_0}$$

(4) NPV법의 우위

IRR법과 비교해서 NPV법이 우수한 이유는 다음과 같다.

> ① NPV법은 가치가산의 원리가 성립된다.
> ② NPV법은 재투자수익률을 자본비용으로 가정하기 때문에 내부수익률로 가정하는 IRR법
>   보다 재투자 수익률의 가정이 보다 현실적이다.
> ③ IRR법은 현금흐름의 양상에 따라 복수로 존재하거나 존재하지 않는 경우가 있다.
> ④ NPV법은 기업가치의 극대화라는 기업의 목표와 일치한다.

2. NPV법의 접근방법

(1) 위험조정할인율법

- 미래현금흐름 : 위험이 포함된 현금흐름
- 할인율 : 미래현금흐름의 위험에 알맞은 이자율

(2) 확실성등가법

- 미래현금흐름 : 위험이 제거된 현금흐름
- 할인율 : 무위험이자율

Ⅱ 위험조정할인율 접근법

1. 기업잉여현금흐름(FCFF) 접근법

(1) 평가모형

가장 대표적인 투자안 평가기법으로 투자안으로부터 발생하는 증분 기업잉여현금흐름(FCFF)을 가중평균자본비용(wacc)으로 할인하고 투자금액을 차감하여 NPV를 산출한다.

$$NPV = -\Delta CF_0 + \sum_{t=1}^{n} \frac{\Delta FCFF_t}{(1+wacc)^t}$$

(2) 가중평균자본비용(wacc)의 결정

<1단계> 대용기업의 베타를 이용하여 투자안의 영업베타를 결정한다.

$$\beta_U^{project} = \frac{\beta_L^{대용}}{[1+(1-t)\times \frac{B^{대용}}{S^{대용}}]}$$

<2단계> 투자안의 목표자본구조를 이용하여 투자안의 베타를 결정한다.

$$\beta_L^{project} = \beta_U^{proect} \times [1+(1-t)\frac{B}{S}]$$

<3단계> 투자안의 베타와 목표자본구조를 이용하여 가중평균자본비용을 결정한다.

$$k_e = R_f + (R_m - R_f) \times \beta_L^{project}$$
$$wacc = k_d(1-t) \times \frac{B}{V} + k_e \times \frac{S}{V}$$

<4단계> 기업잉여현금흐름을 가중평균자본비용으로 할인하여 NPV를 결정한다.

$$NPV = \sum_{t=1}^{n} \frac{FCFF_t}{(1+wacc)^t} - CF_0$$

(3) 기업잉여현금흐름(FCFF)의 결정

☞ 2장의 내용을 참고한다.

필수예제

3-1 기업잉여현금흐름 (무위험부채인 경우)

(주)미래는 다음과 같은 현금흐름이 발생하는 투자안을 검토 중에 있다.

연 도	0	1	2	3	4
현금흐름	-300	100	150	200	200

(주)미래는 현재 자기자본 500만원과 부채 500만원으로 구성되어 있다. (주)미래의 자기자본 베타는 2.2이고, 무위험이자율은 10%, 기대시장수익률은 20%이며, (주)미래는 새로운 투자안의 자본구조도 기존의 자본구조 구성과 동일한 방법으로 구성할 것이다. 한편, (주)미래가 검토 중인 투자안과 동일한 영업위험을 가진 대한기업의 자본구성은 부채 : 자기자본 = 4 : 6이며, 보통주 베타는 2이다. 또한 법인세율은 25%이고, 부채의 베타는 0이다. (주)미래가 검토 중인 투자안의 순현가는 얼마인가?

정답

<1단계> $\beta_U = \dfrac{\beta^{대용}}{[1+(1-t)\dfrac{B}{S}]} = \dfrac{2}{[1+(1-0.25) \times \dfrac{4}{6}]} = 1.333$

<2단계> $\beta_L^{project} = \beta_U \times [1+(1-t)\dfrac{B}{S}] = 1.333 \times [1+(1-0.25) \times 1/1] = 2.333$

<3단계> $k_e = R_f + (R_m - R_f) \times \beta_L^{project} = 10 + [20-10] \times 2.333 = 33.33\%$

$wacc = k_d(1-t) \times \dfrac{B}{V} + k_e \times \dfrac{S}{V} = 10 \times (1-0.25) \times 0.5 + 33.33 \times 0.5 = 20.415\%$

<4단계> $NPV = \displaystyle\sum_{t=1}^{n} \dfrac{\Delta FCFF_t}{(1+wacc)^t} - \Delta CF_0$

$= -300 + \dfrac{100}{(1.20165)^1} + \dfrac{150}{(1.20165)^2} + \dfrac{200}{(1.20165)^3} + \dfrac{200}{(1.20165)^4} = 96.17$

☞ 기업의 부채가 위험부채인 경우 (타인자본비용> 무위험이자율)

1) 수정하마다 모형을 사용한다.(β_B : 부채베타)

$$\beta_L = \beta_U + (\beta_U - \beta_B)(1-t)\frac{B}{S}$$

2) 타인자본비용은 부채베타를 CAPM에 대입하여 산출한다.

$$k_d = R_f + [E(R_m) - R_f] \times \beta_B$$

필수예제

3-2 기업잉여현금흐름 (위험부채인 경우)

필수예제 3-1에서 (주)미래와 대한기업의 부채베타가 각각 0.5이라면 (주)미래가 검토 중인 투자안의 순현가는 얼마인가?

정답

<1단계> $\beta_L = \beta_U + (\beta_U - \beta_B)(1-t)\frac{B}{S}$

$2 = \beta_U + (\beta_U - 0.5) \times (1 - 0.25) \times \frac{4}{6} \rightarrow \beta_U = 1.5$

<2단계> $\beta_L^{project} = 1.5 + (1.5 - 0.5) \times (1 - 0.25) \times 1/1] = 2.25$

<3단계> $k_e = R_f + (R_m - R_f) \times \beta_L^{project} = 10 + [20 - 10] \times 2.25 = 32.5\%$

$k_d = R_f + (R_m - R_f) \times \beta^B = 10 + [20 - 10] \times 0.5 = 15\%$

$wacc = k_d(1-t) \times \frac{B}{V} + k_e \times \frac{S}{V} = 15 \times (1 - 0.25) \times 0.5 + 32.5 \times 0.5 = 21.875\%$

<4단계> $NPV = \sum_{t=1}^{n} \frac{\Delta FCFF_t}{(1 + wacc)^t} - \Delta CF_0$

$= -300 + \frac{100}{(1.21875)^1} + \frac{150}{(1.21875)^2} + \frac{200}{(1.21875)^3} + \frac{200}{(1.21875)^4} = \mathbf{84.17}$

2. 주주잉여현금흐름(FCFE) 접근법

(1) 평가모형

투자안으로부터 발생하는 증분 주주잉여현금흐름 (FCFE)을 자기자본비용으로 할인한 다음 자기자본 투자금액 $(CF_0 - B)$을 차감하여 NPV를 산출한다.

$$NPV = -(\Delta CF_0 - \Delta B) + \sum_{t=1}^{n} \frac{\Delta FCFE_t}{(1+k_e)^t}$$

(2) 자기자본비용의 결정

<1단계> 대용기업의 베타를 이용하여 투자안의 영업베타를 결정한다.

$$\beta_U^{project} = \frac{\beta_L^{대용}}{[1+(1-t) \times \dfrac{B^{대용}}{S^{대용}}]}$$

<2단계> 투자안의 목표자본구조를 이용하여 투자안의 베타를 결정한다.

$$\beta_L^{project} = \beta_U^{proect} \times [1+(1-t)\frac{B}{S}]$$

<3단계> 투자안의 베타를 CAPM에 대입하여 자기자본비용을 결정한다.

$$k_e = R_f + (R_m - R_f) \times \beta_L^{project}$$

(3) 주주잉여현금흐름(FCFE)의 결정

☞ 2장의 내용을 참고한다.

3. 조정현가법(APV)

(1) 평가모형

투자금액을 전액 자기자본으로 조달하는 경우의 NPV (기본 NPV)를 먼저 구하고 부채의 절세효과의 순현재가치를 가산하는 방법으로 다음 산식으로 산출한다.

- 조정현가 (APV : adjusted present value) = 기본 NPV + 부채사용효과

$$APV = 기본NPV + \sum_{t=1}^{n} \frac{I_t \times 세율}{(1+k_d)^t}$$

$$기본NPV = -\Delta CF_0 + \sum_{t=1}^{n} \frac{\Delta FCFF_t}{(1+\rho)^t}$$

(2) 무부채로 투자하는 경우의 가중평균자본비용(ρ)의 결정

[1단계] 대용기업의 베타를 이용하여 투자안의 영업베타를 결정한다.

$$\beta_U^{project} = \frac{\beta_L^{대용}}{\left[1+(1-t) \times \dfrac{B^{대용}}{S^{대용}}\right]}$$

[2단계] 투자안의 영업베타를 CAPM에 대입하여 무부채 자기자본비용을 측정한다.

$$\rho = R_f + [E(R_m) - R_f] \times \beta_u^{project}$$

(3) 부채사용효과의 측정

이자비용 법인세 절세효과는 다음과 같이 계산한다.

1) 일반모형 : $\sum_{t=1}^{n} \dfrac{I \times 세율}{(1+k_d)^t}$

2) 영구부채 : $B \times 세율$

☞ 목표부채비율

목표부채비율을 알 수 있는 경우 : FCFF법 또는 FCFE법
목표부채비율을 알 수 없고 부채사용금액을 알 수 있는 경우 : APV법

3-3 조정현가법

필수예제 3-1에서 목표부채비율을 알 수 없고 조달 레버지지가 기존의 자본구조 구성과 동일한 방법으로 투자안의 자본을 조달하는 경우 (주)미래가 검토 중인 투자안의 순현가를 구하시오.

정답

<1단계> $\beta_U = \dfrac{\beta^{대용}}{[1+(1-t)\dfrac{B}{S}]} = \dfrac{2}{[1+(1-0.25)\times\dfrac{4}{6}]} = 1.333$

<2단계> $\rho = R_f + [E(R_m)-R_f]\times\beta_u^{project} = 10 + [20 - 10] \times 1.333 = 23.33\%$

<3단계> $기본 NPV = \displaystyle\sum_{t=1}^{n}\dfrac{\Delta FCFF_t}{(1+\rho)^t} - \Delta CF_0$

$= -300 + \dfrac{100}{(1.2333)^1} + \dfrac{150}{(1.2333)^2} + \dfrac{200}{(1.2333)^3} + \dfrac{200}{(1.2333)^4} = \textbf{72.77}$

<4단계> $부채사용효과 = \displaystyle\sum_{t=1}^{n}\dfrac{I_t\times세율}{(1+k_d)^t} = \sum_{t=1}^{4}\dfrac{150\times0.10\times0.25}{(1.10)^t} = \textbf{11.89}$

<5단계> $APV = 기본 NPV + \displaystyle\sum_{t=1}^{n}\dfrac{I_t\times세율}{(1+k_d)^t} = 72.77 + 11.89 = \textbf{84.66}$

확실성등가법(CEQ)

1. 확실성등가를 이용한 투자 의사결정

확실성 등가는 위험이 제거된 현금흐름이므로 무위험이자율로 할인하여 NPV를 구한다.

$$NPV = -\Delta CF_0 + \sum_{t=1}^{n} \frac{\Delta CEQ_t}{(1+R_f)^t}$$

☞ 확실성등가를 산출하는 방법은 다음 4가지 방법이 있다.

① 효용함수를 이용하는 방법
② 확실성등가계수를 이용하는 방법
③ CAPM을 이용하는 방법
④ 위험중립확률을 이용하는 방법

2. 효용함수를 이용한 CEQ

• 불확실한 현금흐름과 동일한 효용을 제공하는 확실한 현금흐름을 계산

$$U(CEQ) = E[U(W)]$$

• 효용함수가 $U = \sqrt{W}$이고 이항분포를 가정하면 확실성 등가는 다음과 같다.

$$\sqrt{CEQ} = \sqrt{W_u} \times q + \sqrt{W_d} \times (1-q)$$

W_u : 주가상승시의 부, W_d : 주가하락시의 부,

q : 주가상승 확률

3. 확실성등가계수를 이용한 CEQ

(1) 확실성 등가계수

기대현금흐름과 확실성등가와의 비율로서 위험조정할인율을 이용하여 구한다.

$$\alpha_t = \frac{CEQ_t}{E(CF_t)} = (\frac{1+R_f}{1+wacc})^t \quad (\ 0 < \alpha < 1\ )$$

(2) 확실성등가

확실성등가는 기대현금흐름에 확실성등가계수를 곱하여 측정한다.

$$CEQ_t = E(CF_t) \times \alpha_t$$

4. CAPM를 이용한 CEQ

(1) 현금흐름 CAPM

① $\dfrac{E(CF_1)}{1+k_e} = \dfrac{CEQ_1}{1+R_f}$ ② $k_e = R_f + [E(R_m) - R_f] \times \dfrac{Cov(R_i, R_m)}{\sigma_m^2}$

②를 ①에 대입하면 현금흐름 CAPM이 도출되며 다음과 같다.

$$E(CF_1) = CEQ_1 + [E(R_m) - R_f] \times \frac{Cov(CF_{1,} R_m)}{\sigma_m^2}$$

(2) 확실성 등가의 측정

투자안 현금흐름과 시장포트폴리오 수익률에 대한 확률분포을 알 수 있는 경우 현금흐름 CAPM을 이용하여 다음과 같이 기대현금흐름을 확실성등가로 변환할 수 있다.

$$CEQ_1 = E(CF_1) - [E(R_m) - R_f] \times \frac{Cov(CF_{1,} R_m)}{\sigma_m^2}$$

5. 위험중립확률을 이용한 CEQ

이항분포 모형의 상황에서 위험중립확률(p)를 이용하여 확실성 등가를 측정하는 방법으로 다음과 같이 확실성등가를 구한다.

$$CEQ = CF_u \times p + CF_d \times (1-p) \quad \leftarrow \quad p = \frac{1 + R_f - d}{u - d}$$

CF_u : 호황의 현금흐름, CF_d : 불황의 현금흐름

필수예제

3-4 확실성등가법

필수예제 3-1의 투자안을 확실성등가법을 이용하여 평가하시오.

△정답

(1) 각 시점별 확실성등가 계수

$$a_t = \frac{CEQ_t}{E(CF_t)} = [\frac{1 + R_f}{1 + wacc}]^t = [\frac{1.10}{1.20415}]^t$$

(2) 각 기간별 확실성 등가

$$CEQ_0 = -300, \quad CEQ_1 = 100 \times [\frac{1.1}{1.20415}]^1 = 91.35, \quad CEQ_2 = 150 \times [\frac{1.1}{1.20415}]^2 = 125.17$$

$$CEQ_3 = 200 \times [\frac{1.1}{1.20415}]^3 = 152.46, \qquad CEQ_4 = 200 \times [\frac{1.1}{1.20415}]^4 = 139.28$$

(3) 확실성등가의 NPV

$$\text{NPV} = -300 + \frac{91.35}{(1.1)^1} + \frac{125.17}{(1.1)^2} + \frac{152.46}{(1.1)^3} + \frac{139.28}{(1.1)^4} = 96.17$$

자본예산의 특수상황

1. 내용연수가 상이한 투자안의 의사결정

투자안의 내용연수가 종료되는 시점에서 동일한 투자안에 반복투자가 가능한 경우 다음 방법으로 투자안을 평가한다.

(1) 최소공배수법

각 투자안의 최소공배수가 되는 시점까지 반복투자를 가정하여 총 NPV를 비교한다.

(2) 무한반복투자

각 투자안을 무한히 반복투자하는 경우의 총 NPV ($NPV(n,\infty)$)를 비교한다.

$$NPV(n,\infty) = NPV + \frac{NPV}{(1+wacc)^n - 1}$$

(3) 연간균등가치법(AEV)

무한반복투자의 총 NPV를 연금으로 측정한 것으로 다음과 같이 구한다.

$$AEV = NPV(n,\infty) \times wacc$$

필수예제

3-5 무한반복투자

(주)미래는 다음과 같은 투자안을 검토 중에 있다.

	투자안 A	투자안 B
내용연수	3년	4년
NPV	+210억	+250억
자본비용(할인율)	10%	10%

(물음1) 최소공배수 기간에 해당되는 두 투자안의 총 NPV를 구하시오.

(물음2) 무한반복투자에 해당되는 두 투자안의 총 NPV를 구하시오.

(물음3) 두 투자안의 연간균등가치를 구하시오.

정답

(물음1) 최소공배수기간은 12년 이므로 12년에 대한 총 NPV는 다음과 같다.

투자안 A ; $NPV = 210 + \dfrac{210}{(1+0.10)^3} + \dfrac{210}{(1+0.10)^6} + \dfrac{210}{(1+0.10)^9} = 732$억

투자안 B ; $NPV = 250 + \dfrac{250}{(1+0.10)^4} + \dfrac{250}{(1+0.12)^8} = 684$억

$NPV_A > NPV_B$ 이므로 A를 선택한다.

(물음2) 무한반복투자의 총 NPV는 다음과 같다.

투자안 A ; $NPV = 210 + \dfrac{210}{(1+0.10)^3 - 1} = 844$억

투자안 B ; $NPV = 250 + \dfrac{250}{(1+0.10)^4 - 1} = 789$억

$NPV_A > NPV_B$ 이므로 A를 선택한다.

(물음3) 연간균등가치(AEV)

투자안 A : $AEV = 844$억 x 10% = 84.4억

투자안 B : $AEV = 789$억 x 10% = 78.9억

$AEV_A > AEV_B$ 이므로 A를 선택한다.

2. 연간균등비용을 이용한 최적교체시점의 결정

기존의 기계장치를 새로운 기계장치로 교체하는 경우 다음의 순서로 의사결정을 한다.

[1단계] 신기계장치의 연간균등비용(AEC)를 구한다.

$$AEC = \frac{\text{신기계유지비용의현재가치}}{PVIFA_{r,n}}$$

[2단계] 구기계장치의 각 시점별 연간 비용을 구한다.

구기계 연간비용 = 유지비용 + 기회비용 - 처분가액

[3단계] 기계교체의 의사결정

구기계 연간비용 < AEC ⇒ 교체하지 않음

구기계 연간비용 > AEC ⇒ 교체한다.

3. 성장기회의 순현재가치 (NPVGO)

투자안의 NPV를 주가에 반영하기 위해서는 다음 절차에 따라 계산한다.

[1단계] 투자시점(t)의 투자안의 순현가(NPV_t)를 계산한다.

[2단계] 투자안의 순현가의 현재가치(NPVGO)를 구한다.

$$NPVGO = \frac{NPV_t}{(1 + wacc)^t}$$

[3단계] 성장기회를 반영한 주식평가를 측정한다.

$$P_0 = \frac{EPS_1}{k_e} + \frac{NPVGO}{\text{주식수}(n)}$$

☞ EPS의 할인율은 자기자본비용, NPVGO의 할인율은 가중평균자본비용이다.

4. 리스

리스이용자가 리스의 경제성을 평가할 때 리스와 직접구입의 증분현금으로 NPV를 계산하므로 투자안의 영업현금흐름 및 베타는 고려하지 않기 때문에 할인율은 가중평균자본비용이 아닌 세후 타인자본비용이며 다음과 같이 계산한다.

$$NPV^{리스-직접구입}=+\,CF_0 - \sum_{t=1}^{n}\frac{리스료 \times (1-세율)}{(1+k_i)^t} - \sum_{t=1}^{n}\frac{Dep \times 세율}{(1+k_i)^t}$$

$CF_0 = 리스자산의취득원가, \quad k_i = k_d \times (1-세율)$

필수예제

3-6 리스

(주)미래는 특정 자동차부품을 보다 저렴하게 생산할 수 있는 기계설비의 도입에 리스를 이용할 것인지, 차입 구매할 것인지를 검토하고 있다. 이 기계설비의 구입가격은 1,200억원이고 내용연수는 10년이다. 10년 후 잔존가치와 매각가치는 없으며, (주)미래는 설비의 도입으로 매년 250억원의 비용이 절약될 것으로 기대한다. 리스료는 10년 동안 매년 연말에 지불하며 법인세율은 35%이고 감가상각은 정액법을 따르며 시장에서의 차입이자율은 9%이며, 가중평균자본비용은 12%이다. (주)미래 입장에서, 차입 구매 대비 리스의 증분현금흐름의 순현가가 0이 되는 리스료는 얼마인가?

PIVFA (15%. 10년) = 5.65, PIVFA (9%. 10년) = 6.42, PIVFA (5.85%. 10년) = 7.41

정답

(1) 리스의 연간증분현금흐름

= 리스료 × (1 − 세율) + 감가상각비 × 세율 = L × 0.65 + 120 × 0.35

(2) 리스 의사결정의 할인율 = 9% × (1 − 0.35) = 5.85%

(3) NPV = 0 = −1,200억 + (0.65 × L + 42억) × 7.4127 ⇒ **L = 184.44억**

5. 최적 자본예산

(1) 투자기회선 (IOS)

투자안의 내부수익률은 투자규모가 증가함에 따라 하락한다.

(2) 한계자본비용 (MCC)

투자규모가 증가함에 따라 가중평균자본비용은 증가한다.

<유보 자금으로 자기자본을 조달하는 경우>
CAPM을 이용하여 자기자본비용을 구한 후 가중평균자본비용을 결정한다.

$$k_e = R_f + (R_m - R_f) \times \beta_L^{project}$$

<신주발행하여 자기자본을 조달하는 경우>
배당할인모형을 이용하여 자기자본비용을 구한 후 가중평균자본비용을 결정한다.

$$k_e = \frac{D_1}{P_0 - F} + g \ (F = \text{신주발행비})$$

(3) 최적자본예산

최적투자규모는 IOS와 MCC가 만나는 점에서 결정된다.

필수예제

3-7 최적자본예산

K기업은 서로 독립적인 다음의 3개 투자안을 고려하고 있다. 이들 투자안들은 모두 K기업의 영업위험과 동일한 위험도를 갖고 있다.

투자안	투자금액	내부수익률
A	15억원	13.0%
B	12억원	11.5%
C	12억원	10.0%

K기업의 유보이익이 9억으로 예상되며, 다음의 조건하에 투자할 예정이다.

a. 현재 40%의 부채와 60%의 자기자본으로 이루어진 자본구조를 가지고 있다.

b. 신규투자 후에도 기존의 자본구조가 그대로 유지되어야 한다.

c. 세후부채비용(after-tax cost of debt)은 7%이다.

d. 자기자본비용은 14%이며, 유보이익으로 부족하면 신주를 발행하여 조달할 계획이며, 신주를 발행하게 되면 발행시장의 비용 때문에 자기자본비용은 2% 증가한다.

(물음1) 자기자본비용이 증가하게 되는 분기점을 구하시오.

(물음2) 자금조달규모에 따른 가중평균자본비용을 구하시오.

(물음3) K기업의 최적투자규모를 구하시오.

정답

(1) 자기자본비용의 분기점 = 9억/0.6 = 16억원

(2) 자금조달 규모가 16억원 이하인 경우 가중평균자본비용

$$wacc = k_i \times \frac{B}{V} + k_e \times \frac{S}{V} = 7 \text{ x } 0.4 + 14 \text{ x } 0.6 = 11.2\%$$

자금조달 규모가 16억원 초과인 경우 가중평균자본비용

$$wacc = k_i \times \frac{B}{V} + k_e \times \frac{S}{V} = 7 \text{ x } 0.4 + 16 \text{ x } 0.6 = 12.4\%$$

(3) 내부수익률과 가중평균자본비용을 비교하여 투자결정을 한다.

투자안 A : IRR(13%) > wacc(11.2%) ➡ 채택

투자안 B : IRR(11.5%) < wacc(12.4%) ➡ 기각

투자안 C : IRR(10%) < wacc(12.4%) ➡ 기각

∴ 채택해야 할 투자안은 A이며, 최적투자규모는 15억원이다.

6. 실물옵션

투자안의 연기옵션 또는 포기옵션의 가치는 옵션이 포함된 후의 투자안의 NPV^{after} 에서 옵션이 없는 상황의 NPV^{before} 의 차이로 측정한다.

$$옵션의 \ 가치 \ = \ NPV^{after} - NPV^{before}$$

위험중립확률 및 이항분포를 이용한 실물옵션의 평가는 8장에서 자세히 다룬다.

필수예제

3-8 실물옵션

그 동안 5억원을 들여 조사한 바에 의하면 현재(t=0) 30억원을 들여 생산시설을 구축하면 미래현금흐름의 1년 후 시점(t=1)의 현가(PV)는 수요가 많을 경우 40억원이며 수요가 적을 경우 25억원이다. 수요가 많을 확률은 60%이며 수요가 적을 확률은 40%이다.

적절한 할인율은 10%이다. 그런데 생산시설을 구축하고 수요가 확인된 1년 후 20억원을 추가로 투자해 생산시설을 확장할 수 있다고 하자. 이 때 미래현금흐름의 1년 후 시점 (t=1)에서의 현가(PV)는 수요가 많을 경우 70억원이며 수요가 적을 경우 35억원이다. 1년 후 생산시설을 대규모시설로 확장할 수 있는 실물옵션(real option)의 현재 시점(t=0)의 현가(PV)는 근사치로 얼마인가?

정답

(1) 5억원은 매몰원가이므로 고려하지 않는다.

(2) 실물옵션이 없는 경우 : $NPV^{before} = -30억 + \dfrac{40억 \times 0.6 + 25억 \times 0.4}{1.1} = 0.91억$

(3) 실물옵션이 있는 경우 : $NPV^{after} = -30억 + \dfrac{(70억 - 20억) \times 0.6 + 25억 \times 0.4}{1.1} = 6.36억$

(4) 옵션의 가치 $= NPV^{after} - NPV^{before} = $ **5.45억**

실전문제

3-1 신주발행과 차환 (1996년)

상업용 계산기를 생산하는 당산기업의 총자산은 20억, 장기부채는 8억, 자본금 8억, 유보이익 4억이다. 당산기업의 주식은 현재 주당 10,000원에 거래되고 있으며 발행주식 총수는 16만 주이다. 부채는 좌당 100,000원이고 발행가액도 100,000원이며 액면이자율은 10%이다. 사채의 만기는 10년이며 발행일로부터 5년이 지나면 수의 상환이 가능하다. 사채는 4년 전에 발행한 것이며 수의상환시 연간 액면이자의 50%를 상환프리미엄으로 주는 조건이다. 회사의 법인세율은 40%이다. 현재 시장주가지수는 1,000이며 1년 후 당산기업과 시장주가지수에 대한 자료는 다음과 같다.

확률	당산기업의 주가		시장주가지수	
	주가	배당액	주가지수	배당률
1/3	8,000	0	920	2%
1/3	10,800	200	1,100	4%
1/3	12,600	500	1,200	8%

(물음1) (주)당산의 가중평균 자본비용을 구하시오 (단, 무위험 이자율은 10%)

(물음2) (주)당산은 2억원의 투자가 소요되는 의류사업을 진출하려고 한다. 이를 위해 (주)당산은 신주를 발행하여 투자금액을 조달하려고 한다. 신주의 발행가액을 5,000원으로 하는 경우, 신주인수권 1단위의 가치를 구하시오.

(물음3) 김이사는 5,000원에 신주를 발행하는 것은 기업에 손실을 가져온다고 주장하며 8,000원에 발행하여야 한다고 주장하였다. 당신 의견을 제시하시오.

(물음4) (주)당산은 신규투자안의 결정과 관련하여 아래와 같은 3가지 주장이 있다.

첫째, 갑이사는 전액을 유보이익으로 조달하기 때문에 유보이익의 자본비용으로 할인해야 한다고 주장하고 있다.

둘째, 을이사는 의류업계의 선발기업인 ㈜회계(B/S=0.5, β=1.5)의 영업위험을 이용하여 할인율을 결정해야 한다고 주장하고 있다.

셋째, 병이사는 현재회사의 가중평균자본비용으로 할인해야 한다고 주장하고 있다. 당신은 어느 이사의 주장에 동의하는가? 위의 세 가지 주장에 대해 누구의 의견이 옳은가를 말하고 적절한 할인율을 구하시오.

(물음5) 현재시점이 5년째인데 시장이자율이 8%가 되었으며 액면이자율 8%에 이 사채(기존사채)와 동일한 사채를 발행할 수 있다. 차환의 경제성을 평가하시오. 단, 법인세법에 의하여 사채상환손익의 법인세 효과는 상환시점에서 반영된다.

3-2 신주발행비와 사채발행비 (1997년)

벤쳐기업은 다음의 두 가지 사업을 고려하고 있다. 사업 A는 식품사업이고 사업 B는 컴퓨터사업이다. 사업 A는 투자시 1억원을 소요하고, 사업 B는 투자자금 3억을 필요로 한다. 투자에 필요한 자금은 주식과 사채를 발행하여 조달한다. 어떤 투자안을 선택하더라도 부채비율(B/S)은 200%를 유지할 것이다. 사업 A 및 사업 B와 유사한 영업위험을 가진 기업의 대용베타는 다음과 같다. (단, 법인세율은 20%입니다.)

투자안	A 식품사업	B 컴퓨터사업
대용 β계수	0.9	1.5
부채비율	1.5	2.5

(물음1) 시장포트폴리오의 수익률이 10%이고 무위험 수익률이 6%일 때 각 투자안의 자기자본비용을 구하라.

(물음2) 액면가액이 1,000,000원인 사채를 발행하여 타인자본을 조달할 때, 사채의 발행가격은 1,051,542원이고 만기는 3년이며 액면이자율은 10%이다. 사채발행에 의한 자금조달의 타인자본비용을 구하라. 단, 기간 3년의 현가표는 다음과 같다.

이자율	6%	7%	8%	9%
PVIF	0.8396	0.8163	0.7983	0.7722
PVIFA	2.6730	2.6243	2.5771	2.5313

(물음3) 앞의 물음 1, 2와 무관하게 자기자본비용이 15%이고 세후 타인자본비용이 6%이며, 각 투자안의 현금흐름은 다음과 같다. 무한반복투자를 가정할 때 어떤 투자안을 선택하겠는가?

기 간	현 금 흐 름	
	투자안 A	투자안 B
0	1억	1억
1	1억	1억
2	1억	1억
3	2억	1억
4	3억	3억
5	–	1억
6	–	2억

(물음4) 벤쳐기업은 어떠한 투자안을 선택하더라도 투자에 필요한 자금은 주식과 채권
을 1:2의 비율로 발행할 때 주식은 발행금액의 4%, 사채는 발생사채 금액의 3%
가 조달경비로 발생한다. 사채발행비가 투자안 A의 각 연도의 현금흐름에 미치
는 영향을 설명하라(단, 조달경비는 3년에 걸쳐 정액법으로 상각한다).

(물음5) 현재주가가 40,000원이며, 벤쳐기업은 유상증자를 25%하려고 한다. 유상증자는
25%를 할인 발행하는데 기존주주 외에 벤쳐기업 경영자의 특수관계자에게 20%
를 우선배정하고 나머지 80%만을 기존주주에게 배정한다. 이 결정이 기존주주의
부에 미치는 영향을 구체적인 수치를 들어 설명하라.

3-3 자본예산 평가기법 (2002년)

(주)일신은 매년 말 1억원씩 10년을 투자하면 11년도 말부터 매년 영구적으로 1억원의 순현금흐름이 발생하는 투자안을 개발하였다. 이 투자안을 위해 1억원의 개발비가 과거 3년간 지출되었는데 전액 회수 불가능하다. 매년의 투자금액 1억원에는 기회비용 5,000만원이 포함되어 있다. (주)일신의 자기 자본과 부채의 비율은 5 : 5이고 주주의 요구 수익률은 12%, 채권자의 요구수익률은 8%, 법인세율은 50%로 매년 일정하게 유지되고, 이 투자안의 수행으로 (주)일신의 영업위험과 재무위험은 영향을 받지 않는다고 가정하자. 다음 물음에 답하시오.

단, $A + Ag + Ag^2 + \ldots + Ag^{n-1} = \dfrac{A(1-g^n)}{1-g}$

$1.10^{10} = 2.5937$ $1.09^{10} = 2.3674$ $1.08^{10} = 2.1589$ $1.07^{10} = 1.9672$ $1.06^{10} = 1.7908$

(물음1) 투자안의 회수기간은 몇 년인지 계산하고, 이 투자안의 채택 여부를 결정하시오.

(물음2) 투자안의 내부수익률을 계산하고, 그 결과에 근거해 이 투자안의 채택여부를 결정하시오. 단, 내부수익률은 %로 표현하되 정수자리까지 구해서 가장 근사치를 택하시오.

(물음3) 투자안의 순현가를 계산하고, 그 결과에 근거해 투자안의 채택여부를 결정하시오.

(물음4) 만일 이 투자안의 수행을 위해 독립법인인 (주)국제를 설립한다고 하자. 이때 (주)국제 주주의 요구수익률이 10%, 자기 자본과 부채의 구성 비율이 6 : 4라고 하자, 투자안을 채택하기 위해서는 채권자의 요구수익률이 얼마가 되어야 하는가?

(물음5) (물음4)에서 거래 은행으로부터 년 이자율 4.95%, 분기별이자 지급 조건으로 투자안의 수행을 위한 부채 전액을 조달할 수 있다면 투자안을 채택하겠는가? 단, 이자율은 %로 소수점 둘째 자리까지 구하시오.

3-4 확실성 등가를 이용한 자본예산 (2003년)

새로 설립될 아산기업(무부채기업)은 사업을 시작하면서 두 개의 상호배타적인 무위험 투자안 A와 위험투자안 B를 놓고 투자여부를 검토 중이다. 두 투자안의 투자금액은 같지만 투자기간은 2년과 1년으로 서로 다르며, 각 투자안의 경우 투자 종료 후에도 동일한 투자기회가 계속 반복될 수 있다고 가정한다. 한편 투자안 B와 유사한 사업위험을 갖고 있는 천안기업은 부채3,000만원, 자기자본 6,000만원이며 자기자본 베타는 1.5이다. 단, 법인세는 없으며 무위험 수익률은 5%, 시장포트폴리오 기대수익률은 10%이다.

무위험투자안 A		위험투자안 B		
(단위: 만원)		(단위: 만원)		
시점	현금흐름	시점	확률	현금흐름
0	-5,000	0	1.0	-5,000
1	2,600	1	0.5	3,500
2	3,200		0.5	8,000

(물음1) 효용함수가 $U(X) = \sqrt{X}$ (단, X는 현금흐름)로 알려져 있는 '김갑동'이 아산기업의 1인 소유경영자가 된다면 확실성 등가법을 이용하여 투자안을 평가하라.

(물음2) 효용함수가 $U(X) = \sqrt[4]{X} = \sqrt{\sqrt{X}}$ (단, X는 현금흐름)로 알려져 있는 '박을동'이 아산기업의 소유경영자(1인 소유기업)가 된다면 어느 투자안을 선택할 것인지 '박을동'의 위험태도를 반영한 확실성 등가법을 이용하여 투자안을 평가하라. 그리고 시장에서 평가하는 투자안 B의 1년 후 현금흐름에 대한 확실성 등가계수와 '김갑동', '박을동' 각 개인이 평가하는 확실성 등가계수를 비교하라.

(물음3) '김갑동'과 '박을동'은 아산기업의 주주로만 참여하고 경영은 전문 경영자에게 맡기기로 하였다고 하자. 이 경영자 입장에서 모든 주주가 동의하는 만장일치의 투자결정을 하기 위해서는 ① 어떤 시장 조건이 필요한지 그 내용을 기술하고, ② 이 시장조건하에서 자본예산과 관련하여 경제적으로 중요한 의미를 갖는 내용이 무엇인지 간단히 설명하라. ③ 이러한 시장조건하에서 투자안을 평가하라.

(물음4) 투자안 B에 내포되어 있는 위험을 회피할 수 있는 어떤 제도적인 방법이 도입된다고 하면, '김갑동'과 '박을동'은 어느 정도의 비용까지 부담할 의사가 있다고 보는가?

3-5 베타와 NPV (2003년)

무부채기업인 (주)플래닛은 A, B 두 개의 사업부를 가지고 있다. 각 사업부의 기대 현금흐름은 다음 표와 같다. (-)는 현금유출을, (+)는 현금유입을 의미한다. 사업부 A 의 베타는 0.5, 사업부 B의 베타는 1.5이다. 무위험 수익률은 4%, 시장포트폴리오의 기대수익률은 10%이다.

(단위: 억원)

사업부＼시점	0년	1년
사업부 A	-100	+160.5
사업부 B	-100	+282.5

(물음1) 각 사업부의 순현재가치를 구하라.

(물음2) (주)플래닛의 베타를 이용하여 (주)플래닛의 시장가치를 구하라.

3-6 연기옵션과 APV (2005년)

(주)에어테크는 (주)스카이항공으로부터 다음과 같은 제안을 받았다. 비행기용 특수부품의 성능이 보통이면 개당 20억원에 70개 매입하고 성능이 우수하면 개당 30억원에 100개 매입하겠다. (주)에어테크가 특수부품을 개발하는데 1년이 소요되며 500억원을 즉시 지출해야한다. (단, 개발비용 500억원에 대해서는 세금을 고려하지 않는다) 개발된 성능의 부품이 보통일 확률은 70%이고 우수할 확률은 30%이다. 부품개발 하는 즉시 부품생산을 위해 1500억원을 투자해야 하며 잔존가치 없이 3년간 정액법으로 감가상각된다. 변동비는 개당 10억원이고 감가상각비를 제외한 고정비용은 연간 200억이 들것으로 예상된다. 자기자본 만으로 구성된 (주)에어테크의 적절한 할인율은 10%이고 법인세율은 34%이다. 3년의 연금현가 요소는 다음과 같다.(모든 금액은 억원이고 소수둘째자리 까지만 표시하라)

6%	7%	8%	9%	10%
2.6730	2.1243	2.5771	2.5313	2.4869

(물음1) 부품의 성능이 보통일 경우와 우수할 경우 연간 현금흐름은 각각 얼마인가?

(물음2) 부품의 성능이 보통일 경우와 우수할 경우의 개발완료 시점(t=1)에서의 순현가(NPV)는 각각 얼마인가?

(물음3) (주)에어테크가 (주)스카이항공이 제안한 내용대로 계약을 체결한다면 현재시점(T=0)에서의 순현가(NPV)는 얼마인가?

(물음4) 당장 계약을 체결하는 대신 부품개발 완료시점(T=1)에서 (주)스카이항공이 제시한 내용대로 계약을 체결할 수 있는 권한이 (주)에어테크에게 주어진다면 현재시점(T=0)의 NPV는 얼마인가?

(물음5) 당장계약을 체결하지 않고 부품개발 완료시점에서 생산 및 판매여부를 결정할 수 있는 프로젝트의 순 현가(NPV)는 당장 부품을 개발.생산.판매하기로 하는 계약을 체결하는 프로젝트의 순현가(NPV)와 얼마나 차이가 나는가? 이 차이를 "무엇" 가치라고 부르는가?

(물음6) 부품개발이 완료된 시점(t=1)에서 (주)에어테크가 자기자본만으로 부품을 생산하면 순현가(NPV)는 1,877.21억원이다. 만일 1,500억원의 투자액 중 1,000억원을 채권발행으로 조달한다면 부품완료 시점(t=1)에서의 조정순현가(APV)는 얼마인가? 채권의 연이율은 6%이고 원금은 3년 후에 전액 지급된다.

3-7 NPVGO (2006년)

새로운 회계연도초인 현재(시점 0), 무부채기업인 ㈜트윈은 1만주의 주식을 발행하고 있고 직전 회계연도말 세후순이익은 120만원이다. 시장의 무위험이자율은 6%이고 시장포트폴리오의 기대수익률은 12%이며, 이후 변동이 없을 것으로 예상된다. 법인세(세율 40%)외 개인소득세는 없으며 거래비용도 없고, 시장은 완전하다. 단, 계산은 소수점 아래 넷째 자리에서 반올림 하시오.

(물음1) ㈜트윈과 동일한 영업위험을 가진 ㈜쌍둥이 주식의 베타값이 1.95이고 부채 대 자기자본비(B/S)이 0.5일 때, CAPM을 이용하여 ㈜트윈의 자기자본비용을 구하시오.

(물음2) ㈜트윈은 향후 영속적으로 동일한 세후순이익이 기대되고 새로운 성장기회가 없어 직전 회계연도 순이익을 전액 현금배당으로 지급한 경우, ㈜트윈의 현재 주가를 배당평가모형을 이용하여 구하시오.

(물음3) (물음2)의 상황을 전제로, ㈜트윈이 내부자금 100만원을 1주당 833.333원의 조건으로 전액 자사주 매입에 사용할 것이라고 발표하였다. 만약 당신이 해당 주식을 10주 보유하고 있는 투자자라고 할 때, 제시된 조건으로 자사주 매입에 응할 것인지, 아니면 주식을 계속 보유할 것인지 최종 부의 차이를 통해 제시하시오.

(물음2)와 동일한 상황에서, 이번 회계연도말에 100만원을 투자하면 매년 30만원의 영업이익이 영구히 발생하면서 기존의 투자와 동일한 영업위험을 갖지만 독립적인 신규투자기회가 ㈜트윈에게 발견되었다고 하자. 즉, 새로운 투자기회로 인한 매기말 예상현금흐름은 아래와 같으며, 더 이상의 투자기회는 없다고 한다.

시 점	1	2	3	⋯
투자금액	100만원	-	-	-
영업이익 (EBIT)	-	30만원	30만원	⋯

(물음4) 투자금액을 전액 내부자금으로 조달하는 경우, 신규투자기회의 순현가(NPVGO)를 구하고, 이를 감안한 ㈜트윈의 주가도 함께 구하시오.

(물음5) 투자금액의 절반은 영구부채를 통해 무위험이자율로 조달하고, 나머지는 내부자금으로 조달하는 경우, 신규투자기회를 감안한 ㈜트윈의 주가를 구하시오.

3-8 연간균등비용 (2007년)

신제품 생산라인을 도입할 예정인 P사는 동일한 성능을 지닌 두 기계 A와 B 중 하나를 선택하는 상호배타적 투자안을 평가 중이다. 기계 A는 내용연수가 2년이고 구입 및 설치비용이 100원이며 매년 말 유지비용이 20원 소요된다. 내용연수 만료시 10원에 매각이 가능할 것으로 예상된다. 한편 기계 B는 내용연수가 3년이고 구입 및 설치비용이 100원이며 매년 말 유지비용이 30원 소요된다. 기계 B는 잔존가치가 없다. 모든 투자안 가치평가에 10%의 할인율이 적용된다. 법인세는 없다. (모든 수치는 소수점 셋째 자리에서 반올림하시오.)

연간할인율, 연수	10%, 2년	10%, 3년	10%, 4년
현가이자요소(PVIF)	0.8264	0.7513	0.6830
연금의 현가이자요소 (PVIFA)	1.7355	2.4868	3.1699

(물음1) 두 기계 A와 B 모두 내용연수 만기와 동시에 동일한 조건의 동종기계로 지속적으로 대체한다는 가정하에 최적 투자안을 선택하시오.

(물음2) 현재 외부업체가 기계 C를 개발하고 있으며 상용화가 될 확률이 50%이다. P사가 최초에 기계 A를 도입한 경우에 한해서 2년 후 시점(t=2)에 기계 A 혹은 기계 C로 대체할 수 있다. 일단 대체할 기계가 결정되면 계속해서 동일 기계를 사용해야 한다. 기계 C의 성능은 기계 A와 동일하다. 내용연수 2년간 소요되는 기계 C의 비용의 현가는 2년 후 시점(t=2)을 기준으로 100원이다. (물음 1)과 동일한 가정 하에 t=0시점에서 기계 A와 기계 B의 도입 안을 비교하여 최적 투자안을 선택하시오.

3-9 확실성 등가 (2008년)

자본자산가격결정모형(CAPM)이 성립하는 경우 (주)문원의 상호배타적인 투자안A와 투자안B의 1년 후 경기변동 상황에 따른 현금흐름과 시장수익률의 확률분포는 다음의 표와 같다. 투자안A와 투자안B의 내용연수는 1년이고 투자비용은 동일하다. (모든 계산은 반올림하여 소수점 넷째 자리까지 표시한다.)

경기상황	확률	투자안A 현금흐름	투자안B 현금흐름	시장수익률
불황	1/3	3,100원	2,800원	15%
정상	1/3	3,300원	3,300원	20%
호황	1/3	3,500원	3,800원	25%

(물음1) 확실성 등가법을 이용하여 (주)문원이 투자안 A와 투자안 B 중 어느 것을 선택해야 하는지 풀이과정을 보여 설명하시오. 이 때 시장수익률(R_M)은 양(+)의 무위험이자율(R_F)보다 크다고 가정하시오.

> 인트 투자안의 현재가치는 기대현금흐름에 대한 확실성등가를 무위험이자율(R_F)로 할인한 값이다. 투자안 X의 기대현금흐름 $E(CF_X)$에 대한 확실성등가는 다음과 같다.
>
> $$CEQ_X = E(CF_X) - \lambda Cov(CF_X, R_M)$$
>
> 여기서 $\lambda = \dfrac{[E(R_M) - R_F]}{Var(R_M)}$ 는 시장위험 1단위에 대한 위험프리미엄이다.

(물음2) 무위험이자율(R_F)이 16%일 경우 ① 투자안 A와 투자안 B의 CAPM 베타 β_A, β_B를 각각 구하고 ② 위험조정할인율 $E(R_A)$, $E(R_B)$를 각각 구하시오.

> 인트 투자안X의 수익률 R_X와 시장수익률 R_M과의 공분산은 다음과 같다.
>
> $$Cov(R_X, R_M) = \frac{Cov(CF_X, R_M)}{PV_X}$$
>
> 여기서 PV_X는 기대현금흐름의 현재가치이다.

3-10 조정현가법(APV) (2009년)

이동통신사업을 무부채로 경영해오고 있던 ABC기업은 새로운 이동통신 콘텐츠사업을 담당할 자회사 설립을 고려하고 있다. 해당 자회사의 설립에는 90억원이 소요되고, 설립 첫해에는 20억원의 세전영업이익이 발생한 후 매년 2%씩 영속적으로 늘어나며, 감가상각비는 없을 것으로 예상된다. 동종 콘텐츠회사인 XYZ기업의 경우 주식베타가 1.92이며, 부채비율(타인자본/자기자본)은 200%이다. 무위험이자율은 10%, 시장위험프리미엄은 10%, 그리고 법인세율은 30%이다. 금액은 억원 단위로 표기하고, 반올림하여 소수점 넷째 자리까지 계산하시오.

(물음1) ABC기업이 100% 주식발행만으로 자회사 설립을 고려할 경우, 순현가(NPV)를 이용하여 해당 투자안의 경제성을 평가하시오.

(물음2) ABC기업은 자회사 설립시 투자액의 1/3을 무위험부채를 통해 조달하고, 나머지는 주식으로 조달하려고 한다. 투자안의 경제성을 조정현가(APV)법을 이용하여 평가하시오.

(물음3) ABC기업은 모든 투자안에 대해 18%의 필수수익률(cut-off rate)을 요구한다고 하자. 자회사 설립 투자안에 대한 내부수익률(internal rate of return)을 구하고, 투자여부를 판단하시오.

3-11 확실성 등가 (2010년)

(주)한강은 내용연수가 1년이고 현재 시점에서 60억원의 투자금액이 소요되는 투자안을 가지고 있다. 투자안의 1년 후 현금흐름과 시장포트폴리오의 연간 수익률에 대한 확률분포는 다음과 같다.

상황	확률	투자안의현금흐름	시장포트폴리오의 수익률
불황	50%	30억원	-20%
호황	50%	200억원	40%

연간 무위험수익률은 5%이다. 금액은 억원 단위로 표기하고, 모든 계산은 반올림하여 소수점 넷째 자리까지 나타내시오.

(물음1) 투자안의 확실성등가를 계산하시오.

(물음2) 투자안의 NPV를 계산하여 투자의사결정을 내리시오.

※ (물음1)에서 계산한 투자안의 확실성등가를 100억원으로 가정하고 (물음3)부터 (물음5)까지 답하시오.

(물음3) 투자안의 위험조정할인율을 계산하시오.

(물음4) 경제상황이 호황이 될 위험중립확률을 구하시오.

(물음5) (주)한강이 투자안을 1년 연기할 수 있는 기회를 갖는다면, 이 연기옵션의 가치를 이항옵션평가모형(binomial option pricing model)을 이용하여 계산하시오. 단, 1년을 연기해서 투자할 경우 투자금액은 물가상승 등의 영향으로 65억원으로 증가하며, 또한 첫 해가 호황(불황)이면 둘째 해도 호황(불황)이라고 가정하시오.

3-12 다양한 가치평가 접근법 (2013년)

(주)우리는 부채비율(타인자본가치/기업가치) 40%를 목표부채비율로 설정하여 유지하고 있으며, 채권 베타는 0.2이고 주식 베타는 1.4이다. 회사는 매년 영업활동에서 세전현금흐름 405억원을 창출하고 있으며 이러한 상태가 영원히 지속될 것으로 전망된다. 채권에 지급하는 이자율은 채권에 대한 기대수익률과 동일하다. 법인세율 25%, 무위험수익률 4%, 시장기대수익률 9%이다. 이외에는 CAPM과 MM자본구조이론이 성립한다고 가정한다. 다음 질문에 대하여 계산과정을 제시하고 답하라.

(물음1) 가중평균자본비용을 이용해서 계산한 (주)우리의 기업가치는 얼마인가?

(물음2) (주)우리가 부채를 이용하지 않고 자기자본만으로 사업한다면 기업가치는 얼마가 되는가?

(물음3) 가치평가에서는 부채를 이용하는 효과를 할인율에 반영하지 않고 현금흐름에 반영할 수도 있다. 이러한 접근법을 (주)우리에 적용하면 현금흐름, 할인율, 기업가치는 얼마가 되는가?

(물음4) (주)우리의 세전현금흐름 405억원은 다음과 같은 두 가지 상황의 기대치이다.

경기상황	확률	세전현금흐름
호황	50%	650억원
불황	50%	160억원

이러한 현금흐름의 확실성등가를 계산하고 이를 이용해서 기업가치를 계산하라.

3-13 실물옵션 (2014년)

㈜한국건설은 주택을 건설한 후 임대할 예정이다. 주택건설에 소요되는 초기 투자비용은 600억원이며, 잔존가치 없이 향후 3년간 정액법으로 감가상각된다. 주택임대수요가 향후 3년간 높을 확률은 60%이며, 낮을 확률은 40%로 예상된다. 임대수요가 높을 경우 향후 3년간 매년 임대소득 500억원, 매년 현금지출비용 120억원이 발생한다. 임대수요가 낮을 경우 매년 임대소득 350억원, 매년 현금지출비용 100억원이 발생한다. ㈜한국건설의 자본비용은 10%이며 법인세율은 40%이다. 현재 평균시장이자율은 연10%이다. 기간 3년, 할인율 10%인 연금의 현가이자요소 $(=\sum_{t=1}^{3}\frac{1}{(1.10)^t})$는 2.4869이다. 모든 계산결과는 억원 단위로 표시하되 반올림하여 소수점 둘째 자리까지 표기하라.

(물음1) 주택임대수요가 높을 경우와 낮을 경우 연간 영업현금흐름을 각각 구하라.

(물음2) 현재시점에서 투자안의 기대NPV를 계산하라.

(물음3) ㈜한국건설은 임대수요를 정확히 파악할 수 있도록 주택건설을 1년간 연기할 수 있는 기회를 가지고 있다.

　　　　① 1년 후 주택건설을 시행할 경우 투자안의 기대NPV를 계산하라. 단, 주택건설의 초기 투자비용, 임대로 인한 현금흐름 및 임대수요의 확률분포는 투자시기와 관계없이 변하지 않는다고 가정한다.

　　　　② 1년간 임대수요조사를 위해 5억원의 추가 비용을 현재시점에서 지불해야 한다면, 주택건설을 당장 시행하는 방안과 1년간 연기하는 방안 중 어떤 방안이 유리한가?

(물음4) 투자안 평가에서 실물옵션접근법의 장점 및 문제점을 5줄 이내로 설명하라.

3-14 연간균등비용 (2016년)

오닭축산은 축산폐기물의 정화처리를 위하여 현재 K1 시스템을 가동하고 있는데, 최근 연구팀이 수명은 짧지만 설치비와 운영비가 보다 저렴한 K2 시스템을 개발하였다. 이사회는 K2 시스템을 도입하고 수명이 다 되면 영원히 반복 투자하기로 결정하였다. 재무이사는 K2 시스템으로 교체하는 시점에 대하여 ① 지금 당장 교체하는 방안과 ② 2년 후에 교체하는 방안을 검토하고 있다. 두 시스템에 대한 재무자료의 현재 값은 다음과 같으며 미래에도 동일하다. 오닭축산의 기대수익률은 12%이다. 다음 질문에 대하여 억원 단위로 반올림하여 소수점 첫째 자리까지 계산하시오 (단위 : 억원)

구 분	K1 시스템	K2 시스템
설치비	-100	-60
운영비	-16	-8
철거비	-35	-18
수명(년)	10	4

(물음1) 새로 설치되는 K2 시스템의 EAC(equivalent annual cost; 균등연간비용)는 얼마인가? 단, 연금현가요소 PVIFA(0.12, 4)는 3.04이다.

(물음2) 질문 (1)에서 계산된 결과와 무관하게 K2 시스템의 EAC는 30억원이라고 가정한다. 주어진 EAC를 이용해서 방안 ①과 방안 ②의 NPV(net present value; 순현가)를 계산하고 어느 방안이 유리한지 판단하라.

(물음3) 투자수명이 서로 다른 투자안을 평가할 때 사용할 수 있는 3가지 방법은 무엇인가?

3-15 내부수익률과 순현가 (2017년)

다음 물음에 대하여 "옳다" 또는 "옳지 않다"라고 답하고 그 근거를 제시하시오.

(물음) 투자안의 현금흐름평가에 사용되는 할인율이 증가하면 투자안의 순현가(NPV)는 감소하게 되어 결국 순현가가 0이 되는 할인율을 내부수익률(IRR)이라고 한다. 따라서 상호배타적 투자안 B와 C 중에 투자안 B의 내부수익률이 투자안 C의 내부수익률보다 크면 투자안 B의 순현가는 투자안 C의 순현가보다 항상 크게 된다.

제4장 **자본구조**

① MM이론

1. 자본구조이론

  기업전체의 관점에서 부담하는 자본비용을 최소로 하는 자본구조를 최적자본구조라고 한다. 자본구조이론은 최적자본구조 존재여부와 이를 달성할 수 있는 부채수준을 찾는 것이다. 즉, 기업의 영업현금흐름이 일정하다고 가정한 후 부채를 사용할 때 가중평균자본비용이 어떻게 변화하는지를 분석하는 것으로 다음과 같은 과정으로 발전하였고 분류할 수 있다.

2. MM이론의 기본가정

	무부채기업 (U)	부채기업 (L)
기업현금흐름	$EBIT \times (1-t) = NOPAT$	
주주현금흐름	$EBIT \times (1-t)$	$(EBIT - I) \times (1-t)$
베타	β_U	$\beta_L = \beta_U \times [1 + (1-t) \times \dfrac{B}{S}]$
자기자본비용	$\rho = R_f + [E(R_m) - R_f] \times \beta_U$	$k_e^L = R_f + [E(R_m) - R_f] \times \beta_L$
가중평균자본비용	ρ	$wacc^L = k_d(1-t) \times \dfrac{B}{V} + k_e^L \times \dfrac{S}{V}$
기업가치 (V)	$V_U = \dfrac{EBIT(1-t)}{\rho}$	$V_L = \dfrac{EBIT(1-t)}{wacc}$
자기자본가치 (S)	$S_U = \dfrac{EBIT(1-t)}{\rho}$	$S_L = \dfrac{(EBIT - I)(1-t)}{k_e^L}$
부채가치 (B)	해당사항 없음	$B = \dfrac{I}{k_d}$

- 완전자본시장 → 1958 MM에서는 법인세가 없는 완전자본시장을 가정
- 동질적 위험집단 → 영업이익과 영업위험은 동일하지만 자본구조만 다른 기업들이 존재
- 자가 레버지리 → 개인이 부채를 사용할 때 기업과 동일한 조건으로 사용 가능
- 무위험부채 → 타인자본비용은 무위험이자율

3. MM의 무관련이론 (1958년)

1958년의 MM의 무관련이론은 세금과 거래비용이 없는 완전자본시장에서는 자본구조가 기업가치에는 영향을 주지 않는다고 주장한다.

(1) 제1명제

기업가치는 자본구조와 관계없이 결정된다.

$$V_L = V_U$$

(2) 제2명제

레버리지 증가에 의하여 자기자본비용은 상승하며 이는 부채비용의 저렴효과를 상쇄한다.

$$k_e^L = \rho + (\rho - k_d)\frac{B}{S}$$

(3) 제3명제

새로운 투자안의 할인율은 자금조달방법과 무관하게 결정된다.

$$wacc^L = \rho$$

4. MM의 수정이론 (1963년)

(1) 제1명제

법인세가 존재할 때 부채기업의 가치는 무부채기업의 가치보다 이자비용의 감세효과의 현재가치만큼 크다.

$$V_L = V_U + B \times t$$

(2) 제2명제

법인세가 존재할 때 레버리지의 증가에 따라 자기자본비용은 상승하지만 이자비용의 감세효과로 인하여 법인세가 없을 때 보다 완만하게 상승한다.

$$k_e^L = \rho + (\rho - k_d)(1-t)\frac{B}{S}$$

(3) 제3명제

새로운 투자안을 수행하기 위한 자금은 모두 타인자본으로 조달하는 것이 유리하다.

$$wacc^L = \rho \times (1 - t \times \frac{B}{V})$$

제1명제는 다음 차익거래모형에 의하여 도출된다.

- 투자전략 1 : 부채기업(L)의 주식을 매수
- 투자전략 2 : 무부채기업(U)의 주식을 매수하고 "B×(1-t)" 차입
- 두 전략의 매년 현금흐름이 동일하므로 현재 투자금액도 동일하여야 한다.

$$S_L = V_U - B \times (1-t) \rightarrow V_L = V_U + B \times t$$

투자전략 1	현재시점(t=0)의 현금흐름	매년 현금흐름
L주식 매수	$-S_L$	+ (EBIT-I) × (1-t)

투자전략 2	현재시점(t=0)의 현금흐름	매년 현금흐름
U주식 매수	$-V_U$	+ EBIT × (1-t)
차입	+ B × (1-t)	-I × (1-t)
Total	$-V_U$ + B × (1-t)	+ (EBIT-I) × (1-t)

4-1 MM 자본구조이론 (2005년 기출)

한별 소프트(주)는 자기자본만으로 자금을 조달하여 운영하는 회사인데 매년 2억원의 기대 영업이익이 영구적으로 예상되며 현재 자기자본 비용은 15%이다. 이 회사는 자본구조를 바꾸기 위하여 8억원의 부채를 10%의 이자율로 조달할 수 있다고 가정한다. 법인세율은 25%이며, 자본시장은 완전하다고 가정한다.

(물음1) 자본구조 변경후의 기업 가치는 얼마인가?

(물음2) 자본구조 변경후의 이 기업의 자기자본비용과 가중평균자본비용을 각각 구하라.

(물음3) 만약 기업의 부채비율을 400%로 조정하고자 한다면 지문에서 제시된 8억원 대신에 얼마의 부채를 조달하여 주식의 일부를 매입해야 하는가? 부채의 조달조건은 금액에 관계없이 동일하다고 가정.

정답

(물음1) $V_U = \dfrac{EBIT(1-t)}{\rho}$ = 2억 $\times$ (1-0.25) / 0.15 = 10억

$V_L = V_U + B \times t$ = 10억 + 8억$\times$ 0.25 = **12억**

(물음2) $k_e^L = \rho + (\rho - k_d)(1-t)\dfrac{B}{S}$ = 0.15 + (0.15-0.1)(1-0.25) $\times$ 8억/4억 = **0.225(22.5%)**

$wacc = \rho(1 - t \times \dfrac{B}{V})$ = 0.15 (1-0.25 $\times$ 8억/12억) = **0.125 (12.5%)**

(물음3) V_L = 10억 + 0.8 $\times$ 0.25 $\times$ V_L 에서 V_L = 12.5억

∴ B = 0.8 $\times$ 12.5억 = **10억**

필수예제

4-2 MM 자본구조이론 (2015년 1차)

A기업은 기대영업이익이 매년 2,000만원으로 영구히 일정할 것으로 예상되며 영구채를 발행하여 조달한 부채 2,000만원을 가지고 있다. B기업은 영구채 발행을 통해 조달한 부채 6,000만원을 가지고 있다는 점을 제외하고는 모든 점(기대영업이익과 영업위험)에서 A기업과 동일하다. 모든 기업과 개인은 10%인 무위험이자율로 차입과 대출이 가능하다. A기업과 B기업의 자기자본비용은 각각 20%와 25%이며 자본시장은 거래비용이나 세금이 없는 완전시장으로 가정한다. A기업과 B기업의 기업가치의 차이는 얼마인가?

 정답

$$S_A = \frac{(EBIT - I)(1 - t)}{k_e} = \frac{2000 - 2000 \times 10\%}{0.2} = 9000$$

$$\Rightarrow V_A = B + S = 2000 + 9000 = 11,000 \text{만원}$$

$$S_B = \frac{(EBIT - I)(1 - t)}{k_e} = \frac{2000 - 6000 \times 10\%}{0.25} = 5600$$

$$\Rightarrow V_B = B + S = 6000 + 5600 = \mathbf{11,600}\text{만원}$$

5. 효율적 시장가설

준강형 효율적 시장가설에서는 시장의 공시정보가 주가에 공시시점에서 영향을 준기 때문에 부채사용의 기업가치 증가시점은 부채조달시점이 아닌 부채사용을 공시하는 시점이다.

---

① 공시시점의 무부채기업의 기업가치 = 부채기업의 기업가치
② 공시시점의 무부채기업의 자기자본가치 = 공시시점의 무부채기업의 기업가치
③ 공시시점의 무부채기업의 주식수 = 공시이전의 무부채기업의 주식수
④ 공시시점의 주가 = ② ÷ ③
⑤ 자사주 매입주식수 = 부채금액 ÷ ④
⑥ 자본구조변경후의 주가 = 공시시점의 주가

필수예제

4-3 효율적 시장가설

필수예제 4-1에서 한별 소프트(주)의 현재 주식수가 10만주라면 8억원의 부채로 매입가능한 주식 수 및 자본구조변경후의 주가수준은 얼마인가?

정답

① 공시시점의 무부채기업의 기업가치 = 12억
② 공시시점의 무부채기업의 자기자본가치 = 12억
③ 공시시점의 무부채기업의 주식수 = 10만주
④ 공시시점의 주가 = ② ÷ ③ = 12억 ÷ 10만주 = 12,000원
⑤ 자사주 매입주식수 = 부채금액 ÷ ④ = 8억원 ÷ 12,000원 = **66,667주**
⑥ 자본구조변경후의 주가 = **12,000원**
 ☞ 자사주 매입이후의 주식수 = 100,000주 - 66,667주 = 33,333주이므로
  자본구조변경후의 주가 = (12억-8억) ÷ 33,333 = 12,000원

MM 이후 자본구조이론

1. Miller 균형부채이론 (1977)

- 시장의 불완전요인 중 법인세 이외에 개인소득세까지 함께 고려하는 자본구조이론
- 부채의 수요와 공급이 일치하는 균형상태가 되면 부채를 사용하는 레버리지이득이 0이 되어 부채사용은 기업가치에 영향을 주지 않는다는 무관련 자본구조이론이다.

(1) 레버리지이득과 기업가치

$$V_L = V_U + B \times \left[1 - \frac{(1-t)(1-t_s)}{(1-t_b)} \right]$$

t = 법인세율, t_s = 개인 주식소득세율, t_b = 개인 이자소득세율

$$\text{레버리지이득} = B \times \left[1 - \frac{(1-t)(1-t_s)}{(1-t_b)} \right]$$

- $(1-t)(1-t_s) < (1-t_b)$

  → 레버리지 이득이 (+)가 되어 부채 기업가치가 무부채 기업가치보다 크다.

- $(1-t)(1-t_s) > (1-t_b)$

  → 레버리지 이득이 (−)가 되어 부채 기업가치가 무부채 기업가치보다 작다.

- $(1-t)(1-t_s) = (1-t_b)$

  → 레버리지 이득이 0이 되어 부채 기업가치가 무부채 기업가치보다 같다.

(2) 균형상태과 무관련이론

부채의 균형상태 → $(1-t)(1-t_s) = (1-t_b)$ → 레버리지 이득 = 0 → $V_L = V_U$

(3) 차익거래모형

- 투자전략 1 : 부채기업(L)의 주식을 매수

- 투자전략 2 : 무부채기업(U)의 주식을 매수하고 "$\dfrac{B(1-t)(1-t_s)}{1-t_b}$" 차입

- 두 전략의 매년 현금흐름이 동일하므로 현재 투자금액도 동일하여야 한다.

$$S_L = V_U - \frac{B(1-t)(1-t_s)}{1-t_b} \;\rightarrow\; V_L = V_U + B \times \left[1 - \frac{(1-t)(1-t_s)}{(1-t_b)}\right]$$

투자전략 1	현재시점(t=0)의 현금흐름	매년 현금흐름
L주식 매수	$-S_L$	$+(EBIT-I)(1-t)(1-t_s)$

투자전략 2	현재시점(t=0)의 현금흐름	매년 현금흐름
U주식 매수	$-V_U$	$+EBIT(1-t)(1-t_s)$
차입	$+\dfrac{B(1-t)(1-t_s)}{1-t_b}$	$-I(1-t)(1-t_s)$
Total	$-V_U + \dfrac{B(1-t)(1-t_s)}{1-t_b}$	$+(EBIT-I)(1-t)(1-t_s)$

필수예제

4-4 균형부채이론

필수예제 4-1에서 주식투자에 대한 개인소득세율이 8%이고 채권투자수익에 대한 개인소득세율이 14%라고 가정할 때 자본구조 변경후 자기자본의 가치는 얼마인가?

△정답

변경 전 : $V_U = \dfrac{EBIT \times (1-t) \times (1-t_s)}{\rho} = \dfrac{2 \times (1-0.25) \times (1-0.08)}{0.15} = 9.2억$

변경 후 : $V_L = V_U + B \times \left[1 - \dfrac{(1-t)(1-t_s)}{(1-t_b)}\right] = 9.2 + 8 \times \left[1 - \dfrac{(1-0.25) \times (1-0.08)}{1-0.14}\right] = 10.78억$

∴ 자본구조 변경 후 자기자본의 가치 = 10.78억 - 8억 = **2.78억**

필수예제

4-5 균형부채이론 (2018년 1차)

무부채기업인 ㈜도봉과 1,000억원의 부채를 사용하고 있는 ㈜관악은 자본구조를 제외한 모든 면에서 동일하다. 법인세율은 25%이고, 투자자의 개인소득세율은 채권투자 시 X%, 주식투자 시 Y%일 때 다음 물음에 대하여 "옳다" 또는 "옳지 않다"라고 답하고 그 근거를 제시하시오. (단, 법인세 및 개인소득세가 존재하는 것 이외에 자본시장은 완전하다고 가정한다.)

(물음1) X와 Y가 같다면, 기업가치는 ㈜관악이 ㈜도봉보다 더 크다.

(물음2) X가 25이고 Y가 0일 때, 기업가치는 ㈜도봉이 ㈜관악보다 더 크다.

(물음3) X가 15이고 Y가 0일 때, 두 기업의 기업가치 차이는 250억원 보다 작다.

정답

(물음1) 옳다.

$$G = B \times \left[1 - \frac{(1-t)(1-t_s)}{(1-t_b)} \right] = 1000 \times \left[1 - \frac{(1-0.25)(1-X)}{(1-X)} \right] = +250$$

∴ 부채기업의 가치가 250억 더 크다.

(물음2) 옳지 않다.

$$G = B \times \left[1 - \frac{(1-t)(1-t_s)}{(1-t_b)} \right] = 1000 \times \left[1 - \frac{(1-0.25)(1-0)}{(1-0.25)} \right] = 0$$

∴ 부채기업의 가치와 무부채기업의 가치다 동일하다.

(물음3) 옳다.

$$G = B \times \left[1 - \frac{(1-t)(1-t_s)}{(1-t_b)} \right] = 1000 \times \left[1 - \frac{(1-0.25)(1-0)}{(1-0.15)} \right] = +117$$

∴ 부채기업의 가치가 117억 더 크다.

2. 파산비용이론

$$V_L = V_U + B \times t - \text{파산비용의}PV$$

- 시장의 불완전요인 중 법인세와 파산비용를 고려해서 최적자본구조를 설명하는 이론
- 어느 수준까지는 부채사용의 유리한 효과가 불리한 효과보다 크지만 이 수준을 넘어서부터는 파산비용 때문에 부채사용의 불리한 효과가 더 커지게 된다.
- 이자비용의 감세효과와 파산비용의 증가라는 상충관계를 이용하여 기업가치를 극대화하는 최적자본구조를 찾을 수 있다.

3. 대리비용이론

(1) 대리관계

- 대리관계란 위임자와 의사결정권한을 대리인에게 위임한 계약관계
- 발생원인 : 위임자와 대리인과의 목표불일치와 정보비대칭성
- 도덕적 위험 (moral hazard) : 위임계약 체결이후의 정보의 비대칭성
- 역선택 (Adverse selection) : 위임계약 체결단계의 정보의 비대칭성

(2) 대리비용의 분류 (1985)

	자기자본의 대리비용	부채의 대리비용
위임자	외부주주	채권자
대리인	소유경영자	주주
대리비용	• 특권적 소비 • 경영자의 태만	• 과대위험요인 • 과소투자요인 • 재산도피

※ 과대위험요인

부채를 많이 사용하는 기업의 소유경영자일수록 더욱 위험한 투자안을 선호하는 경향

※ 과소투자요인

부채를 많이 사용하는 기업의 소유경영자일수록 수익성이 있는 투자안도 포기하려는 경향

(3) 대리비용과 자본구조

- 소유경영자가 투자안을 수행할 때에 필요자금을 외부조달하는 경우

  부채사용이 증가하면 → 자기자본의 대리비용 감소, 부채의 대리비용 증가

  부채사용이 감소하면 → 자기자본의 대리비용 증가, 부채의 대리비용 감소

- 총대리비용을 최소가 되는 부채를 조달하면 최적자본구조가 달성

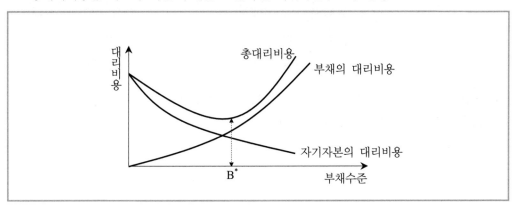

(4) 대리문제의 해결

- 기업의 조직구조 설계 : 주식회사의 이사회 및 감사제도
- 경영자 보상 계약 : 고정급으로 지급하지 않고 기업성과에 연계한 보상계약
- 콜옵션의 이용 : 경영자가 주주로부터 콜옵션을 매입해서 보유
- 풋옵션의 이용 : 경영자가 주주에게 풋옵션을 발행하여 매도하도록 하는 것
- 경영자 노동시장의 이용
- 자본시장의 이용 : 주가는 내부의사결정의 신호
- M&A 시장의 이용: 적대적 M&A 활성화를 통한 비능률적 경영자 제거
- 채권자 보호를 위한 계약 : 행동을 규제하는 사채 약정서나 전환사채(C/B)의 발행

4-6 대리인이론

(주)미래는 다음 상호배타적인 두 투자안을 고려하고 있다. 미래 상황은 호황과 불황이 동일 확률로 가능하며 두 투자안이 시행되면 투자안의 가치는 다음과 같다.

상황	A투자안이 시행되는 경우	B투자안이 시행되는 경우
호황	4,300억원	3,800억원
불황	1,100억원	2,000억원

(물음1) (주)미래가 무부채기업이라면 주주는 어떤 투자안을 선택하는가?

(물음2) (주)미래의 부채가 2,000억원이라면 주주는 어떤 투자안을 선택하는가?

(물음3) (주) 미래의 투자의사결정이 무차별하게 되는 부채금액은 얼마인가?

정답

(물음1) 투자안 A의 자기자본의 가치 = 4300억 × 0.5 + 1100억 × 0.5 = 2700억
투자안 B의 자기자본의 가치 = 3800억 × 0.5 + 2000억 × 0.5 = 2900억
∴ 부채가 없는 경우에는 주주는 투자안 **B**를 선호

(물음2) 투자안 A의 자기자본의 가치 = 2300억 × 0.5 + 0억 × 0.5 = 1150억
투자안 B의 자기자본의 가치 = 1800억 × 0.5 + 0억 × 0.5 = 900억
∴ 부채가 2000억원 있는 경우에는 주주는 투자안 **A**를 선호

(물음3) ① 0 < B < 1100억
S_A = (4300억 - B) × 0.5 + (1100억 - B) × 0.5 = 2700억 - B
S_B = (3800억 - B) × 0.5 + (2000억 - B) × 0.5 = 2900억 - B
∴ 두 투자안을 무차별하게 부채는 없다.

② 1100억 < B < 2000억
S_A = (4300억 - B) × 0.5 + 0 × 0.5 = 2150억 - 0.5B
S_B = (3800억 - B) × 0.5 + (2000억 - B) × 0.5 = 2900억 - B
∴ **B=1,500**억

③ B > 2000억
S_A = (4300억 - B) × 0.5 + 0 × 0.5 = 2150억 - 0.5B
S_B = (3800억 - B) × 0.5 + 0 × 0.5 = 1900억 - 0.5B
∴ 두 투자안을 무차별하게 부채는 없다.

4. 신호이론

- 정보의 비대칭성이 존재하는 시장에서는 자본조달 수단으로 투자안의 신호를 평가

(1) 자본조달 우선순위 (1983)

수익성이 높은 투자안이 있을 경우 투자안의 NPV가 모두 기존 주주에게 갈 수 있도록 유보이익으로 자금을 조달한 것이며 부족한 투자자금을 외부조달하는 경우 부채를 선호한다.

∴ 시장에 긍정적인 신호를 전달하는 기업의 자본조달순위는 다음과 같다.

유보이익 > 부채 > 신주발행

(2) 유보이익과 신주발행의 자본비용

유보이익은 내부주주의 자금을 이용하는 것이며, 신주발행은 외부주주의 자금을 이용하는 것으로 둘 다 주주의 자기자본비용으로서 다음과 같다.

- 유보이익 자기자본비용 : $k_e^L = R_f + (R_m - R_f) \times \beta_L = \dfrac{D_1}{P_0} + g$

- 신주발행 자기자본비용 : $k_e^L = \dfrac{D_1}{P_0 - F} + g$ (F : 신주발행비)

배당이론

1. 배당정책이론

(1) 배당의 척도

배당정책은 순이익을 배당금과 유보이익으로 나누는 의사결정으로 배당수준을 나타내는 지표는 다음과 같다.

- 배당성향 $= \dfrac{배당액}{순이익} = \dfrac{주당배당액}{주당순이익}$

- 유보율 $= \dfrac{유보액}{순이익} = 1 - 배당성향$

- 배당수익률 $= \dfrac{기말주당배당액(D_1)}{기초주가(P_0)}$

- 배당률 $= \dfrac{주당배당액}{주당액면금액}$

(2) 배당정책이론

배당정책이론은 배당정책이 주주의 부에 영향을 미치는가 아니면 아무런 영향을 주지 않는가의 논의로 다음과 같다.

무관련이론	주주의 부에 부정적	주주의 부에 긍정적
MM Miller & Scholes	주주의 세금 신주발행비	주식 거래비용 대리인비용 신호 효과 불확실성제거

(3) MM의 배당이론

- 세금 및 거래비용이 없는 완전자본시장을 가정
- 배당정책은 주주의 부에 영향을 주지 않는다.
- 자가배당 (Homemade dividends)

  배당지급액 < 투자자의 목표 수준 ⇒ 주식을 매각하여 목표수준을 유지

  배당지급액 > 투자자의 목표 수준 ⇒ 주식을 매수하여 목표수준을 유지

(4) 세금요인

1) (−) 관련설
- 배당소득세율 > 자본이득세율
- 배당 증가 → 주주의 세금부담 증가 → 주주의 부 감소

2) 무관련설 (Miller & Scholes)
개인부채의 이자비용으로 배당소득세를 회피할 수 있다면 배당의 증가는 주주의 부에 영향을 주지 않는다.

3) 고객효과
다양한 배당수준이 존재하는 현상을 설명하는 이론으로 고소득 주주는 저배당주를 선호하고, 저소득 주주는 고배당주를 선호한다.

(5) 거래비용 요인

1) 신주발행비 : 배당증가 → 신주발행비 증가 → 주주의 부 감소
2) 주식거래비용 : 배당증가 → 주식거래비용의 감소 → 주주의 부 증가

(6) 기타불완전 요인

1) 대리비용 : 배당증가 → 유보이익이 감소 → 특권적 소비 감소 → 주주의 부 증가
2) 신호효과 : 배당증가 → 좋은 투자안의 긍정적 신호 → 주주의 부 증가
3) 불확실성 제거 : 배당증가 → 주가의 불확실성 제거 → 주주의 부 증가

(7) 배당의 안정성

1) 안정적 배당정책
배당금을 당기순이익의 증감에 따라 변동시키기 보다는 일정한 수준에서 안정적인 배당수준을 유지하면 불확실성이 감소시킨다.

2) 잔여배당이론
배당정책은 투자의사결정과 자본조달 의사결정에 따라 결정되는 것으로 수익성이 있는 투자안이 있는 경우 목표자본구조로 자금을 조달하고 남은 이익을 배당으로 지급하는 이론으로 투자기회에 따라 배당지급액의 변동성이 심하다.

2. 특수배당

(1) 자사주매입

- 자사주 매입 전 주가는 배당부 주가이며 자사주 매입 후 주가는 다음과 같다.

$$\text{자사주 매입 후 주가} = \frac{P \times n - C \times m}{n - m}$$

P : 자사주 매입 전 주가   n : 자사주 매입 전 주식수

C : 자사주 매입가격   m : 자사주 매입 주식수

- P < C → 자사주 매입 후 주가 < 자사주 매입 전 주가 → 기존 주주의 부 감소
- P > C → 자사주 매입 후 주가 > 자사주 매입 전 주가 → 기존 주주의 부 증가
- P = C → 자사주 매입 후 주가 = 자사주 매입 전 주가 → 기존 주주의 부 변동 없음

필수예제

4-7 자사주 매입

(주)한강은 올해 5억원의 당기순이익을 발생시켰다. (주)한강은 50%의 배당성향을 갖고 있으며 올해에도 이를 유지할 계획이다. 현재 순이익이 반영된 주가는 주당 20,000원이며 발행 주식수는 20만주이다. 이 기업의 배당락주가는 18,000원이 되었다. 만약 (주)한강이 배당을 하지 않고 그 금액으로 자사의 주식을 현재 주가인 주당 20,000원으로 구입하여 소각한다면 주가는 얼마가 되겠는가? (단, 정보효과와 거래비용은 없다)

정답

자사주 매입 전 자기자본의 시장가치 = 20,000원 × 200,000주 = 40억원

자사주 매입 금액 = 5억원 × 50% = 2.5억원

자사주 매입 주식수 = 2.5억원 ÷ 20,000 = 12,500주

자사주 매입후 주가 $= \dfrac{40\text{억} - 2.5\text{억}}{200,000\text{주} - 12,500\text{주}} = \textbf{20,000}$**원**

☞ 자사주 매입 금액과 자사주 매입 전 주가가 일치하므로 자사주 매입 후에도 주가는 변동 없다.

(2) 특수배당정책의 비교

	주식배당	주식분할	주식병합	자사주매입	현금배당
유통주식수	증가	증가	감소	감소	일정
EPS	감소	감소	증가	증가	일정
주가	감소	감소	증가	일정*	감소
PER	일정	일정	일정	감소	감소
자본	일정	일정	일정	감소	감소
주당액면가	일정	감소	증가	일정	일정
기존주주의 부	일정	일정	일정	일정	일정

* 자사주 매입 전 주가 = 자사주 매입가격을 가정

☞ 무상증자 : 자본잉여금 등을 자본금에 전입하는 것으로 그 효과는 주식배당과 동일

3. 신주인수권

- 신주인수권 : 주식을 정해진 기간 내에 일정한 가격으로 인수받을 수 있는 권리
- 권리부 주가 : 신주인수권이 부여되기 전 주가
- 권리락 주가 : 신주인수권이 부여된 후 주가
- 신주인수권의 가치 = 권리부 주가 − 권리락 주가
- 신주인수권이 기존주주에게 배정되는 경우 → 기존 주주의 부 변동 없음
- 신주인수권이 제3자에게 배정되는 경우 → 기존 주주의 부 감소

$$\text{권리락 주가} = \frac{P \times n + X \times n_w}{n + n_w}$$

P : 신주인수권 부여 전 주가 (권리부 주가)   n : 신주인수권 부여 전 주식수

X : 신주인수권 주당 행사가격 n_w: 신주인수권 행사 주식수

필수예제

4-8 신주인수권

(주)미래는 새로운 투자안에 소요되는 자금 3.21억원을 조달하기 위해 주당 8,560원에 주주배정유상증자를 실시하려고 한다. 기발행주식수는 300,000주이며, 주주배정유상증자 직전 주가는 주당 10,000원이다. 기존주주는 보유주식 1주당 한 개의 신주인수권을 갖고 있다. 신주인수권 1개의 가치를 구하시오.

정답

- 신주발행주식수 : n_w = 321,000,000 / 8,560 = 37,500주 ∴ 교부비율 = 8:1

- 권리락주가 = $\dfrac{P \times n + X \times n_w}{n + n_w} = \dfrac{300,000\text{주} \times 10,000\text{원} + 321,000,000\text{원}}{300,000\text{주} + 37,500\text{주}}$ = 9,840원

- 신주인수권의 가치 = 권리부 주가 − 권리락 주가 = 10,000 − 9,840 = **160원**

- 신주인수권 배정 후 기존주주의 부

  = 주가 + 신주인수권 = 9.840원 + 160원 = 10,000원

∴ 신주인수권이 기존주주에게 배정되어 기존 주주의 부에는 변동 없음

레버리지 분석

(1) 영업레버리지(DOL)

영업고정비가 매출변화에 따라 영업이익의 변화에 미치는 민감도 지표

$$DOL = \frac{\Delta\, EBIT / EBIT}{\Delta\, S / S} = \frac{CM}{EBIT}$$

(2) 재무레버리지(DFL)

재무고정비가 영업이익의 변화에 따라 EPS의 변화에 미치는 민감도 지표

$$DFL = \frac{\Delta\, EPS / EPS}{\Delta\, EBIT / EBIT} = \frac{EBIT}{EBIT - I}$$

(3) 결합레버리지(DCL)

고정비가 매출변화에 따라 EPS의 변화에 미치는 민감도 지표

$$DCL = DOL \times DFL = \frac{\Delta\, EPS / EPS}{\Delta\, S / S}$$

(4) 자본조달 분기점

자금 조달방법 A와 B를 무차별하게 만드는 영업이익의 수준

$$EPS_A = EPS_B \rightarrow \frac{(EBIT - I_A)(1 - t)}{n_A} = \frac{(EBIT - I_B)(1 - t)}{n_B}$$

4-9 레버리지

(주)미래의 손익계산서는 다음과 같다.

매출액	4,000만원
변동원가	2,400만원
고정원가	1,200만원
영업이익	400만원
이자비용	150만원
세전이익	250만원
법인세(40%)	100만원
당기순이익	150만원
주당이익	500원

(1) 영업버리지도, 재무레버리지도 및 결합레버리지도를 구하시오.

(2) 새로운 설비를 구입하려고 한다. 구입자금을 조달하는 방법과 그 효과는 다음과 같다. 자본조달분기점을 구하시오.

① 부채를 조달하면 이자비용이 50만원 증가한다.

② 유상증자를 하면 300주가 증가한다.

정답

(1) 영업레버리지도: $DOL = \dfrac{CM}{EBIT} = \dfrac{4000 - 2400}{400} = 4$

재무레버리지도: $DFL = \dfrac{EBIT}{EBT} = \dfrac{400}{250} = 2.6$

결합레버리지도: $DCL = DOL \times DFL = 4 \times 1.6 = 6.4$

(2) 현재 주식수 = 1,500,000원 / 500원 = 3,000주

① 부채를 조달하는 경우의 EPS : $\dfrac{(EBIT - 2,000,000)(1 - 0.4)}{3,000}$

② 유상증자로 조달하는 경우의 EPS : $\dfrac{(EBIT - 1,500,000)(1 - 0.4)}{3,300}$

① = ② ➡ EBIT = 700만원

☞ EBIT > 700만원 : 부채조달의 EPS가 더 크다.

　EBIT < 700만원 : 자기자본조달의 EPS가 더 크다.

필수예제

4-10 레버리지 (2012년 1차)

㈜윈드는 풍력 발전에 사용되는 터빈을 생산하는 기업이며 생산된 터빈은 모두 판매되고 있다. ㈜윈드의 손익분기점은 터빈을 2,500개 판매할 때이다. ㈜윈드가 터빈을 3,400개 판매할 때의 영업레버리지도(DOL)는 얼마인가?

△정답

$$\text{손익분기점} = \frac{\text{영업고정비}(TFC)}{\text{단위당공헌이익}(UCM)} = 2{,}500개 \rightarrow TFC = 2{,}500\ UCM$$

$$DOL = \frac{\text{공헌이익}(CM)}{\text{영업이익}(EBIT)} = \frac{\text{공헌이익}(CM)}{\text{공헌이익} - \text{영업고정비}} = \frac{3400 \times UCM}{3400\,UCM - 2500\,UCM} = \frac{3400}{900} = \quad 3.77$$

필수예제

4-11 레버리지

다음 물음에 대하여 "옳다" 또는 "옳지 않다"라고 답하시오. (2016년 1차)
(물음1) 영업이익(EBIT)이 영(0)보다 작은 경우, 음(-)의 DOL은 매출액 증가에 따라 영업이익이 감소함을 의미한다.
(물음2) 영업이익이 이자비용(이자비용>0)보다 큰 경우, 영업이익이 증가함에 따라 DFL은 감소하며 1에 수렴한다.

△정답

(물음1) 옳지 않다.

$$DOL = \frac{CM}{EBIT} \text{에서}$$

$EBIT < 0, DOL < 0 \rightarrow CM > 0$ → 매출이 증가하면 공헌이익이 증가하므로 영업이익도 증가

$EBIT < 0, DOL > 0 \rightarrow CM < 0$ → 매출이 증가하면 공헌이익이 감소하므로 영업이익도 감소

(물음2) 옳다.

$$DFL = \frac{EBIT}{EBIT - I} \text{에서 } EBIT\text{가 무한히 커지면 DFL은 1에 수렴한다.}$$

실전문제

 4-1   MM 차익거래 (1993년)

무부채기업 A의 자기자본의 장부가치는 12.5억이고 주식가격은 1주당 10,000원이며, 발행주식수는 10만주이다. A의 영업이익은 1억원이다. A 기업과 동일한 B기업이 있다. B 기업은 매년 8%의 이자비용을 갖는 부채를 5억원 조달하면서 주식시장에서 자기주식을 매입하였다. 이러한 거래의 결과로 A의 기업가치는 10억원, B의 기업가치는 11억원이 되었다. 아래의 물음은 각각 독립적이며 영업이익을 매년 1억원으로 영구히 계속된다고 가정한다.

(물음1)   법인세가 없다고 가정하고 자본시장에서 재정거래를 하기 위해 부담할 수 있는 최대 또는 최소 이자율은 얼마인가?

(물음2)   법인세율이 30%이면 자본시장에서 재정거래를 하기 위해 부담할 수 있는 최대 또는 최소 이자율은 얼마인가?

(물음3)   법인세율이 30%, 개인 주식투자세율이 10%, 개인 이자소득세율이 20%라면 자본시장에서 재정거래를 하기 위해 부담할 수 있는 최대 또는 최소 이자율은 얼마인가?

4-2 레버리지 (1997년)

[자료1]

항 목	20X1	20X2
매출액	5,000,000원	7,000,000원
총 영업비용	3,000,000원	3,800,000원

[자료2]

주식회사 Y는 공장증설을 위하여 10억원의 추가자금을 조달하려고 한다. 현재 이 기업의 자본구조는 10억원의 시장가치를 갖는 회사채 (이자율＝12%)와 15억원의 시장가치를 갖는 자기자본 (1주당 주가＝20,000원, 발행주식수＝75,000주)으로 이루어져 있다. 법인세율이 50%인 이 기업은 10억원의 추가 자금조달에 대하여 다음과 같은 2가지 자금조달 방법을 고려중에 있다.

방법1 : 현재의 주가로 전액을 보통주발행으로 조달하는 방법
방법2 : 12%의 이자율로 전액을 회사채발행으로 조달하는 방법

(물음1) <자료1>에서 20X1년도의 영업레버리지도(DOL)를 구하라.

(물음2) <자료1>에서 20X3년 매출액이 8,400,000이라면 영업이익(EBIT)을 추정하라

(물음3) <자료2>에서 추가자금 조달후의 EBIT 수준이 4억원 일 것으로 예상될 경우 각각의 자금조달 방법에 대한 EPS를 계산하고 의사결정을 하시오.

(물음4) <자료2>에서 자본조달 분기점에서의 EBIT와 EPS를 결정하시오.

4-3 대리 비용과 자본구조 (2000년)

현재와 1년 후에 모든 현금흐름이 발생하고 종료되는 상황을 가정한다. 갑기업은 상호배타적인 투자안 A와 투자안 B를 고려하고 있다. 각각의 투자안은 100억원의 자금을 필요로 하며, 이는 전액 차입금으로 조달할 예정이다. 투자안 A의 경우에는 1년 후에 120억원의 현금흐름이 발생하며, 투자안 B의 경우에는 1년 후에 1/3의 확률로 150억원, 2/3의 확률로 45억원의 현금흐름이 발생할 것이다. 모든 투자자는 위험중립적이며 무위험이자율은 0% 라 가정할 때, 다음 물음에 답하라.

(물음1) 각 투자안의 NPV를 구하라. 갑기업의 주주는 어떤 투자안을 선택하는가?

(물음2) 대출자가 100억을 대출해주는 경우 1기간 후에 102를 상환 받을 수 있는 것을 f(100, 102) 라고 한다면, 기업의 주주는 어떤 투자안을 선택할 것인가?

(물음3) f(100, 114) 이라고 가정할 경우 주주는 어떤 투자안을 선택할 것인가? 또한 대출자의 손익은 어떻게 되는가?

(물음4) 물음1-3를 종합하여 볼 때, 이자율 상승에 따른 채무불이행 위험의 변화를 언급하고 이에 대한 대출자(은행)의 대책으로는 어떤 것이 있겠는가를 설명하라.

◀ 4-4 대리 비용과 자본구조 (2001년)

(주)SM은 현재시점에서 투자에 소요되는 자금이 600만원으로 동일한 상호배타적인 두 가지 투자안 A와 B를 고려하고 있다. 현재 (주)SM의 부채비율은(B/S) 1이며, 무위험부채를 사용하고 있다. 무위험이자율은 8%, 시장포트폴리오의 기대수익률은 15%이고 투자안과 동일한 영업위험을 가진 대용기업의 주식베타는 1.4이며 부채비율(B/S)은 1.2이다. 고려중인 투자안 A와 B에 소요되는 자금도 기존의 부채비율대로 조달할 계획이다. 각 투자안으로부터 기대되는 1년 후의 상황별 현금흐름은 다음과 같으며 1년 후 각 상황이 발생할 확률은 동일하다. 편의상 감가상각비는 없다고 가정한다. 법인세율은 30%이다.

상 황 투자안	양 호	불 량
A	1,300만원	1,100만원
B	1,900만원	400만원

(물음1) (주)SM이 신규투자안에 적용할 가중평균자본비용은 얼마인가?

(물음2) 각 투자안으로부터 기대되는 순현재가치를 구하시오.

(물음3) 만약 (주)SM이 투자에 소요되는 자금 중 500만원은 만기는 1년이고 액면이자율 8%의 무위험부채로 조달하고 나머지 100만원은 자기자본으로 조달할 경우 1년 후 투자안으로부터 회사에 귀속되는 현금흐름을 주주와 채권자 귀속분으로 구분하라.

(물음4) (주)SM은 투자안 B를 실행하기로 결정하였다. 그 후 (주)SM은 새로운 투자기회 C를 포착하였다. 투자안 C에 소요되는 투자자금은 100만원이며 1년 후 상황과 관계없이 180만원의 현금흐름이 회사에 유입된다고 할 경우, 1년 후 투자안 B와 C를 실행하였을 경우 주주와 채권자에게 귀속되는 현금흐름을 상황별로 구하고, 투자의사결정을 주주가 한다면 투자안 C를 실행할 것인지를 결정하라. 위 결과에 근거하여 부채의 대리인비용에 대해서 설명하시오.

4-5 효율적 시장과 자본구조 (2003년)

상장기업인 (주)상암레저의 대표이사는 우량기업이 되기 위해서는 무차입 경영을 추구해야 한다고 판단했다. 이를 실행에 옮기기 위해 (주)상암레저는 이사회를 열어 주주배정(right offering) 방식에 의한 유상증자를 실시하기로 하고 주당 발행가액은 20,000원으로 정했다.

유상증자로 조달한 자금은 전액 (주)상암레저의 모든 부채를 즉시 상환하는데 사용하기로 결의한 후 이 모든 내용을 시장에 공시했다. 공시직전 (주)상암레저의 총 시장가치는 400억원이며 이 중 부채인 시장가치는 100억원이다. 기발행 주식식수는 100만주이다. 자기자본 장부가치는 200억원이고 부채의 장부가치는 100억원이다. 공시직전 (주)상암레저주주의 요구 수익률은 20%이며, 부채의 요구수익률은 10%이다. 법인세가 있는 MM이론과 준강형의 효율적 시장이 성립한다고 가정한다. (주)상암레저의 이자 및 법인세 차감전 순수익(EBIT)의 기대치는 동일하게 영구히 발생한다. 법인세율은 40%로 일정하게 인정된다.

(물음1) (주)상암레저의 시장공시에 따라 주가가 얼마나 변동하는지를 구하시오

(물음2) (주)상암레저의 유상증자 공시 이전과 유상증자 및 부채상환실시 이후에 다음의 값이 얼마나 변동하는지를 구하고 변동하는 이유를 간단히 설명하오.
① 가중평균 자본비용(WACC)
② 자기자본이익률(ROE)
③ 경제적 부가가치(EVA)

(물음3) (주)상암레저의 유상증자에서 권리락 주가와 신주인수권의 가치를 구하시오.

(물음4) 만일 (주)상암레저가 유상증자를 실시하여 조달한 100억원의 자금을 부채상환에 사용하지 않고 전액 유상증자 후의 모든 주식에 대해 현금배당으로 지급한다면 다른 것이 모두 동일하다고 할 때 배당락 주가는 얼마가 되겠는가? 배당금에 대한 세금은 없다고 가정한다.

(물음5) 배당금 및 자본이득에 대해 개인 소득세를 부과할 때 유상증자를 통해 조달한 자금으로 배당금을 지급하는 경우에 주주에게 미치는 영향에 대해 설명하시오.

4-6 대리 비용과 자본구조 (2004년)

한솔기업은 다음과 같은 신규투자를 고려하고 있다. 신규투자안 A, B는 모두 100원의 투자원금을 필요로 하며 투자기간은 1년이고 상호배타적이다. 이들 투자안의 1년 말 총현금흐름은 다음과 같다.

상 황	확 률	투자안 A	투자안 B
불 황	0.5	110원	50원
호 황	0.5	130원	180원

경제주체들은 위험중립적이며, 무위험이자율은 10%이고, 부채조달시 채권만기는 투자기간과 동일하다.

(물음1) 한솔기업의 소유경영자가 투자원금 전액을 자기자본으로 조달한다면 어떤 투자안을 선택할 것인가?

(물음2) 한솔기업은 투자안 선택에 상관없이 시장 이자율로 투자원금 전액을 부채로 조달한다고 하자. 이때 상록기업의 소유경영자는 어떤 투자안을 선택할 것인가?

(물음3) 채권시장은 완전경쟁시장이므로, 채권은 기대 순현가가 0이 되도록 시가 발행된다. 한솔기업의 소유경영자는 투자원금을 부채로 100% 조달할 예정이며, 각 투자안별로 별도의 가격조건으로 부채를 조달한다. 이때 한솔기업의 소유경영자는 어떤 투자안을 선택할 것인가?

(물음4) 위의 (물음 3)에서와 동일한 상황이며, 단지 차이점은 한솔기업이 최대한 부채조달을 통해 투자하려고 하지만 부채여력(capacity)이 제한되어 있어 투자원금의 나머지는 자기자본으로 조달해야 한다는 것이다. 현재 한솔기업이 조달가능한 부채의 만기시 약속원리금은 두 투자안 모두 88원이며, 파산시에는 16원의 파산비용이 발생한다. 이때 한솔기업의 소유경영자는 어떤 투자안을 선택할 것인가?

4-7 MM의 자본구조이론 (2007년)

자본구조를 제외하고 모든 점이 동일한 두 개의 기업 U와 L이 있다. 전액 자기자본만으로 조달된 기업 U의 자본비용은 20%이다. 기업 L의 자본구조는 총 액면가 2억원, 액면이자율 7%, 만기수익률 10%의 영구채와 총 10,000주의 주식으로 구성되어 있다. 매년 말 2억원의 세전영업이익(EBIT)이 영구적으로 발생할 것으로 기대된다. 무위험이자율은 10%, 시장포트폴리오의 기대수익률은 15%, 법인세율은 40%이다

(물음1)   기업 U의 총시장가치를 구하시오.

(물음2)   기업 L의 부채의 시장가치를 구하시오.

(물음3)   기업 L의 기업가치와 주당 시장가격을 각각 구하시오.

(물음4)   기업 L의 자기자본비용 및 가중평균자본비용을 MM이론을 적용하여 구하시오.

(물음5)   기업 L은 현재의 시가기준 부채비율을 목표비율 50%로 조정하려고 한다. 이러한 자본구조조정에 따른 ① 자기자본비용, ② WACC 및 ③ 기업가치를 하마다 모형을 이용하여 각각 산출하시오.

(물음6)   (물음 3)~(물음 5)의 결과에 근거하여 법인세를 고려한 MM(1963)이론이 시사하는 바를 언급하고, 지금까지 알려진 이론들에 근거하여 현실적용 시 추가적으로 고려해야 할 요인 3개를 제시하시오.

4-8 MM의 자본구조이론 (2008년)

현재 자기자본만으로 자금을 조달한 (주)소라의 연말 영업이익(EBIT)은 8억원이고, 이 영업이익은 매년 말 영구적으로 발생할 것으로 기대된다. 현재 자기자본비용은 15%이고 법인세는 40%이다. MM이론을 가정하여 다음 물음에 답하시오.

(물음1) 현재 (주)소라의 시장가치를 구하시오.

(물음2) (주)소라는 자본구조를 변경하기 위해서 부채를 발행해 이 금액으로 자사주 일부를 매입할 계획이다. (주)소라가 부채를 발행할 경우 10%의 이자율로 자금을 조달할 수 있다. 만약 (주)소라가 자본구조를 50%의 부채와 50%의 자기자본으로 조정하려면 얼마의 부채를 발행해야 하는가?

(물음3) (주)소라가 (물음 2)와 같이 자본구조를 변경하게 되면 새로운 ① 기업가치, ② 자기자본비용 그리고 ③ 가중평균자본비용(WACC)은 각각 얼마인가?

(물음4) (주)소라는 20억원의 부채를 10%의 시장이자율에 추가로 발행해 기존의 사업과 영업위험이 동일한 프로젝트에 투자할 계획이다. 프로젝트로부터 6억원의 추가적인 영업이익(EBIT)이 영구적으로 기대된다면 이 프로젝트의 순현가(NPV)는 얼마인가?

(물음5) (물음 4)에서 20억원의 부채로 자금을 조달해 프로젝트를 채택한 직후 (주)소라의 부채비율(debt-to-equity ratio)은 얼마인가?

4-9 자본조달방법의 결정 (2009년)

AXE회사의 자본구조는 회사채를 발행해서 조달한 부채(35%)와 보통주를 발행해서 조달한 자본(65%)으로 구성되어 있다. 회사채는 액면이자율(coupon rate)이 10.4%이고 만기까지는 5년이 남아있으며 현재 액면가(par value)에 거래되고 있다. 시장포트폴리오의 기대수익률은 11%, 무위험이자율은 4%이고 이 회사의 베타는 1.6이다. 배당금은 주당 5,000원을 지급했고 향후 매년 5.4%씩 증가할 것으로 예상되며, 현재 주가는 62,000원이다. 법인세율은 25%로 가정한다.

(물음1) 배당할인모형 및 CAPM을 사용해서 각각의 자기자본비용과 가중평균자본비용을 구하시오.

(물음2) 현재 AXE회사의 가치는 1,000억원이고, 이 회사의 최고재무책임자(CFO)는 400억원이 소요되는 신규 투자안에 대해 어떤 자본조달 방법을 사용할지 두 방안을 놓고 고민중이다.
1안 : 우선주 발행 - 발행가격 35,000원. 배당금 4,200원
2안 : 회사채 발행 - 기존 회사채와 동일한 조건
발행비용은 없는 것으로 가정하며, CFO의 목표는 신규 투자안에 대한 자본조달 후 회사의 WACC를 최소화하는 것이다. 목표 달성을 위해 어떤 자본조달 방법을 선택해야할지 각 방안의 WACC를 구하시오.

4-10 MM의 자본구조이론 (2011년)

다라(주)는 매년 기대영업이익이 3억원으로 영구적으로 일정할 것으로 예상된다. 이 회사는 40만주의 보통주로만 자본을 조달하고 있고 현재 주가는 3,000원이다. 다라 (주)는 현재 이자율 10%로 회사채 10억원을 발행하여 주식의 일부를 재매입하려고 한다. 만기 후 부채는 동일한 조건으로 재조달할 수 있으며 법인세율은 40%이다. 그 외에 자본시장은 완전하다고 가정하고 다음에 답하시오.

(물음1) 회사채 발행 후 다라(주)의 자기자본비용을 구하시오.

(물음2) 회사채 발행 후 다라(주)의 가중평균자본비용을 구하시오.

(물음3) 부채를 조달할 수 있는 조건이 회사채의 발행 금액에 관계없이 이자율 10%로 동일하다고 가정하자. 다라(주)의 목표부채비율, 즉 자기자본 대비 부채비율을 100%로 유지하려고 한다면 지문에서 제시된 10억원 대신 얼마의 회사채를 발행하여 주식의 일부를 재매입해야 하는지 계산하시오.

4-11 MM의 자본구조이론 (2012년)

전액 자기자본으로 조달된 ABC 기업의 자본비용은 25%이다. 연간 5억원의 세전영업이익(EBIT)이 영구히 발생할 것으로 기대된다. 최근 새로운 프로젝트에 대한 투자를 고려하여 총 액면가 4억원, 액면이자율 8%, 만기수익률 10%의 영구채로 부채를 조달할 계획이다. 무위험이자율은 10%, 시장포트폴리오의 기대수익률은 20%, 법인세율은 30%이다. MM자본구조이론과 CAPM에 근거하여 다음에 답하시오.

(물음1) 자본구조 변경 후 부채의 시장가치를 구하시오. 계산결과는 억원 단위로 소수점 첫째 자리까지 표기하시오.

(물음2) 자본구조 변경 전·후의 기업가치를 각각 구하시오. 계산결과는 억원 단위로 소수점 둘째 자리까지 표기하시오.

(물음3) 새로운 자본구조 하에서 자기자본비용과 가중평균자본비용을 MM자본구조이론을 적용하여 각각 구하시오. 계산결과는 %단위로 표시하되 반올림하여 소수점 둘째 자리까지 표기하시오.

(물음4) 기업은 현재의 시가기준 부채비율(부채/자기자본)을 60%로 조정하려고 한다. 변화된 자본구조에 따라 다음을 계산과정과 함께 제시하시오. 아래 질문 ⊙과 ⓛ의 계산결과는 %단위로 표시하되 반올림하여 소수점 둘째 자리까지 표기하고, ⓒ의 계산결과는 억원 단위로 반올림하여 소수점 둘째 자리까지 표기하시오.
⊙ CAPM으로 계산한 자기자본비용
ⓛ 원천별 자본비용으로 계산한 가중평균자본비용
ⓒ 기업가치

4-12 MM모형 및 파산비용이론 (2014년)

㈜서울은 자기자본만으로 자금을 조달한 기업으로 자본비용은 20%이며, 연간 10억원의 영업이익이 영구히 발생할 것으로 기대된다. ㈜경기는 총 액면가 15억원, 액면이자율 10%, 만기수익률 10%의 영구채와 총 10,000주의 주식으로 구성되어 있으며, 영업이익과 영업위험은 ㈜서울과 동일하다. 법인세율은 40%이다. (물음 1)과 (물음 2)는 MM의 명제가 성립한다고 가정한다.

(물음1) ㈜서울과 ㈜경기의 시장가치는 각각 얼마인가?

(물음2) ㈜경기의 자기자본비용과 가중평균자본비용 WACC는 얼마인가? 계산결과는 %로 표시하되 반올림하여 소수점 둘째 자리까지 표기하라.

(물음3) 현재 시장에서는 부채가치의 수준에 따라 파산할 확률이 아래와 같이 예상되고 있으며 파산시 발생하게 되는 비용의 현재가치가 20억원으로 추산된다.

부채 가치	파산 확률
3 억원	10%
6 억원	13%
9 억원	18%
12 억원	25%
15 억원	40%

① 기대파산비용을 고려할 때 ㈜경기의 기업가치는 얼마인가?
② 세금절감효과와 기대파산비용을 고려할 때 ㈜경기의 기업가치를 극대화시킬 수 있는 최적 부채수준을 구하라.

(물음4) 자본구조 관련 이론 중 자본조달순위이론(Pecking Order Theory)을 5줄 이내로 설명하라.

4-13 MM과 하마다모형 (2015년)

자동차부품을 생산하는 다라기업은 4,000만원이 소요되는 통신분야 투자를 검토 중이다. 통신분야의 비교기업인 마바기업은 보통주 베타가 2.0이며 부채구성비율$\left(\dfrac{D}{D+S}\right)$은 50%이다. 이 투자안이 시행되면 매년 5,000만원의 매출과 4,000만원의 영업비용이 영구적으로 발생할 것으로 예상된다. 다라기업의 목표 부채구성비율$\left(\dfrac{D}{D+S}\right)$은 20%이다. 차입이자율은 무위험이자율과 동일한 10%이고 시장포트폴리오의 기대수익률은 14%이며 법인세율은 30%이다. MM의 자본구조이론과 CAPM 환경 하에서 답하시오. 계산결과는, 비율과 베타는 반올림하여 소수점 넷째 자리까지 표시하고 금액은 만원 단위로 소수점 둘째 자리까지 표시하시오.

> ※ 다음의 약자를 사용하시오
> D : 부채, S: 자기자본, A: 자산, T_C: 법인세율
> k_U : 무부채기업의 자기자본비용, k_S: 자기자본비용, k_D: 부채비용
> V_U : 무부채기업의 자산가치, V_L: 부채기업의 자산가치
> β_A : 자산베타, β_U: 무부채기업의 주식베타, β_L: 부채기업의 주식베타
> EBIT : earnings before interest and taxes, EAT: earnings after taxes

(물음1) 이 투자안의 베타(β_L)는 얼마인가?

(물음2) (물음 1)의 베타를 구하기 위해 사용한 공식을 도출하시오.

(물음3) MM의 수정이론(63년) 중 자본구조와 자기자본비용에 관한 제2명제의 식을 도출하시오.

(물음4) 이 투자안의 조정현가(APV)를 구하시오.

4-14 부채가 성장하는 자본구조 (2016년)

㈜우리의 영업이익은 1년 후 100만원이 예상되고 이후 매년 3%씩 증가할 것으로 예상된다. 자본지출과 감가상각비는 항상 같으며 순운전자본의 변화도 일어나지 않는다. 법인세율은 30%이며, 현재 200만원의 부채를 가지고 있다. 이 회사는 항상 부채비율을 일정하게 유지할 계획이어서 부채도 평균적으로 매년 3%씩 증가할 것으로 예상된다. 무위험수익률과 세전부채비용이 5%이고 시장포트폴리오의 기대수익률은 11%이다. ㈜우리의 영업위험만 반영되어 있는 베타는 1.2이며 부채의 크기는 계속 변동하므로 이자비용의 절세액도 베타는 1.2이다. CAPM 모형이 성립한다고 가정한다. 자본비용은 반올림하여 소수점 넷째 자리까지 표시하고 금액은 반올림하여 만원 단위로 소수점 둘째 자리까지 표시하시오.

(물음1) ㈜우리가 무부채기업이라면 기업가치는 얼마인가?

(물음2) 조정현재가치(APV)는 얼마인가?

(물음3) 가중평균자본비용(WACC)은 얼마인가?

(물음4) 자기자본비용은 얼마인가?

(물음5) 주주현금흐름법(FTE)으로 계산한 자기자본의 가치는 얼마인가?

(물음6) ㈜우리는 연속적으로 부채비율을 일정하게 유지시키지 않고 1년에 한 번 연초에 부채의 크기를 조정하여 목표부채비율을 유지하기로 하였다. 부채사용효과는 얼마인가? (힌트: t시점에서의 이자지급액 크기는 t-1시점에서 확정됨.)

4-15 부채비율과 유보율 (2016년)

을지쇼핑은 부채비율(부채/자기자본)을 25%로 유지하고 내부유보율(유보이익/순이익)을 40%로 유지하는 재무정책을 시행하고 있다. 올해 초 자기자본은 80억원이고 올해 순이익은 30억원이다. 다음 질문에 대하여 %기준으로 반올림하여 소수점 첫째 자리까지 계산하시오.

(물음1) 올해의 ROA(총자산순이익률)와 ROE(자기자본순이익률)는 얼마인가? 단, 수익률 계산에서 총자산과 자기자본은 기초와 기말의 평균값을 사용해야 한다.

(물음2) 을지쇼핑은 내년 순이익이 올해보다 20% 성장할 것으로 예측하였다. 을지쇼핑이 차입이나 유상증자를 이용하지 않고 내부자금만으로 성장하기로 재무정책을 바꾼다면, 내년에 도달할 수 있는 최대의 총자산성장률은 얼마인가?

(물음3) 을지쇼핑은 내년 순이익이 올해보다 50% 성장할 것으로 예측을 바꾸었다. 을지쇼핑이 유상증자는 이용하지 않고 부채비율을 유지하는 기존의 재무정책을 시행한다면, 내년에 도달할 수 있는 최대의 자기자본성장률은 얼마인가?

4-16 MM의 자본구조이론 (2017년)

무부채기업인 ㈜서울의 자기자본비용은 10%이고 ㈜한강은 6% 이자율로 1억원의 부채를 사용하고 있다. 두 기업은 모두 매년 3,000만원의 일정한 영업이익을 영구적으로 기대하고 있다. 법인세율은 40%이고, MM(1963)이론이 성립한다는 가정 하에서 다음의 물음에 답하시오.

(물음 1) ㈜서울과 ㈜한강의 기업가치를 각각 구하시오.

(물음 2) 현재 ㈜한강의 시장가치가 2.5억원일 때 다음 물음에 답하시오.
① ㈜한강의 주식 10%를 보유한 투자자의 차익거래 전략과 과정을 설명하고, 차익거래 이익을 구하시오.
② 위 ①에서의 차익거래 행위는 언제까지 지속되겠는가?

(물음 3) ㈜서울의 발행주식수는 3,000주이며, ㈜한강의 발행주식수는 1,500주이다. 두 기업의 EPS(주당순이익)를 각각 구하시오.

(물음 4) (물음 3)에서 두 기업의 EPS를 동일하게 하는 영업이익은 얼마인가? 그 영업이익에서 EPS는 얼마인가?

(물음 5) MM(1963)이론과 파산비용이론(또는 상충이론) 이외에 최적 자본구조의 존재를 주장하는 이론을 두 가지 제시하고 각 이론들의 최적 자본구조 요건을 설명하시오.

4-17   MM의 자본구조이론 (2017년)

다음 물음에 대하여 "옳다" 또는 "옳지 않다"라고 답하고 그 근거를 제시하시오.

법인세가 있는 MM(1963)이론이 성립한다는 가정 하에서 부채를 사용하는 기업의 부채비율(부채/자기자본)이 무한히 증가하면 자기자본비용×자기자본 구성비율 부분이 0에 근접하게 되어 가중평균자본비용(WACC)은 결국 부채비용×(1-법인세율)로 수렴하게 된다.

제5장 **M&A**

① 합병의 기초

1. 합병의 유형

합병 (Merger)	법률적 측면	흡수합병 : A + B → A (A: 합병기업, B:목표기업)
		신설합병 : A + B → C
	경제적 측면	수평적 합병 : 동일한 업종간의 합병
		수직적 합병 : 공급사슬 기업과의 합병
		다각적 합병 : 서로 다른 업종간의 합병
매수 (Acquisition)		자산취득
		주식취득

2. M&A의 동기

시너지효과	영업시너지 : 영업현금의 증가를 통한 기업가치의 증가
	재무시너지 : 자본비용의 감소를 통한 기업가치의 증가
저평가설	토빈의 q 비율 = $\dfrac{\text{기업의시장가치}}{\text{기업자산의재취득원가}}$ → q < 1이면 저평가되어 있는 기업이다.
경영자주의	합병기업(A) 경영자의 입장에서 합병은 주주의 이익을 위해서가 아닌 경영자의 자신의 효용을 증가시키는 수단이 된다.
대리 이론	목표기업(B) 주주의 입장에서 합병은 대리비용을 감소시키는 수단으로 이용될 수 있다.

3. M&A 용어

(1) 주식공개매수제도 (tender offer)

목표기업의 주주들에게 공개적으로 매입가격을 제시하여 주식을 매입하는 방법.

(2) 위임장투쟁 (proxy fight)

목표기업의 주주로부터 주식의 의결권을 위임받아 주주총회에서 이를 행사함으로써 경영의사결정에 영향력을 행사하는 것

(3) 개인기업화 (going private)

상장된 목표기업의 대부분의 주식을 사들임으로써 공개기업을 사유화 하는 것으로 이 과정에서 목표기업을 담보로 차입금을 조달하는 차입매수(LBO)라는 방법을 이용한다.

(4) 적대적 M&A 방어전략

① 절대다수결에 의한 승인
   회사정관에 합병승인에 필요한 주주총회의 다수결기준을 엄격하게 정하는 방법

② 그린메일 (green mail)
   주식을 매입한 상대방의 보유주식을 시장가격보다 높은 가격으로 재매입해 주는 것

③ 정지협약 (standstill agreement)
   그린메일의 대가로 상대방에게 합병을 미루거나 포기하도록 협약을 맺는 것

④ 황금낙하산 (golden parachute)
   합병 시 기존 경영진에게 거액의 퇴직금을 주도록 고용계약을 규정하는 것

⑤ 왕관보석 (crown jewel)
   제3의 회사를 설립해서 이 회사에게 합병대상회사의 핵심자산을 매각하는 것

⑥ 독약조항 (poison pill)
   합병시 기존 주주에게 새 기업 주식의 상당량을 낮은 가격으로 살 수 있는 권리를 주어 합병주체에게 피해를 입히는 것

⑦ 백기사 (white knight)
   현재 경영진에게 우호적인 제3자의 도움으로 적대적 M&A를 막는 것

시너지

1. 시너지

합병의 가장 중요한 원인이 바로 시너지 효과이며 이는 합병 후 기업(AB)의 기업가치에서 합병 기업(A)와 목표기업(B)의 기업가치를 단순합산 한 것을 차감한 값이다.

$$synergy = V_{AB} - V_A - V_B$$

V_{AB} : 합병 후 기업의 기업가치 V_A : 합병기업의 기업가치 V_B : 목표기업의 기업가치

기업가치는 미래현금흐름의 현재가치이므로 시너지는 다음과 같이 합병에 따른 증분 현금흐름의 현재가치와 동일한 것이다.

$$synergy = \sum_{t=1}^{n} \frac{\Delta FCFF_t}{(1+wacc)^t}$$

시너지효과의 할인율은 목표기업의 위험을 고려한 할인율을 사용하여야 한다. 인수대금의 일부를 부채로 조달한다면 재무레버리지를 반영하여 할인율을 조정하여야 한다.

일부 시중 교재는 두 기업의 자본비용을 가중평균한 값을 적용하여 시너지효과를 산출하며 그 근거로 시너지가 두 기업의 공동효과로 발생한다는 점을 내세운다. 하지만 자본예산의 기본원칙 및 Ross의 논리에 따라 특별한 조건이 주어지지 않는 한 시너지효과의 할인율은 목표기업의 위험을 고려한 할인율을 사용하여야 한다.

2. 목표기업의 위험을 고려한 할인율을 이용한 시너지

Step-1 목표기업(B)의 영업베타 결정

목표기업의 현재 주식베타와 현재 자본구조를 이용하여 목표기업의 영업베타(β_U^B)를 결정한다.

$$\beta_U^B = \frac{\beta_L^B}{1 + (1-t) \times \dfrac{B_B}{S_B}}$$

Step-2 목표자본구조를 반영한 목표기업(B)의 주식베타 결정

목표기업의 영업베타와 합병 후 목표자본구조($\dfrac{B_{AB}}{S_{AB}}$)를 이용하여 목표기업의 주식베타(β_L^B)를 결정한다.

$$\beta_L^B = \beta_U^B \times [1 + (1-t) \times \frac{B_{AB}}{S_{AB}}]$$

Step-3 목표기업(B)의 자기자본비용 결정

합병 후 목표자본구조($\dfrac{B_{AB}}{S_{AB}}$)를 이용하여 목표기업의 자기자본비용(k_e^B)을 결정한다.

$$k_e^B = R_f + [E(R_m) - R_f] \times \beta_L^B$$

Step-4 목표기업(B)의 가중평균자본비용 결정

합병 후 목표자본구조($\dfrac{B_{AB}}{S_{AB}}$)를 이용하여 목표기업의 가중평균본비용($wacc^B$)을 결정한다.

$$wacc_B = k_d^B \times (1-t) \times \frac{B_{AB}}{V_{AB}} + k_e^B \times \frac{S_{AB}}{V_{AB}}$$

Step-5 시너지 효과의 결정

시너지효과는 다음 두 가지 방법으로 구할 수 있다.

(방법1) 합병 증분현금흐름의 현재가치

$$synergy = \sum_{t=1}^{n} \frac{\Delta FCFF_t}{(1+wacc^B)^t}$$

(방법2) 증분현금흐름이 반영된 목표기업 현금흐름의 현재가치와 현재 기업가치와의 차이

$$synergy = \sum_{t=1}^{n} \frac{FCFF_B^{after}}{(1+wacc^B)^t} - V_B$$

※ 다음의 상황에서는 목표기업의 현재 자본비용을 사용할 수 있다.
  ① 목표기업이 무부채기업이고 인수대금도 자기자본만으로 조달하는 경우
  ② 목표기업이 자본구조와 합병 후 기업의 목표자본구조가 동일한 경우

이 경우 주식평가모형을 이용하여 다음과 같이 시너지를 구할 수 있다.

◎ 고정성장배당모형을 이용한 시너지

$$synergy = n_B \times (P_B^{after} - P_B^{before}) \qquad P_B^{after} = \frac{D_0 \times (1+g^{after})^1}{k_e^B - g^{after}} \qquad P_B^{before} = \frac{D_0 \times (1+g^{before})^1}{k_e^B - g^{before}}$$

◎ PER를 이용한 시너지

$$synergy = n_{AB} \times EPS_{AB} \times PER_{AB} - n_A \times EPS_A \times PER_A - n_B \times EPS_B \times PER_B$$

3. 합병 후 기업의 위험을 고려한 할인율을 이용한 시너지

Step-1 합병기업과 목표기업의 영업베타 결정

두 기업의 현재 주식베타와 현재 자본구조를 이용하여 두 기업의 영업베타를 각각 결정한다.

합병기업의 영업베타 : $\beta_U^A = \dfrac{\beta_L^A}{1+(1-t)\times \dfrac{B_A}{S_A}}$

목표기업의 영업베타 : $\beta_U^B = \dfrac{\beta_L^B}{1+(1-t)\times \dfrac{B_B}{S_B}}$

Step-2 합병기업과 목표기업의 무부채 기업가치 결정

두 기업의 현재 기업가치에서 부채사용효과를 차감한 무부채 기업가치를 각각 결정한다.

합병기업의 무부채 기업가치 : $V_U^A = V_L^A - B^A \times t$

목표기업의 무부채 기업가치 : $V_U^B = V_L^B - B^B \times t$

Step-3 합병 후 기업의 영업베타 결정

두 기업의 무부채 기업가치를 가중치로 하여 합병 후 기업의 영업베타를 결정한다.

$$\beta_{AB}^U = \beta_A^U \times \frac{V_A^U}{V_A^U + V_B^U} + \beta_B^U \times \frac{V_B^U}{V_A^U + V_B^U}$$

Step-4 목표자본구조를 반영한 합병 기업(AB)의 주식베타 결정

합병 후 기업의 영업베타와 합병 목표자본구조($\dfrac{B_{AB}}{S_{AB}}$)를 이용하여 주식베타(β_L^{AB})를 결정한다.

$$\beta_L^{AB} = \beta_U^{AB} \times [1+(1-t) \times \frac{B_{AB}}{S_{AB}}]$$

Step-5 합병 후 기업(AB)의 자기자본비용 결정

합병 후 목표자본구조($\frac{B_{AB}}{S_{AB}}$)를 이용하여 합병 후 업의 자기자본비용(k_e^{AB})을 결정한다.

$$k_e^{AB} = R_f + [E(R_m) - R_f] \times \beta_L^{AB}$$

Step-6 합병 후 기업(AB)의 가중평균자본비용 결정

합병 후 목표자본구조($\frac{B_{AB}}{S_{AB}}$)를 이용하여 합병 후 기업의 가중평균본비용($wacc^{AB}$)을 결정한다.

$$wacc_{AB} = k_d^{AB} \times (1-t) \times \frac{B_{AB}}{V_{AB}} + k_e^{AB} \times \frac{S_{AB}}{V_{AB}}$$

Step-7 시너지 효과의 결정

시너지효과는 다음 두 가지 방법으로 구할 수 있다.

(방법1) 합병 증분현금흐름의 현재가치

$$synergy = \sum_{t=1}^{n} \frac{\Delta FCFF_t}{(1+wacc^{AB})^t}$$

(방법2) 합병 후 기업 현금흐름의 현재가치와 두 기업가치의 합과의 차이

$$synergy = \sum_{t=1}^{n} \frac{FCFF_{AB}}{(1+wacc^{AB})^t} - V_A - V_B$$

5-1 시너지 효과의 할인율

A기업은 기업가치 300억원의 우량회사로 기업가치가 100억원인 B기업을 흡수합병하려고
한다. 무위험수익률은 5%, 시장포트폴리오 기대수익률은 8%이며, 법인세율은 40%이다.

	합병 전 A 기업	합병 전 B 기업
부채/자기자본(시장가치기준)	2	1
주식 베타	1.6	1.2

단, 합병 후 기업의 목표자본구조는 B/S=1.5이다.

(물음1) 합병으로 인한 증분현금흐름을 목표기업의 위험을 반영한 할인율를 이용하여 시너지 효과
를 구하는 경우 적절한 할인율을 계산하라.

(물음2) 합병으로 인한 증분현금흐름을 합병 후 기업의 위험을 반영한 할인율를 이용하여 시너지
효과를 구하는 경우 적절한 할인율을 계산하라.

정답

(물음1) [Step-1] $\beta_U^B = \dfrac{\beta_L^B}{1+(1-t)\times\dfrac{B_B}{S_B}} = \dfrac{1.2}{1+(1-0.4)\times 1} = 0.75$

[Step-2] $\beta_L^B = \beta_U^B \times [1+(1-t)\times\dfrac{B_{AB}}{S_{AB}}] = 0.75 \times [1 + (1-0.4)\times 1.5] = 1.425$

[Step-3] $k_e^B = R_f + [E(R_m)-R_f]\times\beta_L^B = 5 + (8-5)\times 1.425 = 9.28\%$

[Step-4] $wacc_B = k_d^B \times (1-t)\times\dfrac{B_{AB}}{V_{AB}} + k_e^B\times\dfrac{S_{AB}}{V_{AB}}$

$= 5 \times (1-0.4)\times 0.6 + 9.28 \times 0.4 = \textbf{5.50\%}$

(물음2)

[Step-1] $\beta_U^A = \dfrac{\beta_L^A}{1+(1-t)\times \dfrac{B_A}{S_A}} = \dfrac{1.6}{1+(1-0.4)\times 2} = 0.7272$

$\beta_U^B = \dfrac{\beta_L^B}{1+(1-t)\times \dfrac{B_B}{S_B}} = \dfrac{1.2}{1+(1-0.4)\times 1} = 0.75$

[Step-2] $V_U^A = V_L^A - B^A \times t$ = 300 - 300 x 2/3 x 0.4 = 220

$V_U^B = V_L^B - B^B \times t$ = 100 - 100 x 1/2 x 0.4 = 80

[Step-3] $\beta_{AB}^U = \beta_A^U \times \dfrac{V_A^U}{V_A^U + V_B^U} + \beta_B^U \times \dfrac{V_B^U}{V_A^U + V_B^U}$

$= 0.7272 \times \dfrac{220}{220+80} + 0.75 \times \dfrac{80}{220+80} = 0.7332$

[Step-4] $\beta_L^{AB} = \beta_U^{AB} \times [1+(1-t)\times \dfrac{B_{AB}}{S_{AB}}]$

$= 0.7333 \times [1 + (1-0.4) \times 1.5] = 1.3930$

[Step-5] $k_e^{AB} = R_f + [E(R_m) - R_f]\times \beta_L^{AB}$ = 5 + (8 − 5) × 1.393 = 9.18%

[Step-6] $wacc_{AB} = k_d^{AB} \times (1-t)\times \dfrac{B_{AB}}{V_{AB}} + k_e^{AB} \times \dfrac{S_{AB}}{V_{AB}}$

$= 5 \times (1-0.4) \times 0.6 + 9.18 \times 0.4 =$ **5.47%**

합병 NPV와 인수프리미엄

1. 인수대금을 현금으로 지급하는 경우

(1) 인수프리미엄

$$premiun = C_o - V_B$$

C_o : 현금 인수대가 $\quad$ V_B : 목표기업의 기업가치

목표기업 주주입장에서는 현금 인수가격(C_o)이 목표기업의 합병 전 기업가치(V_B)를 초과하는 해야 합병에 찬성할 것인데 그 차이가 인수프리미엄이다. 만일 목표기업이 부채기업이라면 인수프리미엄은 다음과 같이 기업가치가 아닌 자기자본가치로 산출한다.

$$premiun = C_o - S_B = C_0 - (V_B - B_B)$$

(2) 합병 NPV

$$NPV = synergy - premiun$$

합병기업 주주입장에서는 합병의 시너지효과가 인수프리미엄을 초과해야 합병에 찬성할 것인데 그 차이가 합병 NPV이다. 시너지효과 공식과 인수프리미엄 공식을 결합하여 다음과 같이 계산할 수 있다.

$$NPV = synergy - premiun = V_{AB} - V_A - V_B - (C_0 - V_B) = V_{AB} - V_A - C_0$$

2. 인수대금을 주식으로 지급하는 경우

(1) 주식교환비율 (exchange ratio)

- 교환비율 : 목표기업(B)의 1주에 대해서 교부하는 합병기업(A)의 주식 수의 비율
- 합병회사의 주식수를 n_A, 목표회사의 주식수를 n_B, 교환비율을 ER
  합병대가로 지급한 주식수를 m, 합병 후 회사의 주식수를 n_{AB}라고 하면

$$n_{AB} = n_A + m = n_A + n_B \times ER$$

(2) 인수프리미엄

$$premiun = V_{AB} \times \frac{m}{n_A + m} - V_B$$

목표기업 주주입장에서는 합병 후 기업가치의 지분율이 목표기업의 합병 전 기업가치(V_B)를 초과하는 해야 합병에 찬성할 것인데 그 차이가 인수프리미엄이다. 만일 목표기업이 부채기업이라면 인수프리미엄은 다음과 같이 기업가치가 아닌 자기자본가치로 산출한다.

$$premiun = S_{AB} \times \frac{m}{n_A + m} - S_B$$

(3) 합병 NPV

$$NPV = V_{AB} \times \frac{n_A}{n_A + m} - V_A$$

합병기업 주주입장에서는 합병 후 기업가치의 지분율이 합병기업의 합병 전 기업가치(V_A)를 초과하는 해야 합병에 찬성할 것인데 그 차이가 합병 NPV이다. 만일 목표기업이 부채기업이라면 인수프리미엄은 다음과 같이 기업가치가 아닌 자기자본가치로 산출한다.

$$NPV = S_{AB} \times \frac{n_A}{n_A + m} - S_A$$

필수예제

5-2 합병 NPV와 인수프리미엄

A기업은 B기업을 흡수합병을 하려고 한다. 합병후의 기업가치는 1,150,000원으로 예상이 되며 두 기업은 모두 무부채기업이며 합병후에도 무부채기업이다.

	A	B
주 가	4,000원	1,000원
발행주식수	250주	100주
당기순이익	400,000원	20,000원

(물음1) 합병 시너지는 얼마인가?

(물음2) 합병대가로 현금 140,000원을 지급한다면 합병 NPV와 인수프리미엄은 얼마인가?

(물음3) 합병대가로 A주식 30주를 교부한다면 합병 NPV와 인수프리미엄은 얼마인가?

$\triangle$정답

(물음1)

$V_A^U = n_A \times P_A$ = 250주 x 4,000원 = 1,000,000원

$V_B^U = n_B \times P_B$ = 100주 x 1,000원 = 100,000원

$synergy = V_{AB} - V_A - V_B$ = 1,150,000 − (1,000,000 + 100,000) = **50,000원**

(물음2)

$premiun = C_o - V_B$ = 140,000 − 100,000 = **40,000원**

$NPV = synergy - premiun$ = 50,000 - 40,000 = **10,000원**

(물음3)

$premiun = V_{AB} \times \dfrac{m}{n_A + m} - V_B = 1,150,000 \times \dfrac{30주}{250주 + 30주} - 100,000 =$ **23,214원**

$NPV = V_{AB} \times \dfrac{n_A}{n_A + m} - V_A = 1,150,000 \times \dfrac{250주}{250주 + 30주} - 1,000,000 =$ **26,786원**

합병조건의 결정

※ 아래의 공식은 모두 무부채기업을 가정한 것이다.

1. 인수대금을 현금으로 지급하는 경우

(1) 목표기업(B) 주주의 의사결정

$$premiun = C_o - V_B > 0$$

목표기업 주주입장에서는 현금 인수가격(C_o)이 목표기업의 합병 전 기업가치를 초과해야 합병에 찬성할 것이다. 즉, 인수프리미엄이 0 보다 커야 한다.

(2) 합병기업(A) 주주의 의사결정

$$NPV = synergy - premiun > 0$$

합병기업 주주입장에서는 합병의 시너지효과가 인수프리미엄을 초과해야 합병에 찬성할 것이다. 즉, 합병 NPV가 0 보다 커야 한다.

(3) 합병이 성사되기 위한 합병대가의 범위

두 기업 주주 입장을 정리하면 현금 인수가격(C_o)은 목표기업의 합병 전 기업가치 보다 커야 하며 합병 후 기업의 기업가치와 합병 기업의 기업가치의 차이보다 작아야 한다.

$$V_B < C_0 < V_{AB} - V_A$$

2. 인수대금을 주식으로 지급하는 경우 주가기준의 교환비율

(1) 합병기업의 주주

합병기업 주주입장에서는 다음과 같이 합병 NPV가 0보다 크면 합병에 찬성할 것이다.

$$NPV = V_{AB} \times \frac{n_A}{n_A + m} - V_A > 0$$

이를 정리하며 주가기준으로 교환비율을 결정하면 다음과 같다.

$$P_{AB} > P_A \Rightarrow \frac{V_{AB}}{n_A + n_B \times ER} > P_A$$

(2) 목표기업의 주주

목표기업 주주입장에서는 다음과 같이 인수 프리미엄이 0보다 크면 합병에 찬성할 것이다.

$$premiun = V_{AB} \times \frac{m}{n_A + m} - V_B > 0$$

이를 정리하며 주가기준으로 교환비율을 결정하면 다음과 같다.

$$P_{AB} \times ER > P_B \Rightarrow \frac{V_{AB}}{n_A + n_B \times ER} \times ER > P_B$$

☞ 최대교환비율과 최소교환비율

> 합병기업(A)입장에서 교환비율은 교부할 수 있는 최대 주식수를 의미한다.
> 목표기업(B)입장에서 교환비율은 교부받아야 하는 최소 주식수를 의미한다.

☞ 시험에서 언급이 없으면 교환비율은 주당이익기준이 아닌 주가기준으로 결정한다.

3. 인수대금을 주식으로 지급하는 경우 주당이익기준의 교환비율

(1) 합병기업의 주주

합병기업 주주입장에서는 합병 후 기업의 주당이익이 합병기업의 주당이익보다 크면 합병에 찬성할 것이며 이를 정리하여 교환비율을 결정하면 다음과 같다.

$$EPS_{AB} > EPS_A$$

$$EPS_{AB} = \frac{NI_{AB}}{n_A + n_B \times ER}$$

(2) 목표기업의 주주

목표기업 주주입장에서는 합병 후 기업의 주당이익에 교환비율을 곱한 값이 합병기업의 주당이익보다 크면 합병에 찬성할 것이며 이를 정리하면 다음과 같다.

$$EPS_{AB} \times ER > EPS_B$$

$$EPS_{AB} = \frac{NI_{AB}}{n_A + n_B \times ER}$$

4. 인수대금의 현금지급과 주식지급을 동일하게 하는 교환비율

합병기업의 주주와 목표기업의 주주 모두 현금지급대가와 합병 후 기업의 기업가치에 대한 목표기업의 주주의 지분율이 동일한 경우 현금지급과 주식지급은 무차별하다.

(1) 합병기업의 주주

$$C_0 = V_{AB} \times \frac{n_B \times ER}{n_A + n_B \times ER}$$

(2) 목표기업의 주주

$$C_0 = V_{AB} \times \frac{n_B \times ER}{n_A + n_B \times ER}$$

필수예제

5-3 합병조건의 결정

A기업은 B기업을 흡수합병을 하려고 한다. 합병후의 기업가치는 1,150,000원으로 예상이 되며 두 기업은 모두 무부채기업이며 합병후에도 무부채기업이다.

	A	B
주 가	4,000원	1,000원
발행주식수	250주	100주
당기순이익	400,000원	20,000원

(물음1) 합병대가로 현금을 지급한다면 합병대가의 범위를 결정하시오.

(물음2) 합병대가로 A주식을 교부한다면 주식교환비율의 범위를 결정하시오.

(물음3) 합병대가로 현금을 115,000원 지급하는 경우와 동일한 주식교환비율은 얼마인가?

정답

(물음1)

$V_A^U = n_A \times P_A$ = 250주 x 4,000원 = 1,000,000원

$V_B^U = n_B \times P_B$ = 100주 x 1,000원 = 100,000원

$V_B < C_0 < V_{AB} - V_A \rightarrow 100,000 < C_0 < 1,150,000 - 1,000,000$

∴ **100,000 < 합병대가 < 150,000**

(물음2)

(1) 합병기업의 주주입장

$$NPV = V_{AB} \times \frac{n_A}{n_A + m} - V_A = 1,150,000 \times \frac{250}{250 + 100 \times ER} - 1,000,000 > 0 \quad \Rightarrow ER < 0.375$$

(2) 목표기업의 주주입장

$$premiun = V_{AB} \times \frac{m}{n_A + m} - V_B = 1,150,000 \times \frac{100 \times ER}{250 + 100 \times ER} - 100,000 > 0 \quad \Rightarrow ER > 0.238$$

∴ **0.238 < 교환비율 < 0.375**

(물음3)

$$C_0 = V_{AB} \times \frac{n_B \times ER}{n_A + n_B \times ER} \rightarrow 115,000 = 1,150,000 \times \frac{100 \times ER}{250 + 100 \times ER} \rightarrow \textbf{ER} = \textbf{0.2778}$$

실전문제

5-1   주주현금흐름과 합병가치평가 (1999년 수정)

20X1년 초 A회사는 잔여현금을 다량 보유하고 있어서 투자기회를 찾던 중 마땅한
투자기회가 존재하지 않아 B회사를 흡수합병 할 것을 검토하고 있다. 무위험부채를
사용하고 있는 B회사의 합병 전 부채구성비율(B/V)은 30%이고, 법인세율 30%, 주식
할인율은 19%이다. A회사는 합병 후 B회사의 부채구성비율(B/V)을 50%로 유지하려
고 한다. 시장이자율은 16%이고, 무위험이자율은 10%이며, 합병 후 법인세율은 40%
가 될 것으로 예상되고 있다. B회사를 흡수한 후의 A회사의 증분현금흐름 관련 자료
가 다음과 같다.

(단위 : 백만원)

구 분	20X1년말	20X2년말	20X3년말	비 고
매 출 액	6,000	7,000	8,000	
영 업 비 용 (감 가 상 각 비 제 외)	3,000	3,500	4,250	20X3년 이후 매년 4%의 주주현금흐름의 증가가 예상됨
이 자 비 용	300	300	400	
감 가 상 각 비	450	500	550	
주주의 증분투자금액	500	400	300	

(물음1)   합병 후 A회사 주주의 증분현금흐름을 연도별로 추정하라.

(물음2)   합병 후 주주의 증분현금흐름을 할인할 자기자본비용을 계산하라.

(물음3)   20X3년도 이후의 현금흐름을 항상 성장모형을 이용하여 20X3년도 기준으로 계
산하고, 이를 토대로 합병 후 주주의 입장에서 현금흐름의 총 현재가치를 추정
하라.

(물음4)   합병 전 B기업의 주가는 10,000원이고, 발행주식수가 60만주인 경우 합병대가의
최대금액과 최소금액을 구하라.

5-2 시너지효과와 합병 후 주가 (2003년)

A기업은 기업가치 500억원의 우량회사로 B기업을 흡수합병하려고 한다. B 기업은 작년 말 기준으로 기업에 귀속되는 현금흐름(FCFF)이 1억원이며 앞으로 매년 5%씩 증가할 것으로 예상된다. 무위험수익률은 5%, 시장포트폴리오 기대수익률은 8%이며, 이후 모든 기간에도 계속 적용된다고 가정한다.

	합병 전 A 기업	합병 전 B 기업	합병 후 A 기업
부채/자기자본(시장가치기준)	0.8	1	0.9
주식 베타	1.5	1.5	-
타인자본비용(%)	-	5	5
법인세율(%)	40	40	40

(물음1) B 기업의 기업가치는 얼마인가? (억 단위 미만 절사)

(물음2) 합병 후 A 기업의 주식베타를 계산하라. (소수점 셋째자리 이하 절사)

(물음3) A 기업은 합병 후 기업에 귀속되는 현금흐름(FCFF)이 2년째 말부터 매년말 10억원씩 추가적으로 영구히 발생할 것으로 예상하고 있다. 만약 B 기업이 제시한 90억원의 현금을 지불하고 합병을 한다면 A 기업의 입장에서의 합병의 순현재가치는 얼마인가? (억원 단위 미만 절사)

(물음4) A 기업은 합병 후 기업에 귀속되는 현금흐름(FCFF)이 2년째 말부터 매년말 10억원씩 추가적으로 영구히 발생할 것으로 예상하고 있다. B 기업이 제시한 90억원을 현금으로 지급하는 대신에 동일 금액의 보통주를 발행하여 지급(합병 후 주가기준)하려 한다면 발행 후 A 기업의 주식의 주당 시장가치는 얼마인가? 합병 전 A 기업의 발행주식수는 250만주이다.

5-3 시너지효과와 인수프리미엄 (2005년)

대영(주)는 이테크(주)의 흡수합병을 검토하고 있다. 모두 무부채기업인 두 기업의 정보는 다음과 같다. 무위험자산수익률은 4%, 시장포트폴리오 수익률은 10%이고 법인세율은 합병전후 두 기업 모두 40%로 같다.

	대영(주)	이테크(주)
주식수	200만주	50만주
당기순이익	60억원	16.5억원
당시주가	30,000원	21,000원
베타	0.8	1.4

(물음1) 피합병기업인 이테크(주)의 주주의 입장에서 더 유리한 합병조건은 주당순이익(EPS) 기준인가 아니면 주당가격 기준인가?

(물음2) 이테크(주)의 주주는 당시주가에 6,000원의 프리미엄을 추가한 주당가격 기준으로 대영(주)와 주식교환비율을 결정하자고 요구하고 있다. 대영(주) 주주의 입장에서 이 제안을 수용할 것인지를 판단하라. 단, 합병 판단은 주식교환비율에 따른 EPS크기의 변화로 측정하고 합병시너지는 없다고 가정.

(물음3) 이테크(주)는 당시주가에 6,000원의 프리미엄을 추가한 주당가격으로 전체 발행주식을 현금으로 인수해 줄 것을 대영(주)에게 요구하고 있다.

(1) 대영(주)는 합병 당시의 주가가 가장 적절한 주당 인수금액이라고 판단한다. 이 경우 합병후 대영(주)의 주주가 요구하는 요구수익률은 얼마인가?

(2) 합병에 따른 매년 말 기준 증분현금흐름은 다음과 같이 예상된다.이테크(주)의 요구가 적절한지 대영(주) 주주의 입장에서 판단하라.

시점	1	2	3	4
증분현금	12억원	10억원	7억원	6억원

(3) 위 문제에의 증분현금흐름을 예상할 때 대영(주)가 합병요구를 수용할 수 있게 하려면 이테크(주)가 당시 주가에 추가할 수 있는 최대한의 프리미엄은 얼마인가?

5-4 현금매수와 주식교환의 비교 (2007년)

다음은 합병논의가 있기 전 개별기업 (주) 산라와 (주)가야에 대한 정보이다.

	(주)산라	(주)가야
시장가치	80,000원	20,000원
발행주식수	40주	20주
주가	2,000원	1,000원

(주)산라와 (주)가야는 모두 부채가 없이 자기자본만으로 구성되어 있다. (주)산라가 (주)가야를 합병하면 20,000원의 시너지가 발생하여 합병 후 기업의 시장가치는 120,000원이 될 것이다

(물음1) (주)산라가 (주)가야에 인수 제의를 하자 (주)가야는 (주)산라에게 현금으로 30,000원을 지급해 줄 것을 제안했다. 이 제안을 받아들인다면 (주)산라의 주주 입장에서 합병의 순현가(NPV)는 얼마인가?

(물음2) (주)산라가 (주)가야를 인수하기 위해 현금대신 30,000원에 해당하는 (주)산라의 주식으로 교환해 주려고 한다. (주)산라가 (주)가야에게 합병 논의 전 (주)산라의 주가인 2,000원을 적용해 (주)가야의 주식20주와 새로 발행한 (주)산라의 주식 15 주를 교환한다면 (주)산라의 주주 입장에서 합병의 NPV는 얼마인가?

(물음3) (주)산라가 (주)가야에게 현금 30,000원을 주는 것과 동일한 순현가(NPV) 효과 가 있기 위해서는 (주)가야 주식 1주에 대해 (주)산라 주식 몇 주를 발행해 교환 해 주어야 하는가?

(물음4) 현금매수 금액이나 주식교환비율은 합병논의가 있기 전 시장가치를 기준으로 하되, 시너지는 (주)산라와 (주)가야에게 동등하게 배분되도록 결정한다. 합병 후 시장가치는 실제가치를 반영한다고 하자. (주)산라의 경영진이 다음과 같이 판단 할 때 각각의 경우 현금매수방식과 주식교환 방식 중 어느 것을 더 선호하겠는 가? 제시된 표의 칸을 채워 답하시오.
① 합병으로 인한 시너지가 시장에 알려진 20,000원보다 작은 15,000원이다.
② (주)산라 자산의 실제가치는 시장가치인 80,000원보다 작은 75,000원이다.
③ (주)가야 자산의 실제가치는 시장가치인 20,000원보다 큰 25,000원이다.

문항	(주)산라 주주 입장에서의 합병 NPV		선호방식
	현금매수	주식교환	
①			
②			
③			

5-5 주식교환비율 (2010년)

아래의 표는 합병 논의가 있기 전, (주)동해와 (주)백두에 대한 정보를 정리한 것이다. (주)동해는 (주)백두를 주식교환방식으로 흡수합병을 하며 합병의 시너지효과는 없다고 가정하여 질문에 답하시오.

	(주)동해	(주)백두
주 가	40,000원	10,000원
발행주식수	250주	100주
당기순이익	5,000,000원	500,000원

(물음1) (주)동해와 (주)백두의 PER은 각각 얼마인가?

(물음2) 인수기업인 (주)동해가 피인수기업인 (주)백두 주가에 대해 20%의 프리미엄을 인정하여 주식을 발행한다고 하면, 합병 시 (주)백두의 주식 1주에 대한 교환비율은 얼마인가? 또, 합병기업의 EPS는 얼마인가? EPS는 소수점 첫째 자리에서 반올림하여 답하시오.

(물음3) (주)동해의 입장에서 합병 전후의 EPS를 동일하게 유지하기 위해서는 몇 퍼센트의 프리미엄을 인정해 주어야 하는가? 또 이때의 주식교환비율은 얼마인가?

5-6　합병가치평가와 주식교환비율 (2013년)

ABC기업은 XYZ기업을 흡수합병하려고 한다. ABC기업과 XYZ기업은 모두 부채 없이 자기자본만 사용하고 있으며, 이외의 재무정보는 다음과 같다.

	ABC기업	XYZ기업
주가수익비율(PER)	15	10
발행주식수	1,000,000	500,000
당기순이익	30억원	6억원
배당총액	10억원	2억원

시장에서 XYZ기업의 배당은 매년 5% 증가될 것으로 예상하고 있다. 그러나 ABC기업이 인수하게 되면, ABC기업은 XYZ기업의 배당이 매년 7% 성장할 수 있을 것으로 분석하고 있다.

(물음1)　ABC기업이 XYZ기업을 인수하는 경우 XYZ기업의 가치는 얼마인가? 억원 단위로 반올림하여 소수점 첫째 자리까지 표기하라.

(물음2)　ABC기업이 XYZ기업을 인수하는 경우, ABC기업이 XYZ기업의 주주들에게 제시할 수 있는 주당 가격은 최대 얼마인가? **반올림하여 소수점 둘째 자리까지 표기**하라.

(물음3)　ABC기업은 XYZ기업 주주들에게 다음과 같이 현금매수방식 혹은 주식제공방식을 고려하고 있다. **억원 단위로 반올림하여 소수점 첫째 자리까지 표기**하라.

① XYZ기업에 대한 현금매수금액은 주당 14,000원으로 제시할 계획이며, 주식을 제공하는 경우는 XYZ기업 주주들에게 기존에 발행된 XYZ기업주식 전량을 회수하는 대신 자사주식 150,000주를 제공할 계획이다. 각각의 NPV를 추정하여 ABC기업 입장에서 어느 방식이 더 유리한지 추정하라.

② 외부기업분석가들은 흡수합병 후 XYZ기업의 성장률을 7%로 설정하는 것은 너무 높다는 의견을 제시하고 있다. 따라서 ABC기업은 XYZ기업의 성장률을 6%로 하향하여 수정하려고 한다. ①의 결과와 어떤 차이를 보이는가?

(물음4) 위 질문들과 관계없이 흡수합병 후 시너지효과가 반영된 기업의 PER은 15가 될 것으로 예상된다. 다음의 물음에 답하라.

① 인수기업인 ABC기업이 제시할 수 있는 최대 주식교환비율은 얼마인가?

② 인수대상기업인 XYZ기업이 원하는 최소 주식교환비율은 얼마인가?

5-7 공개매수와 주식교환비율 (2016년)

㈜대한은 모든 주주가 소액주주이며 발행주식 수가 100만주인 무부채회사이다. ㈜대한의 주식은 주당 1만원에 거래되고 있다. 주당 2만원에 거래되는 ㈜민국은 ㈜대한의 최대주주가 되어 경영진을 교체하면 ㈜대한의 기업가치가 160억원이 될 것으로 추정하였다. 따라서 ㈜대한 발행주식 수의 절반을 주당 12,000원에 공개매수하는 것을 계획하고 있다. 50% 미만의 주식이 공개매수에 응하면 공개매수 자체는 취소된다.

(물음1) 50%의 주식을 공개매수하게 된다면 ㈜민국이 얻는 이익은 얼마인가?

(물음2) ㈜대한의 주주인 당신은 공개매수에 참여하겠는가? 근거를 제시하시오.

(물음3) ㈜민국이 신주를 발행하여 ㈜대한의 주주에게 신주를 교부하는 방식으로 공개매수를 한다면 양의 NPV를 만들어 내면서 제안할 수 있는 최대교환비율은 얼마인가?

(물음4) 차입매수(leveraged buyout; LBO) 전문회사인 ㈜만세는 ㈜대한의 경영권확보를 위해 주당 12,000원에 공개매수를 고려하고 있다. 공개매수에 필요한 자금은 전액 차입할 예정이며 공개매수된 ㈜대한의 주식을 차입의 담보물로 제공할 예정이다. 이 차입금은 공개매수되는 ㈜대한의 부채가 된다. 50%의 주식이 공개매수에 응한다면 ㈜만세가 얻는 이익은 얼마인가?

(물음5) ㈜대한의 주주인 당신은 ㈜만세의 공개매수에 참여하겠는가? 근거를 제시하시오.

5-8 주식교환비율 (2017년)

㈜비더는 ㈜타겟을 인수하려고 하며, 합병 전 두 기업에 대한 자료는 다음과 같다. 시장의 기대수익률은 15%, 무위험이자율은 5%이며 CAPM이 성립한다고 가정한다. (물음 1) ~ (물음 4)는 각각 독립적이다.

	㈜비더	㈜타겟
주 가	5,000원	2,000원
발행주식수	6,000주	4,000주
당기순이익	8,000,000원	2,400,000원

(물음1) ㈜비더가 ㈜타겟의 주가에 대해 30% 프리미엄을 인정하여 현금으로 인수할 경우 다음 물음에 답하시오.

① 인수대가와 인수프리미엄을 구하시오.

② ㈜타겟은 배당평가모형을 사용하여 자사 주식의 내재가치를 구한다. 이 기업의 배당성향은 40%, 배당금의 성장률은 매년 12%로 일정하다. 주식 베타가 2일 때, ㈜타겟의 주주 입장에서 ㈜비더의 제안을 수용할 것인지를 판단하시오.

(물음2) ㈜비더가 ㈜타겟의 주가에 대해 30% 프리미엄을 인정하여 신주 발행 후 교부할 경우 다음 물음에 답하시오.

① ㈜비더의 주식 1주에 대한 교환비율은 얼마인가? 계산결과는 반올림하여 소수점 셋째 자리까지 표시하시오.

② 위 ①의 주식교환비율로 신주가 교부되었을 경우 각 기업의 주주입장에서 합병 전과 합병 후 EPS 변화를 구하시오.

(물음3) 인수 후 기업의 주가수익비율(PER)이 4.5가 될 것으로 예상될 때 다음 물음에 답하시오.

① ㈜비더가 현 주가를 유지하기 위하여 제시할 수 있는 최대 주식교환비율을 구하시오. 계산결과는 반올림하여 소수점 셋째 자리까지 표시하시오.

② 위 ①의 주식교환비율로 신주가 교부되었을 경우 각 기업의 주주입장에서 합병 전과 합병 후 EPS 변화를 구하시오.

(물음 4) 인수기업 입장에서, 인수대가의 지급방식(현금 또는 주식 교부)의 선택에 영향을 미치는 요인을 설명하시오.

제6장 포트폴리오와 주식

Ⅰ 포트폴리오 이론

1. 효용이론

(1) 기대효용의 극대화

합리적 투자자란 이성적 투자자라고 하는데 위험회피적이여서 기대수익의 극대화가 아닌 기대효용극대화를 목표로 하는 투자자를 의미한다.

(2) 위험회피형의 효용함수

위험회피자의 효용함수는 부의 증가에 따라 효용이 체감적으로 증가한다.

① 불포화성 : 효용함수의 1차 미분값이 0보다 크다 → U'(w) > 0

② 한계효용 체감 : 효용함수의 2차 미분값이 0보다 작다 → U''(w) < 0

　두 가지 조건을 만족하는 함수는 무리함수 또는 로그함수 : U(W) = $\sqrt{W}$

(3) 효용함수

$$U(R_i) = E(R_i) - A \times \sigma_i^2$$

(A는 위험회피계수이며 이 값이 클수록 위험회피도가 크다.)

(4) 무차별곡선

$$E(R_i) = U(R_i) + A \times \sigma_i^2$$

- 무차별곡선의 기울기 = $MRS = \dfrac{\partial E(R_i)}{\partial \sigma_i} = 0 + 2 \times A \times \sigma_i$

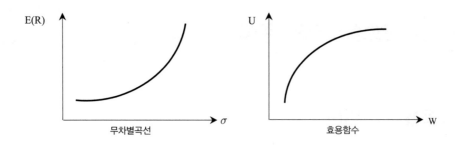

무차별곡선   효용함수

필수예제

6-1 위험태도의 지표

현재 100원을 가지고 있는 투자자는 효용함수가 다음과 같다.

$$U(W) = \sqrt{W}$$

이 투자자에게 800원을 얻을 확률(q)이 50%, 300원을 얻을 확률이 50%인 게임에 참여할 기회가 주어졌다. 다음의 위험회피형의 지표를 계산하시오.

(1) 확실성 등가(CEQ)   (2) 위험프리미엄(RP)

(3) 확실성 등가계수(α)   (4) 800원을 얻을 위험중립확률 (p)

정답

(1) CEQ = $(0.5 \times \sqrt{400} + 0.5 \times \sqrt{900})2 = 625$

(2) RP = 650 − 625 = 25

(3) α = $\dfrac{CEQ}{E(CF)}$ = 625 / 650 = 0.962

(4) 900 × p + 400 × (1 − p) = 625에서 p = 0.45

2. 마코위츠 포트폴리오 이론

(1) 가정

- 합리적 투자자는 위험 회피적이고 기대효용극대화를 목표로 한다.
- 모든 투자자들은 투자대상에 대하여 동질적 예측을 한다.
- 투자자는 평균-분산기준에 의하여 투자결정을 한다.
- 투자기간은 1기간이다.

(2) 2개 주식으로 구성된 포트폴리오

1) 포트폴리오의 구성

주식1의 기대수익률과 위험 < 주식2의 기대수익률과 위험

$$R_p = w_1 R_1 + w_2 R_2 \ (w_1 + w_2 = 1)$$

투자비율(w)이 양수이면 주식을 매입하고 음수이면 주식을 공매한다.

2) 포트폴리오의 기대수익률

각 주식의 기대수익률에 대하여 투자비율을 가중으로 해서 가중평균한 값이 된다.

$$E(R_p) = w_1 E(R_1) + w_2 E(R_2)$$

3) 포트폴리오의 위험

- 포트폴리오의 분산

$$\sigma_p^2 = w_1^2 \sigma_1^2 + w_2^2 \sigma_2^2 + 2w_1 w_2 \sigma_{12} = w_1 \sigma_{p1} + w_2 \sigma_{p2}$$

- 개별 주식간의 공분산

$$\sigma_{12} = \rho_{12} \sigma_1 \sigma_2 = E[\{R_1 - E(R_1)\}\{R_2 - E(R_2)\}] = E(R_1 \times R_2) - E(R_1) \times E(R_2)$$

☞ 공분산 = 편차곱의 평균 = 곱의 평균 − 평균의 곱

- 포트폴리오와 개별 주식의 공분산

$$\sigma_{p1} = Cov(R_p, R_1) = Cov(w_1 R_1 + w_2 R_2, R_1) = w_1 \sigma_1^2 + w_2 \sigma_{12}$$

4) 상관계수와 포트폴리오의 위험

- 두 주식의 상관계수가 1인 경우

포트폴리오의 위험(표준편차)이 각 주식의 위험을 가중평균한 값이 된다.

$$\rho = +1 \ \rightarrow \ \sigma_p = w_1 \times \sigma_1 + w_2 \times \sigma_2$$

☞ 포트폴리오 효과(분산효과)

= 포트폴리오의 표준편차 − 두 주식의 표준편차를 가중평균한 값

∴ 상관계수가 1이면 분산효과는 없다.

- 두 주식의 상관계수가 0인 경우

$$\rho = 0 \ \rightarrow \ \sigma_p = \sqrt{w_1^2 \times \sigma_1^2 + w_2^{2 \times} \sigma_2^2}$$

- 두 주식의 상관계수가 −1인 경우

$$\rho = -1 \ \rightarrow \ \sigma_p = |w_1 \times \sigma_1 - w_2 \times \sigma_2|$$

(3) 효율적 포트폴리오

1) 최소분산 포트폴리오 (MVP)

포트폴리오 중에서 분산이 가장 작은 포트폴리오로서 주식1의 투자비율은 다음과 같다.

$$w_1 = \frac{\sigma_2^2 - \sigma_{12}}{\sigma_1^2 + \sigma_2^2 - 2\sigma_{12}}$$

2) 효율적 포트폴리오

지배원리에 의하여 효율적 투자선에 있기 위해서는 투자비율을 최소분산 포트폴리오보다 주식1의 투자비율이 작고 주식2의 투자비율이 커야한다.

3) 주식1의 위험보다 작은 포트폴리오의 조건

최소분산 포트폴리오의 주식1의 투자비율이 1보다 작아야 한다.

$$w_1 = \frac{\sigma_2^2 - \sigma_{12}}{\sigma_1^2 + \sigma_2^2 - 2\sigma_{12}} < 1$$

(4) 포트폴리오의 선택

<1단계> 효율적 포트폴리오

지배원리를 충족시키는 포트폴리오 집합을 효율적 투자선이라고 하며 투자자의 효용
함수와는 무관한 객관적인 포트폴리오이다.

<2단계> 최적포트폴리오

무차별곡선과 효율적 투자선이 접하는 점의 포트폴리오로서 투자자의 효용을 가장
크게 하는 주관적인 포트폴리오이다.

(5) 포트폴리오의 공분산

주식 1과 주식 2로 구성된 포트폴리오 A와 B의 구성은 다음과 같다.

$$R_A = w_A R_1 + (1 - w_A) R_2 \qquad\qquad R_B = w_B R_1 + (1 - w_B) R_2$$

1) 주식1과 포트폴리오A와의 공분산

$$\sigma_{A1} = Cov(R_A, R_1) = w_A \sigma_1^2 + (1 - w_A) \sigma_{12}$$

2) 포트폴리오A와 포트폴리오B의 공분산

$$\sigma_{AB} = Cov(R_A, R_B) = w_A w_B \sigma_1^2 + w_A(1 - w_B)\sigma_{12} + (1 - w_A)w_B \sigma_{12} + (1 - w_A)(1 - w_B)\sigma_2^2$$

(6) 제로베타 포트폴리오

베타가 0인 포트폴리오 = 시장포트폴리와의 공분산이 0인 포트폴리오

시장포트폴리오 → $R_m = w \times R_1 + (1 - w) \times R_2$

제로베타 포트폴리오 → $R_z = z \times R_1 + (1 - z) \times R_2$

$Cov(R_m, R_z) = 0 = w \times z \times \sigma_1^2 + w \times (1 - z) \times \sigma_{12} + (1 - w) \times z \times \sigma_{12} + (1 - w) \times (1 - z) \times \sigma_2^2$

필수예제

6-2 포트폴리오

주식 1과 주식 2에 자료가 다음과 같다. (단, 두 주식의 상관계수는 −0.1이다.)

주 식	주식1	주식2
표준편차	10%	20%
기대수익률	10%	20%

(물음1) 최소분산 포트폴리오의 기대수익률과 표준편차는 얼마인가?

(물음2) 시장 포트폴리오가 각 주식에 균등 투자한 것이라면, 제로베타 포트폴리오의 기대수익률과 표준편차는 얼마인가?

(물음3) 시장 포트폴리오가 각 주식에 균등 투자한 것이라면, 주식1과 시장포트폴리오와 의 공분산은 얼마인가?

정답

(물음1) $\sigma_{12} = (-0.1) \times 10 \times 20 = -20$

$$w_1 = \frac{\sigma_2^2 - \sigma_{12}}{\sigma_1^2 + \sigma_2^2 - 2\sigma_{12}} = \frac{20^2 - (-20)}{10^2 + 20^2 - 2 \times (-20)} = 0.777$$

$E(R_p) = 0.777 \times 10 + 0.223 \times 20 = 12.23 \rightarrow$ **12.23%**

$Var(R_p) = 0.777^2 \times 10^2 + 0.223^2 \times 20^2 + 2 \times 0.777 \times 0.223 \times (-20) = 72.970$

$\rightarrow \sigma_p =$ **8.54%**

(물음2) $R_m = 0.5R_1 + 0.5R_2 \qquad R_z = w_z R_1 + (1 - w_z)R_2$

$Cov(R_m, R_z) = 0.5 \times w_z \times 10^2 + 0.5 \times (-20) + 0.5 \times (1 - w_z) \times 20^2 = -150 \times w_z + 190 = 0$

$\rightarrow w_z = 1.2667 \rightarrow R_z = 1.2667R_1 + (-0.2667)R_2$

$E(R_z) = 1.2667 \times 10 + (-0.2667) \times 20 = 7.333 \rightarrow$ **7.33%**

$Var(R_z) = 1.2667^2 \times 10^2 + (-0.2667)^2 \times 20^2 + 2 \times 1.2667 \times (-0.2667) \times (-20) = 202.313$

$\rightarrow \sigma_z =$ **14.22%**

(물음3) $Cov(R_m, R_1) = 0.5 \times 10^2 + 0.5 \times (-20) = 40 \rightarrow$ **0.004**

3. 3개 주식으로 구성된 포트폴리오

(1) 포트폴리오의 구성

$$R_p = w_1 \times R_1 + w_2 \times R_2 + w_3 \times R_3 \quad (w_1 + w_2 + w_3 = 1)$$

(2) 포트폴리오의 기대수익률

$$E(R_p) = w_1 E(R_1) + w_2 E(R_2) + w_3 E(R_3)$$

(3) 포트폴리오의 위험

$$\sigma_P^2 = w_1^2 \sigma_1^2 + w_2^2 \sigma_2^2 + w_3^2 \sigma_3^2 + 2w_1 w_2 \sigma_{12} + 2w_2 w_3 \sigma_{23} + 2w_3 w_1 \sigma_{31}$$

4. n개 주식으로 구성된 포트폴리오

(1) 포트폴리오의 구성

$$R_p = \sum_{i=1}^{n} w_i \times R_i \quad \left(\sum_{i=1}^{n} w_i = 0 \right)$$

(2) 포트폴리오의 기대수익률

$$E(R_p) = \sum_{i=1}^{n} w_i \times E(R_i)$$

(3) 포트폴리오의 위험

$$\sigma_p^2 = \sum_{i=1}^{n} \sum_{j=1}^{n} w_i \times w_j \times \sigma_{ij}$$

필수예제

6-3 3개 주식으로 구성된 포트폴리오 (1991년 기출)

무위험 자산의 수익률은 10%, 시장포트폴리오의 기대수익률과 표준편차는 각각 20%와 12%로 추정하고 있다. 또한 주식 A,B,C에 대한 정보는 다음과 같다.

	기대수익률	표준편차	상관계수		
			A	B	C
A	0.15	0.25	1.0	0.7	0.4
B	0.30	0.30	0.7	1.0	0.2
C	0.10	0.15	0.4	0.2	1.0

(물음1) 주식 A, B, C로 구성된 포트폴리오의 기대수익률이 18%이고 주식 C의 투자비율이 20%인 경우 주식 A와 B의 투자비율은? 이때 포트폴리오의 표준편차는?

(물음2) 투자자 갑과 을이 무위험자산과 시장포트폴리오를 결합하여 구성한 새로운 포트폴리오로부터 갑은 15%, 을은 30%의 수익률을 기대한다고 할 때 차입 또는 대출비율을 계산하고 새로운 포트폴리오의 수익률의 표준편차를 계산하라.

정답

(물음1) 3개 주식으로 구성된 포트폴리오의 표준편차

(1) 포트폴리오의 기대수익률 : $E(R_p) = w_A \times 15 + w_B \times 30 + 0.2 \times 10 = 18$

(2) 포트폴리오의 구성 비율 : $w_A + w_B + 0.2 = 1$

(1)과 (2)를 연립방정식으로 풀면 $w_A = 0.533,\ w_B = 0.267$

(3) 포트폴리오의 분산

$\sigma_P^2 = w_1^2\sigma_1^2 + w_2^2\sigma_2^2 + w_3^2\sigma_3^2 + 2w_1w_2\sigma_{12} + 2w_2w_3\sigma_{23} + 2w_3w_1\sigma_{31}$

$\sigma_p^2 = 0.533^2 \times 25^2 + 0.267^2 \times 30^2 + 0.20^2 \times 15^2 + 2 \times 0.533 \times 0.267 \times 25 \times 30 \times 0.7$

$\qquad + 2 \times 0.267 \times 0.2 \times 30 \times 15 \times 0.2 + 2 \times 0.2 \times 0.533 \times 15 \times 25 \times 0.4 = 442$

(4) 포트폴리오의 표준편차

$\therefore \sigma_p = \sqrt{442} = \textbf{21.02\%}$

(물음2) 자본시장선의 포트폴리오

    (1) 갑의 포트폴리오

        1) 투자비율

$$E(R_p) = w \times E(R_m) + (1-w) \times R_f$$

$$E(R_p) = w \times 20 + (1-w) \times 10 = 15 \quad \Rightarrow \ w = 0.5$$

        시장포트폴리오에 투자금액의 50%. 나머지 50%는 무위험자산에 투자

        2) 총위험 : $\sigma_p = w \times \sigma_m = 0.5 \times 12 = $ **6%**

    (2) 을의 포트폴리오

        1) 투자비율

$$E(R_p) = w \times E(R_m) + (1-w) \times R_f$$

$$E(R_p) = w \times 20 + (1-w) \times 10 = 30 \Rightarrow w = 2.0$$

        투자금액과 동일한 금액을 차입하여 시장포트폴리오에 투자금액의 200%를 투자

        2) 총위험 : $\sigma_p = w \times \sigma_m = 2.0 \times 12 = $ **24%**

6-4 제로베타포트폴리오

두 주식 A와 B에 대한 자료가 다음과 같다.

주 식	A	B
표준편차	10%	20%
기대수익률	10%	20%

(단, 두 주식의 상관계수는 −0.1이다.)

(물음1) 시장 포트폴리오가 각 주식에 균등 투자한 것이라면, 제로베타 포트폴리오의 기대수익률은 얼마인가?

(물음2) [물음1]에서 만든 제로베타 포트폴리오를 이용하여 A주식에 40%, B주식에 60%에 투자하는 포트폴리오 C의 균형 수익률은 얼마인가?

(물음3) 시장포트폴리오와 C 포트폴리오와의 상관계수는 얼마인가?

정답

(물음1) 제로베타포트폴리오의 기대수익률

(1) 주식 A와 주식B의 공분산

$$\rho_{AB} = \frac{\sigma_{AB}}{\sigma_A \sigma_B} = \frac{\sigma_{AB}}{10 \times 20} = -0.1 \quad \rightarrow \quad \sigma_{AB} = -20$$

(2) 제로베타 포트폴리오의 구성

시장포트폴리오 : $R_M = 0.5 \times R_A + 0.5 \times R_B$

제로베타포트폴리오 : $R_Z = z \times R_A + (1-z) \times R_B$

$Cov(R_M, R_Z) = 0$

$Cov(R_M, R_Z) = 0.5 \times z \times 10^2 + 0.5 \times (1-z) \times (-20) + 0.5 \times z \times (-20) + 0.5 \times (1-z) \times 20^2$

$\qquad\qquad = 0$

$\therefore \ z = 1.2667, \ 1-z = -0.2667$

(3) 제로베타 포트폴리오의 기대 수익률(R_Z)

$$R_Z = 1.2667 \times 10 + (-0.2667) \times 20 = \textbf{7.33\%}$$

(물음2) 제로베타와 균형수익률

(1) 시장포트폴리오의 기대수익률 : $E(R_M) = 0.5 \times 10 + 0.5 \times 20 = 15\%$

(2) 주식 A의 균형수익률

$$E(R_A) = E(R_Z) + [E(R_M) - E(R_Z)]\beta_A = 7.33 + (15 - 7.33)\beta_A = 10 \;\rightarrow\; \beta_A = 0.3481$$

(3) 주식 B의 균형수익률

$$E(R_B) = E(R_Z) + [E(R_M) - E(R_Z)]\beta_B = 7.33 + (15 - 7.33)\beta_B = 20 \;\rightarrow\; \beta_B = 1.6519$$

(4) 포트폴리오 C의 균형수익률

$$\beta_p = w \times \beta_A + (1-w) \times \beta_B$$

$$\beta_C = 0.4 \times \beta_A + 0.6 \times \beta_B = 0.4 \times 0.3481 + 0.6 \times 1.6519 = 1.1304$$

$$E(R_C) = E(R_Z) + [E(R_M) - E(R_Z)]\beta_C = 7.33 + (15 - 7.33) \times 1.1304 = \textbf{16\%}$$

(물음3) 시장포트폴리오와의 상관계수

(1) 시장포트폴리오의 표준편차

$$R_M = 0.5 \times R_A + 0.5 \times R_B,$$

$$\sigma_M = \sqrt{0.5^2 \times 10^2 + 0.5^2 \times 20^2 + 2 \times 0.5^2 \times (-0.1) \times 10 \times 20} = \sqrt{115} = 10.72\%$$

(2) C의 표준편차

$$R_C = 0.4 \times R_A + 0.6 \times R_B$$

$$\sigma_C = \sqrt{0.4^2 \times 10^2 + 0.6^2 \times 20^2 + 2 \times 0.4 \times 0.6 \times (-0.1) \times 10 \times 20} = \sqrt{150} = 12.26\%$$

(3) 시장포트폴리오와 포트폴리오 C의 공분산

$$Cov(R_M, R_C) = 0.5 \times 0.4 \times 10^2 + 0.5 \times 0.6 \times (-20) + 0.5 \times 0.4 \times (-0.20) + 0.5 \times 0.6 \times 20^2$$

$$= 130$$

(4) 시장포트폴리오와 포트폴리오 C의 상관계수

$$\rho_{MC} = \frac{\sigma_{MC}}{\sigma_M \times \sigma_C} = \frac{130}{10.72 \times 12.26} = \textbf{0.9891}$$

자본자산 가격결정 모형 (CAPM)

1. 자본시장선 (CML)

(1) 가정

- 마코위츠 포트폴리오의 가정 4개
- 언제든지 차입 또는 대출이 가능한 무위험자산이 존재
- 세금과 거래비용이 없는 완전자본시장

(2) 자본시장선 (CML)의 도출

1) 자본할당선 또는 자본배분선 (CAL : Capital Allocation Line)

효율적 투자선의 위험자산과 무위험자산으로 구성한 포트폴리오

2) 자본시장선 (CML : Capital Market Line)

자본할당선 중에서 가장 효율적인 포트폴리오이며 효율적 투자선과 무위험자산과의 접선이며 이 때 접점은 시장포트폴리오이다.

$$E(R_p) = R_f + \frac{[E(R_m) - R_f]}{\sigma_m} \times \sigma_p$$

3) 자본시장선상의 포트폴리오

- 시장포트폴리오에 w, 무위험자산에 1-w 투자한 포트폴리오
- 기대수익률과 위험은 다음식과 같다.

$$E(R_p^{CML}) = w \times E(R_m) + (1-w) \times R_f$$

$$\sigma_p^2 = w^2 \times \sigma_m^2 \Rightarrow \sigma_p = w \times \sigma_m \Rightarrow w = \frac{\sigma_p}{\sigma_m}$$

$$\beta_p = w \times 1 + (1-w) \times 0 = w$$

(3) 자본시장선의 의의

1) 가장 효율적인 포트폴리오

→ 총위험 1단위당 위험프리미엄(위험보상률)이 가장 큰 포트폴리오

$$위험보상률 = \frac{E(R_p) - R_f}{\sigma_p}$$

2) 비체계적 위험이 제거된 완전분산된 포트폴리오

→ 시장포트폴리오와의 상관계수가 1인 포트폴리오

3) 개별주식의 기대수익률은 자본시장선보다 위에 존재할 수 없다.

→ 개별주식의 사후수익률은 자본시장선보다 위에 존재할 수 있다.

4) 상관계수

- 자본시장선 상의 포트폴리오간의 상관계수 = 1
- 자본시장선 상의 포트폴리오와 무위험자산의 상관계수 = 0
- 시장포트폴리오와 자본시장선 포트폴리오간의 상관계수 = 1
- 시장포트폴리오와의 상관계수가 1인 아닌 포트폴리오는 CML에 없다.

5) 대출 및 차입

- 대출포트폴리오 (w<1)

  투자자금의 일부를 무위험자산에 투자하고 나머지는 시장포트폴리오에 투자
- 차입포트폴리오(w>1)

  무위험자산을 빌려서 이를 자기자금과 합친 총금액을 시장포트폴리오에 투자

(4) 최적포트폴리오

- 무차별곡선과 자본시장선이 접하는 점의 포트폴리오
- 투자자의 효용을 가장 크게 하는 주관적인 포트폴리오

$$MRS = \frac{E(R_m) - R_f}{\sigma_m}$$

2. 증권시장선 (SML)

(1) 의의

자본시장선(CML)은 효율적 투자여부를 평가하기는 하지만 개별주식의 균형여부를 제시하지는 못한다. 하지만 증권시장선(SML)은 개별주식 또는 포트폴리오의 균형수익률(요구수익률)을 측정하며 총위험이 아닌 체계적 위험(베타)만을 고려하며 이러한 균형수익률을 이용하여 자산의 가격을 결정하는 것을 자본자산가격결정모형(CAPM)이라고 한다.

(2) 균형수익률 (요구수익률)

$$E(R_i) = k_e = R_f + [E(R_m) - R_f] \times \beta_i$$

※ 가치평가시의 할인율은 기대수익률이 아닌 균형수익률을 사용한다.

투자론 → 주식 가치평가의 할인율

기업재무 → 기업 가치평가의 자기자본비용

(3) 불균형의 시장조정

$E(R_i) > R_f + [E(R_m) - R_f] \times \beta_i$	$E(R_i) < R_f + [E(R_m) - R_f] \times \beta_i$
기대수익률 > 균형수익률 현재가격 < 내재가치	기대수익률 < 균형수익률 현재가격 > 내재가치
주식매수 → 주가 상승 → 기대수익률 하락	주식매도 → 주가 하락 → 기대수익률 상승

(4) 베타

1) 베타의 의의

- 시장포트폴리오 변동에 대한 개별 주식의 민감도로서 체계적 위험의 지표이다.
- 주식시장의 강세가 예상되면 베타가 1보다 큰 주식을 매입한다.

2) 베타의 도출방법

- 공분산 모형

$$\beta_i = \frac{\sigma_{im}}{\sigma_m^2} = \frac{\sigma_i \times \rho_{im}}{\sigma_m}$$

- 시장모형

$$R_i = \alpha_i + \beta_i \times R_m + e_i$$

☞ 베타는 회귀선의 기울기이며 시장모형이 성립하여야 한다.

3) 음의 베타

- 개별주식과 시장포트폴리오와의 상관계수가 (-)이면 가능
- 시가총액이 낮은 일부주식에서만 가능하다.
- 음의 베타가 성립하면 위험자산의 수익률이 무위험 자산의 수익률보다 작다.

4) 베타의 가법성

주식 1에 w, 주식 2에 1-w를 투자한 포트폴리오의 베타

$$\beta_p = w \times \beta_1 + (1-w) \times \beta_2$$

n개 주식에 분산투자한 포트폴리오의 베타

$$\beta_p = \sum_{i=1}^{n} w_i \times \beta_i$$

(5) 자본시장선(CML)과 증권시장선(SML)의 관계

1) 증권시장선에 존재하고 자본시장선에도 존재하는 투자집합

① 균형상태이므로 차익거래의 기회는 없다.
② 시장포트폴리오와의 상관계수가 1이며 비체계적 위험이 없다.

2) 증권시장선에는 존재하지만 자본시장선에는 존재하지 않는 투자집합

① 균형상태이므로 차익거래의 기회는 없다.
② 시장포트폴리오와의 상관계수가 1보다 작으며 비체계적 위험이 존재한다.

3) 증권시장선에 존재하지 않는 투자집합

① 불균형상태이므로 차익거래의 기회는 있다.

필수예제

6-5 증권시장선을 이용한 의사결정 (1998년)

갑회사는 세 가지 주식 A,B,C를 놓고 채택 여부를 알고자 하고 있다. 다음 갑회사와 세 주식 및 자본시장에 대하여 아래와 같은 자료가 주어져 있다.

	갑회사	A	B	C
기대수익률	0.20	0.20	0.30	0.20
수익률의 표준편차	0.20	0.40	0.60	0.60
시장포트폴리와의 상관계수	0.50	0.75	0.20	0.50

무위험이자율 : 12%, 시장포트폴리오의 기대수익률 : 20%, 시장포트폴리오의 표준편차 : 20%

(물음1) 갑회사, 주식 A,B,C의 균형수익률을 계산하고 세 가지 주식의 투자여부를 결정하시오.

(물음2) 갑회사의 전기말 주당배당은 500원이었다. 주당배당성장률이 처음 2년간은 10%, 그 이후에는 영속적으로 6%일 것으로 예상된다면 현재주가의 과소평가 또는 과대평가 여부를 계산하시오.

△정답

(물음1) 균형수익률의 결정

(1) 갑회사의 균형수익률

$$\beta_i = \frac{\sigma_i \times \rho_{im}}{\sigma_m} \;\rightarrow\; \beta_{갑} = \frac{0.20 \times 0.50}{0.20} = 0.5 \;\Rightarrow\; E(R_{갑}) = 12 + 8 \times 0.5 = \mathbf{16\%}$$

(2) A주식의 균형수익률

$$\beta_A = \frac{0.40 \times 0.75}{0.20} = 1.5 \;\Rightarrow\; E(R_A) = 12 + 8 \times 1.5 = \mathbf{24\%}$$

(3) B주식의 베타와 요구수익률

$$\beta_B = \frac{0.60 \times 0.20}{0.20} = 0.6 \implies E(R_B) = 12 + 8 \times 0.6 = \textbf{16.8\%}$$

(4) C주식의 베타와 요구수익률

$$\beta_C = \frac{0.60 \times 0.50}{0.20} = 1.5 \implies E(R_C) = 12 + 8 \times 1.5 = \textbf{24\%}$$

(5) 투자안의 의사결정

	균형수익률	기대수익률	의사결정
A	0.24	0.20	매도
B	0.168	0.30	매수
C	0.24	0.20	매도

(물음2) 균형주가와 시장가격

(1) 현재주가

현재주가는 균형수익률인 16%가 아닌 기대수익률 20%로 할인하여야 한다.

$$P_0 = \frac{D_1}{1+k_e} + \frac{D_2+P_2}{(1+k_e)^2} \qquad P_2 = \frac{D_3}{k_e-g}$$

$$P_2 = \frac{500 \times (1.10)^2 \times 1.06}{0.20-0.06} = 4,581원$$

$$\therefore \ P_0 = \frac{500 \times 1.10}{1.20} + \frac{500 \times (1.10)^2 + 4,581}{(1.20)^2} = 4,060원$$

(2) 균형가격

균형가격은 균형수익률인 16%로 할인한다.

$$P_2 = \frac{500 \times (1.10)^2 \times 1.06}{0.16-0.06} = 6,413$$

$$P_0 = \frac{500 \times 1.10}{1.16} + \frac{500 \times (1.10)^2 + 6,413}{(1.16)^2} = 5,690원$$

(3) 주가의 평가

현재주가 4,060원은 내재가치 5,690원보다 **1,630원** 과소평가되어 있다.

(6) CAPM 가정의 현실화

1) 무위험자산이 존재하지 않는 경우 → 제로베타 포트폴리오로 대체한다.

2) 대출이자율과 차입이자율이 다른 경우 → CAPM은 성립하지 않는다.

3) 거래비용이 존재하는 경우 → Band SML

4) 이질적 예측을 하는 경우 → CAPM은 성립하지 않는다.

5) 세금이 존재하는 경우 → CAPM은 성립하지 않는다.

(7) 펀드의 성과평가

1) 샤프지수

총위험 한 단위를 부담하는 대가로 얼마의 초과수익률을 얻는가를 나타내는 지표

$$\frac{R_p - R_f}{\sigma_p}$$

2) 트레이너 지수

체계적 위험 한 단위를 부담하는 대가로 얼마의 초과수익률을 얻는가의 지표

$$\frac{R_p - R_f}{\beta_p}$$

3) 젠센지수 (abnormal return)

펀드의 실제수익률이 균형수익률보다 얼마나 높은 수익률을 올렸는지의 지표

$$R_p - (R_f + (R_m - R_f) \times \beta_p)$$

☞ 초과수익률의 시장모형 회귀선의 절편이 젠센지수이다.

4) 포트폴리오의 초과수익률 기여도 분석

자산배분능력 기여도

= (투자자 투자비중 - 벤치마크투자비중) x 벤치마크수익률

종목선정능력 기여도

= 투자자 투자비중 x (투자자 수익률 - 벤치마크수익률)

(8) Fama & French의 3요인모형

노벨경제학상 수상자인 유진 파머 교수와 케네스 프렌치 교수가 제시한 개념으로 시장장요인 외에 규모요인과 가치요인을 추가한 3가지의 베타를 사용하여 개별 주식의 초과수익률을 설명한 이론이다. 시가총액이 작고 PBR이 낮은 종목일수록 초과수익을 올리기에 유리하다는 것을 증명해냈다.

(1) 시장수익률에 의한 베타

(2) 기업규모 : 시가총액이 낮은 소형주

(3) 장부가대 시장가 : 주가순자산비율(PBR)의 역수

$$R_i = \alpha_i + \beta_{im} \times R_m + \beta_{isSMB} \times SMB + \beta_{iHML} \times HML + \epsilon_i$$

R_i : 펀드 'i'의 수익률 - 무위험수익률

R_m : 시장포트폴리오 수익률 - 무위험수익률 (시장요인)

SMB : 소형포트폴리오 수익률 - 대형포트폴리오 수익률 (기업규모요인)

HML : 징부가치/시장가치 비율이 높은 포트폴리오의 수익률 - 징부가치/시장가치 비율이 낮은 포트폴리오의 수익률 (가치주요인)

ϵ_i : 펀드 'i' 초과수익률의 잔차

파머와 프렌치 교수는 주식 시장을 움직이는 주요 요인으로 여섯 가지 팩터를 제시하였다.

- 가치(Value)

- 규모(Size)

- 가치(Quality)

- 성장세가 지속될지의 여부(Momentum)

- 배당

- 변동성

(9) 행동재무학(Behavioral Finance)

행동재무학은 행동경제학의 의사결정 주체를 투자자로 축소하여 투자자의 재무의사 결정을 설명하는 학문으로 시장 참여자들의 비합리성과 차익거래의 제약으로 인하여 금융시장은 비효율적일 수 있기 때문에 투자자의 비이성적 행태를 잘 파악하면 소위 알파(alpha)라 불리는 초과수익을 얻을 수 있다고 설명한다.

(1) 보수주의 편의(conservative bias)

사람들은 최근에 밝혀진 새로운 증거들에 대해 자신의 신념을 새롭게 바꾸는 데 상당한 시간을 필요로 한다. 주식시장 수익률이 지속적으로 상승하거나 하락하는 관성현상이 이로 인해 발생한다고 본다.

(2) 과신(over confidence)

사람들은 자신의 믿음이나 예측의 부정확성을 과소평가하고 자신의 능력을 과대평가하는 경향으로 남성이 (특히 독신 남성) 여성 투자자에 비해 훨씬 활발하게 거래하는 현상이나 매매회전율이 최상위 20%에 속하는 계좌가 최하위 20%에 속하는 계좌에 비해 수익률이 7%포인트나 낮은 현상들을 과신 때문으로 설명한다.

(3) 대표성(representativeness)

적은 표본으로부터 발생한 패턴을 너무 빨리 추론해 내고, 이렇게 도출된 추세를 장기로 확대 적용하는 경향이 있다는 것이다. 성과가 좋을 것으로 예측된 주식의 가격이 급등하다가 해당 주식의 이익발표 기점을 기준으로 주가가 하락하는 현상을 대표성으로 설명하기도 한다. 이러한 대표성은 시장에 어떤 현상이 발생했을 때 투자자들이 과민하게 반응하는 현상을 설명하는 합리적인 논거라고 할 수 있다.

(4) 전망이론(prospect theory)

부의 수준보다 부의 변화에 더 많은 관심을 갖는다. 즉 현재 부의 수준에서 부의 증가(이익)나 감소(손실)에 따라 위험에 대한 태도가 달라진다는 것이다. 전통적인 기대효용이론에서는 부가 많을수록 위험회피도가 감소한다고 보는 반면 전망이론에서는 이익을 볼수록 위험회피적 성향, 손실을 볼수록 위험선호적 성향을 보인다고 파악한다. 동일한 크기의 이익으로 인한 만족보다 손실로 인한 고통이 훨씬 크다는 손실회피(loss aversion) 현상과 투자자들이 이익을 시현한 투자자산은 매도하고 손실을 시현한 투자자산은 보유하려 한다는 처분효과(disposition effect)를 설명한다.

➲ 이익에 대해 위험회피적 성향

투자안 A : 300만원의 이익을 볼 확률이 80%이고 0원의 이익을 볼 확률이 20%

투자안 B : 200만원의 이익을 볼 확률이 100%

대부분의 사람들의 선택 : B

➲ 손실에 대해서는 위험선호적 성향

투자안 C : 3000만원의 손실을 볼 확률이 80%이고 0원일 확률이 20%인

투자안 D : 200만원의 손실을 볼 확률이 100%

대부분의 사람들의 선택 : C

(5) 군중심리(herd behavior)

다수의 의견이 맞을 것이라는 믿음하에 대중적인 정보를 신뢰하고 개별적으로 수집한 정보는 무시하는 행동을 의미한다. 특히 동질의식이 강한 국내 투자자들 사이에서 군중심리로 인한 쏠림 현상은 자주 발생한다.

(6) 심리회계(mental accounting)

투자자들이 의사결정을 할 때 건별로 분리하여 의사결정을 하는 것을 말한다. 즉 동일한 투자자가 높은 위험을 감수하는 계좌와 보수적으로 운용하는 계좌로 분리하여 계좌를 운용할 수 있다는 것이다. 예컨대 카지노에서 자신이 돈을 따고 있는 경우 더 위험한 내기를 한다는 것이다.

(7) 프레임(frame)

동일한 투자안에 대해 이익을 얻을 가능성을 강조하는 경우와 손실을 볼 가능성을 강조하는 경우 의사결정이 상이해진다.

(8) 후회기피(regret avoidance)

좋지 않은 결과가 발생했을 때 그 결정이 관행을 벗어나지 않은 것일수록 덜 후회한다.

Ⅲ 회귀분석

1. 단순회귀분석

(1) 의의

시장포트폴리오 수익률(R_m)을 단일 독립변수로 하고 개별주식의 수익률(R_i)을 종속변수로 하는 단순회귀식을 통하여 증권시장선의 베타를 도출한다.

(2) 단순회귀선 (증권특성선)

$$R_i = \alpha_i + \beta_i R_m + e_i$$

1) $E(e_i) = 0$ → 잔차(비체계적 위험)의 기대값은 0이다.
2) $cov(R_m, e_i) = 0$ → 시장포트폴리오의 수익률과 잔차는 무관하다.
3) $cov(e_i, e_j) = 0$ → 개별 주식간의 잔차는 무관하다.

(3) 개별 주식

1) 기대수익률 : $E(R_i) = \alpha_i + \beta_i E(R_m)$

2) 총위험 : $\sigma_i^2 = \beta_i^2 \times \sigma_m^2 + Var(e_i)$ = 체계적 위험 + 비체계적 위험

3) 공분산 : $cov(R_i, R_j) = \beta_i \times \beta_j \times \sigma_m^2$

4) 상관계수 : $\rho_{ij} = \rho_{im} \times \rho_{jm}$

5) 결정계수 : $R^2 = \dfrac{\beta_i^2 \times \sigma_m^2}{\sigma_i^2} = \rho_{im}^2$ → 체계적 위험이 총위험에서 차지하는 비율

(4) 2개 주식으로 구성된 포트폴리오 ($R_p = w_1 \times R_1 + w_2 \times R_2$)

1) 기대수익률 : $E(R_p) = w_1 \times E(R_1) + w_2 \times E(R_2)$

2) 총위험 : $\sigma_p^2 = \beta_p^2 \times \sigma_m^2 + Var(e_p)$

3) 베타 : $\beta_p = w_1 \times \beta_1 + w_2 \times \beta_2$

4) 잔차 : $Var(e_p) = w_1^2 \times Var(e_1) + w_2^2 \times Var(e_2)$

(5) 초과수익률 모형

$$R_i - R_f = \alpha_i + \beta_i \times (R_M - R_f) + e_i$$

1) 초과수익률의 평균 : $\overline{R_{i_i}} - R_f = \alpha_i + \beta_i \times (\overline{R_M} - R_f)$

2) 초과수익률의 분산 : $Var(R_i - R_f) = Var(R_i) = \beta_i^2 \times \sigma_M^2 + Var(e_i)$

3) α_i = **젠센지수**

필수예제

6-6 시장모형

필수예제 6-5에서 투자안 A와 C의 비체계적 위험이 총위험에서 차지하는 비율을 계산하고 A가 C보다 총위험이 크지만 두 투자안의 균형수익률이 같아야 하는 이유를 설명하시오.

정답

비체계적 위험의 구성비율 $= 1 - R^2 = 1 - \dfrac{\beta_i^2 \times \sigma_m^2}{\sigma_i^2}$

(1) A주식의 비체계적 위험의 구성비율 $= 1 - \dfrac{1.5^2 \times 0.20^2}{0.40^2} = \mathbf{0.4375}$

(2) C주식의 비체계적 위험의 구성비율 $= 1 - \dfrac{1.5^2 \times 0.20^2}{0.60^2} = \mathbf{0.75}$

투자안 A는 투자안 C보다 총위험은 작지만 시장포트폴리오와의 상관계수가 더 커서 체계적 위험이 동일하기 때문에 동일한 요구수익률이 요구된다.

필수예제

6-7 시장모형 (CPA-1998)

시장모형이 성립한다고 가정할 때, 두 주식 A와 B에 대한 자료가 다음과 같다.

주 식	A	B
표준편차	0.15	0.5
베 타	0.8	1.5

(단, 시장수익률의 분산은 0.02이다.)

(물음1) 주식 A와 B의 비체계적 위험을 구하라.

(물음2) 주식 A와 주식 B에 균등하게 투자할 때, 포트폴리오의 총위험을 구하라.

정답

(물음1) $\sigma_i^2 = \beta_i^2 \times \sigma_m^2 + Var(e_i)$

(1) A주식의 잔차분산

$\sigma_A^2 = (0.15)^2 = (0.8)^2 \times (0.02) + Var(e_A) \Rightarrow Var(e_A) = \mathbf{0.0097}$

(2) B주식의 잔차분산

$\sigma_B^2 = (0.5)^2 = (1.5)^2 \times (0.02) + Var(e_B) \Rightarrow Var(e_B) = \mathbf{0.2050}$

(물음2) $\sigma_p^2 = \beta_p^2 \times \sigma_m^2 + Var(e_p)$ $Var(e_p) = w_1^2 \times Var(e_1) + w_2^2 \times Var(e_2)$

(1) 포트폴리오의 베타

$\beta_p = w_A \times \beta_A + w_B \times \beta_B = 0.5 \times 0.8 + 0.5 \times 1.5 = 1.15$

(2) 포트폴리오의 잔차 분산

$Var(e_p) = 0.5^2 \times 0.0097 + 0.5^2 \times 0.205 = 0.053675$

(3) 포트폴리오의 총위험

$\sigma_p^2 = \beta_p^2 \times \sigma_m^2 + Var(e_p) = 1.15^2 \times 0.02 + 0.053675 = \mathbf{0.080125}$

2. 다중회귀분석

(1) 의의

두 개 이상의 공통요인 F1, F2.....Fk.를 독립변수로 하고 개별주식의 수익률(R_i)을 종속변수로 하는 다중회귀식을 통해 요인별 베타를 도출한다.

(2) 다중회귀선 (2요인 모형)

$$R_i = \alpha_i + \beta_{i1}F_1 + \beta_{i2}F_2 + e_i$$

1) $E(e_i) = 0$: 잔차(비체계적 위험)의 기대값은 0이다.
2) $cov(F_1, e_i) = 0,\ cov(F_2, e_i) = 0$
   : 공통요인(체계적 요인)과 잔차(비체계적 요인)는 무관하다.
3) $cov(e_i, e_j) = 0$: 개별 주식간의 잔차(비체계적 위험)는 무관하다.
4) $cov(F_1, F_2) = 0$: 공통요인들은 서로 무관하다.

(3) 개별 주식

1) 기대수익률 : $E(R_i) = \alpha_i + \beta_{i1}E(F_1) + \beta_{i2}E(F_2)$
2) 총위험 : $\sigma_i^2 = \beta_{i1}^2 \times \sigma_{F1}^2 + \beta_{i2}^2 \times \sigma_{F2}^2 + Var(e_i)$ = 체계적 위험 + 비체계적 위험
3) 공분산 : $cov(R_i, R_j) = \beta_{i1} \times \beta_{j1} \times Var(F_1) + \beta_{i2} \times \beta_{j2} \times Var(F_2)$
4) 상관계수 : $\rho_{ij} = \rho_{i1} \times \rho_{j1} + \rho_{i2} \times \rho_{j2}$
5) 결정계수는 체계적 위험이 총위험에서 차지하는 비율이다.

$$R^2 = \frac{(\beta_{i1}^2 \times Var(F_1)) + (\beta_{i2}^2 \times Var(F_2))}{\sigma_i^2} = \rho_{i1}^2 + \rho_{i2}^2$$

(4) 2개 주식으로 구성된 포트폴리오 ($R_p = w_1 \times R_1 + w_2 \times R_2$)

1) 기대수익률 : $E(R_p) = w_1 \times E(R_1) + w_2 \times E(R_2)$
2) 총위험 : $\sigma_p^2 = \beta_{p1}^2 \times \sigma_{F1}^2 + \beta_{p2}^2 \times \sigma_{F2}^2 + Var(e_p)$ = 체계적 위험 + 비체계적 위험
3) 베타 : $\beta_{p1} = w_1 \times \beta_{11} + w_2 \times \beta_{21}$ $\beta_{p2} = w_1 \times \beta_{12} + w_2 \times \beta_{22}$
4) 잔차 : $Var(e_p) = w_1^2 \times Var(e_1) + w_2^2 \times Var(e_2)$

3. VaR (Value at Risk)

(1) 정의

"정상적인 시장 상황하에서 주어진 신뢰수준으로 목표기간동안 발생할 수 있는 최대손실금액"을 의미한다. 예를 들면 3개월 동안 VaR=100억원(신뢰수준 95%)이라면 정상적인 시장상황하에서 3개월동안 100억원 이상의 손실이 발생할 확률이 5%를 의미한다.

(2) 의의

주식, 채권, 파생상품 등의 위험은 금액이 아닌 비율로 측정하여 포트폴리오 전체의 위험을 측정하기가 곤란하였지만 VaR은 위험을 금액으로 측정하기 때문에 전체 포트폴리오의 위험을 관리하는데 유용하다.

(3) 최저수익률의 측정 (R)

평균이 0, 표준편차가 1인 표준정규분포를 사용하여 주어진 신뢰수준하에서의 최저수익률(R)을 측정한다. 주어진 신뢰수준이 95%라면 표준정규분포표에서 확률 90%에 해당되는 Z=-1.65를 구한다.

$$Z = \frac{R - E(R)}{\sigma} \quad \Rightarrow \quad R = E(R) + Z \times \sigma$$

(4) 평균기준 VaR의 측정

평균기준 VaR는 포트폴리오의 평균값에 대한 상대손실금액으로 다음과 같이 측정한다.

$$\text{VaR (평균)} = -W_0 \times (R - E(R)) = -W_0 \times Z \times \sigma$$

(5) 절대기준 VaR의 측정

절대기준 VaR는 포트폴리오의 "0"에 대한 절대손실금액으로 다음과 같이 측정한다.

$$\text{VaR(절대)} = -W_0 \times (R - 0) = -W_0 \times R$$

(6) 목표기간(T)의 기대수익률과 표준편차

1) 목표기간(T)의 기대수익률= 연간 기대수익률 × T/12
2) 목표기간(T)의 표준편차= 연간 표준편차 × $\sqrt{T/12}$

필수예제

6-8 VAR

현재 투자금액이 1000억 원인 주식과 채권으로 구성된 혼합형 포트폴리오의 연간 기대수익률은 10%이고 연간 수익률의 표준편차는 20%이다. 아래의 독립적인 물음에 대해 각각 답하시오.

(물음1) 신뢰수준 95%에서 목표투자기간 1년의 평균기준 VaR는 얼마인가?
(물음2) 신뢰수준 95%에서 목표투자기간 3개월의 평균기준 VaR는 얼마인가?
(물음3) 신뢰수준 95%에서 목표투자기간 1년의 절대기준 VaR는 얼마인가?
(물음4) 신뢰수준 95%에서 목표투자기간 3개월의 절대기준 VaR는 얼마인가?

정답

(물음1) 평균기준 VaR의 측정 (목표투자기간 1년)

신뢰수준 95%의 Z=-1.65

VaR (평균)= $-W_0 \times Z \times \sigma$ = -1,000억원 × (-1.65) × 0.20 = **330억원**

(물음2) 평균기준 VaR의 측정 (목표투자기간 3개월)

(1) 목표기간(T)의 기대수익률= 10% × 3/12 = 2.5%
(2) 목표기간(T)의 표준편차= 20%x $\sqrt{3/12}$ = 10%

VaR (평균)= $-W_0 \times Z \times \sigma$ = -1,000억원 × (-1.65) × 0.10 = **165억원**

(물음3) 절대기준 VaR의 측정 (목표투자기간 1년)

VaR (절대) = $-W_0 \times R$ = -1,000억원 × (-0.23) = **230억원**

(물음4) 절대기준 VaR의 측정 (목표투자기간 3개월)

VaR (절대) = $-W_0 \times R$ = -1,000억원 × (-0.14) = **140억원**

4. 주가수익률의 시계열분석

시계열분석은 시간의 경과에 따라 어떤 변수의 변화경향을 분석하여 이것을 토대로 미래의 상태를 예측하는 기법으로 과거 주가수익률을 시계열분석을 하면 미래 주가 수익률을 예측할 수 있다. 그러나 일반적으로 시계열분석은 전수조사가 아닌 표본조사의 형태이기 때문에 분산 및 공분산의 측정에서 자유도를 고려하여 "n-1"으로 측정하여야 한다.

(1) 표본의 평균

$$\overline{R_i} = \frac{1}{n} \times \sum_{t=1}^{n} R_{it} \quad (R_{it} : \text{i주식 t시점의 사후수익률})$$

(2) 표본의 분산

$$\overline{\sigma_i^2} = \frac{1}{n-1} \times \sum_{t=1}^{n} (R_{it} - \overline{R_i})^2$$

(3) 표본의 공분산 (주식A와 주식B)

$$\overline{\sigma_{AB}} = \frac{1}{n-1} \times \sum_{t=1}^{n} (R_{At} - \overline{R_A})(R_{Bt} - \overline{R_B})$$

차익거래가격결정이론 (APT)

1. 의의

CAPM이 시장포트폴리오라는 단일요인으로 개별주식의 균형수익률(또는 요구수익률)을 도출하였지만 시장포트폴리오의 검증이 불가능한 단점이 있다. APT는 차익거래모형으로 시장공통 다요인으로 개별주식의 균형수익률(또는 요구수익률)을 도출하며 시장포트폴리오의 검증이 필요 없다.

2. APT의 균형식

$$E(R_i) = \lambda_0 + \lambda_1 \times b_{i1} + \lambda_2 \times b_{i2} \cdots \lambda_k b_{ik}$$

b_{ik} : k요인에 대한 i주식의 민감도 → 다중회귀선의 기울기

λ_k : 요인 k에 대한 위험프리미엄 → 균형주식을 이용하여 도출

3. CAPM과의 차이점

	CAPM	APT
결정요인	단일요인 : 시장포트폴리오	시장공통 다요인
시장포트폴리오	검증이 필요하다.	검증이 필요없다.
기간	단일기간의 가정	다기간 적용가능
회귀선	단일회귀선	다중회귀선
공통점	체계적 위험을 이용한 균형수익률의 결정 위험회피적 투자자의 가정	

4. 차익포트폴리오

차익포트폴리오는 추가적인 자금부담 없이, 추가적인 위험부담 없이 구성한 포트폴리오

1) No cost : $\displaystyle\sum_{i=1}^{n} w_i = 0 \;\rightarrow\; w_1 + w_2 + .. + w_n = 0$

2) No Risk : $\displaystyle\sum_{i=1}^{n} w_i b_{ik} = 0$ (k = 1, 2,....k)

포트폴리오의 1요인 위험: $\beta_{p1} = w_1 \times \beta_{11} + w_2 \times \beta_{21} + .. + w_n \times \beta_{n1} = 0$
     ....

포트폴리오의 k요인 위험: $\beta_{pk} = w_1 \times \beta_{1k} + w_2 \times \beta_{2k} + .. + w_n \times \beta_{nk} = 0$

5. CAPM과 APT

$$\beta_i = \frac{cov(R_i, R_m)}{\sigma_m^2} = \frac{cov(\alpha_i + \beta_{i1}F_1 + \beta_{i2}F_2 + e_i, R_m)}{\sigma_m^2}$$

$$= \beta_{i1} \times \frac{cov(F_1, R_m)}{\sigma_m^2} + \beta_{i2} \times \frac{cov(F_2, R_m)}{\sigma_m^2} \;\;\rightarrow\; \text{이 식을 증권시장선에 대입하면}$$

$$\lambda_1 = [E(R_m) - R_f] \times \frac{cov(F_1, R_m)}{\sigma_m^2}$$

이를 일반화하면 요인프리미엄은 다음과 같이 결정된다.

$$\lambda_k = [E(R_m) - R_f] \times \frac{cov(F_k, R_m)}{\sigma_m^2}$$

필수예제

6-9 시장모형 (CPA-1995)

자산의 수익률은 다음과 같이 두 가지 요인에 의해 설명될 수 있다.

$$R_i = a_i + b_{i1}F_1 + b_{i2}F_2 + e_i$$

균형상태의 주식 A, B, C에 대하여 다음과 같은 결과를 얻었다. 단, 무위험이자율은 8% 이다.

주식	기대수익률	b_{i1}	b_{i2}	$Var(e_i)$
A	10%	1	0.5	12%
B	13%	1	2.0	16%
C	7%	1	-1.0	14%

(물음1)   위험보상요인 λ_1, λ_2를 구하시오

(물음2)   A기업의 주가가 현재 1주당 10,000원이다. 그런데 1기후의 1주당 가격은 12,000원으로 예측된다. 이때 재정거래 과정을 설명하시오.

(물음3)   시장포트폴리오의 수익률이 10%라고 가정하자. APT의 결과는 CAPM에 그대로 이용할 수 있다. APT와 CAPM이 관련 있을 경우 각 자산의 베타값을 구하시오.

(물음4)   200,000원으로 자산 A와 B로 이루어진 포트폴리오를 구성하려고 한다. 자산 A와 B에 각각 100,000원씩 투자할 때 이 포트폴리오 분산값을 시장모형을 이용하여 구하시오. F1의 분산은 1.2%이고 F2의 분산은 1%이다.

△정답

(물음1) 위험프리미엄의 결정

$E(R_i) = \lambda_0 + \lambda_1 \times b_{i1} + \lambda_2 \times b_{i2} \cdots \lambda_k b_{ik}$ 공식을 이용한다.

A, B, C 모두 균형 상태에 있기 때문에 APT 균형식을 사용한다.

$E(R_A) = 0.10 = \lambda_0 + \lambda_1 \times 1 + \lambda_2 \times 0.5$

$E(R_B) = 0.13 = \lambda_0 + \lambda_1 \times 1 + \lambda_2 \times 2$

$E(R_C) = 0.07 = \lambda_0 + \lambda_1 \times 1 + \lambda_2 \times (-1.0)$

이를 연립으로 풀면 $\lambda_0 = 0.08$, $\lambda_1 = 0.01$, $\lambda_2 = 0.02$

(물음2) 차익거래

A주식의 기대수익률 = 12,000원/10,000원 -1 =20%

A주식 : 균형수익률(10%) < 기대수익률(20%)

→ A주식 매수, A주식 복제포트폴리오 매도

(1) 복제 포트폴리오의 구성

1) 복제포트폴리오 : $R_p = w \times R_B + (1-w) \times R_C$

2) 1요인 민감도 : $\beta_{p1} = 1 \times w + 1 \times (1-w) = \beta_{A1} = 1$

3) 2요인 민감도 : $\beta_{p2} = 2 \times w + (-1) \times (1-w) = \beta_{A2} = 0.5$

2)와 3)을 연립방정식으로 풀면 $w = 0.5$, $1-w = 0.5$

4) 복제포트폴리오의 기대수익률 = 0.5 × 13% + 0.5 × 7% =10%

(2) 차익포트폴리오

A주식 : 투자금액의 100% 매수

B주식 : 투자금액의 50% 매도

C주식 : 투자금액의 50% 매도

1) No cost : $w_p = w_A + w_B + w_C = 1 + (-0.5) + (-0.5) = 0$

2) 1요인 위험 : $\beta_{p1} = 1 \times 1 + 1 \times (-0.5) + 1 \times (-0.5) = 0$

3) 2요인 위험 : $\beta_{p2} = 0.5 \times 1 + 2 \times (-0.5) + (-1) \times (-0.5) = 0$

∴ $E(R_p) = 0.2 \times 1 + 0.13 \times (-0.5) + 0.07 \times (-0.5) =$ **10%**

(물음3) 베타의 결정

$E(R_i) = \lambda_0 + \lambda_1 \times b_{i1} + \lambda_2 \times b_{i2} = R_f + (E(R_m) - R_f) \times \beta_i$ 공식을 이용한다.

$E(R_A) = 0.10 = 0.08 + (0.1 - 0.08) \times \beta_A \Rightarrow \beta_A = 1.0$

$E(R_B) = 0.13 = 0.08 + (0.1 - 0.08) \times \beta_B \Rightarrow \beta_B = 2.5$

$E(R_C) = 0.07 = 0.08 + (0.1 - 0.08) \times \beta_C \Rightarrow \beta_C = -0.5$

(물음4) 포트폴리오의 분산

$R_p = 0.5 \times R_A + 0.5 \times R_B$

$\beta_{p1} = 0.5 \times \beta_{A1} + 0.5 \times \beta_{B1} = 0.5 \times 1 + 0.5 \times 1 = 1$

$\beta_{p2} = 0.5 \times \beta_{A2} + 0.5 \times \beta_{B2} = 0.5 \times 0.5 + 0.5 \times 2 = 1.25$

$Var(e_p) = 0.5^2 \times Var(e_A) + 0.5^2 \times Var(e_B) = 0.5^2 \times 0.12 + 0.5^2 \times 0.16 = 0.07$

$Var(R_p) = b_{p1}^2 \times Var(F_1) + b_{p2}^2 \times Var(F_2) + Var(e_p)$

$\qquad = 1.0^2 \times 0.012 + 1.25^2 \times 0.01 + 0.07 = \mathbf{0.097625}$

주식평가모형

1. 주식평가 접근방법

소득접근법	배당평가모형	* 보유기간모형 * 고정성장모형 * 성장기회모형
	잉여현금흐름모형	* 기업현금흐름 접근법 * 주주현금흐름 접근법
상대가치평가기법	배수비례법	* PER (주가수익률) * PBR (주가순자산배율) * PSR (주가매출액배율)

2. 배당평가모형 (DDM)

(1) n기간 보유모형

n기간 보유하는 기간 동안 발생하는 배당금 및 n시점의 주가를 할인하는 방법

$$P_0 = \sum_{t=1}^{n} \frac{D_t}{(1+k_e)^t} + \frac{P_n}{(1+k_e)^n}$$

(2) 고정성장모형

$$P_0 = \frac{D_1}{k_e - g} \quad (단, \ k_e > g\ )$$

1년도 말의 배당금 : $D_1 = EPS_0 \times (1+g)^1 \times (1-b)$ (b = 유보율)

배당의 성장률 : $g = ROE \times b$

기대수익률 : $E(R_i) = \dfrac{D_1}{P_0} + g$ (P_0= 시장가격)

※ 배당성향과 주가

① $ROE > k_e$ ⇒ 배당성향이 증가하면 주가는 하락한다.

② $ROE < k_e$ ⇒ 배당성향이 증가하면 주가는 상승한다.

③ $ROE = k_e$ ⇒ 배당성향과 주가는 무관하다.

(3) 성장기회모형

성장기회가 없는 경우의 주가 ($\dfrac{EPS_1}{k_e}$)에 t시점의 성장기회의 현재가치(NPVGO)를 가산하여 주식가치를 평가하는 방법

$$P_0 = \frac{EPS_1}{k_e} + NPVGO \qquad \square \qquad NPVGO = \frac{NPV_t}{(1+wacc)^t}$$

필수예제

6-10 성장기회의 현재가치

A기업의 올해 말 주당 순이익은 1,600원, 주당 배당금은 1,000원으로 예상된다. 회사는 성장률을 매년 10% 수준으로 유지할 것이며 할인율은 16%이다. A주식의 성장기회의 현재가치를 구하시오.

정답

$$P_0 = \frac{D_1}{k_e - g} = \frac{EPS_1}{k_e} + PVGO$$

$$P_0 = \frac{1,000}{0.16 - 0.10} = 16,667 = \frac{1,600}{0.16} + PVGO \rightarrow PVGO = \mathbf{6,667}$$

필수예제

6-11 배당평가모형 종합예제

㈜미래의 배당성향은 20%, 자기자본이익률은 10%, 자기자본비용은 18%이며 현재시점의 주당배당금은 4,000원이다. 이러한 현상이 지속된다고 가정하고 배당평가모형을 적용하였을 때 다음 물음에 답하시오.

(물음1) 이 주식을 1년간 투자한다면 배당수익률과 자본이득률은 얼마인가?

(물음2) 배당성향이 30%로 증가한다면 주가는 가격변화는 얼마인가?

(물음3) 이 주식의 성장기회의 현재가치를 구하시오.

정답

(물음1) 배당수익률과 자본이득률

(1) 배당성장률 : g = ROE × b = 10% × (1 − 0.2) = 8%

(2) 배당수익률 : $k_e = \dfrac{D_1}{P_0} + g$ → **배당수익률** $= \dfrac{D_1}{P_0} = k_e - g = 18\% - 8\% = $ **10%**

(3) 자본이득률 : **자본이득률** $= \dfrac{P_1 - P_0}{P_0} = g = $ **8%**

(물음2) 배당성향의 변동

배당성향 20% 주가 → $P_0 = \dfrac{D_1}{k_e - g} = \dfrac{4000 \times 1.08^1}{0.18 - 0.08} = 43{,}200$원

배당성향 30% 성장률 → g = ROE × b = 10% × (1 − 0.3) = 7%

배당성향 30% 주가 → $P_0 = \dfrac{D_1}{k_e - g} = \dfrac{4000 \times \dfrac{0.3}{0.2} \times 1.07^1}{0.18 - 0.07} = 58{,}364$원

∴ 가격변화=58,364 − 43,200 = **15,164원 상승**

☞ ROE < k에서 배당성향이 증가하면 주가는 상승한다.

(물음3) 성장기회의 현재가치

$P_o = \dfrac{EPS_1}{k_e} + PVGO$ $43{,}200 = \dfrac{4000 \div 0.2}{0.18} + PVGO$ → PVGO = **(-)67,911원**

☞ ROE < k에서 PVGO는 음수가 된다.

3. 잉여현금흐름 (free cash flow) 접근법

(1) 기업잉여현금흐름 (FCFF) 접근법

$$V = \sum_{t=1}^{n} \frac{FCFF_t}{(1+wacc)^t} \;\rightarrow\; P_0 = \frac{V_0 - B_0}{n}$$

V : 기업의 시장가치   B : 타인자본의 시장가치

(2) 주주잉여현금흐름 (FCFE) 접근법

$$S = \sum_{t=1}^{n} \frac{FCFE_t}{(1+k_e)^t} \;\rightarrow\; P_0 = \frac{S_0}{n}$$

S : 자기자본의 시장가치

4. 상대가치평가모형 (시장접근법)

(1) 주가수익비율 (PER)

1) PER : 현재의 주가를 현재의 주당 순이익로 나눈 값

$$PER = \frac{P_0}{EPS_0}$$

동종업종의 PER를 목표주식의 현재 주당순이익에 곱하여 주가를 추정한다.

$$P_0^{목표} = EPS_o^{목표} \times PER^{동종}$$

2) Leading PER : 현재의 주가를 기대 주당 순이익로 나눈 값

$$PER^L = \frac{P_0}{EPS_1}$$

동종업종의 PER를 목표주식의 기대 주당순이익에 곱하여 주가를 추정한다.

$$P_0^{목표} = EPS_1^{목표} \times PER^{L동종}$$

3) 고정성장 배당할인모형을 적용한 PER

$$PER = \frac{P_0}{EPS_0} \ + \ P_0 = \frac{D_1}{k_e - g} \ \Rightarrow \ PER = \frac{(1-b)(1+g)}{k_e - g}$$

(2) 주가 대 장부가치 비율 (PBR)

1) PBR : 현재의 주가를 현재의 주당 장부가치로 나눈 값

$$PBR = \frac{P_0}{BPS_0} \quad \square \quad BPS = \frac{\text{자기자본의장부가치}(E)}{\text{주식수}(n)}$$

동종업종의 PBR을 목표주식의 현재 주당 장부가치에 곱하여 주가를 추정한다.

$$P_0^{\text{목표}} = BPS_o^{\text{목표}} \times PBR^{\text{동종}}$$

2) 주가수익비율 (PER)과의 관계

$$PBR = \frac{P_0}{BPS_0} \ + \ PER = \frac{P_0}{EPS_0} \ \Rightarrow \ PBR = ROE \times PER$$

3) PBR의 장점

당기순이익보다 변동성이 적으며 당기순이익이 음수이어도 사용이 가능하다.

4) PBR의 단점

회계처리에 따라 장부가치의 값이 달라질 수 있으며 자본잠식이 되면 적용이 곤란하다.

(3) 주가 대 매출액 비율 (PSR)

1) PSR : 현재의 주가를 현재의 주당 매출액으로 나눈 값

$$PSR = \frac{P_0}{SPS_0} \quad \square \quad SPS = \frac{\text{매출액}}{\text{주식수}(n)}$$

동종업종의 PSR을 목표주식의 현재 주당 매출액에 곱하여 주가를 추정한다.

$$P_0^{\text{목표}} = SPS_o^{\text{목표}} \times PSR^{\text{동종}}$$

2) 주가수익비율 (PER)과의 관계

$$PSR = \frac{P_0}{SPS_0} \quad + \quad PER = \frac{P_0}{EPS_0} \quad \Rightarrow \quad PSR = ROS \times PER$$

(ROS : 매출액순이익률)

3) PSR의 장점

매출액은 음수가 불가능하며 변동성이 적어서 사업초기단계의 주식평가에 적합하다.

4) PBR의 단점

매출액의 증가가 수익성의 증가를 수반하지 않을 수 있다.

5. 배당락과 배당부

(1) 이론적 배당락 주가

배당락 주가 = 배당부 주가 - 주당 배당금

(2) 신주인수권 부여시의 이론적 권리락 주가

권리락 주가 = 권리부 주가 - 주당 신주인수권의 가치

※ 가치평가의 주가는 배당부 주가를 기본전제로 한다.

필수예제

6-12 주가수익률

기업 X의 회계연도 초(t=0)의 발행주식수는 1,000주이며, 회계연도 말(t=1)에 예상되는 순이익은 200만원이다. 기업 X는 회계연도 말(t=1)에 총 80만원을 주주에게 배당금으로 지급하고 나머지는 재투자를 위해 내부에 유보할 계획이다. 기업 X는 매 회계연도마다 평균적으로 자기자본이익률(ROE)을 20%로 유지하고 있다.(단, 자기자본이익률 = 회계연도 당기순이익 ÷ 회계연도 초 자기자본) 기업 X의 배당정책과 자기자본이익률은 회계연도 말 이후 계속적으로 유지될 것이며, 기업 X의 주주의 연간 요구수익률은 16%이다. 배당할인모형에 근거한 기업 X의 내재가치가 시장가치와 동일하다면, 기업 X의 회계연도 초의 PER은 얼마인가? (단, PER = 회계연도 초 주가 ÷ 회계연도 말 주당순이익)

🔺정답
- -

g = ROE × b = 20% × 0.6 = 12%

D_1 = 800,000 / 1,000주 = 800

EPS_1 = 200만원 / 1,000주 = 2,000

$P_0 = \dfrac{800}{0.16 - 0.12}$ = 20,000

PER = 20,000 / 2,000 = **10배**

실전문제

6-1 배당할인모형 (2001년)

(주)SM의 기획관리실 직원들은 20X1년 새로운 해를 맞아 1년간의 예산과 예상영업이익에 대한 회의를 열었다. (주)SM의 대차대조표에는 현재 장부가액기준으로 자기자본의 장부가액은 50억원이고 무위험이자율로 차입한 부채 20억원이 있다. (주)SM은 매년 동일한 영업이익을 얻고 있으며 그 금액은 13.9억원이고, 이것은 영구히 발생하리라 기대된다. 자기자본에 대한 베타는 1.4이고, 무위험이자율은 10%, 시장포트폴리오의 기대수익률은 15%이다. 그리고 (주)SM은 현재 40만주의 보통주를 발행하고 있으며 법인세율은 20%이다. (주)SM은 새로운 투자기회를 포착하였다. 순이익의 60%를 매년 유보하여 ROE (순이익/자기자본)를 얻을 수 있을 것으로 기대된다.

(물음1) ROE와 EPS를 구하시오.

(물음2) (주)SM이 투자기회를 포착하지 못하였다고 할 경우의 1주당 주식가치를 구하시오.

(물음3) (주)SM이 투자기회를 포착하였다고 할 경우의 1주당 주식가치를 구하시오.

(물음4) 유보율을 증가시켰을 때 주당 내재가치가 줄어들 수 있는가? 만약 그렇다면 그런 상황이 발생하는 경우에 대해서 설명하라.

(물음5) 위 문제와는 독립적으로 (주)SM은 향후 3년간 순이익 80%를 매년 유보하여 고속성장을 할 것으로 기대된다. 그리고 그 후로는 순이익의 50%를 영구히 유보하여 꾸준히 성장할 것으로 기대된다. 이 경우 (주)SM의 1주당 주식가치를 구하시오.

6-2 베타 (2002년)

CAPM이 성립하는 세계에서 두 주식 A와 B의 수익률을 분석한 결과는 다음 표와 같다고 하자, 법인세율은 **40%**이다.

주식	기대수익률	베타
A	0.10	0.8
B	0.12	1.2

(물음1) 투자자 '종국'은 10억 원의 투자자금으로 시장포트폴리오를 따라가는 지수펀드와 주식 B에 5 : 5로 투자하였다. '종국'이 이 투자로부터 얻기로 기대하는 수익률은 얼마인가?

(물음2) A주식의 현재 주가가 10,000원이고, 직전 배당금이 주당 500원이었다. A기업은 순이익의 **25%**를 내부 유보하여 재투자하고, 재투자로부터 얻어지는 투자수익률(ROE)이 **20%**이며, A기업의 배당 성향과 ROE가 앞으로도 일정하게 유지된다고 가정하자, 투자대상으로 이 주식을 어떻게 평가할 수 있는가?

(물음3) A기업은 무부채기업(unlevered firm)으로 여러개의 사업부를 가지고 있는데, 그 중 성과가 좋지 않은 하나의 사업부 X를 매각하려고 한다. 사업부 X의 장부가치는 기업전체 장부가치의 **50%**로, 사업부 X의 시장가치는 기업전체 시장가치의 2**0%**로 평가되고, 베타는 기업전체 베타의 두배이다. 사업부 X를 매각한 다음의 A기업의 베타는 얼마인가?

(물음4) 한편, B기업은 현재 100억원의 자기자본과 50억원의 무위험 부채를 가지고 있는데, 50억원 규모의 신주를 발행하여 기존의 부채를 상환한 다음 신규 투자안을 고려하고 있다. 이 신규 투자안을 채택할 경우 영구적으로 매년 10억원의 영업이익(EBIT)을 벌어들일 수 있을 것으로 기대한다. 이 투자안의 현재 투자 소요액이 60억원이라고 할 때 이 투자안을 평가하라.

(물음5) 실무적으로 베타를 추정하는 방법은 과거수익률 자료로부터 시장 모형을 이용하는 것이 보통이지만 증권 거래소 등에 상장되지 않은 기업의 베타를 추정하는 경우에는 수익률 자료 대신에 회계 이익을 사용할 수도 있다. 이런 경우에 발생할 수 있는 문제점들을 설명하라.

6-3 효용함수와 음의베타 (2004년)

주식시장의 모든 투자자들은 주식 A와 주식 B의 1년 후 주가의 확률분포를 다음과
같이 예상하고 있으며, 이는 아래의 (물음1), (물음2) 및 (물음3)에 모두 적용된다.

(주가 단위 : 원)

	상황 1	상황 2	상황 3
주식A	11,881	9,801	7,921
주식B	8,281	10,000	11,881
확률	1/3	1/3	1/3

(물음1) 투자자 홍길동의 효용함수는 $U(W)=\sqrt{W}$이고, 그의 투자 원칙은 자신의 기대효용
을 극대화하는 주식에 투자하는 것이다. 현재 주식 A, B의 가격이 8,000원으로
동일하고, 홍길동은 두 주식 A, B 중 하나에만 투자하여야 하며, 주식 투자를 위
한 8,000원 이외의 자산을 가지고 있지 않다고 가정한다. 홍길동은 어느 주식에
투자할 것인가? 계산 과정을 보이며 이 물음에 답하라. 이외에 투자자 및 시장에
관한 사항은 다음과 같다. 이 사항들은 (물음2)와 (물음3)에 모두 적용된다.

> 가) 현재 주식시장에는 주식 A, B를 포함하여 10,000개 이상의 주식회사의 보통
> 주가 거래되고 있으며, 어떤 회사 주식의 시가총액도 전체 주식시장의 시가
> 총액의 0.1%를 넘지 않아 개별 주식이 전체 주식시장 혹은 시장포트폴리오
> 에서 차지하는 비중은 미미하다.
> 나) 주식시장의 투자자들은 주식과 무위험자산에만 투자할 수 있고 그 외의 자
> 산은 투자하지 않는다.
> 다) 1년 만기 무위험자산의 이자율은 5%이며 시장포트폴리오의 기대수익률은
> 10%로 추정된다.

(물음2) 이제 CAPM이 주식시장에서 유효하게 성립하여, 주식 A, B의 가격도 CAPM에
의하여 결정된다고 하자. 주식 A의 가격이 주식 B의 가격보다 높을 가능성이 있
는가? "가능성이 있다" 혹은 "가능성이 없다" 중의 하나로 답하고, 그 이유를 반드
시 CAPM에 근거하여 3줄 이내로 서술하라.

(물음3) CAPM이 주식시장에서 유효하게 성립하여 주식 A의 가격도 CAPM에 의하여 결
정된다고 하자. 주식 A의 현재가격이 9,398원보다 높을 가능성이 있는가? "가능
성이 있다" 혹은 "가능성이 없다" 중의 하나로 답하고, 그 이유를 반드시 CAPM
에 근거하여 3줄 이내로 서술하라.

6-4 APT 모형 (2005년)

수익률이 2개의 위험요인으로 생성된다고 가정하자. 다음과 같이 잘 분산된 3개의 포트폴리오가 존재한다. 여기서 bi1과 bi2는 각 포트폴리오의 첫 번째와 두 번째 요인에 대한 민감도 이다.

포트폴리오	기대수익률	b_{i1}	b_{i2}
A	9.25	1.0	0.5
B	8.75	0.5	0.9
C	6.70	0.4	0.2

(물음1) APT 위험-기대수익률 관계를 나타내는 식을 구하라

(물음2) D 포트폴리오의 기대수익률이 8.7%이고 b_{i1}이 0.725, b_{i2}가 0.525라고 가정하자. 차익거래 과정을 정확히 설명하고 무위험 이익(%)을 계산하라. (이를 위해 새로 구성한 포트폴리오를 E로 명명할 것) 또한 차익거래의 3가지 조건을 제시하고 이 조건을 모두 충족됨을 보여라.

6-5 포트폴리오와 위험 (2006년)

두 개의 주식만 존재하는 자본시장에서 주식 A의 시가총액은 주식 B의 시가총액 세
배이다. A 주식 수익률의 표준편차는 0.2이고 B 주식 수익률의 표준편차는 0.4이다.
A와 B 주식 수익률간 상관계수는 0.6이다.

(물음1) 시가총액가중 주가지수의 수익률의 표준편차를 구하시오.

(물음2) A 주식의 베타를 구하시오.

(물음3) B주식의 총위험(분산)을 체계적 위험 부분과 비체계적 위험 부분으로 분리하시
오.

(물음4) A주식과 B주식이 각각 50%로 구성된 포트폴리오가 있다. 이 포트폴리오의 총
위험을 단일지수모형을 이용하여 구하시오.

6-6 포트폴리오와 위험 (2007년)

자본자산가격결정모형(CAPM)이 성립하는 세계에서 완전히 분산된 포트폴리오 A와 B가 증권시장에서 거래되고 있다. 각 포트폴리오의 현재 시가총액과 시장포트폴리오 대비 시가총액 비중, 1기간 후 기대 시가총액과 시장포트폴리오 대비 기대시가총액비중은 다음과 같다.

포트폴리오	현재		1기간 후	
	시가총액	시가총액 비중	기대시가 총액	기대시가 총액비중
A	20,000원	1%	25,300원	1.1%
B	80,000원	4%	96.600원	4.2%

시장포트폴리오(market portfolio) 수익률의 표준편차는 15%이며, 위험 프리미엄은 10%이다.

(물음1) 포트폴리오 A와 포트폴리오 B의 베타를 각각 구하시오.

(물음2) 포트폴리오 B의 기대수익률과 동일한 기대수익률을 가진 개별 주식 C의 분산이 포트폴리오 B의 총위험보다 낮을 수 있는가? "그렇다" 혹은 "그렇지 않다" 중 하나로 답하고 그 이유를 설명하시오.

(물음3) 투자자 갑이 현재 보유하고 있는 포트폴리오의 총금액은 6만원이며, 표준편차는 18%이다. 무위험이자율로 차입/대출하는데 아무런 제약이 없다. 갑의 고유자본의 1기간 후 가치를 계산하시오.

(물음4) 베타가 0.9인 완전히 분산된 포트폴리오 D의 기대수익률이 19%이다. 이 포트폴리오의 기대수익률이 CAPM에 의해 적절하게 결정되었는지를 평가하시오. 만일 그렇지 않다면 포트폴리오 A, B, D를 이용해서 어떻게 이익을 얻을 수 있을지를 설명하고, 구체적인 이익(%)을 계산하시오.

6-7 배당할인모형 (2007년)

기업 X의 회계연도 초(t=0)의 발행주식수는 1,000주이며, 회계연도 말(t=1)에 예상되는 순이익은 200만원이다. 기업 X는 회계연도 말(t=1)에 총 80만원을 주주에게 배당금으로 지급하고 나머지는 재투자를 위해 내부에 유보할 계획이다. 기업 X는 매 회계연도마다 평균적으로 자기자본이익률(ROE)을 20%로 유지하고 있다.(단, 자기자본이익률 = 회계연도 당기순이익 ÷ 회계연도 초 자기자본) 기업 X의 배당정책과 자기자본이익률은 회계연도 말 이후 계속적으로 유지될 것이며, 기업 X의 주주의 연간 요구수익률은 16%이다.

(물음1) 배당할인모형에 근거한 기업 X의 내재가치가 시장가치와 동일하다면, 기업 X의 회계연도 초의 PER은 얼마인가?

(단, PER = 회계연도 초 주가 ÷ 회계연도 말 주당순이익)

(물음2) 일부 투자자들은 PER이 낮은 주식(저 PER주)을 선호하는 경향이 있다. 저 PER주에 투자하는 전략이 이론적으로 타당한 투자전략인지를 PER을 결정하는 요인에 근거해서 세줄 이내로 설명하시오.

(물음3) 기업 X의 재투자 정책에 따른 성장기회의 현재가치(NPVGO)를 계산하시오. 기업 X의 주가가 당기순이익을 전액 배당금으로 지급하는 정책에 따른 주가보다 높기 위해서는 어떤 조건이 충족되어야 하는가?

6-8 포트폴리오와 위험 (2008년)

자산 X와 자산 Y의 수익률의 기대값과 표준편차는 다음의 표와 같다. 다음 질문에 답하시오.

	자산 X	자산 Y
기대수익률	20%	10%
표준편차	15%	5%

(물음1) 자산 X와 자산 Y의 상관계수가 -1일 경우에 최소분산포트폴리오를 구성하기 위한 두 자산의 배합비율은 각각 얼마인가?

(물음2) 자산 X와 자산 Y의 상관계수가 -1이고 이들 두 자산만으로 구성된 포트폴리오의 표준편차가 13%일 경우에 허용 가능한 포트폴리오의 기대수익률을 모두 구하시오. 단, 공매도가 가능하다고 가정.

(물음3) 자본시장에 자산 X와 자산 Y만 존재한다고 가정하자. 두 자산의 상관계수는 0.2 이고, 시장포트폴리오의 기대수익률과 표준편차는 각각 12.5%와 5.81%이다. 자본자산가격결정모형(CAPM)이 성립한다고 가정하여 적정 무위험수익률을 계산하시오.

6-9 VAR (2009년)

리스크관리를 위해서는 노출된 리스크의 크기를 측정하는 것이 필수적인데 이에 대한 측정치 중의 하나가 Value-at-Risk (VaR)이다. VaR은 시장상황이 정상적일 때 주어진 신뢰수준에서 특정 기간 내에 발생할 수 있는 최대 손실금액으로 정의된다. VaR을 추정하는 방법 중 하나인 정규분포에 기초한 분석적 방법(analytical method)을 이용하여 다음의 물음에 답하시오. 백분율은 반올림하여 소수점 첫째 자리까지 계산하고, 금액은 억원 단위로 표기하시오.

(물음1) 포트폴리오 연간 수익률의 평균이 16%이고 표준편차가 33%라고 하자. 1년 후 이 포트폴리오의 가치가 절반 이하로 감소할 확률을 구하시오.

> **ㅣ 힌트ㅣ** 정규분포를 따르는 확률변수가 평균(μ)에서 각 표준편차(σ)범위 내에 포함될 확률은 다음과 같다.
>
> $Prob(\mu \pm 1 \times \sigma)$ = 68.3% $Prob(\mu \pm 1.65 \times \sigma)$ = 90.0%
>
> $Prob(\mu \pm 1.96 \times \sigma)$ = 95.0% $Prob(\mu \pm 2 \times \sigma)$ = 95.4%
>
> $Prob(\mu \pm 2.33 \times \sigma)$ = 98.0% $Prob(\mu \pm 3 \times \sigma)$ = 99.7%

(물음2) 주식 A 수익률의 연간 표준편차는 25%이고 주식 B 수익률의 연간 표준편차는 35%이며, 두 주식 수익률간의 상관계수는 0.4이다. 주식 A에는 40억원, 주식 B에는 60억원을 투자해서 구성된 포트폴리오의 VaR을 95% 신뢰수준에서 구하시오. 두 주식의 연간 기대수익률은 0%로 가정한다.

(물음3) 수익률이 독립적이고 동일하게 분포되어 있다고 하자. 투자기간을 6개월로 설정하는 경우 (물음2)에 주어진 정보를 이용하여 포트폴리오의 VaR을 구하시오.

6-10 포트폴리오와 위험 (2009년)

아래의 표는 위험요인이 1개이고 잘 분산된 두 개의 포트폴리오 백두산펀드와 한라산펀드의 기대수익률과 베타계수를 나타낸 것이다.

포트폴리오	기대수익률	베타계수
백두산펀드	16%	0.8
한라산펀드	20%	1.6

(물음1) 시장에서 차익거래가 존재하지 않기 위한 무위험이자율을 구하시오.

(물음2) 시장의 무위험이자율이 6%이다. 위의 두 펀드로부터 차익거래가 가능한지 여부를 밝히고, 가능할 경우 구체적인 차익거래전략과 차익의 규모를 제시하시오. 무위험차입과 무위험대여가 가능하다고 가정하며, 최대금액은 각각 50만원까지로 제한한다. 또한 차입거래전략을 수립할 때, 새로 구성한 포트폴리오의 베타계수는 0.8로 일치시킨다.

(물음3) 시장에 CAPM모형이 성립한다고 가정하자. 또한 백두산펀드와 한라산펀드의 수익률의 표준편차가 각각 18%, 25%이고 시장수익률의 표준편차가 14%라고 하자. 두 포트폴리오의 총위험을 체계적위험과 비체계적위험으로 각각 구분하고 체계적위험이 총위험 중에서 차지하는 비율을 구하시오.

6-11 펀드평가 (2010년)

A펀드와 주가지수의 과거 3년 동안의 연간 수익률 r_A와 r_M은 다음과 같다. 같은 기간 중 무위험수익률은 매년 1%였다. 소수점 다섯째 자리에서 반올림하여 넷째 자리까지 사용하시오.

연도	r_A	r_M
2007년	8%	2%
2008년	-2%	0%
2009년	3%	4%

(물음1) 주가지수수익률의 표준편차를 추정하시오.

(물음2) 시장모형($r_{At} = \alpha_A + \beta_A r_{Mt} + \epsilon_{At}$)의 회귀계수 $\widehat{\alpha_A}$와 $\widehat{\beta_A}$를 구하시오.

(물음3) A펀드의 샤프지수(Sharpe's measure)와 젠센지수(Jensen's measure)를 구하시오.

6-12 효용함수 (2011년)

투자자 A는 부의 크기(W)로 효용(U)을 얻는 것이 아니라 투자로 인한 부의 증감 (ΔW)에 따라 효용을 얻는다. 그의 효용함수는 다음과 같다.

$$\Delta W \geq 0 \text{인 경우, } U(\Delta W) = \sqrt{\Delta W} \qquad \Delta W < 0 \text{인 경우, } U(\Delta W) = -\sqrt{|\Delta W|}$$

(물음1) ΔW에 대한 이 투자자의 효용함수를 도시하고, 이 투자자는 위험의 태도를 설명하시오.

(물음2) 이 투자자는 어떤 투자를 시작한 직후 10원의 평가손실을 얻게 되었다. 투자를 계속하게 되면 50%의 확률로 -15원의 결과($\Delta W = -15$)를 얻게 되거나 50%의 확률로 -5원의 결과($\Delta W = -5$)를 얻게 된다. 이 투자의 위험프리미엄을 구하시오.

(물음3) 이 투자자의 효용함수를 토대로 전망이론(prospect theory)에서 말하는 '손실회피 (loss aversion)' 현상이 발생하는 이유를 5줄 이내로 설명하시오.

6-13 시장모형 (2011년)

과거의 역사적 자료가 미래의 발생 가능한 상황을 설명할 수 있다는 가정 하에 2005년부터 최근까지 주식A와 주식 B의 초과주식수익률을 이용하여 다음과 같이 증권특성선(security characteristic line)을 추정하였다. 동기간동안 주식 A의 표준편차는 16%, 주식 B의 표준편차는 60%, 시장포트폴리오의 표준편차는 10%로 계산되었다. 시장모형이 성립한다는 가정 하에서 다음에 답하시오.

$$R_A = 1.2 + 0.8R_M + e_A \qquad\qquad R_B = -0.3 + 1.5R_M + e_B$$

단, R_A는 주식 A의 수익률에서 무위험수익률을 차감한 주식 A의 초과수익률, R_B는 주식 B의 수익률에서 무위험수익률을 차감한 주식 B의 초과수익률, R_M은 시장포트폴리오 수익률에서 무위험수익률을 차감한 시장초과수익률, e_A는 주식 A의 잔차, e_B는 주식 B의 잔차를 각각 의미한다.

(물음1) 주식 A와 시장포트폴리오간의 상관계수, 주식 B와 시장포트폴리오간의 상관계수를 구하시오.

(물음2) 주식 A에 60%, 주식 B에 40% 투자한 포트폴리오의 총위험인 표준편차를 구하시오.

(물음3) 주식 A의 증권특성선이 주식 A의 수익률 변화를 얼마나 설명할 수 있는지 밝히시오. 또한 주식 B의 증권특성선이 주식 B의 수익률 변화를 얼마나 설명할 수 있는지 밝히시오.

(물음4) 자본시장에서 전통적인 CAPM만으로는 개별 위험자산의 수익률을 설명하기에 미흡하다는 견해가 지배적이다. 이에 대한 대안 중의 하나가 Fama와 French의 3요인모형(three factor model)이다. Fama와 French의 3요인모형을 전통적 CAPM과 비교하여 5줄 이내로 설명하시오.

6-14 다요인모형 (2012년)

주식수익률이 다음 식과 같이 한 개의 공통요인(단일모형) 또는 세 개의 공통요인(다요인모형)에 의해 결정된다고 가정한다.

- 단일모형 : $R_i = \alpha_i + \beta_{i1}F_1 + e_i$
- 다요인모형 : $R_i = \alpha_i + \beta_{i1}F_1 + \beta_{i2}F_2 + \beta_{i3}F_3 + e_i$

단, R_i는 주식 i의 수익률이며 F_1, F_2, F_3는 공통요인의 수익률을, β_i는 공통요인 수익률에 대한 민감도를 나타낸다. 단일모형과 다요인모형의 F_1은 동일한 공통요인이다.

주식 X와 주식 Y의 과거 36개월 동안의 월 수익률에 대해 단일모형과 다요인모형을 이용해 추정한 회귀분석 결과는 다음 표와 같다.

	주식 X		주식 Y	
	단일	다요인	단일	다요인
조정 R^2	0.30	0.42	0.35	0.41
α_i	0.015	0.008	-0.013	-0.008
β_{i1}	0.9	1.3	0.9	1.1
β_{i2}	-	-0.2	-	0.1
β_{i3}	-	-1.1	-	-0.8

이 기간동안 주식 X와 Y의 월 수익률, 공통요인 F_1, F_2, F_3의 월 수익률의 평균과 표준편차는 다음 표와 같으며 무위험수익률은 월 0.1%이다.

	평균(%)	표준편차(%)
주식 X 월 수익률	2.4	8.5
주식 Y 월 수익률	0.2	7.8
F_1 월 수익률	1.1	5.4
F_2 월 수익률	0.5	2.6
F_3 월 수익률	-0.3	3.3

(물음1) 주식 X의 체계적위험이 총위험에서 차지하는 비율을 단일모형과 다요인모형에서 각각 구하시오. 계산결과는 백분율 기준으로 반올림하여 소수점 둘째자리까지 나타내시오.

(물음2) 공통요인의 기대수익률 분포가 과거수익률 분포와 동일하다고 가정하는 경우 다요인모형을 이용하여 주식 X의 연간 기대수익률을 구하시오. 계산결과는 %단위로 표시하되 반올림하여 소수점 둘째자리까지 나타내시오.

(물음3) 주식 X와 주식 Y를 결합하여 최소분산포트폴리오를 구성하는 경우 연간 표준편차를 구하시오. 공분산은 다요인모형을 이용하여 산출하시오. 계산결과는 %단위로 표시하되 반올림하여 소수점 둘째자리까지 나타내시오.

(물음4) 회귀분석 결과와 위 물음의 답을 이용하여 다요인모형이 단일모형에 비해 우수한 점을 **세가지 이상** 기술하시오.

6-15 포트폴리오와 상관계수 (2012년)

두 위험자산의 기대수익률과 수익률의 표준편차가 다음과 같이 표로 주어져 있다.

	기대수익률$(E(R))$	표준편차(σ)
자산 A	20%	30%
자산 B	10%	10%

아래의 **독립적인** 물음에 대해 각각 답하시오.

(물음1) 두 개의 자산 A와 B로 포트폴리오를 구성하려 한다. 이때 나타날 수 있는 투자 기회집합의 경계선 세 개를 표준편차와 기대수익률의 함수식(예: $E(R)=2\sigma+3\%$)으로 나타내시오.

(물음2) 위에서 주어진 두 개의 자산 A와 B로 구성된 포트폴리오의 표준편차를 10% 보다 작게 만들기 위해서는 두 자산 사이의 상관계수가 얼마보다 작아야 하는가? 계산결과는 반올림하여 소수점 둘째자리까지 나타내시오.

(물음3) 세 개의 위험자산 X, Y, Z만이 유통되는 자본시장에서 아래와 같은 두 개의 포트폴리오가 효율적 포트폴리오(efficient portfolio)임을 알게 되었다. 즉, Markowitz 경계선(frontier) 상에 놓여 있다.

	자산의 구성비율(X : Y : Z)	기대수익률
효율적 포트폴리오 (1)	(50% : 30% : 20%)	30%
효율적 포트폴리오 (2)	(10% : 50% : 40%)	18%

기대수익률이 22%가 되는 효율적 포트폴리오의 자산 구성비를 백분율 기준으로 반올림하여 소수점 둘째 자리까지 나타내시오.

6-16 포트폴리오와 효용함수 (2013년)

(물음1) 다음과 같이 시장에 두 개의 위험자산과 무위험자산이 존재하는 자본시장을 가정한다. 무위험이자율은 10%다.

위험자산	개별 자산의 시장가치
주식 A	200억원
주식 B	300억원

투자자 갑은 총 투자금액 1,000원을 시장포트폴리오와 무위험자산에 70%와 30%씩 나누어 투자하고 있다. 투자자 갑은 현재 주식 A와 주식 B에 투자한 금액이 향후 경기 상황에 따른 주가 변화로 인해 다음과 같이 바뀔 것으로 예상하고 있다. 이 때 시장포트폴리오의 위험프리미엄은 몇 %인가? 각 상황별 수익률을 계산하여 시장포트폴리오의 위험프리미엄을 계산하고, 계산결과는 %로 표기하되 반올림하여 소수점 둘째 자리까지 표기하라.

경기상황	확률	주식 A	주식 B
호황	50%	350원	462원
불황	50%	315원	441원

(물음2) 투자자 갑은 다음과 같은 효용함수를 가지고 있다.

$$U = E(R_p) - \frac{1}{2} \times \gamma \times \sigma_p^2$$

단, $E(R_p)$와 σ_p는 각각 포트폴리오의 수익률과 표준편차이고, γ는 위험회피계수이다. 투자자 갑은 위의 효용함수를 최대화하는 최적포트폴리오를 구성하고자 한다. $\gamma = 20$일 때, 투자자 갑의 총 투자금액 1,000원 가운데 주식 A와 주식 B에 투자해야 하는 금액은 각각 얼마인가? 이 때 (물음 1)에서 계산한 결과를 이용하라. 계산결과는 반올림하여 원단위로 표기하시오.

(물음3) 시장포트폴리오에만 투자했을 때의 효용과 무위험자산에만 투자했을 때의 효용을 무차별하게 만드는 투자자 갑의 위험회피계수는 얼마인가? 단, (물음 1)~(물음 2)에서 도출한 시장포트폴리오의 기대수익률과 분산을 이용하고, (물음 2)에서 주어진 효용함수를 이용하라. 위험회피계수는 반올림하여 소수점 첫째 자리까지 표기하라.

(물음4) (물음 2)의 결과와 관계없이, 투자자 갑이 구성한 최적포트폴리오의 기대수익률은 12%, 표준편차는 5%, 무위험이자율은 10%로 가정한다. 위험회피계수가 20일 때, 투자자 갑이 선택한 최적포트폴리오의 확실성 등가수익률은 얼마인가? 단, (물음 2)에서 주어진 효용함수를 이용하라. 수익률은 %로 표기하되, 반올림하여 소수점 둘째 자리까지 표기하라.

6-17 포트폴리오와 성과평가 (2013년)

다음은 특정한 기간 동안 주식 A와 주식 B의 초과수익률을 시장포트폴리오의 초과수익률에 대해 회귀분석한 결과이다. 이 기간 동안의 무위험이자율은 6%로 일정하며, 시장포트폴리오 수익률의 평균과 표준편차는 각각 14%와 15%이다. 아래 표의 결과를 이용하여 주식 A와 주식 B의 운용성과를 측정하고자 한다. 단, 각 주식의 초과수익률은 각 주식의 수익률에서 무위험이자율을 차감한 것이고, 시장포트폴리오의 초과수익률과 잔차의 공분산은 0이다.

	주식 A		주식 B	
	계수	표준오차	계수	표준오차
상수	2%	0.0086	4%	0.0163
시장포트폴리오 초과수익률	1.3	0.5078	0.6	0.1869
R^2	0.782		0.181	
잔차 표준편차 $\sigma(e_i)$	10.30%		19.10%	

(물음1) 주어진 자료를 이용하여 다음 물음에 답하라.

① 주식 A와 주식 B에 대하여 평균 초과수익률과 표준편차를 각각 계산하라. 계산결과는 %로 표기하되 반올림하여 소수점 둘째 자리까지 표기하라.

② 주식 A, 주식 B 그리고 시장포트폴리오에 대하여 샤프지수와 트레이너지수를 각각 계산하라. 샤프지수와 트레이너지수는 반올림하여 소수점 넷째 자리까지 표기하라.

(물음2) (물음 1)에서 계산된 주식 A와 시장포트폴리오의 성과를 비교하기 위해, 주식 A와 무위험자산이 결합된 새로운 포트폴리오 X를 구성하고자 한다. 이 포트폴리오 X의 표준편차를 시장포트폴리오의 표준편차와 일치시키고자 할 때, 포트폴리오 X를 구성하는데 필요한 주식 A의 투자비율은 얼마인가? 이렇게 구성한 포트폴리오 X의 수익률과 시장포트폴리오 수익률의 차이는 얼마인가? 계산결과는 % 단위로 표시하되 반올림하여 소수점 둘째 자리까지 표기하라.

(물음3) 주식 A와 주식 B 중 하나를 잘 분산된 포트폴리오에 포함시키고자 한다. (물음 1)의 결과를 이용하여 어느 주식을 포함시키는 것이 더 유리한지 판단하라. 또한 그 이유에 대해 3줄 이내로 서술하라.

(물음4) (물음 1)~(물음 3)의 결과와는 관계없이, 아래의 식을 이용하여 개별 주식의 평균 초과수익률을 개별 주식의 베타와 비체계적 위험에 대해 회귀분석 하고자 한다. 이때 개별 주식의 베타와 비체계적 위험은 증권특성선을 이용하여 계산하였다. CAPM이 성립한다면, 아래 회귀분석에서 ψ_1과 ψ_2는 각각 어떤 값을 가져야 하는가? 그 이유를 3줄 이내로 설명하라.

$$\overline{R_i} - \overline{R_f} = \psi_1 \beta_i + \psi_2 \sigma^2(e_i) + \epsilon_i$$

여기서, $\overline{R_i} - \overline{R_f}$는 주식 i의 평균 초과수익률

β_i는 주식 i의 베타 　　　　$\sigma^2(e_i)$는 주식 i의 비체계적 위험인 잔차분산

6-18 최적포트폴리오 (2014년)

주가지수를 복제한 포트폴리오의 기대수익률은 12%, 표준편차는 25%이며, 무위험이자율은 2%이다. 펀드매니저 김이 관리하고 있는 펀드 K는 위험자산만으로 구성되었으며, 기대수익률은 16%이고, 표준편차는 15%이다. 현재 펀드매니저 김은 펀드 K에 수수료를 부과하지 않고 있다.

(물음 1) 투자자 갑은 소극적 투자자로 주가지수를 복제한 포트폴리오와 무위험자산을 보유하고, 투자자 을은 펀드 K와 무위험자산을 보유하고 있다. 단, 무위험이자율로 무한정 차입과 대출이 가능하다고 가정한다.

① 투자자 갑은 주가지수를 복제한 포트폴리오와 무위험이자율에 각각 70%와 30%를 투자하고 있다. 투자자 갑이 보유한 포트폴리오의 기대수익률과 표준편차를 계산하라. 계산결과는 %단위로 표시하되 반올림하여 소수점 첫째 자리까지 표기하라.

② 투자자 을이 투자자 갑과 동일한 기대수익률을 얻기 위해서 펀드 K에 투자해야 하는 비율은 얼마이며, 이 때 투자자 을이 부담하는 위험(표준편차)은 얼마인가? 투자비율의 결과는 반올림하여 소수점 첫째 자리까지 표기하고, 표준편차는 %단위로 표시하되 반올림하여 소수점 첫째 자리까지 표기하라.

③ ①~②의 계산결과를 이용하여, 투자자 갑이 보유한 포트폴리오에 비해 투자자 을이 보유한 포트폴리오가 지니는 장점은 무엇인지 2줄 이내로 서술하라.

(물음 2) 펀드매니저 김은 펀드 K에 수수료를 부과하려고 한다. 투자자 갑과 을이 동일한 위험을 부담할 때 동일한 위험보상을 받을 수 있게 만드는 수수료는 몇 %인가? 계산결과는 %단위로 표시하되 반올림하여 소수점 첫째 자리까지 표기하라. 단, 수수료가 부과될 경우, 펀드의 기대수익률은 수수료가 부과되기 이전의 기대수익률에서 수수료를 차감하여 구한다.

(물음 3) (물음 1) ~ (물음 2)의 결과와는 관계없이, 투자자 A는 주가지수를 복제한 포트폴리오와 무위험자산을 이용하여 최적포트폴리오를 구성하였다. 다음 물음에 답하라. ① 이 최적포트폴리오의 표준편차가 20%라면, 투자자 A가 주가지수를 복제한 포트폴리오에 투자하는 비율은 얼마인가?

② 투자자 A가 다음과 같은 효용함수를 가지고 있다고 가정하면, 투자자 A의 위험회피계수는 얼마인가? $U = E(R_p) - \frac{1}{2} \times A \times \sigma_p^2$

여기서, $E(R_p)$와 σ_p는 각각 주가지수를 복제한 포트폴리오와 무위험자산을 결합한 포트폴리오의 기대수익률과 표준편차이며, A는 위험회피계수이다.

6-19 배당할인모형 (2014년)

A기업은 내년의 주당이익(EPS_1)을 660원으로 예상하고 있으며 주식에 대한 적정 할인율은 12%이다. A기업은 앞으로 매년 이익의 60%를 재투자할 예정이며 자기자본에 대한 투자수익률은 15%를 유지할 것으로 전망된다. 배당할인모형에 의하면 주식가치는 얼마인가? 또 주식가치 중에서 성장기회에 대한 가치(NPVGO)는 얼마인가?

6-20 최적포트폴리오 (2015년)

주식 A의 수익률에 대한 확률분포는 아래와 같다.

상황	확률	수익률
Ⅰ	0.5	20%
Ⅱ	0.5	-10%

(물음 1) 다음 물음에 대하여 답하라.

① 주식 A의 기대수익률과 표준편차를 계산하라.

② 주식 A와 주식 B의 수익률은 $R_B = 3\% + 0.2R_A$의 관계를 가지고 있다. 투자자 갑은 주식 A와 주식 B, 두 위험자산만으로 포트폴리오 K를 구성하고자 한다. 투자자 갑은 포트폴리오 K의 표준편차가 0이 되기를 원한다. 이 때 주식 A에 대한 투자비율은 얼마인가? 단, 공매가 가능하다고 가정한다.

(물음 2) 주식 C의 기대수익률과 표준편차는 각각 10%와 20%이다. 또한 주식 A와 주식 C의 상관계수는 0.3이다. 투자자 갑은 주식 A와 주식 C로 구성된 포트폴리오를 구성하고자 한다. 이 포트폴리오 가운데 샤프비율$\left(\dfrac{E(R_p) - R_f}{\sigma_p}\right)$이 극대화되는 위험포트폴리오 M의 기대수익률과 표준편차는 얼마인가? 무위험수익률은 3%라고 가정한다. 계산과정 중 분산, 공분산과 관련된 수치는 반올림하여 소수점 넷째 자리까지 계산하고, 계산결과는 %단위로 표시하되 반올림하여 소수점 둘째 자리까지 표시하라.

(물음 3) 투자자 갑의 차입이자율과 대출이자율은 각각 5%와 3%라고 하자. 이 투자자가 차입도 하지 않고, 대출도 하지 않는 투자비율, 즉 위험포트폴리오 M에 대한 투자비율이 1이 되도록 하는 위험회피계수의 범위는 얼마인가? 단, 투자자 갑의 효용함수는 $U = E(R_p) - \dfrac{1}{2} \times \gamma \times \sigma_p^2$이다. 여기서, $E(R_p)$와 σ_p는 각각 위험포트폴리오 M과 무위험자산이 결합한 포트폴리오의 기대수익률과 표준편차이고, γ는 위험회피계수이다. (물음 2)에서 도출한 위험포트폴리오 M의 기대수익률과 표준편차를 이용하라. 계산결과는 반올림하여 소수점 넷째 자리까지 표시

(물음 4) (물음 1)~(물음 3)의 결과와는 관계없이, 위험회피형 투자자 갑과 을이 있다고 가정하자. 다음 문장에 대하여 "옳다" 혹은 "옳지 않다" 중 하나로 답하고, 그 이유를 간략하게 서술하라.

> 투자자 갑의 위험회피도가 투자자 을의 위험회피도보다 더 높다면, 투자자 갑의 무차별곡선의 기울기가 투자자 을의 무차별곡선의 기울기보다 더 크다.

단, 무차별곡선은 기대수익률(Y축)과 표준편차(X축)의 공간에 존재하며, 동일한 표준편차를 기준으로 기울기를 평가한다.

6-21 최적포트폴리오 (2015년)

다음은 주식 A, B, C, 시장포트폴리오에 대한 자료이다.

구 분	기대수익률	표준편차	시장포트폴리오와의 상관계수
주식 A	14.00%	( )	1.0
주식 B	14.00%	15.00%	0.8
주식 C	( )	( )	0.8
시장포트폴리오	( )	10.00%	1.0

(물음 1) CAPM이 성립한다고 가정하자. 시장에서 투자자들의 평균적 위험회피계수가 4일 때, 시장포트폴리오의 위험프리미엄을 계산하라. 단, 투자자들의 효용함수는 다음과 같다. 여기서, $E(R_p)$와 σ_p는 시장포트폴리오와 무위험자산이 결합한 포트폴리오의 기대수익률과 표준편차이고, γ는 위험회피계수이다.

$$U = E(R_p) - \frac{1}{4} \times \gamma \times \sigma_p^2$$

(물음 2) (물음 1)과는 관계없이, CAPM이 성립한다고 가정하고, 다음 물음에 대해 답하라. 무위험수익률은 5%이다.

① 주식 A의 표준편차와 시장포트폴리오의 기대수익률은 얼마인가?

② 주식 C의 기대수익률이 시장포트폴리오의 기대수익률과 동일하다면, 주식 C의 표준편차는 얼마인가?

③ 주식 A와 무위험자산을 결합한 포트폴리오 K의 기대수익률은 11.3%이다. 이 포트폴리오의 베타를 계산하라. 또한, 포트폴리오 K와 시장포트폴리오의 상관계수가 1임을 보여라.

(물음 3) (물음 1) ~ (물음 2)와는 관계없이, 무위험자산이 존재하지 않는 완전자본시장을 가정하자. 시장에는 주식 B와 주식 D만 존재하며, 주식 B와 주식 D의 시장가치는 각각 6억원과 4억원이고, 주식 B와 주식 D의 상관계수는 0이다. 주식 D의 기대수익률과 표준편차는 각각 16%와 20%이다. 주식 B와 D로 구성된 제로베타 포트폴리오의 기대수익률은 얼마인가?

(물음 4) (물음 1) ~ (물음 3)과는 관계없이, CAPM이 성립한다고 가정할 때 다음 문장에 대하여 "옳다" 혹은 "옳지 않다"라고 답하고, 그 이유를 간략하게 서술하라.

"자본시장에는 위험프리미엄이 0보다 작은 위험자산이 존재할 수 있으나, 투자자들은 이 위험자산을 보유하려 하지 않을 것이다."

6-22 파머-프렌치 3요인모형 (2015년)

정보통신 관련 주식에 많은 부분을 투자하고 있는 펀드 '제이'의 자본비용과 펀드성과 등을 측정하기 위하여 Fama와 French의 3요인모형에 모멘텀(momentum) 요인을 추가한 다중회귀모형을 다음과 같이 추정하였다. 표본기간은 2008년 1월부터 2014년 12월까지이며 월별자료를 이용하여 분석하였다.

$$R_j = 0.82 + 1.21R_m + 0.57SMB - 0.25HML + 0.12MTM + \epsilon_j$$

$$(0.32) \quad (0.24) \quad (0.21) \quad (0.45) \quad (0.06) \qquad \overline{R^2} = 0.21$$

단, R_j는 펀드 '제이'의 수익률에서 무위험수익률을 차감한 펀드 '제이'의 초과수익률, R_m은 시장포트폴리오 수익률에서 무위험수익률을 차감한 시장초과수익률(시장요인), SMB는 Fama와 French의 기업규모요인, HML은 Fama와 French의 가치주요인, MTM은 승자포트폴리오 수익률에서 패자포트폴리오 수익률을 차감한 모멘텀요인, ϵ_j는 펀드 '제이' 초과수익률의 잔차, $\overline{R^2}$는 조정 R^2를 각각 의미하며, 추정된 회귀계수 아래 괄호안의 숫자는 표준오차(standard error)를 나타낸다.

(물음1) 추정된 다중회귀모형의 절편 0.82가 의미하는 바를 표준오차를 고려하여 5줄 이내로 설명하시오.

(물음2) 추정된 시장 베타는 1.21이다. 추정모형에는 펀드 '제이'의 베타가 2008년 1월부터 2014년 12월까지 동일하다는 가정이 내포되어 있다. 이 가정이 합리적인지 또는 비합리적인지 기술하고 그 근거를 3줄 이내로 설명하시오.

(물음3) 추정된 다중회귀모형의 결과를 이용하여 펀드 '제이'가 시장요인위험, 기업규모요인위험, 가치주요인위험 및 모멘텀요인위험에 노출되어 있는지 파악하시오.

(물음4) CAPM과 APT의 실증분석 한계점을 비교하여 5줄 이내로 설명하시오.

6-23 CAPM의 다양한 문제들 (2016년)

(물음 1) ~ (물음 4)는 각각 독립적인 물음이며, 모든 물음에서 CAPM이 성립한다고 가정한다. 계산결과는 반올림하여 소수점 둘째 자리까지 표시하라.

(물음 1) 주식 A와 B의 표준편차와 시장포트폴리오와의 상관계수는 다음과 같다.

주 식	표준편차	시장포트폴리오와의 상관계수
A	20%	0.9
B	15%	0.4

시장포트폴리오의 보상변동성비율($\frac{E(R_M) - R_f}{\sigma_M}$)은 0.5이고, 무위험수익률($R_f$)은 5%이다. 단, $E(R_M)$과 σ_M은 각각 시장포트폴리오의 기대수익률과 표준편차를 나타낸다.

(1) 주식 A와 주식 B의 기대수익률을 구하라.

(2) 주식 A와 주식 B에 각각 50%씩 투자하여 구성한 포트폴리오의 위험프리미엄은 시장포트폴리오 위험프리미엄의 1.5배이다. 주식 A와 B의 베타를 각각 계산하라.

(물음 2) 시장포트폴리오의 기대수익률과 표준편차는 각각 8%와 10%이고, 무위험수익률은 4%이다. 주식 C와 주식 D의 기대수익률과 표준편차는 다음과 같다.

주 식	기대수익률	표준편차
C	10%	20%
D	6%	10%

주식 C와 주식 D로 구성한 포트폴리오의 비체계적 위험을 최소화하는 주식 C와 주식 D에 대한 투자비율은 각각 얼마인가? 단, 시장모형이 성립한다고 가정한다.

(물음 3) 주식 E의 현재 가격은 50원이고, 기대수익률은 15%이다. 시장위험프리미엄과 무위험수익률은 각각 5%이다.

(1) 다른 조건은 변화하지 않고, 주식 E와 시장포트폴리오의 공분산만 현재의 2배가 된다면, 주식 E의 현재 적정가격은 얼마인가? 주식 E는 배당을 지급하지 않는다고 가정한다.

(2) 위의 질문 (1)의 결과가 의미하는 것이 무엇인지 간략하게 서술하라.

(물음 4) 투자자들 가운데 어떤 투자자가 더 위험회피적인지 판단할 수 있는 방법을 3가지 제시하라. 단, 위험회피도는 고려하지 않는다.

6-24 CAPM의 다양한 문제들 (2016년)

(물음 1) ~ (물음 4)는 각각 독립적인 물음이다. 지난 5년 동안 시장포트폴리오의 평균초과수익률은 17%이고, 표준편차는 20%이다. 무위험수익률은 4%로 일정하다.

(물음1) 지난 5년 동안 주식 A의 초과수익률($R_{A,t} - R_f$)과 시장포트폴리오의 초과수익률($R_{Mt} - R_f$)을 이용하여 다음과 같은 회귀식을 추정하였다.

$$(R_{A,t} - R_f) = \alpha_A + \beta_A(R_{Mt} - R_f) + \epsilon_{A,t}$$

회귀분석의 결과를 이용하여 추정한 주식 A에 대한 성과지표들은 다음과 같다. 단, 정보비율은 '젠센의 알파/잔차의 표준편차'로 계산된다.

샤프지수	트레이너지수	젠센의 알파	정보비율
( )	0.2	2.7%	0.2

(1) 주식 A의 베타는 얼마인가?
(2) 주식 A의 샤프지수는 얼마인가?

(물음2) 다음 문장이 옳은지 그른지 판단하고, 그 이유를 간략하게 설명하라.
" 지난 5년 동안 주식 B와 시장포트폴리오의 상관계수가 1이라면, 주식 B의 샤프지수는 시장포트폴리오의 샤프지수와 동일하다."

(물음3) 내년의 시장포트폴리오 위험프리미엄과 무위험수익률은 과거 5년 동안의 평균과 같을 것으로 기대된다. 주식 C와 주식 D의 현재 가격에 내재된 기대수익률과 베타는 다음과 같다.

주 식	현재 가격에 내재된 기대수익률	베타
C	20%	1.2
D	18%	0.8

(1) CAPM모형을 활용하여 주식 C와 D의 과대평가 혹은 과소평가 여부를 판단하라.
(2) 투자자 갑은 주식 C와 주식 D를 결합하여 포트폴리오 K를 구성하였다. CAPM을 활용하여 평가하였을 때 포트폴리오 K가 적정(공정)하게 평가되어 있다면, 투자자 갑의 주식 C와 주식 D에 대한 투자비율은 각각 얼마인가? 계산결과는 %기준으로 반올림하여 소수점 둘째 자리까지 표시하라.

(물음4) 다음 문장이 옳은지 그른지 판단하고, 그 이유를 설명하라.
"제로베타 포트폴리오는 비효율적인 포트폴리오이다."

6-25 Fama-French 모형 (2016년)

평균 순자산가치가 80억원 이상이고 주식 편입비중이 85% 이상이며 최근 6년 이상 생존해온 주식형 펀드 '아이'의 운용스타일과 운용성과를 사후적으로 측정하기 위하여 Fama와 French의 3요인모형을 다음과 같이 추정하였다.

$$R_i = 0.12 + 1.32\,MKT + 0.48\,SMB - 0.24\,HML + \epsilon_i$$

$$\quad (0.15) \qquad (0.05) \qquad (0.24) \qquad (0.11)$$

$$\overline{R^2} = 0.32$$

표본으로 2011년 1월부터 2015년 12월까지 월별 자료를 이용하였다. R_i 는 펀드 '아이'의 수익률에서 무위험이자율을 차감한 펀드 '아이'의 초과수익률, MKT는 시장포트폴리오 수익률에서 무위험이자율을 차감한 시장초과수익률(시장요인), SMB는 Fama와 French의 기업규모요인, HML은 Fama와 French의 가치요인, ϵ_i는 펀드 '아이'의 잔차, $\overline{R^2}$는 조정 R^2를 의미한다. 추정 회귀계수 아래 괄호안의 숫자는 표준오차를 나타낸다.

(물음1) Fama와 French의 3요인모형 추정결과를 이용하여 펀드 '아이'의 운용스타일이 ① 소형주/대형주인지를 밝히고, ② 가치주/성장주인지를 판별한 다음 그 근거를 제시하시오.

(물음2) Fama와 French의 3요인모형 추정결과를 이용하여 펀드 '아이'의 운용실적을 판별하시오.

(물음3) 이머징마켓에 공격적으로 투자하는 헷지펀드의 운용성과를 Fama와 French의 3요인모형을 이용하여 측정할 경우 나타날 수 있는 문제점을 3줄 이내로 설명하시오.

6-26 포트폴리오의 성과평가 지표 (2017년)

투자자 갑은 다음과 같은 포트폴리오의 성과를 얻었다.

자산	투자비중(%)	수익률(%)	표준편차	베타
주식	75	3.0	0.25	2.0
채권	15	2.0	0.20	0.2
현금성자산	10	1.0	0	0

(물음 1) 다음 물음에 답하시오.
① 샤프지수(Sharpe's measure)와 트레이너지수(Treynor's measure)의 의미를 각각 설명하시오.
② 주식의 샤프지수와 트레이너지수를 각각 구하시오.

다음은 (물음 2) ~ (물음 4)와 관련된 추가 정보이다.
투자자 갑은 다음의 벤치마크 포트폴리오의 성과를 기준으로 자신의 투자성과를 측정하고자 한다. 투자자 갑은 초과수익률의 원천을 자산배분능력과 종목선정능력으로 나누어 파악하고자 한다.

자산	투자비중(%)	수익률(%)
주식(주가지수)	60	2.0
채권(채권지수)	30	1.5
현금성자산	10	1.0

(물음 2) 투자자 갑의 포트폴리오 수익률과 벤치마크 포트폴리오 수익률을 각각 구하시오.

(물음 3) 벤치마크 포트폴리오 수익률을 초과하는 투자자 갑의 포트폴리오 수익률 중 자산배분능력으로부터 발생하는 기여도는 얼마인가?

(물음 4) 벤치마크 포트폴리오 수익률을 초과하는 투자자 갑의 포트폴리오 수익률 중 종목선정능력으로부터 발생하는 기여도는 얼마인가?

6-27 CAPM의 다양한 문제들 (2017년)

다음 물음에 대하여 "옳다" 또는 "옳지 않다"라고 답하고 그 근거를 제시하시오.

(물음1) 자본자산가격결정모형(CAPM)이 성립한다는 가정 하에서 CAPM에 의하여 계산된 기업 A의 요구수익률이 12%이고 균형주가가 120만원인데, 자본시장에서 현재 기업 A의 주식이 100만원에 거래되고 있다면 저평가되어 있는 이 주식의 기대수익률은 주가가 120만원이 될 때까지 계속 상승할 것이다.

(물음2) 개별자산의 체계적 위험을 측정하는 베타는 과거의 개별자산 수익률 및 시장포트폴리오 수익률 자료를 이용하여 실증적으로 추정할 수 있다. 이렇게 추정된 베타가 일정하지 않고 시간에 따라 변하는 이유는 시장포트폴리오 수익률의 분산이 시간가변적일뿐만 아니라 개별자산과 시장포트폴리오 수익률 간의 공분산도 시간 가변적이기 때문이다.

6-28 초과수익률모형(중급)

다음 표는 지난 36개월간 월별 시장초과수익률에 대한 주식A의 월별 주식초과수익률의 회귀분석 결과이다. (X 변수는 시장 초과 수익률을 나타낸다.)

	계수	표준오차	t 통계량	p-값
Y 절편	0.0047	0.0044	1.0790	0.2882
X	0.8362	0.1996	4.1892	0.0002

이 기간 중 주식A의 월별 주식수익률의 표준편차는 2.55%였고, 월별 시장수익률의 평균은 1.40%, 표준편차는 1.77%였다. 또한 무위험자산 수익률은 연 1.20%였고 36개월간 변동이 없었다.

(물음1) 주식A의 샤프지수를 구하시오.

(물음2) 주식A의 트레이너지수를 구하시오.

(물음3) 주식A의 젠센지수를 구하시오.

6-29 시계열분석과 베타(중급)

최근 주식시장에 상장된 주식 A의 최초의 3거래일 동안 주식 A와 시장포트폴리오의 일별 수익률은 다음과 같다.

	주식 A의 수익률	시장포트폴리오의 수익률
거래일 1	0.1	0.1
거래일 2	0.3	0.2
거래일 3	-0.1	0.0

(물음1) 위의 자료가 주식 A의 수익률 자료의 전체 모집단이라 가정하고 위자료에 근거하여 주식 A의 베타 값을 구하시오.

(물음2) 위의 자료가 주식 A의 수익률 자료의 표본집단이라 가정하고 위자료에 근거하여 주식 A의 베타 값을 구하시오.

6-30 최적포트폴리오(중급)

아래 표에서와 같이 세 가지 펀드만 판매되고 있는데 위험수준은 수익률의 표준편차를 나타낸다. 위험수준 25%를 추구하는 투자자에게 총투자액 1억원을 "안정주식형"에 3천만원, "성장주식형"에 5천만원, "국채투자형"에 2천만원씩 투자하는 최적포트폴리오를 추천하고 있다. 위험수준 15%를 추구하는 투자자가 총투자액 8천만원으로 최적포트폴리오를 구성한다면 "안정주식형"에 투자해야 하는 금액은 얼마인가?

펀드명칭	기대수익률	위험수준
안정주식형	10%	20%
성장주식형	20%	40%
국채투자형	5%	0%

6-31 포트폴리오와 공분산 (중급)

다음 각 물음에 대해서 답하시오.

(물음1) 주식과 채권 반반으로 구성된 뮤추얼펀드가 있다고 하자. 뮤추얼펀드를 구성하고 있는 주식과 채권의 분산이 각각 0.16과 0.04이고, 주식과 채권간의 공분산은 -0.1이다. 뮤추얼펀드의 분산을 $\sigma_p^2 = w_s S_s + w_b S_b$라고 할 때($w_s = w_b = \frac{1}{2}$, $S_s =$주식으로 인한 뮤추얼펀드의 분산 기여도, $S_b =$채권으로 인한 뮤추얼펀드의 분산 기여도), S_s는 얼마인가?

(물음2) 시장에는 두 개의 위험자산 A와 B만 존재한다고 가정하자. 이 두 위험자산의 기대수익률은 동일하며, 위험(표준편차) 역시 서로 동일하다. 위험회피적인 투자자 갑은 두 개의 위험자산 A와 B로 포트폴리오를 구성하려고 한다. 투자자 갑의 최적 포트폴리오에서 위험자산 A에 대한 투자비율은 얼마인가? 단, 이 두 자산 사이의 공분산 ($Cov(R_A, R_B)$)은 0이다.

6-32 시장포트폴리오 (중급)

주식시장이 주식 A와 주식 B만으로 이루어져 있다고 가정한다. 주식 A 45%와 주식 B 55%로 구성된 시장포트폴리오의 위험보상율이 0.2라고 할 때, 다음 각 물음에 답하시오.

	주식시장	
	주식 A의 수익률	주식 B의 수익률
평균	6.50%	8.50%
분산	0.10	0.15
공분산	0.06	

(물음1) 무위험이자율(risk free rate)은 얼마인가?

(물음2) 시장모형이 성립한다면 주식A의 잔차분산은 얼마인가?

(물음3) 각 주식에 균등하게 투자한 포트폴리오를 K라고 한다면 K의 샤프지수는 얼마인가?

제7장 채권

① 채권의 기초

1. 채권의 종류

(1) 이표채 (이자부채권)

- 만기(n)까지 일정 시점마다 이자(C)가 지급되다가 만기에 원금(F)이 지급되는 채권
- 채권의 가치평가

$$B_0 = \sum_{t=1}^{n} \frac{C}{(1+YTM)^t} + \frac{F}{(1+YTM)^n}$$

- 만기수익률 (YTM : yield-to-maturity)
  - 이표채권을 만기까지 보유할 경우의 수익률
  - 재투자수익률을 만기수익률로 가정
  - 시장이자율 변동에 따른 가격 변동위험 없다.
  - 이자수익에 대한 재투자위험은 있다.
- 보유수익률 (HPY : holding-period-yield)
  채권을 중도 매각하는 경우 수익률로서 1년 보유한 경우 다음과 같이 계산한다.

$$B_0 = \frac{C + E(B_1)}{(1+HPY)^1}$$

$E(B_1)$: 1년 후 채권의 예상가격
  - 시장이자율 변동에 따른 가격 변동위험 있다.
  - 이자수익에 대한 재투자위험 있다.

(2) 무이표채 (할인채권)

- 만기(n)에 원금(F)만 지급되고 그 사이에 이자지급은 없는 채권
- 채권의 가치평가

$$B_0 = \frac{F}{(1 + {}_oR_n)^n}$$

- **현물이자율**$(= {}_oR_n)$
  - 무이표채권을 만기까지 보유할 경우의 수익률
  - 재투자수익률의 가정 없음
  - 시장이자율 변동에 따른 가격 변동위험 없다.
  - 이자수익에 대한 재투자위험은 없다.
- 보유수익률 (HPY : holding-period-yield)
  채권을 중도 매각하는 경우 수익률로서 1년 보유한 경우 다음과 같이 계산한다.

$$B_0 = \frac{E(B_1)}{(1 + HPY)^1}$$

  - 시장이자율 변동에 따른 가격 변동위험 있다.
  - 이자수익에 대한 재투자위험 없다.

(3) 영구채

- 만기가 없이 이자(C)만 일정한 금액으로 무한히 지급하는 채권
- 채권의 가치평가

$$B_0 = \frac{C}{R}$$

- 만기수익률과 보유수익률은 이표채와 동일한 성격을 갖는다.

2. 채권가격의 특징

- 시장이자율과 채권가격은 역의 관계이다.
- 볼록성
  시장이자율이 하락할 때 채권가격이 상승하는 정도는 시장이자율이 같은 크기만큼 상승 할 때 채권가격이 하락하는 정도보다 더 크다.
- 듀레이션
  다른 조건이 동일하다면 만기가 길수록, 표시이자율 낮을수록 이자율의 변동에 대한 채권가격 변화율이 더 크다.

3. 채권의 위험

(1) 이자율위험

1) 가격위험
투자종료시점에서 채권의 가격이 이자율의 변동으로 인하여 기대가격과 달라질 위험으로 만기까지 보유하면 가격위험을 제거할 수 있다.

2) 재투자위험
투자기간동안 받은 이자 재투자수익이 이자율의 변동으로 인하여 기대와 달라질 위험으로 무이표채권에 투자하면 재투자위험을 제거할 수 있다.

	가격 위험	재투자 수익
이자율 상승	채권가격 하락	재투자소득의 증가
이자율 하락	채권가격 상승	재투자소득의 감소

3) 채권의 종류와 이자율변동위험
- 다른 조건이 동일하다면 무이표채가 이표채보다 이자율 위험이 더 크다
- 다른 조건이 동일하다면 만기가 길수록 이자율 위험이 더 크다
- 다른 조건이 동일하다면 만기상환채권이 연속상환채권보다 이자율 위험이 더 크다
- 다른 조건이 동일하다면 고정금리채권이 변동금리채권보다 이자율 위험이 더 크다

(2) 채무불이행위험

- 채무자가 원금 또는 이자의 지급을 불이행하여 기대 현금과 달라질 위험
- 국채는 채무불이행위험이 없으며 회사채는 채무불이행 위험이 있다.
- 채권등급 또는 신용등급으로 채무불이행 위험을 측정한다.

(3) 인플레이션위험

- 채권의 수익률은 명목이자율이므로 모든 채권은 인플레이션 위험이 있다.
  - ☞ 무이표채 국채를 만기 보유하면 가격변동위험, 재투자위험 및 채무불이행위험은 없지만 인플레이션 위험은 있다.

  ➲ 물가연동채권

□인플레이션 위험을 헤지하는 수단으로 발행된 국채

□조정된 액면금액 $F_t = \max[F_0, F_0 \times \dfrac{CPI_t}{CPI_0}]$

□조정된 액면이자 $C_t = F_t \times$ **액면이자율**

※ 실전문제 7-20(고급)

채권의 균형수익률

1. 균형수익률

채권시장이 균형 상태이면 현물이자율과 선도이자율은 다음 관계가 성립한다.

(1) 현물이자율과 선도이자율

1) 만기1년 현물이자율과 만기 2년 현물이자율의 관계

$$(1+_0R_2)^2 = (1+_0R_1) \times (1+_1f_2)$$

→ 만기 2년 현물이자율은 만기1년 현물이자율과 선도이자율의 기하평균이다.

투자전략 ① : 만기 2년 무이표채 매입
투자전략 ② : 만기 1년 무이표채 매입 + 만기 1년 선물매수

(기초자산 : 만기 1년 무이표채)

투자전략 ①과 ②의 만기가치는 동일하므로 투자 수익률도 같아야 한다.

2) 차익거래
① $(1+_0R_2)^2 > (1+_0R_1) \times (1+_1f_2)$

투자전략 ①의 수익률이 더 높기 때문에 투자전략 ①은 매수하고 투자전략 ②는 매도한다. → 만기 2년 무이표채를 매수, 만기 1년 무이표채와 만기1년 선물은 매도

② $(1+_0R_2)^2 < (1+_0R_1) \times (1+_1f_2)$

투자전략 ②의 수익률이 더 높기 때문에 투자전략 ①은 매도하고 투자전략 ②는 매수한다. → 만기 2년 무이표채를 매도, 만기 1년 무이표채와 만기1년 선물은 매수

3) 만기1년 현물이자율, 만기 2년 현물이자율 및 만기 3년 현물이자율의 관계
$$(1+_0R_3)^3 = (1+_0R_1) \times (1+_1f_3)^2 = (1+_0R_2)^2 \times (1+_2f_3)^1$$

4) 만기 t년 현물이자율과 만기 n년 현물이자율의 관계
$$(1+_0R_n)^n = (1+_0R_t)^t \times (1+_tf_n)^{n-t}$$

5) 만기가 1년 미만인 현물이자율을 이용하는 경우

만기6개월 채권의 현물이자율과 만기 1년 현물이자율의 관계

$$(1+{}_0R_1)^1 = (1+\frac{{}_0R_{0.5}}{2}) \times (1+\frac{{}_{0.5}f_1}{2})$$

☞ 현물이자율과 선도이자율의 연단위 환산은 실효이자율이 아닌 표시이자율이다.

(2) 현물이자율과 이표채 수익률

만기별 현물이자율을 이용하여 이표채를 평가하고 이를 통하여 이표채의 수익률을 도출

1) 이표채의 만기보유 균형수익률

$$\sum_{t=1}^{n}\frac{C_t}{(1+YTM)^t}+\frac{F}{(1+YTM)^n}=\sum_{t=1}^{n}\frac{C_t}{(1+{}_0R_t)^t}+\frac{F}{(1+{}_0R_n)^n}$$

2) 이표채의 만기보유 기대수익률

$$B_0 = \sum_{t=1}^{n}\frac{C_t}{(1+YTM)^t}+\frac{F}{(1+YTM)^n}$$

3) 만기 2년 이표채의 만기보유 균형수익률

$$\frac{C}{(1+{}_0R_1)^1}+\frac{C+F}{(1+{}_0R_2)^2}=\frac{C}{(1+YTM)^1}+\frac{C+F}{(1+YTM)^2}$$

4) 만기 2년 이표채의 만기보유 기대수익률

$$B_0 = \frac{C}{(1+YTM)^1}+\frac{C+F}{(1+YTM)^2}$$

5) 만기 2년 이표채의 보유수익률(균형수익률)

만기 2년 이표채를 1년 동안 보유한 후 매도한다고 가정

$$\frac{C}{(1+{}_0R_1)^1}+\frac{C+F}{(1+{}_0R_2)^2}=\frac{C+E(B_1)}{(1+HPY)^1} \leftarrow E(B_1)=\frac{C+F}{(1+E({}_1R_2))^1}$$

6) 만기 2년 이표채의 보유수익률(기대수익률)

만기 2년 이표채를 1년 동안 보유한 후 매도한다고 가정

$$B_o = \frac{C+E(B_1)}{(1+HPY)^1} \leftarrow E(B_1)=\frac{C+F}{(1+E({}_1R_2))^1}$$

필수예제

7-1 균형수익률과 차익거래 (CPA-1995)

액면금액이 ₩100,000인 무이표채 A, B의 채권가격은 다음과 같이 형성되어 있다.

A : 1년 만기 채권의 가격 : 94,000원

B : 2년 만기 채권의 가격 : 89,000원

선물 (1년 후 1년 만기 무이표채) : 96,000원

선물과 채권을 활용하여 재정거래 과정을 보이시오.

정답

채권A : $94,000 = \dfrac{10,000}{1 + {}_0R_1} \Rightarrow {}_0R_1 = 6.38\%$

채권B : $89,000 = \dfrac{10,000}{(1 + {}_0R_2)^2} \Rightarrow {}_0R_2 = 6\%$

선도이자율 : $96,000 = \dfrac{10,000}{1 + {}_1f_2} \Rightarrow {}_1f_2 = 4.17\%$

$(1 + {}_0R_2)^2 > (1 + {}_0R_1) \times (1 + {}_1f_2)$ → 채권B를 매수하고 채권A와 선물은 매도한다.

투자전략	현재시점	1년후	2년후
채권B매입	-89,000		+100,000
선물매도	0	+96,000	-100,000
채권A매도	*90,240	-96,000	
합계	+1,240	0	0

* 96,000 × 0.94 = 90,240

2. 기간구조이론

채권 만기와 채권 수익률의 관계를 수익률 곡선이라고 하며, 이러한 수익률 곡선의 형태를 설명하는 과정을 이자율의 기간구조라고 한다.

(1) 불편기대이론 (순수기대가설)

선도이자율이 미래에 발생할 예상이자율과 일치한다고 가정하는 이론

$$\rightarrow {}_1f_2 = E({}_1R_2)$$
$$(1 + {}_0R_2)^2 = (1 + {}_0R_1) \times (1 + E({}_1R_2))$$

만기 t년 채권의 현물이자율과 만기 n년 현물이자율의 관계는 다음과 같다.

$$(1 + {}_0R_n)^n = (1 + {}_0R_t)^t \times (1 + {}_tf_n)^{n-t} = (1 + {}_0R_t)^t \times (1 + E({}_tR_n))^{n-t}$$

(2) 유동선 선호이론 (유동성 프리미엄가설)

선도이자율이 미래의 각 기간별 기대현물이자율과 유동성 프리미엄의 합이 된다.

$$E({}_1R_2) + {}_1L_2 = {}_1f_2$$
$$(1 + {}_0R_2)^2 = (1 + {}_0R_1) \times (1 + E({}_1R_2) + {}_1L_2)$$

만기 t년 채권의 현물이자율과 만기 n년 현물이자율의 관계는 다음과 같다.

$$(1 + {}_0R_n)^n = (1 + {}_0R_t)^t \times (1 + {}_tf_n)^{n-t} = (1 + {}_0R_t)^t \times (1 + E({}_tR_n) + {}_tL_n)^{n-t}$$

시간이 1년 경과하면 유동성 프리미엄을 1기간씩 조정한다.

$$(1 + {}_1R_n)^{n-1} = (1 + {}_1R_t)^{t-1} \times (1 + E({}_tR_n) + {}_{t-1}L_{n-1})^{n-t}$$

필수예제

7-2 균형수익률과 차익거래 (CPA-1995)

액면 10만원에 대한 채권의 가격이 다음과 같다. (불편기대가설이 성립한다고 가정)

종류	만기	현재시장가치	표시이자율
A	1년	90,909원	0%
B	2년	81,169원	0%
C	3년	71,178원	0%
D	3년	83,540원	5%

(물음1) 1년 후 시점에서 액면이 10만원인 1년 만기, 2년 만기 무이표채의 가격을 구하시오.

(물음2) 채권 D의 가치평가 및 재정거래 과정을 제시하시오. 단, 채권D의 수량은 100개로 한다.

(물음3) 물음2에서 채권거래에 따른 수수료가 구입시와 매각시 각각 액면가액의 0.1%라면 재정거래이익이 발생하기 위한 채권D의 가격의 범위는?

정답

(물음1) 1년 후 채권가격의 균형가격

(1) 기간별 현물이자율의 계산

채권A : $90,909 = \dfrac{100,000}{1 + {}_0R_1}$ 에서 ${}_0R_1 = 10\%$

채권B : $81,162 = \dfrac{100,000}{(1 + {}_0R_2)^2}$ 에서 ${}_0R_2 = 11\%$

채권C : $71,178 = \dfrac{100,000}{(1 + {}_0R_3)^3}$ 에서 ${}_0R_3 = 12\%$

(2) 불편기대가설에 의한 선도이자율의 계산

$(1 + {}_0R_1) \times (1 + {}_1f_2) = (1 + {}_0R_2)^2$에서 ${}_1f_2 = E({}_1R_2) = 12\%$

$(1 + {}_0R_2)^2 \times (1 + {}_2f_3) = (1 + {}_0R_3)^3$에서 ${}_2f_3 = E({}_2R_3) = 14.03\%$

(3) 1년 후 시점에서 1년 만기 무이표채의 가격

$$E(B_1) = \frac{F}{(1 + E(_1R_2))^1} = \frac{100,000}{1.12} = \textbf{89,286}$$

(4) 1년 후 시점에서 2년 만기 무이표채의 가격

$$E(B_1) = \frac{F}{(1 + E(_1R_2)) \times (1 + E(_2R_3))} = \frac{100,000}{(1.12)(1.1403)} = \textbf{78,300}$$

(물음2) 이표채의 균형가격과 차익거래

(1) 채권D의 균형가격

$$B_0 = \frac{5000}{1.10^1} + \frac{5000}{1.11^2} + \frac{105000}{1.12^3} = 83,340원 < 현재가격\ 83,540원$$

(2) 차익거래

A채권 5개 매수, B채권 5개 매수, C채권 105개 매수, D채권 100개 공매

	t=0	t=1	t=2	t=3
D채권 매도	+8,354,000	-500,000	-500,000	-10,500,000
A채권 매수	-454,545	+500,000		
B채권 매수	-405,845		+500,000	
C채권 매수	-7,473,690			+10,500,000
Total	+19,920	0	0	0

* 재정이익은 채권 D가 단위당 200만큼 과대평가된 점을 감안한다면 재정이익은 200원 × 100개 = 20,000원이다. 이 경우 19,920원과의 차이는 반올림 오차에 의한 것 뿐 이다.

(물음3) 수수료를 반영한 차익거래

재정거래를 하기 위한 채권D의 1단위당 액면 가액은 다음과 같다.

채권 D 공매	100,000원
채권 A 매수	5,000원
채권 B 매수	5,000원
채권 C 매수	105,000원
합 계	215,000원

액면기준으로 인한 거래비용은 215,000 × 0.1% = 215원이다.

따라서 재정이익이 발생하기 위해서는 채권 D의 가격의 범위는 다음과 같다.

83,125원 (=83,340-215) < 채권 D의 가격 < **83,555원** (=83,340+215)

듀레이션과 볼록성

1. 듀레이션

(1) 듀레이션의 의의

1) 채권 현금흐름의 가중평균회수기간
2) 이자율 변동에 따른 가격위험과 재투자 수익률 위험을 면역하는 기간
3) 이자율 변동에 따른 채권가격변동의 민감도

(2) Macaulay 듀레이션

$$D = \sum_{t=1}^{n} t \times \frac{PV(CF_t)}{B_0}$$

(3) 수정듀레이션 (MD)

$$MD = \frac{D}{1+R}$$

(4) 채권의 종류와 듀레이션

이표채	할인채권	영구채권
D < 만기	D = 만기	$D = 1 + \dfrac{1}{R}$

(5) 듀레이션의 결정요인

만기와 듀레이션은 (+)관계, 표시이자율과 채권수익률은 듀레이션과 (−)관계가 있다.
• 다른 조건이 동일하다면 만기가 큰 채권이 듀레이션이 더 크다.
• 다른 조건이 동일하다면 표시이자율이 큰 채권이 듀레이션은 더 작다.
• 다른 조건이 동일하다면 채권수익률이 큰 채권이 듀레이션은 더 작다.

(6) 듀레이션과 채권가격의 변동금액

$B_0 = \sum_{t=1}^{n} \dfrac{CF_t}{(1+R)^t}$ 의 함수를 이자율에 대해서 채권가격을 1차 미분하여 정리한다.

1) 시장이자율 변동에 따른 채권가격의 변동금액

$$\Delta B = -\frac{D}{1+R} \times B_0 \times \Delta R = -MD \times B_0 \times \Delta R$$

2) 시장이자율 변동에 따른 채권가격의 변동률

$$\frac{\Delta B}{B_0} = -\frac{D}{1+R} \times \Delta R = -MD \times \Delta R$$

3) 채권가격의 이자율 탄력성

$$e = -D \times \frac{R}{1+R}$$

2. 볼록성

(1) 의의

이자율과 채권가격은 원점에 대해서 볼록한 곡선의 형태이기 때문에 시장이자율이 하락할 때 채권가격이 상승하는 정도는 시장이자율이 같은 크기만큼 상승할 때 채권가격이 하락하는 정도보다 더 크다.

(2) 볼록성의 도출

$B_0 = f(R)$ 의 함수를 테일러 확장식을 적용하면 다음과 같다.

$$\Delta B_0 = B_0{}' \times \Delta R + \frac{1}{2} \times B_0{}'{}' \times (\Delta R)^2 + \ldots$$

이를 변동률로 정리하면

$$\frac{\Delta B_0}{B_0} = \frac{B_0{}'}{B_0} \times \Delta R + \frac{1}{2} \times \frac{B_0{}'{}'}{B_0} \times (\Delta R)^2 + \ldots = -MD \times \Delta R + C \times (\Delta R)^2 + \ldots$$

(3) 볼록성

$$C = \frac{1}{2} \times B_0'' \times \frac{1}{B_0}$$

$$B_0'' = \sum_{t=1}^{n} t \times (t+1) \times \frac{CF_t}{(1+R)^{t+2}}$$

(4) 볼록성과 가격의 변동금액

$$\Delta B = -MD \times B_0 \times \Delta R + C \times B_0 \times (\Delta R)^2$$

3. 연간 이자지급횟수가 m인 경우

(1) 채권가격 : $B_0 = \sum_{t=1}^{n} \frac{CF_t}{(1+R/m)^t}$

(2) 듀레이션 : $D = \frac{1}{m} \times \sum_{t=1}^{n} t \times \frac{\dfrac{CF_t}{(1+R/m)^t}}{B_0}$

(3) 듀레이션에 의한 가격변동 : $\Delta B = -B_o \times \dfrac{D}{1+R/m} \times \Delta R$

(4) 이자율 탄력성 : $e = -D \times \dfrac{R}{1+R/m}$

(5) 볼록성 : $C = \frac{1}{2} \times B_0'' \times \frac{1}{B_0}$ $\qquad B_0'' = \frac{1}{m^2} \times \sum_{t=1}^{n} t \times (t+1) \times \frac{CF_t}{(1+R/m)^{t+2}}$

4. 듀레이션과 볼록성의 특수형태

(1) 변동금리채권의 듀레이션

- 액면이자율이 기준금리 **+** 스프레드로 결정됨
- 매 기간마다 이자율이 조정되므로 가격위험은 매우 작음
- 듀레이션 = 다음 이자조정일까지의 기간

※ 실전문제 7-20 (고급)

(2) 역변동금리채권의 듀레이션

- 액면이자율이 시장이자율과 반대방향으로 움직이는 채권
- 가격위험이 크며 고정금리채권보다 듀레이션이 크다.
- 변동금리채권 **+** 역변동금리채권 = 고정금리채권

※ 실전문제 7-27 (고급)

(3) 무이표채의 볼록성

만기 = T, 채권수익률 = R이라고 할 때

무이표채의 볼록성 $= \dfrac{T \times (T+1)}{(1+R)^2}$

※ 실전문제 7-25 (고급)

(4) 영구채의 볼록성

채권가격 $= B_0$, 액면이자 = C, 채권수익률 = R이라고 할 때

영구채의 볼록성 $= \dfrac{2 \times C}{B_0 \times R^3}$

※ 실전문제 7-26 (고급)

(5) 포트폴리오의 볼록성

이표채의 듀레이션이 무이표채 듀레이션의 가중평균인 것처럼 이표채의 볼록성도 무이표채의 볼록성의 가중평균이다.

포트폴리오의 볼록성 : $CV_p = \sum_{i=1}^{n} w_i \times CV_i$

※ 실전문제 7-30 (고급)

필수예제

7-3 듀레이션과 볼록성

액면가격이 10,000원이고 표면금리는 8%이며 만기수익률은 12%인 무위험 이표채 A가 있다. 이 채권의 이자는 매년마다 후급되며 만기까지는 3년이 남아 있다.

(물음1) 채권A의 듀레이션 및 볼록성을 구하시오.
(물음2) 이자율이 2% 증가하면 A의 듀레이션에 의한 가격변동금액과 변동률은 얼마인가?
(물음3) 이자율이 2% 증가하면 A의 볼록성에 의한 가격변동금액과 변동률은 얼마인가?
(물음4) 이자율이 2% 증가하면 A의 듀레이션과 볼록성에 의한 가격변동금액과 변동률은 얼마인가?
(물음5) 이자율이 2% 증가하면 A의 실제 가격변동금액과 변동률은 얼마인가?

△정답

(물음1) 듀레이션과 볼록성

(1) 채권 A의 듀레이션

$$B_0 = \frac{800}{(1.12)^1} + \frac{800}{(1.12)^2} + \frac{10,800}{(1.12)^3} = 9,039.27원$$

$$D = \left\{ \frac{1 \times 800}{(1.12)^1} + \frac{2 \times 800}{(1.12)^2} + \frac{3 \times 10,800}{(1.12)^3} \right\} \times \frac{1}{9,039.27} = 2.7714년$$

(2) 채권 A의 볼록성

$$C = \frac{1}{2} \times B_0{'}{'} \times \frac{1}{B_0} = \frac{1}{2} \times \left(\frac{1 \times 2 \times 800}{(1.12)^3} + \frac{2 \times 3 \times 800}{(1.12)^4} + \frac{3 \times 4 \times 10,800}{(1.12)^5} \right) \times \frac{1}{9,039.27}$$

$$= \mathbf{4.2995}$$

(물음2) 듀레이션에 의한 가격변동금액과 변동률

    (1) 듀레이션에 의한 가격 변동금액

        $\Delta B = -MD \times \Delta R \times B_0 = -2.4745 \times 0.02 \times 9,039.27 = \mathbf{-447.35원}$

    (2) 듀레이션에 의한 가격 변동률

        $\dfrac{\Delta B}{B} = -MD \times \Delta R = -2.4745 \times 0.02 = \mathbf{-4.95\%}$

(물음3) 볼록성에 의한 가격변동금액과 변동률

    (1) 볼록성에 의한 가격 변동금액

        $\Delta B = C \times B_0 \times \Delta R^2 = 4.2995 \times 9,039.27 \times (0.02)^2 = \mathbf{15.55원}$

    (2) 볼록성에 의한 가격 변동률

        $\dfrac{\Delta B}{B} = C \times \Delta R^2 = 4.2995 \times (0.02)^2 = \mathbf{0.17\%}$

(물음4) 듀레이션과 볼록성에 의한 가격변동금액과 변동률

    (1) 가격 변동금액

        물음2와 물음3의 답을 활용하면

        ΔB = -447.35원 + 15.55원 = **- 431.80원**

    (2) 가격 변동률

        $\dfrac{\Delta B}{B}$ = **-4.95%** + **0.17%** = **- 4.78%**

(물음5) 실제채권의 가격변동금액과 변동률

    $B_0 = \dfrac{800}{(1.14)^1} + \dfrac{800}{(1.14)^2} + \dfrac{10,800}{(1.14)^3} = 8,607.02원$

    (1) 실제 가격변동금액

        9,039.27 - 8,607.02 = **-432.25원**

    (2) 실제 가격변동률

        -432.25원 / 9,039.27 = **-4.78%**

필수예제

7-4 듀레이션과 볼록성

액면금액이 10,000원이고 표면금리는 8%이며 만기수익률은 12%인 무위험 이표채 A 가 있다. 이 채권의 이자는 매 6개월마다 후급되며 만기까지는 3년이 남아 있다.

(물음1) 채권A의 듀레이션 및 볼록성을 구하시오.

(물음2) 시장이자율이 2% 증가하여 12%가 된다면 채권A의 듀레이션에 의한 가격변동금 액과 변동률은 얼마인가?

정답

(물음1) 듀레이션과 볼록성

(1) 채권 A의 듀레이션

$$B_0 = \sum_{t=1}^{6} \frac{400}{(1.06)^t} + \frac{10,000}{(1.06)^6} = 9,016.54$$

$$D = \left\{ 1 \times \frac{400}{(1.06)^1} + 2 \times \frac{400}{(1.06)^2} + 3 \times \frac{400}{(1.06)^3} + 4 \times \frac{400}{(1.06)^4} \right.$$
$$\left. + 5 \times \frac{400}{(1.06)^5} + 6 \times \frac{10400}{(1.06)^6} \right\} \times \frac{1}{9,016.54} \times \frac{1}{2} = \mathbf{2.7088}$$

(2) 채권 A의 볼록성

$$C = \frac{1}{2} \times B_0'' \times \frac{1}{B_0}$$

$$= \frac{1}{2} \times \frac{1}{2^2} \times (1 \times 2 \times \frac{400}{(1.06)^3} + 2 \times 3 \times \frac{400}{(1.06)^4} + 3 \times 4 \times \frac{400}{(1.06)^5}$$
$$+ 4 \times 5 \times \frac{400}{(1.06)^6} + 5 \times 6 \times \frac{400}{(1.06)^7} + 6 \times 7 \times \frac{10400}{(1.06)^8}) \times \frac{1}{9,016.54} = \mathbf{40735}$$

(물음2) 듀레이션에 의한 가격변동금액과 변동률

(1) 듀레이션에 의한 가격 변동금액

$$\Delta B = -9016.54 \times \frac{2.7088}{1.06} \times 0.02 = \mathbf{-460.83}원$$

(2) 듀레이션에 의한 가격 변동률

$$\frac{\Delta B}{B} = \frac{-460.83}{9016.54} = -5.11\%$$

면역전략과 ALM

1. 채권의 투자전략

(1) 소극적 전략

이자율변동위험의 제거를 목적으로 하는 채권 투자전략

1) 면역전략
2) 사다리형 만기전략 : 목표만기내에서 각 만기일의 채권에 균등하게 투자하는 전략
3) 바벨형 만기전략 : 단기채권과 장기채권만으로 포트폴리오를 구성하는 전략

(2) 면역전략

채권 포트폴리오의 목표투자기간을 포트폴리오의 듀레이션과 일치하여 시장이자율의 변동과 관계없이 목표수익률을 달성하는 방법으로 포트폴리오의 듀레이션은 다음과 같다.

$$D_p = \sum w_i \times D_i$$

이자율이 변동하거나 기간이 경과하면 각 채권의 가치와 듀레이션이 변동하기 때문에 포트폴리오를 재조정하여야 면역화 시킬 수 있다.

(3) 적극적 전략

미래를 예측하여 초과수익의 달성을 목적으로 하는 채권 투자전략

1) 채권의 교체매매 전략

이자율의 상승예상 → 채권약세가 예상되므로 듀레이션을 감소시킨다.
이자율의 하락예상 → 채권강세가 예상되므로 듀레이션을 증가시킨다.

2) 수익률 곡선타기 전략

수익률 곡선이 우상향하는 경우 만기이전에 보유채권을 매도하고 동일한 채권의 만기에 재투자하여 자본이득을 얻는 전략으로 수익률 곡선이 우상향으로 고정이 되어있어야 한다.

(4) 상황 적응적 면역전략

적극적 전략과 소극적 전략의 혼합전략으로 유리한 상황이 예상되면 적극적 전략을 불리한 상황이 예상되면 면역 전략을 사용한다.

필수예제

7-5 면역전략

현재 시장에서는 3년 만기 무이표채와 만기수익률이 10%인 영구채가 있다. 한 연금관리자가 목표투자기간을 7년으로 하여 1억을 투자하려 한다. 이 연금관리자가 이자율 변동위험을 피하려고 할 경우 무이표채의 투자비율을 구하시오.. 또한 상황이 변동이 없을 경우 1년 후의 투자비율은 어떻게 변할 것인가?

△정답

(1) 개별채권의 듀레이션
할인채의 듀레이션 = 3년
영구채의 듀레이션 = 1.1 / 0.1 = 11년

(2) 현재의 면역전략
$$D_p = (3 \times w) + \{11 \times (1 - w)\} = 7년 \rightarrow \mathbf{w = 0.5}$$

(3) 1년 후의 면연전략
$$D_p = (2 \times w) + \{11 \times (1 - w)\} = 6년 \rightarrow \mathbf{w = 5 / 9}$$

2. ALM (자산부채관리기법)

(1) 은행의 재무상태표

이자율 변동에 따른 자산의 변동금액

$$\Delta A = -\frac{D_A}{1+R} \times A \times \Delta R = -MD_A \times A \times \Delta R$$

이자율 변동에 따른 부채의 변동금액

$$\Delta L = -\frac{D_L}{1+R} \times L \times \Delta R = -MD_L \times L \times \Delta R$$

이자율 변동에 따른 자기자본의 변동금액

$$\Delta K = \Delta A - \Delta L = -MD_K \times K \times \Delta R$$

(2) 이자율 변동에 따른 자기자본의 변동

(방법1) 개별항목의 가치변화를 집계하는 방법

개별항목의 가치변화를 계산하여 이들의 합계로 자기자본의 변동을 계산한다.

개별항목 1,2,3은 자산, 4,5는 부채라고 가정하면

$$\Delta A = (-MD_1 \times A_1 \times \Delta R) + (-MD_2 \times A_2 \times \Delta R) + (-MD_3 \times A_3 \times \Delta R)$$
$$\Delta L = (-MD_4 \times L_4 \times \Delta R) + (-MD_5 \times L_5 \times \Delta R)$$
$$\Delta K = \Delta A - \Delta L$$

(방법2) 자산과 부채의 듀레이션을 이용하는 방법

듀레이션의 가산의 원리를 이용하여 자산과 부채의 수정듀레이션을 구한 후 자산의 변동과 부채의 변동을 구한 후 이들의 차이로 자기자본의 변동을 계산한다.

$$MD_A = w_1 \times MD_1 + w_2 \times MD_2 + w_3 \times MD_3 \quad \rightarrow \quad \Delta A = -MD_A \times A \times \Delta R$$
$$MD_L = w_4 \times MD_4 + w_5 \times MD_2 \quad\quad\quad\quad \rightarrow \quad \Delta L = -MD_L \times L \times \Delta R$$
$$\Delta K = \Delta A - \Delta L$$

(방법3) 자기자본의 듀레이션을 이용하는 방법

자산의 듀레이션과 부채의 듀레이션을 이용하여 자기자본의 수정듀레이션을 구한 후 이를 이용하여 자기자본의 변동을 계산한다.

$$MD_A = MD_L \times \frac{L}{A} + MD_K \times \frac{K}{A} \;\rightarrow\; MD_K \text{도출}$$

$$\Delta K = -MD_K \times K \times \Delta R$$

(방법4) 자기자본의 듀레이션갭을 이용하는 방법

은행의 자산과 부채는 대부분 만기가 있고 현금흐름이 고정적이어서 듀레이션 개념을 적용하기가 용이하다. 듀레이션갭관리(GAP)란 이러한 가능성을 은행관리법에 이용하는 것으로 이자율 변화에 따라서 은행가치를 극대화 할 수 있는 전략을 자산과 부채의 듀레이션을 이용하여 전체적인 관점에서 파악하는 것이다.

$$\Delta K = \Delta A - \Delta L = -(MD_A \times A - MD_L \times L) \times \Delta R$$

양변을 자산으로 나누고 $\frac{L}{A} = w$로 놓으면

$$\frac{\Delta K}{A} = -(MD_A - MD_L \times w) \times \Delta R = -MDGAP_K \times \Delta R$$

위의 식을 정리하면 다음과 같다.

$$\Delta K = -MDGAP_K \times \Delta R \times A$$

자본의 듀레이션갭($MDGAP_K$)은 자산의 수정듀레이션에서 부채의 수정듀레이션에 부채의 비중을 곱하여 차감한 값으로 이자율 변화에 따른 자기자본의 가치변화를 측정할 때에 이용할 수 있는 지표가 된다. 다만, 자본의 수정듀레이션을 이용한 가치변화의 측정과 다른 점은 자기자본가치를 기준으로 하는 것이 아니고 총자산을 기준으로 한다는 점이다.

(3) 면역전략

이자율 변동에 따른 자산의 변동금액과 부채의 변동금액을 동일하게 하여 자기자본의 시장이자율 변동위험을 제거하는 방법

$$\Delta A = \Delta L \rightarrow \Delta K = 0 \rightarrow \ D_A \times A = D_L \times L$$

(4) 적극적 전략

이자율 변동에 따른 자산의 변동금액과 부채의 변동금액을 다르게 하여 자기자본의 변동금액이 이익이 되도록 하는 방법

1) 이자율 상승이 예상되는 경우 : $D_A \times A < D_L \times L$
2) 이자율 하락이 예상되는 경우 : $D_A \times A > D_L \times L$

7-6 ALM

A 은행의 만기가 3년인 장기채권은 10%의 이자를 매년 말 지급하고, 만기가 1년인 정기예금은 10%의 이자를 연말에 지급한다. 현재 시장이자율은 10%이다.

재무상태표

(단위: 억원)

장기채권	1,000	정기예금	900
		자본금	100

(물음1) 시장이자율이 1% 상승하면 듀레이션을 이용하여 자기자본의 변화를 계산하라.

(물음2) 시장이자율 변동에 대해서 면역이 되는 자산의 듀레이션은 얼마인가?

정답

(물음1)

1) 자산의 듀레이션 $= \dfrac{\dfrac{1\times100}{(1+0.1)}+\dfrac{2\times100}{(1+0.1)^2}+\dfrac{3\times1,100}{(1+0.1)^3}}{1,000} = 2.735\text{년} = 2.736$

2) 부채의 듀레이션 $= 1$년

3) 자산의 변동 $= -0.01 \times 2.736$년$/1.1 \times 1,000$억 $= -24.87$억

4) 부채의 변동 $= -0.01 \times 1$년 $/1.1 \times 900$억 $= -8.18$억

5) 자기자본의 변동 $= -24.87 - (-8.18) = \mathbf{-16.69}$

(물음2)

$D_A \times A = D_L \times L \;\rightarrow\; D_A \times 1,000 = 1 \times 900 \;\rightarrow\; D_A = \mathbf{0.9}$년

필수예제

7-7 ALM

W은행의 시장가치 재무상태표가 다음과 같이 제시되었다.

(금액: 억원, 듀레이션 : 년)

자산	금액	듀레이션	부채/자본	금액	듀레이션
현금	50	0	요구불예금	130	0
대출채권	400	1.48	CD	400	1
장기채권	150	2.78	자기자본	70	
계	600			600	

현재 시장이자율은 연 8%이다.

(1) W은행이 보유하고 있는 자산의 듀레이션은 얼마인가?

(2) W은행이 보유하고 있는 부채의 듀레이션은 얼마인가?

(3) W은행이 보유하고 있는 자본의 듀레이션은 얼마인가?

(4) 시장이자율이 100 bp (1%) 상승할 경우 W은행의 자기자본의 시장가치에 미치는 영향을 자산과 부채의 듀레이션을 이용하여 계산하시오.

(5) 시장이자율이 100 bp (1%) 상승할 경우 W은행의 자기자본의 시장가치에 미치는 영향을 자기자본의 듀레이션을 이용하여 계산하시오.

(6) 시장이자율이 100 bp (1%) 상승할 경우 W은행의 자기자본의 시장가치에 미치는 영향을 듀레이션갭을 이용하여 계산하시오.

△정답

(1) 자산의 듀레이션은 개별자산의 듀레이션을 가중평균한다.

$$D_A = 0 \times \frac{50}{600} + 1.48 \times \frac{400}{600} + 2.78 \times \frac{150}{600} = 1.68$$

(2) 부채의 듀레이션은 개별부채의 듀레이션을 가중평균한다.

$$D_L = 0 \times \frac{130}{530} + 1 \times \frac{400}{530} = 0.75$$

(3) 자기자본의 듀레이션은 다음의 공식을 사용한다.

$$D_K \times K = D_A \times A - D_L \times L$$

D_k x 70 = 1.68 x 600 - 0.75 x 530 ➡ D_k = 8.72

(4) 자산과 부채의 변화금액을 계산하여 자기자본의 변화금액을 측정

$dA = - MD_A \times A \times dR$ = - 1.68/1.08 x 600 x 0.01 = -9.33억

$dL = - MD_L \times L \times dR$ = - 0.75/1.08 x 530 x 0.01 = −3.68억

$dK = dA - dL$ = -9.33억 - (-3.68억) = -5.65억

(5) 자기자본의 듀레이션을 이용하여 자기자본의 변화금액을 측정

$dK = - MD_K \times K \times dR$ = - 8.72/1.08 x 70 x 0.01 = -5.65억

(6) 듀레이션갭을 이용하여 자기자본의 변화금액을 측정

$DGAP = D_A - D_L \times \dfrac{L}{A}$ = 1.68 - 0.75 x 530/600 = 1.0175

$dK = - MDGAP \times A \times dR$ = - 1.0175/1.08 x 600 x 0.01 = -5.65억

옵션부 채권

1. 수의상환채권 (callable bond)

(1) 채무자가 정해진 기간 내에 정해진 금액으로 채권을 중도 상환 할 수 있는 채권으로 채무자에게 채권을 기초자산으로 하는 콜옵션을 부여한 채권.

(2) 일반채권보다 가격은 더 낮고 수익률은 더 높다.

(3) 수의상환채권의 가격 = 일반채권의 가격 - 수의상환권의 가치

(4) 이자율이 상승하면 채권가격이 하락하여 채무자는 콜옵션을 행사할 가능성이 낮으며 일반채권과 유사한 채권곡선을 갖는다.

(5) 이자율이 하락하면 채권가격이 상승하여 채무자는 콜옵션을 행사할 가능성이 높으며 일반채권보다 낮은 볼록성을 갖는다.

(6) 콜 수익률 (YTC : yield to call)

- 콜 수익률 : 발행자가 매입할 것으로 예상되는 시점까지의 수익률

- 수의상환채권의 기대수익률 = Min [만기수익률, 콜수익률]

※ 실전문제 7-22 (고급)

2. 상환청구권부채권 (puttable bond)

(1) 채권자가 정해진 기간 내에 정해진 금액으로 채권을 중도 상환 할 수 있는 채권으로 채권자에게 채권을 기초자산으로 하는 풋옵션을 부여한 채권.

(2) 일반채권보다 가격은 더 높고 수익률은 더 낮다.

(3) 상환청구권부채권의 가격 = 일반채권의 가격 + 상환청구권의 가치

(4) 이자율이 상승하면 채권가격이 하락하여 채권자는 풋옵션을 행사할 가능성이 높으며 일반채권보다 큰 볼록성을 갖는다.

(5) 이자율이 하락하면 채권가격이 상승하여 채권자는 풋옵션을 행사할 가능성이 낮으며 일반채권과 유사한 채권곡선을 갖는다.

(6) 풋 수익률 (YTP : yield to put)

- 풋수익률 : 투자자가 상환을 요구할 것으로 예상되는 시점까지의 수익률

- 상환청구채권의 기대수익률 = Max[만기수익률, 풋수익률]

※ 실전문제 7-23 (고급)

3. 유효 듀레이션 및 볼록성

(1) 의의

　수의상환채권(callable bond)이나 상환청구권부채권 (puttable bond)은 기존의 듀레이션으로 채권가격의 변동을 설명하기 어렵기 때문에 이러한 옵션부 채권의 가격 변동성을 측정하는 지표가 유효듀레이션이다.

(2) 유효듀레이션 (D_E)의 측정

　B_0 : 현재의 이자율(R)의 채권가격

　B_0^+ : 이자율이 R에서 R^+로 상승하는 경우 채권가격(하락)

　B_0^- : 이자율이 R에서 R^-로 하락하는 경우 채권가격(상승)

$$D_E = -\frac{(B_0^+ - B_0^-)}{B_0 \times (R^+ - R^-)}$$

(3) 유효듀레이션에 의한 가격변동

$$\Delta B = -B_o \times D_E \times \Delta R$$

(4) 유효볼록성

　- 이자율의 변화가 현금흐름에 미치는 영향을 고려

　- 유효듀레이션과 유효볼록성은 옵션내재채권 분석에 유용

　- 유효볼록성 $= \dfrac{B^+ + B^- - 2 \times B_0}{B_0 \times (\Delta R)^2}$

　B^+ : 수익률 상승시의 채권가격

　B^- : 수익률 하락시의 채권가격

　ΔR : (상승 수익률 − 하락 수익률) ÷ 2

　※ 실전문제 7-29 (고급)

필수예제

7-8 유효듀레이션

액면가격이 10,000원이고 표면금리는 10%이며 만기수익률은 10%인 무위험 이표채 A 가 있다. 이 채권의 이자는 매년마다 후급되며 만기까지는 3년이 남아 있다.

(물음1) 만기수익률이 2%p 상승하거나 2%p 감소하는 경우 채권A의 유효 듀레이션을 구하시오.

(물음2) 채권A가 2년 후 시점에서 채무자가 10,000원의 가격에 수의상환 할 수 있는 채권이라면 만기수익률이 2%p 상승하거나 2%p 감소하는 경우 유효 듀레이션을 구하시오.

(물음3) 채권A가 2년 후 시점에서 채권자가 10,000원의 가격에 상환청구 할 수 있는 채권이라면 만기수익률이 2%p 상승하거나 2%p 감소하는 경우 유효 듀레이션을 구하시오.

정답

(물음1) $B_0^+ = \dfrac{1,000}{(1.12)^1} + \dfrac{1,000}{(1.12)^2} + \dfrac{1,000+10,000}{(1.12)^3} = 9,519.63$

$B_0^- = \dfrac{1,000}{(1.08)^1} + \dfrac{1,000}{(1.08)^2} + \dfrac{1,000+10,000}{(1.08)^3} = 10,515.42$

$D_E = -\dfrac{9,519.63 - 10,515.42}{0.12 - 0.08} \times \dfrac{1}{10,000} = 2.4895$

(물음2) $B_2^+ = \dfrac{11,000}{1.12} = 9,821.43 < 10,000$ **(수의상환 하지 않음)**

$\therefore \ B_0^+ = \dfrac{1,000}{(1.12)^1} + \dfrac{1,000}{(1.12)^2} + \dfrac{1,000+10,000}{(1.12)^3} = 9,519.63$

$B_2^- = \dfrac{11,000}{1.08} = 10,185.19 > 10,000$ **(수의상환함)**

$$\therefore \ B_0^- = \frac{1,000}{(1.08)^1} + \frac{1,000+10,000}{(1.08)^2} = 10,356.65$$

$$D_E = -\frac{9,519.63-10,356.65}{0.12-0.08} \times \frac{1}{10,000} = 2.0926$$

(물음3) $B_2^+ = \frac{11,000}{1.12} = 9,821.43 < 10,000$ **(상환청구함)**

$$\therefore \ B_0^+ = \frac{1,000}{(1.12)^1} + \frac{1,000+10,000}{(1.12)^2} = 9,661.99$$

$$B_2^- = \frac{11,000}{1.08} = 10,185.19 > 10,000$$ **(상환청구하지 않음)**

$$\therefore \ B_0^- = \frac{1,000}{(1.08)^1} + \frac{1,000}{(1.08)^2} + \frac{1,000+10,000}{(1.08)^3} = 10,515.42$$

$$D_E = -\frac{9,661.99-10,515.42}{0.12-0.08} \times \frac{1}{10,000} = 2.1336$$

4. 스프레드

□명목스프레드 : 위험채권과 무위험 국채의 수익률의 차이

□제로변동성스프레드

  : 이자율 기간구조를 반영하여 옵션의 영향이 제거되지 않은 두 수익률의 차이

□옵션조정스프레드

  : 이자율 기간구조를 반영하여 옵션의 영향이 제거된 두 수익률의 차이

□옵션비용 = 제로변동성스프레드 − 옵션조정스프레드

※ 실전문제 7-31 (고급)

5. 전환사채

(1) 만기보장수익률 : 주가가 전환가격보다 낮아 전환권이 행사되지 않고 만기상환을 받을 경우 일정한 수익률을 보장하기 위한 기준수익률

(2) 원금상환률 : 액면이자율과 만기보장수익률의 차이를 보상하기 위하여 만기일에 원금에 추가하여 지급하는 할증프리미엄률.

(3) 전환권 가치 = 전환사채의 시장가격 − 일반사채로서의 가치

(4) 전환가치 = 보통주의 시장가격 × 전환가능주식수

(5) 전환가격 = 액면금액(또는 전환사채의 시장가격) ÷ 전환가능주식수

(6) 전환프리미엄 = 전환가격 − 보통주의 시장가격

※ 실전문제 7-24 (고급)

실전문제

7-1 ALM 면역전략 (2001년)

W은행의 20X1년 말 재무상태표이다. 재무상태표 상의 숫자들은 장부가액이다. 시장에서 공통적으로 적용되는 이자율은 10%이다.

〈재무상태표〉

현금	100,000	요구불예금	100,000
주택대출	200,000	예금증서	50,000
		자기자본	150,000

주택대출은 2년간에 걸쳐 균등 상환되며 만기시점까지 12%로 재투자 된다.

$(200,000 \times (1.12)^2 = C \times 1.12 + C$: 균등상환액 C 는 118,340이다.)

예금증서는 1년 후 원리금이 상환되는데 이자율은 11%이다.

(물음1) 주택대출의 듀레이션을 구하고 W은행의 자산의 듀레이션을 구하라.

(물음2) SM은행의 부채 듀레이션을 구하라.

(물음3) 시장이자율이 10%에서 11%로 상승할 경우 W은행의 자기 자본 가치는 얼마나 변화 하겠는가 ?

(물음4) 이자율변동으로 인한 자기자본가치변화를 헷징하고자 한다. 부채의 듀레이션을 변경할 수 없는 상황에서 자기자본 가치 변화를 헤지하기 위해서는 자산의 듀레이션이 얼마가 되어야 하는가?

(물음5) W은행은 현재 2년만기 순할인채권을 공매하여 현금으로 보유하여 자기자본가치를 이자율변동으로부터 면역화시키는 방안을 고려중이다. 얼마의 순할인채권을 공매하여야 하는가?

7-2 ALM과 OPM (2004년)

시민은행의 자금조달과 자산운용의 결과 현재의 대차대조표가 다음과 같다.

담보부 대출은 만기 1년(듀레이션 1년)의 대출로서 1년 후의 원리금 상환규모는 1,260원이다. 채권 B의 만기시 원금상환 총규모는 2,300원으로 이는 만기 3년, 연간 표면이자율 9%인 채권으로 액면가에 거래되고 있다. 연간 무위험이자율은 5%라고 가정하며, 부채의 듀레이션은 1.2년이고 수익률은 6%라고 한다. 토지는 연 20%의 수익률을 영구적으로 제공하는 자산이며, 이자율이 변화하는 경우에 이는 모든 자산, 부채에 동일하게 적용된다고 가정한다. 또한 수익률 변화에 따른 가격변화의 비대칭성은 무시하며, 재무상태표 금액은 시장가치 기준이고 개별 자산의 금액은 공란으로 되어있다. 단, 듀레이션은 맥콜리 듀레이션을 의미한다.

〈시민은행의 재무상태표〉

(단위:원)

자 산		부채와 자기자본	
담보부 대출(만기 1년)	xxx	부 채 3,450	
채권 B(만기 3년, 1좌당 액면가 10원)	xxx	자기자본 50	
투자부동산(토지)	xxx		
합 계 : 3,500		합 계 : 3,500	

(물음1) 은행의 담보부 대출은 옵션이 내포되어 있는 거래로 볼 수 있다. 차입자인 기업이 차입을 하면서 은행에 제공한 담보물의 현재 시가는 1,300원, 거래과정에 내포되어 있는 풋옵션의 가격은 50원이라고 가정하자. 대출자인 은행의 담보부 대출이 차입자와의 거래에서 공정한 시장가치로 이루어졌다면, ① 담보부 대출 채권의 공정한 시장가치를 평가하고(수식을 쓸 것), ② 이러한 거래에 포함되어 있는 옵션적 성격의 권리내용이 차입자의 입장에서는 무엇인지를 구체적으로 기술(2줄 이내)하고 그 권리의 가치를 구하라.

(물음2) 이자율이 변화하는 경우, 채권 B의 가격에 미치는 영향과 이자의 재투자수익에 미치는 영향이 서로 균형을 이루게 되는 시점을 구하라.

(물음3) 금융위기 상황을 맞아 중앙은행은 2% 포인트의 큰 폭의 금리인상을 계획하고 있다고 하자. 만일 이 상황에서 구조조정을 하지 않고 현 상태의 구조를 그대로 유지한다고 할 경우 재무구조가 취약한 이 은행의 자본잠식은 어느 정도 일어나겠는가?

(물음4) 이자율 상승이 지속된다고 판단한 은행의 자산운용자가 자산의 구성 비율이나 부채의 조정은 불가능하고, 단기적으로 조정이 가능하다고 보는 채권 B의 종목을 다른 종목으로 적극 교체하기로 결정하였다. 어떤 특성의 채권으로 교체하여야 하는지를 그 이유를 3줄 이내로 간단히 설명하라.

7-3 보유수익률과 유동성 프리미엄 가설 (2005년)

유동성 프리미엄 가설이 성립한다고 가정하자. 1년 만기 현물이자율은 6%이다. 그리고 1년 후 기준 1년 만기 현물이자율은 8%로 예상된다. (6%와 8%는 명목이자율임) 만기가 2년이고 액면이자율이 8%인 채권(연 1회 이자 지급, 원금 10,000원)을 1년 보유하는 경우 보유수익률이 6.8%로 예상된다. (가격은 정수로 계산하고 수익률은 %기준으로 소수둘째자리까지 표기한다.)

(물음1) 채권의 1년 후 기대가격과 현재가격을 계산하라.

(물음2) 가격에 반영된 유동성 프리미엄은 몇 퍼센트인가?

(물음3) 실질수익률이 3%로 일정하다면 물가상승률이 2년 동안 어떻게 변할 것으로 기대되는가?

7-4 이자지급시기가 6개월인 채권의 불편기대가설 (2006년)

기간구조와 관련하여 순수기대가설(불편기대가설)만 성립된다고 가정하고 다음 물음에 답하시오.

(물음1) A, B 두 채권은 액면가가 각각 10,000원이고 이자는 매 6개월마다 후급 되는 무위험 이표채이다. A 채권의 표면금리는 4%인데 어제 이자가 지급되었고 현재 잔존만기는 6개월이며 만기수익률(yield to maturity; YTM)은 4%이다. 한편, B 채권의 표면금리는 6%인데 어제 이자가 지급되었고 현재 잔존만기는 1년이며 만기수익률은 8%이다. 이를 이용하여 이론적으로 도출되는 6개월만기 현물이자율(spot rate)과 1년만기 현물이자율은 각각 얼마인가?

(단, 계산과정 중 금액과 관련된 수치는 반올림하여 소수점아래 두 자리까지 계산하고, 이자율과 관련된 수치(1+이자율 등)는 반올림하여 소수점 아래 여섯 자리까지 계산하시오. 또한 답은 %단위로 표시하되 반올림하여 소수점아래 네 자리까지 나타낼 것)

(물음2) (물음1)의 답을 무시하고 6개월만기 현물이자율과 1년만기 현물이자율이 각각 6%와 10%라고 가정하자. C 채권은 액면가가 10,000원이고 표면금리가 8%인데 매 이자는 매 6개월마다 후급 되는 잔존만기 1년의 무위험 이표채이다. 6개월 후 이자가 지급된 다음날 만기가 6개월 남은 C 채권의 적정기대가격은 얼마인가?

(단, 계산과정 중의 이자율과 관련된 수치(1+이자율 등)는 반올림하여 소수점 아래 여섯 자리까지 계산하고, 채권가격은 반올림하여 원단위까지 나타낼 것)

7-5 이자지급시기가 6개월인 채권의 듀레이션과 볼록성 (2006년)

갑 채권은 액면가가 10,000원인 무위험 이표채이다. 이 채권의 표면금리는 8%인데 이자는 매 6개월마다 후급으로 지급된다. 어제 이자가 지급되었고 현재 잔존만기는 2년이며 만기수익률(YTM)은 8%이다. 수익률곡선이 수평하고 또한 수평이동 한다고 가정하고 다음 물음에 답하시오.

(물음1) 갑 채권의 맥컬레이듀레이션(Macaulay duration; D)은 몇 년인가?

(단, 계산과정 중 금액과 관련된 수치는 반올림하여 소수점아래 두 자리까지 계산하고, 듀레이션은 반올림하여 소수점아래 네 자리까지 표시하되 년 단위로 할 것)

(물음2) 갑 채권의 수정듀레이션(modified duration; Dm)은 얼마인가?

(맥컬레이듀레이션을 이용하여 수정듀레이션을 구하되 그 식도 간단히 나타내시오. 또한 수정듀레이션은 반올림하여 소수점아래 네 자리까지 표시하되 단위는 물음1과 동일하게 년 기준으로 할 것)

(물음3) 갑 채권의 만기수익률이 오늘 8%에서 7%로 1%p 하락한다면($\Delta y = -1\%$), 채권가격의 변동률은 수정듀레이션으로 계산한 가격변동률과 볼록성(convexity)에 기인한 오차조정부분의 합으로 나타낼 수 있다.

즉, 채권가격변동률 = $-Dm \cdot \Delta y$ + 볼록성에 기인한 오차조정부분

이때, 볼록성에 기인한 오차조정부분은 얼마인가?

(볼록성 계산공식을 이용하시오.)

7-6 면역전략 (2007년)

5년 후 채무를 상환해야 하는 한 투자자가 정부가 발행한 3년 만기 순수할인채권과 역시 정부가 발행한 영구채권을 이용하여 목표시기 면역화전략(immuntization strategy)을 적용하기로 하였다. 채무액의 현재가치는 100원이며 무위험이자율은 연 10%이다. 수익률곡선은 수평이라고 가정한다. (단, 영구채권의 듀레이션 = (1+만기수익률)/만기수익률, 모든 수치는 소수점 셋째 자리에서 반올림하시오.)

(물음1) 이자율위험을 면역화하기 위해서 순수할인채권과 영구채권에 대한 투자금액은 얼마이어야 하는지 계산하시오.

(물음2) 순수할인채권과 영구채권을 매입한 직후 무위험이자율이 1% 포인트 상승하여 연 11%가 된다면 이자율위험을 면역화하기 위해서 각 채권에 대한 투자금액은 얼마이어야 하는지 계산하시오.

(물음3) 이자율이 11%로 상승하였다고 가정한 (물음 2)를 무시하기로 하자. 면역화전략을 시작한 이후 무위험이자율이 계속 10%를 유지한 채 1년이 지났다면, 이자율위험을 면역화하기 위해서 각 채권에 대한 투자금액은 얼마이어야 하는지 계산하시오.

(물음4) (물음1)~(물음3)의 결과들이 면역화전략에 어떤 시사점을 주는지 다섯 줄 이내로 기술하시오.

7-7 듀레이션과 ALM (2008년)

A은행의 장부가치 대차대조표가 다음의 표와 같이 제시되었다. (단위: 원)

자산		부채와 자본	
현금	50	요구불예금	400
대출채권	400	CD	130
장기채권	150	자기자본	70
합계	600	합계	600

대출채권의 연이자율은 10%이며 2년에 걸쳐 매년 말에 원리금을 균등분할상환 받는 조건이다. 장기채권은 연 8%의 이자를 매년 말에 지급받는 3년 만기 채권이다. 부채 중 CD의 이자율은 연 7%이며, 1년 후에 원리금을 일시 상환하는 조건이다. 현재 시장이자율은 연 8%이다.

(물음1) A은행이 보유하고 있는 자산의 듀레이션은 얼마인가?

(물음2) A은행이 보유하고 있는 부채의 듀레이션은 얼마인가?

(물음3) 시장이자율이 100 베이시스 포인트 (1%p) 상승할 경우 A은행의 자기자본의 시장가치에 미치는 영향을 듀레이션 모형을 이용하여 계산하시오.

(물음4) 다음의 물음에 답하시오.
   ① A은행의 입장에서 순자산가치가 이자율위험으로부터 면역되기 위한 조건은 무엇인가?
   ② 이러한 조건을 충족하기 위해서는 부채의 듀레이션이 얼마가 되어야 하는가? (단, 자산의 듀레이션은 변경될 수 없다고 가정하시오.)

(물음5) A은행이 이자율위험으로부터 자기자본비율(=자기자본/자산)의 변화를 "0"으로 만들 수 있는 방법을 듀레이션을 이용하여 설명하시오.

7-8 유동성 선호이론과 옵션부 채권 (2009년)

1년, 2년, 3년 만기 현물이자율(spot rate)이 각각 4.50%, 5.12%, 5.53%이다. 백분율은 반올림하여 소수점 넷째 자리까지 구하고, 가격은 소수점 둘째 자리까지 계산한다. 채권의 액면가는 10,000원이고 연 1회 이자를 지급한다.

(물음1) 3년 만기 액면가채권(par value bond)의 액면이자율을 계산하시오.

(물음2) 유동성프리미엄가설(liquidity premium hypothesis)이 성립하며 2차연도와 3차연도의 유동성프리미엄이 각각 50bp와 60bp라고 가정하자. 액면이자율이 6%인 3년 만기 채권의 1년 후 기대가격을 구하시오.

(물음3) 무이표채를 이용하여 2차연도의 투자수익률을 확정시킬 수 있는 포지션을 제시하고 투자수익률을 계산하시오. 1년과 2년 만기 무이표채(액면가 10,000원)가 존재한다고 가정한다. 포지션은 1년 만기 무이표채 1개를 기준으로 구성하며 각 무이표채의 개수를 반올림하여 소수점 여섯째 자리까지 계산한다.

(물음4) 위와는 독립적으로, 다음과 같은 상환요구사채(putable bond)와 일반사채(straight bond)가 거래되며 차익거래기회가 존재하지 않는다고 가정하자. 상환요구사채에 내재된 풋옵션의 가치는 상환요구사채 가격의 몇 퍼센트에 해당되는지 구하시오. 모든 채권의 만기, 이자지급방법 및 신용등급 등 기타 조건은 동일하며, 액면가는 10,000원이다.

채권	채권유형	액면이자율	가 격
A	상환요구사채	6.47%	12,000원
B	일반사채	5.45%	10,528원
C	일반사채	7.15%	12,350원

7-9 유동성 선호이론 (2010년)

액면금액이 모두 10,000원이면서 다음의 조건을 갖는 채권 A, B, C가 있다. 이표채는 연 1회 이자를 지급한다. 각 기간별 유동성프리미엄은 $_0L_1$=0.0%, $_1L_2$=0.2%, $_2L_3$=0.3% 이다. ($_{n-1}L_n$ = n-1년부터 n년까지 1년 동안의 유동성프리미엄)

채권	만기	표면이자율	만기수익률
A	1년	10%	10%
B	2년	20%	12%
C	3년	0%	13%

(물음1) 만기별 현물이자율을 구하고 이를 이용하여 수익률곡선을 그리시오.

(물음2) 1년이 지난 시점에서의 1년 만기와 2년 만기의 기대현물이자율을 구하시오. 유동성프리미엄은 각 기간별로 현재와 동일하게 유지된다고 가정하시오. 즉, 1년 후 시점을 0으로 보았을 때 $_0L_1$=0.0%, $_1L_2$=0.2%로 1년 전과 동일하다.

(물음3) (물음2)를 무시하고 (물음1)의 수익률곡선이 1년 후에도 그대로 유지될 것이라고 예상하는 투자자가 있다. 이 투자자의 목표투자기간이 1년일 때, 현재 시점에서 C 채권을 이용하여 수익률곡선타기 전략을 취한다면 이 투자자가 기대하는 투자수익률은 얼마인가?

7-10 듀레이션과 ALM (2010년)

(물음1) 은행이 만기가 2년인 고정금리 대출을 동일한 금액의 만기가 1년인 고정금리 예금으로 조달하였다. 만약 시장이자율이 1년 후 2%p 상승하면 은행이 어떤 종류의 이자율 위험에 노출되는지 50자 이내로 설명하시오.

※ (물음2)~(물음5)는 다음의 내용을 이용하여 답하시오.

현재 S은행의 시장가치 기준 재무상태표는 다음과 같다.

(단위: 억원)

자산		부채와 자기자본	
현금	5	CD	90
채권	100	자기자본	15
합계	105	합계	105

채권은 표면이자율이 연 8%이고 만기가 2년이며 이자를 매 6개월마다 지급한다. 만기 1년의 CD는 이자율이 연 8%(반기 복리)이고 액면금액을 만기에 지급한다. 현재 시장이자율은 연 8%(반기 복리)이다. 수익률곡선은 수평이며 평행 이동한다. 금액은 억원 단위로 표기하고, 모든 계산은 반올림하여 소수점 둘째 자리까지 나타내시오.

(물음2) 시장이자율이 2%p 상승하면 자기자본의 시장가치가 얼마나 변하는가? 듀레이션을 이용하여 금액 기준으로 답하시오.

(물음3) S은행은 듀레이션갭을 이용하여 이자율 위험을 면역화하려고 한다. S은행이 면역화하기 위한 조건식을 도출과정과 함께 제시하시오. 그리고 S은행이 부채의 듀레이션과 부채비율을 변경할 수 없다면, 이 은행이 면역화하기 위하여 자산의 듀레이션을 얼마로 조정해야 하는가?

(물음4) 시장이자율의 2%p 상승이 자기자본의 시장가치에 미치는 영향을 현금흐름할인법(DCF)을 이용하여 계산하시오.

(물음5) (물음 2)와 (물음 4)의 값에 차이가 발생하는 이유를 30자 이내로 설명하시오.

7-11 듀레이션과 볼록성 (2011년)

액면가격이 10,000원이고 표면금리는 8%이며 만기수익률은 12%인 무위험 이표채 A 가 있다. 이 채권의 이자는 매 3개월마다 후급되며 만기까지는 9개월이 남아 있다.

(물음1) 듀레이션을 이용하여 이 채권의 이자율탄력성을 구하시오.

(물음2) 채권가격과 만기수익률과의 관계는 선형관계가 아니기 때문에 가격변화를 더욱 정확하게 추정하기 위해서는 듀레이션과 함께 볼록성을 고려해야 한다. 이 채권 의 볼록성은 얼마인가?

(물음3) (앞의 지문과 물음들을 무시하고 다음의 물음에 답하시오.) 기업 B는 시장가치 기준으로 100억원의 부채를 가지고 있으며 부채의 평균 듀레이션은 3년이다. 부 채 중 50억원은 듀레이션이 4년인 5년 만기 채권으로 이루어져 있다. 이 기업은 부채의 듀레이션을 2년으로 낮추기 위해 1년 만기 무이표채를 발행하여 5년 만기 채권의 일부를 상환하려고 한다. 수익률곡선이 수평이라는 가정 하에 기업 B가 발행해야 할 1년 만기 무이표채의 규모는 얼마인가?

7-12 듀레이션과 볼록성 (2013년)

금융기관인 (주)바사의 재무상태표에 따르면 자산으로서 장기채권의 시장가치가 1,000이고 부채로서 정기예금이 600, 그리고 자본금이 400으로 되어있다. 장기채권은 만기가 3년이고 4%의 액면이자를 매년 말 지급한다. 한편 정기예금은 만기가 1년이며 4%의 액면이자를 연말에 지급한다. 현재 시장이자율은 4%라고 가정한다.

(물음1) 시장이자율이 1%포인트 상승하는 경우와 1%포인트 하락하는 경우 현금흐름할인법을 이용하여 자기자본의 가치변화를 각각 계산하라. 계산결과는 반올림하여 소수점 둘째 자리까지 표기하라.

(물음2) 시장이자율이 1%포인트 상승하는 경우와 1%포인트 하락하는 경우 (주)바사의 자산과 부채 듀레이션을 이용하여 자기자본의 가치변화를 각각 계산하라. 계산결과는 반올림하여 소수점 둘째 자리까지 표기하라.

(물음3) (물음 1)과 (물음 2)의 결과를 요약하고 그 함축적 의미를 설명하라.

7-13 기간구조이론 (2014년)

액면금액이 100,000원인 갑 채권은 1년 만기 순수할인채이며 현재 채권시장에서 95,238원에 거래되고 있다. 병 채권은 1년에 한번씩 후급으로 6% 이자를 지급하는 이표채인데 만기는 2년이며 현재 액면가 100,000원에 거래되고 있다.

(물음 1) 불편기대가설(unbiased expectation hypothesis)이 성립한다고 가정하고 1년 후부터 2년 말까지의 내재선도이자율(implied forward interest rate)을 구하라. 계산결과는 %단위로 표시하되 반올림하여 소수점 둘째 자리까지 표기하라.

(물음 2) 불편기대가설이 성립한다는 가정하에서 1년 후 병 채권의 예상가격을 계산하고, 병 채권을 현재 매입하여 1년 동안 보유한 후 매각할 때 기대되는 1년간 보유수익률(holding period return)을 구하라. 계산결과는 %단위로 표시하되 반올림하여 소수점 둘째 자리까지 표기하라.

(물음 3) 이자율의 기간구조(term structure of interest rate)를 설명하는 가설들을 6줄 이내로 서술하라.

7-14 수익률 스프레드와 듀레이션 (2017년)

가나기업이 발행한 무보증 채권(만기 2년, 액면가 100,000원, 액면이자율 3%, 연 1회 이자 지급)의 현행수익률(current yield)은 3.2%이고, 무위험수익률은 2%이다.

(물음1) 채권의 현재가격과 만기수익률을 추정하시오. 만기수익률은 %기준으로 반올림하여 소수점 둘째 자리까지 표시하시오.

(물음2) 채권의 원리금 상환가능성은 다음과 같은 확률분포를 가질 것으로 예상된다.

상황	확률
ⓐ 이자와 원금전액 회수불능	0%
ⓑ 제1회의 이자만 회수	1%
ⓒ 제1회 및 제2회 이자회수와 원금의 70%만 회수	2%
ⓓ 이자와 원금전액 회수	97%

다음 물음에 답하시오.
① 상황에 따른 각각의 수익률을 구하시오.
② 위 ①에서 구한 수익률을 실현수익률이라고 가정하고 채권의 기대수익률을 구하시오. 수익률은 %기준으로 반올림하여 소수점 둘째 자리까지 표시하시오.

(물음3) (물음 1)의 만기수익률과 (물음 2)의 기대수익률을 이용하여 수익률 스프레드와 채무불이행 위험프리미엄을 각각 구하시오. 수익률은 %기준으로 반올림하여 소수점 둘째 자리까지 표시하시오

(물음4) (물음 1)과 동일한 조건에서 만기수익률이 2% 포인트 하락하였다(t=0). 매콜리(Macaulay) 듀레이션을 이용하는 경우의 채권가격변화율과 실제 채권가격변화율의 차이를 구하시오. 단, 수익률곡선은 수평이고 평행이동 한다고 가정한다. 듀레이션 추정은 소수점 셋째 자리에서 반올림하여 계산하고, 듀레이션을 통한 채권금액변화분은 원 단위까지 계산하며, 각 채권가격변화율은 반올림하여 소수점 다섯째 자리까지 구하여 계산하시오.

(물음5) 만기수익률이 변동하는 경우, 실제 채권의 가격변화와 듀레이션을 통해 추정한 채권의 가격변화 사이의 차이의 원인과 그 차이를 줄이는 방안을 제시하시오.

7-15 **역변동금리채권** (고급)

액면금액이 10,000원, 액면이자율이 8%이고 듀레이션이 3년이며 연2회 이자를 지급하는 채권을 담보로 변동금리채권과 역변동금리채권을 발행하고자 한다.

(물음1) 현재 채권의 가격이 10,000원이며, 변동금리채권과 역변동금리채권의 구성비율을 50:50으로 하는 경우 역변동금리채권의 듀레이션을 구하시오.

(물음2) 현재 채권의 가격이 11,000원이며, 변동금리채권과 역변동금리채권의 구성을 각각 5,000원과 6,000원으로 하는 경우 역변동금리채권의 듀레이션을 구하시오.

7-16 **유효볼록성** (고급)

액면금액이 100,000원, 액면이자율이 8%이고 만기가 3년이며 연1회 이자를 지급하는 채권A가 현재 액면가에 거래되고 있다.

(물음1) 채권A의 볼록성을 구하시오. 단, 채권의 볼록성은 수익률–가격 곡선의 2차 미분값을 가격으로 나눈 값으로 정의한다. (반올림하여 소수점아래 두 자리까지 표시하시오)

(물음2) 채권A의 수익률이 1% 상승하거나 1% 하락하는 경우의 유효볼록성을 구하시오.

(물음3) 만일 채권A가 수의상환채권이고 콜가격이 102,000원이라면 수의상환채권의 수익률이 1% 상승하거나 1% 하락하는 경우의 유효볼록성을 구하시오.

(물음4) 만일 채권A가 상환요구채권이고 상환청구가격이 98,000원이라면 상환요구채권의 수익률이 1% 상승하거나 1% 하락하는 경우의 유효볼록성을 구하시오.

7-17 **채권포트폴리오** (고급)

다음 채권을 이용하여 수정듀레이션은 채권B와 동일하나 볼록성이 다른 포트폴리오를 구성하여 성과를 비교하고자 한다. 세 채권은 모두 액면채이며 연1회 이자를 지급한다.

채권	액면이자율	수정듀레이션	볼록성
A	8%	4	20
B	9%	6	55
C	10%	9	125

단, 채권의 볼록성은 수익률–가격 곡선의 2차 미분값을 가격으로 나눈 값으로 정의한다.

[포트폴리오 1] A채권과 C채권으로 구성하는 Barbell 포트폴리오

[포트폴리오 2] 채권B와 포트폴리오 1에 균등하게 투자한 Ladder 포트폴리오

(물음1) 포트폴리오 1의 시가기준 가중평균 수익률 및 볼록성를 구하시오.

(물음2) 포트폴리오 2의 시가기준 가중평균 수익률 및 볼록성를 구하시오.

(물음3) 각 포트폴리오의 장단점을 기술하시오.

7-18 **옵션 스프레드** (고급)

액면금액이 10,000원, 만기가 3년, 액면이자율이 8%인 수의상환채권이 있다. 이 채권은 발행기업이 발행 1년 후부터 10,025원에 매입이 가능하다. 국채수익률을 이용하여 구한 현물이자율이 1년, 2년, 3년 만기의 경우 각각 4%, 5%, 6%이며 액면금액이 10,000원, 만기가 3년, 액면이자율이 8%인 국채만기수익률은 5.9%이다.

(물음1) 명목 스프레드가 200bp인 경우 수의상환채권의 가격은 얼마인가?

(물음2) 제로변동성스프레드가 200bp인 경우 수의상환채권의 가격은 얼마인가?

(물음3) 옵션조정스프레드가 195bp인 경우 수의상환채권의 옵션가치는 얼마인가?

7-19 원금분할상환채권 (고급)

채권 A는 액면이자율 6%, 액면금액 100만원, 만기9년의 서울도시철도채권으로 5년 거치, 5년 상환 원금분할상환채권이다. 수익률이 10%일 때 다음 물음에 답하시오.

(물음1) 채권A의 발행 5년 후 현금흐름은 얼마인가?

(물음2) 채권A의 발행시점의 가격은 얼마인가?

(물음3) 채권A의 발행시점의 듀레이션은 얼마인가?

7-20 물가연동국채과 변동금리채권 (고급)

채권 A는 만기가 4년이고 액면금액이 100,000원이고 액면 이자율이 4%인 물가연동국채으로 연1회 이자를 지급한다. 1차년도와 2차년연도의 물가상승률은 각각 1.5%와 2.3%이다.

채권B는 만기가 5년이고 원금이 10,000원이고 액면이자가 1년 국고채금리로 결정되는 변동금리채권이다. 액면이자는 연1회 결정되며 지금은 액면이자가 결정된 후 9개월이 지난 시점이다.

(물음1) 채권A의 2차년도 액면이자 지급액을 계산하라.
(단, 액면이자는 정수로 구한다.)

(물음2) 채권B의 현시점에서의 듀레이션은 얼마인가?

7-21 **보유수익률** (고급)

채권 A는 만기가 2년이고 액면이자율이 10%인 액면가 채권으로 원금은 10,000원이고 1년에 이자를 2회 지급한다. 보유기간은 2년이고 재투자수익률을 12%로 가정한다.

채권B는 만기가 2년이고 액면이자율은 4%인 액면가 채권으로 원금은 10,000원이고 1년에 이자를 2회 지급한다. 이 채권을 1년 보유 후 매도할 예정이며 1년 후 수익률곡선이 8%에서 수평이고 재투자수익률은 6%로 가정한다.

(물음1) 채권A의 보유수익률을 계산하시오.

(물음2) 채권B의 보유수익률을 계산하시오.

7-22 **수의상환채권의 수익률**(고급)

채권 C는 만기가 2년이고 액면이자율이 10%, 원금은 10,000원이고 1년에 이자를 1회 지급하며 발행기업이 1년 후에 액면가의 101%에 상환할 수 있다.

(물음1) 채권C의 만기수익률이 8%인 경우 콜수익률과 기대수익률을 구하시오.

(물음2) 채권C의 만기수익률이 12%인 경우 콜수익률과 기대수익률을 구하시오.

7-23 상환청구채권의 수익률 (고급)

채권 P는 만기가 2년이고 액면이자율이 10%, 원금은 10,000원이고 1년에 이자를 1회 지급하며 1년 후에 액면가에 상환청구 할 수 있다.

(물음1) 채권P의 만기수익률이 8%인 경우 풋수익률과 기대수익률을 구하시오.

(물음2) 채권P의 만기수익률이 12%인 경우 풋수익률과 기대수익률을 구하시오.

7-24 **전환사채** (고급)

전환사채 A는 만기가 3년이고 액면이자율이 2%, 만기보장수익률이 4.5%이다.

전환사채 B는 만기가 5년이고 액면이자율이 5%, 액면금액이 10,000원이며 현재 9.500원에 거래되고 있다. 이 채권은 보통주 5주와 전환이 가능하며 전환비율은 100%이고 현재 보통주의 가격은 1,500원이다. 동일한 조건을 갖은 일반채권의 만기 수익률은 10%이다.

(물음1) 채권A의 원금상환률은 얼마인가? 소수 두 자리로 답하시오.

(물음2) 채권B의 전환권의 가치와 전환가치는 얼마인가?

(물음3) 채권B의 액면가 기준의 전환가격 및 전환프리미엄을 구하시오.

(물음4) 채권B의 시장가치 기준의 전환가격 및 전환프리미엄을 구하시오

7-25 무이표채 볼록성 (고급)

채권 D는 원금이 100,000원이고 만기가 3년인 무이표채이며 수익률은 8%이다. 이 채권에 대한 다음 각 물음에 답하시오. 단, 물음2,3,4는 반올림하여 정수로 표시하시오.

(물음1) 채권의 볼록성을 구하시오. 단, 채권의 볼록성은 수익률-가격 곡선의 2차 미분값을 가격으로 나눈 값으로 정의한다. (반올림하여 소수점아래 두 자리까지 표시하시오)

(물음2) 채권의 수익률이 7%가 된다면 채권의 듀레이션으로 채권가격을 추정하시오.

(물음3) 채권의 수익률이 7%가 된다면 채권의 듀레이션과 볼록성으로 채권가격을 추정하시오.

(물음4) 채권의 수익률이 7%가 된다면 현금흐름을 할인하여 채권가격을 추정하시오.

7-26 영구채 볼록성 (고급)

채권 P는 원금이 100,000원이고 액면이자율이 10%이고 만기수익률이 8%인 영구채이다. 이 채권에 대한 다음 각 물음에 답하시오. 단, 물음2,3,4는 반올림하여 정수로 표시하시오.

(물음1) 채권의 볼록성을 구하시오. 단, 채권의 볼록성은 수익률-가격 곡선의 2차 미분값을 가격으로 나눈 값으로 정의한다. (반올림하여 소수점아래 두 자리까지 표시하시오)

(물음2) 채권의 수익률이 7%가 된다면 채권의 듀레이션으로 채권가격을 추정하시오.

(물음3) 채권의 수익률이 7%가 된다면 채권의 듀레이션과 볼록성으로 채권가격을 추정하시오.

(물음4) 채권의 수익률이 7%가 된다면 현금흐름을 할인하여 채권가격을 추정하시오.

7-27 **수익률곡선타기** (고급)

1년 만기 무이표채의 만기수익률이 5%이고 2년 만기 무이표채의 만기수익률이 6%이다. 채권의 액면금액은 10,000원이다.

(물음1) 현재의 수익률곡선이 2년 동안 변하지 않는다고 가정하면 2년 만기 무이표채를 매입하여 1년 후 매도하면 얼마의 수익률을 얻게 되는가?

(물음2) 불편기대가설이 성립한다면 2년 만기 무이표채를 매입하여 1년 후 매도하면 얼마의 수익률을 얻게 되는가?

(물음3) 유동성프리미엄가설이 성립한다면 2년 만기 무이표채를 매입하여 1년 후 매도하면 얼마의 수익률을 얻게 되는가? 단, 유동성 프리미엄은 20bp이다.

제8장 옵션

Ⅰ 옵션의 기초

1. 옵션의 기초

(1) 옵션의 정의

"미래의 일정시점에 정해진 가격으로 특정 자산을 매수 또는 매도할 수 있는 권리를 현재시점에 약정한 계약"으로 옵션 매수자는 권리를 보유하고 그 대가로 옵션 프리미엄을 지급하고 옵션 매도자(발행자)는 옵션 매수자가 권리를 행사하면 매수 또는 매도하여야 하는 의무만을 부담하며 그 대가로 옵션프리미엄을 수취한다.

1) 미래의 일정시점 ⇒ 만기 (t)

2) 정해진 가격 ⇒ 행사가격 (X)

3) 특정자산 ⇒ 기초자산(S)

4) 매수할 수 있는 권리 ⇒ 콜옵션 보유자 (+C)

5) 매도할 수 있는 권리 ⇒ 풋옵션 보유자 (+P)

6) 옵션 매수자가 권리를 행사하면 매도하여야 하는 의무 ⇒ 콜옵션 발행자 (−C)

7) 옵션 매수자가 권리를 행사하면 매수하여야 하는 의무 ⇒ 풋옵션 발행자 (−P)

8) 만기에서만 옵션의 권리를 행사 ⇒ 유럽형 옵션

9) 만기 이전에 아무 때나 옵션의 권리를 행사 ⇒ 미국형 옵션

☞ 옵션 매수자는 (+)로 표기, 옵션 매도자는 (−)로 표기

(2) 기초자산

1) 상품 : 원유, 금, 은, 농산물, 축산물 등

2) 금융자산 : 주가지수 또는 개별 주식, 통화 (환율), 채권 (금리)

2. 옵션의 투자전략

투자전략은 순수포지션, 헤지포지션, 스프레드 및 콤비네이션으로 분류한다.
하나의 옵션 또는 주식에 투자하는 전략으로 포트폴리오의 기초가 된다.

S_0 = 현재시점의 기초자산 가격 $\qquad$ S_t = 만기 t시점의 기초자산 만기가치

C_0 = 현재시점의 콜옵션 가격 $\qquad$ C_t = 만기 t시점의 콜옵션 만기가치

P_0 = 현재시점의 풋옵션 가격 $\qquad$ P_t = 만기 t시점의 풋옵션 만기가치

B_0 = 현재시점의 채권의 가격 $\qquad$ X = 만기 t시점의 채권의 만기가치

(1) 순수포지션

1) 콜옵션

콜옵션의 만기가치 : $C_t = Max[S_t - X, 0]$

콜옵션가격의 미래가치 = $C_0 \times (1 + R_f)^t$

매수자의 만기손익 = 콜옵션의 만기가치 - 콜옵션가격의 미래가치

매도자의 만기손익 = 콜옵션가격의 미래가치 - 콜옵션의 만기가치

투자전략	현재시점 현금흐름	만기시점의 현금흐름	
		$S_t \leq X$	$S_t > X$
콜옵션 매수	$-C_0$	0	$S_t - X$
콜옵션 매도	$+C_0$	0	$-(S_t - X)$

콜옵션의 만기가치	콜옵션 매수자의 만기손익

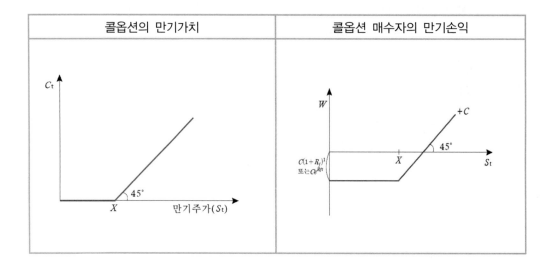

2) 풋옵션

풋옵션의 만기가치 : $P_t = Max[X - S_t, 0]$

풋옵션가격의 미래가치 $= P_0 \times (1 + R_f)^t$

매수자의 만기손익 = 풋옵션의 만기가치 − 풋옵션가격의 미래가치

매도자의 만기손익 = 풋옵션가격의 미래가치 − 풋옵션의 만기가치

투자전략	현재시점 현금흐름	만기시점의 현금흐름	
		$S_t \leq X$	$S_t > X$
풋옵션 매수	$-P_0$	$X - S_t$	0
풋옵션 매도	$+P_0$	$-(X - S_t)$	0

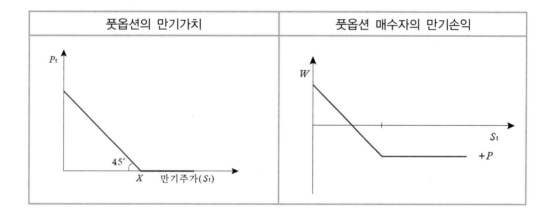

| 풋옵션의 만기가치 | 풋옵션 매수자의 만기손익 |

☞ 매수자는 (+)로 표기, 매도자는 (−)로 표기

　　매수자의 만기가치는 1사분면 위치, 매도자의 만기가치는 4사분면 위치

　　매수자의 만기손익은 현재가격의 미래가치만큼 하향이동

　　매도자의 만기손익은 현재가격의 미래가치만큼 상향이동

☞ 콜옵션의 손익분기점 기초자산 만기가치 : $S_t = X + C_0 \times (1 + R_f)^t$

　　풋옵션의 손익분기점 기초자산 만기가치 : $S_t = X - P_0 \times (1 + R_f)^t$

3) 기초자산

기초자산의 만기가치 : S_t

기초자산가격의 미래가치 $= S_0 \times (1+R_f)^t$

매수자의 만기손익 = 기초자산의 만기가치 − 기초자산가격의 미래가치

매도자의 만기손익 = 기초자산가격의 미래가치 − 기초자산의 만기가치

투자전략	현재시점 현금흐름	만기시점의 현금흐름	
		$S_t \leq X$	$S_t > X$
기초자산 매수	$-S_0$	$+S_t$	$+S_t$
기초자산 매도	$+S_0$	$-S_t$	$-S_t$

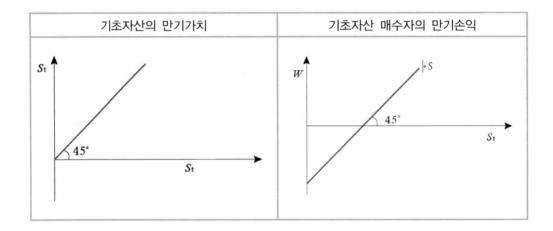

4) 무위험채권 (무이표채, 액면가 = X)

채권의 만기가치 : X

채권가격의 미래가치 $= B_0 \times (1+R_f)^t = X$

매수자의 만기손익 = 채권의 만기가치 − 채권가격의 미래가치

매도자의 만기손익 = 채권가격의 미래가치 − 채권의 만기가치

투자전략	현재시점 현금흐름	만기시점의 현금흐름	
		$S_t \leq X$	$S_t > X$
채권 매수	$-B_0$	$+X$	$+X$
채권 매도	$+B_0$	$-X$	$-X$

채권의 만기가치	채권 매수자의 만기손익

☞ 채권매입 =대출, 채권매도 = 차입

☞ 콜옵션 매수 만기가치 < 주식 매수 만기가치 → $C_0 \le S_0$ (콜옵션 현재가격의 상한)
　　풋옵션 매수 만기가치 < 채권 매수 만기가치 → $P_0 \le B_0$ (풋옵션 현재가격의 상한)

필수예제

8-1 옵션의 만기손익

　　현재 옵션시장에서는 ㈜미래 주식을 기초자산으로 하고 만기가 동일하게 1년씩 남은 콜옵션과 풋옵션이 각각 거래되고 있다. 행사가격이 20,000원인 콜옵션의 가격은 2,000원이고 풋옵션의 가격은 1,000원이며 무위험이자율은 연 10%이다.

(물음1) 콜옵션 1개 매입자와 발행자의 이익이 발생하는 범위를 구하라.

(물음2) 풋옵션 1개 매입자와 발행자의 이익이 발생하는 범위를 구하라.

(물음3) 만기의 주가가 21,000인 경우 콜옵션 매입자의 만기가치와 만기손익를 구하라.

(물음4) 만기의 주가가 18,000인 경우 풋옵션 매입자의 만기가치와 만기손익를 구하라.

⚠정답

(물음1) 콜옵션 손익분기점

$$= S_t = X + C_0 \times (1 + R_f)^t = 20,000원 + 2,000원 \times 1.10 = 22,200원$$

콜옵션 매입자의 이익이 발생하는 범위 : 주가 > 22,200원

콜옵션 매도자의 이익이 발생하는 범위 : 주가 < 22,200원

(물음2) 풋옵션 손익분기점

$$= S_t = X - P_0 \times (1 + R_f)^t = 20,000원 - 1,000원 \times 1.10 = 18,900원$$

풋옵션 매입자의 이익이 발생하는 범위 : 주가 < 18,900원

풋옵션 매도자의 이익이 발생하는 범위 : 주가 > 18,900원

(물음3) $S_t = 21,000 \rightarrow C_t = Max[S_t - X, 0] = \max[21,000 - 20,000] = 1,000원$

만기손익 = 1,000원 - 2,000원 $\times$ 1.10 = (-)1,200원

(물음4) $S_t = 18,000 \rightarrow P_t = Max[X - S_t, 0] = \max[20,000 - 18,000] = 2,000원$

만기손익 = 2,000원 - 1,000원 $\times$ 1.10 = (+)900원

(2) 헤지 전략

주식과 옵션을 결합하여 주식에서 발생할 수 있는 손실을 옵션의 이익으로 보전하는 전략

1) 방비 콜 (covered call)
- ☐ 기초자산을 1개 매수하고 콜옵션 1개를 매도하는 전략 (+S-C)
- ☐ 주가가 높아져도 이익은 작지만, 주가가 낮아진 경우 손실에 작게 한다.
- ☐ 방비콜 만기가치 < 채권 만기가치 → $S_0 - C_0 \leq B_0$ → $S_0 - B_0 \leq C_0$ (콜옵션 하한)

2) 보호 풋 (protective put)
- ☐ 기초자산을 1개 매수하고 풋옵션 1개를 매수하는 전략 (+S+P)
- ☐ 주가가 높아져도 이익은 작지만, 주가가 낮아진 경우에도 손실은 일정한 하한선 이하로 내려가지 않는 전략으로 포트폴리오보험전략의 원리이다.
- ☐ 보호풋 만기가치 > 채권 만기가치 → $S_0 + P_0 \geq B_0$ → $B_0 - S_0 \leq P_0$ (풋옵션 하한)

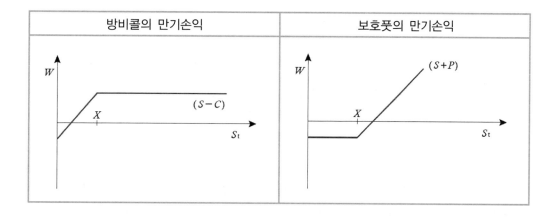

3) 헤지 포트폴리오 (H_p)

기초자산을 1개 매수하고 행사가격이 동일한 콜옵션 1개 매도 및 풋옵션 1개를 매수하는 전략으로 무위험 포트폴리오 전략이다.

투자전략	현재시점 현금흐름	만기시점의 현금흐름	
		$S_t \leq X$	$S_t > X$
기초자산 매수	$-S_0$	$+S_t$	$+S_t$
콜옵션 매도	$+C_0$	0	$-(S_t - X)$
풋옵션 매수	$-P_0$	$X - S_t$	0
합 계	$-S_0 + C_0 - P_0$	$+X$	$+X$

헤지포트폴리오의 만기가치	채권의 만기가치

※ 풋 - 콜 패러티

헤지포트폴리오의 만기가치 = 채권의 만기가치

→ 헤지포트폴리오 현재가격 = 채권의 현재가격 (=행사가격의 현재가치)

$$S_0 - C_0 + P_0 = B_0 = \frac{X}{(1+R_f)^t} = PV(X)$$

4) 옵션 칼라 (option collar)

기초자산을 1개 매수한 투자자가 행사가격이 높은 콜옵션 1개 매도 및 행사가격이 낮은 풋옵션 1개를 매수하는 전략으로 손익의 범위를 한정할 수 있는 전략이다.

$+S + P_1 - C_2$

: 기초자산 매수, 낮은 행사가격(X1) 풋옵션 매입, 높은 행사가격(X2) 콜옵션 매도

투자전략	현재시점 현금흐름	만기시점의 현금흐름		
		$S_t \leq X_1$	$X_1 < S_t < X_2$	$S_t \geq X_2$
기초자산 매수	$-S_0$	$+S_t$	$+S_t$	$+S_t$
P_1 매수	$-P_1$	$X_1 - S_t$	0	0
C_2 매도	$+C_2$	0	0	$-(S_t - X_2)$
합 계	$-S_0 - P_1 + C_2$	X_1	$+S_t$	X_2

☞ 만기가치는 1사분면, 만기손익은 하향이동

(3) 스프레드 전략

1) 수평 스프레드 (시간스프레드)

다른 조건은 모두 같고 만기일만 다른 옵션을 하나는 매입하고 다른 하나는 매도하는 전략으로 만기가치는 곡선의 형태로 나타난다.

2) 수직 스프레드 (가격스프레드)

서로 행사가격이 다른 옵션을 이용하는 전략으로 만기가치는 직선의 형태

3) 대각선 스프레드

서로 만기와 행가가격이 다른 옵션을 이용하는 전략으로 만기가치는 곡선의 형태

4) 강세스프레드

행사가격이 낮은 옵션을 매입하고 행사가격이 높은 옵션을 매도하는 전략으로 기초자산의 가격이 상승하면 이익을 얻는다.

$+C_1 - C_2$: 낮은 행사가격(X1) 콜옵션 매입, 높은 행사가격(X2) 콜옵션 매도

투자전략	현재시점 현금흐름	만기시점의 현금흐름		
		$S_t \leq X_1$	$X_1 < S_t < X_2$	$S_t \geq X_2$
C_1 매수	$-C_1$	0	$S_t - X_1$	$S_t - X_1$
C_2 매도	$+C_2$	0	0	$-(S_t - X_2)$
합 계	$-C_1 + C_2$	0	0	$X_2 - X_1$

☞ 콜옵션 강세스프레드의 만기가치는 1사분면, 만기손익은 하향이동

$+P_1 - P_2$: 낮은 행사가격(X1) 풋옵션 매입, 높은 행사가격(X2)의 풋옵션 매도

투자전략	현재시점 현금흐름	만기시점의 현금흐름		
		$S_t \leq X_1$	$X_1 < S_t < X_2$	$S_t \geq X_2$
P_1 매수	$-P_1$	$X_1 - S_t$	0	0
P_2 매도	$+P_2$	$-(X_2 - S_t)$	$-(X_2 - S_t)$	0
합 계	$-P_1 + P_2$	$X_1 - X_2$	$S_t - X_2$	0

☞ 풋옵션 강세스프레드의 만기가치는 4사분면, 만기손익은 상향이동

5) 약세스프레드

행사가격이 낮은 옵션을 매도하고 행사가격이 높은 옵션을 매수하는 전략으로 기초자산의 가격이 하락하면 이익을 얻는 전략으로 강세스프레드의 매도는 약세스프레드의 매수와 동일

$-C_1 + C_2$: 낮은 행사가격(X1) 콜옵션 매도, 높은 행사가격(X2) 콜옵션 매수

→ 콜옵션 약세스프레드의 만기가치는 4사분면, 만기손익은 상향이동

$-P_1 + P_2$: 낮은 행사가격(X1) 풋옵션 매도, 높은 행사가격(X2) 풋옵션 매수

→ 풋옵션 약세스프레드의 만기가치는 1사분면, 만기손익은 하향이동

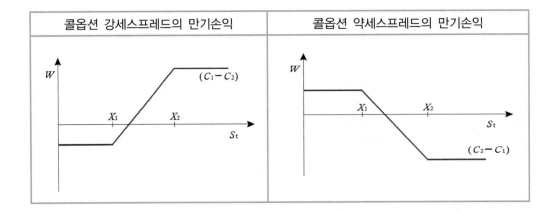

콜옵션 강세스프레드의 만기손익	콜옵션 약세스프레드의 만기손익

6) 샌드위치 스프레드 (=버터플라이 스프레드 매도)

행사가격이 가장 낮은 옵션과 행사가격이 가장 높은 옵션을 매수하고, 행사가격이 중간인 옵션을 2개 매도하는 전략으로 기초자산의 가격이 중간행사가격근처에 있을 때 이익을 얻을 수 있다.

$+C_1 - 2 \times C_2 + C_3$ → 만기가치는 1사분면, 만기손익은 하향이동

$+P_1 - 2 \times P_2 + P_3$ → 만기가치는 1사분면, 만기손익은 하향이동

7) 버터플라이 스프레드

행사가격이 가장 낮은 옵션과 행사가격이 가장 높은 옵션을 매도하고, 행사가격이 중간인 옵션을 2개 매수하는 전략으로 중간행사가격으로부터 일정범위를 벗어난 경우에만 기초자산의 가격이 이익을 얻을 수 있다.

$-C_1 + 2 \times C_2 - C_3$ → 만기가치는 4사분면, 만기손익은 상향이동

$-P_1 + 2 \times P_2 - P_3$ → 만기가치는 4사분면, 만기손익은 하향이동

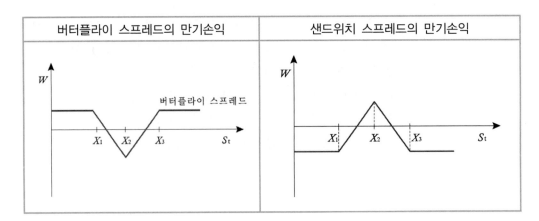

버터플라이 스프레드의 만기손익	샌드위치 스프레드의 만기손익

8) 박스 스프레드

콜옵션을 이용한 강세스프레드와 풋옵션을 이용한 약세스프레드의 결합

$+C_1 - C_2 - P_1 + P_2$ → 만기가치는 1사분면, 만기손익은 하향이동

$$+C_1 - C_2 - P_1 + P_2 = \frac{X_2 - X_1}{(1 + R_f)^t}$$

(4) 콤비네이션 전략

콜옵션과 풋옵션을 동시에 매수 또는 매도하는 전략

콤비네이션 매수 → 만기가치는 1사분면, 만기손익은 하향이동

콤비네이션 매도 → 만기가치는 4사분면, 만기손익은 상향이동

1) 스트래들(straddle) 매수 → C + P

행사가격과 만기가 동일한 콜옵션과 풋옵션을 매수하는 전략으로 기초자산의 가격 변동성이 커지면 이익을 얻는다.

2) 스트랭글 (strangle) 매수 → $+C_2 + P_1$

만기는 동일하고 행사가격이 높은(X2) 콜옵션과 행사가격이 낮은(X1) 풋옵션을 매수하는 전략으로 기초자산의 가격 변동성이 커지면 이익을 얻는다.

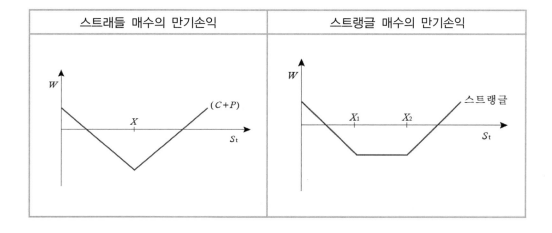

스트래들 매수의 만기손익	스트랭글 매수의 만기손익

3) 스트립(strip) 매수 → C + 2P

　행사가격과 만기가 동일한 콜옵션 1개, 풋옵션 2개 매수하는 전략으로 기초자산의 가격 변동
성이 커지는 것을 기대하지만 기대방향은 약세이다.

4) 스트랩(strap) 매수 → 2C + P

　행사가격과 만기가 동일한 콜옵션 2개, 풋옵션 1개 매수하는 전략으로 기초자산의 가격 변동
성이 커지는 것을 기대하지만 기대방향은 강세이다.

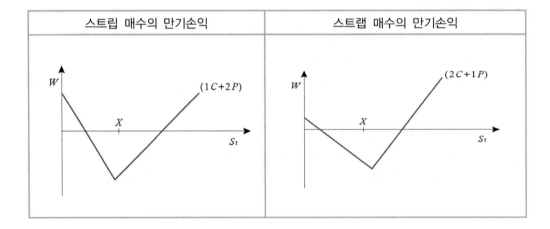

스트립 매수의 만기손익	스트랩 매수의 만기손익

필수예제

8-2 옵션 투자전략

　동일한 만기에 상이한 행사가격을 갖는 세 가지 주가지수 옵션의 가격이 각각 다음과 같
이 형성되어 있다고 할 때, 다음 물음에 답하라.

　(1) 행사가격 35인 콜옵션의 현재가격 = 1.4

　(2) 행사가격 32.5 풋옵션의 현재가격 = 0.5

　(3) 행사가격 35 풋옵션의 현재가격 = 0.6

　(4) 행사가격 37.5 풋옵션의 현재가격 = 1.8

[물음1] 스트래들 매수의 이익이 발생하는 범위를 구하라.

[물음2] 스트랭글 매수의 이익이 발생하는 범위를 구하라.

[물음3] 행사가격이 35인 풋옵션을 2개를 발행하고 행사가격 32.5인 풋옵션과 행사가격 37.5인 풋옵션을 각각 1개씩 매입 할 때, 이익이 발생하는 범위를 구하라.

[물음4] 스트랩 매수의 이익이 발생하는 범위를 구하라.

정답

[물음1] 스트래들 매수는 행사가격이 동일한 콜옵션과 풋옵션을 매수하므로 행사가격 35인 콜옵션과 행사가격 35의 풋옵션을 매수한다.
- 만기가치가 양(+)인 범위 : $S_t \geq 35$ 또는 $S_t \leq 35$
- 현재가격 = 1.4 + 0.6 = 2.0
- 만기손익의 이익 범위 : $S_t \geq 35 + 2.0$ 또는 $S_t \leq 35 - 2.0 \rightarrow S_t \geq 37.0$ 또는 $S_t \leq 33.0$

[물음2] 스트랭글 매수는 행사가격이 높은(X2) 콜옵션과 행사가격이 낮은(X1) 풋옵션을 매수하므로 행사가격 35인 콜옵션과 행사가격 32.5의 풋옵션을 매수한다.
- 만기가치가 양(+)인 범위 : $S_t \geq 35$ 또는 $S_t \leq 32.5$
- 현재가격 = 1.4 + 0.5 = 1.9
- 만기손익의 이익 범위 : $S_t \geq 35 + 1.9$ 또는 $S_t \leq 32.5 - 1.9 \rightarrow S_t \geq 36.9$ 또는 $S_t \leq 30.6$

[물음3] 풋옵션을 이용한 샌드위치 스프레드는 주가가 낮은 행사가격보다 크고 높은 행사가격보다 작은 경우에 만기가치가 양(+)이다.
- 만기가치가 양(+)인 범위 : $32.5 \leq S_t \leq 37.5$
- 현재가격 = 0.5 + 1.8 − 2 × 0.6 = 1.1
- 만기손익의 이익 범위 : $32.5 + 1.1 \leq S_t \leq 37.5 - 1.1 \rightarrow 33.6 \leq S_t \leq 36.4$

[물음4] 스트랩 매수는 행사가격 35인 콜옵션 2개와 행사가격 35의 풋옵션 1개를 매수한다.
- 만기가치가 양(+)인 범위 : $S_t \geq 35$ 또는 $S_t \leq 35$
- 현재가격 = 1.4 × 2 + 0.6 = 3.4
- 만기손익의 이익 범위 : $S_t \geq 35 + \dfrac{3.4}{2}$ 또는 $S_t \leq 35 - 3.4$

  $\rightarrow S_t \geq 36.7$ 또는 $S_t \leq 31.6$

3. 옵션가격의 결정요인

(1) 옵션의 가격요인

- 옵션의 현재가격 = 내재가치 + 시간가치

1) 내재가치
- 현재 옵션의 권리를 행사한다고 할 때에 얻을 수 있는 가치와 0의 값 중 큰 값
- 콜옵션의 내재가치 $= Max[S_0 - X, 0]$
- 풋옵션의 내재가치 $= Max[X - S_0, 0]$
- 옵션의 내재가치는 내가격에서 양수이며 등가격 또는 외가격에서는 0이다.

	콜옵션	풋옵션
In the money (내가격)	주가 > 행사가격	주가 < 행사가격
Out of the money (외가격)	주가 < 행사가격	주가 > 행사가격
At the money (등가격)	주가 = 행사가격	주가 = 행사가격

2) 시간가치
- 옵션을 보유할 때 주가가 자신에게 유리한 방향으로 변동할 가능성에 대한 가치
- 옵션의 시간가치는 등가격에서 가장 크며, 외가격 또는 내가격에서 그 크기가 감소
- 옵션의 시간가치는 옵션의 만기 및 주가의 변동가능성과 (+)의 관계를 갖는다.

☞ 현재 등가격 상태에서 주가가 상승하면
  콜옵션의 내재가치는 증가, 시간가치는 감소, 현재가격은 증가
  풋옵션의 내재가치는 0, 시간가치는 감소, 현재가격은 감소

☞ 현재 등가격 상태에서 주가가 하락하면
  풋옵션의 내재가치는 증가, 시간가치는 감소, 현재가격은 증가
  콜옵션의 내재가치는 0, 시간가치는 감소, 현재가격은 감소

☞ 현재 등가격 상태에서
  풋-콜 패러티에 의하여 콜옵션 가격 > 풋옵션 가격 → 시간가치는 콜옵션이 더 크다.

(2) 콜옵션가격의 결정 범위

1) 유럽형 콜옵션

① $C_0 \geq 0$

콜옵션의 가격은 음(−)일 수 없다.

② $C_0 \leq S_0$

콜옵션의 가격은 주식가격보다 클 수는 없다.

③ $C_0 \geq S_0 - PV(X)$

콜옵션의 가격은 주식가격과 행사가격의 현재가치의 차이보다 커야 한다.

위의 3가지 조건을 정리하면 유럽형 콜옵션의 가격범위는 다음과 같다.

$$Max[S_0 - PV(X), 0] \leq C_0 \leq S_0$$

2) 미국형 콜옵션

미국형 콜옵션의 가격결정범위는 유럽형 콜옵션의 가격결정 범위에 ④가 추가되지만 무배당 주식인 경우 ③ > ④이므로 만기일 이전에 행사되지 않아 가격결정범위는 유럽형 콜옵션과 같다. → 미국형 콜옵션의 가격은 현재 권리를 바로 행사하여 얻는 이익보다 커야한다.

④ $C_0 \geq S_0 - X$

(3) 풋옵션가격의 결정 범위

1) 유럽형 풋옵션

① $P_0 \geq 0$

풋옵션의 가격은 음(−)일 수 없다.

② $P_0 \leq PV(X)$

풋옵션의 가격은 행사가격의 현가보다 클 수는 없다.

③ $P_0 \geq PV(X) - S_0$

풋옵션의 가격은 행사가격의 현가와 주식가격과의 차이보다 커야 한다.

위의 3가지 조건을 정리하면 유럽형 풋옵션의 가격범위는 다음과 같다.

$$Max[PV(X) - S_0, 0] \leq P_0 \leq PV(X)$$

2) 미국형 풋옵션

④ $P_0 \geq X - S_0$

미국형 풋옵션의 가격은 현재 권리를 바로 행사하여 얻는 이익보다 커야한다.

⑤ $P_0 \leq X$

풋옵션의 가격은 행사가격보다 클 수는 없다.

유럽형 콜옵션의 가격결정 범위에 추가로 ④와 ⑤의 범위가 존재하며 5가지 조건을 정리하면 미국형 풋옵션의 가격범위는 다음과 같다.

$$Max[X - S_0, 0] \leq P_0 \leq X$$

☞ 미국형 풋옵션의 가격결정범위는 유럽형 보다 더 크다.

☞ 유럽형과 미국형의 가격비교

	콜옵션의 가격	풋옵션의 가격
무배당	미국형 = 유럽형	미국형 ≥ 유럽형
유배당	미국형 ≥ 유럽형	미국형 ≥ 유럽형

(4) 옵션의 가격결정요인

	콜옵션	풋옵션	민감도
주식가격(S)	+	−	델타
행사가격(X)	−	+	
만기(t)	+	?	세타
주가분산(σ)	+	+	베가(람다)
무위험이자율(R_f)	+	−	로우
배당(D)	−	+	

- 만기가 길수록 옵션의 시간가치는 증가하며, 행사가격의 현가는 감소한다. 따라서 콜옵션의 가격은 상승하지만 풋옵션의 가격은 알 수 없다.
- 다른 조건이 동일하고 시간이 경과한다면 만기가 짧아지기 때문에 콜옵션의 가격은 하락하지만 풋옵션의 가격은 알 수 없다.

(5) 민감도 분석

① 델타
- 기초주식의 가격변화에 대한 옵션의 가격변화
- 콜옵션의 델타 $\Delta_C = \dfrac{\partial C}{\partial S} \rightarrow 0 \leq \Delta_C \leq 1$
- 풋옵션의 델타 $\Delta_P = \dfrac{\partial P}{\partial S} \rightarrow -1 \leq \Delta_P \leq 0$

② 감마
- 기초주식의 가격변화에 대한 옵션델타의 변화
- 콜옵션과 풋옵션의 감마 모두 (+)이다.
- 옵션의 감마는 등가격에서 가장 크다.

③ 탄력성
- 기초주식의 가격변화율에 대한 옵션의 가격변화율
- 콜옵션의 탄력성 $e_C = \dfrac{\dfrac{\partial C}{C}}{\dfrac{\partial S}{S}} = \Delta_C \times \dfrac{S}{C} \rightarrow e_C \geq 1$
- 풋옵션의 탄력성 $e_P = \dfrac{\dfrac{\partial P}{P}}{\dfrac{\partial S}{S}} = \Delta_P \times \dfrac{S}{P} \rightarrow |e_P| \geq 1$

④ 람다(=베가)
- 기초주식의 가격변동성의 변화에 대한 옵션의 가격변화
- 콜옵션과 풋옵션 모두 (+)이다.

⑤ 세타
- 시간이 경과에 대한 옵션의 가격변화로서 세타가 큰 옵션은 옵션매도자에게 유리하다.

⑥ 로우
- 이자율 변화에 따른 옵션의 가격변화

8-3 옵션의 만기손익 (CPA-1998)

동일한 만기에 상이한 행사가격을 갖는 세 가지 주가지수 옵션의 가격이 각각 다음과 같이 형성되어 있다고 할 때, 다음 물음에 답하라. (단, 거래비용은 무시한다.)

(1) 행사가격 35인 콜옵션의 현재가격 = 1.4

(2) 행사가격 32.5 풋옵션의 현재가격 = 0.5

(3) 행사가격 35 풋옵션의 현재가격 = 0.6

(4) 행사가격 37.5 풋옵션의 현재가격 = 1.8

(물음1) 행사가격이 35인 콜옵션과 풋옵션을 각각 1단위씩 매도할 때, 이익이 발생하는 범위를 구하라.

(물음2) 행사가격이 35인 풋옵션을 2개를 매도하고 행사가격 32.5인 풋옵션과 행사가격 37.5인 풋옵션을 각각 1개씩 매수할 때, 이익이 발생하는 범위를 구하라.

정답

(물음1)

투자전략	현재시점 현금흐름	만기시점의 현금흐름	
		$S_T \leq 35$	$S_T > 35$
X=35 콜옵션 매도	+1.4	0	$-(S_T - 35)$
X=35 풋옵션 매도	+0.6	$-(35 - S_T)$	0
합 계	+2.0	$S_T - 35$	$35 - S_T$

∴ 이익이 발생하는 범위 : $33 \leq S_T \leq 37$

(물음2)

투자전략	현재시점 현금흐름	만기시점의 현금흐름			
		$S_T \leq 32.5$	$32.5 < S_T \leq 35$	$35 < S_T \leq 37.5$	$37.5 < S_T$
X=32.5 풋옵션 매수	-0.5	$32.5 - S_T$	0	0	0
X=35 풋옵션 2개 매도	+1.2	$-2(35 - S_T)$	$-2(35 - S_T)$	0	0
X=37.5 풋옵션 매수	-1.8	$37.5 - S_T$	$37.5 - S_T$	$37.5 - S_T$	0
합 계	-1.1	0	$S_T - 32.5$	$37.5 - S_T$	0

∴ 이익이 발생하는 범위 $33.6 \leq S_T \leq 36.4$

옵션의 가격결정모형

1. 풋 – 콜 패러티

(1) 무배당 주식의 풋 – 콜 패러티

기초자산, 만기, 행사가격이 동일한 유럽형 콜옵션과 풋옵션의 가격의 균형식으로 헤지 포트폴리오에서 도출된다.

$$S_0 - C_0 + P_0 = B_0 = \frac{X}{(1+R_f)^t} = PV(X)$$

<차익거래>

$$S_0 - C_0 + P_0 < B_0 \;\Rightarrow\; 기초자산과\ 풋옵션\ 매수,\ 콜옵션과\ 채권\ 매도(차입)$$
$$S_0 - C_0 + P_0 > B_0 \;\Rightarrow\; 기초자산과\ 풋옵션\ 매도,\ 콜옵션과\ 채권\ 매수(대출)$$

<복제포트폴리오>

$$S_0 = C_0 - P_0 + B_0 \;\Rightarrow\; 기초자산\ 매수 = 콜옵션\ 매수,\ 풋옵션\ 매도,\ 채권\ 매수(대출)$$
$$C_0 = S_0 + P_0 - B_0 \;\Rightarrow\; 콜옵션\ 매수 = 기초자산\ 매수,\ 풋옵션\ 매수,\ 채권\ 매도(차입)$$
$$P_0 = -S_0 + C_0 + B_0 \Rightarrow\; 풋옵션\ 매수 = 기초자산\ 매도,\ 콜옵션\ 매수,\ 채권\ 매수(대출)$$
$$C_0 - P_0 = S_0 - B_0 \;\Rightarrow\; 콜옵션\ 매수,\ 풋옵션\ 매도 = 기초자산\ 매수,\ 채권\ 매도(차입)$$

☞ 등가격 (현재주가 = 옵션의 행사가격)

$$C_0 - P_0 = S_0 - PV(X) \geq 0 \;\rightarrow\; 콜옵션의\ 가격이\ 풋옵션의\ 가격보다\ 크다.$$

(2) 풋 – 콜 패러티 델타

기초주식의 가격변화에 대하여 풋-콜 패러티를 미분하면 다음과 같다.

$$1 - \Delta_C + \Delta_P = 0$$

(3) 배당금과 배당시점을 알 수 있는 경우

$$S_0^{'} - C_0 + P_0 = PV(X) \Leftarrow S_0^{'} = S_0 - PV(D)$$

현재의 주가(S)에서 배당금(D)의 현재가치를 차감한 주가를 기준으로 균형식이 성립.

투자전략	현재시점 현금흐름	만기시점의 현금흐름	
		$S_T \leq X$	$S_T > X$
기초자산 매수	$-S_0$	$+S_T+D$	$+S_T+D$
콜옵션 매도	$+C_0$	0	$-(S_T-X)$
풋옵션 매수	$-P_0$	$X-S_T$	0
합 계	$-S_0+C_0-P_0$	$+X+D$	$+X+D$

(4) 배당수익률(δ)을 알 수 있는 경우

$$\frac{S_0}{(1+\delta)^T} - C_0 + P_0 = \frac{X}{(1+R_f)^T}$$

현재의 주가(S)를 배당수익률로 할인한 주가를 기준으로 균형식이 성립

투자전략	현재시점 현금흐름	만기시점의 현금흐름	
		$S_T \leq X$	$S_T > X$
기초자산 매수	$\dfrac{-S_0}{(1+\delta)^T}$	$+S_T$	$+S_T$
콜옵션 매도	$+C_0$	0	$-(S_T-X)$
풋옵션 매수	$-P_0$	$X-S_T$	0
합 계	$-S_0+C_0-P_0$	$+X$	$+X$

헤지포트폴리오는 주식 1개가 아닌 $\dfrac{1}{(1+\delta)^T}$개를 매수하여야 한다.

(5) 다기간 및 복리계산

	이산복리	연속복리
만기가 1년 미만 (만기 = T개월)	$S_0 - C_0 + P_0 = \dfrac{X}{1 + R_f \times \dfrac{T}{12}}$	$S_0 - C_0 + P_0 = \dfrac{X}{e^{R_f \times \frac{T}{12}}}$
만기가 1년 초과 (만기 = T년)	$S_0 - C_0 + P_0 = \dfrac{X}{(1 + R_f)^T}$	$S_0 - C_0 + P_0 = \dfrac{X}{e^{R_f \times T}}$

(6) 미국형

풋-콜 패러티가 성립하지 않으며 가격범위가 성립한다. 시험목적으로는 난이도가 높아 출제확률이 희박하기 때문에 이 책에서는 다루지 않는다.

필수예제

8-4 차익거래

배당을 지급하지 않는 K회사 주식에 대해 투자자는 다음과 같은 정보를 가지고 있다. (거래비용은 없다고 가정한다)

- 현재주가 = 11,000원
- 유럽형 콜 옵션 가격 (행사가격 : 10,500원, 만기까지 남은 기간 : 1년) = 1,700원
- 유럽형 풋 옵션 가격 (행사가격 : 10,500원, 만기까지 남은 기간 : 1년) = 500원
- 무위험 이자율 = 연 5%

현재 상황에서 차익(arbitrage profit)을 얻기 위해 취할 수 있는 거래 전략을 설명하시오.

정답

$S_o + P_0 - C_o = PV(X) \rightarrow 11,000 + 500 - 1,700 < 10,000$

풋-콜 패러티의 좌변이 우변보다 작기 때문에 좌변을 매수하고 우변을 매도한다.

차익거래 : 헤지포트폴리오 (S + P - C) 매입, 무위험채권 매도

→ 주식 1개 매수, 콜옵션 1개 매도, 풋옵션 1개 매수, 10,000원 차입

2. 이항분포모형

(1) 의의

- 기초자산의 가격이 이항분포를 따른다고 가정하고 옵션의 현재가격을 결정하는 모형
- 옵션의 가격은 주가의 상승확률(q)와 하락확률(1-q)과는 무관하게 결정된다.
  → CAPM에서 필요한 주가변동에 대한 동질적 예측의 가정이 필요 없다.
- 옵션의 가격은 투자자들의 위험에 대한 태도와 무관하다.
  → CAPM과 같이 위험회피적이라는 가정이 필요 없다.
- 이산적 시간모형
- 접근방법 : 헤지포트폴리오 접근방법, 복제트폴리오 접근방법 및 위험중립확률 접근방법

(2) 모형의 용어 정의

u = 주가상승계수 　　　　d = 주가하락계수

q = 주가상승확률 　　　　$1-q$ = 주가하락확률

p = 주가상승헤지확률 　　$1-p$ = 주가하락헤지확률

HR = 헤지비율

주가상승의 주식가치 : $S_u = u \times S_0$

주가하락의 주식가치 : $S_d = d \times S_0$

주가상승의 콜옵션가치 : $C_u = \max[S_u - X, 0]$

주가하락의 콜옵션가치 : $C_d = \max[S_d - X, 0]$

주가상승의 풋옵션가치 : $P_u = \max[X - S_u, 0]$

주가하락의 풋옵션가치 : $P_d = \max[X - S_d, 0]$

(3) 가치평가의 기초

① 주식의 기대현금흐름 = $S_u \times q + S_d \times (1-q)$

② 주식의 확실성등가 = $S_u \times p + S_d \times (1-p)$

$$\therefore \ S_0 = \frac{S_u \times q + S_d \times (1-q)}{1 + k_e} = \frac{S_u \times p + S_d \times (1-p)}{1 + R_f}$$

(4) 헤지포트폴리오 접근방법

1) 콜옵션의 균형가격

- 주식 1개를 매수하고 콜옵션 HR개 매수하는 헤지포트폴리오 → $H_P = S + HR \times C$
- 헤지포트폴리오는 1기간 후 두 가지 상황의 만기가치가 같아야 한다.

  1기간 후 주가상승의 가치 : $H_u = S_u + HR \times C_u$

  1기간 후 주가하락의 가치 : $H_d = S_d + HR \times C_d$

  $$H_u = H_d \Rightarrow HR = -\frac{S_u - S_d}{C_u - C_d} = \frac{\partial S}{\partial C} = -\frac{1}{\Delta_c}$$

- 헤지포트폴리오의 균형가격은 1기간 후 가치를 무위험이자율로 할인한 금액이다.

  $$H_0 = S_0 + HR \times C_0 = \frac{H_u}{1 + R_f} = \frac{H_d}{1 + R_f}$$

- 헤지비율은 다음과 같이 구할 수 있다.

  기초주식의 가격변화에 대해서 헤지포트폴리오를 미분한 값이 0이 되도록 한다.

  $$\frac{\partial H_P}{\partial S} = 1 + HR \times \frac{\partial C}{\partial S} = 0 \rightarrow HR = \frac{\partial S}{\partial C} = -\frac{1}{\Delta_C}$$

  ☞ 옵션의 델타와 헤지비율은 역수관계이다.

  옵션델타의 절대값은 1보다 작고, 헤지비율의 절대값은 1보다 크다.

2) 풋옵션의 균형가격

- 주식 1개를 매수하고 풋옵션 HR개 매수하는 헤지포트폴리오 → $H_P = S + HR \times P$
- 헤지포트폴리오는 1기간 후 두 가지 상황의 만기가치가 같아야 한다.

  1기간 후 주가상승의 가치 : $H_u = S_u + HR \times P_u$

  1기간 후 주가하락의 가치 : $H_d = S_d + HR \times P_d$

  $$H_u = H_d \Rightarrow HR = -\frac{S_u - S_d}{P_u - P_d} = -\frac{\partial S}{\partial C} = -\frac{1}{\Delta_p}$$

  → 풋옵션의 델타가 음(-)이므로 풋옵션의 헤지비율은 양(+)이 된다.

- 헤지포트폴리오의 균형가격은 1기간 후 가치를 무위험이자율로 할인한 금액이다.

  $$H_0 = S_0 + HR \times P_0 = \frac{H_u}{1 + R_f} = \frac{H_d}{1 + R_f}$$

- 헤지비율은 다음과 같이 구할 수 있다.

  기초주식의 가격변화에 대해서 헤지포트폴리오를 미분한 값이 0이 되도록 한다.

$$\frac{\partial H_P}{\partial S} = 1 + HR \times \frac{\partial C}{\partial S} = 0 \;\rightarrow\; HR = \frac{\partial S}{\partial P} = -\frac{1}{\Delta_P}$$

(5) 복제포트폴리오 접근방법

1) 콜옵션의 균형가격

- 주식 a개와 채권을 매수한 포트폴리오로 콜옵션을 복제 → $R_p = a \times S + B$
- 1기간 후 두 가지 상황의 복제포트폴리오의 만기가치가 콜옵션과 동일하여야 한다.

  1기간 후 주가상승의 가치 : $C_u = aS_u + B \times (1 + R_f)^1$

  1기간 후 주가하락의 가치 : $C_d = aS_d + B \times (1 + R_f)^1$

  위의 식을 연립방정식으로 풀어 a와 B를 결정한다.
- 콜옵션의 균형가격 → $C_0 = a \times S_0 + B_0$ ☞ a는 옵션의 델타와 동일하다.

2) 풋옵션의 균형가격

- 주식 a개와 채권을 매수한 포트폴리오로 풋옵션을 복제 → $R_p = a \times S + B$
- 1기간 후 두 가지 상황의 복제포트폴리오의 만기가치가 풋옵션과 동일하여야 한다.

  1기간 후 주가상승의 가치 : $P_u = aS_u + B \times (1 + R_f)^1$

  1기간 후 주가하락의 가치 : $P_d = aS_d + B \times (1 + R_f)^1$

  위의 식을 연립방정식으로 풀어 a와 B를 결정한다.
- 풋옵션의 균형가격 → $P_0 = a \times S_0 + B_0$ ☞ a는 옵션의 델타와 동일하다.

(6) 위험중립확률을 이용한 접근방법

1) 위험중립확률의 도출

- 기초주식의 기대현금흐름을 위험조정할인율로 할인한 균형가격과 확실성등가를 무위험이자율로 할인한 균형가격이 일치하여야 한다.

$$S_0 = \frac{S_u \times q + S_d \times (1-q)}{1 + k_e} = \frac{S_u \times p + S_d \times (1-p)}{1 + R_f} \;\rightarrow\; p = \frac{1 + R_f - d}{u - d}$$

- 균형상태가 되기 위해서는 $d \le 1 + R_f \le u$이 성립하여야 한다.

2) 콜옵션의 균형가격

기초주식의 위험중립확률을 이용하여 콜옵션의 확실성등가를 무위험이자율로 할인

$$C_0 = \frac{C_u \times p + C_d \times (1-p)}{1 + R_f}$$

3) 풋옵션의 균형가격

기초주식의 위험중립확률을 이용하여 콜옵션의 확실성등가를 무위험이자율로 할인

$$P_0 = \frac{P_u \times p + P_d \times (1-p)}{1+R_f}$$

4) 만기가 1년 미만(T개월)인 1기간 모형

위험중립확률 $\quad p = \dfrac{1+R_f \times \dfrac{T}{12} - d}{u-d}$

균형가격 $\quad C_0 = \dfrac{p \times C_u + (1-p) \times C_d}{1+R_f \times \dfrac{T}{12}}$

☞ 월할계산

무위험이자율은 연표시 이자율이지만 환율의 상승계수(u)와 하락계수(d)는 T개월 기준
이기 때문에 월할 계산과정에서 주의하여야 한다.

(7) 2기간 이항분포모형

2기간 후의 주식 및 옵션의 만기가치

$S_{uu} = u^2 \times S_0 = u \times S_u \quad \Rightarrow C_{uu} = \max[S_{uu} - X, 0] \qquad P_{uu} = \max[X - S_{uu}, 0]$

$S_{ud} = u \times d \times S_0 = d \times S_u \quad \Rightarrow C_{ud} = \max[S_{ud} - X, 0] \qquad P_{ud} = \max[X - S_{ud}, 0]$

$S_{du} = d \times u \times S_0 = u \times S_d \quad \Rightarrow C_{du} = \max[S_{du} - X, 0] \qquad P_{du} = \max[X - S_{du}, 0]$

$S_{dd} = d^2 \times S_0 = d \times S_d \quad \Rightarrow C_{dd} = \max[S_{dd} - X, 0] \qquad P_{dd} = \max[X - S_{dd}, 0]$

1) 유럽형 콜옵션의 균형가격

$$C_0 = \frac{p^2 \times C_{uu} + 2 \times p \times (1-p) \times C_{ud} + (1-p)^2 \times C_{dd}}{(1+R_f)^2}$$

2) 유럽형 풋옵션의 현재가격

$$P_0 = \frac{p^2 \times P_{uu} + 2 \times p \times (1-p) \times P_{ud} + (1-p)^2 \times P_{dd}}{(1+R_f)^2}$$

필수예제

8-5 이항분포모형

A주식의 현재주가는 20,000원이며, 주가는 1년마다 20% 상승하거나 10% 하락하는 이항 과정을 따른다고 한다. 무위험이자율은 연 6%이며 A주식을 기초자산으로 하는 콜옵션과 풋옵션의 행사가격은 20,000원이고 잔존기간은 1년이다.

[물음1] 콜옵션과 풋옵션의 균형가격은 각각 얼마인가?

[물음2] A주식 1주를 투자한 투자자가 콜옵션으로 헤지포트폴리오를 구성한다면 헤지비율은 얼마인가? 또한 풋옵션으로 헤지포트폴리오를 구성한다면 헤지비율은 얼마인가?

[물음3] 주식과 채권을 이용하여 콜옵션과 풋옵션을 복제하려면 어떻게 하여야 하는가?

[물음4] 잔존기간이 2년인 경우 유럽형 콜옵션과 풋옵션의 균형가격은 각각 얼마인가?

정답

[물음1] (1) 1기간 후 주식 및 옵션의 만기가치

$$S_u = 20,000 \times 1.20 = 24,000 \Rightarrow C_u = \max[24,000 - 20,000, 0] = 4,000$$
$$\Rightarrow P_u = \max[20,000 - 24,000, 0] = 0$$
$$S_d = 20,000 \times 0.90 = 18,000 \Rightarrow C_d = \max[18,000 - 20,000, 0] = 0$$
$$\Rightarrow P_u = \max[20,000 - 18,000, 0] = 2,000$$

(2) 위험중립확률 $p = \dfrac{1.06 - 0.9}{1.2 - 0.9} = 0.5333$

(3) 콜옵션의 균형가격 $C_o = \dfrac{4,000 \times 0.5333 + 0 \times 0.4667}{1.06^1} =$ **2,012원**

(4) 풋옵션의 균형가격 $P_o = \dfrac{0 \times 0.5333 + 2,000 \times 0.4667}{1.06^1} =$ **881원**

☞ 별해

풋-콜 패러티를 이용하여 풋옵션의 균형가격을 도출한다.

$$S_o + P_0 - C_o = PV(X) \to 20,000 + P - 2,012 = 18,868 \to P = \textbf{880원}$$

[물음2] (1) 콜옵션의 헤지비율

주식 1개를 매수하고 콜옵션 HR개 매수하는 헤지포트폴리오 → $H_P = S + HR \times C$

$$HR = -\frac{S_u - S_d}{C_u - C_d} = -\frac{24,000 - 18,000}{4,000 - 0} = -1.5 \to \textbf{1.5개 매도}$$

(2) 풋옵션의 헤지비율

주식 1개를 매수하고 풋옵션 HR개 매수하는 헤지포트폴리오 → $H_P = S + HR \times P$

$$HR = -\frac{S_u - S_d}{P_u - P_d} = \frac{24{,}000 - 18{,}000}{0 - 2{,}000} = 3 \rightarrow \textbf{3개 매수}$$

[물음3] (1) 콜옵션의 복제포트폴리오

주식 a개와 채권을 매수한 포트폴리오로 콜옵션을 복제 → $R_p = a \times S + B$

$C_u = aS_u + B \times (1 + R_f)^1$ → 4,000 = a × 24,000 + B × 1.06

$C_d = aS_d + B \times (1 + R_f)^1$ → 0 = a × 18,000 + B × 1.06

위의 식을 연립방정식으로 풀면 a = 2/3, B = -11,321

∴ 주식을 **0.67개** 매입하고 **11,321원**을 차입한다.

(2) 풋옵션의 복제포트폴리오

주식 a개와 채권을 매수한 포트폴리오로 풋옵션을 복제 → $R_p = a \times S + B$

$P_u = aS_u + B \times (1 + R_f)^1$ → 0 = a × 24,000 + B × 1.06

$P_d = aS_d + B \times (1 + R_f)^1$ → 2,000 = a × 18,000 + B × 1.06

위의 식을 연립방정식으로 풀면 a = - 1/3, B = +7,547

∴ 주식을 **0.33개** 매도하고 **7,547**의 무위험채권을 매입한다.

[물음4] (1) 2기간 후의 만기가치

S_{uu} = 24,000 × 1.20 = 28,800 $\Rightarrow C_{uu}$ = max[28,800 − 20,000,0] = 8,800

P_{uu} = max[20,000 − 28,800,0] = 0

S_{ud} = 24,000 × 0.90 = 21,600 $\Rightarrow C_{ud}$ = max[21,600 − 20,000,0] = 1,600

P_{ud} = max[20,000 − 21,600,0] = 0

S_{du} = 18,000 × 1.20 = 21,600 $\Rightarrow C_{du}$ = max[21,600 − 20,000,0] = 1,600

P_{du} = max[20,000 − 21,600,0] = 0

S_{dd} = 18,000 × 0.90 = 16,200 $\Rightarrow C_{dd}$ = max[16,200 − 20,000,0] = 0

P_{dd} = max[20,000 − 16,200,0] = 3,800

(2) 유럽형 콜옵션 균형가격

$$C_0 = \frac{(0.5333^2 \times 8{,}800) + 2 \times (0.5333 \times 0.4667 \times 1{,}600) + (0.4667^2 \times 0)}{1.06^2} = \textbf{2,936원}$$

(3) 유럽형 풋옵션 균형가격

$$P_0 = \frac{(0.5333^2 \times 0) + 2 \times (0.5333 \times 0.4667 \times 0) + (0.4667^2 \times 3{,}800)}{1.06^2} = \textbf{737원}$$

(8) 3기간 이항분포모형

3기간 유럽형 콜옵션의 균형가격

$$C_0 = \frac{p^3 \times C_{uuu} + 3 \times p^2 \times (1-p) \times C_{uud} + 3 \times p \times (1-p)^2 \times C_{udd} + (1-p)^3 \times C_{ddd}}{(1+R_f)^3}$$

(단, $C_{uud} = C_{udu} = C_{duu}$, $C_{udd} = C_{ddu} = C_{dud}$)

(9) 2기간 미국형 옵션 (무배당)

1) 미국형 콜옵션의 현재가격 (C_0^A)

조기행사를 하지 않기 때문에 유럽형과 미국형의 균형가격은 동일하다.

$$C_0^A = C_0$$

2) 미국형 풋옵션의 현재가격 (P_0^A)

① 1기간 후 주가상승 시 풋옵션의 가격

$$P_u = \max[P_u^{stop}, P_u^{go}]$$

조기행사하는 경우 : $P_u^{stop} = \max[X - S_u, 0]$

조기행사하지 않는 경우 : $P_u^{go} = \dfrac{P_{uu} \times p + P_{ud} \times (1-p)}{1+R_f}$

② 1기간 후 주가하락 시 풋옵션의 가격

$$P_d = \max[P_d^{stop}, P_d^{go}]$$

조기행사하는 경우 : $P_d^{stop} = \max[X - S_d, 0]$

조기행사하지 않는 경우 : $P_d^{go} = \dfrac{P_{du} \times p + P_{dd} \times (1-p)}{1+R_f}$

③ 미국형 풋옵션의 현재가격 (P_0^A) → $P_0^A = \dfrac{P_u \times p + P_d \times (1-p)}{1+R_f}$

미국형 풋옵션은 1기간 후 조기행사하는 경우와 조기행사를 하지 않는 경우의 가치를 비교하여 큰 금액을 1기간 후 시점의 옵션의 가치로 하여 현재가격을 구한다.

(10) 배당금과 배당시점을 아는 경우의 이항분포모형

1) 1기간 후의 만기가치 ⇒ 배당금을 주가에서 차감하여 배당락

$$S_u = u \times S_0 - D \implies C_u = \max[S_u - X, 0] \qquad P_u = \max[X - S_u, 0]$$

$$S_d = d \times S_0 - D \;\Rightarrow\; C_d = \max[S_d - X, 0] \qquad\qquad P_d = \max[X - S_d, 0]$$

2) 2기간 후의 만기가치 ⇒ 1기간의 배당락 주가로 상승/하락

$$S_{uu} = u \times S_u \;\Rightarrow\; C_{uu} = \max[S_{uu} - X, 0] \qquad P_{uu} = \max[X - S_{uu}, 0]$$

$$S_{ud} = d \times S_u \;\Rightarrow\; C_{ud} = \max[S_{ud} - X, 0] \qquad P_{ud} = \max[X - S_{ud}, 0]$$

$$S_{du} = u \times S_d \;\Rightarrow\; C_{du} = \max[S_{du} - X, 0] \qquad P_{du} = \max[X - S_{du}, 0]$$

$$S_{dd} = d \times S_d \;\Rightarrow\; C_{dd} = \max[S_{dd} - X, 0] \qquad P_{dd} = \max[X - S_{dd}, 0]$$

3) 위험중립확률 ⇒ 무배당의 위험중립확률과 동일

4) 유럽형 콜옵션의 현재가격 ⇒ 옵션의 만기가치는 무배당보다 감소

$$C_0 = \frac{p^2 \times C_{uu} + p \times (1-p) \times (C_{ud} + C_{du}) + (1-p)^2 \times C_{dd}}{(1+R_f)^2}$$

5) 유럽형 풋옵션의 현재가격 ⇒ 옵션의 만기가치는 무배당보다 감소

$$P_0 = \frac{p^2 \times P_{uu} + p \times (1-p) \times (P_{ud} + P_{du}) + (1-p)^2 \times P_{dd}}{(1+R_f)^2}$$

6) 미국형 옵션의 현재가격(P_0^A)의 고려사항

① 1기간 후 콜옵션의 조기행사의 가치는 배당부 주가로 평가한다.

$$C_u = \max[u \times S_0 - X, 0] \qquad\qquad C_d = \max[d \times S_0 - X, 0]$$

② 1기간 후 풋옵션의 조기행사의 가치는 배당락 주가로 평가한다.

$$P_u = \max[X - (u \times S_0 - D), 0] \qquad P_d = \max[X - (d \times S_0 - D), 0]$$

(11) 배당수익률(δ)을 알 수 있는 경우의 이항분포모형

1) 1기간 후의 만기가치 ⇒ 무배당의 금액과 동일

$$S_u = u \times S_0 \;\Rightarrow\; C_u = \max[S_u - X, 0] \qquad P_u = \max[X - S_u, 0]$$

$$S_d = d \times S_0 \;\Rightarrow\; C_d = \max[S_d - X, 0] \qquad P_d = \max[X - S_d, 0]$$

2) 2기간 후의 만기가치 ⇒ 무배당의 금액과 동일

$$S_{uu} = u \times S_u \;\Rightarrow\; C_{uu} = \max[S_{uu} - X, 0] \qquad P_{uu} = \max[X - S_{uu}, 0]$$

$$S_{ud} = d \times S_u \;\Rightarrow\; C_{ud} = \max[S_{ud} - X, 0] \qquad P_{ud} = \max[X - S_{ud}, 0]$$

$$S_{du} = u \times S_d \;\Rightarrow\; C_{du} = \max[S_{du} - X, 0] \qquad P_{du} = \max[X - S_{du}, 0]$$

$$S_{dd} = d \times S_d \;\Rightarrow\; C_{dd} = \max[S_{dd} - X, 0] \qquad P_{dd} = \max[X - S_{dd}, 0]$$

3) 위험중립확률 ⇒ 1+배당수익률로 1+무위험이자율을 할인한다.

$$1기간=1년 : \quad p = \frac{\frac{1+R_f}{1+\delta} - d}{u - d} \qquad\qquad 1기간=1년 \ 미만 \quad :p = \frac{\frac{1+R_f \times \frac{T}{12}}{1+\delta \times \frac{T}{12}} - d}{u - d}$$

4) 유럽형 콜옵션의 현재가격 ⇒ 옵션의 만기가치는 무배당과 동일

$$C_0 = \frac{p^2 \times C_{uu} + 2 \times p \times (1-p) \times C_{ud} + (1-p)^2 \times C_{dd}}{(1+R_f)^2}$$

5) 유럽형 풋옵션의 현재가격 ⇒ 옵션의 만기가치는 무배당과 동일

$$P_0 = \frac{p^2 \times P_{uu} + 2 \times p \times (1-p) \times P_{ud} + (1-p)^2 \times P_{dd}}{(1+R_f)^2}$$

6) 미국형 옵션의 현재가격(P_0^A)

⇒ 옵션의 만기가치와 조기행사시점의 가치는 무배당과 동일

필수예제

8-6 이항분포모형

A주식의 현재주가는 20,000원이며, 주가는 6개월마다 20% 상승하거나 10% 하락하는 이항과정을 따른다고 한다. 그리고 무위험이자율은 연12%라고 한다.

(물음1) 잔존기간이 1년이고, A주식을 기초자산으로 하는 등가격 유럽형 콜옵션, 미국형 콜옵션, 유럽형 풋옵션, 미국형 풋옵션의 가격은 각각 얼마인가? 단, 옵션의 만기동안 A주식은 배당이 없다.

(물음2) 물음1에서 6개월 후에 주당 1,000원의 배당금이 지급된다면 옵션의 가격은 얼마인가?

(물음3) 물음1에서 이산(discrete)배당수익률은 연8%라면 옵션의 가격은 얼마인가?

△정답

(물음1) 무배당 옵션

(1) 1기간 후의 만기가치

$S_u = 20,000 \times 1.20 = 24,000 \Rightarrow C_u = \max[24,000 - 20,000, 0] = 4,000$

$P_u = \max[20,000 - 24,000, 0] = 0$

$S_d = 20,000 \times 0.90 = 18,000 \Rightarrow C_d = \max[18,000 - 20,000, 0] = 0$

$P_d = \max[20,000 - 18,000, 0] = 2,000$

(2) 2기간 후의 만기가치

$S_{uu} = 24,000 \times 1.20 = 28,800 \Rightarrow C_{uu} = \max[28,800 - 20,000, 0] = 8,800$

$P_{uu} = \max[20,000 - 28,800, 0] = 0$

$S_{ud} = 24,000 \times 0.90 = 21,600 \Rightarrow C_{ud} = \max[21,600 - 20,000, 0] = 1,600$

$P_{ud} = \max[20,000 - 21,600, 0] = 0$

$S_{du} = 18,000 \times 1.20 = 21,600 \Rightarrow C_{du} = \max[21,600 - 20,000, 0] = 1,600$

$P_{du} = \max[20,000 - 21,600, 0] = 0$

$S_{dd} = 18,000 \times 0.90 = 16,200 \Rightarrow C_{dd} = \max[16,200 - 20,000, 0] = 0$

$P_{dd} = \max[20,000 - 16,200, 0] = 3,800$

(3) 위험중립확률

$$p = \frac{1 + 0.12 \times 6/12 - 0.9}{1.2 - 0.9} = 0.5333$$

(4) 유럽형 콜옵션 현재가격

$$C_0 = \frac{(0.5333^2 \times 8,800) + 2 \times (0.5333 \times 0.4667 \times 1,600) + (0.4667^2 \times 0)}{1.06^2} = \mathbf{2,936원}$$

(5) 미국형 콜옵션 현재가격

① 1기간 후 주가상승시의 콜옵션의 가격

$$C_u = \max[4,000, \frac{8,800 \times 0.5333 + 1,600 \times 0.4667}{1.06}] = 5,132$$

② 1기간 후 주가하락시의 콜옵션의 가격

$$C_d = \max[0, \frac{1,600 \times 0.5333 + 0 \times 0.4667}{1.06}] = 805$$

③ 미국형 콜옵션의 현재가격 (C_0^A)

$$C_0^A = \frac{5,132 \times 0.5333 + 805 \times 0.4667}{1.06} = \mathbf{2,936원}$$

(6) 유럽형 풋옵션 현재가격

$$P_0 = \frac{(0.5333^2 \times 0) + 2 \times (0.5333 \times 0.4667 \times 0) + (0.4667^2 \times 3,800)}{1.06^2} = \textbf{737원}$$

(7) 미국형 풋옵션 현재가격

① 1기간 후 주가상승시의 풋옵션의 가격

$$P_u = \max[0, \frac{0 \times 0.5333 + 0 \times 0.4667}{1.06}] = 0$$

② 1기간 후 주가하락시의 콜옵션의 가격

$$P_d = \max[2,000, \frac{0 \times 0.5333 + 3,800 \times 0.4667}{1.06}] = 2,000$$

③ 미국형 풋옵션의 현재가격 (P_0^A)

$$P_0^A = \frac{0 \times 0.5333 + 2,000 \times 0.4667}{1.06} = \textbf{881원}$$

(물음2) 확정배당 옵션

(1) 1기간 후의 만기가치

$$S_u = 24,000 - 1,000 = 23,000 \Rightarrow C_u = \max[24,000 - 20,000, 0] = 4,000$$
$$P_u = \max[20,000 - 23,000, 0] = 0$$
$$S_d = 18,000 - 1,000 = 17,000 \Rightarrow C_d = \max[18,000 - 20,000, 0] = 0$$
$$P_d = \max[20,000 - 17,000, 0] = 3,000$$

(2) 2기간 후의 만기가치

$$S_{uu} = 23,000 \times 1.20 = 27,600 \Rightarrow C_{uu} = \max[27,600 - 20,000, 0] = 7,600$$
$$P_{uu} = \max[20,000 - 27,600, 0] = 0$$
$$S_{ud} = 23,000 \times 0.90 = 20,700 \Rightarrow C_{ud} = \max[20,700 - 20,000, 0] = 700$$
$$P_{ud} = \max[20,000 - 20,700, 0] = 0$$
$$S_{du} = 17,000 \times 1.20 = 20,400 \Rightarrow C_{du} = \max[20,400 - 20,000, 0] = 400$$
$$P_{du} = \max[20,000 - 20,400, 0] = 0$$
$$S_{dd} = 17,000 \times 0.90 = 15,300 \Rightarrow C_{dd} = \max[15,300 - 20,000, 0] = 0$$
$$P_{dd} = \max[20,000 - 15,300, 0] = 4,700$$

(3) 위험중립확률 ⇒ 무배당의 금액과 동일

(4) 유럽형 콜옵션 현재가격

$$C_0 = \frac{(0.5333^2 \times 7,600) + (0.5333 \times 0.4667 \times 1,100) + (0.4667^2 \times 0)}{1.06^2} = \textbf{2,167원}$$

(5) 미국형 콜옵션 현재가격

① 1기간 후 주가상승시의 콜옵션의 가격

$$C_u = \max\left[4{,}000, \frac{7{,}600 \times 0.5333 + 700 \times 0.4667}{1.06}\right] = 4{,}132$$

② 1기간 후 주가하락시의 콜옵션의 가격

$$C_d = \max\left[0, \frac{400 \times 0.5333 + 0 \times 0.4667}{1.06}\right] = 201$$

③ 미국형 콜옵션의 현재가격 (C_0^A)

$$C_0^A = \frac{4{,}132 \times 0.5333 + 201 \times 0.4667}{1.06} = \textbf{2,167원}$$

(6) 유럽형 풋옵션 현재가격

$$P_0 = \frac{(0.5333^2 \times 0) + (0.5333 \times 0.4667 \times 0) + (0.4667^2 \times 4{,}700)}{1.06^2} = \textbf{911원}$$

(7) 미국형 풋옵션 현재가격

① 1기간 후 주가상승시의 풋옵션의 가격

$$P_u = \max\left[0, \frac{0 \times 0.5333 + 0 \times 0.4667}{1.06}\right] = 0$$

② 1기간 후 주가하락시의 콜옵션의 가격

$$P_d = \max\left[3{,}000, \frac{0 \times 0.5333 + 4{,}700 \times 0.4667}{1.06}\right] = 3{,}000$$

③ 미국형 풋옵션의 현재가격 (P_0^A)

$$P_0^A = \frac{0 \times 0.5333 + 3{,}000 \times 0.4667}{1.06} = 1{,}321원$$

(물음3) 배당수익률 옵션

(1) 1기간 후의 만기가치 ⇒ 무배당의 금액과 동일

(2) 2기간 후의 만기가치 ⇒ 무배당의 금액과 동일

(3) 위험중립확률 (계산편의상 근사값으로 계산한다)

$$p = \frac{1 + (R_f - \delta) \times \dfrac{T}{12} - d}{u - d}$$

$$p = \frac{1 + (0.12 - 0.08) \times 6/12 - 0.9}{1.2 - 0.9} = 0.4$$

(4) 유럽형 콜옵션 현재가격

$$C_0 = \frac{(0.4^2 \times 8,800) + 2 \times (0.4 \times 0.6 \times 1,600) + (0.6^2 \times 0)}{1.06^2} = \mathbf{1,937원}$$

(5) 미국형 콜옵션 현재가격

 ① 1기간 후 주가상승시의 콜옵션의 가격

$$C_u = \max\left[4,000, \frac{8,800 \times 0.4 + 1,600 \times 0.6}{1.06}\right] = 4,226$$

 ② 1기간 후 주가하락시의 콜옵션의 가격

$$C_d = \max\left[0, \frac{1,600 \times 0.4 + 0 \times 0.6}{1.06}\right] = 604$$

 ③ 미국형 콜옵션의 현재가격 (C_0^A)

$$C_0^A = \frac{4,226 \times 0.4 + 604 \times 0.6}{1.06} = \mathbf{1,937원}$$

(6) 유럽형 풋옵션 현재가격

$$P_0 = \frac{(0.4^2 \times 0) + 2 \times (0.4 \times 0.6 \times 0) + (0.6^2 \times 3,800)}{1.06^2} = \mathbf{1,218원}$$

(7) 미국형 풋옵션 현재가격

 ① 1기간 후 주가상승시의 풋옵션의 가격

$$P_u = \max\left[0, \frac{0 \times 0.4 + 0 \times 0.6}{1.06}\right] = 0$$

 ② 1기간 후 주가하락시의 콜옵션의 가격

$$P_d = \max\left[2,000, \frac{0 \times 0.4 + 3,800 \times 0.6}{1.06}\right] = 2,151$$

 ③ 미국형 풋옵션의 현재가격 (P_0^A)

$$P_0^A = \frac{0 \times 0.4 + 2,151 \times 0.6}{1.06} = \mathbf{1,218원}$$

3. 블랙 – 숄즈 모형

(1) 의의

기초자산의 가격이 연속적으로 변동하고 정규분포를 따른다고 가정하고 옵션의 현재 가격을 결정하는 모형으로 소득접근법의 가치평가 기법이다.

(2) 무배당 유럽형 콜옵션의 균형가격

$$C_0 = S_0 \times N(d_1) - \frac{X}{e^{R_f T}} \times N(d_2)$$

$$d_1 = \frac{\ln(\frac{S}{X}) + (R_f + \frac{1}{2}\sigma^2) \times T}{\sigma \times \sqrt{T}} \Rightarrow 표준정규분포표를 이용하여 N(d_1)을 결정$$

$$d_2 = d_1 - \sigma\sqrt{T} \Rightarrow 표준정규분포표를 이용하여 N(d_2)을 결정$$

(3) $N(d_1)$의 의미

기초자산의 변동에 대하여 콜옵션가격의 민감도 $\Rightarrow N(d_1) = \Delta_c$

(4) $N(d_2)$의 의미

만기일에 콜옵션의 가격이 내가격의 상태가 될 확률

(5) 무배당 미국형 콜옵션의 균형가격

블랙-숄즈 모형으로 평가하기는 어렵다.

(6) 무배당 유럽형 풋옵션의 균형가격

무배당 유럽형 콜옵션의 균형가격을 풋-콜 패러티에 대입하여 도출한다.

(7) 배당금과 배당시점을 알 수 있는 경우

$$C_0 = S_0' \times N(d_1) - \frac{X}{e^{R_f T}} \times N(d_2)$$

$$d_1 = \frac{\ln(\frac{S'}{X}) + (R_f + \frac{1}{2}\sigma^2) \times T}{\sigma \times \sqrt{T}}$$

$S_0' = S_0 - PV(D)$ (현재의 주가(S)에서 배당금(D)의 현재가치를 차감한 주가를 기준)

(8) 배당수익률(δ)을 알 수 있는 경우

$$C_0 = S_0' \times N(d_1) - \frac{X}{e^{R_f T}} \times N(d_2)$$

$$d_1 = \frac{\ln(\frac{S}{X}) + (R_f - \delta + \frac{1}{2}\sigma^2) \times T}{\sigma \times \sqrt{T}} = \frac{\ln(\frac{S_0'}{X}) + (R_f + \frac{1}{2}\sigma^2) \times T}{\sigma \times \sqrt{T}}$$

$S_0' = \frac{S_0}{e^{\delta T}}$ (현재의 주가(S)를 배당수익률로 할인한 주가를 기준)

옵션을 이용한 위험관리

1. 위험관리의 기초

(1) 위험관리의 종류

1) 헤지 ⇒ 자산의 가격변동위험을 제거

2) 보험 ⇒ 자산의 가격손실위험을 제거

3) 분산투자 ⇒ 자산의 비체계적 가격변동위험을 제거

(2) 직접헤지

위험회피대상과 파생상품의 기초자산이 동일한 경우를 말한다.

1) 망각헤지

시간이 경과해도 헤지비율의 재조정이 필요없다.

2) 동적헤지

시간이 경과하면 헤지비율의 재조정이 필요하다.

(3) 교차헤지

위험회피대상과 파생상품의 기초자산이 상이한 경우를 말한다.

1) 베타헤지

위험회피대상과 주가지수의 베타를 이용하여 헤지비율을 구한다.

2) 최소분산헤지

위험회피대상과 파생상품의 베타를 이용하여 헤지비율을 구한다.

3) 단순헤지

위험회피대상과 주가지수의 베타를 1로 가정하고 헤지비율을 구한다.

2. 옵션을 이용한 헤지전략

(1) 옵션의 델타

풋-콜 패러티는 헤지포트폴리오의 균형식이므로 이 식을 이용한다.

양변을 기초주식을 독립변수로 미분하면 다음과 같다.

$1 - \Delta_c + \Delta_p = 0$

콜옵션 델타 $\Rightarrow$ $\Delta_c = \dfrac{\Delta C}{\Delta S} = N(d_1) > 0$

풋옵션 델타 $\Rightarrow$ $\Delta_p = \dfrac{\Delta P}{\Delta S} = N(d_1) - 1 < 0$

(2) 옵션의 탄력성

탄력성 공식을 옵션에 적용하면 다음과 같다.

콜옵션 탄력성 $\Rightarrow$ $e_c = \Delta_c \times \dfrac{S}{C}$

풋옵션 탄력성 $\Rightarrow$ $e_p = \Delta_p \times \dfrac{S}{P}$

(3) 개별주식 옵션의 망각헤지

풋-콜 패러티의 헤지포트폴리오를 구성한다.

즉, 주식 1개 매수, 행사가격과 만기가 동일한 콜옵션 1개 매도 및 풋옵션 1개 매수

(4) 개별주식 콜옵션 동적헤지

1) 헤지비율의 결정

주식 1개 매수, 콜옵션 HR(헤지비율)개의 헤지포트폴리오를 구성한다.

$H = S + HR \times C$ $\Rightarrow$ $\dfrac{\Delta H}{\Delta S} = 0 = 1 + HR \times \Delta_c$ $\Rightarrow$ $HR = -\dfrac{1}{\Delta_c} < 0$

※ 콜옵션의 델타의 역수를 헤지비율로 하여 매도계약을 하며 시간이 경과 후에 옵션의 델타가 변하면 헤지비율도 재구성한다.

2) 헤지계약수(N)

$$N = \frac{Q_s}{Q_c} \times HR$$

Q_s : 위험회피대상수량 Q_c : 콜옵션 1계약의 수량

(5) 개별주식의 풋옵션 동적헤지

1) 헤지비율의 결정

주식 1개 매수, 풋옵션 HR(헤지비율)개의 헤지포트폴리오를 구성한다.

$$H = S + HR \times P \quad \Rightarrow \quad \frac{\Delta H}{\Delta S} = 0 = 1 + HR \times \Delta_p \quad \Rightarrow \quad HR = -\frac{1}{\Delta_p} > 0$$

※ 풋옵션의 델타의 역수를 헤지비율로 하여 매수계약을 하며 시간이 경과후에 옵션의 델타
   가 변하면 헤지비율도 재구성한다.

2) 헤지계약수(N)

$$N = \frac{Q_s}{Q_p} \times HR$$

Q_s : 위험회피대상수량 Q_p : 풋옵션 1계약의 수량

(6) 포트폴리오의 옵션을 이용한 동적헤지

예) 주식 1개 매수, 콜옵션 2개 매수, 풋옵션 HR(헤지비율)개의 헤지포트폴리오를 구성

$$H = S + 2C + HR \times P$$

$$\Rightarrow \quad \frac{\Delta H}{\Delta S} = 0 = 1 + 2\Delta_c + HR \times \Delta_p \quad \Rightarrow \quad HR = -\frac{1 + 2\Delta_c}{\Delta_p}$$

(7) 주가지수선물을 이용한 베타헤지

1) S_0 = 현재시점의 포트폴리오의 시장가치(금액)

2) I_0 = 현재시점의 KOSPI 200의 1계약의 가치 (금액)

3) β_S = 시장포트폴리오에 대한 포트폴리오의 베타

4) $\Delta_c = \dfrac{\Delta C}{\Delta I}$ = KOSPI 200의 변동에 대한 주가지수 콜옵션의 민감도

5) β_T = 포트폴리오의 목표베타

6) N = 주가지수옵션 계약 수

주가지수 콜옵션 계약 수 $N = -\dfrac{S_0}{I_0} \times \beta_S \times \dfrac{1}{\Delta_c}$

주가지수 풋옵션 계약 수 $N = -\dfrac{S_0}{I_0} \times \beta_S \times \dfrac{1}{\Delta_p}$

(8) 옵션의 베타

1) 개별주식 콜옵션의 베타 $\beta_c = \Delta_c \times \dfrac{S}{C} \times \beta_S$

2) 개별주식 풋옵션의 베타 $\beta_p = \Delta_p \times \dfrac{S}{P} \times \beta_S$

3) 주가지수 콜옵션의 베타 $\beta_c = \Delta_c \times \dfrac{S}{C}$

4) 주가지수 풋옵션의 베타 $\beta_p = \Delta_p \times \dfrac{S}{P}$

(9) 목표베타

포트폴리오 베타의 가법성의 성질을 이용하여 주어진 목표베타를 달성하지 위한 주가지수옵션의
투자비중을 결정

1) 콜옵션의 투자비중 $\beta_T = w_s \times \beta_s + (1 - w_s) \times \beta_c$

2) 풋옵션의 투자비중 $\beta_T = w_s \times \beta_s + (1 - w_s) \times \beta_p$

필수예제

8-7 델타헤지

현재 A주식 5,000주를 보유하고 있는 투자자가 옵션을 이용하여 헤지를 하고자 한다. 현재 A주식의 베타는 1.5이며 주가는 40,000원이다. 개별주식 옵션과 주가지수 옵션의 내역은 다음과 같다.

(1) 개별주식 옵션
- 기초자산 : A주식
- 1계약의 거래단위 : 10주
- 행사가격 40,000원의 콜옵션의 가격 : 5,000원(델타=0.7)
- 행사가격 40,000원의 풋옵션의 가격 : 3,000원

(2) 주가지수 옵션
- 기초자산 : KOSPI 200
- 1 포인트 : 500,000원
- KOSPI 200의 현재가격 : 250 포인트
- 행사가격 250포인트의 콜옵션의 가격 : 10포인트 (델타=0.8)
- 행사가격 250포인트의 풋옵션의 가격 : 7포인트

(물음1) 개별주식 콜옵션을 이용하여 헤지를 한다면 몇 계약이 어떻게 필요한가?

(물음2) 개별주식 풋옵션을 이용하여 헤지를 한다면 몇 계약이 어떻게 필요한가?

(물음3) 주가지수 콜옵션을 이용하여 헤지를 한다면 몇 계약이 어떻게 필요한가?

(물음4) 주가지수 풋옵션을 이용하여 헤지를 한다면 몇 계약이 어떻게 필요한가?

△정답

(물음1) 콜옵션을 이용한 직접 헤지

$$HR = -\frac{1}{\Delta_c} = -\frac{1}{0.7} = -1.4286$$

$$N = \frac{Q_s}{Q_c} \times HR = \frac{5,000주}{10주} \times -1.4285 = -714.25개$$

∴ 개별주식 콜옵션을 714계약 매도한다.

(물음2) 풋옵션을 이용한 직접 헤지

$$1 - \Delta_c + \Delta_p = 0 \text{ 에서 } 1 - 0.7 + \Delta_p = 0 \Rightarrow \Delta_p = -0.3$$

$$HR = -\frac{1}{\Delta_p} = -\frac{1}{-0.3} = +3.3333$$

$$N = \frac{Q_s}{Q_c} \times HR = \frac{5,000주}{10주} \times 3.3333 = 1,666.65개$$

∴ 개별주식 풋옵션을 1,667계약 매수한다.

(물음3) 콜옵션을 이용한 교차 헤지

$$N = -\frac{S_0}{I_0} \times \beta_S \times \frac{1}{\Delta_c} = -\frac{5,000주 \times 40,000원}{250포인트 \times 500,000원} \times 1.5 \times \frac{1}{0.8} = -3.00$$

∴ 주가지수 콜옵션을 3계약 매도한다.

(물음4) 풋옵션을 이용한 교차 헤지

$$1 - \Delta_c + \Delta_p = 0 \text{ 에서 } 1 - 0.8 + \Delta_p = 0 \Rightarrow \Delta_p = -0.2$$

$$N = -\frac{S_0}{I_0} \times \beta_S \times \frac{1}{\Delta_p} = -\frac{5,000주 \times 40,000원}{250포인트 \times 500,000원} \times 1.5 \times \frac{1}{-0.2} = +12$$

∴ 주가지수 풋옵션을 12계약 매수한다.

3. 포트폴리오 보험

포트폴리오 보험이란 보유하고 있는 위험자산에 대하여 옵션이나 선물 또는 무위험자산을 이용하여 위험자산의 가격하락에 대비하는 한편 가격 상승 시 추가이익을 획득하려는 투자전략으로 포트폴리오 보험전략의 구성방법은 다음과 같다.

(방법1) 보호풋 전략 → 주식매수 + 풋옵션 매수
매입해야 할 풋옵션의 수는 주식의 수와 일치해야 한다.

(방법2) 무위험채권 매수 + 콜옵션 매수
방법1을 풋-콜 패러티에 대입하여 도출
목표수익에 따라 매입해야 할 채권수량이 정해지고 이에 따라 콜옵션의 개수가 결정

(방법3) 동적 헤징 → 주식 매수 + 무위험채권의 투자비율을 조정
방법2를 블랙숄즈 모형에 대입하여 도출
$N(d_1)$개의 주식과 $[1 - N(d_2)]$개의 채권을 구입하는 전략

(방법4) 동적 헤징 → 선물 매수 + 무위험채권의 투자비율을 조정
방법4를 선물 패러티에 대입하여 도출

8-8 델타헤지 및 포트폴리오 보험

현재 ㈜미래 주식의 가격은 20,000원이다. ㈜미래 주식을 기초자산으로 하고 행사가격이 20,000원이며 만기가 1년인 풋옵션의 현재가격은 2,000원이다. 무위험이자율이 5%이며 풋옵션의 델타가 – 0.6일 때 다음 각 물음에 답하시오.

[물음1] 주식의 가격이 19,000원이 되면 풋옵션의 가격은 얼마가 되겠는가?

[물음2] 주식의 가격이 21,000원이 되면 콜옵션의 가격은 얼마가 되겠는가?

[물음3] 콜옵션 100개를 매도한 투자자가 주식으로 헤지를 하려면 몇 주가 필요한가?

[물음4] 풋옵션 100개를 매수한 투자자가 주식으로 헤지를 하려면 몇 주가 필요한가?

[물음5] 주식 100개를 보유한 투자자자 풋옵션을 이용하여 포트폴리오 보험전략을 하기 위해서는 풋옵션은 몇 개 필요한가?

[물음6] 콜옵션 100개를 보유한 투자자자 채권을 이용하여 포트폴리오 보험전략을 하기 위해서는 채권은 얼마가 필요한가?

정답

[물음1] $\Delta_P = \dfrac{\partial P}{\partial S} \rightarrow \partial P = \Delta_P \times \partial S = -0.6 \times -1,000$원 $= +600$원

∴ 풋옵션 가격 $= 2,000$원 $+ 600$원 $= \mathbf{2,600}$**원**

[물음2] 풋-콜 패러티 델타를 이용하여 콜옵션의 델타를 도출한다.

$1 - \Delta_C + \Delta_P = 0 \rightarrow 1 - \Delta_C - 0.6 = 0 \rightarrow \Delta_C = 0.4$

풋-콜 패러티를 이용하여 콜옵션의 균형가격을 도출한다.

$S_o + P_0 - C_o = PV(X) \rightarrow 20,000 + 2,000 - C = 19,048 \rightarrow C = 2,952$

$\Delta_C = \dfrac{\partial C}{\partial S} \rightarrow \partial C = \Delta_C \times \partial S = 0.4 \times +1,000$원 $= +400$원

∴ 콜옵션 가격 $= 2,952$원 $+ 400$원 $= \mathbf{3,352}$**원**

[물음3] 콜옵션을 100개 매도하고 주식을 HR개 매수한 헤지포트폴리를 구성하면 다음과 같다.

$$H_P = HR \times S - 100 \times C$$

기초주식의 가격변화에 대해서 헤지포트폴리오를 미분한 값이 0이 되도록 한다.

$$\frac{\partial H_P}{\partial S} = HR - 100 \times \frac{\partial C}{\partial S} = HR - 100 \times 0.4 = 0 \rightarrow HR = +40$$

∴ 주식을 **40개** 매입한다.

[물음4] 풋옵션을 100개 매수하고 주식을 HR개 매수한 헤지포트폴리를 구성하면 다음과 같다.

$$H_P = HR \times S + 100 \times P$$

기초주식의 가격변화에 대해서 헤지포트폴리오를 미분한 값이 0이 되도록 한다.

$$\frac{\partial H_P}{\partial S} = HR + 100 \times \frac{\partial P}{\partial S} = HR + 100 \times (-0.6) = 0 \rightarrow HR = +60$$

∴ 주식을 **60개** 매수한다.

[물음5] 보호풋 포트폴리오 보험전략을 하는 경우 매입해야 할 풋옵션의 수는 주식의 수와 일치한다.

∴ 풋옵션을 **100개** 매수한다.

[물음6] '무위험채권 매수 + 콜옵션 매수' 포트폴리오 보험전략을 하는 경우 보호풋을 풋콜 패러티에 대입하므로 콜옵션의 개수와 채권의 개수는 동일하다.

채권의 매입금액 = 100개 × PV (X) = 100 × 19,048 → 1,904,800

∴ 무위험 채권을 **1,904,800**원 매입한다.

옵션의 응용

1. 기업의 자기자본과 부채

(1) 의의

- 주주의 경제적 지위

  콜옵션 매입 (기초자산 = 기업자산, 행사가격 = 부채 액면금액)

- 채권자의 경제적 지위

  기업자산을 매입 + 콜옵션 발행 (기초자산 = 기업자산, 행사가격 = 부채 액면금액)

  무위험채권 매입 + 풋옵션 발행 (기초자산 = 기업자산, 행사가격 = 부채 액면금액)

(2) 용어의 정의

1) S_T = T시점의 기업의 가치 (기업재무에서는 V로 사용)

2) C_T = T시점의 자기자본의 가치

3) B_T = T시점의 기업부채(채권자)의 가치

4) X = 기업 부채의 무이표채 액면금액

(3) 자기자본의 가치

1) 만기가치

자기자본은 만기에 기업 가치에 따라 다음과 같은 만기가치를 갖는다.

$S_T > X \implies$ 자기자본의 만기가치 $= S_T - X$

$S_T < X \implies$ 자기자본의 만기가치 $= 0$

따라서 자기자본의 만기가치는 기업가치를 기초자산으로 하는 콜옵션과 동일하다.

$C_T = \max[S_T - X, 0]$

2) 이항분포 모형을 이용한 자기자본의 현재가격

$$C_0 = \frac{C_u \times p + C_d \times (1-p)}{1 + R_f}$$

3) 블랙-숄즈 모형을 이용한 자기자본의 현재가격

$$C_0 = S_0 \times N(d_1) - \frac{X}{e^{R_f T}} \times N(d_2)$$

4) 다음의 변수들은 옵션의 가격결정모형을 그대로 적용한다.

① 확정 배당과 배당수익률

② 미국형과 유럽형

③ 이산복리와 연속복리

④ 1기간이 1년 미만인 경우와 1년 초과인 경우

(4) 기업부채 (채권자)의 가치

1) 풋-콜 패러티의 이용

풋-콜 패러티를 이용하면 채권자의 가치는 다음과 같다.

$$S_0 - C_0 + P_0 = \frac{X}{(1+R_f)^T} \quad \Rightarrow \quad B_0 = S_0 - C_0 = \frac{X}{(1+R_f)^T} - P_0$$

채권자의 가치는 다음 두 가지로 설명할 수 있다.

① 기업을 기초자산으로 하는 방비 콜 전략

② 무위험채권을 매수하고 풋옵션을 매도하는 전략

2) 만기가치

$$B_T = X - \max[X - S_T, 0] = \min[S_T, X]$$

3) 풋옵션의 가치

$$P_0 = \frac{X}{(1+R_f)^T} - B_0 = \frac{X}{(1+R_f)^T} - \frac{X}{(1+k_d)^T}$$

풋옵션의 가치 = 동일한 액면금액의 무위험채권의 가격 - 위험채권 가격

(5) 대출

- 담보부대출의 가치

  담보물 매입 + 콜옵션 발행 (기초자산 = 담보물, 행사가격 = 부채 액면금액)

  무위험채권 매입 + 풋옵션 발행 (기초자산 = 담보물, 행사가격 = 부채 액면금액)

- 지급보증의 가치 = 무위험채권의 가치 - 위험채권의 가치 = 풋옵션의 가치

2. 옵션부 채권

(1) 의의

옵션부 채권은 일반채권에 신주인수권, 전환권, 수의상환권, 상환청구권 등의 옵션을 부여하거나 발행한 채권으로 옵션의 가격결정 모형을 이용하여 가치를 평가한다.

(2) 옵션의 용어정의

	옵션	기초자산(S)	행사가격(X)
신주인수권	콜옵션 매수	주식	신주인수가격
전환권	콜옵션 매수	주식	일반사채의 가치
수의상환권	콜옵션 매도	채권	수의상환가격
상환청구권	풋옵션 매수	채권	상환청구가격

(3) 신주인수권의 가치

콜옵션의 가치평가와 동일하며 신주인수권이 행사가 되면 발생하는 희석화 현상을 반영하여야 하는 점이 다르다.

1) 용어의 정의

① W_T = T시점의 신주인수권의 가치

② N = 신주인수권 행사전의 주식수

③ N_W = 신주인수권 행사 주식수

2) 신주인수권의 만기가치

신주인수권의 만기가치 = 콜옵션의 만기가치 x $\dfrac{N}{N+N_w}$

$$W_T = C_T \times \frac{N}{N+N_w} = \max[S_T - X, 0] \times \frac{N}{N+N_w}$$

3) 콜옵션의 현재가치

이항분포 모형과 BS 모형 모두 기존의 콜옵션의 가격결정모형을 사용하며 이때 사용하는 주식의 현재가격 (S_0)은 신주인수권이 발행된 후의 주가임을 주의하여야 한다.

$$S_0^{after} = \frac{S_0^{before} \times N + \text{신주인수권대가}}{N}$$

4) 신주인수권의 현재가치

$$W_0 = C_0 \times \frac{N}{N + N_w}$$

(4) 전환권의 가치

신주인수권의 가치평가와 동일하며 행사가격을 결정하는 과정은 다음과 같다.

전환사채의 행사가격　　$X = \dfrac{\text{일반사채의가치}}{\text{전환비율}}$

(5) 수의상환권의 가치

콜옵션의 가치평가와 동일하며 수의상환사채의 가격은 다음과 같다.

수의상환사채의 가격 = 일반사채의 가격 - 수의상환권의 현재가치

(6) 상환청구권의 가치

풋옵션의 가치평가와 동일하며 상환청구사채의 가격은 다음과 같다.

상환청구사채의 가격 = 일반사채의 가격 + 상환청구권의 현재가치

3. 실물옵션

(1) 확장옵션

1) 의의

투자안의 후속투자기회를 확장옵션이라고 하며 투자안의 가치가 상승하는 상황에서 확장옵션을 행사하므로 콜옵션의 가격결정모형으로 평가할 수 있다.

2) 기호의 정의

① S_T = T시점의 투자안의 가치 (투자금액이 아닌 점을 주의할 것)

② C_T = T시점의 확장옵션의 가치

③ T = 투자안의 후속 투자 시점

④ X = 후속투자금액

3) 계산순서

Step-1	투자안의 현금흐름을 할인하여 후속투자기회가 없는 경우의 투자안의 현재가치 및 NPV를 결정한다. $\Rightarrow S_0 = \sum_{t=1}^{n} \dfrac{E(CF_t)}{(1+k)^t}$
Step-2	후속투자기회를 이용하여 투자안의 위험중립확률을 결정한다. $S_0 \times (1+R_f) = S_u \times p + S_d \times (1-p) \Rightarrow$ p의 도출
Step-3	콜옵션의 균형가격으로 확장옵션의 현재가격을 결정한다. $C_0 = \dfrac{C_u \times p + C_d \times (1-p)}{(1+R_f)^T}$
Step-4	확장옵션이 있는 투자안의 NPV의 결정 NPV = 확장옵션이 없는 경우의 NPV + 확장옵션의 현재가격

(2) 포기옵션

1) 의의

투자안을 일정한 대가에 처분할 수 있는 기회를 포기옵션이라고 하며 투자안의 가치가 하락하는 상황에서 포기옵션을 행사하므로 풋옵션의 가격결정모형으로 평가한다.

2) 기호의 정의

① S_T = T시점의 투자안의 가치 (투자금액이 아닌 점을 주의할 것)

② P_T = T시점의 포기옵션의 가치

③ T = 투자안의 처분기회가 존재하는 시점

④ X = 투자안을 처분하여 받을 수 있는 계약금액

3) 계산순서

Step-1	투자안의 현금흐름을 할인하여 처분기회가 없는 경우의 투자안의 현재가치 및 NPV를 결정한다. $\Rightarrow S_0 = \sum_{t=1}^{n} \dfrac{E(CF_t)}{(1+k)^t}$
Step-2	투자안의 상승계수와 하락계수를 이용하여 위험중립확률을 결정한다. $S_0 \times (1+R_f) = S_u \times p + S_d \times (1-p) \Rightarrow$ p의 도출
Step-3	풋옵션의 균형가격으로 포기옵션의 현재가격을 결정한다. $P_0 = \dfrac{P_u \times p + P_d \times (1-p)}{(1+R_f)^T}$
Step-4	포기옵션이 있는 투자안의 NPV의 결정 NPV = 포기옵션이 없는 경우의 NPV + 포기옵션의 현재가격

(3) 연기옵션

1) 의의

투자안의 투자시점을 연기할 수 있는 옵션으로 투자안의 가치가 상승하는 상황에서 연기옵션을 행사하므로 콜옵션의 가격결정모형으로 평가할 수 있다.

2) 기호의 정의

① S_T = T시점의 투자안의 가치 (투자금액이 아닌 점을 주의할 것)

② C_T = T시점의 연기옵션의 가치

③ T = 투자안의 투자 연기가능시점

④ X = 연기한 투자안의 투자금액

3) 계산순서

Step-1	투자안의 현금흐름을 할인하여 현재 투자하는 경우의 투자안의 현재가치 및 NPV를 결정한다. $\Rightarrow S_0 = \sum_{t=1}^{n} \dfrac{E(CF_t)}{(1+k)^t}$
Step-2	투자안의 상승계수와 하락계수를 이용하여 위험중립확률을 결정한다. $S_0 \times (1+R_f) = S_u \times p + S_d \times (1-p) \Rightarrow$ p의 도출
Step-3	콜옵션의 균형가격으로 연기옵션의 현재가격을 결정한다. $C_0 = \dfrac{C_u \times p + C_d \times (1-p)}{(1+R_f)^T}$
Step-4	연기옵션이 있는 투자안의 NPV의 결정 NPV = 연기옵션이 없는 경우의 NPV + 연기옵션의 현재가격

실전문제

8-1 미국형 옵션 (1998년)

옵션에 대한 자료가 다음과 같이 주어져 있을 때, 물음에 답하라.

S_0 = 현재 주식가격 = 10,000원

X = 행사가격 = 11,000원

1기간 = 50일

T = 만기 = 100일(50일씩 2기간)

R_f =10%

$e^{-R_f \times t} = e^{-0.1\frac{50}{365}} = 0.9864$

u = 1 **+** 주식가격 상승률 = 1.1174

d = 1 - 주식가격 하락률 = 0.8949

(물음1) 유럽형 풋옵션은 2기말에 행사가 가능하다. 배당이 없는 경우 만기가 100일인 유럽형 풋옵션의 현재가격은 얼마인가?

(물음2) 미국형 풋옵션은 1기말과 2기말에 행사가 가능하다. 배당이 없는 경우 만기가 100일인 미국형 풋옵션의 현재가격은 얼마인가?

8-2 블랙-숄즈 모형을 이용한 신주인수권의 가치평가 (1999년)

만기가 4년인 신주인수권부사채의 발행가격은 20억원이고, 일반사채로서의 가치는 15억원이며, 무위험이자율은 10%이다. 신주인수권을 발행하기 전인 현재의 주가는 주당 12,000원이고, 총발행주식수는 100만주이며, 주가의 표준편차는 0.4이다. 신주인수권의 행사가격은 10,000원이고, 신주인수권은 4년 후의시점 만에 행사할 수 있으며, 신주인수권의 발행수는 10만주이다. 신주인수권의 행사시점까지 배당의 지급은 이루어지지 않으며, 블랙-숄즈모형을 이용하여 신주인수권의 가치를 평가한다고 할 때, 다음의 자료를 이용하여 희석화 효과를 고려하여 신주인수권의 총 가치를 구하라. (단, $e^{-0.1} = 0.90483$)

S/X	1.0	1.15	1.2	1.25	1.3
ln S/X	0	0.1300	0.1823	0.2231	0.2624

d	1.10	1.12	1.14	1.18	1.20
N(d)	0.8643	0.8686	0.8729	0.8810	0.8849

d	0.30	0.32	0.34	0.38	0.40
N(d)	0.6179	0.6255	0.6331	0.6480	0.6554

단, N(d)는 표준정규분포에서 d까지의 확률이다.

8-3 실물옵션 (2000년)

갑 제약회사는 1기간 전에 신약품 연구업체에 50억원을 투자하였다. 그 투자는 1기간 후에 결과가 나오며, 400억원을 추가투자 할 경우 신약생산에 들어가 추가투자한 후 1기간 후에 투자안의 가치는 70%의 확률로 600억원이고, 30%의 확률로 100억원이다. 이항옵션모형을 이용하여 다음 물음에 답하라 (단, 이 투자안의 할인율은 50%이고, 무위험이자율은 20% 이며, 각 물음은 독립적이다).

(물음1) 현재시점에서 이 투자안의 NPV는 얼마인가?

(물음2) 제약회사는 이러한 신약생산을 1기간 연기할 수 있는 기회가 있을 때 신약생산 투자안에 투자하겠는가? 또한 이러한 연기옵션의 가치는 얼마인가?

(물음3) 제약회사는 이러한 신약생산 투자안을 1년후에 300억원으로 처분할 수 있는 기회가 있다. 이 처분기회의 가격은 얼마인가? 또한 이 투자안의 가치는 얼마인가?

8-4 상황선호이론 (2002년)

A주식은 앞으로 1년 후에 각각 30**%**, 40**%**, 30**%**의 확률로 110, 100, 90의 가격으로 변화할 것이라고 가정하자, 한편 시장에서는 A주식을 기준자산으로 하고 만기가 1년인 여러 유럽형 옵션이 존재하는데 현재 시장에서의 프리미엄은 다음과 같다.

> 행사가격 90의 콜옵션 : 7.2
> 행사가격 100의 콜옵션 : 1.6
> 행사가격 100의 풋옵션 : 2.4

시장은 균형 상태에 있다. 다시 말해서 차익거래기회(arbitrage opportunity)가 존재하지 않는다. 이하에서 수익률은 "(기말의 가격 - 기초의 가격)/기초의 가격"으로 계산하라.

(물음1) 1년 동안의 무위험 수익률은 얼마인가?

(물음2) A주식의 1년 동안의 기대수익률은 얼마인가?

8-5 실물옵션 (2003년)

앞으로의 상황은 불황과 호황의 두 가지 상황만 존재하며 각각의 확률은 0.3과 0.7이다. 균형상황에서, ㈜천기의 수익률과 무위험수익률은 다음과 같다.

상 황	㈜천기의 수익률(%)	무위험수익률(%)
불 황	-10	10
호 황	30	10

㈜천기는 호황이 되면 152억원, 불황이 되면 90억원을 얻는 투자안에 100억원을 투자하려 한다. 옵션모형을 이용하여 이 투자안의 순현재가치를 구하라.(세금이나 거래비용등은 존재하지 않는다.)

8-6　스프레드 차익거래 (2004년)

동일한 주식을 기초자산으로 하고 만기도 동일하지만, 행사가격이 다른 두 유럽형 풋옵션의 현재가격이 다음과 같다.

> 행사가격 40의 풋옵션 프리미엄 1.46
> 행사가격 50의 풋옵션 프리미엄 11.15

한편 만기가 위의 옵션들과 동일하며 액면이 100인 무위험 할인채권의 현재가격은 95이다. 해당 투자자는 무위험 이자율로 차입(borrowing)과 대출(lending)을 할 수 있다고 가정한다. 이러한 경우 어떠한 포지션을 취하면 차익거래(arbitrage)를 만들어 낼 수 있는지 기술하라. 포지션을 구성함에 있어서, 차익(arbitrage profit)이 만기 시점에서만 발생하도록 할 것이며, 행사가격 40의 풋옵션 1단위를 기준으로 표현하라.

8-7 이항분포모형과 외화옵션 (2005년)

외환시장에서 1년 후 달러화의 현물환율이 각각 1100원/$ 또는 950/$으로 상승 또는 하락하는 두 가지의 경우만 존재한다고 가정하자. 달러옵션과 달러선물의 잔존만기는 1년으로 동일하며 달러 선물은 현재 1,050원/$의 가격에 거래되고 있다. 이 기간 동안 국내 자본시장의 무위험 이자율은 6%이다. 자본시장을 완전하고 차익거래의 기회는 존재하지 않는다고 가정하자. 달러선물과 달러옵션계약의 1계약 규모는 50만 달러이다.

(물음1) 행사가격이 980/$인 달러에 대한 풋옵션 1계약 매수 포지션에 대하여 헤지 해야 할 달러화의 규모를 밝히고 아울러 매수 또는 매도여부를 제시하라

(물음2) 위험 중립자의 입장에서 환율이 1년 후 1100/$로 상승할 확률은 얼마인가?

(물음3) 옵션의 만기 시 현물 환율을 S_T 라고 정의하고 만기시 옵션의 수익이 Min {S_T -920, 50}으로 나타나는 옵션의 적정프리미엄을 제시하라.

8-8 실물옵션 (2006년)

동북아㈜의 재무의사결정자는 A설비제품만을 생산하는 공장에의 투자를 고려하고 있다. 이 투자의사결정은 현재 또는 1년 후(연기에 따르는 기회비용은 없음)에만 할 수 있고, 철회불가능(irreversibility : 현재 또는 1년 후, 일단 투자를 한 후에는 투자자체를 번복할 수 없음)한 성격을 가지고 있다. 그리고 투자의사결정만 내려지면 A설비제품공장은 건설비용(I) 16억원(단, 현재와 1년 후의 공장건설비용은 동일함)으로 순간적으로 건설되어, 유지관리비 없이 1년에 단 1개만의 A설비제품을 영원히 연초에 생산한다고 한다. 현재의 A설비제품단가(P_0)는 2억원이며, 1년 후의 A설비제품단가(P_1)는 확률 50%로 3억원으로 상승하거나 50%의 확률로 1억원으로 하락하여, 그 후로는 변동된 A설비제품가격이 영원히 유지된다고 한다. 또한 무위험이자율은 10%이며, 장래의 A설비제품가격에 대한 위험은 충분히 다양화되어 있어, 동북아㈜는 무위험이자율을 사용하여 장래의 현금흐름을 할인한다고 가정한다. 이하 모든 계산결과는 억원 아래 셋째자리에서 반올림하여 억원 아래 둘째자리까지 표시하시오.

(물음1) 동적계획법을 사용하여 A설비제품공장에의 투자의사결정(현재투자, 1년 후 투자, 또는 투자안 기각의 결정)을 하시오. (단, 여기서의 동적계획법이란 각각의 투자전략을 비교하여, NPV가 가장 큰 투자전략을 찾아내는 방법을 말함)

(물음2) 위의 (물음1)에서 연기의 유연성이 없다고 할 경우의 투자(현재 투자) 대신에 연기의 유연성을 가진 투자기회(F_0)를 얻기 위하여 최대한 지불할 수 있는 투자비용(I^* : A설비제품공장의 건설비용)을 구하시오.

(물음3) 만약 현재 A설비제품의 선물가격이 1년 후의 A설비제품가격의 기대값으로 형성된, A설비제품에 대한 선물시장이 존재한다고 가정한다. 그리고 현재 투자를 함과 동시에, A설비제품의 가격변동을 A설비제품선물을 사용하여 비용 없이 헤지(hedge)할 수 있다면, 위의 (물음1)의 투자의사결정에 변화가 일어나는지 여부를 나타내라. 그리고 이 결과를 MM(Modigliani-Miller)의 무관련이론(1958)의 명제3과 연계하여 4줄 이하로 설명하시오. 단, 문제풀이과정에 i) A설비제품 한 단위의 현재 선물가격, ii) 헤지포지션과 헤지수량, iii) 헤지결과, iv) 투자의사결정에 변화가 일어나는지 여부, v) iv)의 결과를 MM의 무관련이론(1958)의 명제3과 연계한 설명 등이 반드시 나타나도록 하시오.

8-9 2기간 이항분포모형 (2006년)

통일증권거래소의 상장회사인 ㈜동남아의 현재주가는 20,000원(액면가 : 5,000원)이며, ㈜동남아의 주가는 6개월마다 20% 상승하거나 10% 하락하는 이항과정을 따른다고 한다. 그리고 무위험이자율은 연12%, 이산(discrete)배당수익률은 연8%라고 한다. 단, 이하 모든 계산과정 및 결과에서 금액은 소수점 아래 셋째자리에서 반올림하여 소수점 아래 둘째자리까지 표시하고, 백분율은 소수점 아래 다섯째자리에서 반올림하여 소수점 아래 넷째자리까지 표시하시오.

(물음1) 잔존기간(time to maturity)이 1년이고, ㈜동남아의 주식을 기초자산으로 하는 등가격(at-the-money) 유럽형 콜옵션의 가격은 얼마인가? 단, 문제풀이과정에 i) ㈜동남아의 주가(S)와 콜옵션(C)의 가치변화, ii) 배당수익률을 반영한 헤지확률(p), iii) 콜옵션의 가격 등이 반드시 나타나도록 하시오.

(물음2) 잔존기간이 1년이고, ㈜동남아의 주식을 기초자산으로 하는 등가격(at-the-money) 유럽형 풋옵션의 가격을 풋-콜 패리티(put-call parity)를 사용하여 구하시오.

8-10 Put-Call parity (2007년)

현재 가격이 31,000원인 무배당 주식(S)에 대해 콜옵션과 풋옵션이 거래되고 있다. 유럽형 콜옵션(c)의 가격은 3,000원이며 유럽형 풋옵션(p)의 가격은 2,200원이다. 이들 옵션의 행사가격(X)은 30,000원, 만기(T)는 1년, 무위험이자율(r)은 3%이다. (모든 수치는 소수점 셋째 자리에서 반올림하시오.)

(물음1) 콜옵션의 가격하한선 조건의 식을 쓰고 이 조건이 성립하는지 확인하시오.

(물음2) 풋-콜 패리티(put-call parity)가 성립하는지 확인하시오.

(물음3) 공매가 가능하며 무위험이자율로 차입과 대출이 가능하다고 가정하고 차익거래를 위한 전략을 기술하시오.

(물음4) 차익거래전략을 통해 만기일에 얻게 되는 순이익을 계산하시오.

8-11 옵션을 이용한 계약서의 평가 (2008년)

헤지펀드 웰빙투자의 신중해 팀장은 현재 9,000원대 중반에서 움직이는 (주)사하라정유의 주식을 10만주 보유하고 있는데, 최근 원유가의 움직임이 심상치 않자 동 주식의 변동성이 커질 것으로 예상하여 이를 헤징하기 위한 방안을 모색하고 있다. 이때 (주)스마트머니증권으로부터 다음과 같은 두 가지 종류의 장외파생상품의 거래를 제안 받았는데 이들 두 상품의 적정 프리미엄을 평가해보고자 한다. 한편 거래소에 상장되어 있는 1년 만기 (주)사하라정유의 유럽형 주식옵션의 가격과 선물가격 및 연간 무위험이자율은 다음과 같다. 단, 시장은 완전하며 차익거래의 기회가 존재하지 않는다고 가정하시오.

콜가격(행사가격 10,000원) = 652원	풋가격(행사가격 9,200원) = 781원
1년 만기 주식선물가격 = 9,400원	무위험이자율 = 연 6%

□계약 I

향후 1년 후의 시점에서 헤지펀드가 10만주 전량의 주식을 주당 9,500원에 증권회사에 매도한다.

□계약 II

향후 1년 후의 시점에서 주가가 9,200원 이하로 하락하면 헤지펀드는 주당 9,200원에

10만주를 증권회사에 매도할 수 있고, 반면에 주가가 10,000원 이상으로 상승하면 헤지펀드는 주당 10,000원에 보유 주식의 두 배인 20만주를 증권회사에 매도해야 한다.

(물음1) 계약 I의 경우 헤지펀드는 증권회사에 계약시점에서 얼마의 프리미엄을 주는 것(혹은 받는 것)이 적정한가?

(물음2) 계약 II의 경우 헤지펀드는 증권회사에 계약시점에서 얼마의 프리미엄을 주는 것(혹은 받는 것)이 적정한가?

8-12 이항분포를 이용한 자기자본의 가치평가(2008년)

단일기간에 걸쳐 단일사업을 하는 (주)한반도는 중도에 이자지급 없이 사업종료 시점에 50억원을 상환하기로 사업초기에 약정한 부채가 있다. 사업기간 중 무위험이자율은 10%이다.

(물음1) 사업종료 시점에 회사 자산의 시장가치가 80%의 확률로 60억원이 되고, 20%의 확률로 40억원이 되는 사업A에 투자하기로 했다. 자산의 현재 시장가치는 50억원이다. 이항모형을 이용하여 다음에 답하시오.(힌트: 주식의 시장가치는 부채상환액을 행사가격으로 하는 회사 자산에 대한 콜옵션의 가치와 같다.)

① 현재 주식의 시장가치는 얼마인가?

② 현재 부채의 시장가치는 얼마인가?

(물음2) (물음1)의 사업A에 투자하는 대신에 사업종료 시점에 회사 자산의 시장가치가 72억원이 되거나 혹은 8억원이 되는 사업B에 투자하기로 결정했다. 이에 따라 자산의 현재 시장가치가 40억원으로 하락했다. 이항모형(binomial model)을 이용하여 다음에 답하시오.

① 현재 주식의 시장가치는 얼마인가?

② 현재 부채의 시장가치는 얼마인가?

(물음3) 풋-콜 패리티에 의하면 (주)한반도의 주주는 회사 자산을 보유하고 채권자에게 무위험 부채를 발행함과 동시에 회사 자산을 대상으로 하는 풋옵션을 보유한 것과 같다. 이를 채권자 입장에서 보면 무위험 부채에 투자함과 동시에 회사 자산에 대한 풋옵션을 주주에게 발행한 것이 된다.

① 사업A를 선택한 경우와 비교해 사업B를 선택한 경우 주주가 보유한 풋옵션의 가치는 얼마나 상승(혹은 하락)하는가? (단, (물음1)을 답하지 못한 경우 부채의 시장가치를 43억원, (물음2)를 답하지 못한 경우 부채의 시장가치를 29억원으로 가정하여 답하시오.)

② 경영자는 주주의 이익을 위해 채권자에게는 불리한 수익의 변동성이 더 큰 사업을 선택하려는 유인이 있다. 채권자가 채권계약 당시 이러한 경영자의 유인을 인지하고 있다는 사실이 기업으로 하여금 부채사용을 장려하게 하는지 아니면 억제하게 하는지 자본구조이론의 관점에서 100자 이내로 간략히 답하시오.

8-13 블랙숄즈모형을 이용한 자기자본가치 평가 (2009년)

자기자본은 기업의 가치를 기초자산으로 한 유럽형 콜옵션으로 볼 수 있다. 현재 BZO회사의 가치는 1,000억원으로 경쟁사인 AXE회사의 가치와 동일하지만, BZO회사의 부채는 액면가 350억원의 1년 만기 순수할인채권이며 보통주는 무배당 주식이다. BZO회사의 기업가치 변동성은 80%, 무위험이자율은 연속복리로 5%일 때 블랙-숄즈 옵션가격결정모형을 사용해서 BZO회사의 부채 및 자기자본의 현재 가치를 구하시오. 금액은 억원 단위로 표기하시오.

■ 힌트   블랙-숄즈의 옵션가격공식은 다음과 같다.

$$C = SN(d_1) - Ke^{-rT}N(d_2) \qquad d_1 = \frac{\ln(S/K) + (r + \frac{1}{2}\sigma^2)T}{\sigma\sqrt{T}} \qquad d_2 = d_1 - \sigma\sqrt{T}$$

$e^{0.04} = 0.9608, e^{0.05} = 0.9512, e^{0.06} = 0.9418$

$\ln(2.8571) = 1.0498, \ \ln(2.0832) = 0.7339, \ \ln(1.5385) = 0.4308,$

$N(0.9445) = 0.8275, \ N(0.9748) = 0.8352, \ N(0.9889) = 0.8386,$

$N(1.5686) = 0.9416, \ N(1.6583) = 0.9514, \ N(1.7748) = 0.9620.$

8-14 합성선물과 디지털옵션(2009년)

(주)한반도의 무배당 주식을 기초자산으로 하는 잔존만기 3개월의 유럽형 콜옵션과 풋옵션의 시장가격을 정리하면 다음과 같다.

- 행사가격이 25,000원인 콜옵션과 풋옵션의 가격이 각각 1,000원과 522원이다.
- 행사가격이 27,000원인 콜옵션과 풋옵션의 가격이 각각 244원과 1,717원이다.

또한 동일한 만기의 주식선물의 가격은 25,490원이다. 아래의 독립된 질문에 각각 답하시오.

(물음1) 행사가격이 25,000원인 콜옵션을 매수하고 동일 행사가격의 풋옵션을 매도하는 합성 포지션에 대해 만기손익(profit/loss)을 그림으로 나타내고, 손익이 0이 되는 만기주가를 함께 표시하시오. 시장에는 차익거래의 기회가 존재하지 않는다고 가정하며, 옵션프리미엄의 시간적 가치를 고려하시오.

(물음2) (주)한반도의 주식 100주를 보유하고 있는 어느 투자자가 위에서 주어진 옵션을 이용하여 향후 주가의 변동에 상관없이 3개월 후 보유자산의 가치를 270만원에 고정시키고자 한다. 요구되는 옵션거래전략과 소요되는 초기비용(또는 수익)을 계산하시오. 시장에는 어떠한 차익거래의 기회도 존재하지 않으며 초기비용(또는 수익)은 3개월 후 투자자가 보유한 자산의 가치에 영향을 주지 않는다고 가정한다.

(물음3) (주)한반도의 현재 주가가 24,866원이라고 하자. 만약 3개월 후 시점에서 주가가 25,000원 이상이면 100만원을 받고 25,000원 미만이면 한 푼도 받지 못하는 금융상품을 고려하자.
  ① 이 상품의 적정 프리미엄을 구하시오. 단, 위에서 주어진 행사가격 25,000원인 콜옵션의 델타는 0.6165이며, 시장에는 차익거래의 기회가 존재하지 않는다고 가정한다.
  ② 블랙-숄즈의 옵션가격모형에서 $N(d_1)$과 $N(d_2)$가 무엇을 의미하는지를 각각 3줄 이내로 설명하시오.

8-15 보험전략 및 박스스프레드 (2010년)

현재 주가는 20,000원이고 매년 20%씩 상승하거나 또는 하락하는 이항분포를 따른다고 가정하자. 무위험이자율은 연간 5%이고 주식은 배당을 지급하지 않는다. 2기간 이항모형을 이용하여 답하시오.

(물음1) 만기가 2년이고 행사가격이 20,000원인 유럽형 풋옵션의 가격을 구하시오. 가격은 소수점 셋째 자리에서 반올림하여 답하시오.

(물음2) 주가가 20,000원일 때 풋옵션의 델타를 구하시오. 그리고 델타중립 포트폴리오를 구성하고 그 포트폴리오의 1년 후 가치를 계산하시오. 델타와 증권개수는 소수점 다섯째 자리에서 반올림하여 답하시오. 델타중립 포트폴리오는 주식 1주를 기준으로 구성하고, 개수와 매입/매도 여부를 기술하시오.

(물음3) 주식 1주를 소유하고 있는 투자자가 포트폴리오보험전략을 취하고자 한다. 이 투자자가 현재 시점에서 포지션 조정 후 보유하게 될 주식과 무위험 채권의 규모는 각각 얼마인가?

(물음4) 위와는 독립적으로, 시장에서 다음과 같이 옵션가격이 형성되어 있다. 옵션은 모두 1년 만기 유럽형이고 기초자산은 동일하다. 무위험이자율은 연간 7%이다. 단, 두 행사가격의 차이는 4,000원이다.

행사가격	콜옵션	풋옵션
K1	4,640원	2,950원
K2	2,470원	4,490원

차익거래 기회가 있는지의 여부를 확인하고, 만약 있다면 차익거래 포지션을 구체적으로 기술하시오.

8-16 실물옵션과 블랙숄즈모형 (2011년)

정유회사인 XYZ(주)는 30억 배럴의 매장량을 갖고 있는 미개발 유전 M에 대한 채굴권 계약을 했다. 이 유전의 개발비용은 290억 달러로 예측되며 계약 기간은 향후 12년이다. 원유가격은 배럴당 43달러, 생산비용은 배럴당 28달러로 추정되고 원유가격 변화율의 분산은 0.04, 무위험이자율은 8%로 가정한다. 계산결과는 소수점 넷째 자리까지 표시하고, 금액은 억 달러 단위로 표기하시오.

(물음1) 유전 M이 개발 완료되어 생산을 시작하면 매년 유전 가치의 5%에 해당하는 순현금유입이 발생할 것으로 예상된다. 유전 M에 대한 채굴권의 가치를 배당이 있는 경우의 블랙-숄즈 옵션공식을 사용하여 구하시오. 만기까지의 기간(T)은 12년이다. 단, 무배당인 경우의 블랙-숄즈 옵션가격공식에서 기초자산 가치(S)는 408.2억 달러이고, 배당을 고려해서 S를 조정하여 d1 및 콜옵션 가격을 구한다.

> **■힌트**   무배당인 경우의 블랙-숄즈 옵션가격공식은 다음과 같다 :
>
> $$C = SN(d_1) - Xe^{-rT}N(d_2) \qquad d_1 = \frac{\ln(S/X) + (r + \sigma^2/2)\,T}{\sigma\sqrt{T}} \qquad d_2 = d_1 - \sigma\sqrt{T}$$
>
> $\ln(0.7165) = -0.3334,\ \ln(0.7724) = -0.2582,$
>
> $e^{0.4} = 0.6703, e^{0.6} = 0.5488, e^{0.96} = 0.3829$
>
> $N(0.6666) = 0.7475,\ N(0.8807) = 0.8108,\ N(1.3594) = 0.9130$

(물음2) 이 회사는 기존에 개발 완료되어 생산중인 유전 K도 보유하고 있는데, 이 유전으로부터는 3년간 매년 27억 달러씩의 현금흐름이 발생할 것으로 예상되며 할인율은 9%이다. 한편, 이 회사의 주가는 65달러, 발행주식 수는 1.5억주이고 총부채는 65억 달러이다. 보유 유전은 유전 K와 유전 M이 전부라면 현재 주식이 고평가 혹은 저평가되어 있는지 판단하시오.

(물음3) 순현가법(NPV)과 같은 전통적인 투자안 평가방법과 비교하여 실물옵션(real option) 접근방법이 제공하는 장점을 5줄 이내로 논하시오.

8-17 이항모형과 복제포트폴리오 (2011년)

JKM(주)의 주식은 현재 16,000원에 거래되고 있고 1년 후(t=1) 주가가 50,000원으로 상승하거나 2,000원으로 하락할 것으로 예상된다. 투자자 A는 이 회사의 주식을 기초자산으로 하고 동일한 만기 및 행사가격을 갖는 한 개의 콜옵션과 한 개의 풋옵션을 동시에 매입하여 구성한 포트폴리오를 보유하고 있다. 두 옵션의 행사가격은 15,000원이며 만기는 1년이고, 무위험이자율은 8%이다.

(물음1) 이 포트폴리오에 포함된 콜옵션의 가치를 이항모형으로 복제포트폴리오를 구성하여 구하시오.

(물음2) 이 포트폴리오에 포함된 풋옵션의 가치를 (물음1)과 동일한 방식을 이용하여 구하고, 이 포트폴리오의 총 가치를 구하시오.

(물음3) 이 포트폴리오와 같은 포지션을 롱 스트래들(long straddle)이라 한다. 롱 스트래들의 손익구조(payoff diagram)를 그리고(콜옵션, 풋옵션, 스트래들 모두 도시), 그 의미를 3줄 이내로 논하시오.

8-18 전환권과 신주인수권 (2012년)

㈜한국은 자금조달을 위해 액면가 100,000원, 만기 2년, 표면이자율 2%의 회사채 10만좌를 발행하려고 한다. ㈜한국은 이 사채에 대해 신주인수권부 또는 전환사채 형태의 발행을 고려하고 있다. 신주인수권(warrants)은 사채 1좌당 신주 1주를 10,500원에 인수할 수 있는 권리를, 전환사채는 1좌당 5주의 보통주로 전환할 수 있는 권리를 부여할 예정이며 둘 다 만기 시에만 행사가 가능하다. 이 사채와 모든 조건이 동일한 일반사채의 만기수익률은 6%이며 무위험이자율은 5%이다.

㈜한국의 발행주식수는 100만주이며 주가는 현재 10,000원이다. 주가는 사채발행 직후에도 변화가 없을 것이며 매년 20% 상승하거나 10% 하락할 것으로 예상된다. ㈜한국은 향후 2년간 주식에 대한 배당을 실시하지 않을 계획이다.

(물음1) 신주인수권 행사에 따른 희석효과가 존재하는 경우 신주인수권 1 단위당 가치를 계산하시오. 계산결과는 반올림하여 소수점 둘째 자리까지 나타내시오.

(물음2) 전환권 행사에 따른 희석효과가 존재하는 경우 전환권 1 단위당 가치를 계산하시오. 계산결과는 반올림하여 소수점 둘째 자리까지 나타내시오.

(물음3) ㈜한국은 신주인수권부사채나 전환사채를 각각 95억원에 발행하려고 한다. 이 경우 두 사채 발행가격의 과대평가 또는 과소평가 여부를 판단하시오.

(물음4) 위 물음과는 독립적으로 ㈜한국이 현재 8,000원에 25만주를 유상증자하는 경우 신주인수권(pre-emptive rights)의 1 단위당 가치를 계산하시오.

8-19 3기간 이항분포모형 (2012년)

(주)태백의 무배당 주식의 현재가격은 2만원인데, 매년 주식가격이 10% 상승하거나 10% 하락하는 이항과정을 따른다고 가정한다. 또한 시장의 무위험이자율은 연 6%로 향후 변동이 없으며, 시장에는 어떠한 차익거래의 기회도 없다고 가정한다.

(물음1) (주)태백의 주식을 100주 보유한 투자자가 이 주식을 기초자산으로 하고 행사가격이 19,000원이며, 잔존만기가 1년인 유럽식 표준형 풋옵션을 이용하여 무위험 포트폴리오를 만들고자 한다. 풋옵션을 얼마나 매수 또는 매도해야 하는가?

(물음2) 위의 (물음1)에 제시된 풋옵션 1개의 적정 가치를 구하시오. 계산결과는 반올림하여 소수점 둘째 자리까지 나타내시오.

(물음3) (주)태백의 주식을 기초자산으로 하고 잔존만기가 3년이며 만기수익이 다음과 같이 나타나는 옵션의 적정 가치를 3기간 이항모형을 이용하여 구하시오. 계산결과는 반올림하여 소수점 둘째 자리까지 나타내시오.

$$\text{옵션의 만기수익(원)} \;=\; \max\left[0, \frac{S_T}{20,000} - 1\right] \times 8,000$$

단, S_T는 3년 후 주식의 가격을 나타낸다.

(물음4) 주가가 만기일 행사시점까지 17,000원 이하로 한번이라도 하락하면 계약이 자동 소멸되는, 즉 KO(knock-out) 조항이 부여된 유럽형 풋옵션의 적정가격을 3기간 이항모형을 이용하여 구하시오. 이때 옵션의 잔존만기는 3년이고 행사가격은 22,000원이다. 계산결과는 반올림하여 소수점 둘째 자리까지 나타내시오.

8-20 이항분포의 헤지포트폴리오와 복제포트폴리오(2013년)

(주)마바의 현재 주당 가격은 10,000원이다. 주가변동은 이항분포를 따르는데 1년 후 주가가 상승하여 12,000원이 될 확률은 60%, 주가가 하락하여 7,000원이 될 확률은 40%이다. 투자자는 위험 중립적이고 무위험이자율은 10%이며 (주)마바 주식을 기초 자산으로 하는 1년 만기 유럽형 콜옵션과 풋옵션의 행사가격은 10,000원으로 동일하다.

(물음1) 헤지포트폴리오를 구성하여 현재의 콜옵션가치를 계산하라. 계산결과는 반올림 하여 소수점 둘째 자리까지 표기하라.

(물음2) 무위험 헤지포트폴리오(riskless hedge portfolio)의 속성을 간략하게 설명하라.

(물음3) 기초주식과 무위험채권을 이용하여 콜옵션을 보유한 것과 동일한 포트폴리오를 구성하고 현재 콜옵션 가격이 1,600원일 때 차익거래전략을 현재와 만기 두 시점 별 현금흐름의 관점에서 제시하라. 계산결과는 반올림하여 소수점 둘째 자리까지 표기하라.

(물음4) 이항모형으로 복제포트폴리오를 구성하여 풋옵션의 가치를 구하고 현재 풋옵션 가격이 600원일 때 차익거래전략을 현재와 만기 두 시점별 현금흐름의 관점에서 제시하라. 계산결과는 반올림하여 소수점 둘째 자리까지 표기하라.

8-21 포트폴리오 보험전략 (2014년)

㈜다라의 현재 주당 가격은 10,000원이다. ㈜다라의 주식을 기초자산으로 하는 행사가격 10,000원, 1년 만기 유럽형 풋옵션의 가격은 500원이고 무위험이자율은 연 10%이다.

(물음 1) 현재 ㈜다라 주식 1,000주를 보유한 투자자 갑이 1년 후의 가격하락 위험을 제거하기 위하여 보호풋(protective put) 전략을 사용하려 할 때 필요한 풋옵션의 개수와 이 포트폴리오의 현재시점 가치를 각각 구하라.

(물음 2) (물음 1)과 같이 구성한 다음 1년 후 ㈜다라의 주가가 5,000원이 된 경우와 15,000원이 된 경우의 투자성과를 비교하라.

(물음 3) 투자자 병은 현재 1,000만원을 보유하고 있다. 투자자 병이 ㈜다라 주식과 풋옵션 및 무위험대출을 이용하여 1년 후 최소한 1,000만원을 확보하기 위해 필요한 ㈜다라 주식의 개수, 풋옵션의 개수 및 대출액을 각각 계산하라. 계산결과는 반올림하여 소수점 둘째 자리까지 표기하라.

(물음 4) 포트폴리오 보험전략을 간략하게 설명하라.

8-22 전환사채 및 수의상환권 (2015년)

BBB기업이 만기 2년, 무이표 전환사채(convertible bond)를 발행할 예정이다. 채권의 액면가는 100만원이고 채권은 만기일을 포함하여 언제나 주식 2주로 전환이 가능하다. 채권 발행 당시의 BBB기업 무배당 주식의 현재 가격은 50만원이며, 매년 주가가 15% 상승하거나 15% 하락하는 이항과정을 따른다고 가정한다. 위험중립 하의 주가의 상승 확률은 55%이고 하락 확률은 45%이다. 무위험이자율은 연 1%로 향후 변동이 없으며, 시장에는 어떠한 차익거래의 기회도 없다고 가정한다.

(물음 1) BBB기업이 발행하는 전환사채의 현재가치를 2기간 이항모형을 이용하여 원단위로 계산하라.

(물음 2) BBB기업은 (물음 1)과 동일한 전환사채에 수의상환권(call option)을 추가한 수의상환부(callable) 전환사채를 발행할 계획이다. 채권의 만기일 이전에만 수의상환권을 행사할 수 있으며 수의상환가격은 108만원이다. 단, BBB기업이 수의상환을 결정하기에 앞서 항상 채권투자자가 전환권을 행사할 수 있다.
① 만기 2년의 수의상환부 전환사채의 현재가치를 2기간 이항 모형을 이용하여 원단위로 계산하라.
② 채권에 포함되어 있는 수의상환권의 현재가치를 원단위로 계산하라.

(물음 3) BBB기업이 발행한 (물음 2)의 수의상환부 전환사채의 가치평가 시 BBB기업의 파산위험을 추가로 고려하기로 한다. 매 기말시점에서 위험중립 하의 파산 확률(default probability)은 2%로 가정하고 주가의 상승확률은 55%, 하락확률은 43%로 재설정한다. 파산 시 주가는 0원이 되고 채권 액면금액의 30%가 회수된다고 가정한다. 만기 2년의 수의상환부 전환사채의 현재가치를 파산을 고려한 2기간 삼항모형을 이용하여 원단위로 계산하라.

8-23 스프레드 (2015년)

AAA기업의 주식을 기초자산으로 하고 잔존만기가 1년으로 동일한 다음의 6가지 유럽형 옵션이 현재 시장에서 거래되고 있다. 단, 무위험이자율은 연 10%이다.

옵션종류	행사가격	옵션프리미엄
콜옵션	1,000원	100원
	1,150원	40원
	1,300원	5원
풋옵션	1,000원	20원
	1,150원	60원
	1,300원	105원

(물음1) 1년 후 옵션의 만기 시에 AAA기업의 주가의 변화에 따라 아래와 같은 만기 손익을 동일하게 복제하는 옵션 포트폴리오를 만들고자 한다. 위에서 제시된 옵션들을 조합하여 만들 수 있는 거래전략을 두 가지 방법으로 나누어 제시하라. 단, 손익계산 시 옵션프리미엄은 고려하지 않는다. (S_T : 만기 시 AAA기업의 주가)

주가	만기손익
$S_T \leq 1,000$	0
$1,000 < S_T \leq 1,150$	$S_T - 1,000$
$1,150 < S_T \leq 1,300$	$1,300 - S_T$
$1,300 < S_T$	0

(물음 2) (물음 1)의 두 가지 거래 전략에 소요되는 현재 시점에서의 총 비용을 각각 원단위로 계산하라.

(물음 3) 앞의 6가지 유럽형 옵션들 사이에는 차익거래 기회가 존재한다. 6가지 옵션 모두를 이용하여 현재 시점에서는 비용이 소요되지 않는 차익거래 전략을 제시하고 만기일에서의 차익거래 이익을 원단위로 계산하라.

(물음 4) 옵션의 만기 시 AAA기업의 주가에 관계없이 150원이라는 확실한 현금흐름을 제공하는 옵션 포트폴리오를 만들고자 한다. 위에서 제시된 옵션들을 조합한 두 가지 거래 전략을 제시하고 각 거래 전략의 수익률을 계산하라. 계산결과는 % 단위로 표시하되 반올림하여 소수점 첫째 자리까지 표시하라.

㈜가나의 주식을 기초자산으로 하고 잔존만기가 1년인 다음의 4가지 유럽형 옵션이 현재 시장에서 거래되고 있으며 무위험이자율은 연 10%이다.

구 분	행사가격(원)	옵션프리미엄(원)
콜옵션	2,000	200
	2,300	20
풋옵션	2,000	40
	2,300	120

(물음1) 옵션 만기일에 ㈜가나의 주가와 무관하게 항상 300원의 현금흐름을 가져오는 옵션 포트폴리오를 구성하려 한다. 위에서 제시한 4가지 유럽형 옵션을 모두 이용한 거래전략을 제시하시오.

(물음2) (물음 1)의 거래전략에 소요되는 총비용을 현재시점을 기준으로 반올림하여 원단위로 계산하시오.

(물음3) 현재 거래되는 4가지 유럽형 옵션들 사이에는 차익거래 기회가 존재한다. 현재시점에서 비용이 들지 않는 차익거래 전략을 제시하고 차익거래이익을 만기시점을 기준으로 반올림하여 원단위로 계산하시오.

(물음4) 현재 시장에는 ㈜가나의 주식을 기초자산으로 하고 행사가격이 2,600원, 옵션 프리미엄이 10원, 잔존만기가 1년인 콜옵션도 거래되고 있다. 콜옵션을 이용한 나비 스프레드(butterfly spread) 전략을 제시하고, 옵션 만기일에 ㈜가나의 주가가 2,400원인 경우의 수익률을 계산하시오. 계산결과는 %단위로 표시하되 반올림하여 소수점 첫째 자리까지 표시하시오.

8-25 델타중립 포트폴리오 (2017년)

어떤 주식의 현재 주가는 10,000원이고 매년 20% 상승하거나 20% 하락하는 이항분포를 따른다고 가정한다. 이 주식은 배당을 지급하지 않으며, 무위험이자율은 연 5%이다. 2기간 이항모형을 이용하여 답하시오. 금액은 반올림하여 소수점 둘째 자리까지 표시하고, 확률, 델타, 주식 및 옵션의 개수는 반올림하여 소수점 넷째 자리까지 표시하시오.

(물음1) 만기가 2년이고 행사가격이 10,000원인 유럽형 풋옵션을 포함하는 방어풋(protective put) 포트폴리오를 구성하는 데 들어가는 비용(t=0)과 1년 후 시점(t=1)에서 주가가 하락하였을 때 포트폴리오의 가치를 구하시오.

(물음2) 방어풋 전략 대신 포트폴리오보험전략을 시행하려고 한다. 다음 물음에 답하시오.
① 현재 시점(t=0)에서의 주식의 개수와 무위험 채권의 금액을 구하시오.
② 1년 후 시점(t=1)에서 주가가 하락하였을 때 새로 구성해야 할 주식의 개수와 무위험 채권의 금액을 구하시오.
③ 만기(t=2)에서 주가가 6,400원이 되었을 때 포트폴리오의 가치를 구하시오.

(물음3) 다음 물음에 답하시오.
① 현재시점(t=0)에서 주식 1주를 기준으로 델타중립 포트폴리오를 구성하시오.
② 1년 후 시점(t=1)에서 델타중립 포트폴리오의 가치를 구하시오.
③ 만기(t=2)에 주가가 하락하여 9,600원이 된 상황(A)과 주가가 상승하여 9,600원이 된 상황(B) 하에서 델타중립 포트폴리오의 가치를 각각 구하시오.

8-26 델타-감마 헤징 (고급)

(주)미래는 현재 텔타가 −1,200, 감마가 −3,000인 포트폴리오를 보유하고 있으며 지금 시장에서는 다음과 같은 콜옵션이 거래되고 있다.

	델타	감마
콜옵션 1	0.6	0.5
콜옵션 2	0.5	0.8

위의 자료를 이용하여 다음 각 물음에 답하시오.

(물음1) 콜옵션 1을 이용하여 포트폴리오를 텔타중립으로 만들기 위한 전략은 무엇인가?

(물음2) 콜옵션 1과 주식을 이용하여 포트폴리오를 텔타와 감마중립으로 만들기 위한 전략은 무엇인가?

(물음3) 콜옵션 1과 콜옵션2를 이용하여 포트폴리오를 텔타와 감마중립으로 만들기 위한 전략은 무엇인가?

(물음4) 델타중립 포트폴리오와 비교하여 델타감마중립 포트폴리오의 장점을 기술하시오.

8-27 **주가지수옵션을 이용한 델타 헤징** (고급)

현재 보유하고 있는 포트폴리오의 가치는 10억원이며, KOSPI 200에 대한 포트폴리오의 베타는 2.0이다. KOSPI 200의 현재가격은 250이며 주가지수 선물 및 옵션의 가격은 다음과 같으며 거래승수는 1포인트당 50만원이다.

(주가지수는 무배당을 가정한다.)

- 행사가격 250, 만기 3개월 콜옵션 가격 : 10포인트 (델타 = 0.8)
- 행사가격 240, 만기 3개월 풋옵션 가격 : 3포인트 (델타 = −0.1)
- 만기 3개월 선물지수 : 255

(물음1) 행사가격 240의 주가지수 풋옵션을 이용하여 포트폴리오의 헤지전략을 수립하라.

(물음2) 행사가격 250의 주가지수 풋옵션을 이용하여 포트폴리오의 헤지전략을 수립하라.

(물음3) 주가지수 선물을 이용하여 포트폴리오의 헤지전략을 수립하라.

8-28 **유럽형 통화옵션과 이항분포** (고급)

(주)미래는 6개월후에 수출대금 1억 달러를 수취할 예정이며 유럽형 풋옵션을 이용하여 무위험포트폴리오를 만들고자 한다. 현재 1달러에 대한 환율은 $1=1,000원이고 6개월마다 20% 상승하거나 10% 하락하는 이항과정을 따르며, 한국의 이자율은 연 12%이고, 미국의 이자율은 연8%이다. 달러를 기초자산으로 하는 유럽형 풋옵션의 내역은 다음과 같다.

(1) 만기 : 1년

(2) 행사가격 : 1,200/$

(3) 1계약 규모 : 50만 달러

(물음1) 유럽형 풋옵션의 균형가격은 얼마인가? 단, 위험중립확률은 근사값이 아닌 정확한 값으로 계산하시오.

(물음2) 물음1의 풋옵션으로 수출대금의 위험을 헤지하기 위하여 필요한 수량은?

8-29 미국형 통화옵션과 이항분포 (고급)

(주)미래는 6개월후에 수출대금 1억 달러를 수취할 예정이며 미국형 풋옵션을 이용하여 무위험포트폴리오를 만들고자 한다. 현재 1달러에 대한 환율은 $1=1,000원이고 6개월마다 20% 상승하거나 10% 하락하는 이항과정을 따르며, 한국의 이자율은 연 12%이고, 미국의 이자율은 연8%이다. 달러를 기초자산으로 하는 미국형 풋옵션의 내역은 다음과 같다.

(1) 만기 : 1년

(2) 행사가격 : 1,200/$

(3) 1계약 규모 : 50만 달러

(물음1) 미국형 풋옵션의 균형가격은 얼마인가? 단, 위험중립확률은 근사값이 아닌 정확한 값으로 계산하시오.

(물음2) 물음1의 풋옵션으로 수출대금의 위험을 헤지하기 위하여 필요한 수량은?

8-30 실물옵션과 이항분포모형 (고급)

프로젝트의 현재가치는 100억원이며, 그 가치는 매년 20% 상승하거나 20% 하락한다. 그리고 프로젝트를 시작하기 위해 소요되는 현재시점의 투자액은 105억원이다. 프로젝트의 요구수익률은 10%이며, 무위험이자율은 8%이다.

경영자는 2년 후에 다음과 같은 실물옵션들을 행사할 수 있다.

(1) 확장옵션

   추가적으로 15억원을 투자하여 프로젝트의 가치를 20% 증가할 수 있다.

(2) 축소옵션

   프로젝트의 가치를 20% 감소시킬 경우 25억원의 비용을 절감할 수 있다.

(3) 포기옵션

   프로젝트를 포기하면 100억원의 잔존가치가 발생한다.

(물음1) 포기옵션만 있는 경우 포기옵션의 가치는 얼마인가?

(물음2) 실물옵션을 반영한 후의 프로젝트의 NPV는 얼마인가?

8-31 **실물옵션과 이항분포모형** (고급)

프로젝트의 현재가치는 100억원이며, 그 가치는 매년 20% 상승하거나 20% 하락한다. 그리고 프로젝트를 시작하기 위해 소요되는 현재시점의 투자액은 105억원이다. 프로젝트의 요구수익률은 10%이며, 무위험이자율은 8%이다.

경영자는 1년 후 또는 2년 후에 다음과 같은 실물옵션들을 행사할 수 있다.
(1) 확장옵션

추가적으로 15억원을 투자하여 프로젝트의 가치를 20% 증가할 수 있다.

(2) 축소옵션

프로젝트의 가치를 20% 감소시킬 경우 25억원의 비용을 절감할 수 있다.

(3) 포기옵션

프로젝트를 포기하면 100억원의 잔존가치가 발생한다.

(물음1) 포기옵션만 있는 경우 포기옵션의 가치는 얼마인가?

(물음2) 실물옵션을 반영한 후의 프로젝트의 NPV는 얼마인가?

8-32 CDS 프리미엄 (고급)

K은행은 1년 후 200억원의 만기상환액을 받기로 하고 (주)미래에서 담보부 대출을 하려고 한다. (주)미래는 현재 시가가 210억원인 빌딩을 담보로 제공하며, 이 건물은 1년 후 10% 상승하거나 10% 하락 할 것으로 예상된다. 현재 시장의 무위험이자율이 5%인 경우 다음 각 물음에 답하시오.

(물음1) K은행이 허용할 수 있는 담보부 대출금액은 얼마인가?

(물음2) 물음1에 적용된 신용스프레드는 얼마인가?

(물음3) S은행이 (주)미래에게 신용부도스와프(CDS)를 제공하고자 한다. CDS는 신용사건 발생 시 원금 상환을 보장받게 해 주는데 이 경우 적절한 CDS프리미엄은 얼마인가?

8-33 이항분포모형과 현물이자율 (고급)

현재 1년 만기 현물이자율은 5%이다. 1년 만기 현물이자율은 매년 동일한 확률로 30% 상승하거나 23%하락한다고 한다.

(물음1) 2년 만기 현물이자율은 얼마인가?

(물음2) 물음1에 2년 만기 현물이자율이 5.20%라면 얼마의 유동성 프리미엄이 반영된 것인가?

8-34 수의상환채권과 이항분포모형 (고급)

(주)미래는 투자자금을 마련하기 위하여 만기 3년, 액면이자율 10%, 액면금액 100억원인 수의상환사채를 발행하였다. 수의상환권은 발행 후 1년이 지난 시점부터 행사할 수 있으며 수의상환가격은 101억원이다. 현재 만기 1년 현물 시장이자율은 10%로 매년 동일한 확률로 10%상승하거나 10% 하락한다고 한다. 수의상환권의 가치를 구하시오.

8-35 **상환청구채권과 이항분포모형** (고급)

(주)미래는 투자자금을 마련하기 위하여 만기 3년, 액면이자율 10%, 액면금액 100억원인 상환청구사채를 발행하였다. 상환청구권은 발행 후 1년이 지난 시점부터 행사할 수 있으며 상환청구가격은 100억원이다. 현재 만기 1년 현물 시장이자율은 10%로 매년 동일한 확률로 10%상승하거나 10% 하락한다고 한다. 상환청구권의 가치를 구하시오.

8-36 **확장옵션** (고급)

(주)미래는 현재 강원도에서 추진하고 있는 동계올림픽 경기장 건설에 참여할 것을 고려하고 있다. 이 투자안의 순현가는 −30억원으로 사업성이 없는 것으로 판단된다. 그러나 이 사업에 참가하는 경우 1년 후에 강원도에서 추진하는 리조트 건설에 진출할 수 있는 옵션을 획득할 수 있다. 리조트 건설에 소요되는 초기 비용은 200억원이며 현재시점에서는 리조트 건설에서 발생하는 현금흐름의 현재가치는 220억으로 예상된다. 그러나 이와 같은 추정치는 향후 경기상황에 따라 달라질 수 있으며, 동계올림픽 건설의 분산은 0.01이며 리조트 건설의 분산은 0.04이다. 무위험이자율은 연 10%라고 하고 동계올림픽 경기장 건설에 참여하는 경우 확장옵션을 포함한 순현가는 얼마인가? (단, $e^{-0.1} = 0.90483$)

S/X	1.0	1.10	1.20	1.25
ln S/X	0	0.0953	0.1823	0.2231
d	1.000	1.057	1.077	1.097
N(d)	0.841	0.855	0.859	0.864
d	0.800	0.857	0.877	0.897
N(d)	0.788	0.804	0.810	0.815

단, N(d)는 표준정규분포에서 d까지의 확률이다.

제9장 선물

① 선물의 균형가격

1. 선물의 기초

(1) 선물의 정의

"미래의 일정시점에 정해진 가격으로 특정 자산을 매수 또는 매도하기로 현재시점에 약정한 계약"으로 장외거래는 선도계약, 장내거래는 선물계약이라고 한다.

1) 미래의 일정시점   ⇒ 만기 (T)
2) 정해진 가격   ⇒ 선물가격 (F)
3) 특정자산   ⇒ 기초자산(S)
4) 매수   ⇒ Long (+f)
5) 매도   ⇒ Short (-f)

(2) 기초자산

1) 상품 : 원유, 금, 은, 농산물, 축산물 등
2) 주가지수 또는 개별 주식
3) 통화 (환율)
4) 채권 (금리)

(3) 선물거래와 선도거래의 차이점

	선도거래	선물거래
거래장소	장외시장	거래소
계약내용	당사자간의 합의	표준화
결제방식	만기결제	일일정산
결제형식	현물인수도	반대매매결제
이행보증	거래당사자의 신용	거래소가 보증

2. 선물균형가격의 결정

(1) 선물의 현금흐름 및 만기손익

	현재시점 현금흐름	만기시점의 현금흐름
선물 매수(+f)	0	$+S_T - F$
선물 매도(−f)	0	$-S_T + F$

S_T = 만기시점의 기초자산 가격, F = 만기시점의 선물가격

선물은 현재시점에서 현금흐름이 발생하지 않기 때문에 만기가치와 만기손익이 동일하다.

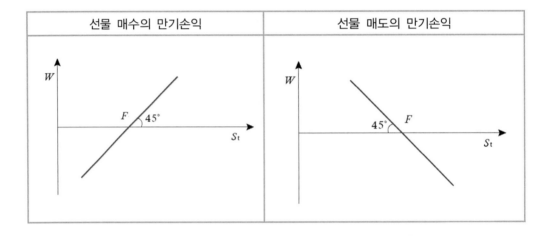

선물 매수의 만기손익	선물 매도의 만기손익

(2) 완전자본시장에서의 선물의 균형가격 (선물 패러티)

무위험이자율로 차입하여 기초자산을 매입한 포트폴리오의 만기가치는 선물매수의 만기가치와 동일하므로 선물의 복제포트폴리오는 다음과 같다.

(전략1) 선물 매수(+f)

	현재시점 현금흐름	만기시점의 현금흐름
선물 매수(+f)	0	$+S_T - F$

(전략2) 현물매수(+S) + 차입 (-B)

	현재시점 현금흐름	만기시점의 현금흐름
현물 매수(+S)	$-S_0$	$+S_T - C_T + R_T$
무위험이자율로 차입	$+S_0$	$-S_0 \times (1+R_f)^T$
합 계	0	$+S_T - C_T + R_T - S_0 \times (1+R_f)^T$

S_0 = 현재시점 기초자산 가격, C_T = 기초자산 보유비용 만기가치, R_T = 기초자산 보유수익 만기가치

전략1과 전략2의 만기가치는 동일하여야 하므로

$$+S_T - F = +S_T - C_T + R_T - S_0 \times (1+R_f)^T$$

$$F = S_0 \times (1+R_f)^T + C_T - R_T$$

☞ 선물의 복제포트폴리오

선물매수 = 현물매수 + 차입 (채권 매도) → +f = +S −B
선물매도 = 현물매도 + 대출 (채권 매수) → −f = −S +B

(3) 만기가 1년 미만의 선물 균형가격 (만기=T개월)

$$F = S_0 \times \left(1 + R_f \times \frac{T}{12}\right) + C_T - R_T$$

$$C_T = C_0 \times \left(1 + R_f \times \frac{T}{12}\right) \qquad R_T = R_0 \times \left(1 + R_f \times \frac{T}{12}\right)$$

(4) 만기가 1년 초과의 선물 균형가격 (만기=T년)

$$F = S_0 \times (1+R_f)^T + C_T - R_T$$

$$C_T = C_0 \times (1+R_f)^T \qquad R_T = R_0 \times (1+R_f)^T$$

(5) 차익거래

$$F_T > S_0 \times (1+R_f) + C_T - R_T$$

선물의 시장가격 > 선물의 균형가격

⇒ 선물 매도(-f), 현물 매수(+S), 무위험이자율 차입

	현재시점 현금흐름	만기시점의 현금흐름
선물 매도(-f)	0	$-S_T + F_T$
현물 매수(+S)	$-S_0$	$+S_T - C_T + R_T$
무위험이자율로 차입	$+S_0$	$-S_0 \times (1+R_f)^T$
합 계	0	$+F_T - C_T + R_T - S_0 \times (1+R_f)^T > 0$

$$F_T < S_0 \times (1+R_f) + C_T - R_T$$

선물의 시장가격 < 선물의 균형가격

⇒ 선물 매수(+f), 현물 매도(-S), 무위험이자율 대출

	현재시점 현금흐름	만기시점의 현금흐름
선물 매수(+f)	0	$+S_T - F_T$
현물 매도(-S)	$+S_0$	$-(S_T - C_T + R_T)$
무위험이자율로 대출	$-S_0$	$+S_0 \times (1+R_f)^T$
합 계	0	$-F_T + C_T - R_T + S_0 \times (1+R_f)^T > 0$

(6) 선물 기초자산의 보유비용과 보유수익

	보유비용의 만기가치(C_T)	보유수익의 만기가치 (R_T)
상품선물	보관비. 보험료 등	N/A
주 식	주식매매 수수료	배당수익
통 화	N/A	미국이자율 이자수익
금 리	N/A	이표채의 이자수익

3. 불완전자본시장에서의 선물의 균형가격

시장의 불완전요인들로는 다음과 같은 것들이 있다.

• 현물 또는 선물 거래수수료
• 호가 스프레드
• 차입이자율은 대출이자율보다 높다.
• 공매자금의 제한

→ 불완전시장에서는 선물가격은 단일값을 갖지 않고 일정한 범위에서 움직인다.

(1) 선물가격의 상한선 (선물매도가격)

보유수익=0을 가정하고 선물 매도(-f), 현물 매수(+S), 무위험이자율 차입

$$F \leq (S_0 + C_0) \times (1 + R^B)^T + C_T$$

$C_T =$ **만기시점수수료**,　$C_0 =$ **현재시점수수료**,　$R^B =$ **차입이자율**,　$R^L =$ **대출이자율**

(2) 선물가격의 하한선 (선물매수가격)

보유수익=0을 가정하고 선물 매수(+f), 현물 매도(-S), 무위험이자율 대출

$$F \leq (S_0 - C_0) \times (1 + R^L)^T - C_T$$

☞ 자세한 계산은 실전문제 9-1,9-5를 통하여 정리한다.

4. 선물가격과 기대현물가격

(1) 기대가설

선물가격은 선물시장에서 전망하는 미래 일정시점의 현물가격에 대한 예측값이다.

선물가격 = 기대현물가격 → $F_t = E(S_t)$

(2) 백워데이션

헤저들이 선물에 매도포지션을 취하고 투기거래자들이 매입포지션을 취하는 경우
선물가격 < 기대현물가격 → $F_t < E(S_t)$

$$S_0 = \frac{F_t}{(1+R_f)^t} = \frac{E(S_t)}{(1+k_e)^t} \text{에서 } F_t < E(S_t) \rightarrow R_f < k_e \rightarrow \beta > 0$$

(3) 콘탱고

헤저들이 선물에 매입포지션을 취하고 투기거래자들이 매도포지션을 취하는 경우
선물가격 > 기대현물가격 → $F_t > E(S_t)$

$$S_0 = \frac{F_t}{(1+R_f)^t} = \frac{E(S_t)}{(1+k_e)^t} \text{에서 } F_t > E(S_t) \rightarrow R_f > k_e \rightarrow \beta < 0$$

(4) 베이시스(Basis)

현물가격(S)에서 선물가격(F)을 차감한 차이로 만기가 다가올수록 베이시스는 감소한다.

(5) 스프레드(Spread)

서로 다른 선물가격 간의 차이로서 만기간 스프레드, 상품간 스프레드, 거래소간 스프레드가
있다.

선물을 이용한 위험관리

1. 선물을 이용한 위험관리

(1) 매입헤지(long hedge)

선물 계약을 매수하여 위험을 제거하는 것으로 다음 상황에 유효하다.
1) 원유 구입예정인 기업이 원유 가격상승위험을 방지
2) 현재 채무자가 채권 가격상승위험 (이자율 하락위험)을 방지
3) 수입기업이 환율 상승위험을 방지
4) 대출 예정인 기업이 이자율 하락위험을 방지

(2) 매도헤지(short hedge)

선물 계약을 매도하여 위험을 제거하는 것으로 다음 상황에 유효하다.
1) 원유 판매예정인 기업이 원유 가격하락위험을 방지
2) 현재 채권보유자가 채권 가격하락위험 (이자율 상승위험)을 방지
3) 수출기업이 환율 하락위험을 방지
4) 차입 예정인 기업이 이자율 상승위험을 방지

(3) 직접헤지

위험회피대상과 선물의 기초자산이 동일한 헤지전략으로 망각전략과 동적전략으로 구분된다. 망각전략은 시간이 경과하여도 헤지계약수를 재조정 할 필요가 없지만 동적전략은 시간이 경과하면서 헤지계약수를 재조정하여야 한다.

(4) 교차헤지

위험회피대상과 선물의 기초자산이 상이한 헤지로 단순헤지와 최소분산헤지가 있다.

2. 직접헤지

위험회피대상(S) 1개를 헤지하기 위하여 HR(hedge ratio)개의 선물(f)을 이용한 헤지포트폴리오 (H)는 다음과 같다.

$$H = S_0 + HR \times f$$

(1) 망각헤지

헤지비율 HR = -1로 결정하며 시간이 경과하여도 재조정이 필요없다.

$$H = S_0 - 1 \times f$$

즉, 위험회피대상 1개를 헤지하기 위하여 선물을 1개 매도한다.

(2) 동적헤지

선물의 델타를 이용하는 헤지전략으로 시간이 경과하면 헤지비율을 재조정 하여야 하며 헤지비율은 다음과 같이 측정한다. 헤지포트폴리오는 위험회피대상의 변동위험이 없어야 하기 때문에 이를 미분하여 헤지비율을 구하면 선물델타의 역수가 도출된다.

$$H = S_0 + HR \times f \;\Rightarrow\; \frac{\Delta H}{\Delta S} = 1 + HR \times \Delta_f = 0 \;\Rightarrow\; HR = -\frac{1}{\Delta_f}$$

$$F = S_0 \times (1 + R_f)^T \;\Rightarrow\; \Delta_f = \frac{\Delta F}{\Delta S} = (1 + R_f)^T$$

$$H = S_0 - \frac{1}{(1 + R_f)^T} \times f$$

이자율 변동이 없다면 시간이 경과할수록 선물델타는 감소하며 헤지비율(HR)은 증가한다.

필수예제

9-1 직접헤지

A기업은 SS전자 주식을 50주 보유하여 있으며 현재 주가는 10,000원이다. A기업은 SS전자 1주를 기초자산으로 하는 만기 2년 선물을 이용하여 헤지하고자 한다.

단, 무위험이자율은 8%이다.

(물음1) 헤지 후 망각전략을 하려면 선물 몇 계약을 매도하여야 하는가?

(물음2) 선물델타를 이용한 동적헤지전략을 하려면 현재 시점과 1년 후 시점 각각 선물 몇 계약을 매도하여야 하는가?

정답

(1) 헤지 후 망각전략

HR = -1 이므로 선물 **50계약**을 매도한다.

(2) 선물델타를 이용한 동적헤지전략

  1) 현재시점의 전략

$$\Delta_f = (1 + R_f)^T = (1.08)^2 = 1.1664$$

$$HR = -\frac{1}{\Delta_f} = -\frac{1}{1.1664} = -0.8573$$

선물 계약수 = -0.8573 × 50 = **-42.865** 계약 매도

  2) 1년 후 시점의 전략

$$\Delta_f = (1 + R_f)^T = 1.08$$

$$HR = -\frac{1}{\Delta_f} = -\frac{1}{1.08} = -0.9259$$

선물 계약수 = -0.9259 × 50 = **-46.295** 계약 매도

3. 교차헤지

위험회피대상과 선물의 기초자산이 상이한 헤지로 단순헤지와 최소분산헤지가 있다.

(1) 단순헤지

위험회피대상과 선물의 금액만을 고려하여 두 개의 규모를 일치시키는 전략으로 매도하여야 할 선물의 계약수(N)는 다음과 같다.

$$N=-\frac{S_0}{F_T}$$

S_0 : 위험회피대상의 총 가치(금액)

F_T : 선물 1계약의 가치(금액)

(2) 최소분산헤지

단순헤지의 계약수에 위험회피대상의 베타를 곱하는 방법으로 베타는 선물가격을 독립변수로 하는 베타이다.

$$N=-\frac{S_0}{F_T}\times\beta_{SF} \qquad \square \quad \beta_{SF}=\frac{Cov(R_S,R_F)}{\sigma_F^2}$$

개별항목의 베타는 가격변동률 회귀모형을 적용하여 다음과 같이 구한다.

$$R_S=\alpha+\beta\times R_F+e \rightarrow \beta_S=\frac{\sigma_{SF}}{\sigma_F^2}=\rho_{SF}\times\frac{\sigma_S}{\sigma_F}$$

(3) 회귀분석과 베타

회귀선 : $R_S=\alpha_S+\beta_S\times R_F+e_S$

회귀선의 기울기 : $\beta_{SF}=\frac{Cov(R_S,R_F)}{\sigma_F^2}$

선물과 위험회피대상의 상관관계 : $\rho_{SF}=\beta_{SF}\times\frac{\sigma_F}{\sigma_S}$

☞ 회귀선의 결정계수과 클수록 위험회피의 유효성은 크다.

필수예제

9-2 교차헤지

한 달 후 A항공은 항공기 연료로 사용되는 100만 배럴의 제트유가 필요하며, 12월에 만기가 도래하는 난방유 선물을 이용하여 가격변동 위험을 헤지하기로 하였다. 분산으로 측정되는 헤지포지션의 위험을 최소화하기 위해 과거 24개월 동안의 역사적 자료를 이용하여 최소분산헤지비율을 구하였다. 최소분산헤지비율을 계산하기 위해 월별 현물가격의 변화를 월별 선물가격의 변화에 대해 회귀분석한 결과의 일부를 다음의 표에 제시하였다. 난방유선물 1계약 단위가 42,000 배럴일 때, A항공이 취해야 할 전략을 설명하시오.

	분산	표준편차	공분산	상관계수
선물가격변화율	0.00148	0.03841	0.00105	0.69458
현물가격변화율	0.00155	0.03936		

정답

(1) 위험회피대상의 베타 측정

$$\beta_{SF} = \frac{Cov(R_S R_F)}{\sigma_F^2} = \frac{0.00105}{0.00148} = 0.71$$

(2) 선물 계약수

$$N = -\frac{S_0}{F_T} \times \beta_{SF} = -\frac{-1,000,000}{42,000} \times 0.71 = +16.9계약$$

∴ 난방유 선물을 17계약 매수한다.

ⅢⅢ 주가지수선물

1. 주가지수선물 균형가격

(1) 완전자본시장에서의 선물의 균형가격 (T=1년 가정)

(전략1) 선물 매수(+f)

	현재시점 현금흐름	만기시점의 현금흐름
선물 매수(+f)	0	$+S_T-F$

(전략2) 현물매수(+S) + 차입 (-B)

	현재시점 현금흐름	만기시점의 현금흐름
현물 매수(+S)	$-S_0$	$+S_T+S_0\times d$
무위험이자율로 차입	$+S_0$	$-S_0\times(1+R_f)^1$
합 계	0	$+S_T+S_0\times d-S_0\times(1+R_f)^1$

S_0 = 현재시점의 KOSPI 200 지수 S_T = 만기시점의 KOSPI 200 지수

F = 만기시점의 KOSPI 200 선물지수 d = KOSPI 200 연 배당수익률

1 포인트 = 500,000원

전략1과 전략2의 만기가치가 동일하여야 한다.

$+S_T-F = +S_T+S_0\times d-S_0\times(1+R_f)^1$

$$F=S_o\times[1+(R_f-d)]$$

(2) 주가지수선물 균형가격 (만기 T개월)

$$F=S_o\times[1+(R_f-d)\times\frac{T}{12}]$$

(3) 차익거래

$$F < S_o \times [1 + (R_f - d) \times \frac{T}{12}] \rightarrow 선물가격 \ 과소평가 \Rightarrow 선물 \ 매수, \ 현물 \ 매도, \ 대출$$

$$F > S_o \times [1 + (R_f - d) \times \frac{T}{12}] \rightarrow 선물가격 \ 과대평가 \Rightarrow 선물 \ 매도, \ 현물 \ 매수, \ 차입$$

필수예제

9-3 주가지수 선물

현재 코스피 200지수는 250포인트이고 3개월 후에 만기가 도래하는 선물가격은 251포인트로 거래되고 있다. 시장이자율은 연 6%, 배당수익률은 연 4%라고 한다. 선물계약의 균형가격을 구하고 어떤 형태의 차익거래가 가능한가 설명하라.

정답

$$F = S_o \times [1 + (R_f - d) \times \frac{T}{12}] \rightarrow F = 250 \times [1 + (0.06 - 0.04) \times \frac{3}{12}] = \mathbf{251.25}$$

선물시장가격(251) < 선물균형가격 (251.25)

→ 선물 매수, 현물 매도, 대출 (채권 매수)의 차익거래를 한다.

	현재시점 현금흐름	만기시점의 현금흐름
선물 매수(+f)	0	$+S_T - 251$
현물 매도(-S)	+250	$-S_T - 250 \times 0.04 \times \frac{3}{12}$
대출 (+B)	-250	$+250 \times 0.06 \times \frac{3}{12}$
합 계	0	+1.25

2. 주가지수 합성선물

(1) 합성선물의 균형가격

1) 확정배당금 모형의 풋-콜 패러티 (만기=1년)

$$S_0 - S_0 \times d - C_0 + P_0 = \frac{X}{1+R_f}$$

2) 확정배당금 모형 선물 패러티 (만기=1년)

$$F = S_o \times [1 + (R_f - d)]$$

1)과 2)를 연립방정식으로 정리하면 다음과 같다.

$$C_0 - P_0 = \frac{F-X}{1+R_f}$$

동일한 행사가격의 콜옵션과 풋옵션의 현재가격의 차이는 동일 만기의 선물가격과 옵션의 행사가격의 차이의 현재가치와 동일하여야 한다.

만기 = T개월인 경우 → $C_0 - P_0 = \dfrac{F-X}{1+R_f \times \dfrac{T}{12}}$

(2) 복제포트폴리오

콜옵션 1개 매수+ 풋옵션 1개 매도 = 선물 매수 + 대출(액면금액 = F-X)

(3) 차익거래

$$C_0 - P_0 < \frac{F-X}{1+R_f}$$

좌변은 매수, 우변은 매도

⇒ 콜옵션 매수 (+C), 풋옵션 매도(-P), 선물 매도(-f), 무위험이자율 차입(액면금액 F-X)

투자전략	T=0	T=1	
		$S_T < X$	$S_T > X \rangle X$
콜옵션 매입	$-C_0$	0	$S_T - X$
풋옵션 매도	$+P_0$	$-(X - S_T)$	0
선물매도	0	$F - S_T$	$F - S_T$
무위험차입	$+\dfrac{(F-X)}{1+R_f}$	$-(F-X)$	$-(F-X)$
Total	☆	0	0

$$☆ = \frac{F-X}{1+R_f} - (C_0 - P_0) > 0$$

3. 주가지수선물을 이용한 위험관리

(1) 주요 용어

1) S_0 = 현재시점의 포트폴리오의 시장가치(금액) → 위험회피대상
2) F_0 = 현재시점의 주가지수 선물 1계약의 가치(금액) → 위험회피수단
3) β_{SM} = 주가지수에 대한 포트폴리오의 베타
4) β_{SF} = 주가지수선물에 대한 포트폴리오의 베타
5) β_T = 포트폴리오의 목표베타
6) N = 주가지수선물 계약 수

(2) 베타헤지

포트폴리오의 위험을 제거하기 위한 주가지수 선물 계약 수를 주가지수에 대한 포트폴리오의 베타를 이용하여 구하면 다음과 같이 구한다.

$$N = -\frac{S_0}{F_0} \times \beta_{SM} \qquad \square \qquad \beta_{SM} = \frac{Cov(R_S R_m)}{\sigma_m^2}$$

CAPM에서 사용하는 베타를 이용하기 때문에 편리한 방법이다.

(3) 최소분산헤지

포트폴리오의 위험을 제거하기 위한 주가지수 선물 계약 수를 주가지수선물에 대한 포트폴리오의 베타를 이용하여 구하면 다음과 같이 구한다.

$$N = -\frac{S_0}{F_0} \times \beta_{SF} \qquad \Box \qquad \beta_{SF} = \frac{Cov(R_S R_F)}{\sigma_F^2}$$

선물의 만기가 짧기 때문에 베타를 계산하기 어렵다.

(4) 목표베타 위험관리

포트폴리오의 위험을 관리하기 위한 주가지수 선물 계약 수를 주가지수에 대한 포트폴리오의 베타를 이용하여 구하면 다음과 같이 구한다.

$$N = \frac{S_0}{F_0} \times (\beta_T - \beta_{SM}) \qquad \Box \qquad \beta_{SM} = \frac{Cov(R_S R_m)}{\sigma_m^2}$$

$\beta_T > \beta_{SM} \Rightarrow$ 주가지수선물 N개 매수 $\beta_T < \beta_{SM} \Rightarrow$ 주가지수선물 N개 매도

필수예제

9-4 주가지수선물을 이용한 헤지

펀드매니저 K는 100억원 규모의 주식포트폴리오에 대해 1년간 관리하는 임무를 부여받았다. 현재 이 주식포트폴리오의 베타는 1.5이다. K는 향후 약세장을 예상하고 주가지수선물을 이용하여 이 주식포트폴리오의 베타를 1.0으로 줄이려고 한다. 1년 만기를 갖는 주가지수선물의 현재 지수가 250 포인트(1포인트당 50만원)라고 할 때, 어떻게 해야 하는가?

△정답

(1) 선물 1계약의 가격: F = 250 포인트 × 500,000원 = 125,000,000원
(2) 선물 계약수

$$N = \frac{S_0}{F_0} \times (\beta_T - \beta_{SM}) = \frac{100억원}{1.25억원} \times (1.0 - 1.5) = (-)40$$

∴ 주가지수선물 40계약 매도한다.

필수예제

9-5 주가지수선물을 이용한 헤지

투자자가 현재 보유중인 주식과 관련된 정보는 다음과 같다.

종 목	보유주식수	1주당 시가	베타
A	20,000주	10,000원	0.8
B	10,000주	30,000원	1.5

현재 주가지수선물의 가격은 250포인트이고 포인트당 가격은 50만원이다.

[물음1] 단순헤지의 경우에 거래해야 할 선물계약수는?

[물음2] 베타헤지의 경우에 거래해야 할 선물계약수는?

[물음3] 주가상승이 예상되어 베타를 2.0수준으로 높이려고 할 때 필요한 선물계약수는?

정답

[물음1] 선물 1계약의 금액 = 250 × 50만원 = 12,500만원

위험회피대상 금액 = 20,000주 × 1만원 + 10,000주 × 3만원 = 50,000만원

단순헤지 선물계약수 $N = -\dfrac{S_0}{F_t} = -\dfrac{500,000,000\text{원}}{125,000,000\text{원}} = -4 \rightarrow$ **4계약 매도**

[물음2] 위험회피대상의 베타 $\beta_p = 0.8 \times \dfrac{2\text{억}}{5\text{억}} + 1.5 \times \dfrac{3\text{억}}{5\text{억}} = 1.22$

베타헤지 선물계약수 $N = -\dfrac{S_0}{F_t} \times \beta_p = -\dfrac{500,000,000\text{원}}{125,000,000\text{원}} \times 1.22 = -4.88$

$\rightarrow$ **4.88계약 매도**

[물음3] 목표베타 선물계약수 $N = \dfrac{S_0}{F_t} \times (\beta_T - \beta_p) = \dfrac{500,000,000\text{원}}{125,000,000\text{원}} \times (2.0 - 1.22) = +3.12$

$\rightarrow$ **3.12계약 매수**

스 왑

1. 스왑의 기초

(1) 정의

두 당사자가 미래의 현금흐름을 서로 교환하기로 약속하는 선도계약 (장외상품)

(2) 통화스왑

일정기간동안 두 당사자가 서로 다른 통화의 이자와 원금을 교환하는 계약

(3) 금리스왑

일정기간동안 두 당사자가 고정금리이자와 변동금리이자를 교환하는 계약으로 원금은 교환하지 않고 이자만 교환한다.

2. 스왑의 설계

- 금리 스프레드(spread) : 기업의 신용도에 따른 금리수준의 차이
- 스왑의 이익은 변동금리 스프레드와 고정금리 스프레드가 차이가 있을 때 발생한다.
- 중개은행이 개입하지 않는 경우
  변동금리 스프레드와 고정금리 스프레드 차이 = 두 당사자 이익의 합
- 중개은행이 개입하는 경우
  변동금리 스프레드와 고정금리 스프레드 차이 = 두 당사자 이익의 합 + 중개은행 이익

예를 들면 A와 B의 차입조건은 다음과 같다.

	고정금리	변동금리
A	8%	LIBOR + 1%
B	9%	LIBOR + 3 %
spread	1%	2%

스왑의 총이익 = 변동금리 spread 2% - 고정금리 spread 1% = 1%

이 경우 A는 변동금리가 더 유리하므로 변동금리 조건으로 차입을 하며 B는 고정금리가 덜 불리하므로 고정금리 조건으로 차입을 한 후 당사자는 스왑계약을 체결한다.

- 중개은행이 개입하지 않는 경우

  A가 B에게 LIBOR를 수취하고 6.5%의 고정금리를 지급하는 스왑계약 체결

  〈A의 이익〉

  차입금의 이자비용 = L + 1%

  스왑의 순이자비용 = 6.5% − L

  총비용 = L + 1% + 6.5% − L = 7.5%

  스왑계약 후 고정금리가 8%보다 7.5%가 되므로 이익은 0.5%이다.

  〈B의 이익〉

  차입금의 이자비용 = 9%

  스왑의 이자비용 = L − 6.5%

  총비용 = 9% + L − 6.5% = L + 2.5%

  스왑계약 후 변동금리가 L + 3%보다 낮은 L + 2.5%가 되므로 이익은 0.5%이다.

- 중개은행이 개입하는 경우

  〈A의 이익〉

  A가 은행에게 LIBOR를 수취하고 6.7%의 고정금리를 지급하는 스왑계약 체결

  차입금의 이자비용 = L + 1%

  스왑의 이자비용 = 6.7% − L

  총비용 = L + 1% + 6.7% − L = 7.7%

  스왑계약 후 고정금리가 8%보다 7.7%가 되므로 이익은 0.3%이다.

  〈B의 이익〉

  B가 은행에게 LIBOR를 지급하고 6.3%의 고정금리를 수취하는 스왑계약 체결

  차입금의 이자비용 = 9%

  스왑의 이자비용 = L − 6.3%

  총비용 = 9% + L − 6.3% = L + 2.7%

  스왑계약 후 변동금리가 L + 3%보다 낮은 L + 2.7%가 되므로 이익은 0.3%이다.

  〈중개은행〉

  A와의 순이자수익 = −L + 6.7%

  B와의 순이자수익 = −6.3% + L

  총수익 = −L + 6.7% − 6.3% + L = 0.4%

☞ 고정금리 스프레드 < 변동금리 스프레드
→ 변동금리차입금을 가진 신용도가 높은 기업과 고정금리차입금을 가진 신용도가 낮은 기업 사이에 금리스왑이 가능하다.

☞ 고정금리 스프레드 > 변동금리 스프레드
→ 고정금리차입금을 가진 신용도가 높은 기업과 변동금리차입금을 가진 신용도가 낮은 기업 사이에 금리스왑이 가능하다.

3. 스왑의 평가

기업 A는 다음과 같은 만기 2년의 금리스왑계약을 체결하려고 한다.
- 매년 말 원금 100억원을 기준으로 고정금리 9%의 이자를 수취
- 매년 말 원금 100억원을 기준으로 변동금리 이자를 지급

현재 1년 만기 현물이자율이 8%이고 2년 만기 현물이자율이 10%라면 스왑의 가치는 얼마인가? 단, 기간구조이론은 불편기대가설을 가정한다.

(1) 기간별 선도이자율을 이용한 변동금리의 결정

$$(1+_0R_2)^2 = (1+_0R_1)^1 \times (1+_1f_2)^1$$

$$1+_1f_2 = \frac{1.10^2}{1.08} = 1.1204 \implies = 12.04\%$$

(2) 미래 현금흐름의 추정

1) 1년 후의 현금흐름 : $E(CF_1)$= 100억 × 9% - 100억 × 8% = +1억
2) 2년 후의 현금흐름 : $E(CF_2)$= 100억 × 9% - 100억 × 12.04% = -3.04억

(3) 스왑의 가치

$$V = \frac{1억}{(1+0.08)^1} - \frac{3.04억}{(1+0.10)^2} = -1.5865억$$

실전문제

9-1 주가지수선물 (1996년)

현재 시장에서는 4개 종류의 주식이 유통되고 있다. ㈜대한투자는 다음과 같은 포트폴리오를 구성하고 있다.

주식 종류	시장가치	보유 주식	분산	상관계수
A	20,000원	1,000주	0.36	0.4
B	40,000원	1,000	0.49	0.8
C	10,000원	1,000	0.25	0.4
D	10,000원	3,000	0.64	0.7

$\sigma_m^2 = 0.04$, 선물 계약승수는 단위당 500,000원, 현재의 선물지수는 103

(물음1) 위 포트폴리오의 β를 구하시오.

(물음2) 재무담당자인 박모씨는 위험을 헤지하려 한다. 이를 위해 최소분산 포트폴리오를 구성하려고 할 때 선물 계약 수 및 헤지 결과를 보이시오. 단, 1년 후 선물지수는 110이다. 그리고 1년 후의 주가는 A=22,000원, B=43,000원, C=15,000원, D=11,000원이다.

(물음3) 재무담당 박모씨는 포트폴리오 β를 3.3이 되게 하려 한다. 이때의 선물계약수를 구하시오.

9-2 주가지수선물 (1998년)

200개의 종목으로 구성된 KOSPI 200의 지수현물이 300이며, 무위험이자율은 12%이고 배당은 없으며 이자율은$(1 + R \times \frac{t}{360})$으로 계산한다. 다음의 조건을 가정할 때 물음에 답하라.

    (1) 차입이자율은 14%, 대출이자율은 10%이다.

    (2) 선물을 매도, 매입할 때 거래비용은 0.3이고 청산할 때도 0.3이다.

    (3) 현물을 공매하거나 매입할 때 거래비용은 1.5이고 청산할 때도 1.5이다.

    (4) 만기는 80일이며, 1년은 360일로 계산한다.

(물음1) 거래비용이 없는 완전자본시장을 가정할 때, 80일 만기 선물의 이론적인 가격은 얼마인가?

(물음2) 거래비용이 존재할 때, 주어진 차입이자율과 대출이자율을 이용하여 차익거래가 존재하지 않을 선물거래의 최대상한가격과 최소하한가격을 구하라.

(물음3) 현재 KOSPI 200 선물지수가 320에 시장에서 거래된다고 할 때, (물음2)와 관련하여 선물가격상한을 초과한다고 생각하고 차익거래과정을 보이고 차익거래이익을 구하라.

9-3 주가지수 합성선물 (1999년)

KOSPI 200 현물지수는 100이고, 선물은 단위 포인트(point)당 50만원, 옵션은 단위
포인트당 10만원에 각각 거래되고 있다. KOSPI 200의 6월 만기 선물의 가격은 101.5
이고, 5월 1일 현재부터 만기까지의 기간은 40일이다. KOSPI 200의 6월 만기 옵션의
행사가격별 가격은 다음과 같다.

옵션	행사가격	가격
Call	97.5	3.0
Call	100	2.5
Put	100	2.5
Put	102.5	3.0

무위험이자율은 연 8%이고, 배당수익률은 4%이며, 1년은 360일이라고 가정한다.

(물음1) 만기 6월인 선물의 균형가격을 구하라. (단, 소수점 이하 셋째자리에서 반올림)

(물음2) 만기 6월인 선물의 매입과 같은 손익효과를 나타내는 옵션전략을 구하라.

(물음3) 만기 6월인 선물의 한 단위 매도로 인한 차익거래이익을 구하라.

9-4 금리스왑 (2003년)

㈜소수는 2001년 1월 1일 100억원을 5년 만기, 고정금리 13.5%라는 조건으로 KM은행으로부터 차입하였다. 2003년 1월 1일 현재 ㈜소수의 재무담당자는 CH은행으로부터 변동금리로 이 채무를 스왑해 주겠다는 제의를 받았다. 1년 만기 현물이자율은 10%, 2년 만기 현물이자율은 12%, 3년 만기 현물이자율은 13%이다. 단, 이자는 매년 말에 1회 지급하고, 이자율 기간구조의 순수기대이론이 성립하며 시장참가자들은 위험 중립적이라고 가정한다.

(물음1) ㈜소수의 입장에서 스왑거래에 따른 매년의 순현금 흐름을 계산하라.

(물음2) 스왑거래의 대가로 CH은행은 2억원의 수수료를 요구하고 있다. 이 제의를 받아들일 것인가를 평가하라.

9-5 금리스왑 (2009년)

건설업종의 중견기업 (주)다비드는 100억원 규모의 3년 만기 부채조달을 고려하고 있다. 채권시장에서 다비드기업의 부채조달조건은 고정금리 10% 혹은 LIBOR+2.3%이다. 유통업종의 대기업 (주)골리앗도 3년 만기로 100억원의 부채조달을 고려하고 있는데, 조달조건은 고정금리 8% 혹은 LIBOR+1.5%로 알려져 있다. 금액은 억원 단위로 표기하고, 반올림하여 소수점 넷째 자리까지 계산하시오.

(물음1) 우연한 기회에 두 회사의 자금담당임원들이 만나 부채조달에 대한 의견을 나누던 중 서로의 조달조건을 확인하고 금리스왑계약을 체결하기로 하였다. 다만, 골리앗기업은 자신의 유리한 조달조건 등을 내세워 스왑계약으로 인한 이익의 6할을 차지하고 나머지는 다비드기업 몫으로 하되, 동 스왑의 변동금리는 LIBOR금리로 하자고 제안하였다. 다비드기업이 제안을 받아들여 스왑계약이 체결될 경우, 해당 계약으로 인한 현금흐름을 그림으로 나타내시오.

(물음2) 스왑계약으로 인한 이익조정문제로 두 기업의 계약체결이 지연되자, 두 기업과 동시에 거래하고 있던 방코은행이 거래중재에 나섰다. 은행은 20bp의 이익을 얻고 나머지 이익은 두 기업에게 균등하게 배분되도록 하되, 변동금리는 모두 LIBOR금리로 하자고 제안하였다. 은행중개를 통한 스왑계약이 체결될 경우, 해당 계약을 통해 은행이 두 기업에게 지급하고 지급받는 고정금리를 각각 구하시오.

(물음3) 다비드기업의 입장에서 (물음2)에서 제시된 스왑계약의 가치를 평가하시오. 스왑계약은 매년 말에 한 번씩 이자지급액의 차액만을 주고받으며, 현재 LIBOR금리의 기간구조는 다음과 같고 순수기대이론을 가정한다.

만기(년)	1	2	3
이자율(%)	5.5	6.0	6.5

9-6 금 선물 (2012년)

만기가 1년인 금선물계약을 고려하자. 금의 현물가격은 온스당 400달러이고 무위험이
자율은 연 10%이다. 보관비용은 연간 온스당 2달러이며 만기에 지불된다. 금선물 1
계약은 금 100온스 기준이다. 선물거래에 대해서는 만기에 가서 현물을 인수 또는
인도함으로써 계약을 이행한다고 가정하자.

(물음1) 금선물의 균형가격을 계산하시오.

(물음2) 선물가격이 500인 경우 차익거래(arbitrage)를 통한 차익(payoff)을 계산하시오.
계산결과는 아래의 표를 이용하여 시점별 현금흐름의 관점에서 표기하시오. (단,
선물계약 1단위 기준으로 작성한다.)

거래내용	t=0	t=1
□	□	□
차익(payoff)		

(물음3) 선물가격이 420인 경우 차익거래(arbitrage)를 통한 차익(payoff)을 계산하시오.
계산결과는 (물음2)와 동일하게 표를 이용하여 시점별 현금흐름의 관점에서 표
기하시오. (단, 선물계약 1단위 기준으로 작성한다.)

(물음4) 위 질문과 무관하게, 거래금액의 90%에 한해서 공매도가 허용되며 예치금에
대해서는 3%의 이용료가 지급된다. 차입이자율(borrowing rate)과 대출이자율
(lending rate)이 각각 12%, 8%일 때 금선물의 차익거래(arbitrage)가 발생하지 않
는 비차익구간(no-arbitrage bounds)을 추정하시오. 계산결과는 (물음2)와 동일하게
표를 이용하여 시점별 현금흐름의 관점에서 표기하시오. (단, 선물계약 1단위 기
준으로 작성한다.)

9-7 금리스왑 (2017년)

A기업은 B기업에게 고정금리를 지급하고 변동금리를 수령하는 금리스왑계약을 가지고 있다. 금액은 반올림하여 억원 단위로 소수점 둘째 자리까지 표시하고, 금리 및 할인율은 반올림하여 소수점 넷째 자리까지 표시하시오.

· 액면금액 100억원, 잔존만기 3년, 연 1회 이자교환
· 지급 고정금리: 6%
· 수취 변동금리: 1년 현물이자율
· 만기별 현물이자율: 6개월 4%, 1년 5%, 2년 6%, 3년 7%

(물음1) 채권가격을 이용하여 금리스왑의 가치를 평가하시오.

(물음2) 선도금리계약(FRA)을 이용하여 금리스왑의 가치를 평가하시오.

(물음3) 스왑의 가치를 0으로 만드는 고정금리를 구하시오.

(물음4) C기업은 6개월 후에 6개월 동안 차입할 예정이며 향후 금리 상승을 우려하여 선도금리계약(액면금액 100억원, 6개월 시점에 결제)에 대한 매입포지션을 취하였다. 오늘부터 6개월 후까지는 일수가 182일이고 이후부터 만기일인 1년 후까지는 일수가 183일이다. 6개월 후 실제 금리가 7%라면 C기업이 수령하는 금액은 얼마인가?

제10장 환율

환율의 기초

1. 환율결정이론

외환시장에서 거래중심이 되는 통화가 미국 달러이기 때문에 달러를 기준으로 다음과 같이 표시하며 대부분의 국가는 자국통화표시환율방법을 사용한다.

- 자국통화표시환율 : 1$ = 1,200원
- 외국통화표시환율 : 1원 = 0.00083$

서로 다른 세 국가의 환율은 일정한 관계로 균형을 이루게 된다.

- 기준환율 → 1 U$ = 1,200원
- 교차환율 → 1 EUR = 1.25U$
- 재정환율 → 1 EUR = 1.25 × 1,200원 = 1,500원

유로에 대한 재정환율과 실제환율이 동일하지 않으면 시장불균형을 이용한 외환재정거래가 가능하여 결국에는 균형이 달성된다.

외환시장에서의 환율은 각국의 물가상승률, 이자율 등 여러 가지 변수에 의하여 결정되는데 균형환율이 결정되는 과정을 설명하는 이론은 구매력평가설, 피셔효과, 국제피셔효과, 금리평가설 및 효율적 시장가설이 있다. 각 이론의 공식 중 좌측은 정확한 공식이며 우측은 근사값을 구하는 공식이다.

(1) 구매력평가설

- 무역장애가 없다면 현물환율은 두 국가 통화의 실질구매력이 동일한 수준에서 결정
- 환율시장이 균형이라면 현물환율의 변동률은 두 국가의 기대인플레이션의 차이와 같다.

$\dfrac{S_1}{S_0} = \dfrac{1+i_K}{1+i_A}$	$\dfrac{S_1 - S_0}{S_0} = i_K - i_A$
S_0 = 현재 현물환율,	S_1 = 1년 후 예상 현물환율
i_K = 1년 동안 한국의 물가상승률	i_A = 1년 동안 미국의 물가상승률

(2) 피셔효과

- 명목이자율(R)은 실질이자율(r)과 물가상승률(i)의 합으로 이루어진다.
- 국가 간의 투자와 외환이동에 제한이 없다면 실질이자율은 세계적으로 동일하게 되므로 각 국가의 명목이자율의 차이는 물가상승률의 차이와 같게 된다.

$$\frac{1+i_K}{1+i_A} = \frac{1+R_K}{1+R_A} \qquad R_K - R_A = i_K - i_A$$

R_K = 1년 동안 한국의 명목이자율 $\qquad R_A$ = 1년 동안 미국의 명목이자율

(3) 국제피셔효과

구매력평가설과 피셔효과에서 유도된 결과로서 환율시장이 균형이라면 현물환율의 변동률은 두 국가의 명목이자율의 차이와 같다.

$$\frac{S_1}{S_0} = \frac{1+R_K}{1+R_A} \qquad \frac{S_1 - S_0}{S_0} = R_K - R_A$$

(4) 금리평가설

선물환율은 두 국가 간의 명목이자율을 반영하고 있기 때문에 환율시장이 균형이라면 선물환율의 할증 또는 할인율은 두 국가의 명목이자율의 차이와 같다.

$$\frac{F_1}{S_0} = \frac{1+R_K}{1+R_A} \qquad \frac{F_1 - S_0}{S_0} = R_K - R_A$$

F_1 = 만기 1년 선물환율

(5) 효율적 시장가설

환율시장이 효율적이라면 선물환율은 미래 현물환율의 기댓값과 같아야 한다.

$$F_1 = S_1 \qquad F_1 = S_1$$

필수예제

10-1 환율결정이론

환율결정이론의 근사 값 공식을 적용하여 답하시오.

- 현물환율 $1=1,200원이다.
- 1년 기준 명목이자율은 다음과 같다.

    한국 : 9%. 미국 : 4%

- 예상물가상승률은 다음과 같다.

    한국 : 7%, 미국 : 2%.

[물음1] 구매력평가설에 의하여 1년 후 현물환율은 얼마인가?

[물음2] 국제피셔효과에 의하여 1년 후 현물환율은 얼마인가?

[물음3] 이자율평가설에 의하여 1년 후 선물환율은 얼마인가?

정답

[물음1] $\dfrac{S_1 - S_0}{S_0} = i_K - i_A \ \rightarrow \ \dfrac{S_1 - 1,200}{1,200} = 0.07 - 0.02 \ \rightarrow \ S_1 = \mathbf{1,260}$

[물음2] $\dfrac{S_1 - S_0}{S_0} = R_K - R_A \ \rightarrow \ \dfrac{S_1 - 1,200}{1,200} = 0.09 - 0.04 \ \rightarrow \ S_1 = \mathbf{1,260}$

[물음3] $\dfrac{F_1 - S_0}{S_0} = R_K - R_A \ \rightarrow \ \dfrac{F_1 - 1,200}{1,200} = 0.09 - 0.04 \ \rightarrow \ F_1 = \mathbf{1,260}$

2. 환위험 관리기법

(1) 수출기업의 환위험헤지

수출기업의 환율변동위험은 환율이 상승하면 이익, 환율이 하락하면 손실이 발생하므로 기초자산의 매수(+S)와 동일한 헤지 전략을 취한다.

- 통화옵션의 이용 : 콜옵션 매도 (-C), 풋옵션 매수 (+P)
- 통화선물의 이용 : 선물매도 (-f)
- 통화스왑의 이용 : 달러를 지급하고 원화를 수취하는 통화스왑계약
- 금융시장의 이용 : 달러차입 (-S)

(2) 수입기업의 환위험헤지

수입기업의 환율변동위험은 환율이 상승하면 손실, 환율이 하락하면 이익이 발생하므로 기초자산의 매도(-S)와 동일한 헤지 전략을 취한다.

- 통화옵션의 이용 : 콜옵션 매수 (+C), 풋옵션 매도 (-P)
- 통화선물의 이용 : 선물매수 (+f)
- 통화스왑의 이용 : 달러를 수취하고 원화를 지급하는 통화스왑계약
- 금융시장의 이용 : 달러대출 (+S)

통화선물

1. 통화선물의 균형가격 및 차익거래

(1) 통화선물 균형가격 (만기가 1년인 경우)

(전략1) 통화선물 $1 매수 (+f)

	현재시점 현금흐름	1년 후 현금흐름
통화선물 $1 매수	0	$+S_T - F$

(전략2) 원화 차입, 달러매수, 미국채권에 1년 동안 투자 (투자금액 = $\dfrac{\$1}{1+R_A}$)

	현재시점 현금흐름	1년 후 현금흐름
원화차입	$+\dfrac{S_0}{1+R_A}$	$-\dfrac{S_0}{1+R_A} \times (1+R_K)$
달러매수 및 달러대출	$-\dfrac{S_0}{1+R_A}$	$+S_T$

S_0 = 현재시점 현물환율 S_T = T시점 현물환율 F_T = T시점 선물환율

R_K = 한국 무위험이자율 R_A = 미국의 무위험이자율

전략1와 전략2의 만기가치가 동일하여야 한다. $+S_T - F = -\dfrac{S_0}{1+R_A} \times (1+R_K) + S_T$

$$\frac{F_1}{S_0} = \frac{1+R_K}{1+R_A}$$

만기 T개월인 선물 균형가격 $F_T = S_0 \times \dfrac{1+R_K \times \dfrac{T}{12}}{1+R_A \times \dfrac{T}{12}}$

만기 T년인 선물 균형가격 $F_T = S_0 \times \left[\dfrac{1+R_K}{1+R_A}\right]^T$

(2) 차익거래

$$F < S_0 \times \frac{1 + R_K}{1 + R_A}$$

선물 시장가가격 < 선물 균형가격 → 통화선물 매수, 복제포트폴리오 매도

⇒ 선물 매수(+f), 현물 매도 및 미국차입, 한국 대출

	현재시점 현금흐름	1년 후 현금흐름
통화선물 $1 매수	0	$+S_T - F$
원화대출	$-\dfrac{S_0}{1 + R_A}$	$+\dfrac{S_0}{1 + R_A} \times (1 + R_K)$
달러매도 및 미국차입	$+\dfrac{S_0}{1 + R_A}$	$-S_T$
합계	0	$S_0 \times \dfrac{1 + R_K}{1 + R_A} - F > 0$

☞ 통화선물의 차익거래에서 현재시점의 투자금액$= \dfrac{\$1}{1 + R_A}$

$$F > S_0 \times \frac{1 + R_K}{1 + R_A}$$

선물 시장가가격 > 선물 균형가격 → 통화선물 매도, 복제포트폴리오 매수

⇒ 선물 매도(-f), 현물 매수 및 미국대출, 한국 차입

	현재시점 현금흐름	1년 후 현금흐름
통화선물 $1 매도	0	$-S_T + F$
원화대출	$+\dfrac{S_0}{1 + R_A}$	$-\dfrac{S_0}{1 + R_A} \times (1 + R_K)$
달러매도 및 미국차입	$-\dfrac{S_0}{1 + R_A}$	$+S_T$
합계	0	$F - S_0 \times \dfrac{1 + R_K}{1 + R_A} > 0$

☞ 통화선물의 차익거래에서 현재시점의 투자금액$= \dfrac{\$1}{1 + R_A}$

2. 불완전자본시장에서의 통화선물의 균형가격의 범위

차입이자율과 대출이자율이 불일치하고 현물환율의 호가 스프레드가 존재하는 경우 선물 가격도 선물매입환율과 선물매도환율의 스프레드가 발생하며 차익거래가 발생할 수 없는 선물가격의 범위는 다음과 같이 구한다.

(1) 만기 1년 통화선물의 상한 (선물매도환율)

$$F \leq S_0 \times \frac{1 + R_K}{1 + R_A}$$

선물 균형가격의 상한은 다음의 차익거래로 결정한다.
→ 통화선물 매도, 복제포트폴리오 매수
⇒ 선물 매도(-f), 현물 매수 및 미국대출, 한국 차입

S_0 = 현물매입율 (대고객 매도환율)   □ 스프레드의 높은 환율
R_K = 한국의 차입이자율   □ 스프레드의 높은 이자율
R_A = 미국의 대출이자율   □ 스프레드의 낮은 이자율

(2) 만기 1년 통화선물의 하한 (선물매입환율)

$$F \geq S_0 \times \frac{1 + R_K}{1 + R_A}$$

선물 균형가격의 하한은 다음의 차익거래로 결정한다.
→ 통화선물 매수, 복제포트폴리오 매도
⇒ 선물 매수(+f), 현물 매도 및 미국차입, 한국 대출

S_0 = 현물매도율 (대고객 매입환율)   □ 스프레드의 낮은 환율
R_K = 한국의 대출이자율   □ 스프레드의 낮은 이자율
R_A = 미국의 차입이자율   □ 스프레드의 높은 이자율

10-2 불완전자본시장의 환율선물의 가격범위

아래의 자료를 이용하여 만기 3개월의 선물매입환율과 선물매도환율의 가격 범위를 결정하시오.

- 달러화 현물(spot) 매입환율 : 1.120원/$
- 달러화 현물(spot) 매도환율 : 1.100원/$
- 원화 예금이자율 : 연 9%
- 원화 차입이자율 : 연 12%
- 달러화 예금이자율 : 연 6%
- 달러화 차입이자율 : 연 8%

정답

(1) 선물의 상한 (선물매도환율=대고객 선물매입율)

$$F \leq S_0 \times \frac{1+R_K}{1+R_A} = 1,120\text{원} \times \frac{1+0.12 \times \frac{3}{12}}{1+0.06 \times \frac{3}{12}} = \textbf{1,136.55}\text{원}$$

선물매도환율의 시장가격이 1,116.23원을 초과한다면 다음 차익거래를 한다.

⇒ 선물 매도(-f), 현물 매수 및 미국대출, 한국 차입

(2) 선물의 하한 (선물매입환율=대고객 선물매도율)

$$F \geq S_0 \times \frac{1+R_K}{1+R_A} = 1,100\text{원} \times \frac{1+0.09 \times \frac{3}{12}}{1+0.08 \times \frac{3}{12}} = \textbf{1,102.70}\text{원}$$

선물매입환율의 시장가격이 1,102.70원 미만이라면 다음 차익거래를 한다.

⇒ 선물 매수(+f), 현물 매도 및 미국차입, 한국 대출

3. 통화선물과 단기금융시장의 헤지

(1) 수출기업의 환헤지 방법의 비교

매출채권 $1의 환헤지 원화수취금액 (만기=1년)

(전략1) 달러 선물매도를 이용하여 수취하는 원화표시금액 = $1 \times F$

(전략2) 단기금융시장을 이용하여 수취하는 원화표시금액 = $1 \times \dfrac{S_0}{1+R_A} \times (1+R_k)$

→ 한국 대출, 달러매도, 미국 차입 (차입금액= $\dfrac{\$1}{1+R_A}$)

$F > \dfrac{1+R_k}{1+R_A} \times S_0 \Rightarrow$ 선물시장을 이용한 헤지방법이 최적

$F < \dfrac{1+R_k}{1+R_A} \times S_0 \Rightarrow$ 단기금융시장을 이용한 헤지방법이 최적

(2) 수입기업의 환헤지 방법의 비교

매입채무 $1의 환헤지 원화지급금액 (만기=1년)

(전략1) 달러 선물매수를 이용하여 지급하는 원화표시금액 = $1 \times F$

(전략2) 단기금융시장을 이용하여 지급하는 원화표시금액 = $1 \times \dfrac{S_0}{1+R_A} \times (1+R_k)$

→ 한국 차입, 달러매수, 미국 대출 (대출금액= $\dfrac{\$1}{1+R_A}$)

$F > \dfrac{1+R_k}{1+R_A} \times S_0 \Rightarrow$ 단기금융시장을 이용한 헤지방법이 최적

$F < \dfrac{1+R_k}{1+R_A} \times S_0 \Rightarrow$ 선물시장을 이용한 헤지방법이 최적

Ⅲ 통화옵션

1. 풋–콜 패러티

(1) 통화옵션의 균형가격

(전략1) 달러매수 & 대출, 콜옵션 매도, 풋옵션 매수 (단, 달러 투자금액 $= \dfrac{S_0}{1+R_A}$)

투자전략	현재시점 현금흐름	1년 후 현금흐름	
		$S_T \leq X$	$S_T > X$
달러매수 및 대출	$-\dfrac{S_0}{1+R_A}$	$+S_T$	$+S_T$
콜옵션 매도	$+C_0$	0	$-(S_T - X)$
풋옵션 매수	$-P_0$	$X - S_T$	0
합 계	$-\dfrac{S_0}{1+R_A}+C_0-P_0$	X	X

(전략2) 액면금액이 옵션의 행사가격과 동일한 한국 무이표채에 투자

투자전략	현재시점 현금흐름	1년 후 현금흐름	
		$S_T \leq X$	$S_T > X$
한국채권매수	$-\dfrac{X}{1+R_K}$	X	X

전략1와 전략2의 만기가치가 동일하므로 현재가격도 동일하여야 한다.

$$-\frac{S_0}{1+R_A}+C_0-P_0 = -\frac{X}{1+R_K}$$

$$\frac{S_0}{1+R_A}-C_0+P_0 = \frac{X}{1+R_K}$$

만기 T개월인 통화 옵션의 균형가격 : $\dfrac{S_0}{1+R_A\times\dfrac{T}{12}}-C_0+P_0 = \dfrac{X}{1+R_K\times\dfrac{T}{12}}$

(2) 차익거래

$$\frac{S_0}{1+R_A} - C_0 + P_0 > \frac{X}{1+R_K}$$

전략1은 매도, 전략2는 매수

⇒ 달러 매도 및 미국 차입, 콜옵션 매수(+C), 풋옵션 매도(-P), 한국 대출

$$\frac{S_0}{1+R_A} - C_0 + P_0 < \frac{X}{1+R_K}$$

전략1은 매수, 전략2는 매도

⇒ 달러 매입 및 미국 대출, 콜옵션 매도(-C), 풋옵션 매수(+P), 한국 차입

2. 이항분포 모형

(1) 만기 1년인 1기간 콜옵션의 균형가격

$$C_0 = \frac{p \times C_u + (1-p) \times C_d}{1+R_f}$$

$$p = \frac{\frac{1+R_K}{1+R_A} - d}{u-d}$$

(2) 만기 T개월인 1기간 콜옵션의 균형가격

$$C_0 = \frac{p \times C_u + (1-p) \times C_d}{1+R_f \times \frac{T}{12}}$$

$$p = \frac{\frac{1+R_K \times \frac{T}{12}}{1+R_A \times \frac{T}{12}} - d}{u-d}$$

☞ 월할계산

> 한국이자율과 미국이자율은 연표시 이자율이지만 환율의 상승계수(u)와
> 하락계수(d)는 T개월 기간 기준이기 때문에 월할 계산과정에서 주의하여야 한다.

3. 블랙–숄즈 모형

만기 T개월인 콜옵션의 균형가격은 다음과 같다.

$$C_0 = S' \times N(d_1) - \frac{X}{e^{R_f \times \frac{T}{12}}} \times N(d_2)$$

$$S_0' = \frac{S_0}{e^{R_A \times \frac{T}{12}}}$$

$$d_1 = \frac{ln(\frac{S'}{X}) + (R_f + \frac{1}{2}\sigma^2) \times \frac{T}{12}}{\sigma \times \sqrt{\frac{T}{12}}} \qquad d_2 = d_1 - \sigma\sqrt{\frac{T}{12}}$$

4. 헤지전략의 비교

(1) 수출기업의 환헤지 방법의 비교 (만기 1년)

(전략1) 달러 선물매도

매출채권 $1의 환헤지 원화수취금액 $= \$1 \times F$

(전략2) 단기금융시장 : 한국 대출, 달러매도, 미국 차입 (차입금액$= \frac{\$1}{1+R_A}$)

매출채권 $1의 환헤지 원화수취금액 $= \$1 \times \frac{S_0}{1+R_A} \times (1+R_k)$

(전략3) 콜옵션 매도, 풋옵션 매수

매출채권 $\frac{\$1}{1+R_A}$의 환헤지 원화수취금액 $= \$1 \times X$

∴ 전략 1,2,3 중 가장 큰 값이 가장 효과적인 헤지방법

(2) 수입기업의 환헤지 방법의 비교 (만기 1년)

(전략1) 달러 선물매수

매입채무 $1의 환헤지 원화지급금액 $= \$1 \times F$

(전략2) 단기금융시장 : 한국 차입, 달러매수, 미국 대출 (대출금액$= \dfrac{\$1}{1+R_A}$)

매입채무 $1의 환헤지 원화지급금액 $= \$1 \times \dfrac{S_0}{1+R_A} \times (1+R_k)$

(전략3) 콜옵션 매수, 풋옵션 매도

매입채무 $\dfrac{\$1}{1+R_A}$의 환헤지 원화지급금액 $= \$1 \times X$

∴ 전략 1,2,3 중 가장 작은 값이 가장 효과적인 헤지방법

실전문제

10-1 통화옵션 (2000년)

갑기업의 현재 엔화로 표시된 1년 만기 일본국채 3000만엔과 달러표시 1년 만기 미국국채 100만 달러를 매입하였다. 현재 현물환율은 1엔당 10원 1달러당 1200원이다. 현재 미국의 1년 이자율은 5%이고, 일본의 1년 이자율은 3%이다. 갑기업의 사장은 투자원금에 대해 환율변동으로 인한 손실을 헤지하기 위해 고심하고 있다. 사장은 선물거래만을 위주로 헤지전략을 구사해 왔으나, 통화선물이 없는 관계로 통화옵션을 이용하고자 한다. 그러나 사장은 현재 옵션시장에서 옵션프리미엄에 대한 지출을 매우 꺼려하고 있으며, 이를 피하고자 한다. 또한 현재 내가격 (at-the money)상태인 통화옵션의 가격은 콜옵션이 80만원 풋옵션이 60만원이다.

(물음1) 엔화에 대한 1년 후 현물환율이 1엔당 12원일 때 투자수익률 10%를 획득하기 위한 원/달러 환율을 구하라.

(물음2) 현재 사장은 엔화가치의 하락을 염려하고 있다. 이러한 환위험에 대비하여 Zero Cost Option전략(현재 옵션가격부담이 전혀 없는 헤지 전략)을 취하려고 한다. 이러한 헤지 전략을 구성하고 이 전략의 문제점을 서술하라.

10-2 수출기업의 환헤지전략 (2002년)

지금까지 국내수요에만 의존하던 주식회사 엑손통신은 올해 처음으로 미국에 통신장비를 수출하고 수출대금 $10,000,000를 3개월 후에 달러화로 수취하기로 하였다. 환율이 하락하여 3개월 후에 받을 수출대금의 원화가치가 하락하는 위험을 방지하기 위해서 엑손통신은 위의 달러 수취 포지션 전체에 대해서 헤징을 하기로 하였다. 가격 변수들은 다음과 같이 주어졌다. (아래에서 매입환율이란 엑손통신이 달러화를 매입할 때 적용되는 환율이다.)

- 달러화 현물(spot) 매입환율 : 1.245원/$
- 달러화 현물(spot) 매도환율 : 1.235원/$
- 달러화 3개월 선물환(forward) 매입환율 : 1.242원/$
- 달러화 3개월 선물환(forward) 매도환율 : 1.230원/$
- 원화 예금이자율 : 연 5.6%
- 원화 차입이자율 : 연 6.4%
- 달러화 예금이자율 : 연 7.6%
- 달러화 차입이자율 : 연 8.4%

이자 계산에 있어서, 이자율이 예를 들어 연5.6%라고 하면 현재시점에서 100의 3개월 후의 미래가치는 $100 \times (1 + 0.056 \times \frac{3}{12}) = 101.4$와 같은 방식으로 계산하시오.

(물음1) 달러 선물환 매도를 통한 헤징과, 단기 금융시장(money market)을 이용한 헤징 중 어떤 것이 엑손통신에게 더 유리한지 3개월 후에 확보되는 원화 금액을 비교하시오. 단기 금융시장을 이용한다는 것은 단기간에 걸쳐 달러화와 원화로 대출이나 예금을 실행하는 것을 의미한다. 기술함에 있어서 3개월 후에 확보하게 되는 원화표시금액을 포함하여, 관련된 금액들도 모두 명확히 표시하시오. 계산은 반올림하여 달러화는 1의 자리까지, 원화는 1,000의 자리까지 나타내시오.

(물음2) 위의 (물음1)에서 어느 한 쪽이 유리하다면 차익거래(arbitrage)의 가능성을 생각해 볼 수도 있을 것이다. 앞에서의 헤징과 별도로, 엑손통신의 외환시장과 단기금융시장의 불균형을 이용한 차익거래를 만들어 낼 수 있는지 여부를 구체적으로 계산을 통해서 답하시오.(구체적인 계산 없이 단순히 어떤 것이 저평가, 고평가 되었다는 일반적인 논리만을 기술할 경우에는 점수를 부여하지 않을 것임)

10-3 환율균형모형 (2003년)

금리평가이론, 피셔이론, 구매력평가이론, 금리기간구조에 관한 순수기대이론, 불편선물환 이론이 모두 성립하는 국제 금융시장을 가정한다. 현재 한국의 원화채권수익률이 1년, 2년, 3년 만기별로 각각 연 10%, 12% 16%이고, 미국의 달러화 채권수익률은 1년, 2년, 3년 만기별로 각각 연 6%, 5%, 4%라고 알려져 있다. 현재 외환시장에서 거래되는 원/달러 현물환율(S_0)은 US1\$ = ₩1,000이다.

(물음1) 한국과 미국 채권의 수익률곡선(Yield Curve)을 같은 좌표평면 위에 도시하고, 곡선의 모양이 금리 및 환율에 대해 갖는 의미를 세줄 이내로 간략히 설명하라.

(물음2) 각국 채권의 수익률 기간 구조에 반영되어 있는 내년과 내후년에 예상되는 1년 만기 내재선도금리(Implied Forward Interest Rate)를 계산하고 순수기대이론에 입각하여 한국과 미국의 미래 단기금리의 방향을 예측하라. (백분율 기준으로 소수점 이하 절사)

(물음3) 금리평가이론과 불편선물환이론을 적용하여 내년(시점1)의 예상현물환율(S_1^e)과 내후년 (시점2)의 예상현물환율(S_2^e)을 구하라. (소수점 이하 절사)

(물음4) 한국에 본사를 둔 ㈜ELK는 이러한 예상 환율을 기초로 미국에 지점을 설치하여 2년간 운영하는 투자안의 경제적 타당성을 검토하고자 한다. 이 투자안 시행을 위해서는 미화 4,000만 달러의 초기 투자가 소요되고 향후 2년간에 걸쳐 매년 2,200만 달러의 현금유입이 예상된다. 이 투자안을 평가하기 위한 할인율은 15%이다. 또한 현금흐름은 발생된 시점의 환율을 사용하여 원화로 환산하되 이에 따른 추가비용은 없다고 가정한다. 투자안의 순현재가치를 산출하고, 그 결과에 근거하여 투자안의 채택여부를 결정하라. (백만원 단위 미만 절사)

10-4 이자율 평가설 (2006년)

한국의 무위험이자율이 8%이고 미국의 무위험이자율이 4%이며, 1 US달러당 원화의 현물환율이 950원이라고 하자. 1년 만기 선도환율이 950원이라면 어떤 차익거래가 있는지를 아래의 a, b, c 순서대로 답하시오. 단, 미국에서는 10,000달러만, 한국에서는 950만원만을 무위험이자율로 차입할 수 있으며, 세금이나 거래비용이 없으며 거래 관련 신용위험도 없다고 가정한다. 차익은 만기 시점에서만 발생하도록 포지션을 구성해야 한다. 이론 선도환율(₩/$)은 소수점 셋째자리에서 반올림하시오.

> a. 이자율 평가설을 이용하여 미국달러화에 대한 1년 만기 이론 선도환율 도출
> b. 구성해야 할 포지션
> c. 만기에서의 원화기준 차익

10-5 수입기업의 환헤지전략 (2008년)

한국의 (주)산일은 2008년 6월 1일 현재 미국의 (주)포토맥으로부터 목재를 수입하고, 1 년 후에 3,000만 달러의 수입대금을 지급하기로 하였다. 2008년 6월 1일 현재 현물환율, 선물환율, 한국과 미국의 단기금융시장에서의 이자율은 다음과 같다. 예대금리차는 없 는 것으로 가정한다. 단기금융시장에서의 차입 및 투자에 세금, 거래비용, 신용위험은 없다고 가정한다.

> – 현물환율 :   1,000/US$
> – 1년물 선물환율 :   1,100/US$
> – 한국 단기금융시장의 연이자율 : 6%
> – 미국 단기금융시장의 연이자율 : 4%

(주)산일은 미래 환율변동에 따른 위험을 헤지하기 위하여 1년 만기 달러선물환을 이 용하거나 한국과 미국의 단기금융시장을 이용하는 두 가지 헤징방법을 고려하고 있 다.

(물음1) 두 가지 헤징방법 각각에 대해 1년 후인 2009년 6월 1일의 원화표시 수입대금 지급액을 계산하고 두 가지 헤징방법 중 최적 헤징방법을 선택하시오.

(물음2) 한국과 미국의 금융시장이 균형 하에 있다고 가정한다. 위의 두 가지 헤징방법 이 무차별한 1년 만기 균형 선물환율을 계산하시오.

10-6 통화선물과 통화옵션 (2010년)

한국과 미국의 무위험이자율은 각각 연간 6%와 4%이다. 한국의 금융시장에서 달러화의 현물환율은 1달러당 1,250원이다. 잔존만기가 1년이고 행사가격이 1,000원인 유럽형 콜옵션이 300원에 거래되고 있다. 국내 및 미국의 금융시장에는 어떠한 차익거래의 기회도 존재하지 않는다고 가정하시오.

(물음1) 미화 1달러에 대한 1년 만기 선물의 적정가격을 구하시오.

(물음2) 한국의 대미 수출기업인 (주)한텍은 환리스크를 헤지하고자 한국의 금융시장에서 달러화를 기초자산으로 하고 행사가격이 1,000원이며, 만기가 1년인 유럽형 풋옵션을 매입하고자 한다. 이 풋옵션의 적정 프리미엄은 얼마인가?

(물음3) 미국에 본사를 둔 Detroit Hardware Inc.는 한국에 공구를 수출하는 기업이다. 이 기업은 수출대금으로 수취할 원화 100만원을 시카고옵션시장에서 1,000달러에 처분할 수 있는 풋옵션을 매입하고자 한다. 100만원에 대한 1년 만기 유럽형 풋옵션의 적정 프리미엄은 달러화로 얼마인가? 단, 미국의 금융시장에서 원화에 대한 현물환율은 1/1,250(USD/원) = 0.0008(USD/원)이다.

10-7 이자율평가설 (2013년)

외환시장에서 현재 거래되는 원/달러 현물환율은 ₩1,100/$이고 원/엔 현물환율은 ₩1,100/100¥ 이다. 또한 한국, 미국 및 일본의 만기별 채권수익률은 다음과 같다.

만기		1년	2년	3년
만기별 채권수익률	한국	4.0%	3.5%	3.0%
	미국	3.0%	4.0%	4.5%
	일본	0.5%	0.5%	0.5%

(물음1) 향후 원/달러(₩/$)와 원/엔(₩/100¥) 환율은 어떻게 변할 것으로 기대되는가? 구매력평가이론과 피셔이론이 성립한다고 가정한다. 환율은 반올림하여 소수점 둘째 자리까지 표기하라.

(물음2) 채권수익률의 기간구조이론 중 유동성선호가설이 성립하며, 한국의 경우 2차 연도와 3차 연도의 유동성프리미엄이 각각 0.5%와 0.7%이고 미국의 경우 2차 연도와 3차 연도의 유동성프리미엄이 각각 0.2%와 0.5%이다. 한국과 미국의 1년 만기 채권수익률은 1년 후와 2년 후 각각 얼마가 될 것으로 예상되는가? 반올림하여 소수점 셋째 자리까지 %로 표기하라.

(물음3) 한국의 K자동차는 미국의 소비자들에게 보다 원활한 서비스를 제공하기 위해 부품공장을 건설할 계획이다. 이 투자에는 초기 6,000만 달러가 소요되며 이후 3년간 매년 3,000만 달러의 현금유입이 예상된다. 3년 후 발생하는 현금흐름은 무시한다. 이 투자안에 적용되는 할인율은 여러 가지 요소를 고려하여 자국통화 기준으로 20%로 결정하였다. 금액은 반올림하여 소수점 둘째 자리까지 표기하라.
  ① 자국통화 기준 해외투자안의 NPV를 산출하라.
  ② 미국통화 기준 해외투자안의 NPV를 산출하라. 단, 환율을 고려하여 매년 할인율을 제시하라.

10-8 **법인세를 고려한** 환헤지전략 (고급)

지금까지 국내수요에만 의존하던 주식회사 엑손통신은 올해 처음으로 미국에 통신장비를 수출하고 수출대금 **$10,000,000**를 1년 후에 달러화로 수취하기로 하였다. 환율이 하락하여 1년 후에 받을 수출대금의 원화가치가 하락하는 위험을 방지하기 위해서 엑손통신은 위의 달러 수취 포지션 전체에 대해서 헤징을 하기로 하였다. 가격 변수들은 다음과 같이 주어졌다.

• 달러화 현물(spot) 환율 : 1.200원/**$**
• 달러화 만기 1년 선물환율 : 1.180원/**$**
• 원화 이자율 : 연 6**%**
• 달러화 이자율 : 연 8**%**
• 법인세율 : 20**%**

달러 선물환 매도를 통한 헤징과, 단기 금융시장(money market)을 이용한 헤징 중어떤 것이 엑손통신에게 더 유리한지 1년 후에 확보되는 원화 금액을 비교하시오.

10-9 통화스왑 (고급)

외환시장에서 현재 거래되는 원/달러 현물환율은 ₩1,100/$이고 원/엔 현물환율은 ₩1,100/100¥ 이다. 또한 한국, 미국 및 일본의 만기별 채권수익률은 다음과 같다.

만기		1년	2년	3년
만기별 채권수익률	한국	4.0%	3.5%	3.0%
	미국	3.0%	4.0%	4.5%
	일본	0.5%	0.5%	0.5%

(물음1) 가나기업은 미국기업과 통화스왑을 체결하고자 한다. 이 계약에 따라 가나기업은 3년간 매년 1,000만달러의 원금에 대하여 연 6%의 이자를 지급하고, 상대방으로부터 매년 110억원의 원금에 대하여 연 5%의 이자를 받는다. 또한 3년 후 원금 1,000만 달러를 지급하고 원금 110억원을 받는다. 이 통화스왑의 가치는 얼마인가?

(물음2) 가나기업은 일본기업과 통화스왑을 체결하고자 한다. 이 계약에 따라 가나기업은 3년간 매년 10억엔의 원금에 대하여 고정금리 이자를 지급하고, 상대방으로부터 매년 110억원의 원금에 대하여 연 5%의 이자를 받는다. 또한 3년 후 원금 10억엔을 지급하고 원금 110억원을 받는다. 이 통화스왑의 가치는 0이 되기 위해서는 일본기업에게 몇 %의 이자를 지급하여야 하는가?

SMART
재무관리 연습

정답 및 해설

제1장 재무관리의 기초_실전문제   정답 및 해설

1-1   로그함수와 현재가치 (2014년)

(물음1) 실효이자율

$$(1+R_e) = (1 + \frac{R_s}{m})^m \qquad (1+R_e) = (1 + \frac{6.2\%}{4})^4 \quad \Rightarrow \quad R_e = \underline{\textbf{6.35\%}}$$

(물음2) 목표투자기간

세전수익 = C 라고 하면   1 + C x (1-0.154) = 2   → C = 1.182

∴ 투자금액의 미래가치 = 1 + 1.182 = 2.182

이산복리이자율 (R_d) : $\ln(1+R_d) \times n = \ln\dfrac{P_n}{P_0}$

$n \times \ln 1.036 = \ln 2.182 \;\rightarrow\; n \times 0.0354 = 0.7802 \;\Rightarrow\; \textbf{n} = \underline{\textbf{22.04년}}$

(물음3) 이익극대화의 문제점

   (1) 이해관계자에 따라 이익의 개념이 모호하다.

   (2) 이익은 화폐의 시간가치를 무시한다.

   (3) 이익은 위험을 반영하지 못한다.

   (4) 투자의 기회비용인 자본비용을 고려하지 못한다.

   (5) 회계기준이나 회계처리방법에 따라 이익은 상이하게 측정된다.

      ☞ SMART

> 이산복리이자율
>
> 소득세를 만기 시점에 납부하기 때문에 원금의 2배는 다음과 같이 구하였다.
>
> (t=세율)
>
> $$(1+R_d)^n = 1 + \frac{1}{1-t} \;\rightarrow\; n \times \ln(1+R_d) = \ln(1 + \frac{1}{1-t})$$
>
> 만일 이자소득세를 매년 납부한다면 원금의 2배는 다음과 같이 구하여야 한다.
>
> $$(1+R_d \times (1-t))^n = 2 \;\rightarrow\; n \times \ln(1+R_d \times (1-t)) = \ln 2$$
>
> 연속복리이자율은 다음과 같이 구하여야 한다.
>
> $$n \times R_c = \ln(1 + \frac{1}{1-t})$$

1-2 로그함수를 이용한 이자율 (2016년)

$$1,000 \times (\frac{1}{R} - \frac{1}{R \times (1+R)^{25}}) = 750 \times \frac{1}{R}$$

$$\rightarrow (1+R)^{25} = 4$$

이산복리이자율 (R_d) : $\ln(1+R_d) \times n = \ln\frac{P_n}{P_0}$

$$25 \times \ln(1+R_d) = \ln 4$$

$$\rightarrow \ln(1+R_d) = \frac{1.386}{25} = 0.055$$

$$\rightarrow e^{0.055} = 1 + R_d = 1.057$$

$$\Rightarrow R_d = \underline{\textbf{5.7\%}}$$

☞ SMART

이산복리이자율

$P_n = P_0 \times (1+R_d)^n$에서 $n \times \ln(1+R_d) = \ln\frac{P_n}{P_0}$

$\ln(1+R_d) = \ln\frac{P_n}{P_0} \times \frac{1}{n} = a \rightarrow e^a = 1 + R_d$

◁ 1-3 연금과 현재가치

(물음1) 정상연금

매년 적금불입액을 C라고 하면

(1) 적금불입액의 현재가치 $= C \times \left[\dfrac{1}{0.1} - \dfrac{1}{0.1 \times 1.1^n} \right]$

(2) 연금수령액의 현재가치 $= \dfrac{0.5C}{0.1 \times 1.1^n}$

그런데 여기서 (1)>(2)이어야 적금액의 반 이상 금액을 매년 연금으로 수령할 수 있다.

$\dfrac{1}{0.1} - \dfrac{1}{0.1 \times 1.1^n} > \dfrac{0.5C}{0.1 \times 1.1^n}$ $\rightarrow$ $1 > \dfrac{1.5}{1.1^n}$

$\therefore n \geq 4.2544$

따라서 최소한 **5년 이상 불입해야 한다.**

(물음2) 매년 지불해야 할 금액을 C라고 하면

70,000만원 $=$ C $\times$ 9.81815 $\Rightarrow$ C $=$ 7,130만원 (반올림)

$\therefore$ 이자비용 $=$ 7,130만원 $\times$ 20 $-$ 70,000만원 $=$ **72,600만원**

(물음3) 매년 초 소비금액을 C라고 하면

1,000만원 $\times$ 40.99549 $=$ C $\times$ 1.08 $\times$ 6.71008 $\Rightarrow$ C $=$ **5,657만원** (반올림)

(물음4)

(1) 연 2회 복리계산하므로 실효이자율은 다음과 같다.

$R_e = \left(1 + \dfrac{R}{m} \right)^m - 1 = \left(1 + \dfrac{0.1}{2} \right)^2 - 1 = 10.25(\%)$

(2) 매년 불입액을 C라고 하고 시간선(time line)상에 현금흐름을 나타내면 다음과 같은 그림으로 표현할 수 있다.

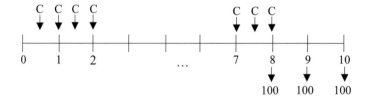

t=0에서부터 t=8까지 불입하는 16회 현금흐름(C)의 가치와 t=8에서부터 t=10까지 인출하는 3회

현금흐름(100)의 가치가 같아야 한다.

① 16회 불입액의 t=8에서의 가치는 다음과 같다.

$$FV_c = C \times CVIFA(5\%, 16) = 23.657C$$

② 3회 인출액의 t=8에서의 가치는 다음과 같다.

$$PV_8 = 100 + \frac{100}{(1+0.1025)} + \frac{100}{(1+0.1025)^2} = 272.97$$

①과 ②가 같아야 하므로 23.657C=272.97에서 → C=11.54

반년마다 **11.54억원씩** 불입해야 한다.

1-4 재무비율

(물음1) 옳다.

회계적 이익은 주가에 영향을 주지 않지만 주당이익을 감소시키므로 주가수익비율(PER)을 상대적으로 높게 나타날 수 있다.

(물음2) 옳지 않다.

자기자본비율이 50%인 경우 자기자본비율의 역수는 2배가 되어 자기자본순이익률(ROE)은 2% x 3 x 2 = 12%가 된다. .

(물음3) 옳지 않다.

유동비율이 높은 기업은 유동성 면에서는 안정적이지만 수익성 측면에서 비효율적일 수 있다.

(물음4) 옳다.

주가장부가치비율 높을수록 수익전망이 높은 성장주이며, 주가장부가치비율 낮을수록 수익 전망이 낮은 가치주이다.

(물음5) 옳지 않다.

인플레이션율이 높아지는 상황에서 재고자산에 대한 회계방식을 선입선출법(FIFO)에서 후입선출법(LIFO)으로 변경하면 회계적이익은 감소하지만 법인세비용이 감소하고 현금흐름이 증가하여 기업가치는 증가한다.

(물음6) 옳다.

PER의 역수는 수익률 개념이며, PER는 회수기간 개념이다.

(물음6) 옳지 않다.

유동비율이 1보다 큰 경우 유동자산과 유동부채가 동일한 크기로 증가하면 유동비율은 감소한다.

제2장 기업가치의 평가_실전문제

정답 및 해설

2-1 기업잉여현금흐름과 주주잉여현금흐름 (1998년)

(물음1) 기업현금흐름을 이용한 투자안의 NPV

(1) 대용기업을 이용한 영업베타

$$\beta_L = \beta_U \times [1 + (1-t) \times \frac{B}{S}]$$

$$\frac{B}{V} = 0.4 \rightarrow \frac{B}{S} = \frac{4}{6} \rightarrow 1.05 = [1 + (1 - 0.25) \times 4/6] \times \beta_U \rightarrow \beta_U = 0.7$$

(2) 투자안의 목표부채비율(B/V=0.6)을 이용한 가중평균자본비용

$$\rho = R_f + [E(R_m) - R_f] \times \beta_U = 10 + [18 - 10] \times 0.7 = 15.6\%$$

$$wacc = \rho(1 - t \times \frac{B}{V}) = 15.6 \times (1 - 0.25 \times 0.6) = 13.26\%$$

(3) 투자안의 NPV

$$NPV = -C_0 + \frac{NOPAT}{wacc} = -20\text{억} + \frac{4\text{억} \times (1 - 0.25)}{0.1326} = \underline{\textbf{2.62}\text{억원}}$$

∴ NPV>0이므로 백화점 사업에 진출

(물음2) 주주현금흐름을 이용한 투자안의 NPV

(1) 자기자본의 투자금액

$V = Capital + NPV$ = 20억 + 2.62억 = 22.62억

B = 22.62 x 0.6 = 13.57억 → Equity = 20억 - 13.57억 = 6.43억

(2) 자기자본비용(k_e)

$$k_e = \rho + (\rho - k_d)(1 - t)\frac{B}{S} = 15.6 + (15.6 - 10) \times (1 - 0.25) \times 6/4 = 21.9\%$$

(3) 주주현금흐름

$$FCFE = NI = (EBIT - I) \times (1 - t) = (4\text{억} - 0.1 \times 13.57\text{억}) \times (1 - 0.25) = 1.98\text{억}$$

(4) 주주 현금흐름의 순현재가치

$$NPV = -E_0 + \frac{NI}{k_e} = -6.43\text{억} + \frac{1.98\text{억}}{0.219} = \underline{\textbf{2.62}\text{억}} \quad \therefore \text{ 자금부장의 주장은 옳다.}$$

2-2 기업잉여현금흐름과 조달현금흐름 (2001년)

(물음1) 영업현금흐름

(1) 영업현금흐름

$OCF = EBIT(1-t) + Dep$ = 150,000 × (1 - 0.2) + 50,000 +10,000 = **170,000**

(2) 순운전자본지출

$\Delta NWC = NWC_t - NWC_{t-1}$ = (600,000 - 400,000) - (200,000-120,000) = **120,000**

(3) 자본적지출

$CE = \Delta FA + dep$ = (1,300,000 -800,000) + 50,000 = **550,000**

(물음2) 기업잉여현금흐름 및 조달현금흐름

(1) 기업잉여현금흐름

$FCFF = OCF - NWCE - CE$ = 170,000 - 120,000 - 550,000 = **(-)500,000**

(2) 조달현금흐름

$CCF = FCFF + I \times t$ = (-)500,000 + 50,000 x 0.2 = **(-)490,000**

(물음3) 채권자 현금흐름

(1) 부채의 상환액

$\Delta Debt$ = **차입 - 상환** → 800,000 -300,000 = 700,000 -상환 → 상환= **200,000**

(2) 채권자 현금흐름

= $I - \Delta Debt$ = 50,000 + (800,000 - 300,000) = **- 450,000**

(물음4) 자본의 현금흐름

(1) 주주현금흐름

700,000 -580,000 = 증자 + 80,000 - 0 → 증자 = **40,000**

$FCFE = NI - \Delta Equity$ =80,000 - (700,000 -580,000) = **-40,000**

(2) 자산의 현금흐름 = 채권자 현금흐름 + 주주 현금흐름

-490,000 = -450,000 + (- 40,000)

☞ SMART

> 조달현금흐름
>
> 조달현금흐름 = $FCFF + I \times t$ = 채권자 현금흐름 + 주주 현금흐름
>
> 채권자 현금흐름 = $I - \Delta Debt$
>
> 주주 현금흐름 = $NI - \Delta Equity$

2-3 투하자본과 비영업자산 (2003년)

(1) 가중평균자본비용

$$\sigma_i^2 = 4 \times \sigma_m^2 \quad \rightarrow \quad \beta_i = \rho_{im} \times \frac{\sigma_i}{\sigma_m} = 0.5 \times \frac{\sqrt{4} \times \sigma_m}{\sigma_m} = 1$$

$$\rho = R_f + (R_m - R_f) \times \beta_i = 10 + (20\text{-}10) \times 1 = 20\%$$

(2) 경제적 부가가치

$$EVA_t = NOPAT_t - (IC_{t-1} \times wacc) = 21억 - (70억 \times 0.2) = \underline{7억}$$

(3) 시장 부가가치

$$MVA = \frac{EVA_1}{wacc} = 7억 / 0.2 = \mathbf{35억}$$

(4) 기업가치

V = IC (투여자본) + MVA (시장부가가치) + NOA (비영업자산)

= 70억 + 35억 + 30억 = **135억**

☞ SMART

투자자본과 비영업자산

(1) 자산의 구성

건물 70억원 → 고정자산(FA) → 투하자본 (IC)

국채 10억원 + 펀드 20억원 = 30억원 → 비영업자산 (NOA)

(2) 비영업자산의 부가가치

비영업자산은 실물투자가 아닌 금융시장 투자이므로 부가가치는 0이라고 가정

2-4 조달현금흐름 (2003년)

(물음1) 조달현금흐름의 할인율

(1) 목표자본구조의 자기자본비용

$$k_e^L = \rho + (\rho - k_d)(1-t)\frac{B}{S} = 20 + (20-10)(1-0.4) \times 1/1 = 26\%$$

(2) 조달현금흐름의 가중평균자본비용

$$wacc^* = k_d \times \frac{B}{V} + k_e \times \frac{S}{V} = 10 \times 0.5 + 26 \times 0.5 = \underline{\mathbf{18\%}}$$

(물음2) 장부가액 기준 부채비율

(1) 기업의 시장가치

$$V_L = \frac{(EBIT-I)(1-t)+I \times t}{wacc^*} = \frac{9억원}{0.18} = 50억원$$

(2) 자본의 시장가치(S)와 장부가치(E)

S=50억 × 0.5 =25억, E= 25억 - 10억 =15억

(3) 부채의 시장가치(B)와 장부가치(D)

B=50억 × 0.5 = 25억 =D

(4) 장부기준 부채비율

D/E = 25억/15억 = __**167%**__

☞ SMART

> **조달현금흐름**
>
> (1) 이자비용의 절세효과를 현금흐름에 반영하면 자본비용에 반영하지 않는다.
>
> $$V_L = \frac{(EBIT-I)(1-t)+I \times t}{wacc^*} \quad \leftarrow wacc^* = k_d \times \frac{B}{V} + k_e \times \frac{S}{V}$$
>
> (2) 이자비용의 절세효과를 현금흐름에 반영하지 많으면 자본비용에 반영한다.
>
> $$V_L = \frac{(EBIT-I)(1-t)}{wacc} \quad \leftarrow wacc = k_d \times (1-t) \times \frac{B}{V} + k_e \times \frac{S}{V}$$

2-5 투자안의 재무 손익분기점 (2004년)

(물음1) **투자안의 NPV**

감가상각비 = 10,000 / 10년 =1,000

영업이익 = (70 - 30) × 120개 - (1,500 + 1,000) = 2,300

$OCF = EBIT(1-t) + Dep$ = ,300 × (1-0.4) + 1,000 = 2,380

NPV = 2,380 ×5.65 −10,000 = **3,447**

(물음2) **재무적 손익분기점**

(1) NPV=0으로 만드는 영업현금흐름

$$10,000 = \sum_{t=1}^{10} \frac{OCF}{1.12^t} = OCF \times 5.65 \rightarrow \quad OCF = 1,770$$

(2) 영업현금흐름을 1,770을 만드는 판매수량

$OCF = (UCM \times Q - FC)(1-t) + Dep$

1,770 = (40 × Q - 2,500)(1 - 0.4) + 1,000 ⇒ Q = **94.58 개**

☞ SMART

손익분기점
(1) 회계 손익분기점 : 영업이익(EBIT)을 0로 하는 손익분기점
(2) 현금 손익분기점 : 영업현금흐름(OCF)을 0로 하는 손익분기점
(3) 재무 손익분기점 : 순현가(NPV)를 0로 하는 손익분기점

2-6 투자안의 기업잉여현금흐름과 재무손익분기점 (2011년)

(물음1) 투자안의 증분잉여현금흐름

$\Delta FCFF_t = \Delta OCF_t - NWCE_t - CE_t$

$\Delta FCFF_0 = (-)1200 \times 0.3 \ -400 = \underline{(-)760억원}$

$\Delta FCFF_1 = 112 \times 0.75 + 120 \ - (1296 - 1200) \times 0.3 = \mathbf{175.2억원}$

$\Delta FCFF_2 = 146.56 \times 0.75 + 120 \ - (1399.68 - 1296) \times 0.3 = \mathbf{198.82억원}$

$\Delta FCFF_3 = 183.88 \times 0.75 + 120 \ - (0 - 1399.68) \times 0.3 + 40 = \mathbf{717.81억원}$

(물음2) 무부채 투자안 NPV

(1) 자기자본만으로 수행한다고 가정할 때의 가중평균자본비용

$$k_e^L = \rho + (\rho - k_d)(1-t)\frac{B}{S} \ \rightarrow \ 13.6 = \rho + (\rho - 6.4)(1 - 0.25) \times 1 \rightarrow \ \rho = 10.51\%$$

(2) 자기자본만으로 수행한다고 가정할 때의 NPV

$$NPV = -760 + \frac{175.2}{1.1051^1} + \frac{198.82}{1.1051^2} + \frac{717.82}{1.1051^3} = \mathbf{\underline{93.22억}}$$

(물음3) 회계적 손익분기점

$EBIT = $ **매출 × 공헌이익률 − 영업고정비**

$0 = $ 매출 $\times$ (1-0.64) -320 $\Rightarrow$ 매출 = $\underline{\mathbf{888.89억}}$

(물음4) 재무적 손익분기점

$$400 = \sum_{t=1}^{3} \frac{OCF}{1.1051^t} + \frac{40}{1.1051^3} \ \rightarrow \ OCF = 150.27억$$

$OCF = ($**매출 × 공헌이익률 − 영업고정비**$)(1-t) + $**감가상각비**

150.27억 = [매출 $\times$ (1-0.64) -320억] $\times$ (1-0.25) +120억 $\rightarrow$ 매출 = $\underline{\mathbf{1,001억}}$

☞ SMART

재무적 손익분기점

(물음1) 순운전자본 : $NWC_t = Sales_{t+1} \times 0.3$

순운전자본지출 : $\Delta NWC_t = (Sales_{t+1} - Sales_t) \times 0.3$

(물음3) 고정자산 투자의 손익분기점이므로 순운전자본지출은 고려하지 않는다.

2-7 기업잉여현금흐름과 EVA (2012년)

(물음1) 추정손익계산서

단위 : 만원	1차년	2차년	3차년
매 출	2,800	3,600	4,000
변동비 (1)	(1,820)	(2,340)	(2,600)
고정비 (2)	(900)	(900)	(900)
영업이익(EBIT)	80	360	500
법인세 (3)	(20)	(90)	(125)
세후영업이익	60	270	375

(1) 변동비 = 매출액 × 0.65

(2) 고정비 = 감가상각비 = (3,000-300)/3 = 900

(3) 법인세 = EBIT × 0.25

(물음2) 기업잉여현금흐름을 이용한 **가치평가**

$$\Delta FCFF_t = \Delta OCF_t - NWCE_t - CE_t$$

$\Delta FCFF_0$ = 0 - 3,000만원 = -3,000만원

$\Delta FCFF_1$ = 80만원 × 0.75 + 900만원 = 960만원

$\Delta FCFF_2$ = 360만원 × 0.75 + 900만원 = 1,170만원

$\Delta FCFF_3$ = 500만원 × 0.75 + 900만원 + 0 + 300만원 = 1,575만원

$$NPV = -3000 + \frac{960}{1.12^1} + \frac{1170}{1.12^2} + \frac{1575}{1.12^3} = \underline{\textbf{-89.1}}만원$$

(물음3) 경제적 부가가치를 이용한 **가치평가**

$$EVA_t = NOPAT_t - (IC_{t-1} \times wacc)$$

EVA_1 = 80만원 × 0.75 - (3,000만원 × 12%) = -300만원

EVA_2 = 360만원 × 0.75 - (2,100만원 × 12%) = 18만원

EVA_3 = 500만원 × 0.75 - (1,200만원 × 12%) = 231만원

$$NPV = MVA = \frac{-300}{1.12^1} + \frac{18}{1.12^2} + \frac{231}{1.12^3} = \underline{\textbf{-89.1}}만원$$

2-8   주주현금흐름에 의한 가치평가 (2014년)

(물음1) 자본비용

(1) 자기자본비용

$$k_e = R_f + (R_m - R_f) \times \beta_i \ = 5 + (9-5) \times 1.2 = \textbf{9.8\%}$$

(2) 타인자본비용

$$k_d \times (1-t) = 8 \times 0.7 = \textbf{5.6\%}$$

(물음2) 배당평가모형의 자기자본비용

① $k_e = \dfrac{D_0 \times (1+g)}{P_0} + g \ = \dfrac{5 \times 1.05}{250} + 0.05 \ = \textbf{7.1\%}$

② 배당평가모형에 의한 자본비용은 주식의 시장가격을 기준으로 한 기대수익률이기 때문에 주식시장이 불균형이면 균형수익률과 다르게 된다. 따라서 7.1%의 기대수익률은 균형수익률 9.8%보다 작기 때문에 자본비용의 과소평가, 투자안의 과대평가가 발생한다.

(물음3) 가중평균자본비용

$$wacc = k_d(1-t) \times \dfrac{B}{V} + k_e \times \dfrac{S}{V} = 5.6 \times 0.5 + 9.8 \times 0.5 = \textbf{7.7\%}$$

(물음4) 주주현금흐름의 주식평가

자기자본의 시장가치 : $S_0 = \dfrac{FCFE_0 \times (1+g)}{k_e - g} \ = \dfrac{4000 \times 1.05}{0.098 - 0.05} = 87,500 \textbf{만원}$

$$P_0 = \dfrac{S_0}{n} \ = \dfrac{87,500 \textbf{만원}}{320 \textbf{만주}} = \textbf{273.44원}$$

☞ SMART

> 균형수익률과 기대수익률
>
> (1) CAPM의 자본비용 → 균형수익률
>
> (2) 배당평가모형의 자본비용 → 기대수익률
>
> ∴ 기업재무의 자본비용은 균형수익률을 사용하므로 주식시장의 불균형으로 (1)과 (2)가 불일치하는 경우 (1)을 사용한다. 이 경우 (2)를 사용하는 경우 기업가치 또는 투자안의 가치의 과대평가 또는 과소평가가 된다.

2-9 감가상각비 절세효과의 할인율 (2015년)

(물음1) **증분잉여현금흐름**

(1) 증분 영업현금흐름

증분 감가상각비 = 2,000/2년 - 3,000/5년 = 400만원

증분 영업이익 = (1900-1500) - (600-700) - 400 = 100만원

증분 영업현금흐름(ΔOCF) = 100 x (1-0.3) + 400 = 470

(2) 고정자산 현금흐름

고정자산 세후처분금액 = 처분가액 - (처분가액 - 장부금액) × 세율

기존 기계설비 매각금액 = 1000 + (1200-1000) x 0.3 = 1,060만원

새 기계설비 매각금액 = 500 + (500 - 0) x 0.3 = 350만원

(3) 투자안의 증분잉여현금흐름

$\Delta FCFF_t = \Delta OCF_t - NWCE_t - CE_t$

$\Delta FCFF_0$ = - 1000 - 2000 +1,060= **-1,940만원**

$\Delta FCFF_1$ = **470만원**

$\Delta FCFF_2$ = 470 + 1000   + 350   = **1,820만원**

(물음2) **무부채 투자안의 NPV**

감가상각비 절세효과 $= \Delta Dep \times t$ = 400 x 0.3 = 120

$NPV = -1,940 + \dfrac{470-120}{1.12^1} + \dfrac{120}{1.08^1} + \dfrac{1820-120}{1.12^2} + \dfrac{120}{1.08^2}$ = **-58.28만원**

(물음3) 부채효과

$$\text{사채발행금액} = \frac{1000}{1-0.02} = 1,020.41\text{만원}$$

$$\text{부채사용효과} = 1,000\text{만원} - \frac{1020.41 \times 0.08 \times (1-0.3)}{1.08^1} - \frac{1020.41 \times 0.08 \times (1-0.3) + 1020.41}{1.08^2}$$

$$+ \frac{20.41 \times 0.5 \times 0.3}{1.08^1} + \frac{20.41 \times 0.5 \times 0.3}{1.08^2} = \underline{\mathbf{28.72}\text{만원}}$$

$$\text{APV} = -58.28 + 28.72 = -29.56\text{만원}$$

☞ SMART

감가상각비 절세효과와 부채사용효과의 할인율

(물음1) 영업비용과 감가상각비

투자안의 영업비용은 감가상각비가 포함되지 않은 영업비용으로 가정하여야 한다. 왜냐하면 신기계의 연간 감가상각비 1000만원이 영업비용 600만원을 초과하기 때문이다.

(물음2) 감가상각비 절세효과의 할인율

감가상각비 절세효과는 항상 이용할 수 있다고 했기 때문에 무위험현금흐름이므로 12%가 아닌 무위험이자율 8%로 할인하여야 한다.

(물음3) 부채사용효과

발행가액=B, 사채발행비=C라고 하면 부채효과는 다음과 같다.

$$+B - \sum_{t=1}^{n} \frac{B \times k_d \times (1 - \text{세율})}{(1+k_d)^t} - \frac{B}{(1+k_d)^n} - C + \sum_{t=1}^{n} \frac{C \times \frac{1}{n} \times \text{세율}}{(1+k_d)^t}$$

(물음3) 부채사용효과의 할인율

현금흐름에 이자비용절세효과가 있기 때문에 할인율에는 절세효과가 없어야 하므로 $k_d \times (1-t)$가 아닌 k_d를 사용하여야 한다.

(물음3) 사채발행비 절세효과

세법에서는 부채의 장부가액에 반영하여 상각을 통하여 손금산입하고 있기 때문에 정액법으로 상각하여 손금산입하는 것은 현재 세법과는 불일치한다.

2-10 경제적 부가가치와 잔존가치 (고급)

(물음1) 기업현금흐름을 이용한 가치평가

투자안의 영업현금흐름(OCF) = 10,000 x (1-0.3) + 10,000 = 17,000만원

$$50,000 = \frac{17,000}{1.15^1} + \frac{17,000}{1.15^2} + \frac{17,000}{1.15^3} + \frac{SV - (SV - 20,000) \times 0.3}{1.15^3} \rightarrow SV = \underline{\textbf{15,730만원}}$$

(물음2) EVA

1차년도 EVA = 10,000 x 0.7 - 50,000 x 0.12 = __1,000만원__

2차년도 EVA = 10,000 x 0.7 - 40,000 x 0.12 = __2,200만원__

3차년도 EVA = (10,000 + 15,730 - 20,000) x 0.7 - 30,000 x 0.12 = __411만원__

☞ SMART

경제적 부가가치

경제적 부가가치는 기말 세후영업이익에서 기초 투하자본의 자본비용을 차감한다.

$$EVA_t = NOPAT_t - (IC_{t-1} \times wacc)$$

유형자산 처분손익은 실물시장 손익이므로 세후영업이익(NOPAT)에 포함한다.

2-11 투자안의 기업잉여현금흐름(고급)

(1) 투자안의 증분영업이익

    1) 감가상각비 = 150,000만원 /3년 = 50,000만원

    2) 잠식비용과 기회비용 = 1,000만원 + 500만원 = 1,500만원

    3) $EBIT_t = Q_t \times (30\text{-}20) - 50{,}000 - 1{,}500 = Q_t \times 10 - 51{,}500$

    4) 2,000만원의 시장조사비용은 매몰원가이므로 고려하지 않는다.

(2) 기업잉여현금흐름

$$\Delta FCFF_t = \Delta OCF_t - NWCE_t - CE_t$$

$$\Delta FCFF_0 = 0 - 10{,}000 - 150{,}000 = \underline{-160{,}000}$$

$$\Delta FCFF_1 = (12{,}000 \times 10 - 51{,}500) \times (1\text{-}0.4) + 50{,}000$$
$$- (12{,}000 \times 30 \times 10\% - 10{,}000) - 0 = \underline{65{,}100}$$

$$\Delta FCFF_2 = (10{,}000 \times 10 - 51{,}500) \times (1\text{-}0.4) + 50{,}000$$
$$- (10{,}000 \times 30 \times 10\% - 12{,}000 \times 30 \times 10\%) - 0 = \underline{85{,}100}$$

$$\Delta FCFF_3 = (10{,}000 \times 10 - 51{,}500) \times (1\text{-}0.4) + 50{,}000$$
$$- (0 - 10{,}000 \times 30 \times 10\%) - 30{,}000 \times (1\text{-}0.4) = \underline{127{,}100}$$

$$\therefore NPV = -160{,}000 + \frac{65{,}100}{1.1} + \frac{85{,}100}{1.1^2} + \frac{127{,}100}{1.1^3} = \textbf{65{,}005만원}$$

☞ SMART

> **순운전자본지출**
>
> 순운전자본 : $NWC_t = Sales_t \times 0.1$
>
> 순운전자본지출 : $\Delta NWC_t = (Sales_t - Sales_{t-1}) \times 0.1$

2-12 경제적 부가가치와 기업잉여현금흐름 (고급)

(물음1) 경제적 부가가치

연간 감가상각비 = 40억 / 4년=10억

$EVA_1 = (210,000 - 100,000) \times (1 - 0.3) - 400,000 \times 12\% = 29,000$

$EVA_2 = (235,000 - 100,000) \times (1 - 0.3) - 300,000 \times 12\% = 58,500$

$EVA_3 = (235,000 - 100,000) \times (1 - 0.3) - 200,000 \times 12\% = 70,500$

$EVA_4 = (210,000 - 100,000 + 10,000) \times (1 - 0.3) - 100,000 \times 12\% = 72,000$

$MVA = \sum_{t=1}^{4} \dfrac{EVA_t}{1.12^t} = 168,467$만원

∴ 투자안의 가치 = 400,000 + 168,467 = **568,467만원**

(물음2) 기업잉여현금흐름

$FCFF_1 = (210,000 - 100,000) \times (1 - 0.3) + 100,000 = 177,000$

$FCFF_2 = (235,000 - 100,000) \times (1 - 0.3) + 100,000 = 194,500$

$FCFF_3 = (235,000 - 100,000) \times (1 - 0.3) + 100,000 = 194,500$

$FCFF_4 = (210,000 - 100,000) \times (1 - 0.3) + 100,000 + 10,000 \times (1 - 0.3) = 184,000$

$V = \sum_{t=1}^{4} \dfrac{FCFF_t}{1.12^t} = $ **568,467만원**

☞ SMART

> 투자안의 가치
>
> $$V_0 = \sum_{t=1}^{n} \frac{FCFF_t}{(1+wacc)^t} = IC_0 + \sum_{t=1}^{n} \frac{EVA_t}{(1+wacc)^t} \leftarrow EVA_t = NOPAT_t - IC_{t-1} \times wacc$$

2-13 경제적 감가상각과 주주현금흐름 (고급)

(물음1) 경제적 감가상각비

$$FCFF_1 = (210,000 - 100,000) \times (1 - 0.3) + 100,000 = 177,000$$

$$FCFF_2 = (235,000 - 100,000) \times (1 - 0.3) + 100,000 = 194,500$$

$$FCFF_3 = (235,000 - 100,000) \times (1 - 0.3) + 100,000 = 194,500$$

$$FCFF_4 = (210,000 - 100,000) \times (1 - 0.3) + 100,000 + 10,000 \times (1 - 0.3) = 184,000$$

$$V_1 = \sum_{t=2}^{4} \frac{FCFF_t}{1.12^{t-1}} = 459,682\text{만원}$$

$$V_2 = \sum_{t=3}^{4} \frac{FCFF_t}{1.12^{t-2}} = 320,344\text{만원}$$

2차년도의 경제적 감가상각비 = 459,682 - 320,344 = **139,338만원**

(물음2) 채권자 현금흐름

$$FCFC_2 = I - \Delta B$$

$$= 459,682 \times 0.5 \times 0.06 - (320,344 - 459,682) \times 0.5 = \textbf{83,459만원}$$

(물음3) 주주 현금흐름

$$FCFE_2 = FCFF_2 + I \times t - FCFC_2$$

$$= 194,500 - 459,682 \times 0.5 \times 6\% \times 0.3 - 83,459 = \textbf{115,178만원}$$

☞ SMART

경제적 감가상각

□ 경제적 감가상각은 장부가치가 아닌 시장가치를 기준으로 계산한다.

$$Dep_t = V_{t-1} - V_t$$

□ 채권자의 현금흐름 : $FCFC_t = I_t - \Delta B_t$

□ 주주 현금흐름 : $FCFE_t = FCFF_t + I_t \times \text{세율} - FCFC_t$

제3장 자본예산_실전문제 　　　　　　　　　　정답 및 해설

3-1 신규 투자안 및 차환의 의사결정(1996년)

(물음1) 기업의 가중평균자본비용

(1) (주)당산의 주식베타

$E(R_i) = \dfrac{P_1 + D_1}{P_0} - 1$의 공식을 이용한 당산기업과 시장포트폴리오의 수익률

상황	당산의 수익률	시장수익률
불황	$R_i = \dfrac{8,000+0}{10,000} - 1 = -20\%$	$R_m = \dfrac{920}{1,000} - 1 + 2\% = -6\%$
보통	$R_i = \dfrac{10,800+200}{10,000} - 1 = 10\%$	$R_m = \dfrac{1,100}{1,000} - 1 + 4\% = 14\%$
호황	$R_i = \dfrac{12,600+500}{10,000} - 1 = 31\%$	$R_m = \dfrac{1,200}{1,000} - 1 + 8\% = 28\%$

$$E(R_i) = \frac{-20+10+31}{3} = 7\% = 7\% \qquad E(R_m) = \frac{-6+14+28}{3} = 12\% = 12\%$$

- 시장포트폴리오의 분산 : $\sigma_m^2 = \dfrac{(-6-12)^2 + (14-12)^2 + (28-12)^2}{3} = 194.67$

- (주)당산과 시장포트폴리오의 주가 수익률의 공분산

$$\sigma_{im} = \frac{(-20-7)(-6-12) + (10-7)(14-12) + (31-7)(28-12)}{3} = 292$$

- (주) 당산의 베타 : $\beta_i = \dfrac{\sigma_{im}}{\sigma_m^2} = \dfrac{292}{194.67} = 1.5$

(2) (주)당산의 자본비용

- 부채의 가치 : B = 8억원
- 자기자본의 시장가치 : $S = n \times P_o$ = 16만주 x 10,000원 = 16억원
- $V_L = B + S$ = 8억 + 16억 = 24억원

$$k_e^L = R_f + [E(R_m) - R_f] \times \beta_L = 10 + [12 - 10] \times 1.5 = 13\%$$

$$wacc = k_d(1-t) \times \frac{B}{V} + k_e^L \times \frac{S}{V}$$

$$= 10 \times (1-0.4) \times 8/24 + 13 \times 16/24 = \mathbf{10.67\%}$$

(물음2) **신주인수권의 가치**

① 신주발행 주식수 = $\dfrac{200,000,000}{5,000}$ = 40,000주

② 권리락 주가 = $\dfrac{16억 + 2억}{16만주 + 4만주}$ = 9,000원

③ 신주인수권 = 권리부주가 - 권리락주가 = 10,000 - 9,000 = **1,000원**

(물음3) **신주발행가격과 주주의 부**

① 신주발행 주식수 = $\dfrac{200,000,000}{8,000}$ = 25,000주

② 권리락 주가 = $\dfrac{16억 + 2억}{16만주 + 2.5만주}$ = 9,730원

③ 신주인수권 = 권리부주가 - 권리락주가 = 10,000 - 9,730 = **270원**

신주발행이 제3자 배정방식이 아닌 기존의 주주배정방식으로 이루어진다면 주주의 부는 권리락 주식 9,730원과 신주인수권 270원으로 주주의 부에는 영향을 주지 않는다.

(물음4) **투자안의 할인율**

투자안의 할인율에는 투자안의 영업위험을 반영하여야 하므로 의류업의 영업위험을 반영하자고 주장하는 을이사의 의견이 옳다. 을이사의 할인율을 구하면 다음과 같다.

$$1.5 = \beta_U \times [1 + (1 - 0.4) \times 0.5] \Rightarrow \beta_U = 1.15$$
$$\rho = R_f + [E(R_m) - R_f] \times \beta_U = 10 + [12 - 10] \times 1.15 = \mathbf{12.3\%}$$

(물음5) **차환의 경제성 평가**

(1) 기존 사채의 수의 상환금액 = 100,000원 + 10,000원 × 50% = 105,000원
(2) 신규 사채의 발행금액 = 100,000원 (액면발행)
(3) 사채상환손익 = 100,000 - 105,000 = (-)5,000

	t=0	1	2	3	4	5
기존사채 상환	-105,000					+100,000
기존사채 이자①		6,000	6,000	6,000	6,000	6,000
신규사채 발행	+100,000					-100,000
신규사채 이자②		-4,800	-4,800	-4,800	-4,800	-4,800
상환손실 효과 ③	+2,000					
	-3,000	+1,200	+1,200	+1,200	+1,200	+1,200

① 이자비용 x (1-세율) = 100,000원 x 10% x (1-0.4) = 6,000

② 이자비용 x (1-세율) = 100,000원 x 8% x (1-0.4) = 4,800

③ 손실 x 세율 = 5,000 x 0.4 = 2,000

$$NPV = -3,000 + \sum_{t=1}^{5} \frac{1,200}{1.08^t} = 1,791원$$

∴ NPV > 0이므로 차환을 하는 것이 유리하다.

☞ SMART

사채상환손익의 절세효과

(1) 자기자본비용

균형수익률 13%를 사용하며 기대수익률 7%를 사용하지 않는다.

(2) 사채상환손익의 절세효과

사채상환이 기초에 발생하면 절세효과는 기말에 발생하므로 t=1시점에 반영하여야 한다. 이 문제에서는 상환시점에서 반영된다고 가정하였기 때문에 t=0시점에 반영한다.

(3) 수의상환채권

수의상환권은 채권 발행자(채무자)가 보유하고 있기 때문에 수의상환위험을 반영하여 수의상환채권의 채권수익률은 일반채권보다 높기 때문에 무위험이자율이 아니지만 이 문제에서는 추가적인 자료가 없기 때문에 무위험이자율로 가정하고 하마다모형을 사용한다.

(4) 사채발행금액

신규사채발행금액을 100,000원이 아닌 105,000원을 기준으로 차환의 NPV를 구할 수 있으며, 이 경우 이자비용의 절세효과가 커지기 때문에 100,000원 발행하는 경우보다 차환 NPV가 더 크다.

3-2 조달경비와 자본예산 (1997년)

(물음1) 투자안의 자본비용

  (1) 대용기업을 이용한 투자안의 영업베타

$$\beta_L = \beta_U \times [1 + (1-t) \times \frac{B}{S}]$$

    사업 A : 0.9= β_U x [1+(1-0.2) × 1.5] $\Rightarrow$ β_U = 0.4091

    사업 B : 1.5= β_U x [1+(1-0.2) × 2.5] $\Rightarrow$ β_U = 0.5

  (2) 투자안의 주식베타

    사업 A : β_L = [1+ (1 - 0.2) × 2] × 0.4091= 1.064

    사업 B : β_L= [1 + (1 - 0.2) × 2] × 0.5 = 1.3

  (3) 투자안의 자기자본비용

    사업 A : k_e = 6 + [10 - 6] × 1.064 =**10.26%**

    사업 B : k_e = 6 + [10 - 6] × 1.3 =**11.2%**

(물음2) 타인자본비용

$$1,051,542 = \frac{100,000}{(1+k_d)} + \frac{100,000}{(1+k_d)^2} + \frac{1,100,000}{(1+k_d)^3}$$

이를 현가표를 이용하면 k_d= **8%**

(물음3) 내용연수가 상이한 투자안의 의사결정

  (1) 투자안의 가중평균자본비용

$$wacc = k_d(1-t) \times \frac{B}{V} + k_e^L \times \frac{S}{V} = 6 \times 2/3 + 15 \times 1/3 = 9\%$$

  (2) 투자안의 NPV

$$NPV_A = -1\text{억원} + \frac{1\text{억원}}{1.09^1} + \frac{1\text{억원}}{1.09^2} + \frac{2\text{억원}}{1.09^3} + \frac{3\text{억원}}{1.09^4} = 44,288\text{만원}$$

$$NPV_B = -1\text{억원} + \frac{1\text{억원}}{1.09^1} + \frac{1\text{억원}}{1.09^2} + \frac{1\text{억원}}{1.09^3} + \frac{3\text{억원}}{1.09^4} + \frac{1\text{억원}}{1.09^5} + \frac{2\text{억원}}{1.09^6} = 54,990\text{만원}$$

  (3) 무한반복투자의 NPV

$$NPV_A(n=\infty) = 44,288\text{만원} + \frac{44,288\text{만원}}{1.09^4 - 1} = 151,891\text{만원}$$

$$NPV_B(n=\infty) = 54,990\text{만원} + \frac{54,990\text{만원}}{1.09^6 - 1} = 136,205\text{만원}$$

∴ 무한반복투자의 순현재가치가 큰 투자안 **A**를 선택한다.

(물음4) **사채발행비의 효과**

$$사채발행금액 = \frac{조달금액}{1-c} \quad (\ c=조발비용)$$

$$사채발행비 = 사채발행금액 \times c \quad \rightarrow \quad 사채발행비 = \frac{1억원 \times 2/3}{1-0.03} \times 0.03 = 2,061,856$$

사채발행비 상각의 연간 절세효과 = 2,061,856 × 1/3 × 0.2 = 137,457

	t=0	1	2	3
사채발행비 효과	-2,061,856	+137,457	+137,457	+137,457

(물음5) **신주인수권**

① 권리락 주가 $= \dfrac{40,000원 + 40,000원 \times 0.75 \times 0.25}{1+0.25} = 38,000원$

→ 신주인수권 = 40,000원 - 38,000원 = 2,000원

② 기존주주의 부 = (38,000원 + 2,000원 x 0.8) - 40,000 = (-)400

③ 특수 관계자의 부 = 2,000원 x 0.2= +400

∴ 기존주주의 부는 주당 **400**원 감소하며 특수 관계자의 부는 주당 400원 증가 한다.

☞ SMART

부채발행효과

발행가액= B, 사채발행비 = C라고 하면

(1) 부채 및 이자비용 효과 $= +B - \displaystyle\sum_{t=1}^{n} \frac{B \times k_d \times (1-세율)}{(1+k_d)^t} - \frac{B}{(1+k_d)^n}$

(2) 사채발행비 효과 $= -C + \displaystyle\sum_{t=1}^{n} \frac{C \times \dfrac{1}{n} \times 세율}{(1+k_d)^t}$

(3) 부채사용효과의 할인율

현금흐름에 이자비용절세효과가 있기 때문에 할인율에는 절세효과가 없어야 하므로 $k_d \times (1-t)$가 아닌 k_d를 사용하여야 한다.

(4) 사채발행비 절세효과

세법에서는 부채의 장부가액에 반영하여 상각을 통하여 손금산입하고 있기 때문에 정액법으로 상각하여 손금산입하는 것은 현재 세법과는 불일치한다.

3-3 자본예산 평가기법 (2002년)

(물음1) 회수기간법에 의한 경제성 평가

(1) 투자금액 = 1억원 × 10년 = 10억원

(개발비 1억원은 매몰원가이므로 투자금액에 포함하지 않는다.)

(2) 회수기간은 매년 1억원씩 회수되므로 회수기간은 현재시점으로부터 **20년**이다.

(3) 의사결정 : 목표회수시간이 주어져 있지 않기 때문에 의사결정을 할 수 없다.

(물음2) 내부수익률에 의한 경제성 평가

(1) 투자안의 IRR

① t=10시점의 현금유입의 현재가치 = $\dfrac{1억}{R}$

② t=10시점의 현금유출의 미래가치 = $1억원 \times \left[\dfrac{(1+R)^{10}-1}{R} \right]$

①=② → $\dfrac{1억}{R} = 1억원 \times \left[\dfrac{(1+R)^{10}-1}{R} \right]$ → $(1+R)^{10} = 2$ → R= **7% (IRR)**

(2) 투자안의 가중평균자본비용

$wacc = k_d(1-t) \times \dfrac{B}{V} + k_e^L \times \dfrac{S}{V}$ = 8 x (1-0.5) x 0.5 + 12 x 0.5 = **8%**

∴ 투자안의 IRR 7%는 자본비용 8%보다 작기 때문에 기각한다.

(물음3) 순현가에 의한 경제성 평가

t=10 시점의 순현가 : $NPV_{10} = \dfrac{1억}{0.08} - 1억원 \times \left[\dfrac{1-(1.08)^{10}}{1-(1.08)} \right]$

t=0 시점의 순현가 : $NPV_0 = \dfrac{NPV_{10}}{(1+wacc)^{10}}$

$NPV_0 = \dfrac{\dfrac{1억}{0.08} - 1억원 \times \left[\dfrac{1-(1.08)^{10}}{1-(1.08)} \right]}{(1.08)^{10}}$ = **-0.92억**

∴ 투자안의 순현가는 (-)이므로 기각한다.

(물음4) 투자안을 채택하기 위한 타인자본비용

투자안을 채택하기 위해서는 가중평균자본비용이 내부수익률 7%보다 작아야 한다.

$$wacc = k_d(1-t) \times \frac{B}{V} + k_e^L \times \frac{S}{V} \ = \ k_d \text{ x } (1-0.5) \text{ x } 0.4 + 10 \text{ x } 0.6 < 7\%$$

$$\rightarrow \ k_d \leq 0.05$$

∴ 투자안이 채택되기 위해서는 채권자의 요구수익률은 **5%** 미만이어야 한다.

(물음5) $(1 + R_e) = (1 + \dfrac{R_s}{m})^m$

$$k_d = (1 + \frac{0.0495}{4})^4 - 1 \ = \ \textbf{5.04\%}$$

∴ 채권자의 실효이자율 5.04%는 **5%**를 초과하기 때문에 투자안은 기각한다.

3-4 확실성 등가를 이용한 자본예산 (2003년)

(물음1) 효용함수의 확실성 등가에 의한 의사결정

(1) 투자안 A의 순현재가치

$$NPV_A = -5,000 + \frac{2,600}{(1.05)^1} + \frac{3,200}{(1.05)^2} = 379만원$$

(2) 투자안 B의 순현재가치

$$CEQ_B = (\sqrt{3500} \times 0.5 + \sqrt{8000} \times 0.5)^2 = 5,521만원$$

$$NPV_B = -5,000 + \frac{5,521}{(1.05)^1} = 258만원$$

(3) 무한반복투자의 NPV

$$NPV_A(n=\infty) = 379만원 + \frac{379\textbf{만원}}{1.05^2 - 1} = \textbf{4,073}만원$$

$$NPV_B(n=\infty) = 258만원 + \frac{258\textbf{만원}}{1.05^1 - 1} = \textbf{5,415}만원$$

∴ 무한반복투자의 순현재가치가 큰 투자안 **B**를 선택한다.

(물음2) 확실성 등가계수

(1) 박을동의 투자의사결정

1) 투자안 B의 순현재가치

$$CEQ_B = (\sqrt[4]{3500} \times 0.5 + \sqrt[4]{8000} \times 0.5)^4 = 5,406만원$$

$$NPV_B = -5,000 + \frac{5,406}{(1.05)^1} = 148만원$$

2) 무한반복투자의 NPV

$$NPV_B(n=\infty) = 148만원 + \frac{148\textbf{만원}}{1.05^1 - 1} = \textbf{3,110}만원$$

∴ 무한반복투자의 순현재가치가 큰 투자안 **A**를 선택한다.

(2) 시장의 확실성등가계수

$$\beta_L = \beta_U \times [1 + (1-t) \times \frac{B}{S}] \qquad 1.5 = \beta_U \times [1 + (1-0) \times 1/2] \Rightarrow \beta_U = 1$$

$$\rho = R_f + [E(R_m) - R_f] \times \beta_U = 5 + [10 - 5] \times 1 = 10\%$$

$$\alpha_t = \frac{1 + R_f}{1 + k} = \frac{1.05}{1.10} = \textbf{0.9545}$$

(3) 김갑동의 확실성 등가계수 : $\alpha_t = \dfrac{CEQ_1}{E(CF_1)} = \dfrac{5,521만원}{5,750만원} = \mathbf{0.9601}$

(4) 박을동의 확실성 등가계수 : $\alpha_t = \dfrac{CEQ_1}{E(CF_1)} = \dfrac{5,406만원}{5,750만원} = \mathbf{0.9400}$

∴ 김갑동의 확실성 등가계수는 시장의 확실성 등가계수보다 크고 박을동의 확실성 등가계수는 시장의 확실성 등가계수보다 작다.

(물음3) **전문경영자의 투자의사결정**

① 경영자 입장에서 모든 주주가 동의하는 만장일치 투자결정을 하기 위해서는 완전자본시장이라는 조건을 충족하여야 한다.

② 피셔의 분리정리가 성립하며, 전문 경영자는 주주의 효용함수와 관계없이 투자의사결정을 하여야 한다.

③ 전문경영자의 의사결정

$NPV_B = -5000만원 + \dfrac{5,750만원 \times 0.9545}{(1.05)} = 227만원$

$NPV_B(n=\infty) = 227만원 + \dfrac{227만원}{1.05^1 - 1} = \mathbf{4,767}만원$

∴ 무한반복투자의 순현재가치가 큰 투자안 **B**를 선택한다.

(물음4) **위험프리미엄** $RP = E(CF) - CEQ$

(1) 김갑동의 위험프리미엄 = 5,750만원 - 5,521만원 = **229만원**

(2) 박을동의 위험프리미엄 = 5,750만원 - 5,406만원 = **344만원**

☞ SMART

무한반복투자

(1) 효용함수
물음1의 효용함수 $U(X) = \sqrt{X}$ 보다는 물음2의 효용함수 $U(X) = \sqrt[4]{X}$ 가 더 위험회피적이므로 확실성등가계수는 물음2가 더 작다.

(2) 투자안의 내용연수
투자 종료 후에도 동일한 투자기회가 계속 반복될 수 있다고 가정
→ 무한반복투자의 NPV로 결정한다.

$NPV(n = \infty) = 227만원 + NPV + \dfrac{NPV}{(1+wacc)^n - 1}$

3-5 베타와 NPV (2003년)

(물음1) 각 사업부의 순현가

(1) 사업부의 가중평균자본비용

$$\rho = R_f + (E(R_m) - R_f) \times \beta_u$$

$$wacc_A = 4 + (10\text{-}4) \times 0.5 = 7\%$$

$$wacc_B = 4 + (10\text{-}4) \times 1.5 = 13\%$$

(2) 사업부의 순현재가치

$$NPV_A = -100 + \frac{160.5}{1.07} = \textbf{50억원}$$

$$NPV_B = -100 + \frac{282.5}{1.13} = \textbf{150억원}$$

(물음2) 기업의 시장가치

(1) 플래닛의 베타

$$\beta_{플래닛} = \beta_A \times \frac{V_A}{V_A + V_B} + \beta_B \times \frac{V_B}{V_A + V_B}$$

$$= 0.5 \times \frac{150}{150 + 250} + 1.5 \times \frac{250}{150 + 250} = 1.125$$

(2) 플래닛의 가중평균자본비용

$$wacc = 4 + (10\text{-}4) \times 1.125 = 10.75\%$$

(3) 플래닛의 기업가치

$$V_0 = \frac{160.5 + 282.5}{1.1075} = \textbf{400억원}$$

3-6 연기옵션과 APV (2005년)

(물음1) **영업현금흐름**

OCF = EBITDA × (1-t) + Dep × t

(1) 보통일 경우 : OCF = {70개 × (20-10) -200} × (1-0.34) + 500 × 0.34 = **500억**

(2) 우수할 경우 : OCF = {100개 × (30-10) - 200} × (1-0.34) + 500 × 0.34 =**1,358억**

(물음2) **t =1에서의 순현가(NPV)**

(1) 보통일 경우 : NPV_1 = 500억 × 2.4869 -1,500억 = **-256.55억**

(2) 우수할 경우 : NPV_1 = 1,358억 × 2.4869 -1,500억 = **1,877.21억**

(물음3) **옵션이 없는 경우의 순현가(NPV)**

$$NPV_0 = \frac{(-256.55억 \times 0.7)+(1,877.21억 \times 0.3)}{1.10} - 500억 = \textbf{-151.29억}$$

(물음4) **옵션이 있는 경우의 순현가(NPV)**

$$NPV_0 = \frac{(0억 \times 0.7)+(1,877.21억 \times 0.3)}{1.10} - 500억 = \textbf{11.97억}$$

(물음5) **연기옵션의 가치**

연기옵션의 가치 = $NPV^{after} - NPV^{before}$ = 11.97억 - (-151.29억) = **163.16억**

(물음6) **조정순현가**

(1) 이자비용의 절세효과 $= \sum_{t=1}^{3} \frac{1000억 \times 6\% \times 0.34}{(1.06)^t}$ = 54.53억

(2) APV = 기본NPV + 이자비용의 절세효과

= 1,877.21억 + 54.53억 = **1,931.74억**

☞ SMART

> **부채사용효과**
>
> (1) 이자비용의 절세효과 $= \sum_{t=1}^{n} \frac{B \times k_d \times 세율}{(1+k_d)^t}$
>
> (2) 부채사용효과의 할인율
> 현금흐름에 이자비용절세효과가 있기 때문에 할인율에는 절세효과가 없어야 하므로 $k_d \times (1-t)$가 아닌 k_d를 사용하여야 한다. 또한 위험부채인 경우 채무불이행 위험을 반영하여야 하기 때문에 k_d를 사용하여야 하며 R_f를 사용해서는 안된다.

3-7 NPVGO (2006년)

(물음1) 무부채기업의 자본비용

(1) 대용기업을 이용한 영업베타

$$\beta_L = \beta_U \times [1 + (1-t) \times \frac{B}{S}]$$

$1.95 = [1 + (1-0.4) \times 0.5] \times \beta_U \implies \beta_U = 1.5$

(2) (주) 트윈의 자기자본비용

$\rho = R_f + [E(R_m) - R_f] \times \beta_u = 6 + (12 - 6) \times 1.5 = \mathbf{15\%}$

(물음2) 제로성장의 주가

$EPS_1 = EPS_0 = 1,200,000$원 / $10,000$주 $= 120$원

$P_0 = \dfrac{EPS_1}{k_e} = 120$원 $/0.15 = \mathbf{800원}$

(물음3) 자사주 매입이후의 주가

자사주매입가격 > 현재주가 이므로 자사주 매입에 응하는 것이 유리

(1) 자사주 매입에 응하는 경우 투자자의 부

833.333원 × 10주 = **8,333.33원**

(2) 자사주 매입에 응하지 않는 경우 투자자의 부

1) 자사주 매입 주식수 = 1,000,000원 / 833.333원 =1,200주

2) 매입 후 주가 = $\dfrac{800원 \times 10,000주 - 1,000,000원}{10,000주 - 1,200주}$ = 795.455원

3) 투자자의 부 = 795.455원 × 10주 = **7,954.55원**

(물음4) 성장기회 주가

(1) 투자시점의 투자안의 NPV

$$NPV_1 = -100만원 + \frac{30만원 \times (1-0.4)}{0.15} = 20만원$$

(2) 신규투자기회의 순현가(NPVGO)

$$NPVGO = \frac{NPV_1}{1+wacc} = \frac{20만원}{1.15} = 173,913원$$

(3) 신규투자기회를 감안한 ㈜트윈의 주가

$P_0 = 800$원 + 173,913원/10,000주 = **817.39원**

(물음5) **부채투자안 및 주가**

(1) 투자시점의 투자안의 NPV

$$NPV_1 = -100\text{만원} + \frac{30\text{만원} \times (1-0.4)}{0.15} + 50\text{만원} \times 0.4 = 40\text{만원}$$

(2) 신규투자기회의 wacc

$$wacc = \rho(1 - t \times \frac{B}{V}) = 15 \times (1 - 0.4 \times \frac{50}{140}) = 12.86\%$$

(3) 신규투자기회의 순현가(NPVGO)

$$NPVGO = \frac{NPV_1}{1 + wacc} = \frac{40\text{만원}}{1.1286} = 354,421\text{원}$$

(4) 신규투자기회를 감안한 ㈜트윈의 주가

$$P_0 = 800\text{원} + 354,421\text{원} / 10,000\text{주} = \textbf{835.44원}$$

☞ SMART

PVGO 할인율

$$P_0 = \frac{EPS_1}{k_e} + PVGO$$

제로성장주가의 할인율→ 자기자본비용

PVGO의 할인율 → 가중평균자본비용

3-8 연간균등비용 (2007년)

(물음1) 내용연수가 상이한 투자안의 의사결정

내용연수가 다르면 연간균등비용 또는 무한반복투자비용의 현재가치로 결정한다.
이 문제에서는 물음2의 풀이를 위하여 무한반복투자로 계산한다.

(1) 각 기계의 비용의 현재가치 (NPC)

$NPC_A = 100원 + (20 \times 1.7355) - (10 \times 0.8254) = 126.45$

$NPC_B = 100원 + (30 \times 2.4868) = 174.60$

(2) 투자안의 무한반복투자비용의 현재가치

$$NPC_A(n = \infty) = 126.45 + \frac{126.45}{1.10^2 - 1} = \textbf{728.59}$$

$$NPC_B(n = \infty) = 174.60 + \frac{174.60}{1.10^3 - 1} = \textbf{702.09}$$

∴ 무한반복투자비용의 현재가치가 작은 투자안 **B**를 선택한다.

(물음2) 후속투자가 있는 경우

투자비용의 불규칙하므로 무한반복투자비용의 현재가치로 의사결정한다.

(1) 기계 A의 2년 후 예상비용

$$NPC_2^{A+C} = 126.45 \times 0.5 + 100 \times 0.5 = 113.225$$

(2) 기계 A의 무한반복투자 비용의 현재가치

$$NPC_{A+C}(n = \infty) = 126.45 + \frac{113.225}{1.10^2 - 1} = \textbf{665.62}$$

∴ 무한반복투자비용의 현재가치가 작은 투자안 **A**를 선택한다.

☞ SMART

무한반복투자

(1) 동일한 성능을 지닌 두 기계 A와 B
→ 수익이 동일하므로 투자비용의 현재가치(NPC)를 산출하여 의사결정

(2) 동일한 조건의 동종기계로 지속적으로 대체
→ 무한반복투자비용의 현재가치로 의사결정

$$NPC(n = \infty) = NPC + \frac{NPC}{(1 + wacc)^n - 1}$$

3-9 확실성 등가를 이용한 자본예산 (2008년)

(물음1) **확실성 등가법**

(1) 투자안의 기대현금흐름 및 시장수익률

$$E(CF_A) = (3,100 + 3,300 + 3,500) \times 1/3 = 3,300$$

$$E(CF_B) = (2,800 + 3,300 + 3,800) \times 1/3 = 3,300$$

$$E(R_m) = (15\% + 20\% + 25\%) = 20\%$$

(2) 투자안 및 시장포트폴리오의 공분산

$$Cov(CF_A, R_m) = \{(3,100\text{-}3,300) \times (0.15\text{-}0.20) + (3,300\text{-}3,300)$$
$$\times (0.20\text{-}0.20) + (3,500\text{-}3,300) \times (0.25\text{-}0.20)\} \times 1/3 = 6.6667$$

$$Cov(CF_B, R_m) = \{(2,800\text{-}3,300) \times (0.15\text{-}0.20) + (3,300\text{-}3,300)$$
$$\times (0.20\text{-}0.20) + (3,800\text{-}3,300) \times (0.25\text{-}0.20)\} \times 1/3 = 16.6667$$

$$\sigma_m^2 = \{(0.15\text{-}0.20)2 + (0.20\text{-}0.20)2 + (0.25\text{-}0.20)2 \} \times 1/3 = 0.001667$$

(3) 투자안의 확실성등가

$$CEQ_1 = E(CF_1) - \lambda \times Cov(CF_1, R_m)$$

$$CEQ_A = 3300 - \lambda \times 6.6667$$

$$CEQ_B = 3300 - \lambda \times 16.6667$$

(4) 투자안의 의사결정

$\lambda > 0$**이므로** $CEQ_A > CEQ_B$ ∴ 투자안 **A**를 선택

(물음2) **베타 및 위험할인율**

(1) 무위험이자율이 16%일 경우의 λ의 결정

$$\lambda = \frac{[E(R_M) - R_F]}{Var(R_M)} = \frac{0.2 - 0.16}{0.001667} = 23.9952$$

(2) 투자안의 가치평가

$$PV_A = \frac{CEQ_A}{1 + R_f} = \frac{3300 - 23.9952 \times 6.6667}{1.16} = 2,706.9234원$$

$$PV_B = \frac{CEQ_B}{1 + R_f} = \frac{3300 - 23.9952 \times 16.6667}{1.16} = 2,500.0683원$$

(3) 투자안의 수익률과 시장수익률의 공분산

$$Cov(R_X, R_M) = \frac{Cov(CF_X, R_M)}{PV_X}$$

$$Cov(R_A, R_m) = \frac{6.6667}{2,706.9234} = 0.002463$$

$$Cov(R_B, R_m) = \frac{16.6667}{2,500.0683} = 0.006666$$

(4) 투자안의 베타

$$\beta_i = \frac{\sigma_{iM}}{\sigma_M^2}$$

$$\beta_A = \frac{0.002463}{0.001667} = \textbf{1.4774}$$

$$\beta_B = \frac{0.006666}{0.001667} = \textbf{3.9991}$$

(5) 투자안의 요구수익률

$$E(R_A) = 0.16 + (0.2 - 0.16) \times 1.4774 = \textbf{21.91\%}$$

$$E(R_B) = 0.16 + (0.2 - 0.16) \times 3.9991 = \textbf{32\%}$$

☞ SMART

확실성 등가와 투자의사결정

확실성 등가법을 이용한 투자의사결정 방법
① 효용함수를 이용하는 방법
② 확실성등가계수를 이용하는 방법
③ 금액 CAPM을 이용하는 방법
④ 위험중립확률을 이용하는 방법

3-10 APV를 이용한 자본예산 (2009년)

(물음1) 무부채 투자의사결정

(1) XYZ기업의 주식베타를 이용한 영업베타의 결정

$$\beta_L = \beta_U \times [1 + (1-t) \times \frac{B}{S}]$$

$$1.92 = \beta_U \times [1 + (1-0.3) \times 2] \implies \beta_U = 0.8$$

(2) 무부채 투자안의 가중평균자본비용의 결정

$$\rho = 10 + 10 \times 0.8 = 18\%$$

(3) 투자안의 가치평가

$$NPV_u = -CF_0 + \frac{EBIT(1-t)}{\rho - g} = -90 + \frac{20(1-0.3)}{0.18 - 0.02} = \textbf{(-)2.5억}$$

(물음2) 부채투자의사결정

$$APV = NPV_u + B \times t$$

$$= -2.5 + 90 \times 1/3 \times 0.3 = \textbf{6.5억원}$$

(물음3) 내부수익률

$$CF_0 = \frac{EBIT(1-t)}{IRR - g}$$

$$90 = \frac{20 \times (1-0.3)}{IRR - 0.02} \rightarrow IRR = \textbf{17.56\%}$$

☞ SMART

조달레버리지와 목표레버리지

~투자금액의 1/3을 부채를 통해 조달하고~

→ 주어진 자료는 목표 레버지지가 아닌 조달레버리지이므로 조정현가법을 사용한다.

3-11 확실성 등가를 이용한 자본예산 (2010년)

(물음1) **투자안의 확실성등가**

(1) 시장포트폴리오의 기대수익률과 분산

$E(R_m)=$ (-20) × 0.5 + 40 × 0.5 = 10%

$\sigma_m^2 = (-20-10)^2 \times 0.5 + (40-10)^2 \times 0.5$ =900 → 0.09

(2) 투자안의 1년 후 현금흐름

$E(CF_1)=$ 30 × 0.5 + 200 × 0.5 = 115

(3) 시장포트폴리오와 투자안 현금흐름의 공분산

$Cov(CF_1,R_m)=$ (30-115)(-20%-10%) × 0.5

$+$ (200-115)(40%-10%) × 0.5 = 25.5

(4) 투자안의 확실성등가

$$CEQ_1 = E(CF_1) - \lambda \times Cov(CF_1,R_m) \;\leftarrow\lambda = \frac{[E(R_M)-R_F]}{Var(R_M)}$$

$$CEQ_1 = 115 - \frac{0.10-0.05}{0.09} \times 25.5 = \textbf{100.8333억원}$$

(물음2) **투자안의 NPV**

$$NPV = -CF_0 + \frac{CEQ_1}{(1+R_f)^1}$$

= -60억 + 100.8333억 / 1.05 = **36.0317억원**

(물음3) **투자안의 위험조정할인율**

$$\frac{CEQ_1}{(1+R_f)^1} = \frac{E(CF_1)}{(1+k_e)^1} \;\rightarrow\; \frac{100}{1.05} = \frac{115}{1+k} \rightarrow \text{k=}\textbf{20.75\%}$$

(물음4) **위험중립확률**

$CEQ = CF_u \times p + CF_d \times (1-p)$

100억 = 200억 × p + 30억 × (1-p) $\Rightarrow$ p=**0.4118**

(물음5) **연기옵션의 가치**

현재 투자안 $NPV_{before} = \dfrac{100}{1.05} - 60 = 35.2381$억원

1년 연기 후 투자안의 $NPV_{after} = \dfrac{(\dfrac{200}{1.05} - 65) \times p + 0 \times (1-p)}{1.05^1} = 49.2106$억원

연기옵션의 가치 = $NPV_{after} - NPV_{before}$

　　　　　　　　 = 49.2106 - 35.2381 = **13.9725억원**

☞ SMART

> **확실성 등가와 투자의사결정**
>   확실성 등가법을 이용한 투자의사결정 방법
>   ① 효용함수를 이용하는 방법
>   ② 확실성등가계수를 이용하는 방법
>   ③ 금액 CAPM을 이용하는 방법
>   ④ 위험중립확률을 이용하는 방법

3-12 다양한 가치평가 접근법 (2013년)

(물음1) 부채기업가치

(1) 가중평균자본비용

$k_e = 4 + (9 - 4) \times 1.4 = 11\%$

$k_d = 4 + (9 - 4) \times 0.2 = 5\%$

$wacc = 5 \times (1 - 0.25) \times 0.4 + 11 \times 0.6 = 8.1\%$

(2) 부채기업의 기업가치

$V_L = \dfrac{NOPAT}{wacc} = \dfrac{405 \times (1 - 0.25)}{0.081} = $ **3,750억**

(물음2) 무부채기업가치

$3,750 = V_U + 0.25 \times 0.4 \times 3,750 \implies V_U = $ **3,375억**

(물음3) 조달현금흐름

(1) 가중평균자본비용 : $wacc = 5 \times 0.4 + 11 \times 0.6 = $ **8.6%**

(2) 이자비용 : $I = B \times k_d = 3750 \times 0.4 \times 5\% = $ **75억**

(3) 조달현금흐름 $= NOPAT + I \times t = 405 \times (1 - 0.25) + 75 \times 0.25 = $ **322.5억**

$V_L = \dfrac{322.5}{0.086} = $ **3,750억**

(물음4) 확실성등가

$CEQ_t = E(CF_t) \times [\dfrac{1 + R_f}{1 + wacc}]^t \rightarrow CEQ_1 = 405 \times (1 - 0.25) \times [\dfrac{1.04}{1.081}]^1 = 292.23$

$V_L = \dfrac{292.23}{0.04 - \dfrac{1.04 - 1.081}{1.081}} = $ **3,751억**

☞ SMART

기업현금흐름과 조달현금흐름

(1) 이자비용의 절세효과를 현금흐름에 반영하면 자본비용에 반영하지 않는다.

$V_L = \dfrac{(EBIT - I)(1 - t) + I \times t}{wacc^*}$ ←$wacc^* = k_d \times \dfrac{B}{V} + k_e \times \dfrac{S}{V}$

(2) 이자비용의 절세효과를 현금흐름에 반영하지 많으면 자본비용에 반영한다.

$V_L = \dfrac{(EBIT - I)(1 - t)}{wacc}$ ←$wacc = k_d \times (1 - t) \times \dfrac{B}{V} + k_e \times \dfrac{S}{V}$

3-13 실물옵션 (2015년)

(물음1) 영업현금흐름

OCF = NOPAT + Dep

$OCF_u = (500 - 120 - 200) \times 0.6 + 200 = $ **308억원**

$OCF_d = (350 - 100 - 200) \times 0.6 + 200 = $ **230억원**

(물음2) 투자안의 기대NPV

$E(OCF) = 308 \times 0.6 + 230 \times 0.4 = 276.8$

$NPV = -600 + 276.8 \times 2.4869 = $ **88.37억원**

(물음3) 연기옵션이 있는 경우의 NPV

① $NPV = \dfrac{(-600 + 308 \times 2.4869) \times 0.6}{1.10} = $ **90.53억원**

② 연기하는 방안의 NPV = -5억원 + 90.53- 88,37 = **(-)2.84억원**

(물음4) 실물옵션의 장점 및 문제점

실물옵션의 장점은 투자안의 순현재가치와 잠재적 가치를 모두 강조하며 투자의 진입 및 퇴출이 발생하는 시기 결정에 도움을 준다. 하지만 재무자료의 한계로 인해 특정상황에 대한 평가가 곤란할 수 있으며, 실물옵션 분석에 있어 경험부족 등으로 인행 비현실적인 가정을 할 수 있으며 포트폴리오 관점에서의 투자를 무시한다.

☞ SMART

> 연기옵션
>
> 연기옵션의 가치 = 90.53 - 88.37 = 2.16억
> 연기옵션의 비용 = 5억
> 연기옵션의 NPV = 2.16 - 5 = (-)2.84억

3-14 연간균등비용 (2016년)

(물음1) **균등연간비용**

$$PV = 60 + 8 \times 3.04 + \frac{18}{1.12^4} = 95.8$$

$$EAC = \frac{95.8}{3.04} = 31.5$$

(물음2) 교체의사결정

$$NPV_1 = -35 - \frac{30}{0.12} = -285$$

$$NPV_2 = -\frac{16}{1.12} - \frac{16+35}{1.12^2} - \frac{\frac{30}{0.12}}{1.12^2} = -254.2$$

∴ 방안2의 비용이 방안1보다 30.8억원만큼 작기 때문에 <u>방안2가 더 유리하다.</u>

(물음3) 내용연수가 다른 경우 의사결정

① 최소공배수기간동안의 NPV를 비교하는 방법

② 무한반복투자시의 NPV를 비교하는 방법

③ 연간균등가치 비교하는 방법

3-15 내부수익률과 순현가 (2017년)

<u>옳지 않다.</u>

상호배타적인 두 투자안의 순현가곡선의 기울기가 다른 경우 두 투자안의 순현가가 동
일하게 되는 피셔수익률보다 자본비용이 작은 구간에서 순현가곡선의 기울기가 큰 투자
안 C의 순현가가 순현가곡선의 기울기가 작은 투자안 B의 순현가보다 크게 된다.

제4장 자본구조_실전문제

정답 및 해설

4-1 MM 차익거래 (1993년)

(물음1) 법인세가 없는 상황에서의 차익거래

균형시장 : $V_L = V_U$, 현재시장 : $V_U < V_L$

→부채기업 B 주식매도, 무부채기업 A 주식매수, 차입

투자전략	현재시점(t=0)의 현금흐름	매년 미래 현금흐름
B주식 매도	+ 6억원	-(1억원 - 5억원 × 8%)
A주식 매수	- 10억원	+1억원
차입	+ $\dfrac{0.4억}{k_d}$	-0.4억원 (잔액조정)
Total	총투자금액	0

총투자금액 = -4억 + $\dfrac{0.4억}{k_d}$ > 0 → k_d < 0.10

∴ 최대 차입이자율 = **10%**

(물음2) 법인세가 있는 상황에서의 차익거래

$V_L = V_U + B \times t$ = 10억 + 5억 x 0.3 = 11.5억

부채기업 B의 균형기업가치는 11.5억 이지만 시장 기업가치는 11억이므로

→ 부채기업 B 주식매수, 무부채기업 A 주식매도, 대출

투자전략	현재시점(t=0)의 현금흐름	매년 미래 현금흐름
B주식 매수	- 6억원	+(1억원 - 5억원 × 8%) × 0.7
A주식 매도	+10억원	-1억원 × 0.7
대출	- $\dfrac{0.28억}{k_d}$	+ 0.28억원 (잔액조정)
Total	총투자금액	0

총투자금액 = 4억 - $\dfrac{0.28억}{k_d}$ > 0 → k_d > 0.07

∴ 최소 대출이자율 = **7%**

(물음3) **법인세와 개인소득세가 있는 경우의 차익거래**

법인세와 개인소득세가 있는 경우 균형식 :

$$V_L = V_U + B \times \left[1 - \frac{(1-t)(1-t_s)}{(1-t_b)} \right] = 10억 + 5억 \times [1 - \frac{(1-0.3)(1-0.1)}{(1-0.2)}] = 11.06억$$

부채기업 B의 균형기업가치는 11.06억 이지만 시장 기업가치는 11억이므로

→ 부채기업 B 주식매수, 무부채기업 A 주식매도, 대출

투자전략	현재시점(t=0)의 현금흐름	매년 미래 현금흐름
B주식 매수	- 6억원	+(1억원 - 5억원 × 8%) × 0.7 × 0.9
A주식 매도	+10억원	-1억원 × 0.7 × 0.9
대출	$- \dfrac{0.252억}{k_d \times (1-0.2)}$	+ 0.252억원 (잔액조정)
Total	총투자금액	0

총투자금액 = 4억 - $\dfrac{0.252억}{0.8 \times k_d}$ > 0 → k_d > 0.07875

∴ 최소 대출이자율 = **7.88%**

☞ SMART

차익거래

(1) MM모형을 이용한 차익거래

$V_L^{시장가격} > V_L^{균형가격}$ → 무부채기업 주식매수, 부채기업 주식매도, 차입

$V_L^{시장가격} < V_L^{균형가격}$ → 무부채기업 주식매도, 부채기업 주식매수, 대출

(2) 차익거래

미래현금흐름을 0으로 고정하고 현재시점의 현금흐름이 (+)가 되도록 개인의
차입 또는 대출이자율의 범위를 결정한다.

4-2 레버리지(1997년)

(물음1) **영업레버리지도**

20X1년 : EBIT = 500만원 - 300만원 = 200만원

20X2년 : EBIT = 700만원 - 380만원 = 320만원

$$DOL = \frac{\Delta \, EBIT / EBIT}{\Delta \, S / S} = \frac{\frac{320-200}{200}}{\frac{700-500}{500}} = \textbf{1.5}$$

(물음2) **레버리지를 이용한 영업이익의 추정**

$$DOL = \frac{CM}{EBIT}$$

1.5 = CM ÷ 200만원

→ CM = 300만원, 공헌이익률 = 300만원 ÷ 500만원 = 0.6,

　고정비= 공헌이익 - 영업이익 = 300 - 200 = 100만원

20X2년도의 공헌이익 = 700만원 x 0.6 = 420만원

20X2년도의 DOL = 420만원 ÷ 320만원 = 1.3125

20X3년도 매출증가율 = 840만원 / 700만원 - 1 = 20%

20X3년도 추정 영업이익 = 320만원 x (1+0.20 x 1.3125) = **404만원**

(물음3) **자금조달 방법과 EPS**

(1) 전액 자기자본으로 조달한 경우

NI = (EBIT -I) x (1-t) = (4억원 - 10억원 x 0.12) x 0.5 = 1.4억원

주식수 =75,000주 + 10억 ÷ 20,000원 = 125,000주

$$EPS = \frac{1.4\textbf{억원}}{125,000\textbf{주}} = \textbf{1,120원}$$

(2) 전액 자기자본으로 조달한 경우

NI = (EBIT -I) x (1-t) = (4억원 - 20억원 x 0.12) x 0.5 = 0.8억원

주식수 =75,000주

$$EPS = \frac{0.8\textbf{억원}}{75,000\textbf{주}} = \textbf{1,067원}$$

∴ 방법 1을 선택

(물음4) **자금조달 분기점**

(1) 자금조달 분기점에서의 EBIT

$$EPS_1 = EPS_2 \quad \rightarrow \quad \frac{(EBIT - 1.2억) \times (1 - 0.5)}{125,000주} = \frac{(EBIT - 2.4억) \times (1 - 0.5)}{75,000주}$$

$$\Rightarrow \quad EBIT = \textbf{4.2억원}$$

(2) 자금조달 분기점에서의 EPS

$$EPS = \frac{(4.2억 - 1.2억) \times (1 - 0.5)}{125,000주} = \textbf{1,200원}$$

☞ SMART

자본조달분기점

자기자본 자금조달 주당이익 : $EPS_U = \dfrac{EBIT \times (1 - t)}{n_U}$

부채 자금조달 주당이익 : $EPS_L = \dfrac{(EBIT - I_L) \times (1 - t)}{n_L}$

자금조달 분기점의 EBIT : $\dfrac{(EBIT - I_U) \times (1 - t)}{n_U} = \dfrac{(EBIT - I_L) \times (1 - t)}{n_L}$

4-3 대리 비용과 자본구조 (2000년)

(물음1) 차입 이자율이 0%인 부채를 사용한 투자의사결정

1년 후 투자안의 현금흐름에 따른 주주현금흐름은 다음과 같다.

투자안	확률	투자안의 총현금	채권자 현금	주주현금
A	100%	120	100	20
B	1/3	150	100	50
	2/3	45	45	0

주주현금흐름을 기준으로 주주의 NPV를 구하면 다음과 같다.

$$NPV_A = \textbf{20억} \qquad NPV_B = \left(50 \times \frac{1}{3}\right) + \left(0 \times \frac{2}{3}\right) = \textbf{16.67억}$$

∴ 투자안 **A** 선택

(물음2) 차입 이자율이 2%인 부채를 사용한 투자의사결정

1년 후 투자안의 현금흐름에 따른 주주현금흐름은 다음과 같다.

투자안	확률	투자안의 총현금	채권자 현금	주주현금
A	100%	120	102	18
B	1/3	150	102	48
	2/3	45	45	0

주주현금흐름을 기준으로 주주의 NPV를 구하면 다음과 같다.

$$NPV_A = \textbf{18억} \qquad NPV_B = \left(48 \times \frac{1}{3}\right) + \left(0 \times \frac{2}{3}\right) = \textbf{16억}$$

∴ 투자안 **A** 선택

(물음3) 차입 이자율이 14%인 부채를 사용한 투자의사결정

1년 후 투자안의 현금흐름에 따른 주주현금흐름은 다음과 같다.

투자안	확률	투자안의 총현금	채권자 현금	주주현금
A	100%	120	114	6
B	1/3	150	114	36
	2/3	45	45	0

주주현금흐름을 기준으로 주주의 NPV를 구하면 다음과 같다.

$NPV_A = $ **6억** $NPV_B = (36 \times \frac{1}{3}) + (0 \times \frac{2}{3}) = $ **12억**

∴ 투자안 **B** 선택

(물음4) 이자율 상승에 따른 채무불이행위험의 변화

B투자안의 채무불이행에 따른 손실은 이자율이 상승하면서 증가한다. 이러한 채무불이행 위험을 방지하기 위해서는 채권자는 다음과 같은 조치를 취할 수 있다.

(1) 담보를 설정
(2) 사채약관에 고위험 투자를 금지하는 조항 삽입

☞ SMART

부채대리비용
차입이자율이 증가할수록 부채의 대리비용인 과대위험요인의 크기는 증가한다.

4-4 대리 비용과 자본구조 (2001년)

(물음1) 투자안의 가중평균자본비용

(1) 투자안의 베타

$$\beta_L = \beta_U \times [1 + (1-t) \times \frac{B}{S}]$$

$1.4 = \beta_U \times [1 + (1-0.3) \times 1.2] \rightarrow \beta_U = 0.7609$

$\beta_L^{project} = 0.7609 \times [1 + (1 - 0.3) \times 1] = 1.2935$

(2) 투자안의 자본비용

$k_e^L = R_f + [E(R_m) - R_f] \times \beta_L = 8 + [15 - 8] \times 1.2935 = 17.05\%$

$$wacc = k_d(1-t) \times \frac{B}{V} + k_e^L \times \frac{S}{V}$$

$$= 8 \times (1-0.3) \times 0.5 + 17.05 \times 0.5 = \mathbf{11.33\%}$$

(물음2) 투자안의 NPV

$$NPV_A = \frac{(1,300\mathbf{만원} \times 0.5) + (1,100\mathbf{만원} \times 0.5)}{(1.1133)^1} - 600만원 = 478만원$$

$$NPV_B = \frac{(1,900\mathbf{만원} \times 0.5) + (400\mathbf{만원} \times 0.5)}{(1.1133)^1} - 600만원 = 433만원$$

(물음3) 주주와 채권자의 현금흐름

(단위 : 만원)	투자안 A		투자안 B	
	양호	불량	양호	불량
* 조달현금흐름	1,300 + 12	1,100 + 12	1,900 + 12	400 + 12
채권자현금흐름	540	540	540	412
주주현금흐름	772	572	1,372	0
채권자 기대현금	[540×0.5] + [540×0.5] = **540**		[540×0.5] + [412×0.5] = **476**	
주주 기대현금	[772×0.5] + [572×0.5] = **672**		[1,372×0.5] + [0×0.5] = **686**	

* 조달현금흐름 = 기업잉여현금흐름 + 이자비용 × 세율

∴ 채권자는 A를 선택, 주주는 B를 선택

(물음4) **주주와 채권자의 현금흐름**

(단위 : 만원)	투자안 B+C		투자안 B	
	양호	불량	양호	불량
조달현금흐름	2,080 + 12	580 + 12	1,900 + 12	400 + 12
채권자 현금흐름	540	540	540	412
주주현금흐름	1,552	52	1,372	0
채권자 기대현금	[540×0.5] + [540×0.5] = **540**		[540×0.5] + [412×0.5] = **476**	
주주의 기대현금	[1,552×0.5] + [52×0.5] = **802**		[1,372×0.5] + [0×0.5] = **686**	

주주관점에서 투자안 C를 하는 경우

$$NPV = \frac{802\text{만원} - 686\text{만원}}{1.1705} - 100\text{만원} < 0 \;\rightarrow\; \text{투자안 C기각}$$

기업관점에서 투자안 C를 하는 경우

$$NPV_C = \frac{180\text{만원}}{1.1133} - 100\text{만원} > 0 \;\rightarrow\; \text{투자안 C 채택}$$

∴ 부채를 많이 사용하는 기업의 소유경영자일수록 수익성이 있는 투자안도 포기하려는 경향을 부채대리비용 중 과소투자유인이라고 한다. 이 경우 투자안 C는 수익성이 있는 투자안임에도 주주관점에서는 포기하게 되므로 과소투자유인이 발생한다.

☞ SMART

> 조달현금흐름
>
> 기업가치평가 목적은 기업잉여현금흐름으로,
> 채권자와 주주의 현금흐름을 분석하는 목적은 조달현금흐름으로 계산한다.
> * 조달현금흐름 = 기업잉여현금흐름 + 이자비용 x 세율
> * 채권자현금흐름 = 원금 + 이자비용
> * 주주현금흐름 = 조달현금흐름 – 채권자현금흐름

☞ SMART

> 부채대리비용
>
> □ 물음3은 위험이 큰 투자안 B를 선택하므로 과대위험요인을 설명한다.
> □ 물음4는 수익성이 큰 투자안 C를 포기하므로 과소투자요인을 설명한다.

4-5 효율적 시장과 자본구조 (2003년)

(물음1) **시장공시에 따른 주가**

(1) 시장공시 전 자기자본의 가치 및 주가

$$S_L = V_L - B = 400억 - 100억 = 300억$$

$$P_o = \frac{S}{n} = 300억 \div 100만주 = \textbf{30,000원}$$

(2) 시장공시 후 자기자본의 가치 및 주가

$$S_L^{after} = S_L^{before} - B \times t = 300억 - 100억 \times 0.4 = 260억$$

$$P_o = \frac{S}{n} = 260억 \div 100만주 = \textbf{26,000원}$$

∴ 시장공시 후 주가는 **4,000원** 하락한다. (부채효과가 없어지기 때문)

(물음2) **부채상환 후 변화**

(1) 가중평균자본비용

1) 부채상환 전 가중평균자본비용

$$wacc = k_d(1-t) \times \frac{B}{V} + k_e^L \times \frac{S}{V} = 10 \times (1-0.4) \times 0.25 + 20 \times 0.75 = \textbf{16.5\%}$$

2) 부채상환 후 가중평균자본비용

$$wacc = \rho(1 - t \times \frac{B}{V}) \rightarrow 16.5 = \rho(1 - 0.4 \times 0.25) \rightarrow \rho = \textbf{18.33\%}$$

∴ 가중평균자본비용은 **1.83%**증가하며 이는 부채절세효과가 없어지기 때문이다.

(2) 자기자본이익률(ROE)

$$V_L = \frac{EBIT(1-t)}{wacc} \rightarrow 400\textbf{억} = \frac{EBIT \times (1-t)}{0.165} \rightarrow EBIT \times (1-t) = 66\textbf{억}$$

$$S_L = \frac{NI}{k_e} \rightarrow 300\textbf{억} = \frac{NI}{0.20} \rightarrow NI = 60\textbf{억}$$

부채상환 전 ROE : $ROE = \frac{NI}{Equity} = = \frac{60}{200} = \textbf{30\%}$

부채상환 후 ROE : $ROE = \frac{NI}{Equity} = = \frac{66}{200+100} = \textbf{22\%}$

∴ 자기자본이익율은 **8%**감소하며 이는 부채의 레버리지효과가 없어지기 때문이다.

(3) 경제적 부가가치

    1) 상환 전 $EVA = EBIT \times (1-t) - (IC \times wacc)$ = 66억 - 0.165 × 300억 = **16.5억**

    2) 상환 후 $EVA = EBIT \times (1-t) - (IC \times wacc)$ = 66억 - 0.1833 × 300억 = **11억**

    ∴ 가중평균자본비용이 증가하기 때문에 경제적 부가가치는 **5.5억원** 감소한다.

(물음3) **신주인수권의 가치**

- 신주발행주식수 : n_w = 100억 / 20,000원 = 50만주

- 권리락주가 = $\dfrac{P \times n + X \times n_w}{n + n_w} = \dfrac{260억원 + 100억}{100만주 + 50만주}$ = **24,000원**

- 신주인수권의 가치 = 권리부 주가 − 권리락 주가 = 26,000 - 24,000 = **2,000원**

(물음4) **유상증자 후 현금배당**

- 배당락주가 = $\dfrac{300억원 + 100억 - 100억}{100만주 + 50만주}$ = **20,000원**

(물음5) **개인소득세와 배당정책**

배당소득세율이 자본이득세율보다 높기 때문에 주주가 주식투자소득을 배당으로 지급받게 되면 자본이득의 형태로 얻게 되는 경우에 비해서 더 많은 세금을 부담하게 된다. 따라서 이러한 경우에는 배당을 많이 지급할수록 주주의 부는 감소하게 된다.

☞ SMART

효율적 시장가설

□ 정보공시시점에서 정보의 가치가 주가에 반영된다.

 (1) 부채기업이 무부채기업으로 변경공시시점의 주가

    $P_o = \dfrac{S_L^{after}}{n} = \dfrac{V_L - B - B \times t}{n}$

 (2) 무부채기업이 부채기업으로 변경공시시점의 주가

    $P_o = \dfrac{S_U^{after}}{n} = \dfrac{V_U + B \times t}{n}$

 (3) 신주인수권의 권리락과 배당락의 주가

    → 공시시점이 아닌 기준일에 주가는 하락한다.

    ∴ 공시 전 30,000원 주가는 공시시점에서 부채효과로 26,000원으로 하락하지만

       권리락주가 24,000원은 공시시점이 아닌 기준일에 하락한다.

4-6 대리 비용과 자본구조 (2004년)

(물음1) 부채를 사용하지 않는 경우 투자의사결정

1년 후 투자안의 현금흐름에 따른 주주현금흐름은 다음과 같다.

투자안	상황	투자안의 총현금	채권자 현금	주주현금
A	호황	130	0	130
	불황	110	0	110
B	호황	180	0	180
	불황	50	0	50

주주현금흐름을 기준으로 주주의 NPV를 구하면 다음과 같다.

$$NPV_A = \frac{(130 \times 0.5) + (110 \times 0.5)}{1.1} - 100 = \textbf{9.09원} \quad NPV_B = \frac{(180 \times 0.5) + (50 \times 0.5)}{1.1} - 100 = \textbf{4.55원}$$

∴ 투자안 **A** 선택

(물음2) 투자금액 전액을 부채로 조달한 경우 투자 의사결정

1년 후 투자안의 현금흐름에 따른 주주현금흐름은 다음과 같다.

투자안	상황	투자안의 총현금	채권자 현금	주주현금
A	호황	130	110	20
	불황	110	110	0
B	호황	180	110	70
	불황	50	50	0

주주현금흐름을 기준으로 주주의 NPV를 구하면 다음과 같다.

$$NPV_A = \frac{(20 \times 0.5) + (0 \times 0.5)}{1.1} - 0 = \textbf{9.09원} \qquad NPV_B = \frac{(70 \times 0.5) + (0 \times 0.5)}{1.1} - 0 = \textbf{31.82원}$$

∴ 투자안 **B** 선택

(물음3) 채권의 NPV=0인 경우 부채조달의 투자 의사결정

1년 후 투자안의 현금흐름에 따른 주주현금흐름은 다음과 같다.

투자안	상황	투자안의 총현금	채권자 현금	주주현금
A	호황	130	110	20
	불황	110	110	0
B	호황	180	*170	10
	불황	50	50	0

* 채권자의 NPV=0이 되기 위해서는 투자안 B는 불황인 경우 총현금이 50이기 때문에 호황

인 경우 채권자에게 170을 지급하여야 한다.

주주현금흐름을 기준으로 주주의 NPV를 구하면 다음과 같다.

$$NPV_A = \frac{(20 \times 0.5) + (0 \times 0.5)}{1.1} - 0 = \textbf{9.09원} \qquad NPV_B = \frac{(10 \times 0.5) + (0 \times 0.5)}{1.1} - 0 = \textbf{4.55원}$$

∴ 투자안 **A** 선택

(물음4) 파산비용을 고려한 투자 의사결정

A 투자안 부채조달금액 = 88/1.1=80원

B 투자안 부채조달금액 = $\dfrac{88 \times 0.5 + (50-16^*) \times 0.5}{1.1} = 55.45$**원**

*B는 불황인 경우 파산하므로 채권자 기대현금흐름에 파산비용 16을 고려하여야 한다.

투자안	상황	투자안의 총현금	채권자 현금	주주현금
A	호황	130	88	42
	불황	110	88	22
B	호황	180	88	92
	불황	50	34	0

주주현금흐름을 기준으로 주주의 NPV를 구하면 다음과 같다.

$$NPV_A = \frac{(42 \times 0.5) + (22 \times 0.5)}{1.1} - (100 - 80) = \textbf{9.09원}$$

$$NPV_B = \frac{(92 \times 0.5) + (0 \times 0.5)}{1.1} - (100 - 55.45) = \textbf{-2.73원}$$

∴ 투자안 **A** 선택

☞ SMART

과대위험요인

□물음1
전액 자기자본으로 투자하기 때문에 부채대리비용이 발생하지 않는다.

□물음2
부채로 투자하기 때문에 투자안 B을 더 선호하는 과대위험요인이 발생

□효율적 시장과 대리비용
채권투자자의 NPV=0이 되는 채권시장이 효율적 시장을 가정하므로 투자안 B의 파산가능성에 대한 정보가 채권가격 또는 채권의 미래현금흐름에 반영되기 때문에 정보의 비대칭성이 없어지고 부채대리비용이 발생하지 않는다.
∴ 투자금액 전액을 부채로 조달함에도 합리적 투자안 A를 선택한다.

4-7 MM의 자본구조이론 (2007년)

(물음1) 무부채기업의 기업가치

$$V_U = \frac{EBIT(1-t)}{\rho} = \frac{2 \times (1-0.4)}{0.2} = \textbf{6억원}$$

(물음2) 부채의 시장가치

$$B = \frac{I}{k_d} = \frac{2억 \times 0.07}{0.10} = \textbf{1.4억원}$$

(물음3) 부채기업의 기업가치와 주가

$$V_L = V_u + t \times B = 6억 + 0.4 \times 1.4억 = \textbf{6.56억}$$

$$P_0 = \frac{S_L}{n} = \frac{6.56억 - 1.4억}{10,000주} = \textbf{51,600원}$$

(물음4) 부채기업의 자본비용

$$k_e^L = \rho + (\rho - k_d)(1-t)\frac{B}{S} = 20 + (20\text{-}10)(1\text{-}0.4) \times 1.4/5.16 = \textbf{21.63\%}$$

$$wacc = \rho(1 - t \times \frac{B}{V}) = 20 \times (1\text{-}0.4 \times 1.4/6.56) = \textbf{18.29\%}$$

(물음5) 목표부채비율 $\quad \frac{B}{S} = 0.5 \rightarrow \frac{B}{V} = \frac{1}{3}$

① $k_e^L = \rho + (\rho - k_d)(1-t)\dfrac{B}{S} = 20 + (20\text{-}10)(1\text{-}0.4) \times 0.5 = \textbf{23\%}$

② $wacc = \rho(1 - t \times \dfrac{B}{V}) = 20 \times (1\text{-}0.4 \times 1/3) = \textbf{17.33\%}$

③ $V_L = V_U + B \times t \rightarrow V_L = 6억 + \dfrac{1}{3} \times V_L \times 0.4 \rightarrow V = \textbf{6.92억}$

(물음6) MM모형과 MM이후의 자본구조이론

법인세가 존재할 때 부채기업의 가치는 무부채기업의 가치보다 이자비용의 감세효과의 현재가치만큼 크며 레버리지의 증가에 따라 자기자본비용은 상승하지만 가중평균자본비용은 감소하므로 새로운 투자안을 수행하기 위한 자금은 모두 타인자본으로 조달하는 것이 유리하다. 추가적으로 고려하여야 할 요인은 자본시장의 불완전요인으로 파산비용, 대리비용 및 개인소득세이다.

4-8 MM의 자본구조이론 (2008년)

(물음1) 무부채기업의 기업가치

$$V_U = \frac{EBIT(1-t)}{\rho} = \frac{8억 \times (1-0.4)}{0.15} = 32억원$$

(물음2) 목표부채비율 달성을 위한 부채조달금액

목표부채비율 $\frac{B}{S} = 1 \rightarrow \frac{B}{V} = \frac{1}{2} \rightarrow V_L = 2 \times B$

$V_L = V_U + B \times t \rightarrow 2 \times B = 32억 + B \times 0.4 \rightarrow B = 20억$

(물음3) 부채기업의 기업가치와 자본비용

(1) $V_L = V_U + B \times t = 32억 + 20억 \times 0.4 = $**40억**

(2) $k_e^L = \rho + (\rho - k_d)(1-t)\frac{B}{S} = 15 + (15-10) \times (1-0.4) \times 1 = $**18%**

(3) $wacc = \rho(1 - t \times \frac{B}{V}) = 5 \times (1-0.4 \times 1/2) = $**12%**

(물음4) 조정현가법

기본$NPV = \frac{EBIT(1-t)}{\rho} - C_0 = = \frac{6억 \times (1-0.4)}{0.15} - 20$**억**$= 4억$

조정현가(APV) = 기본NPV + 부채사용효과 = 4억 + 20억 × 0.4 = **12억**

(물음5) 프로젝트 투자 후 부채비율

투자 후 기업가치 : $V_L^{after} = 40억 + 32억 = 72억$

투자 후 부채 : $B^{after} = 20억 + 20억 = 40억$

투자 후 부채비율 : $\frac{B^{after}}{S^{after}} = \frac{40억}{72억 - 40억} = $**125%**

4-9 자본조달방법의 결정 (2009년)

(물음1) 배당할인모형과 CAPM을 이용한 자본비용

(1) 배당할인모형을 이용한 자본비용

$$P_0 = \frac{D_1}{k_e - g} \ \rightarrow \ 62,000 = \frac{5,000 \times 1.054}{k_e - 0.054} \ \rightarrow \ k_e = \textbf{13.9\%}$$

$$wacc = k_d(1-t) \times \frac{B}{V} + k_e^L \times \frac{S}{V}$$

$$= 10.4 \times (1-0.25) \times 0.35 \ + 13.9 \times 0.65 = \textbf{11.77\%}$$

(2) CAPM을 이용한 자본비용

$$k_e^L = R_f + [E(R_m) - R_f] \times \beta_L = 4 \ + (11-4) \times 1.6 = \textbf{15.2\%}$$

$$wacc = k_d(1-t) \times \frac{B}{V} + k_e^L \times \frac{S}{V}$$

$$= 10.4 \times (1-0.25) \times 0.35 + 15.2 \times 0.65 = \textbf{12.61\%}$$

☞ SMART

기대수익률과 균형수익률

배당할인모형과 CAPM이 자본비용이 불일치하는 경우
- 배당할인모형은 시장가격을 기준으로 산출된 기대수익률
- CAPM은 균형수익률
- 두 모형의 수익률이 불일치하는 경우는 현재 주식시장이 불균형상태

∴ 기업재무에서는 균형수익률을 자본비용으로 사용하므로 CAPM을 이용한다.

(물음2) 최적자본구조의 결정

(1) 우선주로 400억 원을 조달하는 경우

1) 우선주의 자본비용 $k_{ps} = \frac{D}{P_0} = \frac{4,200}{35,000} = 12\%$

2) 부채베타 : $k_d = R_f + [E(R_m) - R_f] \times \beta^B$

$10.4 = 4 + (11-4) \times \beta^B \rightarrow \beta^B$ (부채베타) $= 0.9143$

3) 자본조달 후의 주식베타

$$\beta_L = \beta_U + (\beta_U - \beta^B) \times (1-t) \times \frac{B}{S}$$

$$1.6 = \beta_U + (\beta_U - 0.9143) \times (1-0.25) \times \frac{350}{650} \rightarrow \beta_U = 1.4027$$

$$\beta_L^{after} = 1.4027 + (1.4027 - 0.9143) \times (1-0.25) \times \frac{350}{1050} = 1.5248$$

4) 자본조달 후의 자본비용

$$k_e^L = R_f + [E(R_m) - R_f] \times \beta_L = 4 + (11-4) \times 1.5248 = 14.67\%$$

$$wacc = k_d(1-t) \times \frac{B}{V} + k_e^L \times \frac{S}{V}$$

$$10.4 \times (1-0.25) \times \frac{350}{1400} + 12 \times \frac{400}{1400} + 14.67 \times \frac{650}{1400} = 12.19\%$$

(2) 부채로 400억 원을 조달하는 경우

1) 자본조달 후의 주식베타

$$\beta_L = \beta_U + (\beta_U - \beta^B) \times (1-t) \times \frac{B}{S}$$

$$\beta_L^{after} = 1.4027 + (1.4027 - 0.9143) \times (1-0.25) \times \frac{750}{650} = 1.8254$$

2) 자본조달 후의 자본비용

$$k_e^L = R_f + [E(R_m) - R_f] \times \beta_L = 4 + (11-4) \times 1.8254 = 16.78\%$$

$$wacc = k_d(1-t) \times \frac{B}{V} + k_e^L \times \frac{S}{V}$$

$$= 10.4 \times (1-0.25) \times \frac{750}{1400} + 16.78 \times \frac{650}{1400} = 11.97\%$$

∴ 가중평균자본비용을 최소화하기 위해서는 2안이 더 유리하다.

☞ SMART

위험부채를 사용하는 경우 주의할 점

① 부채베타를 반영한 하마다 모형을 이용하여야 한다.
② MM 2명제를 적용하여 자기자본비용을 구할 수 있다.
③ MM 3명제를 적용하여 가중평균자본비용을 구할 수 있다.

☞ SMART

출제오류

다음과 같은 출제오류 또는 추가적인 가정이 필요하다.
① 400억원은 조달레버리지므로 신규투자안의 NPV가 주어지거나 그렇지 않다면 신규투자안의 NPV=0을 가정하여야 한다.
② 신규투자안의 영업위험이 기업의 영업위험과 동일하다는 가정이 필요하다.
③ 우선주가 있는 경우 기존의 하마다 모형을 사용할 수 없으며, 우선주의 베타를 구하여야 한다.

MM의 자본구조이론 (2011년)

(물음1) 부채기업의 자기자본비용

(1) 무부채기업의 자본비용

$$V_U = S_U = n \times P_0 = 400,000주 \times 3,000 = 12억원$$

$$V_U = \frac{EBIT(1-t)}{\rho} \rightarrow 12억 = \frac{3억 \times (1-0.4)}{\rho} \rightarrow \rho = 15\%$$

(2) 부채기업의 부채비율

$$V_L = V_U + B \times t = 12억원 + 10억원 \times 0.4 = 16억원$$

부채기업의 $\dfrac{B}{V} = \dfrac{10}{16} \rightarrow \dfrac{B}{S} = \dfrac{10}{6}$

(3) 부채기업의 자본비용

$$k_e^L = \rho + (\rho - k_d)(1-t)\frac{B}{S} = 15 + (15\text{-}10) \times (1\text{-}0.4) \times 10/6 = \mathbf{20\%}$$

(물음2) 부채기업의 가중평균자본비용

$$wacc = \rho(1 - t \times \frac{B}{V}) = 15 \times (1\text{-}0.4 \times 10/16) = \mathbf{11.25\%}$$

(물음3) 목표부채비율을 유지하기 위한 부채금액

목표부채비율 $\dfrac{B}{S} = 1 \rightarrow \dfrac{B}{V} = \dfrac{1}{2} \rightarrow V_L = 2 \times B$

$V_L = V_U + B \times t \rightarrow 2 \text{ x } B = 12억 + B \text{ x } 0.4 \rightarrow B = \mathbf{7.5억}$

4-11 MM의 자본구조이론 (2012년)

(물음1) 부채의 시장가치

$$B = \frac{I}{k_d} = \frac{4억 \times 8\%}{10\%} = 3.2억원$$

(물음2) 부채기업과 무부채기업의 기업가치

$$V_U = \frac{EBIT(1-t)}{\rho} = \frac{5억 \times (1-0.3)}{0.25} = 14억원$$

$$V_L = V_U + B \times t = 14억원 + 3.2억원 \times 0.3 = 14.96억원$$

(물음3) 부채기업의 자본비용

부채기업의 $\dfrac{B}{V} = \dfrac{3.2}{14.96} \rightarrow \dfrac{B}{S} = \dfrac{3.2}{11.76}$

$$k_e^L = \rho + (\rho - k_d)(1-t)\frac{B}{S} = 25 + (25 - 10) \times (1-0.3) \times 3.2/11.76 = 27.86\%$$

$$wacc = \rho(1 - t \times \frac{B}{V}) \quad 25 \times (1-0.3 \times 3.2/14.96) = 23.40\%$$

(물음4) 부채비율 변경

① CAPM을 이용한 자기자본비용

$$\rho = R_f + [E(R_m) - R_f] \times \beta_U \rightarrow 25 = 10 + (20-10) \times \beta_U \rightarrow \beta_U = 1.5$$

$$\beta_L = \beta_U \times [1 + (1-t) \times \frac{B}{S}] = 1.5 \times [1+(1-0.3) \times 0.6] = 2.13$$

$$k_e^L = R_f + [E(R_m) - R_f] \times \beta_L = 10 + (20-10) \times 2.13 = 31.3\%$$

② 원천별로 계산한 가중평균자본비용

$$wacc = k_d(1-t) \times \frac{B}{V} + k_e^L \times \frac{S}{V}$$

$$= 10 \times (1-0.3) \times 0.6/1.6 + 31.3 \times 1.0/1.6 = 22.19\%$$

③ 기업가치 $\quad V_L = \dfrac{EBIT(1-t)}{wacc} = \dfrac{5억 \times (1-0.3)}{0.2219} = 15.77억원$

☞ SMART

영구채 : $B = \dfrac{I}{k_d} = \dfrac{총액면가 \times 액면이자율}{만기수익률}$

4-12 MM모형 및 파산비용이론 (2014년)

(물음1) **부채기업과 무부채기업의 기업가치**

$$V_U = \frac{EBIT(1-t)}{\rho} = \frac{10 \times (1-0.4)}{0.20} = \textbf{30억원}$$

$$V_L = V_u + B \times t = 30억 + 15억 \times 0.4 = \textbf{36억원}$$

(물음2) **부채기업의 자본비용**

부채기업의 자기자본비용

$$k_e^L = \rho + (\rho - k_d)(1-t)\frac{B}{S} = 20 + (20-10) \times (1-0.4) \times \frac{15}{21} = \textbf{24.29\%}$$

부채기업의 가중평균자본비용

$$wacc = \rho(1 - t \times \frac{B}{V}) = 20 \times (1 - 0.4 \times \frac{15}{36}) = \textbf{16.67\%}$$

(물음3) **파산비용과 최적자본구조**

① 기대파산비용을 고려한 기업가치

$$V_L = V_u + B \times t - \textbf{기대파산비용의현재가치}$$

= 30억 + 15억 x 0.4 - 20억 x 0.4 (파산확률) = **28억원**

☞ 현재 부채수준이 15억이므로 파산확률은 40%이다.

② 부채효과 = B x 0.4 - 20억 × 파산확률

부채가치	파산확률	부채효과
30,000만원	10%	-8,000만원
60,000만원	13%	-2,000만원
90,000만원	18%	0원
120,000만원	25%	-2,000만원
150,000만원	40%	-20,000만원

부채가치가 **9억원**인 경우 부채효과가 가장 크기 때문에 기업가치를 극대화 할 수 있는 최적자본구조이다.

(물음4)　**자본조달순위이론**

정보비대칭적 상황이 기업의 자본조달순위에 영향을 미친다는 이론으로 수익성이 높은 투자안이 있을 경우 경영자가 기존 주주의 편에 선다면 투자안의 NPV가 모두 기존 주주에게 갈 수 있도록 유보이익을 자금을 조달할 것이다. 만약 투자자금이 부족하다고 해도 NPV를 외부주주에게 나눠주게 되는 신주발행보다는 부채를 먼저 선호할 것이다.

☞ SMART

파산비용이론

□기대파산비용을 고려한 기업가치

(1)　$V_L = V_u + B \times t -$ **기대파산비용의현재가치**

(2)　기대파산비용의 현재가치 = 파산비용의 현재가치 x 부채가치의 파산확률

4-13 MM의 자본구조이론 (2015년)

(물음1) 투자안의 베타

(1) 투자안의 영업베타

마바기업의 $\dfrac{B}{V}=0.5 \ \rightarrow \ \dfrac{B}{S}=1$

$\beta_L = \beta_U \times \left[1+(1-t)\dfrac{B}{S} \right] \ \rightarrow \ 2.0 = \beta_u \times [1+(1-0.3)\times 1] \ \rightarrow \ \beta_U = 1.1765$

(2) 투자안의 베타

투자안의 $\dfrac{B}{V}=0.2 \ \rightarrow \ \dfrac{B}{S}=0.25$

$\beta_L = \beta_U \times \left[1+(1-t)\dfrac{B}{S} \right] = 1.1765 \times [1+(1-0.3)\times 0.25] = \mathbf{1.3824}$

(물음2) 하마다모형의 도출

(1) 부채기업의 자산베타

$k_d = R_f$ 라고 가정하고 $\quad \beta_A^L = \dfrac{S_L}{V_L} \times \beta_S^L \qquad\qquad$ (식1)

(2) MM 1명제를 이용한 부채기업의 자산베타

$V_L = V_U + B \times t \ \rightarrow \ \beta_A^L = \dfrac{V_U}{V_L} \times \beta_S^U = \dfrac{S_L + B(1-t)}{V_L} \times \beta_S^U \qquad$ (식2)

식1=식2 $\quad \rightarrow \quad \beta_S^L = \beta_S^U \times \left[1+(1-t)\times \dfrac{B}{S} \right]$

(물음3) MM 제2명제의 도출

(1) 부채기업의 현금흐름

$EBIT \times (1-t) - I \times (1-t) = NI \ \rightarrow \ V_U \times \rho - B \times k_d \times (1-t) = S \times k_e^L \qquad$ (식1)

(2) MM 1명제

$V_L = V_U + B \times t = B + S \ \rightarrow \ V_U = B(1-t) + S \qquad\qquad$ (식2)

식2를 식1에 대입하여 정리하면 $\quad k_e^L = \rho + (\rho - k_d)(1-t)\dfrac{B}{S}$

(물음4) 조정현가

(1) 기본 NPV

$\rho = R_f + (E(R_m) - R_f) \times \beta_u = 10 + (14-10) \times 1.1765 = 14.71\%$

$$기본 NPV = -CF_0 + \frac{EBIT \times (1-t)}{\rho}$$

$$= -4,000만원 + \frac{(5,000만원 - 4,000만원) \times 0.7}{0.1471} = 758.67만원$$

(2) 부채사용효과

투자안의 $\frac{B}{V} = 0.2 \rightarrow V_L = 5 \times B$

$V_L = V_U + B \times t \rightarrow$ 5 x B = 4,758.67만원 + B x 0.3 → B = 1,012.48만원

부채사용효과 = B x t = 1,012.48만원 x 0.3 = 303.74만원

(3) 조정현가

APV = 기본NPV + 부채사용효과

= 758.67만원 + 303.74만원 = **1,062.41만원**

☞ SMART

모형의 증명

□ 하마다 모형의 증명

MM모형의 1명제를 베타의 가법성에 대입하여 증명

□ MM모형의 2명제 증명

MM모형의 1명제를 현금흐름의 현재가치에 대입하여 증명

4-14 부채가 성장하는 자본구조 (2016년)

(물음1) 무부채기업가치

$$\rho = 5 + (11 - 5) \times 1.2 = 12.2\%$$

$$V_U = \frac{100 \times (1 - 0.3)}{0.122 - 0.03} = \mathbf{760.87}만원$$

(물음2) 부채기업가치

$$부채사용효과 = \frac{200 \times 5\% \times 0.3}{0.122 - 0.03} = 32.61만원$$

$$V_L = 960.87 + 32.61 = \mathbf{793.48}만원$$

☞ SMART

> **부채사용효과와 할인율**
>
> 제로성장 MM모형에서 부채사용효과는 무위험이자율로 할인한다.
>
> $$부채사용효과 = \frac{B \times k_d \times t}{k_d} = B \times t$$
>
> 영업이익이 성장하는 경우 부채사용효과는 영업위험을 반영한 자본비용으로 할인
>
> $$부채사용효과 = \frac{B \times k_d \times t}{\rho - g}$$

(물음3) 가중평균자본비용

$$V_L = \frac{100 \times (1 - 0.3)}{wacc - 0.03} = 793.48 \quad \rightarrow \quad wacc = \mathbf{11.82\%}$$

☞ SMART

> **가중평균자본비용**
>
> 영업이익과 부채비율이 성장하는 경우 MM 2명제와 MM 3명제를 사용할 수 없다.
>
> 따라서 MM명제가 아닌 가치평가 공식을 이용한다. $$V_L = \frac{FCFF_1}{wacc - g}$$

(물음4) 자기자본비용

$$wacc = 11.82 = 5 \times (1-0.3) \times \frac{200}{793.48} + k_e \times \frac{593.48}{793.48} \rightarrow k_e = \mathbf{14.63\%}$$

☞ SMART

> 자기자본비용
>
> 영업이익과 부채비율이 성장하는 경우 MM 2명제와 MM 3명제를 사용할 수 없다.
> 따라서 가중평균자본비용 등가식을 이용한다. $wacc = k_d \times (1-t) \times \frac{B}{V} + k_e \times \frac{S}{V}$

(물음5) 주주현금흐름 가치평가

1년 후 추가 차입액 = 200 x 3% = 6만원

1년 후 주주현금흐름 : $FCFE_1 = (100 - 10) \times (1 - 0.3) - (-6) = 69$

$$S_L = \frac{169}{0.1463 - 0.03} = \mathbf{593.29만원}$$

※ 593.48만원과 593.29만원의 차이는 자기자본비용을 소수점 넷째자리까지 표시하게 되어 발생한 단수차이임

(물음6) 부채사용효과

$$부채사용효과 = \frac{200 \times 5\% \times 0.3 + \dfrac{200 \times 5\% \times 0.3 \times 1.03}{0.122 - 0.03}}{1.05^1} = \mathbf{34.84만원}$$

☞ SMART

> 부채사용효과와 변경시점
>
> 영업이익이 성장하고 부채수준을 연속적으로 변경하는 경우
> $$부채사용효과 = \frac{B \times k_d \times t}{\rho - g}$$
> 영업이익이 성장하고 부채수준을 1년에 한번 씩 변경하는 경우
> $$부채사용효과 = \frac{B \times k_d \times t + \dfrac{B \times k_d \times t \times (1+g)}{\rho - g}}{(1 + k_d)^1}$$

4-15 부채비율과 유보율 (2016년)

(물음1) ROA와 ROE

기초시점 : $E_0 = 80 \rightarrow D_0 = 80 \times 0.25 = 20 \rightarrow A_0 = 20 + 80 = 100$

기말시점 : $E_1 = 80 + 30 \times 0.4 = 92 \rightarrow D_1 = 92 \times 0.25 = 23 \rightarrow A_1 = 23 + 92 = 115$

$$ROA = \frac{30}{\dfrac{100 + 115}{2}} = \textbf{27.9\%} \qquad ROE = \frac{30}{\dfrac{80 + 92}{2}} = \textbf{34.9\%}$$

(물음2) 총자산성장률

2년 후 : $E_2 = 92 + 30 \times 1.20 \times 0.4 = 106.4 \rightarrow D_2 = 23 \rightarrow A_2 = 23 + 106.4 = 129.4$

최대 총자산성장률 $\dfrac{129.4}{115} - 1 = \textbf{12.5\%}$

(물음3) 자기자본성장률

$E_2 = 92 + 30 \times 1.50 \times 0.4 = 110 \rightarrow D_2 = 110 \times 0.25 = 27.5 \rightarrow A_2 = 27.5 + 110 = 137.5$

최대 자기자본성장률 $\dfrac{110}{92} - 1 = \textbf{19.6\%}$

☞ SMART

재무정책

□ 물음1

부채비율 25%로 유지하고, 내부유보율 40%로 유지하는 재무정책

□ 물음2

추가적인 차입 없이 내부유보율 40%로 유지하는 재무정책

□ 물음3

부채비율 25%로 유지하고, 내부유보율 40%로 유지하는 재무성책

4-16 MM의 자본구조이론 (2017년)

(물음1) 기업가치평가

$$V_u = \frac{3,000 \times (1-0.4)}{0.10} = \textbf{18,000}$$

$$V_L = 18,000 + 10,000 \times 0.4 = \textbf{22,000}$$

(물음2) 차익거래

부채기업가치의 균형가격은 2.2억원이지만 시장가격은 2.5억원이므로 과대평가
다음과 같은 차익거래를 한다.

차익거래전략	현재시점	매년
(1) 한강주식 10%매도	+1,500	-144
(2) 서울주식 10%매수	-1,800	+180
(3) 차입	+600	-36
합계	+300	0

(1) 한강주식 10%매도

현재시점 : (25,000-10,000) x 10% =+1,500

매년 : - (3,000 - 10,000 x 0.06) x (1-0.4) x 10% = -144

(2) 서울주식 10%매수

현재시점 : -18,000 x 10% = -1,800

매년 : 3,000 x (1-0.4) x 10% = +180

(3) 차입

매년 : 144 - 180 = -36

현재시점 : +36 ÷ 0.06 = +600

∴ 차익거래이익은 300만원이며, 한강과 서울의 기업가치의 차이가 4,000만원이
될 때까지 차익거래가 발생한다.

(물음3) 주당순이익

$$EPS_U = \frac{3,000\textbf{만원} \times (1-0.4)}{3,000\textbf{주}} = \textbf{6,000원}$$

$$EPS_L = \frac{2,400\textbf{만원} \times (1-0.4)}{1,500\textbf{주}} = \textbf{9,600원}$$

(물음4) 재무손익분기점

$$\frac{EBIT \times (1-0.4)}{3,000\textbf{주}} = \frac{(EBIT - 600\textbf{만원}) \times (1-0.4)}{1,500\textbf{주}} \rightarrow EBIT = \textbf{1200만원}, \ EPS = \textbf{2,400원}$$

(물음5) 최적자본구조이론

(1) 대리이론

자기자본 대리비용과 부채 대리비용의 합계인 총대리비용이 최소가 되어 기업가치를 극대화하는 부채수준이 최적자본구조이다.

(2) 자본조달순위이론

정보비대칭적 상황이 기업의 자본조달순위에 영향을 미친다는 이론으로 기존주주들의 부의 극대화라는 측면만을 고려하면 내부유보, 부채, 신주발행 순의 자본조달순서가 생기게 된다.

☞ SMART

반복되는 기출문제와 출제오류

□ 물음2 : 1993년 기출문제 4-1과 유사하다.

□ 물음3 : 1997년 기출문제 4-2과 유사하다.

물음2에서 ㈜한강의 시장가치가 2.5억 원이라는 표현을 (주)한강의 기업가치가 2.5억이라는 표현으로 바꾸어야 한다. 일반적으로 부채기업의 시장가치라 함은 부채기업의 자기자본의 시장가치를 의미하기 때문이다. 이러한 부분은 명확히 출제오류임에도 불구하고 정답이 공개되지 않는 금융 감독원의 잘못된 정책 때문에 피해를 보는 수험생들이 안타깝다.

4-17 MM의 자본구조이론 (2017년)

옳지 않다.

부채비율이 무한히 증가하면 가중평균자본비용은 무부채기업의 자본비용 x (1-법인세율)로 수렴한다. 법인세가 존재하는 MM모형에서 부채기업의 가중평균자본비용은 $wacc = \rho \times (1 - t \times \frac{B}{V})$ 으로 결정되며 부채비율이 무한히 증가하면 $\frac{B}{V} = 1$ 에 수렴하여 가중평균자본비용이 $\rho \times (1 - t)$ 에 수렴하기 때문이다.

☞ SMART

부채비율과 부채금액

□ 부채비율이 무한히 증가하는 경우

$wacc = \rho \times (1 - t \times \frac{B}{V})$ 에서 $\frac{B}{V} = 1 \rightarrow wacc = \rho \times (1 - t)$

□ 투자자금을 전액 부채로 조달하는 경우

$wacc = \rho \times (1 - t \times \frac{B}{V})$ 에서 $\frac{B}{V} \neq 1 \rightarrow wacc \neq \rho \times (1 - t)$

투자자금을 전액 부채로 조달한다고 해도 NPV>0이면 이 값을 고려한다.

제5장 M&A_실전문제   정답 및 해설

 5-1   주주현금흐름과 합병가치평가 (1999년)

(물음1) 주주의 증분현금흐름

$$FCFE_t = FCFF_t - I \times (1 - 세율) - \Delta Debt$$

$$FCFF_t = OCF_t - 순운전자본지출 - 자본적지출$$

$$OCF_t = EBIT_t \times (1 - 세율) + Dep_t$$

$$FCFE_1 = (6,000 - 3,000 - 450) \times (1 - 0.4) + 450 - 500 - 300 \times (1 - 0.4) = \textbf{1,300}$$

$$FCFE_2 = (7,000 - 3,500 - 500) \times (1 - 0.4) + 500 - 400 - 300 \times (1 - 0.4) = \textbf{1,720}$$

$$FCFE_3 = (8,000 - 4,250 - 550) \times (1 - 0.4) + 550 - 300 - 400 \times (1 - 0.4) = \textbf{1,930}$$

$$FCFE_4 = FCFE_3 \times (1 + g) = 1,930 \times 1.04 = \textbf{2,007}$$

(물음2) 목표기업의 가치평가에 적용되는 자기자본비용

(1) 목표기업의 현재 주식베타

$$k_e^B = R_f + (R_m - R_f) \times \beta_B$$

$$19 = 10 + (16 - 10) \times \beta_B \quad \rightarrow \beta_B = 1.5$$

(2) 목표기업의 영업베타

$$\beta_L^B = \beta_U^B \times [1 + (1 - t) \times \frac{B}{S}]$$

$$1.5 = \beta_B^U \times [1 + (1 - 0.3) \times \frac{3}{7}] \quad \rightarrow \beta_B^U = 1.1538$$

(3) 목표기업의 합병 후 주식베타

$$\beta_L^B = \beta_U^B \times [1 + (1 - t) \times \frac{B}{S}]$$

$$\beta_B^L = 1.1538 \times [1 + (1 - 0.4) \times 1] \quad \rightarrow \beta_B^L = 1.846$$

(4) 목표기업의 합병 후 자기자본비용

$$k_e^B = R_f + (R_m - R_f) \times \beta_B = 10 + (16 - 10) \times 1.846 = \textbf{21.08\%}$$

(물음3) **주주현금흐름을 이용한 목표기업의 자기자본 가치평가**

$$S_3 = \frac{FCFE_4}{k_e - g} = \frac{2,007}{0.2108 - 0.04} = 11,751$$

$$S_0 = \frac{1,300}{1.2108^1} + \frac{1,720}{(1.2108)^2} + \frac{1,930 + 11,751}{(1.2108)^3} = \textbf{9,954} \text{ 백만원}$$

(물음4) **합병대가의 범위**

(1) 최대인수가격 = **9,954**백만원

(2) 최소인수가격 = 10,000원 × 60만주 = **6,000**백만원

5-2   시너지효과와 합병 후 주가 (2003년)

(물음1) **목표기업가치**

목표기업의 자기자본비용

$k_e^B = R_f + (R_m - R_f) \times \beta_B = 5 + (8\text{-}5) \text{ x } 1.5 = 9.5\%$

목표기업의 가중평균자본비용

$wacc = k_d \times (1-t) \times \dfrac{B}{V} + k_e \times \dfrac{S}{V} = 5 \times (1-0.4) \times \dfrac{1}{2} + 9.5 \times \dfrac{1}{2} = 6.25\%$

목표기업의 기업가치

$V_0 = \dfrac{FCFF_0 \times (1+g)^1}{wacc - g} = \dfrac{1\text{억원} \times (1+0.05)}{0.0625 - 0.05} = \mathbf{84\text{억원}}$

(물음2) **합병 후 기업의 주식베타**

(1) 합병 전 두 기업의 영업베타

$\beta_L = \beta_U \times [1 + (1-t) \times \dfrac{B}{S}]$

$\beta_L^A = 1.5 = \beta_U^A \times [1 + (1-0.4) \times 0.8] \to \beta_U^A = 1.1035$

$\beta_L^{B=}1.5 = \beta_U^B \times [1 + (1-0.4) \times 1] \to \beta_U^B = 0.9375$

(2) 합병 전 두 기업의 무부채 기업가치

$V_U = V_L - B \times t$

$V_U^A = 500\text{억} - 500\text{억} \times \dfrac{0.8}{1.8} \times 0.4 = 411.1\text{억}$

$V_U^B = 84\text{억} - 84\text{억} \times \dfrac{1}{2} \times 0.4 = 67.2\text{억}$

(3) 합병 후 기업의 영업베타

$\beta_{AB}^U = \beta_A^U \times \dfrac{V_A^U}{V_A^U + V_B^U} + \beta_B^U \times \dfrac{V_B^U}{V_A^U + V_B^U} = 1.1035 \times \dfrac{411.1}{478.3} + 0.9375 \times \dfrac{67.2}{478.3} = 1.0028$

(4) 합병 후 기업의 주식베타

$\beta_L = \beta_U \times [1 + (1-t) \times \dfrac{B}{S}]$

$\beta_{AB}^L = 1.0028 \times [1 + (1-0.4) \times 0.9] = \mathbf{1.5443}$

(물음3) **시너지효과**

① 시너지효과의 할인율

$$\beta_L^B = \beta_U^B \times [1 + (1-t) \times \frac{B}{S}] = 0.9375 \text{ x } [1 + (1-0.4) \text{ x } 0.9] = 1.4438$$

$$k_e^B = R_f + (R_m - R_f) \times \beta_B = 5 + (8-5) \text{ x } 1.4438 = 9.33\%$$

$$wacc = k_d \times (1-t) \times \frac{B}{V} + k_e \times \frac{S}{V} = = 5 \times (1-0.4) \times \frac{0.9}{1.9} + 9.33 \times \frac{1}{1.9} = 6.33\%$$

② 시너지효과

$$synergy = \frac{\dfrac{FCFF_2}{(1+wacc)^1}}{wacc} = \frac{\dfrac{10억}{1.06333^1}}{0.0633} = 148.6 \text{ 억}$$

③ 합병 NPV

$$NPV = synergy - premiun = 148.6 - (90 - 84 \times \frac{1}{2}) = 100.6 \rightarrow \textbf{100억원}$$

(물음4) **합병 후 기업의 주가**

① 합병 후 기업의 기업가치 및 자기자본가치

$$V_{AB} = V_A + V_B + synergy = 500 + 84 + 148.6 = 732.6억$$

$$S_{AB} = V_{AB} \times \frac{S}{V} = 732.6 \times \frac{1}{1.9} = 385.6억$$

② 인수대가로 합병기업이 발행한 주식 수 (m)

$$C_0 = V_{AB} \times \frac{m}{n_A + m}$$

$$90억 = 385.6억 \times \frac{m}{250만주 + m} \rightarrow m = 76.1만주$$

③ 합병 후 기업의 주가

$$P_{AB} = \frac{S_{AB}}{n_{AB}} = \frac{385.6억}{250만주 + 76.1만주} = \textbf{11,760원}$$

☞ SMART

인수프리미엄
목표기업이 부채기업인 경우
인수프리미엄은 기업가치가 아닌 자기자본가치로 산출한다.
$$premiun = C_o - S_B = C_0 - (V_B - B_B)$$

5-3 시너지효과와 인수프리미엄 (2005년)

(주)대영은 합병기업 A, (주)이테크는 목표기업 B라고 한다.

(물음1) 주당이익 기준과 주가 기준의 교환비율

(1) 시너지가 없는 경우의 주당이익 기준 주식교환비율

$$EPS_A = \frac{60\text{억원}}{200\text{만주}} = 3,000 \qquad\qquad EPS_B = \frac{16.5\text{억원}}{50\text{만주}} = 3,300$$

$$ER = \frac{EPS_B}{EPS_A} = \frac{3,300}{3,000} = \mathbf{1.1}$$

(2) 시너지가 없는 경우의 주가 기준 주식교환비율

$$ER = \frac{P_B}{P_A} = \frac{21,000}{30,000} = \mathbf{0.7}$$

∴ 피합병기업의 주주 입장에서는 주당이익 기준의 교환비율이 주가기준의 교환비율보다 더 크기 때문에 주당이익 기준을 선호한다.

(물음2) 프리미엄을 추가한 주가 기준의 교환비율

(1) 시너지가 없고 프리미엄을 추가한 경우의 주가 기준 주식교환비율

$$ER = \frac{P_B + premium}{P_A} = \frac{21,000 + 6,000}{30,000} = 0.9$$

(2) 합병 후 기업의 주당이익

$$EPA_{AB} = \frac{NI_{AB}}{n_A + n_B \times ER} = \frac{76.5\text{억}}{200\text{만주} + 50\text{만주} \times 0.9} = 3,122$$

∴ 합병기업의 주주 입장에서는 주당이익이 **3,000원**에서 **3,122원**으로 증가하므로 프리미엄 **6,000원**을 추가하는 합병에 찬성한다.

(물음3) **시너지효과를 고려한 최대 프리미엄**

(1) 합병 후 기업의 자기자본비용

V_A = 200만주 x 30,000원 = 600억원

V_B = 50만주 x 21,000원 = 105억원

$$\beta_{AB}^U = \beta_A^U \times \frac{V_A^U}{V_A^U + V_B^U} + \beta_B^U \times \frac{V_B^U}{V_A^U + V_B^U} = 0.8 \times \frac{600}{705} + 1.4 \times \frac{105}{705} = 0.8893$$

$$k_e^{AB} = R_f + (R_m - R_f) \times \beta_{AB} = 4 + (10\text{-}4) \text{ x } 0.8893 = \textbf{9.3358\%}$$

(2) 시너지효과

① 시너지효과의 할인율

$$k_e^B = R_f + (R_m - R_f) \times \beta_B = 4 + (10\text{-}4) \text{ x } 1.4 = 12.4\%$$

② 시너지효과

$$synergy = \frac{12}{1.124^1} + \frac{10}{1.124^2} + \frac{7}{1.124^3} + \frac{6}{1.124^4} = 27.28억원$$

③ 합병 NPV

$$NPV = synergy - premiun = 27.28억 - 30억 = \textbf{(-)2.72억원}$$

∴ 합병기업의 주주 입장에서는 시너지효과가 인수프리미엄보다 작아서 합병 NPV가
(-)이므로 합병에 반대한다.

(3) 시너지효과를 반영한 인수프리미엄

$$\textbf{주당프리미엄} = \frac{synergy}{n_B} = \frac{27.28억}{50만주} = \textbf{5,456원}$$

☞ SMART

시너지효과의 할인율
시너지효과의 할인율은 목표기업의 위험을 고려한 할인율을 사용하여야 한다.
일부 교재는 두 기업의 자본비용을 가중평균 하여 시너지효과를 산출하며 그 근거로
시너지가 두 기업의 공동효과로 발생한다는 점을 내세운다. 하지만 Ross의 논리에 따
라 특별한 조건이 주어지지 않는 한 시너지효과의 할인율은 목표기업의 위험을 고려
한 할인율을 사용하여야 한다

5-4 현금매수와 주식교환의 비교 (2007년)

(주)산라는 합병기업 A, (주)가야는 목표기업 B라고 한다.

(물음1) 인수대금을 현금으로 지급하는 경우의 합병의 NPV

$$NPV = synergy - premiun = (V_{AB} - V_A - V_B) - (C_o - V_B)$$

$$= (120,000 - 100,000) - (30,000 - 20,000) = \textbf{10,000원}$$

(물음2) 인수대금을 주식으로 교부하는 경우의 합병의 NPV

$$NPV = V_{AB} \times \frac{n_A}{n_A + ER \times n_B} - V_A$$

$$= 120,000원 \times \frac{40주}{40 + 15주} - 80,000원 = \textbf{7,273원}$$

(물음3) 인수대금을 주식으로 교부하는 경우의 교환비율

$$NPV = V_{AB} \times \frac{n_A}{n_A + ER \times n_B} - V_A$$

$$10,000 = 120,000 \times \frac{40주}{40주 + 20주 \times ER} \rightarrow \textbf{ER = 0.67}$$

(물음4) 현금매수방식과 주식교환방식의 비교

※ 시너지가 동등하게 배분되도록 결정하여야 하므로 현금매수방식의 경우 30,000원을 지급하여야 하며, 주식교환방식의 경우 교환비율이 0.67이 되어야 한다.

(1) 시너지 효과가 15,000원인 경우

① 인수대금을 현금으로 지급하는 경우의 합병의 NPV

$$NPV = (115,000 - 100,000) - (30,000 - 20,000) = \textbf{5,000원}$$

② 인수대금을 주식으로 교부하는 경우의 합병의 NPV

$$NPV = 115,000원 \times \frac{40주}{40주 + 20주 \times 0.67} - 80,000원 = \textbf{6,255원}$$

(2) 합병기업의 가치가 75,000원인 경우

① 인수대금을 현금으로 지급하는 경우의 합병의 NPV

$$NPV = (115,000 - 95,000) - (30,000 - 20,000) = \mathbf{10,000원}$$

② 인수대금을 주식으로 교부하는 경우의 합병의 NPV

$$NPV = 115,000원 \times \frac{40주}{40주 + 20주 \times 0.67} - 75,000원 = \mathbf{11,255원}$$

(3) 목표기업의 가치가 25,000원인 경우

① 인수대금을 현금으로 지급하는 경우의 합병의 NPV

$$NPV = (125,000 - 105,000) - (30,000 - 25,000) = \mathbf{15,000원}$$

② 인수대금을 주식으로 교부하는 경우의 합병의 NPV

$$NPV = 125,000원 \times \frac{40주}{40주 + 20주 \times 0.67} - 80,000원 = \mathbf{13,756원}$$

문항	(주)산라 주주 입장에서의 합병 NPV		선호방식
	현금매수	주식교환	
①	5,000	6,255원	주식교환
②	10,000	11,255원	주식교환
③	15,000	13,756원	현금매수

☞ SMART

현금과 주식의 합병대가 선택
시너지효과 또는 목표기업의 가치가 예상보다 좋은 경우
　→ 현금매수 방식이 합병주주에게 유리
시너지효과 또는 목표기업의 가치가 예상보다 좋지 않은 경우
　→ 주식교환 방식이 합병주주에게 유리

5-5 주식교환비율 (2010년)

(물음1) **합병 전 PER**

(1) 합병회사인 (주)동해의 PER

$$EPS_A = \frac{5,000,000}{250주} = 20,000 \quad \rightarrow \quad PER_A = \frac{40,000}{20,000} = 2$$

(2) 목표기업인 (주)백두의 PER

$$EPS_B = \frac{500,000}{100주} = 5,000 \quad \rightarrow \quad PER_B = \frac{10,000}{5,000} = 2$$

(물음2) **교환비율과 합병 후 회사의 PER**

$$ER = \frac{P_B + premium}{P_A} = \frac{10,000 \times 1.20}{40,000} = 0.3$$

$$EPS_{AB} = \frac{NI_{AB}}{n_A + n_B \times ER} = \frac{5,500,000}{250 + 100 \times 0.3} = 19,643원$$

(물음3) **합병회사의 주당이익 기준 교환비율**

$$EPS_{AB} = EPS_A \quad \rightarrow \quad \frac{5,500,000}{250 + 100 \times ER} = 20,000 \rightarrow ER = 0.25$$

$$ER = \frac{P_B + premium}{P_A} \quad \rightarrow \quad 0.25 = \frac{10,000 + premium}{40,000} \rightarrow premium = 0$$

☞ SMART

> 시너지 효과가 없는 경우의 교환비율
>
> $PER_A > PER_B$
>
> → 주가로 교환비율 결정하는 것이 주당이익 관점에서 합병주주에게 유리
>
> $PER_A < PER_B$
>
> → 주당이익으로 교환비율 결정하는 것이 주가 관점에서 합병주주에게 유리
>
> $PER_A = PER_B$
>
> → 주당이익 또는 주가로 교환비율 결정하는 것은 합병주주에게 무차별

5-6 합병가치평가와 주식교환비율 (2013년)

ABC기업은 합병기업 A, XYZ 기업은 목표기업 B라고 한다.

(물음1) 목표기업의 가치평가

(1) 목표기업의 자본비용 결정

$$V_U = S_U = NI_0 \times PER = \frac{D_0 \times (1+g)}{k_e - g}$$

$$V_B = 6\textbf{억} \times 10 = \frac{2\textbf{억} \times 1.05}{\rho - 0.05} \longrightarrow \rho = 0.085$$

(2) 목표기업의 합병 후 기업가치

$$V_B = \frac{2\textbf{억원} \times 1.07}{0.085 - 0.07} = \textbf{142.7억}$$

(물음2) 목표기업의 주당 최대가격

$$P_0 = \frac{142.7\textbf{억}}{500,000\textbf{주}} = \textbf{28,540원}$$

☞ SMART

PER의 주당이익

PER는 일반적으로 현재주가와 현재주당이익을 기준으로 산출된다.

$$\rightarrow \quad PER = \frac{P_0}{EPS_0}$$

일부 교재는 PER의 주당이익을 1년 후 이익으로 계산하는데 이는 잘못된 방법이며 Leading PER라는 단서가 주어질 때만 1년 후 이익으로 계산한다.

$$\rightarrow \quad PER = \frac{P_0}{EPS_1}$$

(물음3) **현금매수와 주식제공의 차이**

① 현금매수의 합병 NPV

$$NPV = synergy - premiun = V_B + synergy - C_0$$
$$= 142.7억 - 14,000원 \times 500,000 = \mathbf{72.7억}$$

주식제공의 합병 NPV

$$V_{ABC} = 15 \times 30억 = 450억$$

$$NPV = V_{AB} \times \frac{n_A}{n_A + m} - V_A = (450억 + 142.7억) \times \frac{1,000,000}{1,150,000} - 450억 = \mathbf{65.4억}$$

∴ 현금매수가 더 유리하다.

② 현금매수의 합병 NPV

$$V_{XYZ} = \frac{2억원 \times 1.06}{0.085 - 0.06} = 84.8억$$

$$NPV = synergy - premiun = V_B + synergy - C_0$$
$$= 84.8억 - 14,000원 \times 500,000 = \mathbf{14.8억}$$

주식제공의 합병 NPV

$$NPV = V_{AB} \times \frac{n_A}{n_A + m} - V_A = (450억 + 84.8억) \times \frac{1,000,000주}{1,150,000주} - 450억 = \mathbf{15억}$$

∴ 주식제공이 더 유리하다.

(물음4) **주식교환비율**

(1) 합병 후 기업가치

$$V_{AB}^U = S_{AB} = NI_{AB} \times PER_{AB} \quad \rightarrow \quad V_{AB} = 36억 \times 15 = 540억$$

(2) 합병기업의 최대 주식교환비율

$$V_{AB} \times \frac{n_A}{n_A + n_B \times ER} \geq V_A$$

$$540억 \times \frac{1,000,000}{1,000,000 + 500,000 \times ER} \geq 450억 \implies \mathbf{ER < 0.4}$$

(3) 목표기업의 최소 주식교환비율

$$V_{AB} \times \frac{n_B \times ER}{n_A + n_B \times ER} \geq V_B$$

$$540억 \times \frac{500,000 \times ER}{1,000,000 + 500,000 \times ER} \geq 60억 \implies \mathbf{ER > 0.25}$$

5-7 공개매수와 주식교환비율 (2016년)

(물음1) 공개매수의 이득

$$NPV = V_B + synergy - C_0$$

합병 NPV = 160억 x 0.5 - 12,000원 x 50만주 = **20억원**

(물음2) 공개매수의 참여

참여하지 않는다.

공개매수가 성공한다면

공개매수에 참여하지 않는 경우 주주의 부는 주당 16,000원이지만

공개매수에 참여하는 경우 주주의 부는 주당 12,000원이다.

공개매수가 실패한다면

참여하지 않는 경우와 참여하는 경우 모두 주주의 부는 주당 10,000원이다.

(물음3) 교환비율

합병 NPV = 160억 x 0.5 - 20,000원 x 50만주 x ER >0 → **ER< 0.8**

(물음4) LBO

합병 NPV = (160억 -60억) x 0.5 - 0원 = **50억원**

(물음5) 공개매수의 참여

참여한다.

공개매수가 성공한다면

공개매수에 참여하지 않는 경우 주주의 부는 10,000원이지만

공개매수에 참여하는 경우 주주의 부는 12,000원이다.

공개매수가 실패한다면

참여하지 않는 경우와 참여하는 경우 모두 주주의 부는 10,000원이다.

5-8 주식교환비율 (2017년)

(물음1) 현금으로 인수

① $S_B = 2000 \times 4000\text{주} = 8,000,000$원

인수대가 $= 8,000,000 \times 1.30 = \textbf{10,400,000원}$

프리미엄 $= \textbf{2,400,000원}$

② $k_e = 5 + (15\text{-}5) \times 2 = 25\%$

$$P_0 = \frac{600 \times 1.12 \times 0.4}{0.25 - 0.12} = 2,068원$$

인수금액이 주당 2,600원이므로 (주)타겟의 주주는 찬성한다.

(물음2) 주식발행으로 인수

① $S_A = 5000 \times 6000\text{주} = 30,000,000$원

타겟 1주에 대한 교환비율 $= \dfrac{2000 \times 1.3}{5000} = 0.52$

비더 1주에 대한 교환비율 $= \dfrac{5000}{2000 \times 1.3} = \textbf{1.923}$

② $EPS_{AB} = \dfrac{10,400,000}{6000 + 4000 \times 0.52} = 1,287$

$EPS_A = \dfrac{8,000,000}{6000} = 1,333$ $\qquad\qquad EPS_B = \dfrac{2,400,000}{4000} = 600$

비더 주주입장 : 1,287 - 1,333 = **46원 감소**

타겟 주주입장 : 1,287 x 0.52 - 600 = **69원 증가**

(물음3) 교환비율

① $\dfrac{10,400,000}{6000 + 4000 \times ER} \times 4.5 > 5000 \ \rightarrow \ \textbf{ER < 0.84}$

② $EPS_{AB} = \dfrac{10,400,000}{6000 + 4000 \times 0.84} = 1,111$

비더 주주입장 : 1,111 - 1,333 = **222원 감소**

타겟 주주입장 : 1,111 x 0.84 - 600 = **333원 증가**

(물음4)

피합병회사의 시너지효과의 위험 및 보상을 인수기업이 전부 부담하고자 한다면 현금을 지급하며, 위험과 보상을 피합병주주와 공유하려면 주식을 발행한다. 또한 인수기업의 주가가 과대평가되어 있는 경우 인수기업은 주식발행을 선호한다.

6-1 배당할인모형 (2001년)

(물음1) ROE와 EPS

    (1) NI = (EBIT-I)(1-t) = (13.9억 - 2억)(1-0.2) = 9.52억

    (2) $ROE = \dfrac{NI}{E} = \dfrac{9.52억}{50억} = $ **19.04%**

    (3) $EPS = \dfrac{NI}{n} = \dfrac{9.52억}{40만주} = $ **2,380원**

(물음2) 성장기회가 없는 경우의 주가

$$k_e = R_f + [E(R_m) - R_f] \times \beta_i = 10 + [15 - 10] \times 1.4 = 17\%$$

$$P_0 = \frac{EPS_1}{k_e} = \frac{2,380}{0.17} = \mathbf{14,000원}$$

(물음3) 고정성장모형을 적용한 주가

g = ROE × b = 0.1904 × 60% = 11.424%

$$P_0 = \frac{D_1}{k_e - g} = \frac{2,380 \times (1 - 0.6)}{0.17 - 0.11424} = \mathbf{17,073원}$$

(물음4) 유보율을 증가시켰을 때 주당 내재가치

ROE > k   : 유보율의 증가 → 주식의 내재가치 증가

ROE < k   : 유보율의 증가 → 주식의 내재가치 감소

(물음5) 성장기회가 있는 경우의 주가

    (1) 성장률

        t=1,2,3,4 : g = ROE × b = 0.1904 × 80% = 15.232%

        t=5이후 : g = 0.1904 × 50% = 9.52%

    (2) 배당금

$$D_1 = 2,380 \times (1 - 0.8) = 476$$

$$D_2 = 2,380 \times (1 - 0.8) \times (1.15232)^1 = 548.50$$

$$D_3 = 2,380 \times (1 - 0.8) \times (1.15232)^2 = 632.05$$

$$D_4 = 2,380 \times (1-0.5) \times (1.15232)^3 = 1,820.82$$

$$D_5 = 2,380 \times (1-0.5) \times (1.15232)^3 \times 1.0952 = 1,994.16$$

(3) t=4시점의 주가

$$P_4 = \frac{D_5}{k_e - g} = \frac{1,994.16}{0.17 - 0.0952} = 26,659.89$$

(4) 주식의 내재가치

$$P_0 = \frac{D_1}{1+k_e} + \frac{D_2}{(1+k_e)^2} + \frac{D_3}{(1+k_e)^3} + \frac{D_4+P_4}{(1+k_e)^4} = \mathbf{16,400.89}원$$

☞ SMART

(물음3)

고정성장모형은 1기간 이후부터 성장하는 모형이므로 1년 후 배당금 계산에 성장률을 적용하면 안 된다. 따라서 다음과 같이 풀이하면 틀린다.

$$P_0 = \frac{2,380 \times (1.11424) \times (1-0.6)}{0.17 - 0.11424} = 19,023$$

(물음5) $g_t = ROE_t \times b_{t-1}$

기말의 성장률은 기초의 유보율에 의하여 결정된다.

즉, t=3시점의 유보효과는 t=4시점의 성장률로, t=4시점의 유보효과는 t=5시점의 성장률로 나타나기 때문에 t=4시점의 배당금을 계산할 때 유보율은 50%, 성장률은 15.232%를 적용하여야 한다.

(물음5) 별해

고정성장 모형은 다음연도부터 고정성장을 가정하므로 다음과 같이 풀이하여도 동일한 값이 도출된다.

$$P_0 = \frac{D_1}{1+k_e} + \frac{D_2}{(1+k_e)^2} + \frac{D_3+P_3}{(1+k_e)^3} = 16,401원$$

6-2 베타 (2002년)

(물음1) 증권시장선을 이용한 균형수익률

(1) 증권시장선(SML)의 기울기

$$E(R_m) - R_f = \frac{E(R_B) - E(R_A)}{\beta_B - \beta_A} = \frac{12 - 10}{1.2 - 0.8} = 5$$

(2) 무위험 이자율

$$E(R_A) = R_f + [E(R_m) - R_f] \times \beta_A$$

$$10 = R_f + 5 \times \beta_A \rightarrow R_f = 6$$

(3) 지수펀드와 주식 B에 5 : 5로 투자한 포트폴리오의 기대수익률

$$E(R_P) = 0.5 \times E(R_m) + 0.5 \times E(R_B) = (0.5 \times 11) + (0.5 \times 12) = \textbf{11.5\%}$$

(물음2) 배당모형에 의한 주식평가

(1) A주식의 균형가격

$$g = b \times ROE = 0.25 \times 0.2 = 0.05 \ (5\%)$$

$$P_0 = \frac{D_1}{k_e - g} = \frac{500 \times 1.05}{0.1 - 0.05} = \textbf{10,500원}$$

(2) A주식의 의사결정

A주식의 현재주가는 10,000원은 균형가격 10,500원보다 작기 때문에 현재 주가는 **500원** 과소평가.

(물음3) 베타의 가산원리

(1) 매각 전 A주식의 베타

사업부 X의 베타는 A기업 베타의 두 배이므로

$$\rightarrow \beta_X = 0.8 \times 2 = 1.6$$

주식A의 베타는 사업부 X의 베타와 나머지 사업부 베타의 가중평균 값

$$\beta_A = w \times \beta_X + (1 - w) \times \beta_{나머지}$$

$$0.8 = 0.2 \times 1.6 + 0.8 \times \beta_{나머지} \quad \rightarrow \quad \beta_{나머지} = 0.6$$

(2) 매각후의 기업A의 베타

매각대금을 현금으로 보유하고 있는 경우

$$\beta_A = 0.2 \times 0 + 0.8 \times 0.6 = \textbf{0.48}$$

매각대금을 기존사업에 투자하는 경우

$$\beta_A = \textbf{0.60}$$

(물음4) **무부채 투자안의 의사결정**

(1) 하마다 모형을 적용하여 영업베타를 구한다.

$1.2 = [1 + (1 - 0.4) \times 50/100] \times \beta_U$ □ $\beta_U = 0.9231$

(2) 영업베타를 CAPM에 대입하여 ρ를 구한다.

$\rho = 6 + (11 - 6) \times 0.9231 = 10.62\%$

(3) 투자안의 NPV를 계산하여 투자안을 평가한다.

NPV= $-60 + 10 \times (1-0.4) / 0.1062 = $ **-3.50억** ∴ 투자안 기각

(물음5) **회계적 이익을 사용하여 베타를 추정하는 방법**

기업의 베타를 추정하는 경우 회계 이익을 사용하는 방법의 문제점

(1) 회계 이익은 각 기업이 채택한 회계처리 방법에 따라 차이가 발생할 수 있기 때문에 회계처리 방법의 차이가 베타의 차이를 유발할 수 있다.

(2) 상장기업은 국제회계기준을 적용하고 있지만 비상장기업은 일반회계기준을 적용하고 있기 때문에 회계기준의 차이가 베타에 영향을 줄 수 있다.

(3) 발생주의와 현금주의의 차이에 의하여 기업가치에 영향을 주지 않는 회계 이익의 요소가 베타에 영향을 줄 수 있다.

☞ SMART

> (물음3)
> 사업부 매각 후 현금을 보유하고 있는지 다른 사업부문에 투자하였는지에 대한 언급이 없기 때문에 현금을 보유하고 있는 경우와 기존사업에 재투자하는 경우로 구분하여 계산하였다.
> (이러한 언급이 없는 것은 출제오류)

6-3 효용함수와 음의베타 (2004년)

(물음1) 기대효용의 극대화

(1) 주식 A의 기대효용

$$E[U(A)] = \frac{\sqrt{11,881} + \sqrt{9,801} + \sqrt{7,921}}{3} = 99$$

(2) 주식 A의 기대효용

$$E[U(B)] = \frac{\sqrt{8,281} + \sqrt{10,000} + \sqrt{11,881}}{3} = 100$$

(3) 홍길동은 의사결정

　　B주식의 기대효용이 A주식보다 크기 때문에 B주식을 투자한다.

(물음2) 총위험과 체계적 위험의 의사결정

가능성이 있다.

왜냐하면 CAPM에서는 개별주식의 수익률은 총위험이 아닌 체계적 위험인 베타에 의해서 결정된다. 따라서 주식 B의 베타가 주식 A보다 크다면 SML에 의한 요구수익률이 더 크기 때문에 예상현금흐름이 더 큼에도 불구하고 주가는 더 낮게 결정될 수 있다.

(물음3) 음의 베타

가능성이 있다.

왜냐하면 주식A의 현재가격이 9,398보다 크다는 것은 1년 후의 기대값 9,867을 고려한다면 기대수익률이 무위험이자율인 5% 보다 낮다는 의미이며 이는 SML에 의하면 주식 A의 베타계수가 음의 상태임을 말한다. 베타는 시장포트폴리오와의 공분산을 통하여 계산이 되므로 음의 값도 가능하다.

(물음1) APT 균형수익률

$E(R_i) = \lambda_0 + \lambda_1 \times b_{i1} + \lambda_2 \times b_{i2}$

A의 기대수익률 = 9.25 = $\lambda_0 + \lambda_1 \times 1 + \lambda_2 \times 0.5$

B의 기대수익률 = 8.75 = $\lambda_0 + \lambda_1 \times 0.5 + \lambda_2 \times 0.9$

C의 기대수익률 = 6.70 = $\lambda_0 + \lambda_1 \times 0.4 + \lambda_2 \times 0.2$

이를 연립방정식으로 풀면 $\lambda_0 = 5, \lambda_1 = 3, \lambda_2 = 2.5$

$\therefore \; E(R_i) = 0.05 + 0.03 \times b_{i1} + 0.025 \times b_{i2}$

(물음2) APT를 이용한 차익거래

(1) 포트폴리오 D의 균형수익률

$E(R_i) = \lambda_0 + \lambda_1 \times b_{i1} + \lambda_2 \times b_{i2} = 5 + 3 \times 0.725 + 2.5 \times 0.525 = 8.4875\%$

기대수익률 8.7%는 균형수익률 8.4875% 보다 크기 때문에 현재주가는 과소평가

(2) 포트폴리오 D의 복제포트폴리오 구성

$R_p = w_A R_A + w_B R_B + w_C R_C$

① $w_A + w_B + w_C = 1$

② $1.0 \times w_A + 0.5 \times w_B + 0.4 \times w_C = 0.725$

③ $0.5 \times w_A + 0.9 \times w_B + 0.2 \times w_C = 0.525$

이를 연립으로 풀면 $w_A = 0.5, w_B = 0.25, w_C = 0.25$

포트폴리오 E는 A주식에 50%, B주식을 25%, C주식을 25%로 구성된다.

$E(R_p) = 0.5 \times 9.25 + 0.25 \times 8.75 + 0.25 \times 6.70 = 8.4875\%$

(3) 차익거래의 구성

차익포트폴리오의 구성은 다음과 같다.

포트폴리오 D 매수, 복제포트폴리오 매도

→ 투자원금의 100% D 매수, 50% A매도, 25% B매도. 25% C매도

(4) 차익포트폴리오의 기대수익률.

$E(R_p) = 1 \times 8.7 + (-0.50) \times 9.25 + (-0.25) \times 8.75 + (-0.25) \times 6.79$

$= \mathbf{0.2125\%}$

(5) 차익거래의 3가지 조건

1) 추가적인 자금 부담이 없어야 한다. (No cost)

$w_A = -0.5, w_B = -0.25, w_C = -0.25, w_D = +1$이므로

$w_A + w_B + w_C + w_D = 0$

2) 1요인의 위험이 없어야 한다.

β_{p1} = (-0.50) × 1.0 + (-0.25) × 0.5 + (-0.25) × 0.4 + 1.0 × 0.725 = 0

3) 2요인의 위험이 없어야 한다.

β_{p2} = (-0.50) × 0.5 + (-0.25) × 0.9 + (-0.25) × 0.2 + 1.0 × 0.525 = 0

☞ SMART

차익거래의 절차

① 목표주식의 과대 또는 과소여부를 평가
② 목표주식과 동일한 베타를 갖는 복제포트폴리오를 구성
  (→복제포트폴리오의 방법은 다양하므로 출제자의 지시에 따라 구성)
③ 목표주식과 복제포트폴리오를 동일한 금액으로 반대 포지션 설정

(물음1) **주가지수의 수익률의 표준편차**

   (1) 주가지수의 구성

     주식 A의 시가총액은 주식 B의 시가총액 세 배이므로

$$R_m = 0.75 \times R_A + 0.25 \times R_B$$

   (2) 주가지수의 표준편차

$$\sigma_{AB} = \sigma_A \times \sigma_B \times \rho_{AB} = 20 \times 40 \times 0.6 = 480$$

$$\sigma_m^2 = w^2\sigma_A^2 + (1-w)^2\sigma_B^2 + 2w(1-w)\sigma_{AB}$$

$$= (0.75)^2 \times 20^2 + (0.25)^2 \times 40^2 + 2 \times 0.75 \times 0.25 \times 480 = 505$$

$$\therefore \sigma_m = \sqrt{505} = \textbf{22.47\%}$$

(물음2) **A 주식의 베타**

   (1) 개별주식과 주가지수와의 공분산

$$Cov(R_A, R_m) = Cov(R_A, 0.75R_A + 0.25R_B)$$

$$= 0.75 \times \sigma_A^2 + 0.25 \times \sigma_{AB} = 0.75 \times (20)^2 + 0.25 \times 480 = 420$$

   (2) 개별 식의 베타

$$\beta_A = \frac{\sigma_{Am}}{\sigma_m^2} = \frac{420}{505} = \textbf{0.8317}$$

(물음3) **체계적 위험과 비체계적 위험**

   (1) 주식B의 베타

$$\beta_m = 0.75 \times 0.8317 + 0.25 \times \beta_B = 1 \rightarrow \beta_B = 1.5049$$

   (2) 주식B의 총위험의 크기 $= 40^2 = 1600 \ (0.1600)$

$$\sigma_i^2 = \beta_i^2 \times \sigma_m^2 + Var(e_i)$$

   (3) 주식B의 체계적 위험의 크기 $= \beta_B^2 \times \sigma_m^2 = (1.5049)^2 \times 505 = 1144 \ \textbf{(0.1144)}$

   (4) 주식B의 비체계적 위험의 크기 $= 1600 - 1144 = 456 \ \textbf{(0.0456)}$

(물음4) **시장모형을 이용한 포트폴리오의 총위험**

(1) A주식과 B주식이 각각 50%로 구성된 포트폴리오의 베타

$$\beta_p = w_A \times \beta_A + w_B \times \beta_B = (0.5 \times 0.8317) + (0.5 \times 1.5049) = 1.1683$$

(2) A주식과 B주식이 각각 50%로 구성된 포트폴리오의 잔차분산

$$Var(e_A) = \sigma_A^2 - \beta_A^2 \sigma_m^2 = (20)^2 - (0.8317)^2 \times 505 = 51$$

$$Var(e_p) = w_1^2 \times Var(e_1) + w_2^2 \times Var(e_2)$$

$$Var(\epsilon_p) = (0.5^2 \times 51) + (0.5^2 \times 456) = 127$$

(3) A주식과 B주식이 각각 50%로 구성된 포트폴리오의 총위험

$$\sigma_p^2 = \beta_p^2 \times \sigma_m^2 + Var(e_p) = (1.1683^2 \times 505) + (127) = 816 \ \textbf{(0.0816)}$$

☞ SMART

> (1) 포트폴리오의 잔차분산은 개별주식의 잔차분산을 개별주식에 대한 투자비율의
> 제곱을 가중치로 평균한다.
> $$Var(e_p) = w_1^2 \times Var(e_1) + w_2^2 \times Var(e_2)$$
>
> (2) (물음4) ~단일지수모형을 이용하여 구하시오.
> → 포트폴리오의 총위험은 시장모형에 의하여 구한 값과 공분산 모형을 이용하
> 여 구한 값이 불일치 할 수 있으며 이 경우 시장모형의 가정이 성립되지 않
> 는다.
> → 문제에서 단일지수모형으로 총위험을 산출하라고 지시하였으므로 다음과 같
> 은 공분산 모형을 적용하면 오답처리된다.
> $$Var(R_p) = w_A^2 \times \sigma_A^2 + w_B^2 \times \sigma_B^2 + 2 \times w_A \times w_B \times \rho_{AB} \times \sigma_A \times \sigma_B$$

(물음1) 포트폴리오 B의 베타

(1) 시장포트폴리오

$$현재\ 시가총액 = \frac{20,000}{0.01} = \frac{80,000}{0.04} = 2,000,000$$

$$1기간\ 후\ 시가총액 = \frac{25,300}{0.011} = \frac{96,600}{0.042} = 2,300,000$$

$$기대수익률 : \ E(R_m) = \frac{2,300,000 - 2,000,000}{2,000,000} = 15\%$$

무위험이자율 : $R_f = E(R_m) - RP_m$ = 15%-10% =5%

(2) 포트폴리오 A의 베타

$$E(R_A) = \frac{25,300 - 25,000}{25,000} = 26.5 = 5 + 10 \times \ \beta_A \ \rightarrow \ \beta_A = \mathbf{2.15}$$

(3) 포트폴리오 B의 베타

$$E(R_B) = \frac{96,000 - 80,000}{80,000} = 20.75 = 5 + 10 \times \ \beta_B \ \rightarrow \ \beta_B = \mathbf{1.575}$$

(물음2) 총위험과 기대수익률

"그렇지 않다"

포트폴리오 B는 완전분산이 되었기 때문에 CML선상의 포트폴리오이므로 개별주식 C의 총위험은 동일 기대수익률에서 가장 효율적인 B의 총위험보다 작을 수는 없다.

(물음3) 자본시장선

(1) 표준편차는 18%인 포트폴리오의 기대수익률

$$E(R_p) = R_f + \frac{[E(R_m) - R_f]}{\sigma_m} \times \sigma_p = 5 + \frac{10}{15} \times 18 = 17\%$$

(2) 1년 후의 고유자산 = 60,000 × 1.17 = **70,200원**

(물음4) 증권시장선을 이용한 차익거래

(1) 포트폴리오 D의 균형수익률

$$E(R_i) = R_f + [E(R_m) - R_f] \times \beta_i = 5 + 10 \times 0.9 = 14\%$$

기대수익률 19%는 균형수익률 14%보다 크기 때문에 현재주가는 과소평가

(2) 포트폴리오 D의 복제포트폴리오를 구성

$$R_p = wR_A + (1-w)R_B \quad (\text{A의 투자비율을 w, B의 투자비율을 1-w})$$

$$\beta_p = w \times 2.15 + (1-w) \times 1.575 = 0.9 \text{에서 } w = -1.174, \ 1-w = 2.174$$

$$E(R_p) = -1.174 \times 26.5\% + 2.174 \times 20.75\% = 14\%$$

(3) 차익거래

차익포트폴리오의 구성은 다음과 같다.

포트폴리오 D 매수, 복제포트폴리오 매도

→ 투자원금의 100% D 매수, 117.4% A 매수, 217.4% B 매도

차익포트폴리오의 기대수익률은 다음과 같다.

$$E(R_p) = 19\% \times 1 + 1.174 \times 26.5\% + (-2.174) \times 20.75\% = \mathbf{5\%}$$

☞ SMART

(1) 완전히 분산된 포트폴리오 A와 B가 증권시장에서 거래되고 있다.
→ A와 B는 자본시장선에 있으며 따라서 증권시장선에도 있다.

(2) CAPM이 성립하므로 두 주식의 기대수익률과 균형수익률이 같다.

(3) 시장포트폴리오의 시가총액
= 개별 주식의 가치 ÷ 개별주식의 시가총액비중

(4) 차익거래의 절차
① 목표주식의 과대 또는 과소여부를 평가
② 목표주식과 동일한 베타를 갖는 복제포트폴리오를 구성
(→복제포트폴리오의 방법은 다양하므로 출제자의 지시에 따라 구성)
③ 목표주식과 복제포트폴리오를 동일한 금액으로 반대 포지션 설정

(물음1) **배당모형을 이용한 PER**

(1) 배당할인모형에 의한 기업 X의 균형주가

$g = ROE \times b = 20\% \times 0.6 = 12\%$

$D1 = 800,000 / 1,000주 = 800원$

$P_0 = \dfrac{800}{0.16-0.12} = 20,000원$

(2) 회계연도 말 주당순이익을 기준으로 한 PER (Leading PER)

$EPS_1 = \dfrac{2,000,000}{1,000주} = 2,000$

$PER = \dfrac{P_0}{EPS_1} = \dfrac{20,000}{2,000} = \mathbf{10배}$

(물음2) **저 PER주에 투자하는 전략**

PER은 성장률을 반영하여 나오는 지표이기 때문에 PER가 낮은 주식은 주가가 과소평가 되었다고 판단하기보다는 성장률이 낮은 주식으로 판단하여야 하므로, PER가 낮은 주식만을 투자하는 방법은 타당하지 못하다.

(물음3) **성장기회의 현재가치(NPVGO)**

(1) NPVGO

$P_0 = \dfrac{EPS_1}{k_e} + NPVGO$

$20,000 = \dfrac{2,000}{0.16} + NPVGO \rightarrow \mathbf{NPVGO = 7,500}$

(3) 재투자 정책이 주가를 상승시키기 위한 조건
자기자본 이익률 (ROE) > 주주의 연간 요구수익률 (ke)

☞ SMART

(1) PER가 낮은 이유
① 주식 시장가격의 과소평가 또는 ② 성장률이 낮은 가치주

(2) 유보율과 주가
$ROE > k_e \rightarrow$ 유보율의 증가로 주가는 상승
$ROE < k_e \rightarrow$ 유보율의 증가로 주가는 하락

6-8 포트폴리오와 위험 (2008년)

(물음1) 최소분산포트폴리오

(1) 자산 X와 자산Y의 공분산 : $\sigma_{XY} = 15 \times 5 \times (-1.0) = -75$

(2) 최소분산포트폴리오의 투자비율

$$w_X = \frac{\sigma_Y^2 - \sigma_{XY}}{\sigma_X^2 + \sigma_Y^2 - 2\sigma_{XY}} = \frac{5^2 - (-75)}{15^2 + 5^2 - 2 \times (-75)} = \mathbf{0.25}$$

$$w_Y = 1 - 0.25 = \mathbf{0.75}$$

(물음2) 상관계수가 -1인 경우 포트폴리오의 기대수익률

(1) 상관계수가 -1이고 두 자산만으로 구성된 포트폴리오

$$\sigma_p = |w \times \sigma_X - (1-w) \times \sigma_Y|$$

$\sigma_p = \Box 15 \times w - 5 \times (1-w) \Box = 0.13 \Rightarrow$ w = 0.9 또는 w = -0.4

(2) 자산 X의 투자비율=0.9, 자산 Y의 투자비율=0.1인 포트폴리오의 기대수익률

w =0.9 : $E(R_p) = 0.9 \times 20 + 0.1 \times 10 = \mathbf{19\%}$

(3) 자산 X의 투자비율=-0.4, 자산 Y의 투자비율=1.4인 포트폴리오의 기대수익률

w=-0.4 : $E(R_p) = (-0.4) \times 20 + 1.4 \times 10 = \mathbf{6\%}$

(물음3) 무위험수익률의 도출

(1) 시장포트폴리오의 구성 비율

$E(R_m) = 20 \times w_X + 10 \times (1 - w_X) = 12.5$에서 $w_X = 0.25$

(2) 자산 X와 자산Y의 공분산 : $\sigma_{XY} = 15 \times 5 \times 0.2 = 15$

(3) 자산 X와 시장포트폴리오의 공분산

$COV(R_X, R_m) = 0.25 \times 152 + 0.75 \times 15 = 67.5$

(4) 자산 X를 이용한 무위험이자율의 계산

$$\frac{E(R_i) - R_f}{\sigma_{im}} = \frac{E(R_m) - R_f}{\sigma_m^2} \rightarrow \frac{20 - R_f}{67.5} = \frac{12.5 - R_f}{5.81^2} \Rightarrow R_f = \mathbf{5\%}$$

☞ SMART

> **(물음3)** 자본시장에 자산 X와 자산 Y만 존재한다고 가정하자~
> → 두 주식은 균형상태이며 증권시장선에 있다.
> 증권시장선의 두 주식을 이용하여 증권시장선을 찾는다.
> $$E(R_m) - R_f = \frac{E(R_B) - E(R_A)}{\beta_B - \beta_A}$$

(물음1) 포트폴리오의 가치가 절반 이하로 감소할 확률

$$Z = \frac{R_p - E(R_p)}{\sigma_p}$$

$$Z = \frac{-50\% - 16\%}{33\%} = -2 \text{ 이므로 } P(Z \leq -2) = 0.5 - 0.954 \times 0.5 = \textbf{2.3\%}$$

(물음2) 포트폴리오의 VaR

(1) 포트폴리오의 표준편차

$$\sigma_p^2 = 0.4^2 \times 25^2 + 0.6^2 \times 35^2 + 2 \times 0.4 \times 0.6 \times 25 \times 35 \times 0.4 = 709$$

$$\sigma_p = \sqrt{0.0709} = 0.2663$$

(2) 95% 신뢰수준의 Z=1.65

(3) 투자금액 100억원 포트폴리오의 VaR

$$VaR = \sigma_p \times W_0 \times Z = 0.2663 \times 100\text{억} \times 1.65 = \textbf{43.94억}$$

(물음3) 포트폴리오의 VaR

투자기간이 6개월이므로

$$VaR = \sigma_p \times W_0 \times Z \times \sqrt{t/12} = 0.2663 \times 100\text{억} \times 1.65 \times \sqrt{6/12} = \textbf{31.07억}$$

☞ SMART

> (물음2) ~두 주식의 연간 기대수익률은 0%로 가정한다.~
> → 절대 VaR와 상대 VaR가 동일하다.

6-10 포트폴리오와 위험 (2009년)

(물음1) **차익거래가 존재하지 않기 위한 무위험이자율**

백두산 펀드= A, 한라산 펀드= B

증권시장선을 기울기 $= E(R_m) - R_f = \dfrac{E(R_B) - E(R_A)}{\beta_B - \beta_A} = \dfrac{20 - 16}{1.6 - 0.8} = 5$

백두산 펀드 : $16\% = R_f + 5 \times 0.8 \;\Rightarrow\; R_f = \mathbf{12\%}$

(물음2) **차익거래전략**

(1) 백두산펀드의 복제포트폴리오를 구성

$R_p = wR_B + (1-w)R_f$

(한라산펀드(B)의 투자비율을 w, 무위험자산의 투자비율을 1-w)

$\beta_p = w \times \beta_B + (1-w) \times \beta_f \;= w \times 1.6 + (1-w) \times 0 = 0.8 \rightarrow$ w=0.5

$E(R_p) = 0.5 \times 20\% + 0.5 \times 6\% = \mathbf{13\%}$

(2) 차익거래

백두산펀드와 복제포트폴리오는 위험이 동일하지만 수익률이 차이가 발생

→ 백두산펀드 매수, 복제포트폴리오 매도

→ 백두산 펀드 100만원 매수, 한라산 펀드 50만원 매도, 50만원 무위험 차입

이러한 차익포트폴리오의 기대수익률은 다음과 같다.

$E(R_p) = 16\% \times 1 + 20\% \times (-0.5) + 6\% \times (-0.5) = 3\%$

$\therefore$ 차익거래이익 $= 100$만원 $\times 3\% = \mathbf{3}$**만원**

(물음3) **체계적위험과 비체계적위험**

(1) 백두산펀드

$\sigma_i^2 = \beta_i^2 \times \sigma_m^2 + Var(\epsilon_i)$

1) 총위험의 크기 $= 18^2 = 324$

2) 체계적 위험의 크기 $= 0.8^2 \times 14^2 = 125.44$

3) 비체계적 위험의 크기 $= 324 - 125.44 = 198.56$

4) 체계적 위험의 비중 $= 125.44 \,/\, 324 = \mathbf{38.72\%}$

(2) 백두산펀드

1) 총위험의 크기 $= 25^2 = 625$

2) 체계적 위험의 크기 $= 1.6^2 \times 14^2 = 501.76$

3) 비체계적 위험의 크기 $= 625 - 501.76 = 123.24$

4) 체계적 위험의 비중 $= 501.76 \,/\, 625 = \mathbf{80.28\%}$

☞ SMART

(1) 잘 분산된 두 개의 포트폴리오 백두산펀드와 한라산펀드
   → 두 펀드는 자본시장선에 있으며 따라서 증권시장선에도 있다.

(2) 증권시장선의 두 주식을 이용하여 증권시장선을 찾는다.

$$E(R_m) - R_f = \frac{E(R_B) - E(R_A)}{\beta_B - \beta_A}$$

(3) 차익거래의 절차
   ① 목표주식의 과대 또는 과소여부를 평가
   ② 목표주식과 동일한 베타를 갖는 복제포트폴리오를 구성
      (→ 복제포트폴리오의 구성방법은 다양하므로 출제자의 지시에 따라 구성)
   ③ 목표주식과 복제포트폴리오를 동일한 금액으로 반대 포지션 설정

6-11 펀드평가 (2010년)

(물음1) 주가지수수익률의 표준편차

(1) 주가지수 평균 수익률 : $\overline{R_m} = \dfrac{2+0+4}{3} = 2\%$

(2) 주가지수 수익률의 분산 : $\sigma_m^2 = \dfrac{(2-2)^2+(0-2)^2+(4-2)^2}{3-1} = 4$

(3) 주가지수 수익률의 표준편차 : $\sigma_m = \sqrt{4} = 2\%$

(물음2) 시장모형의 회귀계수

(1) A펀드 평균 수익률 : $\overline{R_A} = \dfrac{8-2+3}{3} = 3\%$

(2) A펀드와 주가지수의 공분산

$\sigma_{Am} = \dfrac{(8-3)(2-2)+(-2-3)(0-2)+(3-3)(4-2)}{3-1} = 5$

☞ 표본의 공분산은 자유도를 고려하여 n-1로 계산한다.

(3) A펀드의 베타 : $\beta_A = \dfrac{\sigma_{Am}}{\sigma_m^2} = \dfrac{5}{4} = 1.25$

(4) A펀드의 알파 : $\overline{R_A} = \alpha_A + \beta_A \times \overline{R_m}$

$$3 = \alpha_A + 1.25 \times 2 \quad \Rightarrow \quad \alpha_A = 0.005$$

(물음3) 샤프지수와 젠센지수

(1) A펀드의 표준편차

$\sigma_A^2 = \dfrac{(8-3)^2+(-2-3)^2+(3-3)^2}{3-1} = 25 \quad \Rightarrow \sigma_A = \sqrt{25} = 5\%$

(2) 샤프지수 : $\dfrac{\overline{R_A}-\overline{R_f}}{\sigma_A} = \dfrac{3-1}{5} = 0.4$

(3) 젠센지수 : $\overline{R_A} - [\overline{R_f} + (\overline{R_m}-\overline{R_f}) \times \beta_A]$

$= 3 - [\ 1 + (2-1) \times 1.25] = 0.75\%$ (또는 0.0075)

☞ SMART

> 주가수익률의 시계열 분석 (표본)
>
> 평균 : $\overline{R_i} = \dfrac{\sum_{t=1}^{n} R_{ti}}{n}$ 분산 : $Var(R_i) = \dfrac{\sum_{t=1}^{n}(R_{ti}-\overline{R_i})^2}{n-1}$
>
> 표본의 분산 및 공분산은 자유도를 고려하여 n-1로 계산한다.

(물음1) **투자자의 효용함수**

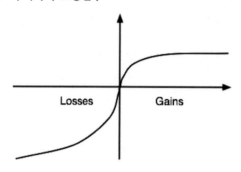

이익이 발생하면 $(\Delta W \geq 0)$ 위험회피형의 투자성향을 갖지만 손실이 발생하면
$(\Delta W < 0)$ 위험선호형의 투자성향을 갖는다.

(물음2) **위험프리미엄**

RP = E(W) - CEQ .

RP = [-15 × 0.5 - 5 × 0.5] - {- $[(-15)^{1/2} \times 0.5 + (-5)^{1/2} \times 0.5]^{2}$} = **-0.6699**

(물음3) **손실회피**

전망이론에 의하면 이익이 전망되면 위험회피적인 태도를 가지며, 손실이 전망되면 위험
선호형의 태도를 갖는다. 즉, 투자자는 동일한 금액의 이익보다 손실에 더 민감하게
반응하며 이를 손실회피현상이라고 한다.

6-13 시장모형 (2011년)

(물음1) 시장포트폴리오간의 상관계수

주식 A의 상관계수 : $\beta_A = 0.8 = \dfrac{16}{10} \times \rho_{AM} \rightarrow \rho_{AM} = $ **0.5**

주식 B의 상관계수 : $\beta_B = 1.5 = \dfrac{60}{10} \times \rho_{BM} \rightarrow \rho_{BM} = $ **0.25**

(물음2) 포트폴리오의 표준편차

(1) 주식 A의 잔차분산 : $16^2 = 0.8^2 \times 10^2 + Var(e_A) \rightarrow Var(e_A) = 192$

(2) 주식 B의 잔차분산 : $60^2 = 1.5^2 \times 10^2 + Var(\epsilon_B) \rightarrow Var(e_B) = 3375$

(3) 주식A에 60%, 주식B에 40% 투자한 포트폴리오의 베타

$\beta_p = w_1 \times \beta_1 + w_2 \times \beta_2 = 0.6 \times 0.8 + 0.4 \times 1.5 = 1.08$

(4) 주식A에 60%, 주식B에 40% 투자한 포트폴리오의 잔차분산

$Var(e_p) = w_1^2 \times Var(e_1) + w_2^2 \times Var(e_2) = 0.6^2 \times 192 + 0.4^2 \times 3375 = 609.1$

(5) 주식A에 60%, 주식B에 40% 투자한 포트폴리오의 표준편차

$\sigma_p^2 = \beta_p^2 \times \sigma_m^2 + Var(e_p) = 1.08^2 \times 10^2 + 6091 \rightarrow \sigma_p = $ **26.94%**

(물음3) 증권특성선의 설명력

회귀선에서 독립변수의 종속변수에 대한 설명력은 결정계수 (R^2)로 판단한다.

A 결정계수 : $\rho_{AM}^2 = 0.5^2 = $ **0.25**　　　　B의 결정계수 : $\rho_{BM}^2 = 0.25^2 = $ **0.0625**

(물음4) Fama와 French의 3요인모형

Fama & French의 3요인은 다음과 같다.

(1) 시장포트폴리오의 초과수익률

(2) 대형주와 소형주의 수익률차이

(3) 성장주와 가치주의 수익률차이

☞ SMART

초과 수익률 회귀분석

(1) 회귀선 : $R_i - R_f = \alpha_i + \beta_i \times (R_M - R_f) + e_i$

(2) 초과수익률의 평균 : $\overline{R_{i_i}} - R_f = \alpha_i + \beta_i \times (\overline{R_M} - R_f)$

(3) 초과수익률의 분산 : $Var(R_i - R_f) = Var(R_i) = \beta_i^2 \times \sigma_M^2 + Var(e_i)$

(물음1) 체계적 위험이 총위험에서 차지하는 비율

(1) 단일모형에서 체계적위험이 총위험에서 차지하는 비율

$$\frac{\beta_{X1}^2 \times \sigma_{F1}^2}{\sigma_X^2} = \frac{0.9^2 \times 5.4^2}{8.5^2} = \textbf{32.69\%}$$

(2) 다요인모형에서 체계적위험이 총위험에서 차지하는 비율

$$\frac{\beta_{X1}^2 \times \sigma_{F1}^2 + \beta_{X2}^2 \times \sigma_{F2}^2 + \beta_{X3}^2 \times \sigma_{F3}^2}{\sigma_X^2}$$

$$= \frac{1.3^2 \times 5.4^2 + (-0.2)^2 \times 2.6^2 + (-1.1)^2 \times 3.3^2}{8.5^2} = \textbf{86.82\%}$$

(물음2) 다요인 모형의 연간 기대수익률

$$E(R_i) = \alpha_i + \beta_{i1} \times E(F_1) + \beta_{i2} \times E(F_2) + \beta_{i3} \times E(F_3)$$

$$E(R_X) = \alpha_X + \beta_{X1} \times E(F_1) + \beta_{X2} \times E(F_2) + \beta_{X3} \times E(F_3)$$

$$= \{ \ 0.8 \ + \ 1.3 \times 1.1 \ - \ 0.2 \times 0.5 \ - \ 1.1 \times (\text{-}0.3) \ \} \times 12 = \textbf{29.52\%}$$

(물음3) 다요인 모형의 연간 표준편차

(1) 주식 X와 주식Y의 공분산을 다요인 모형으로 도출

$$\sigma_{XY} = \beta_{X1} \times \beta_{Y1} \times \sigma_{F1}^2 + \beta_{X2} \times \beta_{Y2} \times \sigma_{F2}^2 + \beta_{X3} \times \beta_{Y3} \times \sigma_{F3}^2$$

$$= \{1.3 \times 1.1 \times 5.4^2 + (-0.2) \times 0.1 \times 2.6^2 + (-1.1) \times (-0.8) \times 3.3^2\} \times 12$$

$$= 613.76$$

(2) 최소분산포트폴리오를 구성하는 주식 X와 주식 Y의 투자비율을 결정

주식 X의 투자비율

$$w_X = \frac{\sigma_Y^2 - \sigma_{XY}}{\sigma_X^2 + \sigma_Y^2 - 2\sigma_{XY}} = \frac{7.8^2 \times 12 - 613.76}{8.5^2 \times 12 + 7.8^2 \times 12 - 2 \times 613.76} = 0.3148$$

주식 Y의 투자비율 = 1 - 0.3148 = 0.6852

(3) 최소분산포트폴리오를 총위험

$$\sigma_p^2 = w_X^2 \sigma_X^2 + w_Y^2 \sigma_Y^2 + 2w_X w_Y \sigma_{XY}$$

$$= 0.3148^2 \times 8.5^2 \times 12 + 0.6852^2 \times 7.8^2 \times 12 + 2 \times 0.3148 \times 0.6852 \times 613.76$$

$$= 693.47$$

$$\therefore \sigma_p = \sqrt{693.47} = \textbf{26.33\%}$$

(물음4) 다요인 모형의 장점

(1) 다요인 모형의 결정계수가 단일모형보다 더 크다.

(2) 다요인 모형의 체계적위험이 총위험에서 차지하는 비율이 단일모형보다 더 크다.

(3) 다요인 모형의 잔차분산이 단일모형보다 더 작다.

☞ SMART

> (물음1) 연간수익률 = 월간 수익률 × 12
>
> 회귀선에서 잔차의 기댓값은 0이다.
>
> (물음2) 연간분산 = 월간 분산 × 12
>
> 연간 표준편차 = 월간 표준편차 x $\sqrt{12}$

(물음1) **투자기회집합의 경계선**

(1) 포트폴리오의 기대수익률

$$R_p = w \times R_A + (1-w) \times R_B$$

$$E(R_p) = \text{w} \times 20 + (1\text{-w}) \times 10 = \text{w} \times 10 + 10 \qquad \text{(식1)}$$

(2) 상관계수가 1인 경우

$$\rho_{AB} = 1 \Rightarrow \sigma_p = w \times \sigma_A + (1-w) \times \sigma_B$$

$$= \text{w} \times 30 + (1\text{-w}) \times 10 = \text{w} \times 20 + 10 \qquad \text{(식2)}$$

(식1)과 (식2)을 연립방정식으로 풀면 $\underline{E(R_p) = 5\% + 0.5 \times \sigma_p}$

(3) 상관계수가 -1인 경우

$$\rho_{AB} = -1 \Rightarrow \sigma_p = |w \times \sigma_A - (1-w) \times \sigma_B|$$

$$= \square \text{w} \times 30 - (1\text{-w}) \times 10 \square = \square \text{w} \times 40 - 10 \square$$

w ≥ 0.25일 때 $\sigma_p = \text{w} \times 40 - 10$ (식3)

w < 0.25일 때 $\sigma_p = -\text{w} \times 40 + 10$ (식4)

(식1)과 (식3)을 연립방정식으로 풀면 $\underline{E(R_p) = 12.5\% + 0.25 \times \sigma_p}$

(식1)과 (식4)을 연립방정식으로 풀면 $\underline{E(R_p) = 12.5\% - 0.25 \times \sigma_p}$

(물음2) **상관계수의 범위**

포트폴리오의 위험이 자산 B의 표준편차인 10% 보다 작기 위해서는 최소분산포트폴리오의 주식B의 투자비율이 1보다 작아야 한다.

$$w_B = \frac{\sigma_A^2 - \sigma_{AB}}{\sigma_A^2 + \sigma_B^2 - 2\sigma_{AB}} < 1 \Rightarrow \frac{30^2 - 30 \times 10 \times \rho_{AB}}{30^2 + 10^2 - 2 \times 30 \times 10 \times \rho_{AB}} < 1$$

위의 식을 정리하면 $\rho_{AB} < \dfrac{1}{3}$ (0.33)

∴ 주식A와 주식B의 상관계수가 **0.33** 보다 작아야 한다.

(물음3) **효율적 포트폴리오의 구성**

효율적 포트폴리오 (1) : $R_1 = 0.5 \times R_A + 0.3 \times R_B + 0.2 \times R_C = 30\%$

효율적 포트폴리오 (2) : $R_2 = 0.1 \times R_A + 0.5 \times R_B + 0.4 \times R_C = 18\%$

$R_P = 22\% = w \times R_1 + (1-w) \times R_2$ 에서 w=1/3

자산 X의 구성비 = $0.5 \times 1/3 + 0.1 \times 2/3 = 0.2333$ <u>(23.33%)</u>

자산 Y의 구성비 = $0.3 \times 1/3 + 0.5 \times 2/3 = 0.4333$ <u>(43.33%)</u>

자산 Z의 구성비 = $0.2 \times 1/3 + 0.4 \times 2/3 = 0.3333$ <u>(33.33%)</u>

☞ SMART

> (물음1) 투자집합의 경계선은 두 주식의 상관계수가 +1과 -1인 경우의 포트폴리오의 수익률과 위험의 선형식이다.
>
> (물음2) $w_B = \dfrac{\sigma_A^2 - \sigma_{AB}}{\sigma_A^2 + \sigma_B^2 - 2\sigma_{AB}} < 1 \;\; \rightarrow \sigma_p < \sigma_B$
>
> (물음3) 효율적 포트폴리오와 효율적 포트폴리오의 포트폴리오는 효율적이다.

(물음1) 시장포트폴리오의 위험프리미엄

(1) 시장포트폴리오의 구성

주식A의 시장포트폴리오 구성비율 $= \dfrac{200억}{500억} = 0.4$

주식B의 시장포트폴리오 구성비율 $= \dfrac{300억}{500억} = 0.6$

시장포트폴리오 : $R_m = 0.4 \times R_A + 0.6 \times R_B$

(2) 투자자 갑의 포트폴리오

$R_p^{갑} = 0.7 \times R_m + 0.3 \times R_f = 0.28 \times R_A + 0.42 \times R_B + 0.3 \times R_f$

→ 주식A에 280원, 주식B에 420원, 무위험자산에 300원 투자

(3) 기대수익률

주식A의 기대수익률 : $E(R_A) = \dfrac{350 \times 0.5 + 315 \times 0.5}{280} - 1 = 18.75\%$

주식B의 기대수익률 : $E(R_B) = \dfrac{462 \times 0.5 + 441 \times 0.5}{420} - 1 = 7.5\%$

시장포트폴리오의 기대수익률 : $E(R_m) = 0.4 \times 18.75 + 0.6 \times 7.5 = 12\%$

(4) 시장포트폴리오의 위험프리미엄 = 12% - 10% = **2%**

(물음2) 최적포트폴리오의 구성비율

(1) 무차별곡선의 기울기

효용함수 : $U = E(R_p) - \dfrac{1}{2} \times \gamma \times \sigma_p^2$

무차별곡선 : $E(R_p) = U + \dfrac{1}{2} \times \gamma \times \sigma_p^2$

무차별곡선의 기울기 : $MRS = \dfrac{\partial E(R_p)}{\partial \sigma_p} = \gamma \times \sigma_p = 20 \times \sigma_p$

(2) 시장포트폴리오의 표준편차

호황 : $E(R_m) = 0.4 \times \dfrac{350 - 280}{280} + 0.6 \times \dfrac{462 - 420}{420} = 16\%$

불황 : $E(R_m) = 0.4 \times \dfrac{315 - 280}{280} + 0.6 \times \dfrac{441 - 420}{420} = 8\%$

표준편차 : $\sigma_m = [(16 - 12)^2 \times 0.5 + (8 - 12)^2 \times 0.5]^{1/2} = 4$

(3) CML의 기울기 : $\dfrac{R_m - R_f}{\sigma_m} = \dfrac{12 - 10}{4} = 0.5$

(4) 최적포트폴리오

$$MRS = \dfrac{R_m - R_f}{\sigma_m}$$

$$20 \times \sigma_p = 0.5 \Rightarrow \sigma_p = 2.5\%$$

$$\sigma_p = w \times \sigma_m = w \times 4 = 2.5 \Rightarrow w = 0.625$$

최적포트폴리오는 시장포트폴리오에 625원, 무위험자산에 375원 투자

∴ 주식 A에 투자해야 하는 금액 = 1,000원 × 0.625 × 0.4 = **250원**

주식 B에 투자해야 하는 금액 = 1,000원 × 0.625 × 0.6 = **375원**

(물음3) 무위험자산과 위험회피계수

(1) 시장포트폴리오에만 투자했을 때의 효용 : $U = 0.12 - \dfrac{1}{2} \times \gamma \times 0.04^2$

(2) 무위험자산에만 투자했을 때의 효용 : $U = 0.10 - \dfrac{1}{2} \times \gamma \times 0^2$

(3) 무차별한 효용

(1) = (2) → $0.12 - 0.0008 \times \gamma = 0.10 \Rightarrow \gamma = 25$ (위험회피계수는 **25**)

(물음4) 최적포트폴리오의 확실성 등가수익률

(1) 최적포트폴리오에 투자했을 때의 효용 : $U = 0.12 - \dfrac{1}{2} \times 20 \times 0.05^2 = 0.095$

(2) 최적포트폴리오의 확실성 등가수익률의 효용 : $U = E(R_p)$

∴ 확실성 등가수익률 = **9.5%**

☞ SMART

(물음3) 최적포트폴리오

$$MRS = \dfrac{E(R_m) - R_f}{\sigma_m} \quad \leftarrow \quad MRS = \gamma \times \sigma_p = \gamma \times w \times \sigma_m$$

∴ 투자자의 위험회피계수가 결정되면 시장포트폴리오의 투자비율이 결정

투자자의 시장포트폴리오의 투자비율이 결정되면 위험회피계수가 결정

(물음4) 확실성 등가수익률

포트폴리오의 기대수익률, 표준편차 및 위험회피계수가 결정된 경우의 효용

확실성등가수익률 $= U = E(R_p) - \dfrac{1}{2} \times \gamma \times \sigma_p^2$

(물음1) 평균 초과수익률과 표준편차

① 평균 초과수익률과 표준편차

$$\overline{R_{i_i}} - R_f = \alpha_i + \beta_i \times (\overline{R_M} - R_f)$$

$$Var(R_i - R_f) = Var(R_i) = \beta_i^2 \times \sigma_M^2 + Var(e_i)$$

(1) 주식 A의 평균 초과수익률과 표준편차

$$R_A - R_f = 2 + 1.3 \times (14 - 6) = \textbf{12.4\%}$$

$$\sigma_A = (1.3^2 \times 15^2 + 10.30^2)^{1/2} = \textbf{22.05\%}$$

(2) 주식 B의 평균 초과수익률과 표준편차

$$R_B - R_f = 4 + 0.6 \times (14 - 6) = \textbf{8.8\%}$$

$$\sigma_B = (0.6^2 \times 15^2 + 19.10^2)^{1/2} = \textbf{21.11\%}$$

② 샤프지수와 트레이너지수

$$\text{샤프지수} = \frac{R_p - R_f}{\sigma_p} \qquad\qquad \text{트레이너지수} = \frac{R_p - R_f}{\beta_p}$$

	샤프지수	트레이너지수
주식 A	$\dfrac{12.4}{22.05} = 0.5624$	$\dfrac{12.4}{1.3} = 0.0954$
주식 B	$\dfrac{8.8}{21.11} = 0.4169$	$\dfrac{8.8}{0.6} = 0.1467$
시장포트폴리오	$\dfrac{8}{15} = 0.53333$	$\dfrac{8}{1} = 0.08$

(물음2) 효율적 포트폴리오

(1) 포트폴리오 X를 구성하는데 필요한 주식 A의 투자비율

$$R_X = w \times R_A + (1 - w) \times R_f$$

$$\sigma_X = w \times 22.05 = 15 \Rightarrow w = 0.6803$$

∴ 주식 A의 투자비율 = **68.03%**

(2) 포트폴리오 X의 수익률

$$R_X = 0.6803 \times 18.4\% + 0.3197 \times 6\% = \textbf{14.44\%}$$

(물음3) 체계적 위험

주식 B가 더 유리하다. 잘 분산된 포트폴리오에서는 비체적 위험은 제거가 되기 때문에 체계적 위험으로 의사결정을 하며 주식 B는 주식 A 보다는 총위험 단위당 위험프리미엄인 샤프지수는 작지만 체계적 단위당 위험프리미엄인 트레이너 지수가 더 크기 때문에 더 유리하다.

(물음4) 초과수익률의 회귀분석

$$\psi_1 = \overline{R_m} - \overline{R_f} \qquad \psi_2 = 0$$

CAPM이 성립한다면 비체계적 위험은 주식수익률에 영향을 주지 않기 때문에 $\psi_2 = 0$가 성립하여야 한다. 또한 $\psi_1 = \overline{R_m} - \overline{R_f}$이 성립하면 주식수익률이 체계적 위험 베타에 의해 결정되어 CAPM이 성립한다.

☞ SMART

초과 수익률 회귀분석
(1) 회귀선 : $R_i - R_f = \alpha_i + \beta_i \times (R_M - R_f) + e_i$
(2) 초과수익률의 평균 : $\overline{R_{i_i}} - R_f = \alpha_i + \beta_i \times (\overline{R_M} - R_f)$
(3) 초과수익률의 분산 : $Var(R_i - R_f) = Var(R_i) = \beta_i^2 \times \sigma_M^2 + Var(e_i)$

6-18 최적포트폴리오 (2014년)

(물음1) 효율적 포트폴리오

① 투자자 갑 : $R_p = 0.7 \times 12 + 0.3 \times 2 = $ **9%**

$\sigma_p = 0.7 \times 25 = $ **17.5%**

② 투자자 을 : $R_p = w \times 16 + (1-w) \times 2 = 9\% \Rightarrow$ **w= 0.5**

$\sigma_p = 0.5 \times 15 = $ **7.5%**

③ <u>투자자 을이 보유한 포트폴리오는 투자자 갑이 보유한 포트폴리오와 기대수익률
은 동일하지만 표준편차가 작기 때문에 더 효율적인 포트폴리오이다.</u>

(물음2) 펀드수수료

갑의 위험보상율 = 을의 위험보상율 (수수료=a라고 하면)

$$\frac{R_M - R_f}{\sigma_M} = \frac{R_K - a - R_f}{\sigma_K} \qquad \frac{12-2}{25} = 0.4 = \frac{16 - a - 2}{15} \Rightarrow 수수료= \mathbf{8\%}$$

(물음3) 최적포트폴리오

① 최적포트폴리오의 구성비율

$\sigma_p = w \times 25 = 20 \Rightarrow$ **w= 0.8**

② 최적포트폴리오의 위험회피계수

(가) 무차별곡선의 기울기

$$E(R_p) = U + \frac{1}{2} \times A \times \sigma_p^2 \rightarrow MRS = \frac{\partial E(R_p)}{\partial \sigma_p} = A \times \sigma_p = 0.2 \ A$$

(나) CML의 기울기 : $\dfrac{R_m - R_f}{\sigma_m} = \dfrac{12-2}{25} = 0.4$

(가)=(나) $\Rightarrow$ **A= 2**

☞ SMART

시장포트폴리오의 위험보상율 $= \dfrac{R_M - R_f}{\sigma_M} = \dfrac{12-2}{25} = 0.4$

펀드 K의 위험보상율 $= \dfrac{R_K - R_f}{\sigma_K} = \dfrac{16-2}{15} = 0.93$

∴ 펀드 K가 시장포트폴리오보다 더 효율적이다.

6-19 배당할인모형 (2014년)

배당성장율 : $g = b \times ROE = 0.6 \times 15\% = 9\%$

$$P_0 = \frac{D_1}{k_e - g} = \frac{EPS_1}{k_e} + g$$

$$P_0 = \frac{660 \times 0.4}{0.12 - 0.09} = 3,300 = \frac{660}{0.12} + NPVGO \Rightarrow NPVGO = \textbf{3,300원}$$

6-20 최적포트폴리오 (2015년)

(물음1) 최소분산포트폴리오

① $E(R_A) = 20 \times 0.5 + (-10) \times 0.5 = 5\%$

$\sigma_A = (15^2 \times 0.5 + (-15)^2 \times 0.5)^{1/2} = 15\%$

② $E(R_B) = 3\% + 0.2 \times E(R_A) = 3 + 0.2 \times 5 = 4\%$

$Var(R_B) = Var(3\% + 0.2 \times R_A) = 0 + 0 + 0.2^2 \times 15^2 = 9 \rightarrow \sigma_B = 3\%$

A와 B는 선형관계이므로 상관계수=1이다.

포트폴리오 K의 구성 : $R_K = w \times R_A + (1-w) \times R_B$

K의 표준편차가 0이 되기 위해서는 최소분산포트폴리오를 구성하여야 한다.

$\sigma_K = 0 \rightarrow$ K의 최소분산포트폴리오 $\rightarrow w = \dfrac{3^2 - 3 \times 15}{15^2 + 3^2 - 2 \times 3 \times 15} =$ **-0.25**

∴ 최소분산 포트폴리오는 투자원금의 25%를 주식 A에 공매하고 나머지 125%는 주식 B에 매수한다.

(물음2) 자본시장선의 구성

투자자 갑의 포트폴리오 구성 : $R_p = w \times R_A + (1-w) \times R_C$

(방법1) 미분을 이용한 방법

포트폴리오의 기대수익률 : $E(R_p) = 5w + 10(1-w) = 10 - 5w$

$\sigma_p^2 = 15^2 w^2 + 20^2 (1-w)^2 + 2 \times w \times (1-w) \times 15 \times 20 \times 0.3 = 445w^2 - 620w + 400$

$y = \dfrac{E(R_p) - R_f}{\sigma_p} = \dfrac{7 - 5w}{(445w^2 - 620w + 400)^{1/2}}$ $\dfrac{\Delta y}{\Delta w} = 0 \Rightarrow$ **w=0.1086**

(방법2) 시장포트폴리오의 정의를 이용한 방법

증권시장선에 있는 개별주식의 특징을 이용한다.

$E(R_A) = R_f + (E(R_M) - R_f) \times \beta_A$

$\rightarrow \sigma_{AM} = (E(R_A) - R_f) \times \dfrac{\sigma_M^2}{E(R_M) - R_f} \rightarrow \sigma_{AM} = (E(R_A) - R_f) \times a$ 라고 하면

$\sigma_{AM} = 135 \times w + 90 = (5-3) \times a$ (식1)

$\sigma_{CM} = -310 \times w + 400 = (10-3) \times a$ (식2)

식1과 식2를 연립방정식으로 풀면 **w=0.1086**

$E(R_p) = 10 - 5 \times 0.1086 =$ **9.46%**

$\sigma_p^2 = (445 \times 0.1086^2 - 620 \times 0.1086 + 400)^{1/2} =$ **18.38%**

(물음3) **위험회피계수의 범위**

$$R_p^{CML} = w \times R_M + (1-w) \times R_f \ \rightarrow \ \sigma_p = w \times \sigma_M = \text{w x } 18.38$$

$$MRS = \gamma \times \sigma_p = \gamma \times w \times 18.38$$

$$MRS = \frac{E(R_m) - R_f}{\sigma_m} \ \rightarrow \ \gamma \times w \times 18.38 = \frac{9.46 - R_f}{18.38}$$

차입포트폴리오는 시장포트폴리오의 투자비율이 1보다 커야 한다. (w>1)

$$\gamma \times w \times 18.38 = \frac{9.46 - 5}{18.38} \ \rightarrow \ w = \frac{0.0946 - 0.05}{0.1838^2 \times \gamma} > 1 \ \rightarrow \ \gamma \ < \ \mathbf{1.3202}$$

대출포트폴리오는 시장포트폴리오의 투자비율이 1보다 작아야 한다. (w<1)

$$\gamma \times w \times 18.38 = \frac{9.46 - 3}{18.38} \ \rightarrow \ w = \frac{0.0946 - 0.03}{0.1838^2 \times \gamma} < 1 \ \rightarrow \ \gamma \ > \ \mathbf{1.9122}$$

$$\therefore \ 1.3202 \ < \ \gamma \ < \ 1.9122$$

(물음4)

"옳다"

위험 회피도가 더 큰 투자자는 위험이 추가될수록 단위당 위험에 대해서 더 높은 보상을 원하기때문에 무차별곡선의 기울기가 더 크다.

☞ SMART

> (물음1) 두 개의 주식의 수익률이 선형관계가 있으면 상관계수=1이다.
>
> (물음2) 개별주식과 시장포트폴리오와의 공분산
>
> $$\sigma_{AM} = w_A \times \sigma_A^2 + w_A \times w_B \times \sigma_{AB}$$
>
> $$\sigma_{AM} = (E(R_A) - R_f) \times \frac{\sigma_M^2}{E(R_M) - R_f}$$
>
> (물음3) 최적포트폴리오
>
> $$MRS = \frac{E(R_m) - R_f}{\sigma_m} \ \leftarrow \ MRS = \gamma \times \sigma_p = \gamma \times w \times \sigma_m$$
>
> ∴ 투자자의 위험회피계수가 결정되면 시장포트폴리오의 투자비율이 결정
> 투자자의 시장포트폴리오의 투자비율이 결정되면 위험회피계수가 결정

6-21 최적포트폴리오 (2015년)

(물음1) **무차별곡선과 자본시장선**

(1) 무차별곡선의 기울기

$$E(R_p) = U + \frac{1}{4} \times \gamma \times \sigma_p^2 \quad \rightarrow \quad \frac{\Delta E(R_p)}{\Delta \sigma_p} = \frac{1}{4} \times 2 \times \gamma \times \sigma_p$$

(2) 위험회피계수가 4인 경우 무차별곡선의 기울기 $= \frac{1}{2} \times 4 \times 10 = 20$

(3) 최적포트폴리오는 자본시장선에 있기 때문에

CML의 기울기 = 무차별곡선의 기울기

$$\frac{R_m - R_f}{\sigma_m} = \frac{R_m - R_f}{10} = 20 \quad \rightarrow \quad R_m - R_f = \mathbf{2\%}$$

(물음2) **효율적 포트폴리오**

① (가) 주식A의 표준편차

주식A와 주식B는 기대수익률이 동일하므로 베타도 같아야 한다.

$$\beta_A = \beta_B \quad \leftarrow \quad \beta_i = \frac{\sigma_i \times \rho_{im}}{\sigma_m}$$

$$\beta_A = \frac{\sigma_A \times 1}{10} = \beta_B = \frac{15 \times 0.8}{10} \quad \rightarrow \quad \sigma_A = \mathbf{12\%}$$

(나) 시장수익률

$$E(R_A) = E(R_B) = 14 = 5 + (R_M - 5) \times 1.2 \rightarrow R_M = \mathbf{12.5\%}$$

② 주식C와 시장포트폴리오의 기대수익률이 동일하므로 베타도 같아야 한다.

$$\beta_C = \beta_m = 1 \quad \leftarrow \quad \beta_i = \frac{\sigma_i \times \rho_{im}}{\sigma_m}$$

$$\beta_C = \frac{\sigma_C \times 0.8}{10} = 1.0 \quad \rightarrow \quad \sigma_C = \mathbf{12.5\%}$$

③ (가) 포트폴리오 K의 베타

$$R_K = w \times R_A + (1-w) \times R_f$$

11.3 = w x 14 + (1-w) x 5 → w = 0.7

β_K = 0.7 x 1.2 + 0.3 x 0 = **0.84**

(나) 포트폴리오 K의 상관계수

자본시장선 포트폴리오의 위험

$$\sigma_p = w \times \sigma_m \rightarrow \sigma_K = 0.7 \text{ x } 12 = 8.4$$

$$\beta_i = \frac{\sigma_i \times \rho_{im}}{\sigma_m} \rightarrow 0.84 = \frac{8.4 \times \rho_{Km}}{10} \quad \rightarrow \quad \rho_{Km} = \frac{10 \times 8.4}{8.4} = \mathbf{1}$$

(물음3) 2개 주식으로 구성된 포트폴리오

$R_M = 0.6 \times R_B + 0.4 \times R_D$

시장포트폴리오는 투자원금의 60%를 주식 B, 나머지 40%를 주식 D에 투자한다.

$R_Z = w \times R_B + (1-w) \times R_D$

제로베타포트폴리오는 투자원금의 w를 주식 B, 나머지 1-w를 주식 D에 투자한다.

$\beta_i = \dfrac{\sigma_{im}}{\sigma_m} = 0 \ \rightarrow \ cov(R_M, R_Z) = 0$

제로베타포트폴리오는 베타가 0이므로 시장포트폴리오와의 공분산도 0이다.

$\rho_{BD} = 0 \ \rightarrow \ cov(R_B, R_D) = 0$

주식 B와 주식 D는 상관계수가 0이므로 공분산도 0이다.

$cov(R_M R_Z) = 0 = 0.6 \times w \times 15^2 + 0 + 0 + 0.4 \times (1-w) \times 20^2 \ \rightarrow \ w = 6.4$

제로베타 포트폴리오는 투자원금의 640%를 주식 B에 매수하고 나머지 540%는 주식 D에 공매한다.

$E(R_Z) = w \times E(R_B) + (1-w) \times E(R_D)$ = 6.4 x 14 + (1-6.4) x 16 = **3.2%**

(물음4) 위험프리미엄이 0보다 작은 위험자산

"옳지 않다"

베타가 음인 주식은 위험프리미엄이 0보다 작아 기대수익률이 무위험자산의 수익률보다 작으며 이러한 기대수익률은 균형수익률이므로 투자자들은 이 위험자산을 보유하려 한다.

☞ SMART

(물음1) ~시장에서 투자자들의 평균적 위험회피계수가 4~
 → 시장평균이므로 시장포트폴리오를 의미한다. 따라서 MRS의 값을 산출 할 때 $\sigma_p = \sigma_m = 10\%$를 적용한다.

(물음2) 주식A의 시장포트폴리오 상관계수가 1이므로 주식A는 자본시장선의 효율적 포트폴리오이며 따라서 포트폴리오 K도 효율적 포트폴리오이므로 시장포트폴리오 상관계수가 1이다.

(물음3) 제로베타포트폴리오 → $cov(R_M R_Z) = 0$

(물음4) 음의 베타 → 가능 (소형주)

6-22 파마-프렌치 3요인모형 (2015년)

(물음1) 회귀선의 절편

펀드의 수익률이 Fama-French 모형이 제시하는 수익률에 비해 평균적으로 0.82만큼 높다는 뜻으로 양(+)의 알파를 만들어내고 있는 것을 의미한다. 이러한 알파가 통계적으로도 유의한지 확인하기 위해 t검정을 이용할 수 있으며 표본의 크기를 감안하면 5% 유의수준 하에서 대략 2를 임계값으로 적용가능하다. t값(0.82/0.32)이 2를 상회하므로 5% 유의수준 하에서 알파가 통계적으로 0보다 크다고 판단할 수 있다.

(물음2) 베타의 가정

개별 종목과 달리 펀드는 스타일이 크게 변화하지 않는다면 장기간의 데이터를 이용한 베타 추정이 비합리적이지 않으나 펀드 스타일에 변화가 있다면 7년은 베타를 추정하기에 상대적으로 지나치게 긴 기간이므로 비합리적이라는 판단을 내릴 수 있다.

(물음3) 3요인모형의 의미

시장요인위험, 기업규모요인위험, 가치주요인위험 및 모멘텀 요인위험의 t값은 각각 5.04(1.21/0.24), 2.71(0.57/0.21), -0.56(-0.25/0.45), 2.00(0.12/0.06)이다. 가치주요인위험을 제외한 나머지 변수들의 t값의 절대값이 2보다 크거나 같으므로 5% 유의수준 하에서 해당 변수들로 인한 위험에 노출되어 있다고 판단할 수 있다.

(물음4) CAPM과 APT의 실증적 한계점

CAPM의 실증연구는 기대수익률이 체계적위험과 선형관계에 있음을 보이고 있지만 이것은 시장포트폴리오로 사용한 대용포트폴리오가 효율적인지 아닌지를 확인한 것을 뿐이다. APT의 실증연구는 주식수익률에 영향을 주는 공통요인의 개수가 표본에 따라서 또는 기간에 따라서 다르게 나타나기 때문에 공통요인의 개수를 몇 개로 보아야 하는지 알 수 없으며 요인에 대한 경제적 의미를 정확하게 알 수 없다.

6-23 CAPM의 다양한 문제들 (2016년)

(물음1)

(1) 기대수익률

$$E(R_A) = 5 + 0.5 \times 20 \times 0.9 = \underline{14\%}$$

$$E(R_B) = 5 + 0.5 \times 15 \times 0.4 = \underline{8\%}$$

(2) 베타

$$RP_A = 14 - 5 = 9, \ RP_B = 8 - 5 = 3 \ \rightarrow \ \beta_A = 3 \times \beta_B$$

$$\beta_p = 0.5 \times \beta_A + 0.5 \times \beta_B = 1.5 \rightarrow \ 0.5 \times 3 \times \beta_B + 0.5 \times \beta_B = 1.5 \rightarrow \ \underline{\beta_B = 0.75}, \ \underline{\beta_A = 2.25}$$

(물음2)

$$E(R_C) = 4 + (8-4) \times \beta_C = 10 \rightarrow \beta_C = 1.5$$

$$20^2 = 1.5^2 \times 10^2 + Var(e_C) \rightarrow Var(e_C) = 175$$

$$E(R_D) = 4 + (8-4) \times \beta_D = 6 \rightarrow \beta_D = 0.5$$

$$10^2 = 0.5^2 \times 10^2 + Var(e_D) \rightarrow Var(e_D) = 75$$

$$w_c = \frac{75 - 0}{175 + 75 - 2 \times 0} = 0.3$$

∴ 주식 C의 투자비중 30%, 주식 D의 투자비중 70%

(물음3)

(1) 주식의 적정가격

$$50 = \frac{E(CF_1)}{1.15^1} \rightarrow E(CF_1) = 57.5$$

변경 후 기대수익률 = 5 + (15-5) x 2 = 25% → $P_0 = \dfrac{57.5}{1.25^1} = \underline{46원}$

(2) 다른 조건이 일정하면 체계적 위험이 증가하면 주가는 하락한다.

(물음4)

(1) 효용함수의 2차 미분값이 작을수록 더 위험회피적이다.

(2) 무차별곡선의 기울기가 더 클수록 더 위험회피적이다.

(3) 최적포트폴리오에서 무위험자산의 비중이 클수록 더 위험회피적이다.

6-24 CAPM의 다양한 문제들 (2016년)

(물음1)

(1) 베타

$$\frac{R_A - R_f}{\beta_A} = 20\% \rightarrow R_A - R_f = \beta_A \times 20$$

$$R_A - R_f = 2.7 + \beta_A \times 17 = 20 \times \beta_A \rightarrow \beta_A = \underline{0.9}$$

(2) 샤프지수

정보비율 $0.2 = \dfrac{2.7}{\sigma_{\epsilon A}} \rightarrow \sigma_{\epsilon A} = \dfrac{2.7}{0.2} = 13.5$

$$\sigma_A^2 = 0.9^2 \times 20^2 + 13.5^2 = 505.25 \rightarrow \sigma_A = 22.5$$

$$\frac{R_A - R_f}{\sigma_A} = \frac{20 \times 0.9}{22.5} = \underline{0.80}$$

(물음2)

옳지 않다.

상관계수가 1이면 주식 B의 표준편차는 시장포트폴리오이 표준편차와 동일하게 되지만 젠센의 알파가 존재하면 샤프지수는 동일하지 않을 수 있다.

(물음3)

(1) 주식 C의 균형수익률 = $4 + 17 \times 1.2 = 24.4\%$

　　→ 기대수익률(20%)이 균형수익률보다 작기 때문에 주가는 <u>과대평가</u>

　주식 D의 균형수익률 = $4 + 17 \times 0.8 = 17.6\%$

　　→ 기대수익률(18%)이 균형수익률보다 크기 때문에 주가는 <u>과소평가</u>

(2) 차익포트폴리오의 기대수익률=0이 되어야 하므로

$$R_K = w \times R_C + (1-w) \times R_D$$

$$\beta_K = w \times 1.2 + (1-w) \times 0.8 = 0.4w + 0.8$$

$$E(R_K) = w \times 20 + (1-w) \times 18 = 4 + 17 \times (0.4w + 0.8) \rightarrow w = 8.33\%$$

　∴ <u>주식C의 투자비율=8.33%, 주식D의 투자비율=91.67%</u>

(물음4)

옳다.

무위험자산이 존재하는 경우 제로 베타포트폴리오는 비체계적 위험이 존재할 수 있기 때문에 비효율적이다. 무위험자산이 없는 경우 제로베타포트폴리오는 최소분산포트폴리오 아래에 위치하기 때문에 제로베타 포트폴리오는 비효율적인 포트폴리오이다.

6-25 **Fama-French 모형** (2016년)

(물음1)

SMB와 HML의 t값이 2보다 크거나 같으므로 유의적이며

SMB의 베타가 양수이므로 펀드 '아이'의 운용스타일은 <u>소형주</u>이며

HML의 베타가 음수이므로 펀드 '아이'의 운용스타일은 <u>성장주</u>이다.

(물음2)

추정된 다중회귀선의 절편 0.12는 펀드 '아이"의 수익률이 Fama-French 모형이 제시하는 수익률에 비해 평균적으로 0.12만큼 높다는 뜻으로 양(+)의 알파를 만들어내고 있는 것을 의미한다. 이러한 알파가 통계적으로도 유의한지 확인하기 위해 t검정을 이용할 수 있으며 표본의 크기를 감안하면 5% 유의수준 하에서 대략 2를 임계값으로 적용가능하다. t값(0.12/0.15)이 2보다 작기 때문에 5% 유의수준 하에서 알파가 통계적으로 0보다 크다고 판단할 수 없다.

(물음3)

Fama-French 모형은 초과수익률의 주요 요인을 규모와 가치로 분석한다. 헤지펀드가 이머징마켓에 투자하는 경우 Fama-French 모형으로 분석하게 되면 신흥시장의 성장세가 지속될지의 여부인 모멘텀과 신흥시장이 선진시장보다 배상성향이 낮은 현상 및 신흥시장의 지정학적 위험과 같은 변동성을 고려하지 못하기 때문에 헤지펀드의 초과수익율의 지표인 알파의 유의수준이 낮을 수 있다.

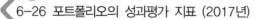

6-26 포트폴리오의 성과평가 지표 (2017년)

(물음1)

샤프지수(Sharpe's measure)는 총위험 한 단위를 부담하는 위험프리미엄(초과수익률)을 의미하며 트레이너지수(Treynor's measure)의 체계적 위험 한 단위를 부담하는 위험프리미엄(초과수익률)을 의미한다.

샤프지수 : $\dfrac{0.03 - 0.01}{0.25} = \underline{0.08}$

트레이너지수 : $\dfrac{0.03 - 0.01}{2} = \underline{0.01}$

(물음2)

갑 수익률 = 0.75 x 3% + 0.15 x 2% + 0.1 x 1% = <u>2.65%</u>

벤치마크 수익률 = 0.60 x 2% + 0.30 x 1.5% + 0.1 x 1% = <u>1.75%</u>

(물음3)

자산배분능력 기여도

= (투자자 투자비중 - 벤치마크투자비중) x 벤치마크수익률

= (0.75 - 0.60) x 2% + (0.15 - 0.30) x 1.5% + (0.10 - 0.10) x 1% = <u>0.075%</u>

(물음4)

종목선정능력 기여도

= 투자자 투자비중 x (투자자 수익률 - 벤치마크수익률)

= 0.75 x (3% - 2%) + 0.15 x (2% - 1.5%) + 0.10 x (1% - 1%) = <u>0.825%</u>

6-27 CAPM의 다양한 문제들 (2017년)

(물음1)

<u>옳지 않다.</u>

주식의 시장가격이 균형주가보다 낮은 경우 기대수익률이 균형수익률보다 더 크기 때문에 기대수익률은 균형수익률이 될 때까지 계속 하락한다.

(물음2)

<u>옳다.</u>

시장포트폴리오 수익률의 분산 및 개별자산과 시장포트폴리오 수익률 간의 공분산이 시간 가변적이기 때문에 베타도 가변적이다.

6-28 초과수익률모형(중급)

(물음1) 주식A의 샤프지수

(1) 회귀선 : $R_i - R_f = \alpha_i + \beta_i \times (R_M - R_f) + e_i$

(2) 초과수익률의 평균 : $\overline{R_i} - R_f = \alpha_i + \beta_i \times (\overline{R_M} - R_f)$

(3) 주식A의 초과수익률

무위험자산 수익률이 연 1.2%이므로 월 **0.1%**이다.

주식A의 초과수익률 = 0.47 + 0.8362 x (1.40 - 0.10) = 1.5570

$\therefore$ 주식A의 샤프지수 = $\dfrac{R_p - R_f}{\sigma_p} = \dfrac{1.557}{2.55} = $ **0.6105**

(물음2) 주식A의 트레이너지수

트레이너 지수 = $\dfrac{R_p - R_f}{\beta_p} = \dfrac{1.557}{0.8362} = $ **1.8619%**

(물음3) 주식A의 젠센지수

(방법1) 시장초과수익률 회귀분석의 상수계수 **0.47%**가 젠센의 알파이다.

(방법2) 젠센지수 = $R_p - (R_f + (R_m - R_f) \times \beta_p)$

= 1.557 - (1.40 − 0.1) × 0.8362} = **0.47%**

☞ SMART

> (물음1)
> 무위험자산 수익률이 연 1.2%이므로 월 0.1%이다.
> 회귀선의 잔차평균=0
>
> (물음3)
> 초과수익률 회귀선의 Y절편이 젠센의 알파이다.

6-29 시계열분석과 베타(중급)

(물음1) 모집단 자료를 이용한 베타의 계산

(1) 주식 A의 기대수익률 : $E(R_A) = \dfrac{10+30-10}{3} = 10\%$

(2) 시장포트폴리오의 기대수익률 : $E(R_m) = \dfrac{10+20+0}{3} = 10\%$

(3) 시장포트폴리오의 분산 : $\sigma_m^2 = \dfrac{(10-10)^2+(20-10)^2+(0-10)^2}{3} = 67$

(4) 주식 A와 시장포트폴리오의 공분산 :

$$\sigma_{Am} = \frac{(10-10)\times(10-10)+(30-10)\times(20-10)+(10+10)\times(0-101)}{3} = 133$$

(5) 주식 A의 베타 : $\beta_i = \dfrac{\sigma_{im}}{\sigma_m} \rightarrow \beta_A = \dfrac{133}{67} = \mathbf{1.985}$

(물음2) 표본자료를 이용한 베타의 계산

(1) 주식 A의 기대수익률 : $E(R_A) = \dfrac{10+30-10}{3} = 10\%$

(2) 시장포트폴리오의 기대수익률 : $E(R_m) = \dfrac{10+20+0}{3} = 10\%$

(3) 시장포트폴리오의 분산 : $\sigma_m^2 = \dfrac{(10-10)^2+(20-10)^2+(0-10)^2}{3-1} = 100.5$

(4) 주식 A와 시장포트폴리오의 공분산 :

$$\sigma_{Am} = \frac{(10-10)\times(10-10)+(30-10)\times(20-10)+(10+10)\times(0-101)}{3-1} = 199.5$$

(5) 주식 A의 베타 : $\rightarrow \beta_A = \dfrac{199.5}{100.5} = \mathbf{1.985}$

☞ SMART

주가수익률의 시계열 분석 (모집단)

평균 : $\overline{R_i} = \dfrac{\displaystyle\sum_{t=1}^{n} R_{ti}}{n}$ 분산 : $Var(R_i) = \dfrac{\displaystyle\sum_{t=1}^{n}(R_{ti}-\overline{R_i})^2}{n}$

주가수익률의 시계열 분석 (표본)

평균 : $\overline{R_i} = \dfrac{\displaystyle\sum_{t=1}^{n} R_{ti}}{n}$ 분산 : $Var(R_i) = \dfrac{\displaystyle\sum_{t=1}^{n}(R_{ti}-\overline{R_i})^2}{n-1}$

6-30 최적포트폴리오(중급)

(1) 시장포트폴리오의 구성

　최적포트폴리오는 효율적 포트폴리오이므로 CML선상에 있으며 국채투자형은 무위험자산이므로 위험수준 25%의 투자자의 시장포트폴리오 구성은 다음과 같다.

$$R_m = \frac{3}{8}w \times R_{안정} + \frac{5}{8} \times R_{성장}$$

(2) 시장포트폴리오의 표준편차

$$R_p^{CML} = w \times R_m + (1-w) \times R_f \Rightarrow \sigma_p = w \times \sigma_m$$

　위험수준 25%인 투자자 : $25 = 0.8 \times \sigma_m \rightarrow \sigma_m = 31.25\%$

(3) 위험수준 15%인 투자자의 구성

　위험수준 15%인 투자자 : $15 = w \times 31.25 \rightarrow w = 0.48$

∴ 안정형 주식 투자금액 = 8,000만원 × 0.48 × 3/8 = **1,440만원**

6-31 포트폴리오와 공분산 (중급)

(물음1) **개별주식과 포트폴리오의 공분산**

(1) 개별주식과 포트폴리오의 공분산

$$R_p = w_1 R_1 + w_2 R_2$$

주식1과 포트폴리오의 공분산 $\sigma_{p1} = Cov(R_p, R_1) = w_1 \sigma_1^2 + w_2 \sigma_{12}$

주식2와 포트폴리오의 공분산 $\sigma_{p2} = Cov(R_p, R_2) = w_2 \sigma_2^2 + w_1 \sigma_{12}$

(2) 두 개 주식으로 구성된 포트폴리오의 위험

두 개 주식으로 구성된 포트폴리오의 분산을 개별주식과 포트폴리오의 공분산으로 정리하면 다음과 같다.

$$\sigma_p^2 = w_1^2 \sigma_1^2 + w_2^2 \sigma_2^2 + 2 w_1 w_2 \sigma_{12} \rightarrow \sigma_p^2 = w_1 \sigma_{p1} + w_2 \sigma_{p2}$$

(3) 뮤추얼펀드의 분산

$$\sigma_p^2 = w_s S_s + w_b S_b \rightarrow S_s = \text{주식과 포트폴리오의 공분산}$$

$$S_s = w_s \sigma_s^2 + w_b \sigma_{sb} = (0.5 \times 0.16) + (0.5 \times -0.1) = \underline{\mathbf{0.03}}$$

(물음2) **효율적 포트폴리오**

최소분산포트폴리오는 효율적 포트폴리오이므로 최적포트폴리오가 될 수 있다.

두 위험자산의 표준편차가 동일하고 공분산이 0이므로 최소분산포트폴리오의 위험자산 A의 투자비율은 다음과 같다.

$$w_A = \frac{\sigma_B^2 - \sigma_{AB}}{\sigma_A^2 + \sigma_B^2 - 2\sigma_{AB}} = \frac{\sigma_B^2 - 0}{\sigma_A^2 + \sigma_B^2 - 2 \times 0} = \underline{\mathbf{0.5}}$$

☞ SMART

두 개 주식으로 구성된 포트폴리오의 분산을 개별주식과 포트폴리오의 공분산으로 정리하면 다음과 같다.

$$\sigma_p^2 = w_1^2 \sigma_1^2 + w_2^2 \sigma_2^2 + 2 w_1 w_2 \sigma_{12} \rightarrow \sigma_p^2 = w_1 \sigma_{p1} + w_2 \sigma_{p2}$$

6-32 시장포트폴리오 (중급)

(물음1) 무위험이자율

(1) 시장포트폴리오의 구성 : $R_m = 0.45 \times R_A + 0.55 \times R_B$

(2) 시장포트폴리오의 기대수익률 : $E(R_m) = 0.45 \times 6.50 + 0.55 \times 8.50 = 7.6\%$

(3) 시장포트폴리오의 표준편차

$$\sigma_p^2 = w_1^2 \sigma_1^2 + w_2^2 \sigma_2^2 + 2w_1 w_2 \sigma_{12}$$

$$\sigma_m^2 = 0.45^2 \times 1000 + 0.55^2 \times 1500 + 2 \times 0.45 \times 0.55 \times 600 = 953.25 \Rightarrow \sigma_m = 30.87\%$$

$$\therefore \text{샤프지수} = \frac{R_p - R_f}{\sigma_p} \rightarrow 0.2 = \frac{7.6 - R_f}{30.87} \rightarrow R_f = \mathbf{1.426\%}$$

(물음2) 개별주식의 잔차분산

(1) 주식A의 베타

$$6.50 = 1.426 + (7.6 - 1.426) \times \beta_A \rightarrow \beta_A = 0.8149$$

(2) 주식A의 잔차분산

$$\sigma_i^2 = \beta_i^2 \times \sigma_m^2 + Var(\epsilon_i)$$

$$1000 = 0.8149^2 \times 953.25 + Var(\epsilon_i) \rightarrow Var(\epsilon_i) = 367.04 \rightarrow \mathbf{0.0367}$$

(물음3) 포트폴리오의 샤프지수

(1) 포트폴리오의 구성 : $R_p = 0.5 \times R_A + 0.5 \times R_B$

(2) 포트폴리오의 기대수익률 : $E(R_p) = 0.5 \times 6.50 + 0.5 \times 8.50 = 7.5\%$

(3) 포트폴리오의 표준편차

$$\sigma_p^2 = 0.5^2 \times 1000 + 0.5^2 \times 1500 + 2 \times 0.5 \times 0.5 \times 600 = 925 \Rightarrow \sigma_p = 30.41\%$$

$$\therefore \text{샤프지수} = \frac{R_p - R_f}{\sigma_p} = \frac{7.5 - 1.426}{30.41} = \mathbf{0.1997}$$

☞ SMART

물음3의 포트폴리오의 샤프지수는 시장포트폴리오의 샤프지수 0.2보다 작기 때문에 시장포트폴리오보다 더 비효율적이다.

제7장 채권_실전문제

7-1 ALM (2001년)

(물음1) **자산의 듀레이션**

(1) 현금

시장가치=100,000원, 듀레이션=0년

(2) 주택대출

$$시장가치 = \frac{118,340}{1.10} + \frac{118,340}{(1.10)^2} = 205,383(원)$$

듀레이션 $D = \frac{1}{B_0} \times \sum_{t=1}^{n} t \times \frac{CF_t}{(1+R)^t}$

$$= \left(\frac{118,340}{1.10} \times 1 + \frac{118,340}{(1.10)^2} \times 2 \right) \times \frac{1}{205,383} = 1.4762년$$

(3) 자산

시장가치 = 100,000 + 205,383 = 305,383원

듀레이션$(D_A) = \left(\frac{100,000}{305,383} \times 0 \right) + \left(\frac{205,383}{305,383} \times 1.4762 \right) = \mathbf{0.9928}$년

(물음2) **부채의 듀레이션**

(1) 요구불예금

시장가치=100,000원, 듀레이션=0년

(2) 예금증서

$$시장가치 = \frac{50,000 + (1+0.11)}{(1+0.1)} = 50,455 \ , \quad 듀레이션 = 1년$$

(3) 부채

시장가치 = 100,000 + 50,455 = 150,455원

듀레이션 $(D_L) = \left(\frac{100,000}{150,455} \times 0 \right) + \left(\frac{50,455}{150,455} \times 1 \right) = \mathbf{0.3353}$년

(물음3) **자기자본의 변동**

(1) 자산의 변동금액

$$\Delta A = -\frac{D_A}{1+R} \times A \times \Delta R = -\frac{0.9928}{1.1} \times 305,384 \times 0.01 = -2,756$$

(2) 부채의 변동금액

$$\Delta L = -\frac{D_L}{1+R} \times L \times \Delta R = -\frac{0.3353}{1.1} \times 150,455 \times 0.01 = -459$$

(3) 자본의 변동금액

$$\Delta K = \Delta A - \Delta L = -2,756 - (-459) = \mathbf{-2,297}$$

(물음4) **면역전략**

$$D_A \times A = D_L \times L$$

$$D_A \times 305,383 = 0.3353 \times 150,455 \quad \Rightarrow \quad D_A = \mathbf{0.1652년}$$

(물음5) **면역전략**

순수할인채 발행금액을 x라고 하면

(1) 자산의 듀레이션

$$D_A = (\frac{100,000+x}{305,383+x} \times 0) + (\frac{205,383}{305,383+x} \times 1.4762)$$

(2) 부채의 듀레이션

$$D_L = (\frac{100,000}{150,455+x} \times 0) + (\frac{50,455}{150,455+x} \times 1) + (\frac{x}{150,455+x} \times 2)$$

(3) 면역전략

$$D_A \times A = D_L \times L \text{에}$$

$$205,383 \times 1.4762 = 50,455 + 2x \rightarrow x = \mathbf{126,366}$$

☞ SMART

(1) 장부가치

자료의 자산과 부채는 장부가치이므로 시장가치로 조정하여야 한다.

자산은 300,000원에서 305,383원으로, 부채는 150,000원에서 150,455원으로 조정하여야
한다.

(2) 듀레이션을 이용한 자기자본변동

(방법1) 개별항목의 가치변화를 집계하는 방법

(방법2) 자산과 부채의 듀레이션을 이용하는 방법

(방법3) 자기자본의 듀레이션을 이용하는 방법

(방법4) 자기자본의 듀레이션갭을 이용하는 방법

물음3의 계산은 방법1, 방법3, 방법4도 가능하다.

7-2 ALM과 OPM (2004년)

(물음1) 담보부 대출과 옵션

(1) 담보부 대출 채권의 공정한 시장가치

담보물 채권 = 무위험채권 - 풋옵션 $= \dfrac{1,260}{1.05} - 50 = $ **1,150원**

(2) 풋옵션

1년 후에 담보물의 가치가 1,260원보다 작으면 채무자는 1,260원에 담보물을 팔 수 있는 권리의 가치가 **50원**이다.

(3) 콜옵션

1년 후에 담보물의 가치가 1,260원보다 크면 채무자는 1,260원에 담보물을 매입할 수 있는 권리의 가치가 **150원**이다. (C = 1,300원 - 1,150원 = 150원)

(물음2) 듀레이션

$$D = \frac{1}{B_0} \times \sum_{t=1}^{n} t \times \frac{CF_t}{(1+R)^t}$$

$$= (1 \times \frac{207}{1.09} + 2 \times \frac{207}{1.09^2} + 3 \times \frac{2,507}{1.09^3}) \times \frac{1}{2,300} = \textbf{2.7591년}$$

(물음3) 듀레이션을 이용한 자기자본의 변동

(1) 자산의 변동금액

1) 담보부 대출의 수익률 $= \dfrac{1,260}{1,150} - 1 = 9.57\%$

2) 토지의 듀레이션 = 1+ 1/R = 1+ 1/0.2 = 6년

3) 토지의 공정가치 = 3,500 - (1,150+2,300) = 50원

4) 자산의 수정듀레이션

$$MD_A = \frac{1}{1.0957} \times \frac{1150}{3500} + \frac{2.7591}{1.09} \times \frac{2300}{3500} + \frac{6}{1.20} \times \frac{50}{3500} = 2.0347$$

5) 자산의 변동금액

$\Delta A = - MD_A \times A \times \Delta R = $ -2.0347 x 3500 x 2% = -142.43

(2) 부채의 변동금액

$$\Delta L = - \frac{D_L}{1+R} \times L \times \Delta R = - \frac{1.2년}{1.06} \times 3,450 \times 0.02 = -78.11$$

(3) 자본의 변동금액

$\Delta K = \Delta A - \Delta L = $ -142.43 - (-78.11) = **- 64.32원**

(4) 이자율 상승 후 자기자본
= 50원 - 64.32원 = **- 14.32원**

(물음4) **면역전략**

채권 B보다 듀레이션이 작은 채권으로 교체하여 가치하락을 최소한으로 줄일 수 있다. 따라서 채권 B보다 만기가 짧고 액면이자율이나 만기수익률이 높은 채권으로 교체하는 것이 가장 적절한 전략이다.

☞ SMART

(1) 자산의 수익률이 서로 다른 경우
　　개별자산의 수익률이 서로 다르기 때문에 듀레이션을 가중평균해서는 안되고 개별자산의 수정듀레이션을 가중평균하여 자산의 수정듀레이션을 산출한다.

(2) 듀레이션을 이용한 자기자본변동
(방법1) 개별항목의 가치변화를 집계하는 방법
(방법2) 자산과 부채의 듀레이션을 이용하는 방법
(방법3) 자기자본의 듀레이션을 이용하는 방법
(방법4) 자기자본의 듀레이션갭을 이용하는 방법

물음3의 계산은 방법1,방법3,방법4도 가능하다.

7-3 보유수익률과 유동성 프리미엄 가설 (2005년)

(물음1) 채권의 1년 후 기대가격과 현재가격

(1) 채권의 1년 후 기대가격

$$E(B_1) = \frac{C+F}{(1+E(_1R_2))^1} = \frac{800+10000}{1.08} = \textbf{10,000원}$$

(2) 채권의 현재가격

$$B_0 = \frac{C_1+E(B_1)}{(1+HPY)^1} = \frac{800+10000}{1.068} = \textbf{10,112원}$$

(물음2) 유동성 프리미엄

$$B_0 = \frac{C}{(1+_0R_1)^1} + \frac{C+F}{(1+_0R_1)\times(1+E(_1R_2)+L)}$$

$$10,112 = \frac{800}{1.06} + \frac{10,800}{1.06\times(1+0.08+L)^1} \Rightarrow \text{L} = \textbf{0.88\%}$$

(물음3) 피셔효과

(1) 현재부터 1년 동안의 물가상승률

$$(1+R) = (1+r)\times(1+i)$$

$(1.06) = (1.03) \times (1+i)$에서 i = **2.91%**

(2) 1년 후부터 1년 동안의 물가상승률

$(1.08) = (1.03) \times (1+i)$에서 i = **4.85%**

☞ SMART

> 기대이론
> 만기 1년 현물이자율 = 1년 보유수익률
>
> 유동성 선호이론
> 만기 1년 현물이자율 < 1년 보유수익률

7-4 이자지급시기가 6개월인 채권 (2006년)

(물음1) 이표채를 이용한 현물이자율의 도출

(1) 6개월 만기 현물이자율

채권A의 만기수익률과 6개월 만기 현물이자율은 일치하므로 $_0R_{0.5}$= **4%**

(2) 1년 만기 현물이자율$(_0R_1)$

채권B를 분석하면 다음과 같다.

$$B_0 = \frac{C}{(1+YTM\times\frac{6}{12})^1} + \frac{C+F}{(1+YTM\times\frac{6}{12})^2} = \frac{C}{(1+_0R_{0.5}\times\frac{6}{12})^1} + \frac{C+F}{(1+_0R_1)^1}$$

$$B_0 = \frac{300}{1.04} + \frac{10,300}{1.04^2} = 9811.39 = \frac{300}{1.02} + \frac{10,300}{1+_0R_1} \to {_0R_1} = \mathbf{8.2243\%}$$

(물음2) 불편기대가설과 기대채권가격

(1) 6개월 후의 기대이자율 (불편기대가설)

$$(1+_0R_1) = (1+_0R_{0.5}\times\frac{6}{12}) \times (1+_{0.5}f_1\times\frac{6}{12})$$

$$(1+10\%) = (1+3\%) \times (1+\frac{_{0.5}f_1}{2}) \to {_{0.5}f_1} = E(_{0.5}R_1) = 13.5922\%$$

(2) 6개월 후의 채권C의 기대가격

$$B_0 = \frac{C+F}{1+E(_{0.5}R_1)\times\frac{6}{12}} = \frac{400+10000}{1.067961} = \mathbf{9,738.18원}$$

☞ SMART

(1) 이표채의 현재가격이 균형상태에 있다는 가정이 필요하다.

(2) 현물이자율과 만기수익률은 모두 연단위 표시방법이 유효이자율이 아닌 표시이
자율이므로 연단위 표시이자율을 2로 나누어 계산을 한다.

7-5 이자지급시기가 6개월인 채권의 듀레이션과 볼록성 (2006년)

(물음1) 이자지급시기가 6개월인 채권의 듀레이션

$$D = \frac{1}{m} \times \frac{1}{B_0} \times \sum_{t=1}^{n} t \times \frac{CF_t}{(1+R/m)^t}$$

$$D = \frac{1}{2} \times \frac{1}{10000} \times (1 \times \frac{400}{1.04} + 2 \times \frac{400}{1.04^2} + 3 \times \frac{400}{1.04^3} + 4 \times \frac{10,400}{1.04^4}) = \textbf{1.8875년}$$

(물음2) 이자지급시기가 6개월인 채권의 수정 듀레이션

$$MD = \frac{D}{1 + YTM/R} = \frac{1.8875}{1.04} = \textbf{1.8149년}$$

(물음3) 이자지급시기가 6개월인 채권의 볼록성

(1) 채권의 가격을 이자율에 대해서 2차 미분을 한다.

$$B_0{}'' = (\frac{1}{2})^2 \times \left\{ \frac{1 \times 2 \times 400}{(1.04)^3} + \frac{2 \times 3 \times 400}{(1.04)^4} + \frac{3 \times 4 \times 400}{(1.04)^5} + \frac{4 \times 5 \times 10,400}{(1.04)^6} \right\}$$

$$= 42,773.35$$

(2) 채권의 볼록성

$$C = \frac{1}{2} \times B_0{}'' \times \frac{1}{B_0} = \frac{1}{2} \times 42773.35 \times \frac{1}{10000} = 2.1387$$

(3) 볼록성에 기인한 오차 변동률

$$C \times (\Delta R)^2 = 2.1387 \times (-0.01)^2 = \textbf{0.0214\%}$$

☞ SMART

연간 이자지급횟수가 m인 경우

(1) 채권가격 : $B_0 = \sum_{t=1}^{n} \frac{CF_t}{(1+R/m)^t}$

(2) 듀레이션 : $D = \frac{1}{m} \times \sum_{t=1}^{n} t \times \frac{\frac{CF_t}{(1+R/m)^t}}{B_0}$

(3) 볼록성 : $C = \frac{1}{2} \times B_0{}'' \times \frac{1}{B_0}$

$B_0{}'' = \frac{1}{m^2} \times \sum_{t=1}^{n} t \times (t+1) \times \frac{CF_t}{(1+R/m)^{t+2}}$

7-6 듀레이션 (2007년)

(물음1) 현재시점의 면역전략

    (1) 개별자산의 듀레이션

        순수할인채의 듀레이션 = 3년

        영구채권의 듀레이션 = 1.1/0.1 = 11년

    (2) 면역전략

        순수할인채의 투자비율을 w, 영구채의 투자비율을 1-w라고 하면

        $D_A = D_1 \times w + D_2 \times (1-w)$ = 3w + 11(1-w) = 5년 → w = 0.75

        순수할인채의 투자금액 = 100원 × 0.75 = **75원**

        영구채권의 투자금액 = 100원 × 0.25 = **25원**

(물음2) 이자율 상승후의 면역전략

    (1) 채무액의 이자율 상승후의 가치 = $\dfrac{100 \times 1.1^5}{1.11^5}$ = 95.58원

    (2) 개별자산의 듀레이션

        순수할인채의 듀레이션 = 3년

        영구채권의 듀레이션 = 1.11/0.11 = 10.09년

    (3) 면역전략

        $D_A = D_1 \times w + D_2 \times (1-w)$ = 3w + 10.09 (1-w) = 5년 → w = 0.7179

        순수할인채의 투자금액 =95.58 × 0.7179 = **68.62원**

        영구채권의 투자금액 =95.58 × 0.2821 = **26.96원**

(물음3) 기간경과후의 면역전략

    (1) 채무액의 1년 경과후의 가치 =$\dfrac{100 \times 1.1^5}{1.1^4}$ = 110원

    (2) 개별자산의 듀레이션

        순수할인채의 듀레이션 =2년

        영구채권의 듀레이션 = 1.1/0.1 =11년

    (3) 면역전략

        $D_A = D_1 \times w + D_2 \times (1-w)$ = **3w + 10.09 (1-w)** = 4년→ w = 0.7778

        순수할인채의 투자금액 = 110원 × 0.7778 = **85.56원**

        영구채권의 투자금액 = 110원 × 0.2222 = **24.44원**

(물음4) **면역전략의 재조정**

이자율이 변동하거나 기간이 경과하면 각 채권의 가치와 듀레이션이 변동하기 때문에 포트폴리오를 재조정하여야 면역화 시킬 수 있다.

☞ SMART

듀레이션에 의한 면역전략은 동적전략이므로
이자율이 변동하거나 기간이 경과하면
포트폴리오를 재조정하여야 면역화 시킬 수 있다.

7-7 듀레이션과 ALM (2008년)

(물음1) 자산의 듀레이션

(1) 현금

시장가치=50원, 듀레이션=0년

(2) 대출채권

연간 상환금액 : $400 = \dfrac{C}{1.10} + \dfrac{C}{1.10^2} \rightarrow C = 230.4762$원

시장가치 $= \dfrac{230.4762}{(1.08)^1} + \dfrac{230.4762}{(1.08)^2} = 411$**원**

듀레이션 $= \left\{ \dfrac{1 \times 230.4762}{(1.08)^1} + \dfrac{2 \times 230.4762}{(1.08)^2} \right\} \times \dfrac{1}{411} = 1.4808$**년**

(3) 장기채권

시장가치 $= 150$원 (표시이자율=8%=시장이자율)

듀레이션 $= \left\{ \dfrac{1 \times 12}{(1.08)^1} + \dfrac{2 \times 12}{(1.08)^2} + \dfrac{3 \times 162}{(1.08)^3} \right\} \times \dfrac{1}{150} = 2.7833$**년**

(4) 자산

시장가치 $= 50 + 411 + 150 = 611$원

듀레이션 : $D_A = [(50 \times 0) + (411 \times 1.4808) + (150 \times 2.7833)] \div 611 = \mathbf{1.6794}$년

(물음2) 부채의 듀레이션

(1) 요구불예금

시장가치=400원, 듀레이션= 0년

(2) CD

시장가치 $= 130 \times 1.07 / 1.08 = 128.7963$원, 듀레이션 $= 1$년

(3) 부채

시장가치 $= 400 + 128.7963 = 528.7963$원

듀레이션(D_L) $= [(400 \times 0년) + (128.7963 \times 1년)] \div 528.7963 = \mathbf{0.2436}$년

(물음3) 듀레이션을 이용한 자기자본의 변동

(1) 자산의 변동

$$\Delta A = -\frac{D_A}{1+R} \times A \times \Delta R = -1.6794년 / 1.08 \times 611원 \times 0.01 = -9.5011원$$

(2) 부채의 변동

$$\Delta L = -\frac{D_L}{1+R} \times L \times \Delta R = -0.2436년 / 1.08 \times 528.7963원 \times 0.01 = -1.1927원$$

(3) 자기자본의 변동

$$\Delta K = \Delta A - \Delta L = -9.5011원 -(-1.1927원) = \textbf{-8.3084원}$$

(물음4) **면역전략**

$$D_A \times A = D_L \times L$$

$$1.6794 \times 611원 = D_L \times 528.7963원 \rightarrow D_L = \textbf{1.9405년}$$

(물음5) **자기자본비율 면역**

$$\frac{K}{A} = \frac{K+\Delta K}{A+\Delta A} \rightarrow D_A = D_L$$

∴ 자산의 듀레이션과 부채의 듀레이션이 동일하면 이자율위험으로부터 자기자본비율의 변화를 "0"으로 만들 수 있다.

☞ SMART

(1) 장부가치
  자료의 자산과 부채는 장부가치이므로 시장가치로 조정하여야 한다.
  자산은 600원에서 611원으로, 부채는 530원에서 528.8원으로 조정하여야 한다.

(2) 듀레이션을 이용한 자기자본변동
(방법1) 개별항목의 가치변화를 집계하는 방법
(방법2) 자산과 부채의 듀레이션을 이용하는 방법
(방법3) 자기자본의 듀레이션을 이용하는 방법
(방법4) 자기자본의 듀레이션갭을 이용하는 방법

물음3의 계산은 방법1, 방법3, 방법4도 가능하다.

7-8 유동성 선호이론과 옵션부 채권 (2009년)

(물음1) 액면이자율

$$B_0 = \sum_{t=1}^{n} \frac{C_t}{(1+_0R_t)^t} + \frac{F}{(1+_0R_n)^n}$$

$$10,000 = \frac{C}{1.045} + \frac{C}{1.0512^2} + \frac{C+10,000}{1.0553^3} \rightarrow C=549.67원$$

채권의 액면이자율 $= \dfrac{C}{F} = \dfrac{549.67}{10000} = \mathbf{5.4967\%}$

(물음2) 유동성 프리미엄과 기대현물이자율

(1) 1년 후 1년 만기 기대현물이자율

$$(1+_0R_2)^2 = (1+_0R_1) \times (1 + E(_1R_2) +_1L_2)$$

$$(1.0512)^2 = (1.045) \times (1 + E(_1R_2) + 0.005) \implies E(_1R_2) = 5.24\%$$

(2) 2년 후 1년 만기 기대현물이자율

$$(1.0553)^3 = (1.0512)^2 \times (1 + E(_2R_3) + 0.006) \implies E(_2R_3) = 5.75\%$$

(3) 1년 후 기대가격

$$E(B_1) = \frac{600}{1 + E(_1R_2) + 0} + \frac{10,600}{(1 + E(_1R_2) + 0) \times (1 + E(_2R_3) + 0.005)} = \mathbf{10,049.86원}$$

(물음3) 확정투자수익률

(1) 2차 연도의 확정투자수익률($_1f_2$)

$$(1+_0R_2)^2 = (1+_0R_1) \times (1+_1f_2)$$

$$(1.0512)^2 = (1.045) \times (1+_1f_2) \Rightarrow _1f_2 = \mathbf{5.7437\%}$$

(2) 2차 연도의 투자수익률의 포지션

선도이자율을 얻기 위해서는

1년 만기 무이표채 1개 매도 + 2년 만기 무이표채 m개 매수

1년 만기 할인채의 가격 $= \dfrac{10,000}{1.045} = 9,569.38원$

2년 만기 할인채의 가격 $= \dfrac{10,000}{1.0512^2} = 9,049.60원$

9,569.38원 - m × 9,049.60원 = 0 $\Rightarrow$ m = 9569.38원 / 9049.60원 = **1.057437개**

(물음4) **상환요구사채**

(1) 액면이자율을 이용한 채권A의 복제포트폴리오

w × 5.45% + (1-w) × 7.15% = 6.47%에서 w=0.4

(2) 채권A의 일반사채로서의 가격

B = 0.4 × 10,528 + 0.6 × 12,350 = 11,621.2원

(3) 풋옵션의 가치 및 비율

상환요구사채 = 일반사채 + 풋옵션

풋옵션 = 상환요구채권가격 - 일반채권가격

= 12,000 - 11,621.2원 = 378.8원

Put ratio = 378.8원 / 12,000원 = **3.1567%**

☞ SMART

(물음1) 3년 만기 액면가채권은 이표채이며 무이표채는 항상 할인채이다.

(물음2) 시간이 1년 경과하면 유동성 프리미엄을 1기간씩 조정한다.

$$(1+E(_1R_3))^2 = (1+E(_1R_2)) \times (1+E(_2R_3)+_1L_2)$$

현재시점에서 $E(_2R_3)$**의유동성프리미엄은**$_2L_3$**이지만**

1년이 경과하면 $E(_2R_3)$**의유동성프리미엄은**$_1L_2$**이고,**

2년이 경과하면 $E(_2R_3)$**의유동성프리미엄은없다.**

(물음3) $(1+_0R_2)^2 = (1+_0R_1) \times (1+_1f_2)$

균형이자율의 결정식이면서 복제포트폴리오의 결정식이다.

즉, 만기2년 무이표채 보유 = 만기1년 무이표채 보유 + 선도계약

7-9 유동성 선호이론 (2010년)

(물음1) 현물이자율

(1) 1년 만기 현물이자율 = 채권A의 수익률 $= {}_0R_1 = \mathbf{10\%}$

(2) 2년 만기 현물이자율

$$\frac{C}{(1+YTM)^1} + \frac{C+F}{(1+YTM)^2} = \frac{C}{(1+{}_0R_1)^1} + \frac{C+F}{(1+{}_0R_2)^2}$$

$$\frac{2,000}{1.12} + \frac{12,000}{1.12^2} = 11352.04 = \frac{2,000}{1.10} + \frac{12,000}{(1+{}_0R_2)^2} \Rightarrow {}_0R_2 = \mathbf{12.19\%}$$

(3) 3년 만기 현물이자율 = 채권C의 수익률 $= {}_0R_3 = \mathbf{13\%}$

(물음2) 유동성 프리미엄과 기대현물이자율

(1) 1년 후 1년 만기 기대현물이자율

$$(1+{}_0R_2)^2 = (1+{}_0R_1) \times (1 + E({}_1R_2) + {}_1L_2)$$

$$(1.1219)^2 = (1.10) \times (1 + E({}_1R_2) + 0.002) \Rightarrow E({}_1R_2) = \mathbf{14.22\%}$$

(2) 2년 후 1년 만기 기대현물이자율

$$(1.13)^3 = (1.1219)^2 \times (1 + E({}_2R_3) + 0.003) \Rightarrow E({}_2R_3) = \mathbf{14.34\%}$$

(3) 1년 후 2년 만기 기대현물이자율

$$(1+E({}_1R_3))^2 = (1.1422) \times (1.1434 + 0.002) \Rightarrow E({}_1R_3) = \mathbf{14.38\%}$$

(물음3) 수익률곡선타기 전략

(1) 채권C의 현재가격 : $B_0 = \dfrac{10,000}{1.13^3} = 6,930.50$원

(2) 1년 후 채권C의 예상가격 : $E(B_1) = \dfrac{10,000}{1.1219^2} = 7,944.96$원

(3) 채권C의 1기간 보유수익률

$$B_0 = \frac{C_1 + E(B_1)}{(1+HPY)^1} \rightarrow 6930.50 = \frac{7944.96}{(1+HPY)^1} \rightarrow HPY = \mathbf{14.64\%}$$

☞ SMART

(물음1) 채권B의 현재가격이 균형상태에 있다는 가정이 필요하다.

(물음2) 시간이 1년 경과하면 유동성 프리미엄을 1기간씩 조정한다.

$$(1+E(_1R_3))^2 = (1+E(_1R_2)) \times (1+E(_2R_3)+_1L_2)$$

현재시점에서 $E(_2R_3)$**의유동성프리미엄은**$_2L_3$**이지만**

1년이 경과하면 $E(_2R_3)$**의유동성프리미엄은**$_1L_2$**이고,**

2년이 경과하면 $E(_2R_3)$**의유동성프리미엄은없다.**

(물음3) 수익률 곡선타기 전략은 수익률 곡선이 우상향 고정된다는 가정이 필요하다. 1년 후 2년 만기 기대현물이자율은 물음2에서는 14.38%이지만 수익률곡선타기 전략은 2년 만기 현물이자율인 12.19%로 고정되었다고 가정한다.

7-10 듀레이션과 ALM (2010년)

(물음1) **자기자본의 이자율변동 위험**

자산의 듀레이션이 부채의 듀레이션보다 크기 때문에 $D_A \times A > D_L \times L$ 상태이므로 이자율 상승시 자기자본의 하락위험에 노출되어 있다. 즉 이자율이 상승하면 자산의 하락폭이 부채의 하락폭보다 크기 때문에 자기자본의 가치는 하락한다.

(물음2) **듀레이션을 이용한 자기자본의 변화**

(1) 자산의 듀레이션

   1) 현금의 듀레이션 = 0

   2) 채권의 듀레이션

$$D = \frac{1}{m} \times \frac{1}{B_0} \times \sum_{t=1}^{n} t \times \frac{CF_t}{(1+R/m)^t}$$

$$= \frac{1}{2} \times \left\{ \frac{1 \times 4}{(1.04)^1} + \frac{2 \times 4}{(1.04)^2} + \frac{3 \times 4}{(1.04)^3} + \frac{4 \times 104}{(1.04)^4} \right\} \times \frac{1}{100} = 1.89년$$

   3) 자산의 듀레이션

$$D_A = 0 \times \frac{5}{105} + 1.89 \times \frac{100}{105} = 1.8$$

(2) 부채의 듀레이션

   CD= 1년 → $D_L = 1$

(3) 자산의 변동

$$\Delta A = -\frac{D_A}{1+R/m} \times A \times \Delta R = \text{-1.8 / 1.04} \times \text{105억} \times \text{0.02} = \text{-3.63억}$$

(4) 부채의 변동

$$\Delta L = -\frac{D_L}{1+R/m} \times L \times \Delta R = \text{-1 / 1.04} \times \text{90억} \times \text{0.02} = \text{-1.73억}$$

(5) 자본의 변동

$$\Delta K = \Delta A - \Delta L = \text{-3.63억 - (-1.73억)} = \text{-1.9억원}$$

∴ 시장이자율이 2%p 상승하면 자기자본의 시장가치는 1.9억원 감소한다.

(물음3) **면역전략**

$$D_A \times A = D_L \times L \quad \rightarrow \quad D_A \times 105억 = 1 \times 90억 \quad \Rightarrow \quad D_A = \mathbf{0.86}$$

(물음4) **현금흐름할인법을 이용한 자기자본의 변화**

(1) 이자율 상승 후 현금의 가치 = 5억

(2) 이자율 상승 후 채권의 가치 = $\dfrac{4}{(1.05)^1} + \dfrac{4}{(1.05)^2} + \dfrac{4}{(1.05)^3} + \dfrac{104}{(1.05)^4}$ = 96.45**억**

(3) 이자율 상승 후 CD의 가치 = $\dfrac{90 \times (1.04)^2}{(1.05)^2}$ = 88.29**억**

(4) 이자율 상승 후 자기자본의 가치 = 5억 + 96.45억 - 88.29억 = 13.16억

(5) 자기자본의 변화 = 13.16억 - 15억 = **-1.84억**

∴ 시장이자율이 2%p 상승하면 자기자본의 시장가치는 1.84억원 감소한다.

(물음5) **볼록성**

이자율과 자산 및 부채의 가치는 원점에 대해서 볼록한 곡선의 형태이지만 듀레이션을 이용한 자기자본의 변화는 선형을 가정하기 때문에 차이가 난다.

☞ SMART

> 듀레이션을 이용한 자기자본변동
> (방법1) 개별항목의 가치변화를 집계하는 방법
> (방법2) 자산과 부채의 듀레이션을 이용하는 방법
> (방법3) 자기자본의 듀레이션을 이용하는 방법
> (방법4) 자기자본의 듀레이션갭을 이용하는 방법
>
> 물음2의 계산은 방법1,방법3,방법4도 가능하다.

7-10 듀레이션과 볼록성 (2011년)

(물음1) 채권의 이자율탄력성

(1) 채권가격

$$B_0 = \frac{200}{(1.03)^1} + \frac{200}{(1.03)^2} + \frac{10,200}{(1.03)^3} = 9,717.14$$

(2) 채권의 듀레이션

$$D = \frac{1}{m} \times \frac{1}{B_0} \times \sum_{t=1}^{n} t \times \frac{CF_t}{(1+R/m)^t}$$

$$= \frac{1}{4} \times \left\{ \frac{1 \times 200}{(1.03)^1} + \frac{2 \times 200}{(1.03)^2} + \frac{3 \times 10,200}{(1.03)^3} \right\} \times \frac{1}{9,717.14} = 0.7352$$

(3) 채권의 이자율 탄력성

$$e = -D \times \frac{R}{1+R/m} = -\frac{0.12}{1+0.12/4} \times 0.7352 = \textbf{-0.0857}$$

(물음2) 채권의 볼록성

(1) 채권의 가격을 이자율에 대해서 2차 미분을 한다.

$$B_0'' = \frac{0.25 \times 0.50 \times 200}{1.03^3} + \frac{0.50 \times 0.75 \times 200}{1.03^4} + \frac{0.75 \times 1 \times 10,200}{1.03^5} = 6,688.47 \text{ 또}$$

는

$$B_0'' = (\frac{1}{4})^2 \times \left\{ \frac{1 \times 2 \times 200}{1.03^3} + \frac{2 \times 3 \times 200}{1.03^4} + \frac{3 \times 4 \times 10,200}{1.03^5} \right\} = 6,688.47$$

(2) 채권의 볼록성

$$C = \frac{1}{2} \times B_0'' \times \frac{1}{B_0} = = \frac{1}{2} \times 6688.47 \times \frac{1}{9717.14} = \textbf{0.3442}$$

(물음3) **포트폴리오의 듀레이션**

(1) 변경 전 듀레이션

5년 만기 채권=A, 나머지 부채=B 가정

$$D_p = w \times D_A + (1-w) \times D_B = 0.5 \times 4 + 0.5 \times D_B \implies D_B = 2\text{년}$$

(2) 변경후 듀레이션

1년 만기 무이표채=C, 채권C의 투자비율=w 가정

2년 = (0.5-w) × 4년 + w × 1년 + 0.5 × 2년 ⇒ w = 0.3333

∴ 발행해야 할 1년 무이표채의 규모= 100억 × 0.3333 = **33.33억원**

☞ SMART

연간 이자지급횟수가 m인 경우

(1) 채권가격 : $B_0 = \sum_{t=1}^{n} \dfrac{CF_t}{(1+R/m)^t}$

(2) 듀레이션 : $D = \dfrac{1}{m} \times \sum_{t=1}^{n} t \times \dfrac{\dfrac{CF_t}{(1+R/m)^t}}{B_0}$

(3) 듀레이션에 의한 가격변동 : $\Delta B = -B_o \times \dfrac{D}{1+R/m} \times \Delta R$

(4) 이자율 탄력성 : $e = -D \times \dfrac{R}{1+R/m}$

(5)   볼록성   : $C = \dfrac{1}{2} \times B_0'' \times \dfrac{1}{B_0}$

$B_0'' = \dfrac{1}{m^2} \times \sum_{t=1}^{n} t \times (t+1) \times \dfrac{CF_t}{(1+R/m)^{t+2}}$

7-12 듀레이션과 볼록성 (2013년)

(물음1) 현금흐름할인법을 이용한 자기자본의 변화

(1) 시장이자율이 1% 상승하는 경우

$$자산 = \frac{40}{1.05^1} + \frac{40}{1.05^2} + \frac{1,040}{1.05^3} = 972.77$$

$$부채 = \frac{600+24}{1.05^1} = 594.29$$

자기자본 = 972.77 - 594.29 = 378.48

자기자본의 변화 = 378.48 - 400 = **21.52** 감소

(2) 시장이자율이 1% 하락하는 경우

$$자산 = \frac{40}{1.03^1} + \frac{40}{1.03^2} + \frac{1,040}{1.03^3} = 1,028.29$$

$$부채 = \frac{600+24}{1.03^1} = 605.83$$

자기자본 =1,028.29-605.83 = 422.46

자기자본의 변화 = 422.46 - 400 = **22.46** 증가

(물음2) 듀레이션을 이용한 자기자본의 변화

(1) 자산의 듀레이션

$$D = \frac{1}{B_0} \times \sum_{t=1}^{n} t \times \frac{CF_t}{(1+R)^t}$$

$$D_A = (1 \times \frac{40}{1.04^1} + 2 \times \frac{40}{1.04^2} + 3 \times \frac{1,040}{1.04^3}) \times \frac{1}{1,000} = 2.8861년$$

(2) 부채의 듀레이션 $\quad D_L = 1년$

(3) 시장이자율이 1% 상승하는 경우 자기자본의 변동

$$\Delta A = -\frac{D_A}{1+R} \times A \times \Delta R = -\frac{2.8861}{1.04} \times 1,000 \times 0.01 = -27.75$$

$$\Delta L = -\frac{D_L}{1+R} \times L \times \Delta R = -\frac{1}{1.04} \times 600 \times 0.01 = -5.77$$

$$\Delta K = \Delta A - \Delta L = -27.75 - (-5.77) = \textbf{21.98} \text{ 감소}$$

(4) 시장이자율이 1% 하락하는 경우 자기자본의 변동

$$\Delta A = -\frac{D_A}{1+R} \times A \times \Delta R = -\frac{2.8861}{1.04} \times 1,000 \times -0.01 = +27.75$$

$$\Delta L = -\frac{D_L}{1+R} \times L \times \Delta R = -\frac{1}{1.04} \times 600 \times -0.01 = +5.77$$

$$\Delta K = \Delta A - \Delta L = 27.75 - (5.77) = \textbf{21.98 증가}$$

(물음3) **볼록성의 의미**

시장이자율이 상승하는 경우 현금흐름할인법을 이용한 자기자본의 감소는 듀레이션을 이용한 자기자본의 감소보다 적으며, 시장이자율이 하락하는 경우 현금흐름할인법을 이용한 자기자본의 증가는 듀레이션을 이용한 자기자본의 증가보다 크며 이는 자산과 부채의 양의 볼록성 때문이다.

☞ SMART

듀레이션을 이용한 자기자본변동
(방법1) 개별항목의 가치변화를 집계하는 방법
(방법2) 자산과 부채의 듀레이션을 이용하는 방법
(방법3) 자기자본의 듀레이션을 이용하는 방법
(방법4) 자기자본의 듀레이션갭을 이용하는 방법

물음3의 계산은 방법1,방법3,방법4도 가능하다.

7-13 기간구조이론 (2014년)

(물음1) **내재선도이자율**

(1) 만기 1년 현물이자율

$$B_0 = \frac{F}{(1+{}_oR_n)^n} \rightarrow 95,238 = \frac{100,000}{(1+{}_0R_1)^1} \Rightarrow {}_0R_1 = 5\%$$

(2) 만기 2년 현물이자율

$$B_0 = \frac{C}{(1+{}_0R_1)^1} + \frac{C+F}{(1+{}_0R_2)^2} \rightarrow 100,000 = \frac{6,000}{1.05} + \frac{106,000}{(1+{}_0R_2)^2} \Rightarrow {}_0R_2 = 6.03\%$$

(3) 내재선도이자율

$$(1+{}_0R_2)^2 = (1+{}_0R_1) \times (1+{}_1f_2) \rightarrow (1.0603)^2 = 1.05 \times (1+{}_1f_2)^1 \Rightarrow {}_1f_2 = \mathbf{7.07\%}$$

(물음2) **보유수익률**

(1) 1년 후 예상가격

$$E(B_1) = \frac{C+F}{(1+E({}_1R_2))^1} \rightarrow E(B_1) = \frac{106,000}{(1.0707)^1} = \mathbf{99,000}$$

(2) 보유수익률

$$B_0 = \frac{C+E(B_1)}{(1+HPY)^1} \rightarrow 100,000 = \frac{6,000+99,000}{(1+{}_0HPY_1)^1} \Rightarrow {}_0HPY_1 = \mathbf{5\%}$$

(물음3) **기간구조이론**

(1) 기대이론

현재시점에서 미래 일정기간의 예상이자율인 선도이자율이 미래에 발생할 실제이자율과 일치한다고 가정하는 이론으로 미래기간의 이자율이 높아질 것으로 예상하면 우상향하는 수익률곡선이 형성되며 미래기간의 이자율이 낮아질 것으로 예상하면 우하향하는 수익률곡선이 형성된다.

(2) 유동성선호이론

선도이자율은 기대현물이자율에 유동성 프리미엄까지 포함하게 되며 기대이론에 따른 수익률곡선보다 항상 높게 나타난다.

(3) 시장분할가설

채권만기에 대한 선호가 서로 다른 투자자들이 각자의 시장을 형성하여 각 시장에서의 수요와 공급에 의해 개별적인 이자율이 결정된다는 가설

☞ SMART

기대이론 :　만기 1년 현물이자율 = 1년 보유수익률

유동성 선호이론 :　만기 1년 현물이자율 < 1년 보유수익률

7-14 수익률 스프레드와 듀레이션 (2017년)

(물음1)

$0.032 = \dfrac{3,000}{B} \rightarrow B = 93,750$

$93,750 = \dfrac{3000}{(1+YTM)^1} + \dfrac{103,000}{(1+YTM)^2} \rightarrow YTM = 6.43\%$

(물음2)

① 상황 a : $93,750 = \dfrac{0}{(1+R)^1} \rightarrow R = -100\%$

상황 b : $93,750 = \dfrac{3000}{(1+R)^1} \rightarrow R = -96.8\%$

상황 c : $93,750 = \dfrac{3000}{(1+R)^1} + \dfrac{73000}{(1+R)^2} \rightarrow R = -10.14\%$

상황 d : $93,750 = \dfrac{3000}{(1+R)^1} + \dfrac{103,000}{(1+R)^2} \rightarrow R = 6.43\%$

② 기대수익률 = -100% x 0 + -96.8% x 0.01 + -10.14% x 0.02 + 6.43% x 0.97

= 5.07%

(물음3)

수익률 스프레드 = 약속수익률 - 무위험이자율 = 6.43 - 2 = 4.43%

채무불이행위험프리미엄 = 약속수익률 - 기대수익률 = 6.43 - 5.07 = 1.36%

기타위험프리미엄 = 기대수익률 - 무위험이자율 = 3.07%

(물음4)

$D \times 93,750 = \dfrac{1 \times 3000}{(1.0643)^1} + \dfrac{2 \times 103000}{(1.0643)^2} \rightarrow D = 1.9699 = 1.97$

듀레이션 채권변화율 $= -\dfrac{1.97}{1.0643} \times -0.02 = 3.70196\%$

$B^{after} = \dfrac{3000}{(1.0443)^1} + \dfrac{103,000}{(1.0443)^2} = 97,319$원

실제 채권변화율 $= \dfrac{97319 - 93750}{93750} = 3.80693\%$

차이 = 3.80693% - 3.70196% = 0.10497%

(물음5)

만기수익률이 변동하는 경우, 실제 채권의 가격변화와 듀레이션을 통해 추정한 채권의 가격변화 사이의 차이가 나는 원인은 이자율변화에 따른 듀레이션의 변화량을 나타내는 볼록성이 존재하기 때문이다. 따라서 이자율의 변화가 크거나 볼록성이 큰 경우에 단순히 듀레이션만을 고려하여 산출한 채권가격의 변화는 실제 값과 다소 큰 차이를 보일 수 있기 때문에 볼록성까지 고려해야 한다.

7-15 역변동금리채권 (고급)

(물음1) **역변동금리채권의 듀레이션**

변동금리채권의 투자금액 = 5,000원, 역변동금리채권의 투자금액=5,000원

$$3 = \frac{5,000}{10,000} \times 0.5 + \frac{5,000}{10,000} \times D_x \rightarrow D_x = \text{ 5.5년}$$

(물음2) **역변동금리채권의 듀레이션**

변동금리채권의 투자금액 = 5,000원, 역변동금리채권의 투자금액=6,000원

$$3 = \frac{5,000}{11,000} \times 0.5 + \frac{6,000}{11,000} \times D_x \rightarrow D_x = \text{ 5.083년}$$

7-16 유효볼록성 (고급)

(물음1) 일반채권의 볼록성

$$\frac{1}{100,000} \times (1 \times 2 \times \frac{8,000}{1.08^3} + 2 \times 3 \times \frac{8,000}{1.08^4} + 3 \times 4 \times \frac{108,000}{1.08^5}) = \quad \textbf{+9.30}$$

(물음2) 일반채권의 유효볼록성

수익률 9%의 채권가격 $= \frac{8000}{1.09^1} + \frac{8000}{1.09^2} + \frac{108000}{1.09^3} = 97,469$원

수익률 7%의 채권가격 $= \frac{8000}{1.07^1} + \frac{8000}{1.07^2} + \frac{108000}{1.07^3} = 102,624$원

유효볼록성 $= \dfrac{97,469 + 102,624 - 100,000 \times 2}{100,000 \times 0.01^2} = \quad \textbf{+9.30}$

(물음3) 수의상환채권의 유효볼록성

유효볼록성 $= \dfrac{97,469 + 102,000 - 100,000 \times 2}{100,000 \times 0.01^2} = \quad \textbf{-53.1}$

(물음4) 상환청구채권의 유효볼록성

유효볼록성 $= \dfrac{98,000 + 102,624 - 100,000 \times 2}{100,000 \times 0.01^2} = \quad \textbf{+62.4}$

7-17 채권포트폴리오 (고급)

(물음1) 바벨포트폴리오

$R_p = w \times R_A + (1-w) \times R_C$

$6 = w \times 4 + (1-w) \times 9 \rightarrow w = 0.6$

포트폴리오의 수익률 : $R_p = 0.6 \times 8 + 0.4 \times 10 =$ **8.8%**

포트폴리오의 볼록성 $= 0.6 \times 20 + 0.4 \times 125 =$ **62**

(물음2) 래더포트폴리오

$R_p = 0.3 \times R_A + 0.5 \times R_B + 0.2 \times R_C$

포트폴리오의 수익률 : $R_p = 0.3 \times 8 + 0.5 \times 9 + 0.2 \times 10 =$ **8.9%**

포트폴리오의 볼록성 $= 0.3 \times 20 + 0.5 \times 55 + 0.2 \times 125 =$ **58.5**

(물음3) 장단점

포트폴리오 2는 포트폴리오 1보다 높은 만기수익률을 가지며 낮은 볼록성을 갖는다.

7-18   옵션 스프레드 (고급)

(물음1) 명목스프레드와 채권가격

수의상환사채의 만기수익률 = 5.9% **+** 2% = 7.90%

$$B_0 = \frac{800}{1.079^1} + \frac{800}{1.079^2} + \frac{10,800}{1.079^1} = \ \mathbf{10,026원}$$

(물음2) 제로변동성스프레드와 채권가격

$$B_0 = \frac{800}{(1+0.04+0.02)^1} + \frac{800}{(1+0.05+0.02)^2} + \frac{10,800}{(1+0.06+0.02)^3} = \ \mathbf{10,027원}$$

(물음3) 옵션조정스프레드와 채권가격

$$B_0 = \frac{800}{(1+0.04+0.0195)^1} + \frac{800}{(1+0.05+0.0195)^2} + \frac{10,800}{(1+0.06+0.0195)^3} = \ 10,039원$$

∴ 수의상환권 = 10,039 − 10,027 = **12원**

7-19 원금분할상환채권 (고급)

(물음1) 원금분할상환채권의 5년 후 현금흐름

5년 후 현금흐름은 첫 번째 원금상환이 발생하는 시점의 현금흐름이므로 원금 200,000원과 5년간 이자의 합으로 구성된다.

$CF_5 = 200,000 + 1,000,000 \times 1.06^5 - 1,000,000 = $ **538,226원**

(물음2) 원금분할상환채권의 가격

(1) 서울도시철도채권의 현금흐름

$CF_5 = 200,000 + 1,000,000 \times 1.06^5 - 1,000,000 = 538,226$

$CF_6 = 200,000 + 800,000 \times 0.06 = 248,000$

$CF_7 = 200,000 + 600,000 \times 0.06 = 236,000$

$CF_8 = 200,000 + 400,000 \times 0.06 = 224,000$

$CF_9 = 200,000 + 200,000 \times 0.06 = 212,000$

(2) 서울도시철도채권의 현재가격

$B_0 = \sum_{t=5}^{9} \dfrac{CF_t}{1.10^t} = $ **789,685**

(물음3) 원금분할상환채권의 듀레이션

$D = \dfrac{1}{789,685} \times \sum_{t=5}^{9} t \times \dfrac{CF_t}{1.10^t} = $ **6.34년**

7-20 물가연동국채과 변동금리채권 (고급)

(물음1) 물가연동국채의 현금흐름

2차년도 말 액면금액 = 100,000원 × 1.015 × 1.023 = 103,834.5원

2차년도 말 액면이자 = 103,834.5원 × 0.04 = **4,153원**

☞ SMART

> 물가연동채권
>
> □인플레이션 위험을 헤지하는 수단으로 발행된 국채
>
> □조정된 액면금액 $F_t = \max[F_0, F_0 \times \dfrac{CPI_t}{CPI_0}]$
>
> □조정된 액면이자 $C_t = F_t \times$ **액면이자율**

(물음2) 변동금리채권의 듀레이션

9개월이 경과되었으므로 듀레이션은 12개월 - 9개월 = **3개월**

☞ SMART

> 변동금리채권의 듀레이션
>
> □액면이자율이 기준금리 **+** 스프레드로 결정됨
>
> □매 기간마다 이자율이 조정되므로 가격위험은 매우 작음
>
> □듀레이션 = 다음 이자조정일까지의 기간

7-21 보유수익률 (고급)

(물음1) 만기보유채권의 보유수익률

(1) 보유기간 말 현금흐름

원금 + 액면이자 + 액면이자의 재투자 이자수익

$$FV_2 = 10,000 + 10,000 \times 0.05 \times 1.06^3 + 10,000 \times 0.05 \times 1.06^2 + 10,000 \times 0.05 \times 1.06^1$$
$$+ 10,000 \times 0.05 \times 1.06^0 = 12,187.31원$$

(2) 보유수익률

$$10,000 = \frac{12,187.31}{(1+HPY)^4} \rightarrow HPY = 5.07\%$$

∴ 연 기준 보유수익률 = 5.07 × 2 = **10.14%**

(물음2) 매도가능채권의 보유수익률

(1) 보유기간말 채권의 가격 $= \frac{200}{1.04^1} + \frac{10,200}{1.04^2} = 9,623$

(2) 보유기간 말 현금흐름

원금 + 액면이자 + 액면이자의 재투자 이자수익

$$FV_{1년} = 9,623 + 10,000 \times 0.02 \times 1.03^1 + 10,000 \times 0.02 \times 1.03^0 = 10,029$$

(3) 보유수익률

$$10,000 = \frac{10,029}{(1+HPY)^2} \rightarrow HPY = 0.145\%$$

∴ 연 기준 보유수익률 = 0.145 × 2 = **0.29%**

☞ SMART

보유수익률

☐ 만기수익률은 모든 액면이자가 만기수익률로 재투자된다는 가정 (비현실적)

☐ 액면이자의 재투자수익률과 보유기간 종료시점에서의 채권수익률을 가정하여 산출

☐ 보유기간 = H, 재투자수익률 = R, 보유기간 종료시점 채권가격 = B_H,

연간 이자지급횟수 = m, n = H × m

☐ 보유기간 종료시점의 총수익 : $FV_H = C \times \dfrac{(1+R)^n - 1}{R} + B_H$

☐ 기준기간 보유수익률 : $HPY = (\dfrac{FV_H}{B_0})^{\frac{1}{n}} - 1$

☐ 연 기준 보유수익률 = $HPY \times m$

7-22 수의상환채권의 수익률 (고급)

(물음1) 콜수익률과 기대수익률

(1) 채권의 가격 $= \dfrac{1,000}{1.08^1} + \dfrac{11,000}{1.08^2} = 10,357$

(2) 콜수익률 (YTC) : $\dfrac{1,000 + 10,100}{(1 + YTC)^1} = 10,357 \rightarrow YTC = $ **7.17%**

(3) 기대수익률 $= \text{Min}[8\%,\ 7.17\%] = $ **7.17%**

(물음2) 콜수익률과 기대수익률

(1) 채권의 가격 $= \dfrac{1,000}{1.12^1} + \dfrac{11,000}{1.12^2} = 9,662$

(2) 콜수익률 (YTC) : $\dfrac{1,000 + 10,100}{(1 + YTC)^1} = 9,662 \rightarrow YTC = $ **14.88%**

(3) 기대수익률 $= \text{Min}[12\%,\ 14.88\%] = $ **12%**

☞ SMART

> 콜 수익률 (YTC : yield to call)
>
> □콜 수익률 : 발행자가 매입할 것으로 예상되는 시점까지의 수익률
>
> □수의상환채권의 기대수익률 = Min [만기수익률, 콜수익률]

7-23 상환청구채권의 수익률 (고급)

(물음1) 풋수익률과 기대수익률

(1) 채권의 가격 $= \dfrac{1,000}{1.08^1} + \dfrac{11,000}{1.08^2} = 10,357$

(2) 풋수익률 (YTP) : $\dfrac{1,000 + 10,000}{(1+YTP)^1} = 10,357 \rightarrow YTP =$ **6.2%**

(3) 기대수익률 $=$ Max[8%, 6.2%] $=$ **8%**

(물음2) 풋수익률과 기대수익률

(1) 채권의 가격 $= \dfrac{1,000}{1.12^1} + \dfrac{11,000}{1.12^2} = 9,662$

(2) 풋수익률 (YTP) : $\dfrac{1,000 + 10,000}{(1+YTP)^1} = 9,662 \rightarrow YTP =$ **13.84%**

(3) 기대수익률 $=$ Max[12%, 13.84%] $=$ **13.84%**

☞ SMART

풋 수익률 (YTP : yield to put)

□ 풋수익률 : 투자자가 상환을 요구할 것으로 예상되는 시점까지의 수익률

□ 상환청구채권의 기대수익률 $=$ Max[만기수익률, 풋수익률]

7-24 전환사채 (고급)

(물음1) 전환사채의 원금상환률

$(0.045 - 0.02) \times 1.045^2 + (0.045 - 0.02) \times 1.045^1 + (0.045 - 0.02) \times 1.045^0 = 0.078426$

∴ 원금상환률 = **107.84%**

(물음2) 전환권 가치 및 전환가치

  (1) 전환권가치

  일반채권의 가치 $= \displaystyle\sum_{t=1}^{5} \frac{500}{1.10^t} + \frac{10,000}{1.10^5} = 8,105$

  전환권 가치 = 9.500 − 8,105 = **1,395원**

  (2) 전환가치 = 1,500 × 5 = **7,500원**

(물음3) 액면가 기준 전환가격 및 전환프리미엄

  (1) 전환가격 = 10,000원 / 5 = **2,000원**

  (2) 전환프리미엄 = 2,000원 − 1,500원 = **500원**

(물음4) 시가 기준 전환가격 및 전환프리미엄

  (1) 전환가격 = 9,500원 / 5 = **1,900원**

  (2) 전환프리미엄 = 1,9000원 − 1,500원 = **400원**

7-25 무이표채 볼록성 (고급)

(물음1) 무이표채의 볼록성

채권의 볼록성 $= \dfrac{3 \times 4}{1.08^2} = \mathbf{10.29}$

(물음2) 듀레이션을 이용한 채권가격 추정

듀레이션 $= 3$년, 채권가격 $= \dfrac{100,000}{1.08^3} = 79,383$

$\Delta B = -\dfrac{3}{1.08^1} \times 79,383 \times (-0.01) = +2,205$

$\therefore$ 채권가격 $= 79,383 + 2,205 = \mathbf{81,588}$원

(물음3) 듀레이션과 볼록성을 이용한 채권가격 추정

$\Delta B = -\dfrac{3}{1.08^1} \times 79,383 \times (-0.01) + 0.5 \times 10.29 \times 79,383 \times (-0.01)^2 = 2,246$

$\therefore$ 채권가격 $= 79,383 + 2,246 = \mathbf{81,629}$원

(물음4) 현금흐름할인을 이용한 채권가격 추정

채권가격 $= \dfrac{100,000}{1.07^3} = \mathbf{81,630}$원

☞ SMART

채권가격의 변화

채권의 볼록성을 수익률-가격 곡선의 2차 미분값을 가격으로 나눈 값으로 정의하는 경우 채권의 변화금액은 다음과 같다.

$\Delta B = -MD \times B_0 \times \Delta R + 0.5 \times C \times B_0 \times \Delta R^2$

7-26 영구채 볼록성 (고급)

(물음1) 영구채의 볼록성

채권가격 $= \dfrac{10,000}{0.08} = 125,000$

채권의 볼록성 $= \dfrac{2 \times 10,000}{125,000 \times 0.08^3} =$ **312.5**

(물음2) 듀레이션을 이용한 채권가격 추정

듀레이션 $= 1 + \dfrac{1}{0.08} = 13.5$

$\Delta B = -\dfrac{13.5}{1.08^1} \times 125,000 \times (-0.01) = +15,625$

$\therefore$ 채권가격 $= 125,000$ **+** $15,625 =$ **140,625원**

(물음3) 듀레이션과 볼록성을 이용한 채권가격 추정

$\Delta B = -\dfrac{13.5}{1.08^1} \times 125,000 \times (-0.01) + 0.5 \times 312.5 \times 125,000 \times (-0.01)^2 = 17,578$

$\therefore$ 채권가격 $= 125,000$ **+** $17,578 =$ **142,578원**

(물음4) 현금흐름할인을 이용한 채권가격 추정

채권가격 $= \dfrac{10,000}{0.07} =$ **142,857원**

7-27 수익률곡선타기 (고급)

(물음1) 수익률 곡선의 고정된 경우의 보유수익률

수익률 : $_0R_1 = 5\%, _0R_2 = 6\%, _1f_2 = 7.01\%$

현재시점의 채권가격 $= \dfrac{10,000}{1.06^2} = 8,899.96$

1년 후 1년 만기 현물이자율 = 5%

1년 후 시점의 채권가격 $= \dfrac{10,000}{1.05^1} = 9,523.81$

보유수익률 $= \dfrac{9,523.81 - 8,899.96}{8,899.96} = $ **7.01%**

(물음2) 불편기대가설의 보유수익률

1년 후 1년 만기 현물이자율 = 7.01%

1년 후 시점의 채권가격 $= \dfrac{10,000}{1.0701^1} = 9,344.92$

보유수익률 $= \dfrac{9,344.92 - 8,899.96}{8,899.96} = $ **5%**

(물음3) 유동성선호이론의 보유수익률

1년 후 1년 만기 현물이자율 = 7.01% − 0.2% = 6.81%

1년 후 시점의 채권가격 $= \dfrac{10,000}{1.0681^1} = 9,362.42$

보유수익률 $= \dfrac{9,362.42 - 8,899.96}{8,899.96} = $ **5.2%**

☞ SMART

1년 후 1년 만기 무이표채의 예상가격

□수익률 곡선타기 : $E(B_1) = \dfrac{10,000}{(1 + _0R_1)^1}$

□기대이론 : $E(B_1) = \dfrac{10,000}{(1 + _1f_2)^1}$

□유동성선호이론: $E(B_1) = \dfrac{10,000}{(1 + _1f_2 - _1L_2)^1}$

제8장 옵션_실전문제

정답 및 해설

8-1 미국형 옵션 (1998년)

(물음1) 유럽형 풋옵션의 균형가격

(1) 기초자료

$$u=1.1174 \ , \quad d=0.8949, \quad p = \frac{e^{T \times R_f} - d}{u - d} = \frac{\dfrac{1}{0.9864} - 0.8949}{1.1174 - 0.8949} = 0.5344$$

(2) 1년 후 주가

$$S_u = 10,000 \times 1.1174 = 11,174 \qquad S_d = 10,000 \times 0.8949 = 8,949$$

(3) 2년 후 주가 및 풋옵션의 만기가치

$$P_t = Max\,[0, 11,000 - S_t]$$

$$S_{uu} = 11,174 \times 1.1174 = 12,486 \quad \rightarrow \quad P_{uu} = 0$$

$$S_{ud} = S_{du} = 11,174 \times 0.8949 = 10,000 \quad \rightarrow \quad P_{ud} = P_{du} = 1,000$$

$$S_{dd} = 8,949 \times 0.8949 = 8,008 \rightarrow P_{dd} = 2,992$$

(4) 유럽형 풋옵션의 균형가격

$$P_0 = \frac{p^2 \times P_{uu} + 2 \times p \times (1-p) \times P_{ud} + (1-p)^2 \times P_{dd}}{(1 + R_f)^2}$$

$$= [(0.5344^2 \times 0) + (2 \times 0.5344 \times 0.4656 \times 1,000) + (0.4656^2 \times 2,992)] \times (0.9864)^2$$

$$= \mathbf{1,115원}$$

(물음2) 미국형 풋옵션의 균형가격

(1) 1년 후 주가상승 시 풋옵션의 가격

조기행사하는 경우 : $P_u^{stop} = Max\,[11,000 - 11,174,\ 0] = 0원$

조기행사하지 않는 경우 : $P_u^{go} = [(0.5344 \times 0) + (0.4656 \times 1,000)] \times 0.9864 = 459.27$

$\rightarrow P_u = max\,[0, 459.27] = 459.27$

(2) 1년 후 주가하락 시 풋옵션의 가격

조기행사하는 경우

: $P_d^{stop} = Max\,[\ 11,000 - 8,949,\ 0\ ] = 2,051$

조기행사하지 않는 경우

: $P_d^{go} = [(0.5344 \times 1,000) + (0.4656 \times 2,992)] \times 0.9864 = 1,901.26$

$\rightarrow P_d = \text{Max} [1,901.26 , 2,051] = 2,051$

(3) 풋옵션의 균형가격

$$P_0 = \frac{p \times P_u + (1-p) \times P_d}{(1+R_f)^1} = [(0.5344 \times 459.27) + (0.4656 \times 2,051)] \times 0.9864$$

$= \mathbf{1,184원}$

☞ SMART

미국형 옵션의 균형가격

$$P_0^A = \frac{p \times P_u + (1-p) \times P_d}{(1+R_f)^1} \quad \leftarrow \quad P_u = \max[P_u^{go}, P_u^{stop}] \quad P_d = \max[P_d^{go}, P_d^{stop}]$$

유럽형 옵션의 균형가격

$$P_0^E = \frac{p \times P_u + (1-p) \times P_d}{(1+R_f)^1} \quad \leftarrow \quad P_u = P_u^{go} \quad P_d = P_d^{go}$$

$$= \frac{p^2 \times P_{uu} + 2 \times p \times (1-p) \times P_{ud} + (1-p)^2 \times P_{dd}}{(1+R_f)^2}$$

8-2 블랙-숄즈 모형을 이용한 신주인수권의 가치평가 (1999년)

(1) 신주인수권 발행후의 주가

= 신주인수권 발행전의 주가 + 주당 신주인수권대가

= 12,000원 + 5억원 / 100만주 =12,500원

(2) $N(d_1)$과 $N(d_2)$의 결정

In (S/X) = In (12,500원 / 10,000원) = 0.2231

$$d_1 = \frac{In(\frac{S}{X}) + (R_f + \frac{1}{2}\sigma^2) \times T}{\sigma \times \sqrt{T}} = \frac{0.2231 + (0.1 + \frac{1}{2} \times 0.4^2) \times 4}{0.4 \times \sqrt{4}} = 1.18$$

$\Rightarrow N(d_1) = 0.8810$

$$d_2 = d_1 - \sigma\sqrt{T} = 1.18 - 0.4 \times \sqrt{4} = 0.38 \Rightarrow N(d_2) = 0.6480$$

(3) 콜옵션의 가치

$$C_0 = S \times N(d_1) - \frac{X}{e^{R_f T}} \times N(d_2)$$

= 12,500원 × 0.8810 - 10,000원 × 0.90483^4 × 0.6480 = 6,669원

(4) 신주인수권의 가치

$$W = C \times \frac{N}{N + N_w}$$

= 6,669원 × 100만주 / 110만주 = 6,063원

신주인수권의 총가치 = 6,063원 × 10만주 = **606,300,000원**

☞ SMART

신주인수권의 평가와 콜옵션의 평가의 차이점

(1) 기초주식의 가격이 신주인수권 발행후의 주가(S_0=권리락 주가)

이 문제에서 블랙숄즈 모형에 주가 12,000원이 아닌 12,500을 사용하여야 한다.

(2) 희석화효과 : $W_o = C_0 \times \frac{N}{N + N_w}$

8-3 실물옵션 (2000년)

(물음1) **연기옵션이 없는 경우 투자안의 가치**

$$NPV = \frac{0.7 \times 600억 + 0.3 \times 100억}{1.5} - 400억 = -100억$$

※ 50억 원은 sunk cost이므로 고려하지 않는다.

(물음2) **연기옵션의 가치**

(1) 위험중립확률의 결정

$$300 = \frac{p \times 600 + (1-p) \times 100}{1.20^1} \Rightarrow p=0.52$$

(2) 1기간 연기할 수 있는 기회가 있을 때의 NPV

$$NPV^{after} = \frac{0.52 \times (600-400) + 0.48 \times 0}{1.2} = 86.67억$$

(3) 연기옵션의 가치 $= NPV^{after} - NPV^{before}$

$$= 86.67억 - (-100억) = \textbf{186.67억}$$

(물음3) **처분기회의 가치**

(1) 처분할 수 있는 기회가 있을 때의 NPV

$$NPV^{after} = \frac{0.52 \times 600 + 0.48 \times 300}{1.2} - 400억 = -20억$$

∴ 처분기회가 있는 투자안의 가치는 **380억**이다.

(2) 처분기회의 가치 $= NPV^{after} - NPV^{before}$

$$= -20억 - (-100억) = \textbf{80억}$$

☞ SMART

(1) 위험중립확률의 도출

$$V_0 = \frac{V_u \times p + V_d \times (1-p)}{1 + R_f}$$

→ 투자안의 시장가격(400억)이 아닌 투자안의 균형가격(300억)을 기준으로 산출한다.

(2) 투자안의 자본비용

투자안의 할인율인 자본비용(50%)은 연기옵션이 있는 경우와 처분기회가 있는 경우 투자안의 할인율로 사용할 수 없다. 투자안의 현금흐름의 위험이 변동하였기 때문에 새로운 자본비용을 산출하여야 한다.

8-4 상황선호이론 (2002년)

(물음1) 무위험 수익률

각 상황별 확률을 p1, p2, p3라고 하면

(1) 행사가격 90의 콜옵션의 1년 후의 만기가치

$7.2 \times (1 + R_f) = (20 \times p1) + (10 \times p2) + (0 \times p3)$

(2) 행사가격 100의 콜옵션의 1년 후의 만기가치

$1.6 \times (1 + R_f) = (10 \times p1) + (0 \times p2) + (0 \times p3)$

(3) 행사가격 100의 풋옵션의 1년 후의 만기가치

$2.4 \times (1 + R_f) = (0 \times p1) + (0 \times p2) + (10 \times p3)$

(1), (2), (3)을 연립방정식으로 풀면

$p1 = 0.20, \quad p2 = 0.50, \quad p3 = 0.30, \ R_f = 25\%$

(물음2) 기대수익률

$$P_0 = \frac{CEQ_1}{(1 + R_f)} = \frac{E(CF_1)}{(1 + k)}$$

$$\frac{(110 \times 0.2) + (100 \times 0.5) + (90 \times 0.3)}{1.25} = 79.2 = \frac{(110 \times 0.3) + (100 \times 0.4) + (90 \times 0.3)}{(1 + k)}$$

$$\Rightarrow k = \mathbf{26.26\%}$$

☞ SMART

(1) 옵션의 균형가격의 만기가치

$$C_0 = \frac{C_u \times p + C_d \times (1 - p)}{1 + R_f} \rightarrow C_0 \times (1 + R_f) = C_u \times p + C_d \times (1 - p)$$

(2) 주식의 기대수익률

$$P_0^{시장가격} = \frac{E(CF_1)}{(1 + E(R))} \rightarrow E(R) = \textbf{기대수익률}$$

(3) 주식의 균형수익률

$$\frac{CEQ_1}{(1 + R_f)} = \frac{E(CF_1)}{(1 + k)} \rightarrow k = \textbf{균형수익률}$$

이 문제에서는 균형상태에 있기 때문에 기대수익률과 균형수익률은 일치한다.

8-5 실물옵션 (2003년)

$$p = \frac{1+R_f-d}{u-d} = \frac{1.10-0.9}{1.30-0.9} = 0.5$$

$$NPV = \frac{152억 \times 0.5 + 90억 \times 0.5}{1.10} - 100억 = 10억$$

☞ SMART

(1) 출제오류

현재 기업의 위험중립확률과 새로운 투자안의 위험중립확률과 동일하다는 가정이 필요하다. 투자안과 기업은 위험이 다르기 때문에 위험중립확률도 다르기 때문이다.

(2) 투자안의 자본비용

$$\frac{152억 \times 0.5 + 90억 \times 0.5}{1.10} = \frac{152억 \times 0.7 + 90억 \times 0.3}{1+k} \rightarrow k = 21.27\%$$

(3) 투자안의 내부수익률

$$100 = \frac{152억 \times 0.7 + 90억 \times 0.3}{1+IRR} \rightarrow IRR = 33.40\%$$

8-6 스프레드 차익거래 (2004년)

(1) 스프레드의 균형상태

행사가격 40의 풋옵션과 행사가격 50의 풋옵션의 가격의 차이는 행사가격 차이의 현재
가치보다 작아야 균형상태이지만 시장가격의 차이는 이 보다 크기 때문에 불균형이다.

$$P_2 - P_1 \leq \frac{X_2 - X_1}{(1 + R_f)^t}$$

$$11.15 - 1.46 > (50 - 40) \times \frac{95}{100} \quad \rightarrow \quad 9.69 > 9.5$$

(2) 차익거래

풋옵션의 약세스프레드의 시장가격이 균형범위보다 크기 때문에

→ 약세 스프레드 매도(=강세 스프레드), 무위험 채권 매수 (대출)

→ 행사가격 50 풋매도, 행사가격 40 풋매수, 9,69원으로 무위험 채권 매수

(3) 차익거래이익

	현재시점 현금흐름	만기시점의 현금흐름		
		St 〈 40	40 〈 St 〈 50	St 〉 50
P 매수 (X=40)	-1.46	40 - St	0	0
P 매도 (X=50)	+11.15	-(50 - St)	-(50 - St)	0
대출	-9.69	+10.2 *		
Total	0	+0.2	St - 39.8	+10.2

* 9.69 × 100 /95 = 10.2

∴ 만기시점의 차익거래이익의 최소값은 0.2이고 최대값은 10.2이다.

☞ SMART

> 풋옵션 약세 스프레드
>
> $-P_1 + P_2$: 낮은 행사가격(X1) 풋옵션 매도, 높은 행사가격(X2) 풋옵션 매수
>
> 만기가치는 1사분면에 있기 때문에 스프레드의 균형가격 범위는 다음과 같다.
>
> $$P_2 - P_1 \leq \frac{X_2 - X_1}{(1 + R_f)^t}$$

8-7 이항분포모형과 외화옵션 (2005년)

(물음1) 헤지포트폴리오

(1) 1년 후 풋옵션의 만기가치

P_u = Max[0, 980-1,100] = 0

P_d = Max[0, 980- 950] = 30

(2) 헤지포트폴리오

풋옵션 1개 매수하고 달러 HR개 매수 → $H_P = P + HR \times S$

$$HR = -\frac{P_u - P_d}{S_u - S_d} = -\frac{30 - 0}{1,100 - 950} = 0.2$$

∴ 풋옵션 $1에 대하여 현물 $0.2를 매수

→ 풋옵션 $500,000에 대해서 현물 **$100,000매수**

(물음2) 위험 중립 확률

선물가격을 확실성등가로 계산하는 방법

$CEQ = p \times S_u + (1-p) \times S_d$

1,050 = p × 1,100 + (1-p) × 950   ⇒ **p=0.67**

(물음3) 옵션 프리미엄

환율 상승시의 옵션의 만기가치 : V_u = Min {1,100-920, 50} = 50

환율 하락시의 옵션의 만기가치 : V_d = Min {950-920, 50} = 30

옵션의 균형가격

$$V_0 = \frac{(2/3 \times 50) + (1/3 \times 30)}{1.06} = 40.8805원 /\$$$

∴ 옵션의 프리미엄 = 40.8805 × $500,000 = **20,440,250원**

☞ SMART

(물음1)

주식 1개 매수, 풋옵션 HR개 매수 헤지포트폴리오 → $H_P = S + HR \times P$

$$HR = -\frac{S_u - S_d}{P_u - P_d}$$

풋옵션 1개 매수, 주식 HR개 매수 헤지포트폴리오 → $H_P = P + HR \times S$

$$HR = -\frac{P_u - P_d}{S_u - S_d}$$

(물음2)

선물가격을 무위험이자율로 할인하여 다음과 같이 현물가격을 구한 후 상승계수와 하락계수를 이용하여 위험중립확률을 구할 수 도 있지만 이 방법은 계산이 복잡해지기 때문에 확실성 등가를 이용하여 풀이를 하였다.

$$S_0 = \frac{F}{(1+R_f)} = \frac{1,050}{(1.06)} = 990.566$$

8-8 실물옵션 (2006년)

(물음1) 연기옵션이 있는 투자안의 가치

(1) 현재시점에서 투자하는 경우

$$NPV_0 = 2억 + \frac{(3억 + \frac{3억}{0.1}) \times 0.5 + (1억 + \frac{1억}{0.1}) \times 0.5}{1.10} - 16억 = 6억$$

(2) 1년 후에 투자하는 경우

① 설비제품단가의 상승 : $NPV_1^u = -16억원 + 3억원 + \frac{3억원}{0.10} = 17억$

② 설비제품단가의 하락 : $NPV_1^d = -16억원 + 1억원 + \frac{1억원}{0.10} = (-)5억$

⇒ 투자를 포기하므로 $NPV_1^d = 0$이다.

③ 현재시점의 NPV

$$NPV_0 = \frac{17억 \times 0.5 + 0억 \times 0.5}{1.10^1} = 7.73억$$

∴ 1년 후에 투자하는 것이 유리

(물음2) 연기옵션의 프리미엄

최대한 지불할 수 있는 투자비용을 I라고 하면

$$NPV_0 = \frac{(3억 + \frac{3억}{0.1} - I) \times 0.5 + 0}{1.10} = 6억 \rightarrow I = 19.8억$$

(물음3) 선물과 MM모형

선물을 이용한 위험회피

i) A설비제품 한단위의 현재 선물가격
   = 3억원 × 0.5 + 1억원 × 0.5 = **2억원**

ii) 현재 투자안을 수행하고, 선물 매도 **11계약**을 체결

iii) 헤지결과

1년 후	A설비제품공장	선물	합계
설비제품단가의 상승	+3억원	(-) 1억원	+2억원
설비제품단가의 하락	+1억원	(+) 1억원	+2억원

$$NPV_0 = -16억원 + 2억원 + \frac{2억원}{0.10} = 6억원$$

iv) NPV가 6억원으로 동일하기 때문에 투자의사결정에는 변화가 없다.

v) 법인세 없는 MM의 3명제에 의하면 부채기업의 할인율과 무부채기업의 할인율은 동일하다. 무위험이자율로 차입을 할 수 있는 기업은 선물로 헤지를 하는 효과가 발생하여 부채사용 효과가 투자안의 가치평가에 영향을 주지 않는다.

☞ SMART

일반적으로 투자의사결정 1년 후부터 영업현금흐름이 발생하여 투자안의 가치는 다음과 같다.

$$V_0 = \frac{C}{R}$$

하지만 이 문제에서는 투자의사결정만 내려지면 A설비제품공장은 순간적으로 건설되어, 유지관리비 없이 1년에 단 1개만의 A설비제품을 영원히 연초에 생산하기 때문에 투자안의 가치는 다음과 같다.

$$V_0 = C + \frac{C}{R}$$

8-9 2기간 이항분포모형 (2006년)

(물음1) 2기간 이항분포모형

$$u=1.2, \quad d=0.9, \quad p = \frac{1+(R_f-\delta)\times\dfrac{T}{12}-d}{u-d} = \frac{1+(0.12-0.08)\times 6/12-0.9}{1.2-0.9} = 0.4$$

※ 헤지확률을 근사값으로 구한다.

$$S_u = 20,000 \times 1.20 = 24,000 \qquad\qquad S_d = 20,000 \times 0.90 = 18,000$$

$$S_{uu} = 24,000 \times 1.20 = 28,800 \quad\rightarrow\quad C_{uu} = 8,800$$

$$S_{ud} = S_{du} = 24,000 \times 0.90 = 21,600 \quad\rightarrow\quad C_{ud} = C_{du} = 1,600$$

$$S_{dd} = 18,000 \times 0.90 = 16,200 \quad\rightarrow\quad C_{dd} = 0$$

(4) 유럽형 풋옵션의 균형가격

$$C_0 = \frac{(0.4^2\times 8,800)+2\times(0.4\times 0.6\times 1,600)+(0.6^2\times 0)}{1.06^2} = \mathbf{1,936.63}\text{원}$$

(물음2) 풋-콜 패러티

2기간 배당수익률 모형의 풋-콜 패러티를 이용한다.

$$\frac{S}{(1+\delta\times\dfrac{6}{12})^2}+P-C = \frac{X}{(1+R_f\times\dfrac{6}{12})^2}$$

$$\frac{20,000}{1.06^2}+P_0-1936.63 = \frac{20,000}{1.04^2} \quad\rightarrow\quad P_0 = \mathbf{1,245.43}\text{원}$$

☞ SMART

헤지확률을 근사식이 아닌 정확한 값으로 계산하면 다음과 같다.

$$p = \frac{\dfrac{1+R_f\times\dfrac{T}{12}}{1+\delta\times\dfrac{T}{12}}-d}{u-d} = \frac{\dfrac{1+0.12\times\dfrac{6}{12}}{1+0.08\times\dfrac{6}{12}}-0.9}{1.2-0.9} = 0.3974$$

무위험이자율과 배당수익률은 연표시 이자율이지만 환율의 상승계수(u)와 하락계수
(d)는 6개월 기준이기 때문에 월할 계산과정에서 주의하여야 한다.

8-10 Put-Call parity (2007년)

(물음1) 콜옵션의 가격 하한선

유럽형 콜옵션의 하한선은 다음과 같다.

$$C_0 \geq Max[S_0 - \frac{X}{(1+R_f)^T}, 0] \geq max[31,000 - \frac{30,000}{1.03^1}, 0] = \mathbf{1,874원}$$

∴ 콜옵션의 시장가격 3,000원은 하한선보다 크기 때문에 조건이 성립한다.

(물음2) 풋-콜패러티

$$S_0 - C_0 + P_0 = \frac{X}{(1+R_f)^T}$$

$31,000 - 3,000 + 2,200 > \dfrac{30,000}{1.03} \rightarrow 30,200원 > 29,126원$

∴ 풋-콜 패러티는 성립하지 않는다.

(물음3) 풋-콜패러티를 이용한 차익거래

$$S_0 - C_0 + P_0 > \frac{X}{(1+R_f)^T}$$

⟹ 차익거래 : 기초자산과 풋옵션 매도, 콜옵션과 채권 매수(대출)

(물음4) 차익거래이익

포트폴리오	현재시점 현금흐름	만기시점 현금흐름	
		$S_t \langle 30,000$	$S_t \rangle 30,000$
주식 매도	+31,000	$-S_t$	$-S_t$
콜옵션 매입	-3,000	0	St-30,000
풋옵션 매도	+2,200	$-[30,000-S_t]$	0
대출	-30,200	+31,106	+31,106
Total	0	+1,106	+1,106

∴ 만기일의 이익 =**1,106원**

☞ SMART

> • 유럽형 콜옵션의 균형가격 범위
> $$Max[S_0 - PV(X), 0] \leq C_0 \leq S_0$$

8-11 옵션을 이용한 계약서의 평가 (2008년)

(물음1) 옵션의 프리미엄

계약I은 주당 9,500원에 매도할 수 있기 때문에 주식선물과 동일한 계약이다.

계약I과 주식선물의 차익거래가 없는 균형상태에서 계약I의 프리미엄은 다음과 같다.

$$\text{계약 I의 프리미엄} = \frac{(9500-9400) \times 10만주}{1.06} = 9,433,962원$$

∴ 프리미엄 9,433,962원을 준다.

(물음2) 옵션의 프리미엄

계약II의 계약내용을 분석하면 콜옵션 20만주를 매도하고 풋옵션 10만주를 매수한 것과 동일한 계약이므로 계약 II의 프리미엄은 다음과 같다.

$$\text{현재 투자금액} = 20만주 \times C_0 - 10만주 \times P_0$$
$$= 20만주 \times 652 - 10만주 \times 781 = 52,300,000원$$

∴ 프리미엄 52,300,000원을 받는다.

☞ SMART

- 주가가 9,200원 이하로 하락하면 주당 9,200원에 매도
  - → 행사가격 9,200원의 풋옵션 매입
- 주가가 10,000원 이상으로 상승하면 주당 10,000원에 매도
  - → 행사가격 10,000원의 콜옵션 발행

8-12 이항분포를 이용한 자기자본의 가치평가(2008년)

(물음1) **이항분포를 이용한 기업재무**

(1) 사업종료 시점의 자기자본의 만기가치

C_u = Max [60억 -50억, 0] = 10억

C_d = Max [40억 -50억, 0] = 0

(2) 사업종료 시점의 부채의 만기가치

B_u = Min [60억 , 50억] = 50억

B_d = Min [40억 , 50억] = 40억

(3) 위험중립확률

$$S_0 = \frac{p \times S_u + (1-p) \times S_d}{(1+R_f)^1} \rightarrow 50 = \frac{60 \times p + 40 \times (1-p)}{1.1} \Rightarrow p=0.75$$

(4) 자기자본의 현재가치 : $C_0 = \dfrac{10 \times p + 0 \times (1-p)}{1.1}$=**6.82**억

(5) 부채의 현재가치 : $B_0 = \dfrac{50 \times p + 40 \times (1-p)}{1.1}$=**43.18**억

(물음2) **이항분포를 이용한 기업재무**

(1) 사업종료 시점의 자기자본의 만기가치

C_u = Max [72억 -50억, 0] = 22억

C_d = Max [8억 -50억, 0] = 0

(2) 사업종료 시점의 부채의 만기가치

B_u = Min [72억 , 50억] = 50억

B_d = Min [8억 , 50억] = 8억

(3) 위험중립확률

$$S_0 = \frac{p \times S_u + (1-p) \times S_d}{(1+R_f)^1} \rightarrow 40 = \frac{72 \times p + 8 \times (1-p)}{1.1} \Rightarrow p=0.5625$$

(4) 자기자본의 현재가치 : $C_0 = \dfrac{22 \times p + 0 \times (1-p)}{1.1}$ = **11.25**억

(5) 부채의 현재가치 : $B_0 = \dfrac{50 \times p + 8 \times (1-p)}{1.1}$ = **28.75**억

(물음3) **채권자의 지위**

(1) 풋옵션의 가치 = 무위험채권의 가치 - 위험채권의 가치

　　A사업을 선택한 경우의 풋옵션 = 50억 / 1.1 -43.18 = 2.27억

　　B사업을 선택한 경우의 풋옵션 = 50억 / 1.1 -28.75 = 16.7억

　　※ B사업을 선택하면 풋옵션의 가치는 **14.43억 원이 상승한다.**

(2) 채권자가 채권계약 당시 이러한 경영자의 유인을 인지하고 있다면 채권약정서에 담보
　　설정과 같은 채권자 보호조약을 강제할 것이며 이는 기업으로 하여금 부채사용을 억제
　　하게 한다.

☞ SMART

> • 주주의 경제적 지위
>   콜옵션 매입 (기초자산 = 기업자산, 행사가격 = 부채 액면금액)
>   이항분포 모형을 이용한 자기자본의 균형가격
> $$C_0 = \frac{C_u \times p + C_d \times (1-p)}{1+R_f}$$

8-13 블랙숄즈모형을 이용한 자기자본가치 평가 (2009년)

(1) $N(d_1)$의 결정

In (S/X) = In (1000억/350억) = 1.0498

$$d_1 = \frac{In(\frac{S}{X}) + (R_f + \frac{1}{2}\sigma^2) \times T}{\sigma \times \sqrt{T}} = \frac{1.0498 + (0.05 + \frac{1}{2} \times 0.8^2) \times 1}{0.8 \times \sqrt{1}} = 1.7748$$

$\Rightarrow N(d_1) = 0.9620$

(2) $N(d_2)$의 결정

$$d_2 = d_1 - \sigma\sqrt{T} = 1.7748 - 0.8 \times \sqrt{1} = 0.9748 \Rightarrow N(d_2) = 0.8352$$

(3) 자기자본의 가치

$$C_0 = S \times N(d_1) - \frac{X}{e^{R_f T}} \times N(d_2)$$

= 1,000억 × 0.9620 - 350억 × 0.9512 × 0.8352 = **684억**

(4) 부채의 가치

B = V - S = 1,000억 - 684억 = **316억**

☞ SMART

• 주주의 경제적 지위
  콜옵션 매입 (기초자산 = 기업자산, 행사가격 = 부채 액면금액)
  블랙-숄즈 모형을 이용한 자기자본의 균형가격

$$C_0 = S_0 \times N(d_1) - \frac{X}{e^{R_f T}} \times N(d_2)$$

8-14   합성선물과 디지털옵션(2009년)

(물음1) **합성선물**

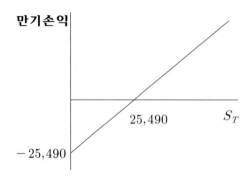

풋-콜 패러티를 이용하면

$$S_0 - C_0 + P_0 = \frac{X}{(1+R_f)^t} \rightarrow C_0 - P_0 = S_0 - \frac{X}{(1+R_f)^t} = +f$$

$\therefore$ 만기손익 $= S_T$ - **25,490**

(물음2) **헤지포트폴리오**

$$H_p = S_0 - C_0 + P_0 \rightarrow H_t = X$$

100주에 대하여 270만원을 고정시키므로 주당 확정금액은 27,000원

따라서 행사가격 27,000원의 헤지포트폴리오를 구성한다.

→ 행사가격 27,000원인 콜옵션 100개를 매도하고 풋옵션 100개를 매수한다.

현재 투자금액 = -244원 × 100개 + 1,717원 × 100개 = **147,300원**

(물음3) **블랙숄즈모형**

3개월 후 주가가 25,000원 이상이 될 확률($N(d_2)$)

$$C_0 = S \times N(d_1) - \frac{X}{e^{R_f T}} \times N(d_2)$$

$$1,000 = 24,866 \times 0.6165 - 25,000 \times \frac{N(d_2)}{e^{R_f \times T}} \quad \Rightarrow \quad \frac{N(d_2)}{e^{R_f \times T}} = 0.573196$$

① 적정 프리미엄

$$\frac{1,000,000 \times N(d_2)}{e^{R_f \times T}} = 1,000,000원 \times 0.573196 = \textbf{573,196원}$$

② $N(d_1)$과 $N(d_2)$의 의미

$N(d_1)$: 기초자산 가격 변동에 대한 콜옵션 가격의 민감도를 의미

$N(d_2)$: 콜옵션이 만기일에 내가격(in the money)이 될 확률을 의미

☞ SMART

(1) 디지털(digital)옵션

기초자산 가격이 옵션계약 당사자 간에 정한 수준이 되면 미리 정해진 이익을 얻고, 기초자산가격이 미리 정해진 가격 이상으로 상승하더라도 정해진 수준 이상의 이익을 얻을 수 없는 옵션거래의 유형이다. 반면, 기초자산가격이 설정된 가격 이하일 경우에는 이익이 상실된다. 디지털이 0아니면 1인 것처럼 투자자는 이익의 전부 또는 전무 중 하나만 선택할 수 있다는 의미에서 디지털 옵션이라 한다.

→ 물음3의 파생상품은 행사가격 25,000원의 디지털 옵션이다.

(2) 합성선물

행사가격이 동일한 콜옵션을 매수하고 풋옵션을 매도한 경우

균형가격 : $C_0 - P_0 = S_0 - \dfrac{X}{(1+R_f)^t} = \dfrac{F-X}{(1+R_f)^t}$

복제포트폴리오 : $C_0 - P_0 = +f$

8-15 보험전략 및 박스스프레드 (2010년)

(물음1) 유럽형 풋옵션의 균형가격

(1) 기초자료

$$u=1.2, \quad d=0.8, \quad p=\frac{1.05-0.8}{1.2-0.8}=0.625$$

(2) 1년 후 주가

$$S_u = 20,000 \times 1.20 = 24,000 \qquad\qquad S_d = 20,000 \times 0.80 = 16,000$$

(3) 2년 후 주가 및 풋옵션의 만기가치

$$P_t = Max\,[0, 20,000 - S_t]$$

$$S_{uu} = 24,000 \times 1.20 = 28,800 \quad\rightarrow\quad P_{uu} = 0$$

$$S_{ud} = S_{du} = 24,000 \times 0.80 = 19,200 \quad\rightarrow\quad P_{ud} = P_{du} = 800$$

$$S_{dd} = 16,000 \times 0.80 = 12,800 \quad\rightarrow P_{dd} = 7,200$$

(4) 유럽형 풋옵션의 균형가격

$$P_0 = \frac{p^2 \times P_{uu} + 2 \times p \times (1-p) \times P_{ud} + (1-p)^2 \times P_{dd}}{(1+R_f)^2}$$

$$= \frac{(0.625^2 \times 0) + 2 \times (0.625 \times 0.375 \times 800) + (0.375^2 \times 7,200)}{1.05^2} = \textbf{1,258.50원}$$

(물음2) 헤지포트폴리오

(1) 1년 후 풋옵션의 가격

$$P_u = \frac{(0.625 \times 0) + (0.375 \times 800)}{1.05} = 285.71원$$

$$P_d = \frac{(0.625 \times 800) + (0.375 \times 7,200)}{1.05} = 3,047.62원$$

(2) 헤지포트폴리오

- 주식 1개를 매수하고 풋옵션 HR개 매수하는 헤지포트폴리오 $\rightarrow H_P = S + HR \times P$

$$HR = -\frac{S_u - S_d}{P_u - P_d} = \quad = -\frac{24,000 - 16,000}{3,047.61 - 285.71} = 2.8969$$

∴ 주식을 1주 매입하고 풋옵션을 2.8969개를 매입한다.

(3) 헤지포트폴리오의 성과

현재 투자금액 = 20,000원 + 2.8969개 × 1,258.50원 = 23,645.75원

1년 후 만기가치 = 23,645.75원 × 1.05 = **24,828.04원**

(물음3) **포트폴리오보험**

(방법3) 동적 헤징 → 주식 매수 + 무위험채권의 투자비율을 조정

$N(d_1)$개의 주식과 $[1 - N(d_2)]$개의 채권을 구입하는 전략

(1) 콜옵션의 델타

$$HR = -\frac{1}{\Delta_p} \rightarrow 2.8969 = -\frac{1}{\Delta_p} \rightarrow \Delta_p = -0.3452$$

$$1 - \Delta_c + \Delta_p = 0 \rightarrow 1 - \Delta_c + (-0.3452) = 0 \rightarrow \Delta_c = 0.6548$$

(2) 포트폴리오 보험

주식투자금액 $= S_0 \times N(d_1) = 20,000 \times 0.6548 = 13,096$원

채권투자금액 $= (1 - N(d_2)) \times PV(X) = S_0 \times (1 - N(d_1)) + P_0$

$= 20,000 - 13,096 + 1,258.5 = \textbf{8,162.5}$원

(물음4) **박스스프레드**

박스스프레드의 균형가격

$$+ C_1 - C_2 - P_1 + P_2 = \frac{X_2 - X_1}{(1 + R_f)^t} \rightarrow 4,640 - 2,470 - 2,950 + 4,490 < \frac{4,000}{1.07^1}$$

∴ 박스스프레드의 시장가격(3,710원) < 균형가격 (3,738.32원)

→ 차익거래 : 박스스프레드 매수, 무위험이자율 차입

→ 행사가격 K1의 콜옵션과 행사가격 K2의 풋옵션을 매수하고 행사가격 K2의 콜옵션과 행사가격 K1의 풋옵션을 매도하며, 무위험이자율로 3,738.32원을 차입한다.

→ 차익거래이익 : **28.32원**

☞ SMART

> (1) 포트폴리오 보험전략
> (방법1) 보호풋 전략 → 주식매수 + 풋옵션 매수
> (방법2) 무위험채권 매수 + 콜옵션 매수
> (방법3) 동적 헤징 → 주식 매수 + 무위험채권의 투자비율을 조정
> (방법4) 동적 헤징 → 선물 매수 + 무위험채권의 투자비율을 조정
> 이 문제에서는 방법 3을 적용한다.
>
> (2) 박스스프레드의 균형가격
> $$+ C_1 - C_2 - P_1 + P_2 = \frac{X_2 - X_1}{(1 + R_f)^t}$$

8-16 실물옵션과 블랙숄즈모형 (2011년)

(물음1) **블랙-숄즈 모형**

(1) 배당을 고려한 기초자산의 현재가격

$$S' = \frac{S}{e^{\delta \times T}} = 408.2 \times 0.5488 = 224.0202억 \text{ 달러}$$

$$\text{In } (S'/X) = \text{In } (0.7724) = -0.2582$$

$$d_1 = \frac{\text{In}(\frac{S'}{X}) + (R_f + \frac{1}{2}\sigma^2) \times T}{\sigma \times \sqrt{T}} = \frac{(-0.2582) + (0.08 + \frac{1}{2} \times 0.2^2) \times 12}{0.2 \times \sqrt{12}} = 1.3594$$

$$\Rightarrow N(d_1) = 0.9130$$

$$d_2 = d_1 - \sigma\sqrt{T} = 1.3594 - 0.2 \times \sqrt{12} = 0.6666 \Rightarrow N(d_2) = 0.7475$$

$$C_0 = S' \times N(d_1) - \frac{X}{e^{R_f T}} \times N(d_2)$$

$$= 224.0202억 \times 0.9130 - 290 \times \text{e-0.96} \times 0.7475 = \mathbf{121.5273억} \text{ 달러}$$

(물음2) **주식가치**

(1) 유전 K의 가치 $= \dfrac{27}{1.09} + \dfrac{27}{1.09^2} + \dfrac{27}{1.09^3} = 68.345억$

(2) 정유회사인 XYZ의 자기자본의 시장가치

$= 121.5273 + 68.345 - 65 = 124.8723억$ 달러

(3) 정유회사인 XYZ의 균형주가=124.8723억 / 1.5억 = **\$83.2482**

∴ 주식의 시장가격(**\$65**)은 균형가격(**\$83.2**)보다 작기 때문에 저평가되어 있다.

(물음3) **실물옵션의 장점**

기업이 내려야 할 투자의사결정 또는 자본조달결정 등 많은 분야에 옵션이 들어가 있는데 전통적인 NPV 방법은 상황변동에 따른 전략적 의사결정을 고려하지 않지만 실물옵션은 상황변동에 따른 전략적 의사결정을 고려하여 투자안을 평가한다.

☞ SMART

$$d_2 = d_1 - \sigma\sqrt{T}$$

위의 공식을 활용하면 N( ) 값 3개 중에서 $d_1 = 1.3594$, $d_2 = 0.6666$임을 알 수 있다.

8-17 이항모형과 복제포트폴리오 (2011년)

(물음1) **복제포트폴리오**

주식 a개와 채권을 매수한 포트폴리오로 콜옵션을 복제 → $R_p = a \times S + B$

$C_u = aS_u + B \times (1+R_f)^1 \Rightarrow 35,000 = a \times 50,000 + B \times 1.08$

$C_d = aS_d + B \times (1+R_f)^1 \Rightarrow 0 = a \times 2,000 + B \times 1.08$

위의 식을 연립방정식으로 풀면 a=0.7292, B=-1,350원

$\therefore C_0 = 16,000 \times 0.7292 - 1,350 = $ **10,317원**

(물음2) **복제포트폴리오**

주식 a개와 채권을 매수한 포트폴리오로 풋옵션을 복제 → $R_p = a \times S + B$

$P_u = aS_u + B \times (1+R_f)^1 \Rightarrow 0 = a \times 50,000 + B \times 1.08$

$P_d = aS_d + B \times (1+R_f)^1 \Rightarrow 13,000 = a \times 2,000 + B \times 1.08$

위의 식을 연립방정식으로 풀면 a=-0.2708, B=12,537원

$\therefore P_0 = 16,000 \times (-0.2708) + 12,537 = $ **8,204원**

포트폴리오의 총가치 = C + P = 10,317원 + 8,204원 = **18,521원**

(물음3) **롱 스트래들**

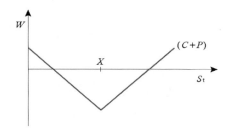

주가가 현재가격에서 일정범위를 벗어나면 상승하거나 하락하는 경우 모두 이익을 얻지만 일정범위를 벗어나지 않으면 손실이 발생한다.

☞ SMART

> **콜옵션의 균형가격 도출방법 (이항분포)**
>
> (1) 헤지포트폴리오 : $H_P = S + HR \times C$
>
> (2) 복제포트폴리오 : $R_p = a \times S + B$
>
> (3) 위험중립확률 접근법 : $C_0 = \dfrac{C_u \times p + C_d \times (1-p)}{1+R_f}$
>
> 이 문제에서는 복제포트폴리오법의 풀이를 지정하고 있다.

8-18 전환권과 신주인수권 (2012년)

(물음1) 신주인수권의 가치

(1) 기초자료

$$u=1.2, \quad d=0.9, \quad p=\frac{1.05-0.9}{1.2-0.9}=0.5$$

(2) 1년 후 주가

$$S_u = 10,000 \times 1.20 = 12,000 \qquad\qquad S_d = 10,000 \times 0.90 = 9,000$$

(3) 2년 후 주가 및 신주인수권의 만기가치

$$C_t = Max\,[0, S_t - 10,500]$$

$$S_{uu}= 12,000 \times 1.20 = 14,400 \rightarrow \qquad C_{uu} = 3,900$$

$$S_{ud} = S_{du} = 12,000 \times 0.90 = 10,800 \quad\rightarrow\quad C_{ud} = C_{du} = 300$$

$$S_{dd} = 9,000 \times 0.90 = 8,100 \rightarrow C_{dd} = 0$$

(4) 희석화효과를 고려하지 않은 신주인수권의 1단위당 가치

$$C_0 = \frac{p^2 \times C_{uu} + 2 \times p \times (1-p) \times C_{ud} + (1-p)^2 \times C_{dd}}{(1+R_f)^2}$$

$$= \frac{0.5^2 \times 3,900 + 2 \times 0.5 \times 0.5 \times 300 + 0.5 \times 0}{(1.05)^2} = 1,020.41원$$

(5) 희석화효과를 고려한 신주인수권의 1단위당 가치

$$W_o = C_0 \times \frac{N}{N+N_w} = 1020.41 \times \frac{100만주}{100만주 + 10만주} = \mathbf{927.64원}$$

(물음2) 전환권의 가치

(1) 전환권의 주식 1주당 행사가격

$$\frac{\mathbf{만기일의일반사채가치}}{\mathbf{전환비율}} = \frac{100,000}{5} = 20,000원$$

(2) 2년 후 전환권의 만기가치

만기일의 주가가 모두 행사가격 20,000원 보다 낮으므로 만기가치=0

→ 전환권의 현재가치= **0**

(물음3) **채권의 가치평가**

(1) 일반사채의 가치 $= (\dfrac{2,000}{1.06} + \dfrac{102,000}{1.06^2}) \times 10$**만** $= 92.6664$억원

(2) 신주인수권부 사채

신주인수권부사채 = 일반사채 + 신주인수권의 가치

$\qquad\qquad\qquad\quad$ = 92.6664억원 + 927.64원 x 10만 = 93.594억원

∴ 발행가액 **95**억원은 **1.406**억원 과대평가

(3) 전환사채

전환사채 = 일반사채 + 전환권의 가치

$\qquad\qquad\quad$ = 92.6664억원 +0원 x 10만 = 92.6664억원

∴ 발행가액 **95**억원은 **2.3336**억원 과대평가

(물음4) **권리락주가**

$$P_0^{after} = \frac{10,000원 \times 10만주 + 8,000원 \times 25만주}{100만주 + 25만주} = 9,600원$$

∴ 신주인수권 1단위당 가치 = 권리부주가 - 권리락주가

$\qquad\qquad\qquad\qquad\qquad$ = 10,000원 - 9,600원 = **400**원

☞ SMART

> 신주인수권의 평가와 콜옵션의 평가의 차이점
>
> (1) 기초주식의 가격이 신주인수권 발행후의 주가(S_0=권리락 주가)
>
> 이 문제에서 신주인수권 행사가격이 현재주가보다 크기 때문에 현재주가 10,000
> 원을 사용하여 이항분포를 만든다. 물음4의 경우에는 권리락주가 9,600원을 기준
> 으로 이항분포를 만들어야 한다.
>
> (2) 희석화효과 : $W_o = C_0 \times \dfrac{N}{N+N_w}$

8-19 3기간 이항분포모형 (2012년)

(물음1) **헤지포트폴리오**

(1) 기초자료

$$u=1.1, \quad d=0.9, \quad p=\frac{1.06-0.9}{1.1-0.9}=0.8$$

(2) 1년 후 주가 및 옵션의 만기가치

$$P_t = \max[10{,}000 - S_t, 0]$$

$S_u = 20{,}000 \times 1.10 = 22{,}000 \Rightarrow P_u = $ Max [19,000 - 22,000, 0] = 0

$S_d = 20{,}000 \times 0.90 = 18{,}000 \Rightarrow P_d = $ Max [19,000 - 18,0000, 0] = 1,000

(3) 헤지포트폴리오

- 주식 1개를 매수하고 풋옵션 HR개 매수하는 헤지포트폴리오 → $H_P = S + HR \times P$

$$HR = -\frac{S_u - S_d}{P_u - P_d} = \quad = -\frac{22{,}000 - 18{,}000}{0 - 1{,}000} = 4$$

∴ 풋옵션 **400개**를 매수한다.

(물음2) **풋옵션의 균형가격**

$$P_0 = \frac{P_u \times p + P_d \times (1-p)}{1+R_f} = \frac{(0.8 \times 0) + (0.2 \times 1{,}000)}{1.06} = \textbf{188.68원}$$

(물음3) **3기간 이항모형**

(1) 2년 후 주가

$$S_{uu} = 22{,}000 \times 1.10 = 24{,}200$$

$$S_{ud} = S_{du} = 22{,}000 \times 0.90 = 19{,}800$$

$$S_{dd} = 18{,}000 \times 0.90 = 16{,}200$$

(2) 3년 후 주가 및 옵션의 만기가치

$$V_t = \max\left[0, \frac{S_t}{20000} - 1\right] \times 8{,}000$$

$S_{uuu} = 24{,}200 \times 1.10 = 26{,}620 \rightarrow V_{uuu} = 2{,}648원$

$S_{uud} = S_{udu} = S_{duu} = 21{,}780 \rightarrow V_{uud} = V_{udu} = V_{duu} = 712원$

$S_{udd} = S_{dud} = S_{ddu} = 17{,}820 \rightarrow V_{udd} = V_{dud} = V_{ddu} = 0원$

$S_{ddd} = 16{,}200 \times 0.90 = 14{,}580 \rightarrow V_{ddd} = 0원$

(4) 옵션의 현재가격

$$V_0 = \frac{(0.8^3 \times 2,648) + 3 \times (0.8^2 \times 0.2 \times 712) + 3 \times (0.8 \times 0.2^2 \times 0) + (0.2^3 \times 0)}{1.06^3}$$

$= $ **1,367.89원**

(물음4) **KO조항이 있는 풋옵션**

(1) 2년 후 주가

S_{uu}=24,200 S_{ud} =19,800 S_{du} = 19,800 S_{dd} = 16,200 (knock out)

(2) 3년 후 주가 풋옵션의 만기가치

$P_t = \max[22,000 - S_t, 0]$

S_{uuu}= 26,620   → P_{uuu}= 0

$S_{uud} = S_{udu} = S_{duu}$ = 21,780   → $P_{uud} = P_{udu} = P_{duu} = 220$

$S_{udd} = S_{dud}$ = 17,820   → $P_{udd} = P_{dud} = 4180$

$S_{ddu} = S_{ddd} = 0$ → $P_{ddu} = P_{ddd} = 0$

(3) 옵션의 현재가격

$$P_0 = \frac{(0.8^3 \times 0) + 3 \times (0.8^2 \times 0.2 \times 220) + 2 \times (0.8 \times 0.2^2 \times 4,180)}{1.06^3} = \textbf{295.55원}$$

☞ SMART

(1) 상한(knock-in) 조항
기초자산의 가격이 상한 이상으로 오르게 되면 약정금액을 받는 조항

(2) 하한(knock-out) 조항
기초자산의 가격이 하한 이하로 떨어지면 계약이 해지되어 조항

8-20 이항분포의 헤지포트폴리오와 복제포트폴리오(2013년)

(물음1) **헤지포트폴리오를 이용한 옵션의 균형가격**

(1) 기초자료

$$u=1.2, \quad d=0.7, \quad p=\frac{1.1-0.7}{1.2-0.7}=0.8$$

$$S_u = 10,000 \times 1.12 = 12,000 \Rightarrow C_u = 2,000 \qquad P_u = 0$$

$$S_d = 10,000 \times 0.7 = 7,000 \quad \Rightarrow \quad C_d = 0 \qquad P_d = 3,000$$

(2) 헤지포트폴리오

주식 1개를 매수하고 콜옵션 m개 매도하는 헤지포트폴리오 → $H_p = S - m \times C$

1기간 후 주가상승의 가치 : $H_u = S_u - m \times C_u$ = 12,000 - m x 2,000

1기간 후 주가하락의 가치 : $H_d = S_d - m \times C_d$ = 7,000 - m x 0

$$H_u = H_d \Rightarrow m = \frac{12,000-7,000}{2,000-0} = 2.5$$

$$H_t = 12,000 - 2.5 \times 2,000 = 7,000 - 2.5 \times 0 = 7,000$$

$$H_0 = 10,000 - 2.5 \times C_0 = \frac{7,000}{1.10^1} \Rightarrow C_0 = \textbf{1,454.55}$$

(물음2) **헤지포트폴리오의 성격**

헤지포트폴리오란 미래의 주가변동과 무관하게 일정한 가치를 갖는 포트폴리오이다.

(물음3) **콜옵션 복제포트폴리오와 차익거래**

(1) 복제포트폴리오

주식 n개와 채권을 매수한 포트폴리오로 콜옵션을 복제 → $R_p = a \times S + B$

$$C_u = aS_u + B \times (1+R_f)^1 \Rightarrow 2,000 = a \times 12,000 + B \times 1.10$$

$$C_d = aS_d + B \times (1+R_f)^1 \Rightarrow 0 = a \times 7,000 + B \times 1.10$$

위의 식을 연립방정식으로 풀면 a=0.40, B=-2,545.45원

∴ 주식을 **0.40**개 매수하고 **2,545.45**를 무위험으로 차입하면 콜옵션의 복제이다.

C_0 = 0.40 x 10,000원 - 2,545.45원 = 1,454.55원

(2) 차익거래

콜옵션 시장가격 (1600원) > 균형가격

→ 차익거래 : 콜옵션 매도, 복제포트폴리오 매수

→ 차익포트폴리오 : 콜옵션 1개 매도, 주식 0.4개 매수, 1,454.55원 대출

- 현재시점 현금흐름 =1,600원 - 0.40 x 10,000원 + 2,545.45원 = 145.45원
- 주가상승 만기 현금흐름 = -2,000원 + 0.4 × 12,000원 - 2,545.45 × 1.10 =0
- 주가하락 만기 현금흐름 = -0원 + 0.4 × 7,000원 - 2,545.45 × 1.10 =0

(물음4) 풋옵션 복제포트폴리오와 차익거래

(1) 복제포트폴리오

주식 a개와 채권을 매수한 포트폴리오로 풋옵션을 복제 → $R_p = a \times S + B$

$$P_u = aS_u + B \times (1+R_f)^1 \Rightarrow 0 = a \times 12,000 + B \times 1.10$$

$$P_d = aS_d + B \times (1+R_f)^1 \Rightarrow 3,000 = a \times 7,000 + B \times 1.10$$

위의 식을 연립방정식으로 풀면 a=-0.6, B=+6,545.45원

∴ 주식을 0.33개 매도하고 6,545.45원을 무위험으로 대출하면 풋옵션의 복제이다.

P_0 = -0.6 x 10,000원 +6,545.45원 = **545.45원**

(2) 차익거래

풋옵션 시장가격 (600원) > 균형가격

→ 차익거래 : 풋옵션 매도, 복제포트폴리오 매수

→ 차익포트폴리오 : 풋옵션 1개 매도, 주식 0.6개 매도, 6,545.45원 대출

- 현재시점 현금흐름 = 600원 + 0.60 x 10,000원 -6,545.45원 = **54.55원**
- 주가상승시 만기시점 현금흐름
  = -0원 - 0.6 x 12,000원 + 6,545.45 x 1.10 = 0
- 주가하락시 만기시점 현금흐름
  = -3,000원 - 0.6 x 7,000원 + 6,545.45 x 1.10 = 0

☞ SMART

콜옵션의 균형가격 도출방법 (이항분포)

(1) 헤지포트폴리오 : $H_p = S + HR \times C$

(2) 복제포트폴리오 : $R_p = a \times S + B$

(3) 위험중립확률 접근법 : $C_0 = \dfrac{C_u \times p + C_d \times (1-p)}{1+R_f}$

8-21 포트폴리오 보험전략 (2014년)

(물음1) **보호풋 전략**

$S_0 + P_0 \rightarrow$ 보호풋 전략은 주식 1개에 풋옵션 1개를 매입

(1) 주식 1,000주를 보유한 투자자가 필요한 풋옵션의 개수 = **1000개**

(2) 포트폴리오의 현재시점 가치 = 1,000개 x (10,000원 + 500원) = **10,500,000원**

(물음2) 보호풋의 만기가치 = $S_t + Max[X - S_t, 0] = Max[X, S_t]$

주가 5,000원 경우 포트폴리오의 만기가치 = 10,000원 x 1000개 = **10,000,000원**

주가 15,000원 경우 포트폴리오의 만기가치 = 15,000원 x 1000개 = **15,000,000원**

(물음3) **투자금액과 보호풋전략**

1년 후 최소한 1,000만원을 확보하기 위해서 다음과 같이 포트폴리오를 조정한다.

(1) 투자금액 1,000만원의 포트폴리오 $R_p = (S_0 + P_0) \times N + B_0$

주식과 풋옵션에 N개를 투자하고 나머지 금액은 무위험 대출

주식과 풋옵션의 투자금액 = 10,500원 x N

대출 투자금액 = 10,000,000 - 10,500 x N

(2) 1년 후 주가가 10,000원 이하인 경우 포트폴리오의 가치

10,000 x N + (10,000,000 -10,500 x N) x 1.10 = 10,000,000원 ⇒ N=645.16

(3) 포트폴리오의 구성

주식의 개수 = **645.16개**,   풋옵션의 개수 = **645.16개**

대출액 = 10,000,000 -10,500 x 645.16 = **3,225,820원**

(물음4) **포트폴리오 보험전략**

포트폴리오 보험이란 기초포트폴리오를 구성하고 시장상황이 나빠지면서 그 가치가 일정한 수준 이하로 하락하게 될 때에 이 손실을 막을 수 있는 것을 말한다. 그러나 이와 반대로 기초포트폴리오의 가치가 상승하여 이익이 발생할 때에는 일정한 비용을 제외한 모든 이익이 투자자에게 귀속되도록 하는 투자기법이다.

☞ SMART

> **(물음3)** 1년 후 주가가 15,000원인 경우 포트폴리오의 가치
> 15,000 x 645.16 + 3,225,820원 x 1.10 = 13,225,802원
>
> → 물음3의 포트폴리오 보험전략은 물은2의 전략보다 50만원 적게 투자한 것이므로 물음2의 포트폴리오 보험전략보다 주가상승시의 이익은 더 작다.

8-22 전환사채 및 수의상환권 (2015년)

(물음1) **전환사채의 현재가치**

(1) 기초자료

u=1.15, d=0.85, $1+R_f$ =1.01, p=0.55, 1-p=0.45

S_0 = 50 x 2주 = 100만원

(2) 1년 후 주가

S_u = 100 × 1.15 = 115만원

S_d = 100 x 0.85 = 85만원

(3) 2년 후 주가 및 전환사채의 만기가치

$CB_t = \max[S_t, 100$**만원**$]$

S_{uu}= 115 × 1.15 = 132.25만원 → CB_{uu} = 132.25만원

$S_{ud} = S_{du}$ = 115 × 0.85 = 97.75만원 → $CB_{ud} = CB_{du}$ =100만원

S_{dd} = 85 × 0.85 = 72.25만원 → CB_{dd} =100만원

(4) 1년 후 주가상승 시 전환사채의 가격

조기행사하는 경우 : $CB_u^{stop} = \max[115$**만원**$, \dfrac{100\textbf{만원}}{1.01^1}] = 1,150,000$

조기행사하지 않는 경우 : $CB_u^{go} = \dfrac{132.25\textbf{만원} \times 0.55 + 100\textbf{만원} \times 0.45}{1.01^1} = 1,165,717$

→$CB_u = \max[1,150,000, 1,165,717] = 1,165,717$

(5) 1년 후 주가하락 시 전환사채의 가격

조기행사하는 경우 : $CB_d^{stop} = \max[85$**만원**$, \dfrac{100\textbf{만원}}{1.01^1}] = 990,099$

조기행사하지 않는 경우 : $CB_d^{go} = \dfrac{100\textbf{만원}}{1.01^1} = 990,099$

→$CB_u = \max[990,099, 990,099] = 990,099$

(6) 전환사채의 현재가격

$CB_0 = \dfrac{p \times CB_u + (1-p) \times CB_d}{(1+R_f)^1} = \dfrac{1,165,717 \times 0.55 + 990,099 \times 0.45}{1.01^1}$ = **1,075,930원**

(물음2) **수의상환부 전환사채의 가치**

1년 후 CB > 108만원 → 조기상환

1년 후 CB < 108만원 → 조기상환하지 않음

(1) 1년 후 주가상승 시 전환사채의 가격

$$CB_u = CB_u^{stop} = \max[115\textbf{만원}, \frac{100\textbf{만원}}{1.01^1}] = 1,150,000$$

(2) 1년 후 주가하락 시 전환사채의 가격

$$CB_d = CB_d^{go} = \frac{100\textbf{만원}}{1.01^1} = 990,099$$

① 만기 2년의 수의상환부 전환사채의 현재가치

$$CB_0 = \frac{p \times CB_u + (1-p) \times CB_d}{(1+R_f)^1} = \frac{1,150,000 \times 0.55 + 990,099 \times 0.45}{1.01^1}$$

$$= \textbf{1,067,371원}$$

② 채권에 포함되어 있는 수의상환권의 현재가치

1,075,930원 - 1,067,371원 = **8,559원**

(물음3) **파산확률을 고려한 가치평가**

(1) 기초자료

상승확률=0.55, 하락확률=0.43, 파산확률=0.02

(2) 1년 후 주가

S_u =115만원, S_d = 85만원, S_b = 0원 (파산시의 주가)

(3) 2년 후 주가 및 전환사채의 만기가치

S_{uu}= 132.25만원 → CB_{uu} =132.25만원

$S_{ud} = S_{du}$ = 97.75만원 → $CB_{ud} = CB_{du}$ = 100만원

S_{dd} =72.25만원 → CB_{dd} = 100만원

$S_{ub} = S_{db} = 0$ → $CB_{ub} = CB_{db}$ =30만원

(4) 1년 후 주가상승 시 전환사채의 가격

$$CB_u = CB_u^{stop} = \max[115\textbf{만원}, \frac{100\textbf{만원}}{1.01^1}] = 1,150,000$$

(5) 1년 후 주가하락 시 전환사채의 가격

$$CB_d = CB_d^{go} = \frac{100\text{만원} \times 0.98 + 30\text{만원} \times 0.02}{1.01^1} = 976,238$$

(6) 1년 후 파산 시 전환사채의 가격

$$CB_b = 300,000$$

(7) 만기 2년의 수의상환부 전환사채의 현재가치

$$CB_0 = \frac{1,150,000 \times 0.55 + 976,238 \times 0.43 + 300,000 \times 0.02}{1.01^1} = \mathbf{1,047,804원}$$

☞ SMART

(물음1) 만기일을 포함하여 언제나 전환이 가능하므로 미국형 옵션모형을 적용한다.

(물음2) 채권의 만기일 이전에만 수의상환권을 행사할 수 있으며 수의상환을 결정하기에 앞서 항상 채권투자자가 전환권을 행사할 수 있기 때문에 투자자는 1년 후에 다음과 같이 결정한다.

1년 후 CB > 108만원 → 조기상환

1년 후 CB < 108만원 → 조기상환하지 않음

(물음3) 파산확률을 고려하면 $CB_0 = \dfrac{CB_u \times 0.55 + CB_d \times 0.43 + CB_b \times 0.02}{1.01^1}$

출제오류

$$p = \frac{1 + R_f - d}{u - d} \rightarrow p = \frac{1.01 - 0.85}{1.15 - 0.85} = 0.5333 \neq 0.55$$

이항분포모형에서 계산된 위험중립확률과 문제에서 주어진 위험중립확률이 불일치

8-23 스프레드 (2015년)

(물음1) 스프레드 전략

행사가격 X1=1000원, X2=1150원, X3=1300원

옵션전략은 샌드위치 전략

<전략1> $+C_1 - 2C_2 + C_3$

행사가격 1000원 콜옵션 1개 매수, 행사가격 1150원 콜옵션 2개 매도,

행사가격 1300원 콜옵션 1개 매수

<전략2> $+P_1 - 2P_2 + P_3$

행사가격 1000원 풋옵션 1개 매수, 행사가격 1150원 풋옵션 2개 매도,

행사가격 1300원 풋옵션 1개 매수

(물음2) 스프레드의 투자금액

<전략1> 투자비용 = 100 - 40 x 2개 +5 = **25원**

<전략2> 투자비용 = 20 - 60 x 2개 +105 = **5원**

(물음3) 스프레드 차익거래

전략1의 시장가격 > 전략2의 시장가격

차익거래→ 전략1 매도, 전략2 매수

$\rightarrow \ -C_1 + 2C_2 - C_3 \ + P_1 - 2P_2 + P_3$

행사가격 1000원 콜옵션 1개 매도, 행사가격 1150원 콜옵션 2개 매수,

행사가격 1300원 콜옵션 1개 매도, 행사가격 1000원 풋옵션 1개 매수,

행사가격 1150원 풋옵션 2개 매도, 행사가격 1300원 풋옵션 1개 매수

차익거래의 만기이익 = (25-5) x 1.10 = **22원**

(물음4) **박스스프레드**

    <전략1> $+C_1 - C_2 - P_1 + P_2$

    행사가격 1000원 콜옵션 1개 매수, 행사가격 1150원 콜옵션 1개 매도,

    행사가격 1000원 풋옵션 1개 매도, 행사가격 1150원 풋옵션 1개 매수

    투자비용 = 100-40-20+60 = 100

    투자수익률 = 150/100-1 = **50%**

    <전략2> $+C_2 - C_3 - P_2 + P_3$

    행사가격 1150원 콜옵션 1개 매수, 행사가격 1300원 콜옵션 1개 매도,

    행사가격 1150원 풋옵션 1개 매도, 행사가격 1300원 풋옵션 1개 매수

    투자비용 = 40-5-60+105 = 80

    투자수익률 = 150/80-1 = **87.5%**

☞ SMART

    (1) 샌드위치 스프레드 (=버터플라이 스프레드 매도)

        $+C_1 - 2 \times C_2 + C_3$ → 만기가치는 1사분면, 만기손익은 하향이동

        $+P_1 - 2 \times P_2 + P_3$ → 만기가치는 1사분면, 만기손익은 하향이동

    (2) 버터플라이 스프레드

        $-C_1 + 2 \times C_2 - C_3$ → 만기가치는 4사분면, 만기손익은 상향이동

        $-P_1 + 2 \times P_2 - P_3$ → 만기가치는 4사분면, 만기손익은 하향이동

    (3) 박스스프레드의 균형가격

$$+C_1 - C_2 - P_1 + P_2 = \frac{X_2 - X_1}{(1+R_f)^t}$$

8-24 박스스프레드 (2016년)

(물음1)

행사가격 2,000원 콜옵션 1개 매입, 행사가격 2,300원 콜옵션 1개 매도,

행사가격 2,000원 풋옵션 1개 매도, 행사가격 2,300원 풋옵션 1개 매입

(물음2)

투자비용 = 200 - 20 - 40 +120 = <u>260</u>

(물음3)

행사가격 2,000원 콜옵션 1개 매입, 행사가격 2,300원 콜옵션 1개 매도,

행사가격 2,000원 풋옵션 1개 매도, 행사가격 2,300원 풋옵션 1개 매입, 260원 무위험 차입

만기시점의 차익거래이익 = +300 - 260 x 1.10 = <u>14</u>

(물음4)

나비 스프레드 전략

행사가격 2,000원 콜옵션 1개 매입, 행사가격 2,600원 콜옵션 1개 매입,

행사가격 2,300원 콜옵션 2개 매도

투자비용 = 200 + 10 - 20 x 2개 = 170원

만기가치 = Max [2,400-2,000, 0] + Max [2,400-2,600, 0] -2 x Max [2,400-2,300, 0] = +200

투자수익률 = 200 ÷ 170 - 1 = <u>17.7%</u>

☞ SMART

> 박스스프레드 전략
> 콜옵션을 이용한 강세스프레드와 풋옵션을 이용한 약세스프레드의 결합
> $+C_1 - C_2 - P_1 + P_2 \rightarrow$ 만기가치는 1사분면, 만기손익은 하향이동
> $+C_1 - C_2 - P_1 + P_2 = \dfrac{X_2 - X_1}{(1+R_f)^t}$

8-25 델타중립 포트폴리오 (2017년)

(물음1)

$$p = \frac{1.05 - 0.8}{1.2 - 0.8} = 0.625$$

$$S_u = 12000 \qquad\qquad S_d = 8000$$

$$S_{uu} = 10000 \times 1.2^2 = 14400 \quad \rightarrow \quad P_{uu} = Max\,[10,000 - 14,400, 0] = 0$$

$$S_{ud} = 10000 \times 1.2 \times 0.8 = 9600 \quad \rightarrow \quad P_{ud} = Max\,[10,000 - 9,600, 0] = 400$$

$$S_{dd} = 10000 \times 0.8^2 = 6400 \quad \rightarrow \quad P_{dd} = Max\,[10,000 - 6,400, 0] = 3,600$$

$$P_u = \frac{400 \times 0.375}{1.05} = 142.86$$

$$P_d = \frac{400 \times 0.625 + 3600 \times 0.375}{1.05} = 1523.81$$

$$P_0 = \frac{142.86 \times 0.625 + 1523.81 \times 0.375}{1.05} = 629.25$$

현재 방어풋 투자금액 = 10,000 + 629.25 = 10,629.25원

1년 후 방어풋의 가치 = 8,000 + 1,523.81 = 9,523.81원

(물음2)

① 현재 시점(t=0)

$$\Delta_p = \frac{142.86 - 1523.81}{12000 - 8000} = -0.3452$$

포트폴리오보험 = (1-0.3452) x S + B = 0.6548 x S + B

0.6548 x 10,000 + B = 10,629.25 → B=4,081.25원

② 1년 후 시점(t=1)

$$\Delta_p = \frac{400 - 3600}{9600 - 6400} = -1$$

포트폴리오보험 = (1-1) x S + B = 0 x S + B → B= 9,523.81원

③ 만기(t=2)

2년 후 가치 = 6,400 + 3,600 = 10,000원

(물음3)

① 현재 시점(t=0)

$$HR_p = -\frac{1}{-0.3452} = 2.8969$$

델타중립포트폴리오 = S + 2.8969 x P

② 1년 후 시점(t=1)

12,000 + 2.8969 x 142.86 = 8,000 + 2.8969 x 1,523.81 = <u>12,413.85원</u>

③ 만기(t=2)

주가가 상승하여 9,600원이 된 상황(A)

$$HR_p = -\frac{1}{-1} = 1$$ 델타중립포트폴리오 = S +1 x P

2년 후 가치 = 9,600 + 400 = <u>10,000원</u>

주가가 하락하여 9,600원이 된 상황(B)

$$HR_p = -\frac{14400-9600}{0-400} = 12$$ 델타중립포트폴리오 = S +12 x P

2년 후 가치 = 9,600 + 400 x 12 = <u>14,400원</u>

☞ SMART

포트폴리오 보험전략
  (방법1) 보호풋 전략 → 주식매수 + 풋옵션 매수
  (방법2) 무위험채권 매수 + 콜옵션 매수
  (방법3) 동적 헤징 → 주식 매수 + 무위험채권의 투자비율을 조정
  (방법4) 동적 헤징 → 선물 매수 + 무위험채권의 투자비율을 조정
이 문제에서는 방법 3을 적용한다.

8-26 델타-감마 헤징 (고급)

(물음1) 델타헤징

$$V_H = V_p + N_{c1} \times C_1$$

델타중립 : $0 = -1200 + N_{c1} \times 0.6 \rightarrow N_{c1} = +2,000$

∴ 콜옵션 1을 2,000개 매입한다.

(물음2) 델타-감마헤징

$$V_H = V_p + N_s \times S + N_{c1} \times C_1$$

델타중립 : $0 = -1200 + N_s \times 1 + N_{c1} \times 0.6$

감마중립 : $0 = -3000 + N_s \times 0 + N_{c1} \times 0.5$

$\rightarrow N_{c1} = +6000, N_s = -2400$

∴ 콜옵션 1을 6,000개 매입하고 주식 2,400주를 매도한다.

(물음3) 델타-감마헤징

$$V_H = V_p + N_{c1} \times C_1 + N_{c2} \times C_2$$

델타중립 : $0 = -1200 + N_{c1} \times 0.6 + N_{c2} \times 0.5$

감마중립 : $0 = -3000 + N_{c1} \times 0.5 + N_{c2} \times 0.8$

$\rightarrow N_{c1} = -2,348, N_{c2} = +5,218$

∴ 콜옵션 1을 2,348개 매도하고 콜옵션 2를 5,218개 매수한다.

(물음4) 델타-감마헤징의 장점

감마가 작으면 델타는 천천히 변하며, 포트폴리오의 델타중립을 유지하기 위한 재조정의 필요성이 줄어든다. 따라서 감마중립 포트폴리오는 헤징 재조정 사이에 발생하는 비교적 큰 폭의 주가변화에 대해서도 포트폴리오의 가치를 보호해준다.

☞ SMART

□ 델타헤징 : 주가가 변하더라고 포트폴리오의 가치는 변하지 않는 전략
□ 감마헤징 : 감마는 가초자산의 가격변화에 대한 델타의 변화를 나타낸 것으로 감마가 작으면 델타는 천천히 변하며, 포트폴리오의 델타중립을 유지하기 위한 재조정의 필요성이 줄어든다.
□ 기초자산의 델타는 1이고 감마는 0이다.

8-27 주가지수옵션을 이용한 델타 헤징 (고급)

(물음1) 주가지수옵션을 이용한 헤지

$$N=-\frac{S_0}{I_0}\times\beta_S\times\frac{1}{\Delta_p}=-\frac{100,000만원}{250\times50만원}\times2\times\frac{1}{-0.1}=+160$$

∴ 주가지수 풋옵션을 160계약 매수한다.

(물음2) 주가지수옵션을 이용한 헤지

$$1-\Delta_c+\Delta_p=0 \text{ 에서 } 1-0.8+\Delta_p=0 \Rightarrow \Delta_p=-0.2$$

$$N=-\frac{S_0}{I_0}\times\beta_S\times\frac{1}{\Delta_p}=-\frac{100,000만원}{250\times50만원}\times2\times\frac{1}{-0.2}=+80$$

∴ 주가지수 풋옵션을 80계약 매수한다.

(물음3) 주가지수선물을 이용한 헤지

$$255=250\times(1+R_f\times\frac{3}{12}) \rightarrow \Delta_f=(1+R_f\times\frac{3}{12})=\frac{255}{250}=1.02$$

$$N=-\frac{S_0}{I_0}\times\beta_S\times\frac{1}{\Delta_f}=-\frac{100,000만원}{250\times50만원}\times2\times\frac{1}{1.02}=-15.6862$$

∴ 주가지수 선물을 16계약 매도한다.

☞ SMART

□ 주가지수옵션을 이용한 헤징은 교차헤지므로 포트폴리오의 베타를 고려하여 다음과 같이 결정한다.

$$N=-\frac{S_0}{I_0}\times\beta_S\times\frac{1}{\Delta_{option}}$$

8-28 **유럽형 통화옵션과 이항분포** (고급)

(물음1) 유럽형 풋옵션의 가격

    (1) 6개월 후의 만기가치

      $S_u = 1,000 \times 1.2 = 1,200$ $S_d = 1000 \times 0.9 = 900$

    (2) 1년 후의 만기가치

      $S_{uu} = 1200 \times 1.2 = 1440 \rightarrow P_{uu} = \max[1200 - 1440, 0] = 0$

      $S_{ud} = 1200 \times 0.9 = 1080 \rightarrow P_{ud} = \max[1200 - 1080, 0] = 120$

      $S_{dd} = 900 \times 0.9 = 810 \rightarrow P_{dd} = \max[1200 - 810, 0] = 390$

    (3) 위험중립확률 : $p = \dfrac{\dfrac{1.06}{1.04} - 0.9}{1.2 - 0.9} = 0.397436$

    (4) 풋옵션의 6개월 후 가치

      $P_u = \dfrac{0 \times p + 120 \times (1-p)}{1.06^1} = 68.21$

      $P_d = \dfrac{120 \times p + 390 \times (1-p)}{1.06^1} = 266.69$

    (5) 풋옵션의 현재가치 : $P_0^A = \dfrac{68.21 \times p + 300 \times (1-p)}{1.06^1} = \mathbf{177.18}$

(물음2) 헤지비율

    $HR = -\dfrac{(1200 - 900)}{68.21 - 266.69} \times 1.04 \times \dfrac{\$10,000\text{만}}{\$50\text{만}} = \mathbf{314.4계약}$

☞ SMART

위험중립확률 : $p = \dfrac{\dfrac{1+R_k}{1+R_A} - d}{u - d}$	헤지비율 : $HR = -\dfrac{1}{\Delta_p} \times (1 + R_A)$

8-29 미국형 통화옵션과 이항분포 (고급)

(물음1) 풋옵션의 가격

(1) 6개월 후의 만기가치

$S_u = 1{,}000 \times 1.2 = 1{,}200$ $\qquad\qquad$ $S_d = 1000 \times 0.9 = 900$

(2) 1년 후의 만기가치

$S_{uu} = 1200 \times 1.2 = 1440 \rightarrow P_{uu} = \max[1200 - 1440, 0] = 0$

$S_{ud} = 1200 \times 0.9 = 1080 \rightarrow P_{ud} = \max[1200 - 1080, 0] = 120$

$S_{dd} = 900 \times 0.9 = 810 \rightarrow P_{dd} = \max[1200 - 810, 0] = 390$

(3) 위험중립확률 : $p = \dfrac{\dfrac{1.06}{1.04} - 0.9}{1.2 - 0.9} = 0.397436$

(4) 풋옵션의 6개월 후 가치

$P_u = \text{Max}[1200 - 1200, \dfrac{0 \times p + 120 \times (1-p)}{1.06^1}] = 68.21$

$P_d = \text{Max}[1200 - 900, \dfrac{120 \times p + 390 \times (1-p)}{1.06^1}] = 300$

(5) 풋옵션의 현재가치 $\quad P_0^A = \dfrac{68.21 \times p + 300 \times (1-p)}{1.06^1} = \mathbf{196.11}$

(물음2) 헤지비율

$HR = -\dfrac{(1200 - 900)}{68.21 - 300} \times 1.04 \times \dfrac{\$10{,}000\mathbf{만}}{\$50\mathbf{만}} = \mathbf{269.2계약}$

☞ SMART

> **통화 옵션**
>
> 위험중립확률 : $p = \dfrac{\dfrac{1 + R_k}{1 + R_A} - d}{u - d}$ $\qquad\qquad$ 헤지비율 : $HR = -\dfrac{1}{\Delta_p} \times (1 + R_A)$

8-30 실물옵션과 이항분포모형 (고급)

(물음1) 포기옵션의 가치

(1) 위험중립확률 $p = \dfrac{1.08 - 0.8}{1.2 - 0.8} = $ **0.7**

(2) 1년 후 투자안의 가치

$S_u = 100 \times 1.20 = 120$ $\qquad\qquad S_d = 100 \times 0.80 = 80$

(3) 2년 후 투자안의 가치

$S_{uu} = 120 \times 1.20 = 144 \quad \to P_{uu} = Max[100 - 144, 0] = 0$

$S_{ud} = 120 \times 0.80 = 80 \times 1.20 = 96 \to P_{ud} = Max[100 - 96, 0] = 4$

$S_{dd} = 80 \times 0.80 = 64 \to P_{ud} = Max[100 - 64, 0] = 36$

(4) 유럽형 풋옵션의 가치

$P_0^E = \dfrac{0 \times p^2 + 2 \times 4 \times p \times (1-p) + 36 \times (1-p)^2}{1.08^2} = $ **4.22억원**

(물음2) 실물옵션을 반영한 후의 NPV

(1) 유연성이 있는 경우 투자안의 가치

$S_{uu} = Max[144,\ 144 \times 1.2 - 15,\ 144 \times 0.8 + 25,\ 100] = 157.8$ (확장)

$S_{ud} = Max[96,\ 96 \times 1.2 - 15,\ 96 \times 0.8 + 25,\ 100] = 101.8$ (축소)

$S_{dd} = Max[64,\ 64 \times 1.2 - 15,\ 64 \times 0.8 + 25,\ 100] = 100$ (포기)

(2) 유럽형 유연성이 있는 경우 투자안의 NPV

$NPV = -105 + \dfrac{157.8 \times 0.7^2 + 2 \times 101.8 \times 0.7 \times 0.3 + 100 \times 0.3^2}{1.08^2} = $ **5.66억원**

☞ SMART

> 균형가격 100억원을 기준으로 1년 후의 투자안의 가치, 상승계수 및 하락계수를
> 결정하여야 한다. 투자안의 현재가격 105억원으로 1년 후의 투자안의 가치, 상승계수
> 및 하락계수를 결정하면 잘못된 풀이방법이 된다.

8-31 **실물옵션과 이항분포모형** (고급)

(물음1) 포기옵션의 가치

(1) 위험중립확률 $p = \dfrac{1.08 - 0.8}{1.2 - 0.8} = $ **0.7**

(2) 1년 후 투자안의 가치

$S_u = 100 \times 1.20 = 120 \rightarrow P_u = Max[100 - 120, 0] = 0$

$S_d = 100 \times 0.80 = 80 \rightarrow P_d = Max[100 - 80, 0] = 20$

(3) 2년 후 투자안의 가치

$S_{uu} = 120 \times 1.20 = 144 \rightarrow P_{uu} = Max[100 - 144, 0] = 0$

$S_{ud} = 120 \times 0.80 = 80 \times 1.20 = 96 \rightarrow P_{ud} = Max[100 - 96, 0] = 4$

$S_{dd} = 80 \times 0.80 = 64 \rightarrow P_{ud} = Max[100 - 80, 0] = 20$

(4) 포기옵션의 가치

$P_u = Max[0, \dfrac{0 \times p + 4 \times (1 - p)}{1.08^1}] = 1.11$

$P_d = Max[20, \dfrac{4 \times p + 20 \times (1 - p)}{1.08^1}] = 20$

$P_0^A = \dfrac{1.11 \times p + 20 \times (1 - p)}{1.08^1} = $ **6.28억원**

(물음2) 실물옵션을 반영한 후의 NPV

(1) 1년도 말의 투자안의 가치

$S_u = Max[120,\ 120 \times 1.2 - 15,\ 120 \times 0.8 + 25,\ 100,\ \dfrac{157.8 \times 0.7 + 101.8 \times 0.3}{1.08}] = 130.6$

$S_d = Max[80,\ 80 \times 1.2 - 15,\ 80 \times 0.8 + 25,\ 100,\ \dfrac{101.8 \times 0.7 + 100 \times 0.3}{1.08}] = 100$

(2) 미국형 유연성이 있는 경우 투자안의 NPV

$NPV = -105 + \dfrac{130.6 \times 0.7 + 100 \times 0.3}{1.08} = $ **7.4억원**

8-32 CDS 프리미엄 (고급)

(물음1) **대출금액**

(1) 위험중립확률: $p = \dfrac{1.05 - 0.9}{1.1 - 0.9} = 0.75$

(2) 1년 후 투자안의 가치

$S_u = 210 \times 1.10 = 231 \rightarrow B_u = Min[200, 231] = 200$

$S_d = 210 \times 0.90 = 189 \rightarrow B_d = Min[200, 189] = 189$

(3) 대출금액

$B_o = \dfrac{200 \times p + 189 \times (1-p)}{1.05^1} = \textbf{187.86억원}$

(물음2) **신용스프레드**

$187.86 = \dfrac{200}{(1+k)^1} \rightarrow k = 6.46\%$

신용스프레드 $= 6.46\% - 5\% = \textbf{1.46\%}$

(물음3) CDS 수수료

$S_u = 210 \times 1.10 = 231 \rightarrow P_u = \max[200 - 231, 0] = 0$

$S_d = 210 \times 0.90 = 189 \rightarrow P_d = \max[200 - 189, 0] = 11$

$P_o = \dfrac{0 \times p + 11 \times (1-p)}{1.05^1} = \textbf{2.62억원}$

☞ SMART

신용부도스와프 [Credit Default Swap]는 부도가 발생하여 채권이나 대출 원리금을 돌려받지 못할 위험에 대비한 신용파생상품으로 수수료는 풋옵션의 가치와 동일하다. CDS는 신용사건 발생 시 원금 상환을 보장받게 해 주는데 이러한 과정에서의 보험금 성격의 일정한 수수료를 지불하며 CDS프리미엄 또는 CDS스프레드라 부른다.

8-33 이항분포모형과 현물이자율 (고급)

(물음1) 이항분포와 현물이자율

(1) 1년 후 현물이자율 및 만기 2년 무이표채의 가치

$$R_u = 5\% \times 1.3 = 6.5\% \rightarrow B_u = \frac{1}{1.065} = 0.9390$$

$$R_d = 5\% \times 0.77 = 3.85\% \rightarrow B_d = \frac{1}{1.0385} = 0.9629$$

(2) 만기 2년 무이표채의 현재가치

$$B_0 = \frac{0.9390 \times 0.5 + 0.9629 \times 0.5}{1.05^1} = 0.9057$$

(3) 만기 2년 현물이자율

$$0.9057 = \frac{1}{(1 + {}_0R_2)^2} \rightarrow {}_0R_2 = = \mathbf{5.08\%}$$

(물음2) 유동성 프리미엄

$$(1 + 0.052)^2 = (1 + 0.05) \times [\frac{(1 + 0.0508)^2}{(1 + 0.05)} + L] \rightarrow L = \mathbf{0.24\%}$$

☞ SMART

이항분포와 현물이자율

$$\frac{\dfrac{1}{(1 + {}_0R_1 \times u)} \times p + \dfrac{1}{(1 + {}_0R_1 \times d)} \times (1 - p)}{(1 + {}_0R_1)^1} = \frac{1}{(1 + {}_0R_2)^2}$$

8-34 **수의상환채권과 이항분포모형** (고급)

(1) 각 기간별 현물이자율

1년후 : $_1R_2^u = 10\% \times 1.10 = 11\%, _1R_2^d = 10\% \times 0.90 = 9\%$

2년후 : $_2R_3^{uu} = 10\% \times 1.10^2 = 12.1\%, _2R_3^{ud} = 10\% \times 1.10 \times 0.90 = 9.9\%, _2R_3^{dd} = 10\% \times 0.90^2 = 8.1\%$

(2) 각 기간별 일반채권의 가치

2년후 : $B_2^{uu} = \dfrac{100+10}{1.121^1} = 98.13, B_2^{ud} = \dfrac{100+10}{1.099^1} = 100.09, B_2^{dd} = \dfrac{100+10}{1.081^1} = 101.76$

1년후 : $B_1^u = \dfrac{(98.13+100.09) \times 0.5 + 10}{1.11^1} = 98.30, B_1^d = \dfrac{(100.09+101.76) \times 0.5 + 10}{1.09^1} = 101.77$

현재 : $B_0 = \dfrac{(98.30+101.77) \times 0.5 + 10}{1.10^1} = 100.03$**억원**

(3) 각 기간별 수의상환채권의 가치

채권의 가격 = min $[B_t, 101$**억원**$]$

2년후 : $B_2^{uu} = 98.13, B_2^{ud} = 100.09, B_2^{dd} = 101$

1년후 : $B_1^u = 98.30, B_1^d = 101$

현재 : $B_0 = \dfrac{(98.30+101) \times 0.5 + 10}{1.10^1} = 99.68$**억원**

∴ 수의상환권의 가치 = 101.77억원 − 99.68억원 = **0.35억원**

☞ SMART

이항분포와 수의상환채권

☐ 채권가격이 아닌 현물이자율이 이항분포에 따라 변한다.
☐ 이항분포에서 채권의 가격은 현물이자율을 이용하여 역순으로 구한다.
☐ 매년 말 이자지급 후 기업이 수의상환권을 행사할 것인가를 결정한다.
☐ 수의상환권의 가치 = 일반채권의 가치 − 수의상환사채의 가치

8-35 **상환청구채권과 이항분포모형** (고급)

(1) 각 기간별 현물이자율

1년후 : $_1R_2^u = 10\% \times 1.10 = 11\%, _1R_2^d = 10\% \times 0.90 = 9\%$

2년후 : $_2R_3^{uu} = 10\% \times 1.10^2 = 12.1\%, _2R_3^{ud} = 10\% \times 1.10 \times 0.90 = 9.9\%, _2R_3^{dd} = 10\% \times 0.90^2 = 8.1\%$

(2) 각 기간별 일반채권의 가치

2년후 : $B_2^{uu} = \dfrac{100+10}{1.121^1} = 98.13, B_2^{ud} = \dfrac{100+10}{1.099^1} = 100.09, B_2^{dd} = \dfrac{100+10}{1.081^1} = 101.76$

1년후 : $B_1^u = \dfrac{(98.13+100.09) \times 0.5 + 10}{1.11^1} = 98.30, B_1^d = \dfrac{(100.09+101.76) \times 0.5 + 10}{1.09^1} = 101.77$

현재 : $B_0 = \dfrac{(98.30+101.77) \times 0.5 + 10}{1.10^1} = 100.03$**억원**

(3) 각 기간별 상환청구권채권의 가치

채권의 가격 $= \max\,[B_{t,}\,100$**억원**$]$

2년후 : $B_2^{uu} = 100, B_2^{ud} = 100.09, B_2^{dd} = 101.76$

1년후 : $B_1^u = 100, B_1^d = 101.77$

현재 : $B_0 = \dfrac{(100+101.77) \times 0.5 + 10}{1.10^1} = 100.80$**억원**

$\therefore$ 상환청구권의 가치 $= 100.80$억원 $-$ 100.03억원 $=$ **0.77억원**

☞ SMART

> **이항분포와 상환청구채권**
>
> ☐채권가격이 아닌 현물이자율이 이항분포에 따라 변한다.
> ☐이항분포에서 채권의 가격은 현물이자율을 이용하여 역순으로 구한다.
> ☐매년 말 이자수령 후 투자자가 상환청구권을 행사할 것인가를 결정한다.
> ☐상환청구권의 가치 = 상환청구채권의 가치 - 일반채권의 가치

8-36 **확장옵션** (고급)

(1) $N(d_1)$**과** $N(d_2)$의 결정

$$d_1 = \frac{In(\frac{S}{X}) + (R_f + \frac{1}{2}\sigma^2) \times T}{\sigma \times \sqrt{T}} = \frac{In\frac{220}{200} + (0.1 + 0.2^2) \times 1}{0.2 \times \sqrt{1}} = 1.077$$

$$\Rightarrow N(d_1) = 0.859$$

$$d_2 = d_1 - \sigma\sqrt{T} = 1.077 - 0.2 \times \sqrt{1} = 0.877 \Rightarrow N(d_2) = 0.810$$

(2) 확장옵션의 가치

$$C_0 = S \times N(d_1) - \frac{X}{e^{R_f T}} \times N(d_2)$$

$$= 220억원 \times 0.859 \ - \ 200억원 \times e^{-0.1} \times 0.810 = \textbf{42.4억원}$$

∴ 투자안의 순현가 = -30억 + 42.4억 = **12.4억원** → 참여하여야 한다.

☞ SMART

확장옵션

□S : 확장투자안 현금흐름의 현재가치

□X : 확장투자안의 초기 투자비용

□확장옵션의 가치= $S \times N(d_1) - \dfrac{X}{e^{R_f T}} \times N(d_2)$

제9장 선물_실전문제 　　　　　　　　정답 및 해설

> 9-1 주가지수선물 (1996년)

(물음1) 포트폴리오의 베타

(1) 포트폴리오의 시장가치

A = 20,000원 × 1,000주 = 20,000,000원

B = 40,000원 × 1,000주 = 40,000,000원

C = 10,000원 × 1,000주 = 10,000,000원

D = 10,000원 × 3,000주 = <u>30,000,000원</u>

100,000,000원

(2) 개별주식의 베타 ⇒ $\beta_i = \rho_{im} \times \dfrac{\sigma_i}{\sigma_m}$

$$\beta_A = 0.4 \times \frac{\sqrt{36}}{\sqrt{4}} = 1.2 \qquad\qquad \beta_B = 0.8 \times \frac{\sqrt{49}}{\sqrt{4}} = 2.8$$

$$\beta_C = 0.4 \times \frac{\sqrt{25}}{\sqrt{4}} = 1.0 \qquad\qquad \beta_D = 0.7 \times \frac{\sqrt{64}}{\sqrt{4}} = 2.8$$

(3) 포트폴리오의 베타

$$\beta_p = \sum_{i=1}^{n} w_i \times \beta_i$$

$$= (0.2 \times 1.2) + (0.4 \times 2.8) + (0.1 \times 1) + (0.3 \times 2.8) = \textbf{2.3}$$

(물음2) 헤지 계약 수 및 효과

(1) 헤지 선물 계약 수

$$N = -\frac{S_0}{F_0} \times \beta_{SM} = -\frac{100,000,000}{103 \times 500,000} \times 2.3 = \textbf{-4.466}$$

∴ 선물 4계약을 매도하여야 한다.

(2) 선물 4계약 매도시의 만기손익

1) 1년 후 포트폴리오의 가치

= (22,000원 × 1,000주) + (43,000원 × 1,000주)

+ (15,000원 × 1,000주) + (11,000원 × 3,000주) = 113,000,000

2) 선물의 손익 = (103 - 110) × 50만원 × 4 = -14,000,000

3) 현물의 손익 = 113,000,000 - 100,000,000 = +13,000,000

4) 전체손익 = 3) + 4) = **-1,000,000**

∴ 포트폴리오에서 13,000,000원 이익을 얻고 선물계약에서 14,000,000원 손실이 발생하여 ㈜대한투자는 1,000,000의 손실이 발생한다.

(물음3) **목표 베타의 선물 계약 수**

$$N = \frac{S_0}{F_0} \times (\beta_T - \beta_{SM}) = \frac{100,000,000}{103 \times 500,000} \times (3.3 - 2.3) = + \mathbf{1.942}$$

∴ 선물 2계약을 매입하여야 한다.

☞ SMART

주가지수선물을 이용한 교차헤지
 (1) 베타헤지
    회귀분석에 의하여 시장포트폴리오와 개별주식의 베타를 산출
 (2) 최소분산헤지
    회귀분석에 의하여 주가지수선물과 개별주식의 베타를 산출

9-2 주가지수선물 (1998년)

(물음1) **주가지수 선물의 균형가격**

$$F = S_o \times [1 + (R_f - d) \times \frac{T}{360}] = 300 \times [1 + (0.12 - 0) \times \frac{80}{360}] = \mathbf{308}$$

(물음2) **불완전시장의 균형가격의 범위**

(1) 선물가격의 상한 ⇒ 차익거래 : 선물매도, 현물매수, 차입

선물계약 1단위를 기준으로 차익거래는 다음과 같다.

투자전략	t=0	t=80일
선물매도	0	$F - S_T$
현물매입	-300	S_T
거래수수료	-1.8*	-1.8**
차 입	+301.8	-301.8 × (1+0.14 × 80/360)
Total	0	F - 312.99

* 현재시점의 수수료 = 선물매도 0.3 + 현물매입 1.5 = 1.8

** 80일후의 수수료 = 선물청산 0.3 + 현물청산 1.5 = 1.8

F - 312.99 ≤ 0 ⇒ F ≤ 312.99

(2) 선물가격의 하한 ⇒ 차익거래 : 선물매수, 현물매도, 대출

선물계약 1단위를 기준으로 차익거래는 다음과 같다.

투자전략	t=0	t=80일
선물매입	0	$S_T - F$
현물매도	+300	$-S_T$
거래수수료	-1.8	-1.8
대 출	-298.2	+298.2 × (1+0.10 × 80/360)
Total	0	303.03 - F

303.03 - F ≤ 0 ⇒ 303.03 ≤ F

(3) KOSPI 선물가격의 범위

303.03 ≤ F ≤ 312.99

(물음3) 차익거래

선물 시장가격(320) > 균형가격 상한 (312.99)

⇒ 차익거래 : 선물매도, 현물매수, 차입

선물계약 1단위를 기준으로 차익거래는 다음과 같다.

투자전략	t=0	t=80일
선물매도	0	$320 - S_T$
현물매입	-300	S_T
거래수수료	-1.8	-1.8
차 입	+301.8	$-301.8 \times (1+0.14 \times 80/360)$
Total	0	+7.01

∴ 80일 후의 차익거래이익은 **7.01** 포인트이다.

☞ SMART

> (1) 선물의 균형가격과 시장가격의 차이인 차익거래이익은 만기시점의 기준
> (2) 불완전시장의 균형가격 범위
>   상한 → 선물매도의 차익거래
>   하한 → 선물매수의 차익거래
>   만기시점의 차익거래이익 ≤ 0이 되어야 균형상태

9-3 주가지수 합성선물 (1999년)

(물음1) 주가지수 선물의 균형가격

$$F = S_o \times [1 + (R_f - d) \times \frac{T}{360}] = 100 \times (1 + (0.08-0.04) \times \frac{40}{360}) = \mathbf{100.44}$$

(물음2) 합성선물

만기 6월인 선물의 매입과 같은 손익효과를 나타내는 옵션전략은 행사가격이 100이고 만기 6월인 콜옵션을 매입하고 풋옵션을 매도하는 전략이다. 이러한 전략을 합성선물이라고 한다.

(물음3) 합성선물을 이용한 차익거래

$$C_0 - P_0 = \frac{F - X}{1 + R_f} \rightarrow 2.5 - 2.5 = \frac{F - 100}{1 + 0.08 \times \frac{40}{360}} \rightarrow F = 100$$

선물의 시장가격(101.5) > 균형가격 (100)

→ 차익거래 : 선물매도, 합성선물 매수

투자전략	t=0	t=40일	
		$S_T \langle 100$	$S_T \rangle 100$
선물매도	0	101.5 - S_T	101.5 - S_T
콜옵션 매입 (행사가격 100)	-2.5	0	S_T -100
풋옵션 매도 (행사가격 100)	+2.5	-(100 - S_T)	0
Total	0	+1.5	+1.5

∴ 40일 후의 차익거래이익은 **1.5** 포인트이다.

☞ SMART

현물가격에 의한 선물의 균형가격= 100.44
합성선물에 의한 선물의 균형가격 = 100
　→ 선물의 시장가격 101.5는 과대평가 되었으므로 균형가격 중 유리한 균형가격과
　　 차익거래를 하여야 하므로 이 문제에서는 합성선물과 차익거래를 한다.

9-4 금리스왑 (2003년)

(물음1) 스왑의 현금흐름분석

(1) 기간별 선도이자율을 이용한 변동금리의 결정

$$(1+{}_0R_n)^n = (1+{}_0R_t)^t \times (1+{}_tf_n)^{n-t}$$

$$1+{}_1f_2 = \frac{1.12^2}{1.10} = 1.1404 \Rightarrow E({}_1LIBOR_2) = 14.04\%$$

$$1+{}_2f_3 = \frac{1.13^3}{1.12^2} = 1.1503 \Rightarrow E({}_2LIBOR_3) = 15.03\%$$

(2) 스왑거래의 현금흐름 분석

㈜소수의 현금흐름	2003년말	2004년말	2005년말
변동금리	-10억*	-14.04억**	-15.03억***
고정금리	13.5억	13.5억	13.5억
순 손 익	3.5억	-0.54억	-1.53억

* 100억 × $E({}_0LIBOR_1)$ = 100억 × 10% =10억

** 100억 × $E({}_1LIBOR_2)$ = 100억 × 14.04% =14.04억

*** 100억 × $E({}_2LIBOR_3)$ = 100억 × 15.03% =15.03억

(물음2) 스왑계약의 가치평가

$$NPV = \frac{3.5억}{(1+0.1)} - \frac{0.54억}{(1+0.12)^2} - \frac{1.53억}{(1+0.13)^3} = \mathbf{1.69억} < 2억원$$

∴ 스왑거래 제의를 받아들이지 않는다.

☞ SMART

기대이론에 의한 고정금리 수취조건의 스왑의 가치

$$= \frac{(0.135-{}_0R_1) \times 100}{(1+{}_0R_1)^1} + \frac{(0.135-{}_1f_2) \times 100}{(1+{}_0R_2)^2} + \frac{(0.135-{}_2f_3) \times 100}{(1+{}_0R_3)^2}$$

9-5 금리스왑 (2009년)

(물음1) 중개은행이 개입하지 않는 경우의 스왑의 이익

(1) 스왑계약 이익의 배분

1) 고정금리 스프레드 = 10% - 8% = 2%

2) 변동금리 스프레드 = LIBOR+ 2.3% - (LIBOR + 1.5%) = 0.8%

3) 스왑의 총 이익 = 1) - 2) = 2% -0.8% = 1.2%

4) 골리앗의 스왑이익 = 1.2% × 0.6 = 0.72%

5) 다비드의 스왑이익 = 1.2% × 0.4 = 0.48%

(2) 골리앗의 스왑계약

골리앗은 고정금리에 비교우위가 있기 때문에 8%로 차입을 하고 LIBOR를 지급하고 고정금리를 수취하는 스왑계약을 한다.

순 현금유출 = 8% + LIBOR – 고정금리

= LIBOR +1.5% - 0.72% ⇒ 고정금리 = **7.22%**

(3) 다비드의 스왑계약

다비드는 변동금리에 비교우위가 있기 때문에 LIBOR+2.3%로 차입을 하고 LIBOR를 수취하고 고정금리(F)를 지급하는 스왑계약을 한다.

순 현금유출 = LIBOR + 2.3% - LIBOR + 고정금리

= 10% - 0.48% ⇒ 고정금리 = **7.22%**

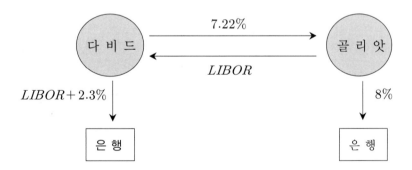

(물음2) 중개은행이 개입한 경우의 스왑의 이익

(1) 스왑계약 이익의 배분

　1) 골리앗의 스왑이익 = (1.2% - 0.2%) × 0.5 = 0.5%

　2) 다비드의 스왑이익 = (1.2% - 0.2%) × 0.5 = 0.5%

(2) 골리앗의 스왑계약

　순 현금유출 = 8% + LIBOR -　고정금리

　　　　　　 = LIBOR + 1.5% - 0.50% ⇒ 고정금리 = **7%**

(3) 다비드의 스왑계약

　순 현금유출 = LIBOR +2.3% - LIBOR +　고정금리

　　　　　　 = 10% - 0.50% ⇒ 고정금리 = **7.2%**

(물음3) 스왑계약의 가치평가

(1) 기간별 선도이자율을 이용한 변동금리의 결정

$$(1+{}_0R_n)^n = (1+{}_0R_t)^t \times (1+{}_tf_n)^{n-t}$$

$$1+{}_1f_2 = \frac{1.06^2}{1.055} = 1.065024 \quad \Rightarrow E({}_1LIBOR_2) = 6.5024\%$$

$$1+{}_2f_3 = \frac{1.065^3}{1.06^2} = 1.075071 \quad \Rightarrow E({}_2LIBOR_3) = 7.5071\%$$

(2) 스왑거래의 현금흐름 분석

현금흐름	t=1	t=2	t=3
변동금리	+5.5억	+6.5024억	+7.5071억
고정금리	-7.2억	-7.2억	-7.2억
순 손 익	-1.7억	-0.6976억	+0.3071억

* 100억 × $E({}_0LIBOR_1)$ = 100억 × 5.5% =5.5억

** 100억 × $E({}_1LIBOR_2)$ = 100억 × 6.5024% = 6.5024억

*** 100억 × $E({}_2LIBOR_3)$ = 100억 × 7.5071% =7.5071억

(3) 스왑계약의 가치평가

$$NPV = -\frac{1.7}{1.055} - \frac{0.6976}{1.06^2} + \frac{0.3071}{1.065^3} = \textbf{-1.978억원}$$

☞ SMART

금리스왑 계약의 순유출액 = 비교우위가 없는 조건의 차입이자율 - 스왑의 이익

9-6 금 선물 (2012년)

(물음1) 금 선물의 균형가격

$$F = S_0 \times (1 + R_f)^T + C_T - R_T$$

$$= \$400 \times 1.10 + \$2 - 0 = \textbf{\$442}$$

(물음2) 차익거래

선물의 시장가격 ($500)> 균형가격 ($442)

⇒ 선물 매도(-f), 현물 매수(+S), 무위험이자율 차입

선물계약 1단위를 기준으로 차익거래는 다음과 같다.

선물 1계약을 매도하고, 금 현물을 100온스 매입하며 매입에 필요한 $40,000은 무위험이자율로 차입하면 1년 후 차익거래이익 $5,800을 얻는다.

	t=0	t=1
선물 매도(-f)	0	100온스 × ($500 - S_T)
현물 매수(+S)	-$400 × 100온스	100온스 × (S_T - $2)
차입	+$40,000	-$40,000 × 1.10
합계	0	**+$5,800**

(물음3) 차익거래

선물의 시장가격 ($420)< 균형가격 ($442)

⇒ 선물 매수(+f), 현물 매도(-S), 무위험이자율 대출

선물계약 1단위를 기준으로 차익거래는 다음과 같다.

선물 1계약을 매입하고, 금 현물을 100온스 매도하며 매도에서 발생한 $40,000은 무위험이자율로 대출하면 1년 후 차익거래이익 $2,200을 얻는다.

	t=0	t=1
선물 매수(+f)	0	100온스 × (S_T - $420)
현물 매도(-S)	+$400 × 100온스	100온스 × ($2 - S_T)
대출	-$40,000	+$40,000 × 1.10
합계	0	**+$2,200**

(물음4) 불완전시장의 균형가격의 범위

(1) 선물가격의 상한

⇒ 차익거래 : 선물 매도(-f), 현물 매수(+S), 무위험이자율 차입

선물 1계약 매도, 금 현물 100온스 매입, $40,000 무위험이자율 차입

	t=0	t=1
선물 매도(-f)	0	100온스 × (F -S_T)
현물 매수(+S)	-$400 × 100온스	100온스 × (S_T -$2)
차입	+$40,000	-$40,000 × 1.12
합계	0	100 × F - $45,000

$100 \times F - \$45,000 \leq 0 \Rightarrow F \leq \$450$

(2) 선물가격의 하한

⇒ 차익거래 : 선물 매수(+f), 현물 매도(-S), 무위험이자율 대출

선물계약 1단위를 기준으로 차익거래는 다음과 같다.

선물 1계약 매입, 금 현물 100온스 매도, $4,000 증거금 예치, $36,000 대출

	t=0	t=1
선물 매수(+f)	0	100온스 × (S_T - F)
현물 매도(-S)	+$400 × 100온스	100온스 × ($2 - S_T)
증거금 예치	-$4,000*	+ $4,000 × 1.03
대 출	-$36,000	+$36,000 × 1.08
합계	0	$43,200 − 100 × F

* 현물 공매의 증거금 = $40,000 × (1-0.9) = $4,000

$\$43,200 - 100 \times F \leq 0 \Rightarrow \$432 \leq F$

(3) 선물가격의 범위 (온스당 기준)

$432 ≤ F ≤ $450

☞ SMART

(1) 선물의 균형가격과 시장가격의 차이인 차익거래이익은 만기시점의 기준
 → 물음1의 온스당 $58과 물음2의 온스당 $22는 만기시점 기준
(2) 불완전시장의 균형가격 범위
 상한 → 선물매도의 차익거래
 하한 → 선물매수의 차익거래
 만기시점의 차익거래이익 ≤ 0이 되어야 균형상태

9-7 금리스왑 (2017년)

(물음1)

$$고정금리채권가격 = \frac{6}{1.05^1} + \frac{6}{1.06^2} + \frac{106}{1.07^3} = 97.58$$

변동금리채권가격 =100

금리스왑의 가치 = 100 - 97.58 = 2.42억

(물음2)

선도이자율 : 1년 7.01%,   2년 9.03%

$$금리스왑의 \ 가치 = \frac{5-6}{1.05^1} + \frac{7.01-6}{1.06^2} + \frac{9.03-6}{1.07^3} = 2.42억$$

(물음3)

$$100 = \frac{C}{1.05^1} + \frac{C}{1.06^2} + \frac{C+100}{1.07^3} \quad \rightarrow C=6.91 \quad 고정금리=6.91\%$$

(물음4)

$1.05 = (1+0.04 \times 182/365) \times (1+ f \times 183/365) \quad \rightarrow f=5.88\%$

100억 $\times$ (7% - 5.88%) $\times$ 183/365 = 0.56억

제10장 환율_실전문제

10-1 통화옵션 (2000년)

(물음1) **투자수익률 10%를 획득하기 위한 원/달러 환율**

(1) 원화투자금액 = (3,000만¥ × 10원/¥)+ (100만$ × 1,200원/$) = 150,000만원

(2) 일본국채의 1년 후 만기금액 = 3,000만¥ × 12원/¥ × 1.03 = 37,080만원

(3) 미국국채의 1년 후 만기금액 = 100만$ × S_1× 1.05 = 105만 × S_1

(4) 1년 후 만기금액 = 150,000만원 × 1.10 = 37,080만원+ 105만 × S_1

$\Rightarrow S_1$= **1,218.29원/$**

(물음2) **Zero cost option**

콜옵션을 1개 매도하고 풋옵션을 1개 매입하면 +80만원 - 60만원 = +20만원이므로 Zero cost를 달성하려면 콜옵션을 3개 매도하고 풋옵션을 4개 매입하면 된다.

∴ 콜옵션 매도 : 풋옵션 매수 = 3 : 4

풋-콜 패러티에 의하면 콜옵션과 풋옵션은 동일한 수량을 각각 매도 및 매수하여야 완전헤지가 되므로 3:4의 zero-cost 전략은 완전헤지를 달성 할 수 없다.

☞ SMART

$$S - C + \frac{4}{3}P = +\frac{1}{3}P$$

물음2의 방법으로 헤지포트폴리오를 구성하면 옵션비용은 0 이지만 포트폴리오 전체는 풋옵션을 1/3 매입한 위험에 노출된다.

10-2 수출기업의 환헤지전략 (2002년)

(물음1) **수출기업의 환헤지전략**

(1) 달러 선물매도를 이용한 3개월 후에 확보하게 되는 원화표시금액

= $10,000,000 × 1,230원/$ = 12,300,000,000원

(2) 단기금융시장을 이용한 3개월 후에 확보하게 되는 원화표시금액

1) $차입금액 $= \dfrac{\$10,000,000}{1+0.084 \times \dfrac{3}{12}}$

2) 원화 대출(예금)금액 $= \dfrac{\$10,000,000}{1+0.084 \times \dfrac{3}{12}} \times 1{,}235\textbf{원}$

3) 원화대출 회수금액 $= \dfrac{\$10,000,000}{1+0.084 \times \dfrac{3}{12}} \times 1{,}235\textbf{원} \times (1+0.056 \times \dfrac{3}{12})$

= 12,265,328,000원

∴ 선물 시장을 이용한 헤징방법 최적이다.

☞ SMART

> 수출기업의 환헤지 방법의 비교 (만기 1년)
>
> (전략1) 달러 선물매도
>
> 　　　매출채권 $1의 환헤지 원화수취금액 $= \$1 \times F$
>
> (전략2) 단기금융시장 : 한국 대출, 달러매도, 미국 차입 (차입금액 $= \dfrac{\$1}{1+R_A}$)
>
> 　　　매출채권 $1의 환헤지 원화수취금액 $= \$1 \times \dfrac{S_0}{1+R_A} \times (1+R_k)$
>
> ∴ 전략 1,2 중 가장 큰 값이 가장 효과적인 헤지방법

(물음2) **불완전시장의 선물균형가격**

(1) 선물 매입을 통한 차익거래

선물 매수(+f), 현물 매도 및 미국차입, 한국 대출

	현재 시점	3개월후
미국차입	+$9,794,319*	(-) $10,000,000
현물매도	-$9,794,319* +12,095,984,000원**	0
한국대출	(-) 12,095,984,000원**	+ 12,265,328,000원***
선물매수(+f)	0	(-) $10,000,000 × 1,242원 (+) $10,000,000
총계	0	(-) 154,672,000원

* $\dfrac{\$10,000,000}{(1+0.084 \times \frac{3}{12})} = \$9,794,319$

** $\$9,794,319 \times 1,235원 = 12,095,984,000원$

*** $12,095,984,000원 \times (1+0.056 \times \frac{3}{12}) = 12,265,328,000원$

∴ 차익거래결과 손실이 발생하기 때문에 차익거래는 발생하지 않는다.

(2) 선물 매도를 통한 차익거래

선물 매도(-f), 현물 매수 및 미국대출, 한국 차입

	현재 시점	3개월후
미국대출	-$9,813,543*	+ $10,000,000
현물매수	+$9,813,543* (-)12,217,861,000원**	0
한국차입	+ 12,217,861,000원**	- 12,413,347,000원***
선물매수(-f)	0	+ $10,000,000 × 1,230원 (-) $10,000,000
총계	0	(-) 113,347,000원

* $\dfrac{\$10,000,000}{(1+0.076 \times \frac{3}{12})} = \$9,813,543$

** $\$9,813,543 \times 1,245원 = 12,217,861,000원$

*** $12,217,861,000원 \times (1+0.064 \times \frac{3}{12}) = 12,413,347,000원$

∴ 차익거래결과 손실이 발생하기 때문에 차익거래는 발생하지 않는다.

10-3 환율균형모형 (2003년)

(물음1) **한국과 미국 채권의 수익률곡선**

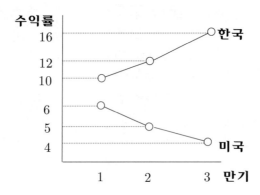

한국과 미국의 수익률 곡선을 보면 양국간의 금리차이가 점차적으로 확대되고 있다. 이는 국제피셔효과에 의하면, 두 국가간 명목이자율 차이의 증가는 미래예상환율의 증가를 의미한다.

(물음2) **순수기대이론**

(1) 한국의 선도이자율

$(1+{}_0R_1) \times (1+{}_1f_2) = (1+{}_0R_2)^2 \Rightarrow (1.1) \times (1+{}_1f_2) = (1.12)^2 \Rightarrow {}_1f_2 = $ **14%**

$(1+{}_0R_2)^2 \times (1+{}_2f_3) = (1+{}_0R_3)^3 \Rightarrow (1.12)^2 \times (1+{}_2f_3) = (1.16)^3 \Rightarrow {}_2f_3 = $ **24%**

(2) 미국의 선도이자율

$(1+{}_0R_1) \times (1+{}_1f_2) = (1+{}_0R_2)^2 \Rightarrow (1.06) \times (1+{}_1f_2) = (1.05)^2 \Rightarrow {}_1f_2 = $ **4%**

$(1+{}_0R_2)^2 \times (1+{}_2f_3) = (1+{}_0R_3)^3 \Rightarrow (1.05)^2 \times (1+{}_2f_3) = (1.04)^3 \Rightarrow {}_2f_3 = $ **2%**

∴ 한국의 미래금리는 증가를 예상하며, 미국의 미래금리는 감소를 예상한다.

(물음3) **예상현물환율**

$$E(S_T) = S_0 \times (\frac{1+R_K}{1+R_A})^T$$

$$E(S_1) = 1,000원 \times (\frac{1.1}{1.06})^1 \Rightarrow E(S_1) = \mathbf{1,037원/\$}$$

$$E(S_2) = 1,000원 \times (\frac{1.12}{1.05})^2 \Rightarrow E(S_2) = \mathbf{1,137원/\$}$$

(물음4) **해외투자안의 NPV**

	t=0	t=1	t=2
(1) 환 율	1,000원/\$	1,037원/\$	1,137원/\$
(2) 달러화	-4,000만\$	2,200만\$	2,200만\$
원화 = (1) × (2)	-400억 원	228.14억 원	250.14억 원

$$NPV = -400 + \frac{228.14}{(1+0.15)} + \frac{250.14}{(1+0.15)^2} = \mathbf{-12.47억원}$$

∴ NPV < 0이므로 투자안 기각

☞ SMART

해외투자안의 NPV

(1) 원화 NPV : $NPV = -\$CF_0 \times S_0 + \sum_{t=1}^{3} \frac{\$CF_t \times E(S_t)}{(1+wacc)^t}$

(2) 달러 NPV : $NPV = -\$CF_0 + \sum_{t=1}^{3} \frac{\$CF_t}{((1+wacc) \times \frac{1+R_A}{1+R_K})^t}$

10-4 이자율 평가설 (2006년)

(물음a) **환율선물 균형가격**

$$F = S_0 \times \frac{1+R_K}{1+R_A} = 950 \times \frac{1.08}{1.04} = \textbf{986.54원}$$

(물음b) **차익거래**

$$F < S_0 \times \frac{1+R_K}{1+R_A}$$

선물 시장가격 < 선물 균형가격 → 통화선물 매수, 복제포트폴리오 매도

⇒ 선물 매수(+f), 현물 매도 및 미국차입, 한국 대출

이를 자세하게 살펴보면 다음과 같다.

(1) 미국차입 : $10,000 차입

(2) 현물 매도 : 9,500,000원 (=$10,000 × 950원)

(2) 한국 대출 : 9,500,000원 대출

(4) 선물 매수 : $10,400 x 950원/$

(물음c) **만기시점에서의 차익거래 이익**

	현재 시점	1년 후
미국차입	+ $10,000	(-) $10,000 × 1.04
현물매도	- $10,000 + 9,500,000원	0
한국대출	(-) 9,500,000원	(+) 9,500,000원 × 1.08
선물매수	0	(-) $10,400 × 950원 (+) $10,400
총계	0	(+) 380,000원

☞ SMART

달러당 차익거래이익 $= \dfrac{380,000원}{\$10,400} = 36.53원 = 986.54원 - 950원$

차익거래는 방법1과 방법2 모두 가능하지만 문제에서 차입금액을 $10,000로
정하였기 때문에 방법2로 풀이한다.

(방법1) 선물매수 수량 $10,000, 미국차입 $9,615.38$\left(= \dfrac{\$10,000}{1.04}\right)$

(방법2) 선물매수 수량 $10,400, 미국차입 $10,000

10-5 수입기업의 환헤지전략 (2008년)

(물음1) **최적 헤징방법**

(1) 달러 선물매수

1년 만기 달러 선물을 이용한 2009년 6월 1일의 원화표시 수입대금 지급액

= $3,000만 × 1,100원/$= **330억원**

(2) 단기금융시장

단기금융시장을 이용한 2009년 6월 1일의 원화표시 수입대금 지급액

1) $대출(예금)금액 $= \dfrac{\$3,000\textbf{만}}{1.04^1}$

2) 원화차입금액 $= \dfrac{\$3,000\textbf{만} \times 1,000\textbf{원}}{1.04^1}$

3) 원화차입 상환금액 $= \dfrac{\$3,000\textbf{만} \times 1,000\textbf{원}}{1.04} \times 1.06 =$ **305.77억원**

∴ 단기금융시장 헤징방법 최적이다.

(물음2) **환율선물 균형가격**

$$F = S_0 \times \frac{1+R_K}{1+R_A} = 1000 \times \frac{1.06}{1.04} = \textbf{1,019.23/\$}$$

☞ SMART

수입기업의 환헤지 방법의 비교 (만기 1년)

(전략1) 달러 선물매수

매입채무 $1의 환헤지 원화지급금액 $= \$1 \times F$

(전략2) 단기금융시장 : 한국 차입, 달러매수, 미국 대출 (대출금액$= \dfrac{\$1}{1+R_A}$)

매입채무 $1의 환헤지 원화지급금액 $= \$1 \times \dfrac{S_0}{1+R_A} \times (1+R_k)$

∴ 전략 1,2 중 가장 작은 값이 가장 효과적인 헤지방법

10-6 통화선물과 통화옵션 (2010년)

(물음1) 환율선물 균형가격

$$F = S_0 \times \frac{1+R_K}{1+R_A} = 1,250 \times \frac{1.06}{1.04} = 1,274.04원/\$$$

(물음2) 풋옵션의 적정 프리미엄

만기 1년 환율 풋-콜패러티

$$\frac{S}{1+R_A} - C + P = \frac{X}{1+R_K}$$

$$\frac{1,250}{1.04} - 300 + P = \frac{1,000}{1.06} \implies P = 41.47원$$

(물음3) 풋옵션의 적정 프리미엄

시카고옵션시장에서 원화 100만원을 1,000달러에 처분할 수 있는 풋옵션은 한국옵션시장에서 1,000달러를 원화 100만원에 매입할 수 있는 콜옵션과 동일하다.

∴ 프리미엄 = 300원 × 1,000$ / 1250 = **$240**

☞ SMART

> 미국에서 달러를 처분할 수 있는 풋옵션
> = 한국에서 달러를 매입할 수 있는 콜옵션

10-7 이자율평가설 (2013년)

(물음1) 기대 현물환율

(1) 원/달러(₩/$)

$$E(S_T) = S_0 \times (\frac{1+R_K}{1+R_A})^T$$

$$S_1 = 1,100 \times \frac{1.04}{1.03} = \textbf{1,110.68}$$

$$S_2 = 1,100 \times (\frac{1.035}{1.04})^2 = \textbf{1,089.45}$$

$$S_3 = 1,100 \times (\frac{1.03}{1.045})^3 = \textbf{1,053.31}$$

(2) 원/엔(₩/100¥) 환율

$$E(S_T) = S_0 \times (\frac{1+R_K}{1+R_J})^T$$

$$S_1 = 1,100 \times \frac{1.04}{1.005} = \textbf{1,138.31}$$

$$S_2 = 1,100 \times (\frac{1.035}{1.005})^2 = \textbf{1,166.65}$$

$$S_3 = 1,100 \times (\frac{1.03}{1.005})^3 = \textbf{1,184.15}$$

(물음2) 유동성 프리미엄과 현물이자율

$$(1+{_0}R_2)^2 = (1+{_0}R_1) \times (1+E({_1}R_2) + {_1}L_2)$$

(1) 한국의 1년 후 1년 만기 채권수익률

$$(1.035)^2 = (1.04) \times (1+E({_1}R_2)+0.005) \quad \Rightarrow E({_1}R_2) = \textbf{2.502\%}$$

(2) 한국의 2년 후 1년 만기 채권수익률

$$(1.03)^3 = (1.035)^2 \times (1+E({_2}R_3)+0.007) \quad \Rightarrow E({_2}R_3) = \textbf{1.307\%}$$

(3) 미국의 1년 후 1년 만기 채권수익률

$$(1.04)^2 = (1.03) \times (1+E({_1}R_2)+0.002) \quad \Rightarrow E({_1}R_2) = \textbf{4.810\%}$$

(4) 미국의 2년 후 1년 만기 채권수익률

$$(1.045)^3 = (1.04)^2 \times (1+E({_2}R_3)+0.005) \quad \Rightarrow E({_2}R_3) = \textbf{5.007\%}$$

(물음3) **해외투자안의 NPV**

(1) 원화 NPV

$$NPV = -\$6,000\text{만} \times 1,100 + \frac{\$3,000\text{만} \times 1,110.68}{1.20^1} + \frac{\$3,000\text{만} \times 1,089.45}{1.20^2}$$

$$+ \frac{\$3,000\text{만} \times 1,053.31}{1.20^3} = \mathbf{275,050.69\text{만원}}$$

(2) 달러 NPV

$$NPV = -\$6,000\text{만} + \frac{\$3,000\text{만}}{(1.20 \times \frac{1.03}{1.04})^1} + \frac{\$3,000\text{만}}{(1.20 \times \frac{1.04}{1.035})^2} + \frac{\$3,000\text{만}}{(1.20 \times \frac{1.045}{1.03})^3}$$

$$= \mathbf{\$250.05\text{만}}$$

☞ SMART

> **해외투자안의 NPV**
>
> (1) 원화 NPV : $NPV = -\$CF_0 \times S_0 + \sum_{t=1}^{3} \frac{\$CF_t \times E(S_t)}{(1 + wacc)^t}$
>
> (2) 달러 NPV : $NPV = -\$CF_0 + \sum_{t=1}^{3} \frac{\$CF_t}{((1 + wacc) \times \frac{1 + R_A}{1 + R_K})^t}$

10-8 **법인세를 고려한** 환헤지전략 (고급)

(1) 단기금융시장을 이용한 현금유입액

$$\frac{\$10,00,000}{1+0.08\times(1-0.2)}\times1,200\times(1+0.06\times(1-0.2))=118.195억원$$

(2) 선물을 이용한 현금유입액

$$\$10,00,000\times(1,180+(1,200-1,180)\times0.2)=118.4억원$$

∴ 선물을 이용한 헤지가 **2.05억 원**(=118.4억-119.195억) 더 유리하다.

☞ SMART

법인세를 고려한 헤지

선물가격 < 현물가격

→ 환차손으로 법인세 절세효과가 발생한다.

∴ 선물 헤지 후 현금유입액 = $1\$\times(F+(F-S_0)\times세율)$

10-9 통화스왑 (고급)

(물음1) 달러 통화스왑

현금유출의 현재가치 : $B_0^{\$} = \dfrac{60}{1.03^1} + \dfrac{60}{1.04^2} + \dfrac{1060}{1.045^3} = 1042.6$**만달러**

현금유입의 현재가치 : $B_0 = \dfrac{5.5}{1.04^1} + \dfrac{5.5}{1.035^2} + \dfrac{115.5}{1.03^3} = 116.12$**억원**

스왑의 가치 = 116.12억원 − 1042.6만달러 × 1,100원/$ = 1.43억원

(물음2) 엔화 통화스왑

현금유출의 현재가치 :

$$B_0^{Yen} = \left(\dfrac{10억 \times C}{1.005^1} + \dfrac{10억 \times C}{1.005^2} + \dfrac{10억 \times C + 10억}{1.005^1} \right) \times 11원/엔 = 116.12억원$$

$\rightarrow$ C = 2.37362%

☞ SMART

통화스왑의 가치

달러를 지급하고 원화를 수취하는 통화스왑의 가치는

달러채권을 매도하고 원화채권을 매입하는 포트폴리오의 개념과 동일하다.

$$NPV^{swap} = + B_o^{원화} - S_0 \times B_0^{\$}$$

SMART
재무관리 연습

|부록|

2018년 공인회계사 재무관리 2차 기출문제

【문제 1】 (15점)

㈜가나는 기존 사업과 동일한 위험을 가지고 있는 신규사업 A(투자수명 2년)를 시작하려고 하며 부채비율(부채/자기자본)은 기존의 부채비율인 1을 항상 유지할 계획이다. 신규사업 A를 위해 구입해야 하는 내용연수가 2년인 새 기계는 10억원이고, 정액법으로 감가상각되며 잔존가치는 없다. 신규사업 A로 인해, 향후 2년간 연간 매출액은 60억원, 감가상각비를 제외한 연간 영업비용은 25억원 증가할 것으로 추정된다. 마케팅 비용은 시작 시점($t=0$)에서 한 번 10억원이 발생하며 신규사업과 관련된 순운전자본의 증감은 없다. ㈜가나의 세전타인자본비용은 6%, 자기자본비용은 10%, 법인세율은 20%이다. 영업위험만 반영된 베타는 1이고 시장포트폴리오의 기대수익률은 8%이며, CAPM이 성립한다. 금액의 단위는 억원이며, 소수점 아래 셋째 자리에서 반올림하여 둘째 자리까지 표시하시오.

(물음1) 가중평균자본비용(WACC)법을 이용하여 신규사업 A의 순현재가치(NPV)를 구하시오.

(물음2) $t=0$에서 증분 기준으로 자산, 부채, 자기자본의 크기는 얼마인가?

(물음3) $t=0$에서 증분 기준 자기자본의 크기가 신규사업 A의 NPV와 같지 않은 이유는 무엇인가?

(물음4) $t=0$과 $t=2$에서 이자지급 후 남아 있는 증분 기준 부채 잔액은 얼마인가?

(물음5) 조정현재가치(APV) 계산에 필요한 이자비용 절세효과의 현재가치는 얼마인가? 단, 금액의 단위는 억원이며, 소수점 아래 다섯째 자리에서 반올림하여 넷째 자리까지 표시하시오.

【문제 2】 (15점)

㈜신생은 초기투자비용이 1,100만원인 사업에 대한 투자를 고려하고 있다. 이 사업의 1년 후 현금흐름은 다음과 같으며, 현재 무위험이자율은 10%이다. 금액의 단위는 만원이며, 소수점 아래 셋째 자리에서 반올림하여 둘째 자리까지 표시하시오.

상황	확률	1년 후 현금흐름
호황	60%	1,800만원
불황	40%	800만원

(물음1) ㈜신생은 이 투자안의 평가를 위해 주식시장의 자료를 사용하기로 하고, 재무위험이 동일한 ㈜벤치를 대용기업으로 선정하였다. ㈜벤치의 현재 주가는 24,560원이다. 이 주식의 1년 후 주가는 호황일 경우 36,000원이고 불황일 경우 16,000원이며, 그 가능성은 각각 60%와 40%이다. 이를 이용하여 ㈜신생이 고려하고 있는 투자안에 대한 적절한 할인율과 투자안의 NPV를 구하시오. 단, 현재 주식시장은 효율적 시장이라고 가정한다.

(물음2) ㈜신생에게 투자결정을 1년 연기할 수 있는 옵션이 주어졌으며, 1년 후 현금흐름을 확실히 알 수 있다고 한다. 1년을 연기하여 투자하는 경우 투자비용은 10% 증가하며, 현금흐름 1,800만원 또는 800만원은 2년 후(t=2) 발생한다. 위 옵션의 가치를 구하시오.

(물음3) (물음 2)와 관련없이, 정부는 1년 후 불황일 경우 이 사업을 1,800만원에 인수할 것을 보증하였다. 정부보증의 가치를 구하시오.

(물음4) (물음 2)~(물음 3)과 관련없이, ㈜신생은 1년 후 다음과 같은 실물옵션들을 행사할 수 있다고 한다.

- 추가적으로 500만원을 투자하여 현금흐름을 30% 증가시킬 수 있음
- 1년 후 이 투자안을 초기투자비용의 75%를 받고 처분할 수 있음

이와 같은 실물옵션들을 고려할 경우 투자안의 NPV를 구하시오.

【문제 3】 (15점)

    김씨는 ㈜갑을의 소유경영자이며 현재 100% 지분을 보유하고 있다. 사업확장에 따른 2억원의 신규 투자자금을 조달하기 위해 투자자 박씨와 협의 중이다. 김씨에 따르면 현재 고려중인 상호배타적 두 투자안의 투자수익 분포는 다음과 같다고 한다.

상황	확률	1년 후 투자수익(억원)	
		투자안 X	투자안 Y
호황	1/3	5	8
보통	1/3	4	4
불황	1/3	3	1

    두 투자안의 수명은 1년이고, 투자안의 가치는 수익에 의해서만 결정되며, 김씨는 위험중립형으로 가정한다. 다음 물음에 답하고 구체적 근거를 제시하시오.

(물음1) 박씨로부터 2억원을 5% 이자율로 차입할 경우, 김씨가 선호하는 투자안은 무엇인가?

(물음2) 파산비용에 따른 사업가치의 하락을 주주가 부담한다면, 김씨는 어떠한 투자안을 선호할 것인가? 단, 기대파산비용의 현재가치는 1억원이며 파산 여부는 위 신규 투자안만을 고려하여 판단한다.

(물음3) 투자안 X를 선택한 김씨는 박씨에게 대출 대신 지분참여를 제의하였다고 하자. 박씨가 2억원을 투자하는 대가로 이 사업에 대해 최소 몇 퍼센트의 지분율을 요구해야 하는지를 보이시오. 단, 박씨는 지분참여시 0.5억원의 위험프리미엄을 요구한다.

(물음4) 기업 내부정보에 접근이 가능한 김씨는 박씨에게 설명한 것보다 영업상황이 호황, 보통, 또는 불황인지에 대해 더 구체적인 정보를 가지고 있다고 가정한다. 만약 김씨가 박씨에게 대출 대신 (물음 3)과 같은 최소지분율로 투자안 X에 대한 지분투자를 권유한다면, 이는 박씨에게 어떠한 정보를 전달하는 것인가? 또한 박씨가 요구하는 지분율은 어떻게 변경될 것인가?

(물음5) (물음 4)의 결과를 토대로 정보비대칭 하에서 기업의 유상증자가 시장에 어떠한 신호를 주는지를 설명하시오. 그리고 시장의 투자자들은 기업의 유상증자에 대하여 어떻게 반응하는 지를 설명하시오.

【문제 4】 (10점)

주식 A의 기대수익률은 15%, 수익률의 표준편차는 22%이고, 무위험이자율은 7%이다. 투자자의 효용함수는 $U = E(r_p) - 0.005 \times \gamma \times \sigma_p^2$이다. 다음 물음에 답하시오. $E(r_p)$와 σ_p는 각각 포트폴리오의 기대수익률과 표준편차이고, γ는 위험회피계수이다. 효용함수를 이용하여 계산할 때는 수익률과 표준편차를 %단위로 적용하시오.

(물음1) 위험회피계수가 4인 투자자가 무위험자산과 주식 A를 이용해 최적포트폴리오를 구성하려고 한다. 이 최적포트폴리오의 기대수익률과 표준편차를 계산하시오. %단위로, 소수점 아래 셋째 자리에서 반올림하여 둘째 자리까지 표시하시오.

(물음2) 투자자 갑의 차입이자율은 8%라고 하자. 투자자 갑의 최적포트폴리오의 구성비중이 차입이자율의 변화에 영향을 받지 않기 위해서는 투자자의 위험회피계수 γ가 어떠한 범위에 있어야 하는가? 소수점 아래 셋째 자리에서 반올림하여 둘째 자리까지 표시하시오.

(물음3) 위험회피계수가 1.2인 투자자 을이 있다. 차입이자율이 8%에서 9%로 상승하는 경우, 투자자 을이 구성한 최적포트폴리오의 기대수익률은 어떻게 변화하는가? %단위로, 소수점 아래 셋째 자리에서 반올림하여 둘째 자리까지 표시하시오.

(물음4) 주식 B의 기대수익률은 10%, 수익률의 표준편차는 10%이다. 자본시장에 주식 A와 주식 B만 존재한다고 가정하자. 두 주식의 상관계수는 0.2이고, 시장포트폴리오의 기대수익률은 12.5%이다. CAPM이 성립한다고 가정하고 적정 무위험이자율을 계산하시오. %단위로, 소수점 아래 셋째 자리에서 반올림하여 둘째 자리까지 표시하시오.

【문제 5】 (20점)

※(물음 1)~(물음 3)은 각각 독립적이다.

(물음1) ㈜대한은 자산규모가 동일한 ㈜민국의 주식 전부를 현재 시장가격을 적용한 주식교환방식으로 흡수합병하는 것을 검토하고 있다. 무위험 이자율은 5%이고, 두 기업과 시장포트폴리오의 기대수익률, 표준편차, 시장과의 상관계수는 아래의 표와 같다.

	기대수익률	표준편차	시장과의 상관계수
㈜대한	0.13	0.4	0.4
㈜민국	0.10	0.2	0.4
시장포트폴리오	0.10	0.1	

① 시장모형을 이용하여 합병 후 ㈜대한의 기대수익률과 표준편차를 계산하시오. %단위로, 소수점 아래 셋째 자리에서 반올림하여 둘째 자리까지 표시하시오.

② CAPM이 성립하고, 합병 후 사업구조의 변경이 없다고 가정하자. 외부컨설턴트가 ㈜대한의 주주에게 흡수합병을 추진하는 것이 타당하다고 조언할 수 있겠는가? 그 이유를 간단히 쓰시오.

③ 합병 후 사업구조의 변경을 통해 ㈜대한의 주가가 추가로 상승하기 위해서는 합병기업과 시장포트폴리오와의 상관계수가 어떠한 범위에 있어야 하는가? 단, CAPM이 성립하고, 사업구조의 변경에도 불구하고 합병기업의 현금흐름은 일정하다고 가정한다. 소수점 아래 셋째 자리에서 반올림하여 둘째 자리까지 표시하시오.

(물음2) A씨의 효용함수가 $U(W) = \sqrt{W}$ 라고 가정하고 아래의 질문에 답하시오. 현재 10,000달러를 보유하고 있는 A씨는 5,000달러로 주택을 구입하고, 나머지를 연 10% 수익률을 주는 무위험자산에 투자할 계획이다. 주택에 화재가 날 확률은 1%이고, 그 경우 주택가치는 0이 된다. 화재가 일어나지 않으면 연말의 주택가치는 여전히 5,000달러이다.

① 만일 어떤 보험회사가 화재발생시 주택가치 전액을 보장해주는 보험상품을 제시할 경우, A씨가 지급할 의향이 있는 최대의 보험료는 얼마인가? 소수점 아래 셋째 자리에서 반올림하여 둘째 자리까지 표시하시오.

② A씨는 효용함수가 $U(W) = \ln W$ 인 투자자에 비해 더 위험회피적인지 또는 덜 위험회피적인지 답하고, 그 이유를 간단히 쓰시오. 아래 주어진 로그함수와 지수함수의 예시 표를 이용하시오.

X	$\ln X$
1,500	7.313
2,500	7.824
3,500	8.161
4,500	8.412
5,500	8.613
6,500	8.780
7,500	8.923
8,500	9.048
9,500	9.159
10,500	9.259

X	e^X
9.2510	10,414.98
9.2515	10,420.18
9.2520	10,425.40
9.2525	10,430.61
9.2530	10,435.83
9.2535	10,441.05
9.2540	10,446.27
9.2545	10,451.49
9.2550	10,456.72
9.2555	10,461.95

(물음3) 다음은 CAPM이 실제 주식시장에서 성립하는가를 검증한 실증연구 방법에 대한 설명이다. 먼저, 1단계로 모든 개별기업별로 초과수익률과 동일기간의 종합주가 지수 초과수익률을 이용한 시계열 회귀분석으로 시장모형($R_{i,t} = \alpha_i + \beta_i R_{m,t} + e_{i,t}$)을 추정하여 기업 i의 베타를 도출한다. 2단계로, 1단계에서 도출한 $\hat{\beta_i}$, $\hat{\sigma_{e_i}^2}$와 각 개별기업의 평균 초과수익률($\overline{R_i}$)을 이용해 아래와 같은 횡단면 회귀분석을 실시한다. 수익률은 소문자 r로, 초과수익률은 대문자 R로 표시하였다. $\hat{\sigma_{e_i}^2}$은 1단계 회귀분석의 잔차항의 분산이다.

$$\overline{R_i} = \gamma_0 + \gamma_1 \hat{\beta_i} + \gamma_2 \hat{\sigma_{e_i}^2} + \epsilon_i$$

① 연구자들이 지난 10년간의 자료를 이용해 추정한 결과가 아래와 같다. 10년 간의 평균 시장초과수익률($\overline{R_m}$)은 16.5%였다. 아래의 결과를 토대로 판단할 때, 이 시장에서 CAPM이 성립한다고 할 수 있는가? 그 이유를 간단히 설명하시오.

	γ_0	γ_1	γ_2
추정치	0.127	0.042	0.310
표준오차	0.006	0.006	0.026

② 위 검증방법이 몇 가지 문제점을 갖고 있기 때문에 위의 결과만으로는 CAPM 성립여부를 판단하기 어렵다. 이 검증방법이 갖고 있는 문제점 3가지를 5줄 이내로 쓰시오.

【문제 6】 (15점)

㈜백두는 1만달러에 대해 만기 1년, 행사가격 1,000원의 유럽형 콜옵션을 보유하고 있고, 한라은행은 동일 기초자산, 동일 만기, 동일 행사가격의 유럽형 풋옵션을 보유하고 있다. 본 옵션계약에서 ㈜백두와 한라은행은 서로 거래상대방이다. 또한 달러에 대한 만기 1년의 선물가격(futures price)은 970원/$이고 국내의 무위험이자율은 연 3%이다. 시장에 차익거래의 기회가 없다고 가정하여 다음 물음에 답하시오.

(물음1) ㈜백두 입장에서 본 계약의 현재가치를 계산하시오. 금액은 반올림하여 정수로 표시하시오.

(물음2) 만약 만기가 1년이고 행사가격이 1,000원인 콜옵션의 가격이 50원일 경우, 풋옵션의 가격은 얼마인지 계산하시오. 금액은 소수점 아래 셋째 자리에서 반올림하여 둘째 자리까지 표시하시오.

(물음3) 1년 후 만기 시점에 달러의 원화환율이 900원/$이 되었다. 현금결제방식(cash settlement)을 가정하여 ㈜백두 입장에서 만기일의 현금흐름이 얼마인지 계산하시오.

(물음4) 앞의 (물음 3)에서 ㈜백두와 한라은행은 만기결제를 하는 대신, 이 결제금액이 반영되고 ㈜백두가 매수 포지션인 1년 만기의 달러 선도계약(forward contract)을 새롭게 체결하려 한다. 1년 후 시점의 국내와 미국의 무위험이자율이 각각 3%와 2%일 때 적정 달러선도가격을 계산하시오. 금액은 소수점 아래 셋째 자리에서 반올림하여 둘째 자리까지 표시하시오.

【문제 7】 (10점)

다음 표는 북해산 브렌트 원유를 기초자산으로 하는 만기 1년의 유럽형 콜옵션과 풋옵션의 프리미엄을 정리한 것이다. 행사가격은 1리터 당 가격이고, 가격의 단위는 원이다. 다음 물음에 답하시오.

행사가격	콜프리미엄	풋프리미엄
1,500	104	70
1,600	60	125

(물음1) 위의 옵션을 이용하여 매수스트랭글(long strangle)을 취하는 두가지 방법을 제시하고, 만기일의 현금흐름을 나타내는 그림을 각각 그리시오. 또한 현금흐름의 최소값을 각각 구하고, 그림에서 최소값을 표시하시오.

(물음2) 앞의 (물음 1)의 두 방법 중에서 어느 것이 더 유리한가? 또한 그 이유가 무엇인지 근거를 제시하시오. 단, 무위험이자율은 연 3%라고 가정한다.

(물음3) 위의 옵션을 이용하여 강세스프레드(bull spread)의 매수 포지션을 취하는 두가지 방법을 제시하고, 만기일의 현금흐름을 나타내는 그림을 각각 그리시오. 또한 현금흐름의 최대값을 각각 구하고, 그림에서 최대값을 표시하시오.

(물음4) 시장에 차익거래의 기회가 없기 위한 무위험이자율을 구하시오. %단위로, 소수점 아래 셋째 자리에서 반올림하여 둘째 자리까지 표시하시오.

【문제 1】 (15점) 자본예산 (목표 자본구조)

(물음1)

$$wacc = 6 \times (1-0.2) \times 0.5 + 10 \times 0.5 = 7.4\%$$

$$\triangle OCF = (60-25) \times (1-0.2) + 5 \times 0.2 = 29$$

$$NPV = -10 - 10 \times (1-0.2) + \frac{29}{1.074^1} + \frac{29}{1.074^2} = \underline{34.14억원}$$

(물음2)

$$V_0 = \frac{29}{1.074^1} + \frac{29}{1.074^2} = \underline{52.14억원}$$

$$B_0 = 0.5 \times V_0 = 0.5 \times 52.14 = \underline{26.07억원}$$

$$S_0 = 0.5 \times V_0 = 0.5 \times 52.14 = \underline{26.07억원}$$

(물음3)

투자안의 NPV가 증분기준 자기자본보다 더 크기 때문에 <u>자사주매입</u>을 통하여 기존 자기자본을 감소시켜야 한다.

(물음4)

$$V_1 = \frac{29}{1.074^1} = 27 \ \rightarrow \ B_1 = 0.5 \times V_1 = 0.5 \times 27 = \underline{13.5억원}$$

$$V_2 = 0 \ \rightarrow \ B_2 = 0.5 \times V_2 = \underline{0억원}$$

(물음5)

$$이자비용\ 절세효과의\ 현재가치 = \frac{0.06 \times 26.07 \times 0.2}{1.06^1} + \frac{0.06 \times 13.5 \times 0.2}{1.06^2} = \underline{0.4393억원}$$

【문제 2】 (15점) 실물옵션

(물음1)

$$적절한\ 할인율 = \frac{36000 \times 0.6 + 16000 \times 0.4}{24560} - 1 = 14\%$$

$$NPV = -1100 + \frac{1800 \times 0.6 + 800 \times 0.4}{1.14^1} = \underline{128.07만원}$$

(물음2)

위험중립확률 $36000 \times p + 16000 \times 0(1-p) = 24560 \times 1.10 \rightarrow p = 0.5508$

1년 후 호황 $NPV = -1100 \times 1.1 + \frac{1800}{1.10^1} = 426.36$

$$NPV = \frac{426.36 \times 0.5508 + 0 \times 0.4492}{1.10^1} = 213.49만원$$

옵션의 가치 = 213.49 - 128.07 = $\underline{85.42만원}$

(물음3)

정부보증하의 $NPV = -1100 + \frac{1800}{1.10^1} = 536.46$

정부보증의 가치 =   536.46 - 128.07 = $\underline{408.29만원}$

(물음4)

 (1) 호황인 경우 1년 후의 현금흐름

    1) 확장옵션을 행사하는 경우 : 1800 × 1.3 - 500 = 1840

    2) 포기옵션을 행사하는 경우 : 1100 × 0.75 = 825

    3) 호황인 경우 1년 후의 현금흐름 = max[1840, 825, 1800] = 1840

 (2) 불황인 경우 1년 후의 현금흐름

    1) 확장옵션을 행사하는 경우 : 800 × 1.3 - 500 = 540

    2) 포기옵션을 행사하는 경우 : 1100 × 0.75 = 825

    3) 불황인 경우 1년 후의 현금흐름 = max[540, 825, 800] = 825

$$\therefore\ NPV = -1100 + \frac{1840 \times 0.5508 + 825 \times 0.4492}{1.10^1} = \underline{158.24만원}$$

【문제 3】 (15점) 자본구조(대리이론 및 신호이론)

(물음1)

1년 후 차입원리금 = 2억 × 1.05 = 2.1억

X의 1년 후 기대수익 : $E(X) = \dfrac{(5-2.1)+(4-2.1)+(3-2.1)}{3} = \underline{1.9억}$

Y의 1년 후 기대수익 : $E(Y) = \dfrac{(8-2.1)+(4-2.1)+0}{3} = \underline{2.6억}$

∴ E(X) < E(Y) 이므로 <u>투자안 Y를 선호한다.</u>

(물음2)

 Y의 1년 후 기대수익 : $E(Y) = 2.6억 - 1억 \times (1+R_f)^1$

∴ E(X) > E(Y) 이므로 <u>투자안 X를 선호한다.</u>

(물음3)

 박씨의 기대수익 $= \dfrac{5+4+3}{3} \times w = 2.1 + 0.5 \ \to \ w = 0.65$

∴ 최소 <u>65%의 지분율</u> 요구

(물음4)

 불황인 경우 박씨의 기대수익 $= 3 \times w = 2.1 + 0.5 \ \to \ w = 0.8667$

∴ 최소 <u>86.67%의 지분율</u> 요구

(물음5)

정보비대칭성 하에서 유상증자는 투자안의 미래 수익성에 대한 <u>부정적인 신호</u>를 주며, 주식시장에서는 해당 기업의 주가는 하락한다.

【문제 4】 (10점) 최적포트폴리오

(물음1)

$$MRS = \frac{E(R_A) - R_f}{\sigma_A} \; : \; 2 \times 0.005 \times 4 \times \sigma_p = \frac{15-7}{22} \rightarrow \sigma_p = 9.09\%$$

$$E(R_p) = 7 + \frac{15-7}{22} \times 9.09 = 10.31\%$$

(물음2)

$$2 \times 0.005 \times \gamma \times \sigma_p = \frac{15-7}{22} \rightarrow \sigma_p = \frac{8}{0.22 \times \gamma} < 22 \rightarrow \gamma \geq 1.65$$

(물음3)

차입이자율=8% : $2 \times 0.005 \times 1.2 \times \sigma_p = \frac{15-9}{22} \rightarrow \sigma_p = 26.52\%$

$$E(R_p) = 8 + \frac{15-8}{22} \times 26.52 = 16.44\%$$

차입이자율=9% : $2 \times 0.005 \times 1.2 \times \sigma_p = \frac{15-8}{22} \rightarrow \sigma_p = 22.73\%$

$$E(R_p) = 8 + \frac{15-9}{22} \times 22.73 = 15.22\%$$

(물음4)

$$E(R_m) = 12.5\% = w \times 15\% + (1-w) \times 10\% \rightarrow w = 0.5$$

$$\sigma_{AB} = 0.2 \times 22 \times 10 = 44$$

$$\sigma_{Am} = 0.5 \times 22^2 + 0.5 \times 44 = 264$$

$$\sigma_{Bm} = 0.5 \times 10^2 + 0.5 \times 44 = 72$$

$$\frac{R_A - R_f}{\sigma_{Am}} = \frac{R_B - R_f}{\sigma_{Bm}} \rightarrow \frac{15 - R_f}{264} = \frac{10 - R_f}{72} \rightarrow R_f = 8.125\% \; (8.13\%)$$

【문제 5】 (20점) 시장모형, 확실성등가, 회귀분석

(물음1)

① 합병 후 기대수익률과 위험

$E(R_p) = 0.5 \times 13\% + 0.5 \times 10\% = \underline{11.5\%}$

$\beta_A = \dfrac{0.4 \times 0.4}{0.1} = 1.6 \qquad \beta_B = \dfrac{0.4 \times 0.2}{0.1} = 0.8 \qquad \rightarrow \beta_p = 0.5 \times 1.6 + 0.5 \times 0.8 = 1.2$

$Var(e_A) = 0.4^2 - 1.6^2 \times 0.1^2 = 0.1344 \qquad Var(e_B) = 0.2^2 - 0.8^2 \times 0.1^2 = 0.0366$

$\rightarrow Var(e_p) = 0.5^2 \times 0.1344 + 0.5^2 \times 0.0336 = 0.042$

$Var(R_p) = 1.2^2 \times 0.1^2 + 0.042 = 0.0564 \rightarrow \sigma_p = \sqrt{0.0564} = 0.2375 \ \underline{(23.75\%)}$

② 합병타당성

$E(R_p) = 5 + (10 - 5) \times 1.2 = 11\%$

<u>합병 후 기대수익률(11.5%)이 균형수익률보다 크기 때문에 합병은 타당하다.</u>

③ 합병 후 상관계수

$\beta_p = \dfrac{\rho_{pm} \times 0.2375}{0.1} < 1.2 \rightarrow \rho_{pm} \ \underline{< \ 0.51}$

(물음2)

① 확실성 등가

$CEQ = (\sqrt{5500} \times 0.01 + \sqrt{10500} \times 0.99)^2 = 10,442.97$

보험료의 미래가치 = 10,500 - 10,442.97 = 57.93달러

보험료의 현재가치 = 57.93달러 ÷ 1.10 = <u>52.66달러</u>

② 로그함수

기대효용 = ln5500 × 0.01 + ln10500 × 0.99 = 9.2525

$CEQ = e^{9.2525} = \underline{10,430. \ 61달러}$

<u>A의 확실성 등가가 더 크므로 A는 덜 위험회피적이다.</u>

(물음3)

① CAPM 검증결과

γ_0 : t-value =   이므로 추정치 0.127은 유의하다.

γ_1 : t-value = $\dfrac{0.042}{0.006} = 7 > 2$ 이므로 추정치 0.042는 유의하다.

γ_2 : t-value = $\dfrac{0.310}{0.026} = 11.92 > 2$ 이므로 추정치 0.310은 유의하다.

∴ <u>CAPM은 성립한다고 볼 수 없다.</u>

② 검증방법의 문제점

1) 과거 자료를 이용하여 산출한 베타 및 평균수익률이 미래에도 일정하다는 가정이 필요
2) 모든 위험자산을 포함하고 있는 시장포트폴리오의 존재 유무
3) 종합주가지수를 시장포트폴리오 대용으로 사용하는 오류

【문제 6】 (15점) 합성선물

(물음1)

합성선물 : $C_0 - P_0 = \dfrac{F - X}{1 + R_f}$

$C_0 - P_0 = \dfrac{970 - 1000}{1.03} \times 10,000 = -\underline{291,262원}$

(물음2)

$50 - P_0 = \dfrac{970 - 1000}{1.03} \rightarrow P_0 = \underline{79.13원}$

(물음3)

$C_t - P_t = (\max[0, 900 - 1000] - \max[0, 1000 - 900]) \times 10,000 = -\underline{1,000,000원}$

(물음4)

1년 후 시점에서의 1년 만기 선도환율 : $F = 900 \times \dfrac{1.03}{1.02} = 908.82$

1년 후 시점에서의 결제금액의 1년 만기 선도가격 = 100 × 1.03 = 103

∴ 1년 후 시점에서의 적정 선도가격 = 908.82 + 103 = $\underline{1,011.82원}$

【문제 7】 (10점) 옵션 투자전략

(물음1)

방법1) 행사가격 1600 콜옵션 매수, 행사가격 1500 풋옵션 매수

방법2) 행사가격 1500 콜옵션 매수, 행사가격 1600 풋옵션 매수

방법1의 만기현금흐름 최소금액 = <u>0</u>

방법2의 만기현금흐름 최소금액 = <u>100</u>

(물음2)

박스스프레드 (p 8-11): $C_1 - C_2 - P_1 + P_2 = \dfrac{X_2 - X_1}{(1 + R_f)^t}$

$104 - 60 - 70 + 125 > \dfrac{1600 - 1500}{1.03^1}$ → 차익거래 : 방법1 매수, 방법2 매도, 97.1대출

<u>방법1이 더 유리</u>

(물음3)

방법1) 행사가격 1500 콜옵션 매수, 행사가격 1600 콜옵션 매도

방법2) 행사가격 1500 풋옵션 매수, 행사가격 1600 풋옵션 매도

방법1의 만기현금흐름 최대금액 = 1600-1500 = <u>100</u>

방법2의 만기현금흐름 최대금액 = <u>0</u>

(물음4)

박스스프레드(p 8-11) : $C_1 - C_2 - P_1 + P_2 = \dfrac{X_2 - X_1}{(1 + R_f)^t}$

행사가격 1500 콜옵션 매수, 행사가격 1600 콜옵션 매도,

행사가격 1500 풋옵션 매도, 행사가격 1600 풋옵션 매수

$104 - 60 - 70 + 125 = \dfrac{1600 - 1500}{1 + R_f} \rightarrow R_f = $ <u>1.01%</u>

2019년	공인회계사 재무관리 2차 기출문제

【문제 1】 (15점)

자본시장에는 다음과 같은 4명의 투자자만 존재한다고 가정하자.

투자자	이자소득에 대한 한계세율	개인의 부
갑	42%	1,000억원
을	30%	500억원
병	10%	100억원
정	0%	50억원

한편, 모든 투자자들은 국외투자를 통해서 8%의 면세수익률을 얻을 수 있다. 주식투자 시 기대수익률도 8%이며, 주식투자소득에 대한 개인소득세는 부과되지 않는다. 법인세율은 모든 기업들에게 35%로 동일하게 적용된다. 기업 전체의 영업이익은 매년 200억원씩 영구적으로 발생할 것으로 기대되며, 감가상각은 없다. 모든 투자자는 위험중립형이고 밀러(1977)의 균형부채이론이 성립한다고 가정한다. 수익률과 부채비율은 %단위로 소수점 아래 셋째 자리에서 반올림하여 둘째 자리까지 표시하시오.

(물음1) 개별 투자자의 입장에서 회사채투자와 주식투자를 무차별하게 하는 회사채의 세전 요구수익률은 투자자별로 얼마인가?

(물음2) 사채시장의 균형 상태에서 세전 회사채수익률과 경제 전체의 회사채발행량은 각각 얼마인가?

(물음3) 사채시장의 균형 상태에서 기업 전체의 부채비율(B/S)은 얼마인가?

(물음4) 법인세율이 30%라면, 사채시장의 균형 상태에서 기업 전체의 부채비율(B/S)은 얼마인가? 단, 법인세율을 제외한 모든 조건은 동일하다고 가정한다.

【문제 2】 (15점)

㈜충무의 주가는 20,000원이고 주가수익비율(PER)은 10이며, 총발행주식수는 2백만주이다. ㈜남산은 보통주를 발행하여 주식교환방식으로 ㈜충무를 인수하려 한다. ㈜남산의 주가는 45,000원이고 PER는 15이며, 총발행주식수는 5백만주이다. 두 기업은 모두 무차입기업이며, 합병 후 PER는 15로 예상된다. 단, 합병 후에도 두 기업의 이익수준은 변하지 않는다고 가정한다. 주식교환비율은 %단위로 소수점 아래 셋째 자리에서 반올림하여 둘째 자리까지 표시하시오.

(물음1) ㈜남산이 자신의 합병 전 주가를 유지하기 위하여 제시할 수 있는 최대 주식교환비율은 얼마인가?

(물음2) ㈜충무가 자신의 합병 전 주가를 유지하기 위하여 수용할 수 있는 최소 주식교환비율은 얼마인가?

(물음3) ~ (물음5)는 위의 물음과 독립적이다.

한편, ㈜충무는 자사의 지분 20%를 가지고 있는 ㈜헷지로부터 적대적 인수시도를 받고 있다. ㈜충무는 포이즌 필(poison pill)이 도입되어 정관에 포함될 경우를 고려하고자 한다. 특정 주주의 지분이 20%이상이면 포이즌 필의 시행이 가능하며, 인수자를 제외한 모든 주주는 자신들이 보유하고 있는 주식수 만큼 새로운 주식을 50% 할인된 가격으로 매입할 수 있다. 단, 주가는 포이즌 필이 발효되기 전까지는 20,000원으로 유지되며, 완전자본시장을 가정한다.

(물음3) ㈜헷지를 제외한 ㈜충무의 모든 주주들이 ㈜헷지의 적대적 인수시도에 대해 반대하여 포이즌 필이 발효되고, ㈜헷지를 제외한 ㈜충무의 모든 주주들이 보유한 주식수 만큼 새로운 주식을 매입한다고 가정하자. 이 조항이 발효된 후 ㈜헷지의 지분율과 ㈜충무의 새로운 주가는 각각 얼마인가?

(물음4) 포이즌 필이 발효될 경우 ㈜헷지와 ㈜헷지를 제외한 ㈜충무의 기존 주주들 간 부의 이전이 어떻게 발생되는지 설명하시오.

(물음5) 적대적 인수시도에 대한 방어 장치 도입의 필요성에 관하여 찬성하는 견해와 반대하는 견해를 각각 3줄 이내로 설명하시오.

【문제 2】 (20점)

(물음1) ～ (물음5)는 각각 독립적인 물음이다.

표준편차와 기대수익률의 공간에 위험자산 A~D를 표시하면 다음 그림과 같다.

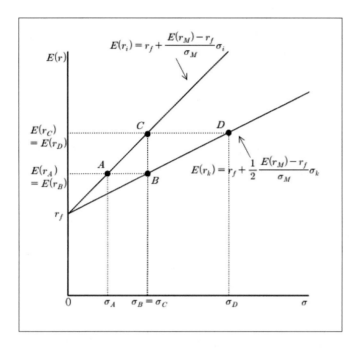

그림에서 r_f와 $E(r_M)$은 각각 무위험이자율과 시장포트폴리오의 기대수익률을 나타내고, σ_M은 시장포트폴리오 수익률의 표준편차를 나타낸다. 또한, $E(r_j)$와 σ_j는 각각 위험자산 j(j =A, B, C, D)의 기대수익률과 수익률의 표준편차를 나타낸다. 다음 가정 하에 물음에 답하시오.

(1) 위험자산 A~D의 위험프리미엄은 모두 0 보다 크다.
(2) 위험자산 B와 C 수익률 사이의 상관계수는 –1 보다 크고 1 보다 작다.
(3) 위험자산 C의 위험프리미엄은 위험자산 A의 위험프리미엄의 2배이다.
(4) CAPM이 성립한다.

(물음1) 위험자산 A의 위험프리미엄과 수익률의 표준편차(σ_A)는 각각 3%와 6%라고 하자. 효율적 포트폴리오 E의 표준편차가 7%라면, 포트폴리오 E의 기대수익률은 얼마인가? 단, 무위험이자율은 5%이다.

(물음2) 위험자산 B와 D에 각각 40%와 60%를 투자하여 구성한 포트폴리오의 기대수익률이 시장포트폴리오의 기대수익률과 동일하다고 가정할 때, 다음에 대해 답하시오.

① β_A와 β_C는 각각 얼마인가?

② 위험자산 A와 C를 결합하여 구성한 포트폴리오의 표준편차가 0이기 위한 위험자산 A의 구성비율은 얼마인가?

(물음3) 위험자산 B와 C를 이용하여 포트폴리오를 구성하고자 한다. 다음에 대해 답하시오.

① 포트폴리오 F는 위험자산 B와 C로 구성한 최소분산 포트폴리오(minimum variance portfolio)이다. 포트폴리오 F를 만들기 위한 위험자산 B의 구성비율은 얼마인가?

② 포트폴리오 F와 동일한 기대수익률을 제공하는 포트폴리오들 가운데 포트폴리오 X의 표준편차가 가장 작다. 시장포트폴리오의 표준편차가 20%이고 포트폴리오 X의 표준편차가 45라면, β_B는 얼마인가?

(물음4) 위험자산 P의 분산은 위험자산 B와 시장포트폴리오에 각각 50%씩 투자하여 구성한 포트폴리오의 분산과 같다. 위험자산 P의 분산이 시장포트폴리오 분산의 3/4배 (즉, $\sigma_P^2 = 0.75\sigma_M^2$)라고 할 때, 다음에 대해 답하시오.

① β_A는 얼마인가?

② 위험자산 B의 위험프리미엄이 6%라면, 시장포트폴리오의 위험프리미엄은 얼마인가?

(물음5) 자본시장의 불균형이 발생한 경우, CAPM모형과 APT모형에서 시장균형을 회복하는 과정이 서로 차이를 보이는데, 그 차이점이 무엇인지 5줄 이내로 설명하시오.

【문제 4】 (10점)

(물음1)과 (물음2)는 각각 독립적인 물음이다.

아래 표에 제시된 주식 A와 B의 기대수익률, 표준편차 그리고 베타를 이용하여 다음 물음에 답하시오.

주식	기대수익률	표준편차	베타
A	14%	11%	0.6
B	16%	20%	1.6

(물음1) 무위험자산이 존재하지 않고 주식 A와 B만 존재하는 완전자본시장을 가정하자. 시장포트폴리오는 주식 A와 B에 각각 60%와 40%를 투자한 포트폴리오이다. 다음에 대해 답하시오.

① 제로베타 포트폴리오를 만들기 위한 주식 A의 구성비율과 제로베타 포트폴리오의 기대수익률은 각각 얼마인가?

② 주식 A와 B의 수익률 사이의 공분산과 제로베타 포트폴리오의 표준편차는 각각 얼마인가? 공분산은 소수점 아래 다섯째 자리에서 반올림하여 넷째 자리까지, 표준편차는 %단위로 소수점 아래 셋째 자리에서 반올림하여 둘째 자리까지 표시하시오.

(물음2) 주식 A와 B의 수익률은 모두 시장모형에 의해 생성된다는 가정 하에 다음에 대해 답하시오.

① 주식 A 수익률과 시장포트폴리오 수익률 사이의 상관계수가 0.6이라면, 주식 A와 B 수익률 사이의 공분산은 얼마인가? 공분산은 소수점 다섯째 자리에서 반올림하여 넷째 자리까지 표시하시오.

② 시장모형과 마코위츠(Markowitz)의 완전분산공분산모형을 비교할 때, 시장모형의 유용성 가운데 하나는 업종별 애널리스트를 통한 증권분석과 투자의사결정이 가능하다는 점이다. 그 이유를 5줄 이내로 설명하시오.

【문제 5】 (15점)

사회적 책임활동이 활발한 기업에 주로 투자하는 주식형 펀드 '케이'의 시장타이밍 (market timing) 능력과 운용성과를 사후적으로 측정하기 위하여 다음과 같은 회귀모형을 추정하였다.

$$R_k = 0.09 + 0.92 R_m + 0.12 R_m^2 - 0.16 SMB + 0.08 HML + \epsilon_k$$

$$\quad (0.03) \quad (0.25) \quad (0.03) \quad (0.05) \quad (0.12) \qquad\qquad \overline{R^2} = 0.21$$

표본으로 2010년 1월부터 2018년 12월까지 월별 자료를 이용하였다. R_k는 펀드 '케이'의 수익률에서 무위험이자율을 차감한 펀드 '케이'의 초과수익률, R_m은 시장포트폴리오 수익률에서 무위험이자율을 차감한 시장초과수익률, SMB는 Fama와 French의 기업규모요인, HML은 Fama와 French의 가치요인, ϵ_k는 펀드 '케이'의 잔차, $\overline{R^2}$는 조정 R^2를 의미한다. 추정 회귀계수 아래 괄호안의 숫자는 표준오차를 나타낸다.

(물음1) 회귀모형 추정결과를 이용하여
　　　　① 기업규모요인과 가치요인의 유의성을 판별한 다음 그 의미를 설명하고
　　　　② 시장타이밍 능력 판별모형에 Fama와 French의 기업규모요인과 가치요인을 추가하는 이유는 무엇인지 설명하시오.

(물음2) 회귀모형 추정결과를 이용하여
　　　　① 상수항 추정계수 0.09가 의미하는 바를 설명하고
　　　　② 젠센의 알파(Jensen's alpha)와 어떻게 다른지 설명하시오.

(물음3) 시장타이밍 능력이란 펀드매니저가 미래 시장 상황에 맞추어 보유 주식에 대한 투자비중을 적절하게 변화시켜 포트폴리오의 베타를 조정할 수 있음을 의미한다. 위의 회귀모형 추정결과를 이용하여 펀드 '케이' 매니저의 시장타이밍 능력을 판별하시오.

(물음4) 제시된 회귀모형이 펀드 '케이' 매니저의 시장타이밍 능력을 판별할 수 있는 모형임을 보일 수 있는 근거를 적절한 수식을 사용하여 제시하시오.

【문제 6】 (10점)

　　1년, 2년, 3년 후에 각각 1,000억원을 지불할 부채를 보유하고 있는 ㈜한국보험은 이자율 변동으로 발생하는 부채 포트폴리오의 가치변동위험을 면역화 하려고 한다. 자본시장에서 현재의 채권수익률은 5%이고 수익률곡선은 수평이며 평행이동 한다고 가정한다. 금액은 억원 단위이며, 모든 계산결과는 소수점 아래 다섯째 자리에서 반올림하여 넷째 자리까지 표시하시오.

(물음1)　㈜한국보험이 보유한 부채 포트폴리오의 듀레이션과 볼록성(convexity)은 각각 얼마인가?

(물음2)　㈜한국보험이 1년 만기 무이표채와 3년 만기 무이표채를 이용하여 면역전략을 수행하고자 한다. 단, ㈜한국보험은 다른 자산을 보유하고 있지 않으며, 자산과 부채 포트폴리오의 현재가치를 일치시켜서 면역전략을 수행한다고 가정한다.
　　① 1년 만기 및 3년 만기 무이표채에 투자할 비중과 금액은 각각 얼마인가?
　　② ㈜한국보험이 보유한 자산 포트폴리오의 볼록성은 얼마인가?
　　③ 이자율 변동으로 발생하는 부채 포트폴리오의 가치변동에 대하여 완전면역이 확보되는지 설명하시오.

(물음3)　㈜한국보험이 1년 만기 무이표채와 2년 만기 무이표채를 이용하여 면역전략을 수행하고자 한다. 단, ㈜한국보험은 다른 자산을 보유하고 있지 않으며, 자산과 부채 포트폴리오의 현재가치를 일치시켜서 면역전략을 수행한다고 가정한다.
　　① 1년 만기 및 2년 만기 무이표채에 투자할 비중과 금액은 각각 얼마인가?
　　② ㈜한국보험이 보유한 자산 포트폴리오의 볼록성은 얼마인가?
　　③ 이자율 변동으로 발생하는 부채 포트폴리오의 가치변동에 대하여 완전면역이 확보되는지 설명하시오.

(물음4)　(물음2)와 (물음3)의 전략이 부채 포트폴리오의 가치변동위험에 대한 면역화에 차이를 발생시키는가? 만약 차이를 발생시킨다면 근본적인 이유를 설명하시오.

【문제 7】 (15점)

금년도 1월 1일($t=0$) 기준으로 만기, 액면금액, 액면이자율, 만기수익률이 상이한 채권들이 아래 표에 제시되어 있다. 자본시장에서 채권 A, B, C가 각각 균형가격 하에 있고 모든 이자지급 주기는 1년으로 가정한다. 계산결과는 소수점 아래 다섯째 자리에서 반올림하여 넷째 자리까지 표시하시오.

채권	만기	액면금액	액면이자율	만기수익률
A	1년	100,000원	0%	6%
B	2년	70,000원	10%	9%
C	3년	50,000원	15%	12%
D	3년	100,000원	20%	13%

(물음1) 금년도 1월 1일 시점($t=0$)에서 채권 A, B, C의 시장가격은 각각 얼마인가?

(물음2) 금년도 1월 1일 시점($t=0$)에서 $t=k$년 만기 현물이자율을 $_0i_k$, $t=k$년 시점에서 1년 만기 선도이자율을 $_kf_{k+1}$으로 각각 표기한다. $(1+_0i_2)^2$, $(1+_0i_3)^3$, $_1f_2$, $_2f_3$은 각각 얼마인가?

(물음3) 채권을 매입, 매도하는 경우 거래비용이 없다고 가정하고 다음에 대해 답하시오.
① 채권 D의 시장가격과 균형가격을 각각 계산하고 채권 D의 과소 또는 과대 평가 여부를 판단하시오.
② 채권 D 1개를 거래단위 기준으로 하여 차익거래 전략을 제시하시오. 단, 금년도 1월 1일 시점($t=0$)을 제외한 다른 시점($t=1, 2, 3$)의 순현금흐름은 0이 되도록 차익거래를 구성한다. 1단위 이하로 분할하여 채권의 거래가 가능하다고 가정한다.

(물음4) 차익거래에서 매입 및 매도되는 모든 채권의 거래비용이 거래금액의 0.3%라고 가정한다. 차익거래가 발생할 수 있는 채권 D의 가격범위를 구하시오.

2019년 공인회계사 재무관리 2차 기출문제　　　정답 및 해설

【문제 1】 (15점) 자본구조 (밀러의 균형부채이론)

(물음1)

기업부채에 대한 수요곡선 :　$R_d = \dfrac{R_o}{1-t_b}$

투자자 갑 :　$R_d = \dfrac{8}{1-0.42} = 13.79\%$

투자자 을 :　$R_d = \dfrac{8}{1-0.3} = 11.43\%$

투자자 병 :　$R_d = \dfrac{8}{1-0.1} = 8.89\%$

투자자 정 :　$R_d = \dfrac{8}{1-0.0} = 8\%$

(물음2)

기업부채에 대한 공급곡선 :　$R_s = \dfrac{R_o}{1-t}$

기업입장에서의 세전이자율 :　$R_s = \dfrac{8}{1-0.35} = 12.31\%$

경제전체의 회사채 발행금액 : 투자자 을, 병, 정의 투자금액 = 500 + 100 + 50 = 650억

(물음3)

기업전체의 자기자본가치 :　$S = \dfrac{(200 - 650 \times 12.31\%) \times (1-0.35)}{0.08} = 974.88$억원

기업전체의 부채비율 : B/S = 650/974.88 = 66.67%

(물음4)

기업입장에서의 세전이자율 :　$R_s = \dfrac{8}{1-0.3} = 11.43\%$

경제전체의 회사채 발행금액 : 투자자 을, 병, 정의 투자금액 = 500 + 100 + 50 = 650억

기업전체의 자기자본가치 :　$S = \dfrac{(200 - 650 \times 11.43\%) \times (1-0.3)}{0.08} = 1,100$억원

기업전체의 부채비율 : B/S = 650/1,100 = 59.10%

【문제 2】 (15점) M&A (주식교환비율 및 독약조항)

(물음1)

합병기업 입장에서의 주식교환비율 : $P_{AB} \geq P_A$

$NI_A = 45,000/15 \times 500$만주 $= 150$억원

$NI_B = 20,000/10 \times 200$만주 $= 40$억원

$$\frac{150억 + 40억}{500만주 + 200만주 \times ER} \times 15 > 45,000 \quad \rightarrow \quad ER < 0.6667 \ (\text{최대주식교환비율})$$

(물음2)

피합병기업(목표기업)입장에서의 주식교환비율 : $P_{AB} \times ER \geq P_B$

$$\frac{150억 + 40억}{500만주 + 200만주 \times ER} \times 15 \times ER > 20,000 \quad \rightarrow \quad ER > 0.0482 \ (\text{최소주식교환비율})$$

(물음3)

포이즌 필 발효 전 ㈜헷지 보유주식 $= 200$만주 $\times 20\% = 40$만주

포이즌 필 발효 전 나머지 주주 보유주식 $= 200$만주 $\times 80\% = 160$만주

신주발행 후 주식수 $= 200$만주 $+ 160$만주 $= 360$만주

포이즌 필 발효 후 ㈜헷지 지분율 $= 40$만주 $/ 360$만주 $= 11.11\%$

포이즌 필 발효 후 주가 $= \dfrac{200만주 \times 20,000 + 160만주 \times 10,000}{3600만주} = 15,555$원

(물음4)

포이즌 필 발효 전 ㈜헷지 부 $= 40$만주 $\times 20,000 = 80$억원

포이즌 필 발효 후 ㈜헷지 부 $= 40$만주 $\times 15,555 = 62.22$억원

부의 변화 $= 17.78$억원 감소

포이즌 필 발효 전 나머지 주주 부 $= 160$만주 $\times 20,000 = 320$억원

포이즌 필 발효 후 나머지 주주 부 $= 320$만주 $\times 15,555 = 497.78$억원

부의 변화 $= 497.78 - (320 + 160) = 17.78$억원 증가

(물음5)

찬성 : 경영권 방어를 위해 자사주 매입에 과도한 비용을 완화시키고 대신에 생산투자를 증대시킬
　　　수 있다. 따라서 경영권 방어수단이 기업의 효율성을 증대시키는 등 좋은 기업지배구조를
　　　위한 긍정적인 역할을 할 수 있다.

반대 : 경영권을 보호해 줌으로써 기업 소유주나 경영진 및 대주주의 도덕적 해이를 유발할 수 있
　　　고, 외국인투자 위축과 주가하락을 불러올 수 있다.

【문제 3】 (20점) 포트폴리오 (효율적 포트폴리오 및 베타)

(물음1)

위험자산 A와 C는 CML의 효율적 포트폴리오

위험자산 A : $3\% = CML$기울기$\times 6\% \rightarrow$ CML기울기 $= 2$

위험자산 E : $E(R_E) = 5\% + 0.5 \times 7\% = 8.5\%$

(물음2)

① CAPM 성립 : $\beta_A = \beta_B$

위험자산 C의 위험프리미엄은 위험자산 A의 위험프리미엄의 2배 : $\beta_C = \beta_A \times 2$

B와 D에 각각 40%와 60%를 투자하여 구성한 포트폴리오의 기대수익률이 시장포트폴리오과 동일 :

$0.4 \times \beta_B + 0.6 \times \beta_C = 1 \rightarrow 0.4 \times \beta_A + 0.6 \times \beta_A \times 2 = 1 \rightarrow \beta_A = 0.625, \ \beta_C = 1.25$

② 위험자산 A와 C를 결합하여 구성한 포트폴리오의 표준편차 0

$w \times 0.625 + (1-w) \times 1.25 = 0 \rightarrow$ w $= 2$

(물음3)

① 위험자산 B와 C로 구성한 최소분산 포트폴리오

$w_B = \dfrac{\sigma_C^2 - \sigma_{BC}}{\sigma_B^2 + \sigma_C^2 - 2\sigma_{BC}}$ 에서 $\sigma_B = \sigma_C$ 이므로 $w_B = 0.5$

② 포트폴리오 F와 동일한 기대수익률을 제공하는 포트폴리오들 가운데 포트폴리오 X의 표준편차가 가장 작다. 시장포트폴리오의 표준편차가 20%이고 포트폴리오 X의 표준편차가 45라면, β_B는 얼마인가?

포트폴리오 X는 CML의 효율적 포트폴리오

$\sigma_X = w \times \sigma_m \rightarrow 45 = $ w $\times 20 \rightarrow$ w $= 2.25 \rightarrow \beta_X = 2.25$

포트폴리오 F의 베타 : $\beta_F = 0.5 \times \beta_B + 0.5 \times \beta_C = 1.5 \times \beta_B$

$\therefore \ 2.25 = 1.5 \times \beta_B \rightarrow \beta_B = 1.5$

(물음4)

① $\beta_C = \beta_A \times 2 \rightarrow \sigma_C = \sigma_A \times 2$ 에서 $\sigma_C = \sigma_B$ 이므로 $\sigma_B = \sigma_A \times 2$

 $\beta_A = \beta_B \rightarrow 1 \times \sigma_A = \sigma_B \times \rho_{BM} \rightarrow \rho_{BM} = 0.5$

 위험자산 B와 시장포트폴리오에 각각 50%씩 투자하여 구성한 포트폴리오

 $\sigma_p^2 = 0.5^2 \times \sigma_B^2 + 0.5^2 \times \sigma_M^2 + 2 \times 0.5 \times 0.5 \times 0.5 \times \sigma_B \times \sigma_M = 0.75 \times \sigma_M^2$

 $\rightarrow 0.5 \times (\sigma_M - \sigma_B) \times (\sigma_M + 0.5\sigma_B) = 0 \rightarrow \sigma_B = \sigma_M$

 $\beta_A = \beta_B = 0.5 \times \dfrac{\sigma_B}{\sigma_M} = 0.5$

② $0.5 \times MRP = 6\% \rightarrow MRP = 12\%$

(물음5) CAPM 모형에서는 증권시장선 위쪽에 위치하는 주식은 매수하고, 증권시장선 아래쪽에 위치하는 주식은 공매도하여 불균형주식이 증권시장선 선상에 위치하게 하여 균형을 달성한다. APT모형에서는 불균형주식과 요인베타가 동일한 포트폴리오를 구성하여 불균형주식과 포트폴리오와의 차익거래를 통하여 균형을 회복한다.

【문제 4】 (10점) 포트폴리오 (제로베타포트폴리오)

(물음1)

① $E(R_M)$ = 0.6 × 14% + 0.4 × 16% = 14.8%

$E(R_A)$ = 14% = Rf + (14.8% - Rf) × 0.6 → Rf = 12.8% 또는

$E(R_B)$ = 16% = Rf + (14.8% - Rf) × 1.6 → Rf = 12.8%

제로베타포트폴리오의 수익률 = Rf = 12.8%

$E(R_Z)$ = 12.8% = w × 14% + (1-w) × 16% → w = 1.6

② $Cov\,(R_{M,}R_z) = 0$

$Cov(0.6R_A + 0.4R_B, 1.6R_A - 0.6R_B) = 0.6 \times 1.6 \times 11^2 - 0.4 \times 0.6 \times 20^2 + 0.28 \times \sigma_{AB} = 0$

→ σ_{AB} = -0.0072

$\sigma_Z^2 = 1.6^2 \times 11^2 + (-0.6)^2 \times 20^2 + 2 \times 1.6 \times (-0.6) \times (-72) = 592 \rightarrow \sigma_Z = 24.33\%$

(물음2)

① $\beta_A = 0.6 = \dfrac{0.6 \times 11}{\sigma_M} \rightarrow \sigma_M = 11\%$

시장모형 : $cov(R_i, R_j) = \beta_i \times \beta_j \times \sigma_m^2$

$Cov(R_A, R_B) = 0.6 \times 1.6 \times 11^2 = 116.16\%^2 = 0.0116$

② 시장모형과 마코위츠(Markowitz)의 완전분산공분산모형을 이용하는 것 보다 시장모형을 이용하면 추정의 횟수를 크게 줄일 수 있다. 시장모형을 이용하면 동일한 업종에서 개별주식들 사이의 공분산이나 상관계수를 추정할 필요 없이 편리하게 구할 수 있기 때문에 증권분석 및 투자의사결정에 유용하다.

【문제 5】 (15점) 포트폴리오 (Fama & French 모형)

(물음1)   회귀모형 추정결과를 이용하여

① 기업규모요인 $t = \dfrac{-0.16 - 0}{0.05} = -3.2$

→ 절대값이 2 이상이므로 펀드 K의 수익률은 기업규모요인과 관련이 있으며, 대형주 펀드이다.

가치요인 $t = \dfrac{0.08 - 0}{0.12} = 0.67$

→ 절대값이 2 보다 작기 때문에 펀드 K의 수익률은 가치요인과는 관계가 없다.

② 시장타이밍 능력을 측정하기 위해서는 펀드 성과 중에서 스타일에 기인하는 부분과 펀드 매니저의 차별적 능력에 기인하는 부분을 구분하여야 하기 때문에 스타일에 기인하는 기업규모요인과 가치요인을 추가하여야 한다.

`

(물음2)

① 상수항 추정계수 $t = \dfrac{0.09 - 0}{0.03} = 3$

→ 절대값이 2 이상이므로 펀드 K의 펀드매니저의 종목 선택능력에 의한 0.09의 초과수익률을 달성했다는 것을 의미한다.

② 젠센의 알파는 시장포트폴리오의 초과수익률의 요인만 고려한 초과수익률이기 때문에 펀드의 스타일에 기인하는 부분과 펀드 매니저의 차별적 능력에 기인하는 부분이 모두 포함되어 있다.

(물음3)

시장초과수익률 제곱 요인이 시장타이밍 능력을 나타낸다. 시장초과수익률 제곱 요인의 계수가 0.12로 양수이므로 펀드 k는 성공적인 타이밍 능력을 가지고 있다는 것으로 판단할 수 있다.

(물음4)   시장초과수익률 제곱 요인 $t = \dfrac{0.12 - 0}{0.03} = 4$

→ 절대값이 2 이상이므로 펀드 K의 수익률은 시장타이밍 능력이 있다고 판단할 수 있다.

【문제 6】 (10점) 채권 (듀레이션과 볼록성)

(물음1) 듀레이션과 볼록성

$$B_0 = \frac{1,000}{1.05} + \frac{1,000}{1.05^2} + \frac{1,000}{1.05^3} = 2,723.2480억$$

듀레이션 $= (1 \times \frac{1,000}{1.05} + 2 \times \frac{1,000}{1.05^2} + 3 \times \frac{1,000}{1.05^3}) \div 2,723.2480 = 1.9675년$

$$C = B_0'' \div B_0 \ , \ B_0'' = \sum_{t=1}^{n} t \times (t+1) \times \frac{CF_t}{(1+R)^{t+2}}$$

볼록성$= (1 \times 2 \times \frac{1,000}{1.05^3} + 2 \times 3 \times \frac{1,000}{1.05^4} + 3 \times 4 \times \frac{1,000}{1.05^5}) \div 2,723.2480 = 5.8996$

$$C = 0.5 \times B_0'' \div B_0 \ , \ B_0'' = \sum_{t=1}^{n} t \times (t+1) \times \frac{CF_t}{(1+R)^{t+2}}$$

볼록성$= 5.8996 \times 0.5 = 2.9498$

(물음2) ALM

① $D_A = D_L \to w \times 1 + (1 - w) \times 3 = 1.9675 \to w=0.5163, \ 1-w=0.4837$

　1년 만기 무이표채 투자금액 $= 0.5163 \times 2,723.2480억 = 1,460.0129억$

　3년 만기 무이표채 투자금액 $= 0.4837 \times 2,723.2480억 = 1,317.2351억$

② 볼록성$= (\frac{1 \times 2 \times 1,406.0129 + 3 \times 4 \times 1,317.2351}{1.05^2}) \div 2,723.2480 = 6.2014$ 또는

　볼록성$= 6.2014 \times 0.5 = 3.1007$

③ 자산의 볼록성이 부채의 볼록성 보다 커서 금리상승와 금리하락시에 모두 이익이 발생하기 때문에 이자율 변동에 따른 완전면역이 확보되지 않는다.

(물음3) ALM

① $D_A = D_L \to w \times 1 + (1 - w) \times 2 = 1.9675 \to w=0.0325, \ 1-w=0.9675$

　1년 만기 무이표채 투자금액 $= 0.0325 \times 2,723.2480억 = 88.5056억$

　2년 만기 무이표채 투자금액 $= 0.9675 \times 2,723.2480억 = 2,634.7524억$

② 볼록성$= (\frac{1 \times 2 \times 88.5056 + 2 \times 3 \times 2,634.7524}{1.05^2}) \div 2,723.2480 = 5.3243$ 또는

　볼록성$= 5.3243 \times 0.5 = 2.6622$

③ 자산의 볼록성이 부채의 볼록성 보다 작아서 금리상승와 금리하락시에 모두 손실이 발생하기 때문에 이자율 변동에 따른 완전면역이 확보되지 않는다.

(물음4)

자산과 부채의 볼록성이 서로 다르기 때문에 완전면역이 확보되지 못한다.

【문제 7】 (15점) 채권 (기간구조이론)

(물음1) 채권의 가격

$$B_A = \frac{100,000}{1.06} = 94,339.6226원$$

$$B_B = \frac{7,000}{1.09} + \frac{77,000}{1.09^2} = 71,231.3778원$$

$$B_C = \frac{7,500}{1.12} + \frac{7,500}{1.12^2} + \frac{57,500}{1.12^3} = 53,602.7469원$$

(물음2) 현물이자율과 선도이자율

$$B_B = 71,231.3778원 = \frac{7,000}{1.06} + \frac{77,000}{(1+_0i_2)^2} \rightarrow (1+_0i_2)^2 = 1.1914$$

$$B_C = 53,602.7469원 = \frac{7,500}{1.06} + \frac{7,500}{1.1914} + \frac{57,500}{(1+_0i_3)^3} \rightarrow (1+_0i_3)^3 = 1.4292$$

$$(1+_0i_2)^2 = 1.1914 = 1.06 \times (1+_1f_2) \rightarrow {_1f_2} = 0.1240$$

$$(1+_0i_3)^3 = 1.4292 = 1.1914 \times (1+_2f_3) \rightarrow {_2f_3} = 0.1996$$

(물음3) 차익거래

① 채권 D의 시장가격 $= \frac{20,000}{1.13} + \frac{20,000}{1.13^2} + \frac{120,000}{1.13^3} = 116,528.0682원$

   채권 D의 균형가격 $= \frac{20,000}{1.06} + \frac{20,000}{1.1914} + \frac{120,000}{1.4292} = 119,617.9541원$

   채권D의 시장가격이 균형가격보다 작기 때문에 과소평가

② 채권D를 복제하기 위한 채권 A, B, C의 개수를 각각 a , b, c라고 하면

   $100,000 \times a + 7,000 \times b + 7,5000 \times c = 20,000$ (식1)

   $77,000 \times b + 7,5000 \times c = 20,000$ (식2)

   $57,5000 \times c = 120,000$ (식3)

   식을 연립방정식으로 풀면 c=2.087, b=0.05646, a=0.03952

   차익거래전략 : 채권D 1개 매입, 채권A 0.03952개 매도, 채권B 0.05646개 매도,
   　　　　　　　　채권C 2.087개 매도

   차익거래이익 = 3,090.8901원

(물음4) 차익거래

채권D 매입, 복제채권 매도일 때 채권D 시장가격범위

채권D 시장가격 $\times$ 1.003 < 119,617.9541원 $\times$ 0.997 → 채권D 시장가격 < 118,902.3931원

채권D 매도, 복제채권 매입일 때 채권D 시장가격범위

채권D 시장가격 $\times$ 0.997 > 119,617.9541원 $\times$ 1.003 → 채권D 시장가격 > 120,337.8214원

공인회계사 재무관리 2차 기출문제

【문제 1】 (15점)

자본자산가격결정모형(CAPM)이 성립한다고 가정한다. ㈜대한은 불확실성 하에서 상호배타적인 투자안 A와 투자안 B 중에서 자본예산 의사결정을 하고자 한다. 투자안 A의 초기투자액은 1,000원, 기대현금흐름 $E(CF_A)$는 1,300원, 현금흐름과 시장수익률의 공분산 $COV(CF_A, R_M)$은 2이다. 투자안 B의 초기투자액은 1,100원, 기대현금흐름 $E(CF_B)$는 1,350원, 현금흐름과 시장수익률의 공분산 $COV(CF_B, R_M)$은 6이다. 기대시장수익률 $E(R_M)$은 12%이고 무위험이자율 R_F는 5%이다.

투자안 A와 투자안 B의 투자기간은 1년이다. 초기투자액은 투자기간 초에 지출되고 현금흐름은 투자기간 말에 발생한다. 기대시장수익률 $E(R_M)$은 양(+)의 무위험이자율 R_F 보다 크다고 가정한다(즉, $E(R_M) > R_F > 0$).

주어진 정보 하에 확실성등가법을 활용하여 다음 물음에 답하시오. 계산결과는 소수점 아래 다섯째 자리에서 반올림하여 넷째 자리까지 표시하시오.

(물음1) 투자안 A와 투자안 B의 확실성등가액이 동일할 경우 시장위험 $VAR(R_M)$ 1단위에 대한 위험프리미엄(λ)과 $VAR(R_M)$을 구하시오.

※ (물음 2)와 (물음 3)은 (물음 1)과는 독립적으로 시장수익률의 분산 $VAR(R_M)$을 0.03으로 가정한다.

(물음2) 투자안 A와 투자안 B의 CAPM 베타 β_A, β_B와 자본비용 $E(R_A)$, $E(R_B)$를 각각 구하시오.

(물음3) 투자안 A와 투자안 B 중 어느 것을 선택해야 하는지 풀이과정을 보여 설명하시오.

(물음4) 불확실성 하의 자본예산 의사결정에 있어서 확실성등가법과 위험조정할인율법의 공통점 및 차이점을 4줄 이내로 기술하시오.

【문제 2】 (15점)

㈜대한의 2019년 세전영업이익(EBIT)은 500억원이었다. ㈜대한에서는 2019년 초와 2020년 초에 리조트 건설에 필요한 150억원의 자본적 지출이 각각 발생했다. 2020년 말부터 발생되는 ㈜대한의 잉여현금흐름은 향후 지속될 것이다. 한편, ㈜대한의 2019년과 2020년 리조트 건설사업의 연 투하자본이익률(ROIC)은 15%이다. 2019년과 2020년에 공통 적용되는 ㈜대한에 관한 아래의 정보를 이용해서 물음에 답하시오.

(1) 목표 부채비율(부채/자기자본)은 50%이다.
(2) 보통주 자기자본비용, 세후 부채비용은 각각 연 10%, 4%이다.
(3) 우선주 발행은 없다.
(4) 법인세율은 25%이다.
(5) 감가상각비는 존재하지 않는다.
(6) 시간선 상 t = 0, 1, 2는 각각 2019년 기말(2020년 기초), 2020년 기말, 2021년 기말이다.

(물음1) 2020년 초에 발생된 자본적 지출 150억원을 통해 2020년에 창출되는 경제적 부가가치(EVA)는 19.5억원으로 추정된다. ㈜대한의 2020년 리조트 건설사업의 연 가중평균자본비용(WACC)을 추정하시오.

※ (물음 2)~(물음 4)는 (물음 1)과 독립적이다.

(물음2) ㈜대한의 2019년 말 잉여현금흐름이 200억원일 경우, 2019년 말의 순운전자본 증감액을 구하시오.

(물음3) 2020년 기준 ㈜대한의 매출액은 전년대비 10% 감소할 것이다. 또한, ㈜대한의 2020년에 적용되는 영업레버리지도(DOL)는 2.0으로 예상된다. 2020년 초 기준으로 ㈜대한의 기업가치를 추정하시오. 단, 2020년 말 기준 유동자산, 유동부채는 각각 99억원, 87억원으로 전년대비 10% 감소, 16% 증가할 전망이다. 계산결과는 반올림하여 억원 단위로 표시하시오.

(물음4) ㈜대한은 부채이용 기업이다. ㈜대한이 무부채 기업일 경우와 비교하면, ㈜대한의 부채사용에 따른 법인세 절감효과로 늘어난 2020년 말 기업가치 증가분은 100억원으로 추정된다. 2020년 말 기준 발행주식 수는 100만주, 이자비용은 총 부채의 10%가 될 것이다. 주당순이익(EPS) 20,000원에 해당하는 ㈜대한의 2020년 말 기준 세전영업이익(EBIT)을 구하시오. 단, MM 수정명제 I이 적용된다. 계산결과는 반올림하여 억원 단위로 표시하시오.

【문제 3】 (15점)

㈜대한의 2019년과 2020년의 세전영업이익(EBIT)은 각각 100억원으로 동일하다. ㈜대한은 회사채 발행을 통한 자사주 매입을 계획 중이다. 2020년 초 ㈜대한의 현재 주가는 250,000원이며, 발행주식수는 100만주이다. ㈜대한은 연 이자지급 방식인 회사채(3년 만기, 액면가 100,000원)를 액면이자율 연 5%로 100만좌 발행 예정이다. 만기수익률은 연 4%이며, ㈜대한의 법인세율은 20%이다. 단, 자사주는 현재 주가로 매입 가능하다.

(물음1) 자사주 매입 시 최대로 매입가능한 ㈜대한의 주식수를 구하시오. 계산결과는 소수점 첫째 자리에서 반올림하여 표시하시오.

(물음2) 자사주 매입 이후 ㈜대한의 주당순이익(EPS)을 구하시오. 이자비용은 액면이자로 계산하고, 계산결과는 반올림하여 원 단위로 표시하시오.

(물음3) ㈜대한의 2021년 세전영업이익(EBIT)이 전년대비 50% 감소될 것으로 가정할 경우, 2021년 주당순이익(EPS)의 감소율(%)을 구하시오. 이자비용은 액면이자로 계산하시오.

(물음4) 자본시장이 완전자본시장이라는 가정 하에 자사주 매입과 현금배당의 공통점 및 차이점을 4줄 이내로 기술하시오.

【문제 4】 (15점)

무위험이자율 대비 ㈜대한 주식 및 ㈜민국 주식의 초과수익률(종속변수 Y)과 시장초과수익률(독립변수 X) 간의 선형회귀분석 결과는 아래와 같다. ㈜대한 주식 및 ㈜민국 주식 수익률의 표준편차는 시장수익률 표준편차의 각각 3배, 2배이다. 분석기간 중 무위험이자율은 일정하다고 가정한다.

주식	Y절편	결정계수
㈜대한	0.4%	0.49
㈜민국	0.3%	0.36

(물음1) ㈜대한 주식과 ㈜민국 주식의 베타계수를 구하시오.

(물음2) 정보비율(information ratio) 고려 시 성과가 더 우수한 주식이 어느 것인지 풀이과정을 보여 설명하시오. 단, 정보비율은 '젠센의 알파/잔차의 표준편차'이다.

(물음3) ㈜대한의 현재 총부채비율(부채/총자산)은 20%이다. ㈜대한의 총부채비율이 30%로 상승하는 경우 ㈜대한 주식의 베타계수를 구하시오. 단, ㈜대한의 법인세율은 20%이다.

(물음4) ㈜대한 주식과 ㈜민국 주식을 편입한 펀드가 있다. 펀드매니저의 성과를 측정하기 위해 펀드의 다기간수익률을 산출하고자 한다. 다기간 수익률 측정방법 중 시간가중수익률법(기하평균수익률)과 금액가중수익률법(내부수익률)에 대해 설명하고 두 수익률 간 차이가 발생하는 이유에 대해 4줄 이내로 기술하시오.

【문제 5】 (15점)

다양한 만기와 액면이자를 가진 채권들이 자본시장에서 거래되고 있다. 모든 채권은 채무불이행위험이 없으며, 이자지급주기가 1년, 액면금액이 100,000원으로 동일하다. 또한 모든 채권은 공매가 가능하며, 거래비용 없이, 차익거래 기회가 없는 균형가격에 거래된다.

※ (물음 1)과 (물음 2)는 채권 A~채권 D의 잔존만기, 액면이자율, 만기수익률, 가격의 일부 정보를 제시한 아래 표를 이용하여 답하시오.

채권	잔존만기(년)	액면이자율	만기수익률	가격(원)
A	15	0%		
B	15	6%		64,000
C	15	8%		78,400
D	15			100,000

(물음1) 채권 B와 채권 C를 활용하여, 채권 A의 시장가격을 구하시오.

(물음2) (물음 1)을 활용하여, 채권 D의 만기수익률을 구하시오.

※ (물음 3)~(물음 5)는 채권 E~채권 G의 잔존만기, 액면이자율, 만기수익률, 가격의 일부 정보를 제시한 아래 표를 이용하여 답하시오.

채권	잔존만기(년)	액면이자율	만기수익률	가격(원)
E	1	0%		
F	2	10%	9.80%	
G	3	0%	10.00%	

(물음3)   채권 F의 가격을 구하시오. 계산결과는 반올림하여 원 단위로 표시하시오.

(물음4)   만기 3년 이내의 현물이자율 수익률곡선이 우상향(만기가 증가할 때 현물이자율이 같거나 증가)하기 위한 채권 E의 최대가격을 구하시오. 계산결과는 반올림하여 원 단위로 표시하시오.

(물음5)   만기 3년 이내의 현물이자율 수익률곡선이 우상향(만기가 증가할 때 현물이자율이 같거나 증가)하기 위한 채권 E의 최소가격을 구하시오. 계산결과는 반올림하여 원 단위로 표시하시오.

【문제 6】 (10점)

㈜대한과 ㈜민국의 현재 주가는 각각 1,100원이며 주식의 공매가 가능하다. 이 기업들은 향후 5년간 배당을 지급하지 않을 계획이다. 무위험이자율은 연 10%로 향후 변동이 없으며 차입과 투자가 가능하다. 거래비용은 없으며, 시장에는 어떠한 차익거래의 기회도 없다고 가정한다.

※ (물음 1)과 (물음 2)는 독립적이다.

(물음1) ㈜대한의 주식은 매년 가격이 20% 상승하거나 20% 하락하는 이항과정을 따른다. 이 주식을 기초자산으로 하고 행사가격이 1,100원으로 동일한 다음의 3가지 유형의 옵션들이 현재 시장에서 거래되고 있다.

옵션	구분	만기(년)	옵션프리미엄(원)
A	유럽형 풋	5	21
B	미국형 풋	5	63
C	미국형 콜	5	

옵션 C의 프리미엄을 구하시오. 계산결과는 반올림하여 원 단위로 표시하시오.

(물음2) ㈜민국의 주식을 기초자산으로 하고 잔존만기가 1년인 아래의 2가지 옵션이 시장에서 거래되고 있다.

옵션	구분	행사가격(원)	옵션프리미엄(원)
D	유럽형 콜	1,100	155
E	유럽형 콜	1,200	80

① ㈜민국의 주가 변화에 따라 아래와 같은 현금흐름을 제공하는 포트폴리오를 현재 구성하고자 한다. 앞서 제시된 무위험자산, 주식, 옵션들을 조합한 포트폴리오 구성 방법을 나타내시오.

1년 후 주가(S1) 범위	1년 후 현금흐름
$S1 \leq 1,100$	$1,100 - S1$
$1,100 < S1 \leq 1,200$	0
$1,200 < S1$	$S1 - 1,200$

② 위의 포트폴리오를 구성하는데 소요되는 현재 시점에서의 총 비용을 구하시오.

【문제 7】 (15점)

㈜대한은 SPC인 ㈜케이일차와의 총수익스왑(TRS)계약을 통해 ㈜민국을 인수하고자 한다. TRS 계약 내용은 아래와 같다.

> (1) 보장매도자: ㈜대한, 보장매수자: ㈜케이일차
> (2) 정산일: 계약일로부터 2년
> (3) 보장매도자는 보장매수자에게 정산일에 투자금액 기준 연 3%의 고정이자를 지급
> (4) 보장매수자는 ㈜민국 배당금 수령 시 보장매도자에게 이를 즉시 지급하고, 정산일에 보장매도자로부터 투자금액 수취 후 ㈜민국의 주식을 양도

TRS 계약일인 1월 1일(t = 0)에 ㈜케이일차는 액면가 5,000원인 ㈜민국 주식을 주당 10,000원씩 100만주 취득했다. ㈜민국의 주가는 매년 말 60% 확률로 10% 상승, 또는 40% 확률로 5% 하락할 것으로 예상된다. ㈜민국은 액면가기준 2%의 현금배당을 주가변동 직후인 매년 말 지급한다. 무위험이자율은 1%이다. 2년 동안 증자나 감자는 없다고 가정한다.

(물음1) ㈜대한 입장에서 매년 말 현금흐름을 추정하시오. 단, 현금흐름은 주식가치 변동분을 포함한다. 계산결과는 십만원 단위에서 반올림하여 백만원 단위로 표시하시오.

(물음2) ㈜대한은 TRS 정산일에 ㈜케이일차로부터 ㈜민국의 주식을 인수하지 않을 수 있는 풋옵션을 보유하고 있다고 가정한다. 1주당 풋옵션의 가치를 구하시오. 계산결과는 반올림하여 원 단위로 표시하시오.

(물음3) ㈜케이일차는 TRS 정산일에 ㈜민국의 주가가 주식 취득 시보다 상승할 경우 ㈜대한에 주식을 양도하지 않을 수 있는 권리를 보유하고 있다고 가정한다. 이 권리의 1주당 가치를 구하시오. 계산결과는 반올림하여 원 단위로 표시하시오.

(물음4) 신용부도스왑(CDS)의 보장매도자와 보장매수자 간 현금흐름에 대해 설명하고, 이전되는 위험종류에 대해 총수익스왑(TRS)과의 차이점을 4줄 이내로 기술하시오.

【문제 1】 해설 및 정답

> CAPM을 이용한 CEQ
>
> $CEQ_X = E(CF_X) - \lambda Cov(CF_X, R_M)$
>
> $\lambda = \dfrac{\left[E(R_M) - R_F\right]}{Var(R_M)}$:시장위험 1단위에 대한 위험프리미엄

(물음1)

투자안 A : $1,300 = CEQ_A + \lambda \times 2$　　　　　　투자안 B : $1,350 = CEQ_B + \lambda \times 6$

두 투자안의 CEQ가 동일하므로 식을 정리하면 λ=12.5

$VAR(R_M)$ = [12%-5%] ÷ 12.5 = 0.0056

(물음2)

투자안 A

CEQ_A = 1,300 - [12%-5%] ÷ 0.03 × 2 = 1,295.33　　　V_A = 1,295.33 / 1.05 = 1,233.65

$E(R_A)$ = 1,300/1,233.65 - 1 = 5.38%　　　　　β_A = [5.38%-5%] ÷ [12%-5%] = 0.054

투자안 B

CEQ_B = 1,350 - [12%-5%] ÷ 0.03 × 6 = 1,336　　　V_B = 1,336 / 1.05 = 1,272.38

$E(R_B)$ = 1,350/1,272.38 - 1 = 6.10%　　　　　β_B = [6.10%-5%] ÷ [12%-5%] = 0.1571

(물음3)

NPV(A) = -1,000 + 1,233.65 = +233.65

NPV(B) = -1,100 + 1,272.38 = +172.38

∴ 투자안 A를 선택

(물음4)

공통점

불확실성에 대한 투자안의 위험을 반영한 투자안의 NPV로 투자안의 경제성 평가를 함

차이점

확실성등가법은 투자안의 위험을 현금흐름에 반영하여 NPV를 계산

위험조정할인율법은 투자안의 위험을 할인율에 반영하여 NPV를 계산

【문제 2】 해설 및 정답

$$EVA_t = NOPAT_t - (IC_{t-1} \times wacc)$$
$$= (ROIC_t - wacc) \times IC_{t-1}$$

(물음1)

19,5 = 150 × (15% - wacc) → wacc = <u>2%</u>

(물음2)

감가상각비가 없기 때문에 NOPAT = OCF

FCFF = OCF - CE - NWCE

200 = 500 × (1-0.25) - 150 - NWCE → NWCE = 25

∴ 순운전자본 <u>25억원 증가</u>

(물음3)

NOPAT = 500 × (1-0.1 × 2) × (1-0.25) = 300

유동자산의 감소 = 99/0.9 × 0.1 = 11

유동부채의 증가 = 87/1.16 × 0.16 = 12

순운전자본의 감소 = 11 + 12 = 23

2020년 FCFF = 300 - 150 - (-23) = 173억원

wacc = 4% × 1/3 + 10% × 2/3 = 8%

기업가치 = 173/0.08 = 2,162.5 → <u>2,163억원</u>

(물음4)

B = 100 / 0.25 = 400억원

I = 400 × 10% = 40억원

20,000원 × 100만주 = (EBIT-40억) × (1-0.25) → EBIT = 306.67 → <u>307억원</u>

【문제 3】 해설 및 정답

(물음1)

좌당 채권발행금액 = 5,000 × PVIFA(4%,3) + 100,000 × PVIF(4%,3) = 102,775

자사주매입금액 = 102,775 / 250,000 × 100만좌 = <u>411,100주</u>

(물음2)

I = 5,000원 × 100만좌 = 50억원

유통주식수 = 1,000,000 - 411,100 = 588,900주

EPS = (100억원 - 50억원) × (1-0.20) ÷ 588,900 = <u>6,792원</u>

(물음3)

DFL = 100억원/50억원 =2

EPS 변화율 = -50% × 2 = <u>-100%</u>

(물음4)

공통점

자기자본의 가치 감소, 주주부 불변, 주가수익비율 감소

차이점

현금배당 : 주가하락, 주식수 불변, 주당이익 불변

자사주매입 : 주가불변(시장가격으로 매입), 주식수 감소, 주당이익 증가

【문제 4】 해설 및 정답

(물음1)

결정계수 = ρ_{im}^2

대한의 상관계수 = 0.49$^{0.5}$ = 0.7

민국의 상관계수 = 0.36$^{0.5}$ = 0.6

$$\beta_i = \rho_{im} \times \frac{\sigma_i}{\sigma_m}$$

대한의 베타계수 = 0.7 × 3 = 2.1

민국의 베타계수 = 0.6 × 2 = 1.2

(물음2)

$$Var(e_i) = \sigma_i^2 - \beta_i^2 \times \sigma_m^2$$

대한의 잔차분산 = $3^2 \times \sigma_m^2 - 2.1^2 \times \sigma_m^2 = 4.59 \times \sigma_m^2$ → 잔차표준편차 = $2.1424 \times \sigma_m$

민국의 잔차분산 = $2^2 \times \sigma_m^2 - 1.2^2 \times \sigma_m^2 = 2.56 \times \sigma_m^2$ → 잔차표준편차 = $1.6 \times \sigma_m$

대한의 정보비율 = $0.004 \div 2.1424 \times \sigma_m = 0.001867 \div \sigma_m$

민국의 정보비율 = $0.003 \div 1.6 \times \sigma_m = 0.001875 \div \sigma_m$

민국의 정보비율이 더 크기 때문에 (주)민국 주식의 성과가 더 우수하다.

(물음3)

하마다모형 이용

$2.1 = \beta^U \times [1 + (1-0.2) \times 0.25] \rightarrow \beta^U = 1.75$

$\beta^L = 1.75 \times [1 + (1-0.2) \times 3/7] = 2.35$

(물음4)

시간가중수익률법 : 매기간의 단일기간의 기하평균 수익률

금액가중수익률법 : 투자수익의 현가와 투지비용의 현가를 일치시켜주는 내부수익률

차이가 발생하는 이유

시장가중수익률법은 매기의 단일기간 수익률로 재투자한다는 가정의 수익률

금액가중수익률법은 매기 발생하는 현금흐름을 내부수익률로 재투자한다는 가정의 수익률

투자금액이 여러 기간에 걸쳐 변화가 있는 경우 두 방법은 차이가 커진다.

【문제 5】 해설 및 정답

(물음1)

채권 B : $64,000 = \sum_{t=1}^{15} \dfrac{6,000}{(1+{}_0R_t)^t} + \dfrac{100,000}{(1+{}_0R_{15})^{15}}$

채권 C : $78,400 = \sum_{t=1}^{15} \dfrac{8,000}{(1+{}_0R_t)^t} + \dfrac{100,000}{(1+{}_0R_{15})^{15}}$

채권B 1개의 가격에서 채권C 0.75개의 가격을 차감

$64,000 - 78,400 \times 0.75 = \sum_{t=1}^{15} \dfrac{6,000}{(1+{}_0R_t)^t} + \dfrac{100,000}{(1+{}_0R_{15})^{15}} - [\sum_{t=1}^{15} \dfrac{8,000}{(1+{}_0R_t)^t} + \dfrac{100,000}{(1+{}_0R_{15})^{15}}] \times 0.75$

$5,200 = \dfrac{25,000}{(1+{}_0R_{15})^{15}}$ → 채권 A의 가격 $= \dfrac{100,000}{(1+{}_0R_{15})^{15}} = 5,200$원 $\times 4 = 20,800$원

(물음2)

채권A의 가격을 채권B에 대입

$64,000 = \sum_{t=1}^{15} \dfrac{6,000}{(1+{}_0R_t)^t} + 20,800$ → $\sum_{t=1}^{15} \dfrac{1,000}{(1+{}_0R_t)^t} = 7,200$

채권D의 가격이 액면금액이므로 만기수익률과 액면이자율이 동일

채권A의 가격을 채권D에 대입

$100,000 = \sum_{t=1}^{15} \dfrac{C}{(1+{}_0R_t)^t} + 20,800$ → $\sum_{t=1}^{15} \dfrac{C}{(1+{}_0R_t)^t} = 79,200$

$\sum_{t=1}^{15} \dfrac{C}{(1+{}_0R_t)^t} = \sum_{t=1}^{15} \dfrac{1,000}{(1+{}_0R_t)^t} \times 11$ → 액면이자율 $= 11\%$

(물음3)

채권 F의 가격 $= \dfrac{10,000}{1.098^1} + \dfrac{110,000}{1.098^2} = 100,348$원

(물음4)

우상향 수익률 곡선 : $:_0R_1 < 9.8\% <\ _0R_2 < 10\%$

만기2년 현물이자율=10%일 때 만기1년 현물이자율 최소값, 채권E의 최대값

$$\frac{10,000}{(1+_0R_1)^1}+\frac{110,000}{1.10^2}=100,348 \rightarrow \frac{10,000}{(1+_0R_1)^1} = 9,438.91$$

채권E의 가격범위 < 9,438.91 × 10 = 94,389.1

∴ 채권E의 최대가격 = 94,389원

(물음5)

우상향 수익률 곡선 : $:_0R_1 < 9.8\% <\ _0R_2 < 10\%$

만기2년 현물이자율=9.8%일 때 만기1년 현물이자율 최대값, 채권E의 최소값

$$\frac{10,000}{(1+_0R_1)^1}+\frac{110,000}{1.098^2}=100,348 \rightarrow \frac{10,000}{(1+_0R_1)^1} = 9,107.47$$

채권E의 가격범위 > 9,107.47 × 10 = 91,074.7

∴ 채권E의 최소가격 = 91,075원

【문제 6】 해설 및 정답

(물음1)

무배당주식 : 미국형 콜옵션의 가격 = 유럽형 콜옵션의 가격

$$S - C + P = PV(X) \rightarrow C = S + P - PV(X)$$

$$C = 1,100 + 21 - \frac{1,100}{1.10^5} = 438원$$

(물음2)

① 스트랭글 매수전략

  행사가격 1,200원 콜옵션 매입, 행사가격 1,100원 풋옵션 매입

② 행사가격 1,100원 유럽형 풋옵션의 가격

  $$S - C + P = PV(X)$$

  1,100 - 155 + P = 1,100/1.10 → P = 55

  현재 시점에서의 총 비용 = 80 + 55 = 135원

【문제 7】 해설 및 정답

(물음1)

투자금액 = 10,000 × 100만주 = 100억원

매년 현금유출액 = 100억원 × 3% = 3억원

매년 현금유입액 = 5,000 × 2% × 100만주 = 1억원

매년 순현금흐름 = 1억원 - 3억원 = -2억원

정산일 현금흐름

uu : (11,890-10,000) × 100만주 =+18.9억원

ud : (10,255-10,000) × 100만주 =+2.55억원

du : (10,240-10,000) × 100만주 =+2.4억원

dd : (8,830-10,000) × 100만주 =-11.7억원

(물음2)

2기간 이항모형으로 풋옵션의 가치 결정

$$p = \frac{1.01 - 0.95}{1.1 - 0.95} = 0.4$$

주당 배당금 = 100원, 풋옵션의 행사가격 = 10,000원

Su = 10,000 × 1.10 - 100 = 10,900

Sd = 10,000 × 0.95 - 100 = 9,400

Suu = 10,900 × 1.10 - 100 = 11,890 → Puu = 0

Sud = 10,900 × 0.95 - 100 = 10,255 → Pud = 0

Sdu = 9,400 × 1.10 - 100 = 10,240 → Pdu = 0

Sdd = 9,400 × 0.95 - 100 = 8,830 → Pdd =max[8,830-10,000 0] = 1,170

풋옵션의 가치 = $\dfrac{1170 \times 0.6^2}{1.01^2}$ = 412.9 → 413원

(물음3)

주가가 상승할 경우 주식을 양도하지 않을 수 있는 권리 = 콜옵션

주당 배당금 = 100원, 콜옵션의 행사가격 = 10,000원

Su = 10,000 × 1.10 - 100 = 10,900

Sd = 10,000 × 0.95 - 100 = 9,400

Suu = 10,900 × 1.10 - 100 = 11,890 → Cuu = 1,890

Sud = 10,900 × 0.95 - 100 = 10,255 → Cud = 255

Sdu = 9,400 × 1.10 - 100 = 10,240 → Cdu = 240

Sdd = 9,400 × 0.95 - 100 = 8,830 → Cdd = 0

$$\text{콜옵션의 가치} = \frac{1890 \times 0.4^2 + 255 \times 0.4 \times 0.6 + 240 \times 0.6 \times 0.4 + 0 \times 0.6^2}{1.01^2} = 412.9 \rightarrow 413원$$

(물음4)

신용부도스왑(CDS)에서 보장매입자는 보장매도자에게 정기적으로 일정한 프리미엄을 지급하고 그 대신 계약기간 동안 기초자산에 신용사건이 발생할 경우 보장매도자로부터 손실액을 받는다.

총수익스왑이 신용파산스왑과 다른 점은 기초자산의 신용위험뿐만 아니라 시장위험도 거래상대방에게 이전할 수 있다.

2021년 **공인회계사 재무관리 2차 기출문제**

【문제 1】 (15점)

㈜무기전자는 중요한 거래처인 ㈜임계통신으로부터 생산이 중단된 제품인 음성인식 스피커를 매년 100,000개씩 4년간 공급해 달라는 요청을 받았다. ㈜무기전자는 음성 인식 스피커에 대한 다른 수요처는 없지만 ㈜임계통신과의 관계를 돈독하게 유지하기 위하여 회사의 가치를 훼손하지 않는 선에서 가장 낮은 가격에 공급하기로 결정하였다. 음성인식 스피커 생산을 위해서 내용연수가 4년인 생산설비를 250억 원에 구입해야 한다. 이 설비는 잔존가치 없이 정액법으로 감가상각되며 사업 종료 시 30억 원에 매각할 수 있다. 순운전자본은 시작시점(t=0)에 5억 원이 소요되며, 4년 후 사업 종료시점(t=4)에 전액 회수된다. 매년 발생하는 고정비는 50억 원(감가상각비 미포함)이며, 변동비는 개당 150만 원이 소요된다. 법인세율은 40%이고, 요구수익률은 13%이다.

이자율이 13%일 때의 현가이자요소(PVIF)와 연금의 현가이자요소(PVIFA)는 아래 표와 같다.

구분	1년	2년	3년	4년
PVIF	0.8850	0.7831	0.6931	0.6133
PVIFA	0.8850	1.6681	2.3612	2.9745

주어진 정보 하에 다음 물음에 답하시오. 계산결과는 소수점 아래 첫째 자리에서 반올림하여 원 단위까지 표시하시오.

(물음1) 사업 시작시점(t=0)에 초기투자비용으로 유출되는 현금흐름을 계산하시오.

(물음2) 사업 종료시점(t=4)에 생산설비의 매각을 통해 유입되는 현금흐름을 계산하시오.

(물음3) 사업의 NPV를 0으로 만드는 연간 영업현금흐름을 계산하시오.

(물음4) ㈜무기전자가 ㈜임계통신에게 공급할 수 있는 음성인식 스피커의 개당 최저가격을 계산하시오.

【문제 2】 (15점)

2021년 6월 1일 현재, 자기자본으로만 구성된 ㈜병정의 기업가치는 투자가 이루어져 이미 운용중인 자산의 가치와 아직 투자가 이루어지지 않은 투자안의 순현재가치로 이루어져 있다. ㈜병정의 기업가치는 비즈니스상황(상황1 또는 상황2)에 따라 아래와 같이 변동한다. 상황1과 상황2가 발생할 확률은 각각 50%이고 상호배타적이다. 위험중립성을 가정한다. 시장가치로 평가한 기업가치는 아래와 같다.

구분	상황1	상황2
운용중인 자산의 가치	190억 원	80억 원
투자안의 순현재가치	20억 원	10억 원
기업가치	210억 원	90억 원

이 투자안은 이번에 투자하지 않으면 기회가 사라지며, 투자 실행을 위해서는 100억 원의 초기투자비용이 요구된다. ㈜병정은 현금성 자산을 갖고 있지 않기 때문에 이 투자안을 실행하기 위해서는 100억 원의 유상증자를 해야 한다. 이 유상증자에서 기존주주는 배제되며, 부채는 차입할 수 없다. 기존주주와 경영진 사이의 대리인문제는 없으며, 경영진은 기존주주의 이익을 위하여 최선을 다한다. 이 모두는 공공정보이다.

(물음1) 경영진이 투자자들과 동일하게 어떤 비즈니스상황인지 알지 못하고 증자 및 투자 결정을 내린다고 가정하자.

새로운 비즈니스상황이 발생하기 전인 현재, 투자자들이 평가하는 ㈜병정의 기업가치는 다음과 같이 계산된다.

210억 원 × 0.5 + 90억 원 × 0.5 = 150억 원

① 유상증자를 통해 100억 원을 조달하여 투자한 후, 기존주주의 기업가치 배분비율을 계산하고, 각 비즈니스상황에서 기존주주가 차지하게 되는 기업가치를 계산하시오.

② 비즈니스상황에 따라 증자 및 투자 결정을 내릴 수 있다면, 기존주주의 입장에서는 각 상황에서 증자 및 투자를 하는 것과 하지 않는 것 중 합리적인 의사결정은 무엇인지 설명하시오.

(물음2) 경영진은 투자자들이 알지 못하는 비즈니스상황을 먼저 알고 증자 및 투자 결정을 내리며, 이 사실을 투자자들이 안다고 가정하자. 현재 투자자들이 평가하는 ㈜병정의 기업가치를 계산하시오. 단, 유상증자를 통한 자본조달은 언제나 가능하다.

(물음3) ㈜병정이 현금성 자산을 다음과 같이 보유하고 있어 투자안에 사용할 수 있다고 가정하자. 시장가치로 평가한 기업가치는 아래와 같다.

구분	상황1	상황2
현금성 자산	100억 원	100억 원
운용중인 자산의 가치	190억 원	80억 원
투자안의 순현재가치	20억 원	10억 원
기업가치	310억 원	190억 원

경영진이 투자자들보다 비즈니스상황을 먼저 알고 의사결정을 내리는 경우의 현재 기업가치와, 경영진이 투자자들과 동일하게 비즈니스상황을 알지 못하고 결정을 내리는 경우의 현재 기업가치의 차이를 계산하시오.

(물음4) (물음 1)에서 (물음 3)까지의 결과를 바탕으로 정보비대칭 하에서 기업가치 극대화를 위한 기업의 재무관련 행동에 대해 세 줄 이내로 기술하시오.

【문제 3】 (15점)

다음에 주어진 회귀식을 이용하여 개별 주식 A, B, C의 초과수익률을 시장지수의 초과수익률에 대해 회귀분석한 결과는 아래의 표에 나타나 있다. 개별 주식 A, B, C의 수익률은 시장지수 수익률과 양(+)의 관계를 가지고, 무위험수익률은 표본기간 동안 5%로 일정하며, 시장모형이 성립한다고 가정한다.

(회귀식) $r_j - r_f = \alpha_j + \beta_j(r_M - r_f) + e_j$

회귀식에서 r_j와 r_M은 각각 주식 j의 수익률과 시장지수 수익률을 나타내고, r_f는 무위험수익률을 나타낸다. e_j는 잔차이다.

구분	평균 수익률	수익률의 표준편차	알파 (α)	베타 (β)	R^2
주식 A	10%	10%	( )	( )	0.81
주식 B	9%	9%	( )	( )	( )
주식 C	( )	( )	2%	( )	0.75
시장지수	14%	15%	-	-	-

(물음1) 주어진 정보를 이용하여 다음에 답하시오. 알파값은 % 단위로 소수점 아래 둘째 자리에서 반올림하여 첫째 자리까지 표시하고, 베타값은 소수점 아래 둘째 자리에서 반올림하여 첫째 자리까지 표시하시오.

① 주식 A의 알파값과 베타값을 계산하시오.
② 초과수익률을 이용한 회귀분석에서 주식 A의 알파값과 베타값이 각각 0.5% 와 0.5로 추정되었다고 가정한다. 초과수익률이 아닌 수익률을 이용하여 주식 A에 대한 회귀분석을 실시하였을 경우, 알파값을 계산하시오.
③ 주식 A와 주식 B 수익률의 상관계수가 0.6이라고 할 때, 주식 B의 알파값을 계산하시오.
④ 주식 C의 잔차분산($\sigma^2(e_C)$)이 0.01인 경우, 주식 C 수익률의 표준편차를 계산하시오. 계산결과는 % 단위로 소수점 아래 셋째 자리에서 반올림하여 둘째 자리까지 표시하시오.

(물음2) 주식 A와 주식 B의 베타값이 각각 0.4와 0.2라고 하자. 주식 A와 주식 B에 50%씩 투자하여 포트폴리오 P를 구성하고자 한다. 계산결과는 소수점 아래 다섯째 자리에서 반올림하여 넷째 자리까지 표시하시오.

① 포트폴리오 P의 비체계적 위험을 계산하시오.
② 포트폴리오 P의 수익률과 시장지수 수익률의 공분산을 계산하시오.

【문제 4】 (15점)

　　시장에는 주식 A, B, C와 무위험자산만이 존재한다고 가정한다. 시장포트폴리오는 주식 A, B, C로 구성된다. 세 개의 주식 수익률은 상호 독립적이다. 개별 주식과 시장포트폴리오 수익률의 공분산 대비 개별 주식의 위험프리미엄 비율은 모두 동일한 균형상태이다. 무위험자산의 수익률은 2%이다. 주식 A, B, C의 기대수익률과 표준편차는 아래 표와 같다.

구분	기대수익률	표준편차
주식 A	12%	10%
주식 B	7%	5%
주식 C	2.8%	2%

(물음1)　시장포트폴리오의 기대수익률을 계산하시오. 계산결과는 % 단위로 소수점 아래 셋째 자리에서 반올림하여 둘째 자리까지 표시하시오.

(물음2)　주식 B의 베타값을 계산하시오. 계산결과는 소수점 아래 셋째 자리에서 반올림하여 둘째 자리까지 표시하시오.

　　위에서 결정된 시장포트폴리오의 개별주식 투자 비율을 A 40%, B 40%, C 20%라고 가정하자. 이 투자비율을 유지하는 포트폴리오 D가 있다. ㈜대한자산운용은 포트폴리오 D를 기초자산(벤치마크)으로 하는 KR ETF(Exchange-Traded Fund)를 출시하였다. KR ETF는 7월 1일 1주당 1만 원에 상장되었다. KR ETF의 상장 전일 주식 A, B, C의 종가는 모두 1만 원이었다. 주식 A, B, C의 주가와 KR ETF의 주당 가격 및 순자산가치(NAV)는 다음과 같다.

(단위: 원)

일자	주식 A	주식 B	주식 C	KR ETF	KR ETF NAV
7/31	10,700	11,000	11,100	11,300	11,000
8/31	10,600	10,700	10,400	10,500	10,450

(물음3) KR ETF의 추적오차(tracking error)를 계산하시오. 단, 추적오차는

$$\sqrt{\frac{\sum_{t=1}^{n}[(r_{ETFNt}-r_{BMt})-(\overline{r_{ETFNt}-r_{BMt}})]^2}{n-1}}$$ 으로 계산된다. (r_{ETFNt}는 t시점의 ETF

NAV 수익률, r_{BMt}는 t시점의 벤치마크 수익률, $(\overline{r_{ETFNt}-r_{BMt}})$는 ETF NAV 수익률과 벤치마크 수익률 차이의 평균) 계산결과는 % 단위로 소수점 아래 셋째 자리에서 반올림하여 둘째 자리까지 표시하시오.

(물음4) ETF에 대한 투자는 주식 투자전략 중 하나에 포함된다. ETF에 대한 투자전략을 효율적시장 가설(EMH)과 관련지어 세 줄 이내로 설명하시오.

【문제 5】 (15점)

현재시점($t=0$)인 금년도 1월 1일 기준으로 만기와 액면이자율이 상이한 이표채들이 아래 표에 제시되어 있다. 채권시장에서 이표채 A, B, C는 액면가채권(par value bond)으로 채권가격은 모두 100원으로 동일하며 균형 하에 있다고 가정한다. 채권시장에서 불편기대이론이 성립한다. 모든 채권은 신용위험이 없으며 이자지급 주기를 1년으로 한다. 계산결과는 소수점 아래 다섯째 자리에서 반올림하여 넷째 자리까지 표시하시오.

이표채	만기	액면이자율
A	1년	4%
B	2년	5%
C	3년	6%

(물음1) 현재시점($t=0$)에서 $t=k$년 만기 현물이자율(spot interest rate)을 $_0i_k$, $t=k$년 시점에서 1년 만기 선도이자율(forward interest rate)을 $_kf_{k+1}$으로 각각 표기한다. 현재시점($t=0$) 채권시장의 수익률곡선을 설명할 수 있는 $(1+_0i_1)$, $(1+_0i_2)^2$, $(1+_0i_3)^3$, $_1f_2$, $_2f_3$을 각각 계산하시오.

(물음2) (물음 1)에서 도출된 수익률곡선 하에서 액면가 100원, 만기 3년, 액면이자율 10%인 이표채 D의 현재시점($t=0$) 듀레이션을 계산하시오.

(물음3) 현재시점($t=0$)에서 (물음 1)에서 도출된 수익률곡선이 1%p 하향 평행 이동하는 경우

(물음2) 이표채 D의 가격변화율을 볼록성(convexity)을 조정하여 계산하시오.

(물음4) 현재시점($t=0$)에서 채권시장에 액면금액이 100원인 3년 만기 무이표채 E가 존재한다. (물음 1)에서 도출된 수익률곡선이 1년 후에도 그대로 유지될 것으로 예상된다. 목표투자기간이 1년일 때, 현재시점($t=0$)에서 무이표채 E를 이용하여 수익률곡선타기 투자전략을 실행하는 경우 기대 투자수익률을 계산하시오.

【문제 6】 (10점)

㈜한국정유는 다양한 파생상품을 활용하여 원유가격 인상과 환율 상승에 대비한 헤지 전략을 수립하려고 한다. 원유선도, 선물환, 통화옵션에 대한 정보가 아래와 같을 때 다음 물음에 답하시오.

> (1) 3개월 후 10만 배럴의 원유 구입 예정
>
> (2) 원유 현물가격은 배럴당 40달러, 3개월 만기 원유 선도가격은 배럴당 45달러, 3개월 만기 원유선도 가격에 대한 원유 현물가격의 민감도는 0.9
>
> (3) 현재 환율은 1,000원/달러, 3개월 만기 선물환 환율은 1,050원/달러
>
> (4) 3개월 만기 행사가격이 1,020원/달러인 유럽형 콜옵션의 현재가격은 1달러당 30원, 유럽형 풋옵션의 현재가격은 1달러당 20원
>
> (5) 원유선도의 거래단위는 1계약당 1,000배럴, 선물환 및 달러옵션의 거래단위는 1계약당 100,000달러
>
> (6) 무위험이자율은 연 12%

(물음1) 원유선도 거래를 이용해 원유가격 변동위험을 헤지하고자 한다. 매입 또는 매도할 선도계약수를 계산하시오.

※ (물음 2)와 (물음 3)은 독립적이다.

(물음2) 선물환을 이용해 환위험을 헤지하고자 한다. 매입 또는 매도할 선물환 계약수와 3개월 후 지급해야 하는 원화금액을 계산하시오. 단, (물음 1)에서 계약이행을 통해 선도거래를 청산한다고 가정한다.

(물음3) 달러옵션을 이용해 환위험을 헤지하고자 한다. 차입을 통해 옵션을 매입하는 경우 3개월 후 지급해야 하는 총 비용을 원화금액으로 계산하시오. 단, (물음 1)에서 계약이행을 통해 선도거래를 청산한다고 가정한다.

【문제 7】 (15점)

※ (물음1) ~ (물음 3)은 독립적이다.

(물음1) 무배당기업인 ㈜가나의 현재 주가는 18,000원이다. ㈜가나의 주가가 1년 후 상승하여 24,000원이 될 확률은 70%이고, 하락하여 16,000원이 될 확률은 30%라고 하자. 이 주식에 대한 유럽형 콜옵션의 행사가격은 20,000원이고, 무위험이자율은 연 10%이다. 1기간은 1년이며, 1기간 이항모형이 성립한다고 가정한다. 옵션의 균형가격은 소수점 아래 셋째 자리에서 반올림하여 둘째 자리까지 표시하고, 위험프리미엄은 % 단위로 소수점 아래 첫째 자리에서 반올림하시오.
① ㈜가나 주식의 위험프리미엄을 계산하시오.
② 위험중립가치평가법을 활용하여 콜옵션의 균형가격을 계산하시오.
③ 이 콜옵션과 모든 조건이 동일한 풋옵션의 균형가격을 주식과 무위험채권을 이용한 복제포트폴리오접근법으로 계산하시오.
④ ③에서 계산한 풋옵션의 균형가격과 풋-콜패러티를 활용하여 콜옵션의 균형가격을 계산하시오.

(물음2) 다음 그림은 ㈜다라의 주가(S) 변화를 나타낸 것이다. 무배당기업인 ㈜다라의 주가는 현재 10,000원이고, 매년 10%씩 상승하거나 하락한다. 2기간 이항모형을 이용하여 ㈜다라 주식에 대한 유럽형 콜옵션의 가치를 평가하고자 한다. 단, 1기간은 1년이고, 무위험이자율은 연 5%이다.

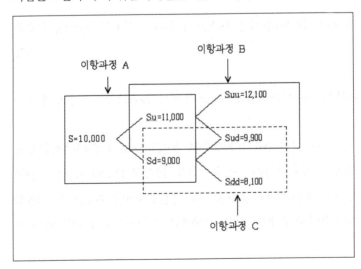

① 그림에서 제시된 주가 변화를 이용하여 위험중립확률을 계산하시오. 계산결과는 소수점 아래 셋째 자리에서 반올림하여 둘째 자리까지 표시하시오.

② 이항과정 B와 이항과정 C에서 콜옵션의 델타가 각각 0.5와 0일 때, 이 콜옵션의 행사가격과 균형가격을 각각 계산하시오. 행사가격은 원 단위로 표시하고, 옵션의 균형가격은 소수점 아래 셋째 자리에서 반올림하여 둘째 자리까지 표시하시오.

(물음3) 2기간 이항모형이 성립한다고 가정하자. ㈜마바의 현재 주가는 1,000원이고 이 기업의 주가는 매 기간 10% 상승하거나 10% 하락할 것으로 예상된다. 이 기업은 8개월 이후에 100원의 배당을 지급할 것이다. 만기는 1년 남아 있고, 행사가격이 1,000원인 유럽형 콜옵션의 균형가격을 위험중립가치평가법으로 계산하시오. 단, 1기간은 6개월이고, 무위험이자율은 연 12%이며, $\frac{1}{(1+0.06)^{4/3}}=0.9252$ 그리고 $\frac{1}{(1+0.06)^{1/3}}=0.9808$이다. 계산결과는 소수점 아래 셋째 자리에서 반올림하여 둘째 자리까지 표시하시오.

【문제 1】 해설 및 정답

(물음1)

$\triangle FCFF_0 = -(\triangle FA + \triangle NWC)$ = -(250 + 5) = -255

정답 : 255억원

(물음2)

고정자산 세후처분금액 = 처분가액 - (처분가액 - 장부금액) × 세율

= 30 - (30 - 0) × 0.4 = 18

정답 : 18억원

(물음3)

NPV = -255 + OCF × PVIFA(13%,4) + (18+5) × PVIF(13%,4)

0 = -255 + OCF × 2.9745 + 23 × 0.6133 → OCF = 80.98억원

정답 : 8,098,641,789원

(물음4)

Dep = 250억/4 = 62.5억

OCF = EBIT(1-t) + Dep

8,098,641,789 = [100,000 × (P-1,500,000) - 11,250,000,000] × 0.6 + 6,250,000,000

P = 1,643,310.7

정답 : 1,643,311원

【문제 2】 해설 및 정답

(물음1)

① 기존주주 배분비율 = 150/250 = 60%

　　상황1 : 기존주주 = 310 × 0.6 = 186억

　　상황2 : 기존주주 = 190 × 0.6 = 114억

정답 : 60%, 186억, 114억

② <상황1>

　　증자 및 투자 후 기존주주의 부의 변화 = 186 - 210 = -24억 → 증자 및 투자하지 않음

　　<상황2>

　　증자 및 투자 후 기존주주의 부의 변화 = 114 - 90 = +24억 → 증자 및 투자함

(물음2)

<상황1> 증자 및 투자하지 않은 경우 기업가치 = 190억

<상황2> 증자 및 투자한 경우 기업가치 = 90억

현재 투자자들이 평가하는 기업가치 = 190 × 0.5 + 90 × 0.5 = 140

정답 : 140억

(물음3)

경영진이 먼저 알고 결정을 내릴 경우 기업가치 = 310 × 0.5 + 190 × 0.5 = 250억

경영진이 알지 못하고 결정을 내릴 경우 기업가치 = 310 × 0.5 + 190 × 0.5 = 250억

정답 : 0원

(물음4)

정보비대칭성하에서 내부유보자금으로 투자하는 경우 경영자의 의사결정은 기업가치 극대화를 위한 의사결정이 된다. 그러나 신주발행의 외부자금으로 투자하는 경우 기존주주의 이익을 위한 경영자의 의사결정은 기업가치 극대화의 목표와 일치하지 않을 수 있다.

【문제 3】 해설 및 정답

(물음1)

① $\rho_{Am} = \sqrt{0.81} = 0.9$

$\beta_A = \rho_{Am} \times \dfrac{\sigma_A}{\sigma_m} = 0.9 \times \dfrac{10}{15} = 0.6$

$E(R_A) - R_f = \alpha_A + \beta_A \times (E(R_m) - R_f)$

10 - 5 = α_A + 0.6 × (14-5) → α_A = -0.4%

정답 : -0.4%, 0.6

② $E(R_A) = \alpha_A + \beta_A \times E(R_m)$

10 = α_A + 0.5 × 14 → α_A = 3%

정답 : 3%

③ $\rho_{AB} = \rho_{Am} \times \rho_{Bm} \rightarrow 0.6 = 0.9 \times \rho_{Bm} \rightarrow \rho_{Bm} = 2/3$

$\beta_B = \rho_{Bm} \times \dfrac{\sigma_B}{\sigma_m} = \dfrac{2}{3} \times \dfrac{9}{15} = 0.4$

$E(R_B) - R_f = \alpha_B + \beta_B \times (E(R_m) - R_f)$

9 - 5 = α_B + 0.4 × (14-5) → α_B = 0.4%

정답 : 0.4%

④ $Var(e_C) = \sigma_C^2 \times (1 - R^2)$

0.01 = σ_C^2 × 0.25 → σ_C^2 = 0.04 → σ_C = 0.2

정답 : 20%

(물음2)

① $Var(e_i) = \sigma_i^2 - \beta_i^2 \times \sigma_m^2$

$Var(e_A) = 10^2 - 0.4^2 \times 15^2 = 64$

$Var(e_B) = 9^2 - 0.2^2 \times 15^2 = 72$

$Var(e_p) = w_A^2 \times Var(e_A) + w_B^2 \times Var(e_B) = 0.5^2 \times 64 + 0.5^2 \times 72 = 34\%^2$

정답 : 0.0034

② $\beta_p = 0.5 \times 0.4 + 0.5 \times 0.2 = 0.3$

$\beta_p = \dfrac{\sigma_{pm}}{\sigma_m^2} \rightarrow 0.3 = \dfrac{\sigma_{pm}}{15^2} \rightarrow \sigma_{pm} = 67.5\%^2$

정답 : 0.0068

【문제 4】 해설 및 정답

(물음1)

주식 수익률이 상호 독립적 → $\sigma_{AB} = \sigma_{BC} = \sigma_{CA} = 0$

$R_m = w_A \times R_A + w_B \times R_B + w_C \times R_C$

$\sigma_{Am} = w_A \times \sigma_A^2 = w_A \times 100$

$\sigma_{Bm} = w_B \times \sigma_B^2 = w_B \times 25$

$\sigma_{Cm} = w_C \times \sigma_C^2 = w_C \times 4$

$$\frac{E(R_A) - R_f}{\sigma_{Am}} = \frac{E(R_B) - R_f}{\sigma_{Bm}} = \frac{E(R_C) - R_f}{\sigma_{Cm}}$$

$\dfrac{12-2}{w_A \times 100} = \dfrac{7-2}{w_B \times 25} = \dfrac{2.8-2}{w_C \times 4} \ \rightarrow \ w_A = 0.5 \times w_B \quad w_C = w_B$

$w_A + w_B + w_C = 1 \ \rightarrow \ w_A = 0.2 \quad w_C = w_B = 0.4$

$E(R_m) = 0.2 \times 12 + 0.4 \times 7 + 0.4 \times 2.8 = 6.32$

정답 : 6.32%

(물음2)

$E(R_B) = R_f + (E(R_m) - R_f) \times \beta_B$

$7 = 2 + (6.32 \text{ -2}) \times \beta_B \rightarrow \beta_B = 1.1574$

정답 : 1.16

(물음3)

t=1 ETF NAV 수익률 = $\dfrac{11,000-10,000}{10,000}$ = 10%

t=1 벤치마크 수익률 = $0.4 \times \dfrac{10,700-10,000}{10,000} + 0.4 \times \dfrac{11,000-10,000}{10,000} + 0.2 \times \dfrac{11,100-10,000}{10,000}$

= 9%

t=1 수익률차이 = 10% - 9% = 1%

t=2 ETF NAV 수익률 = $\dfrac{10,450-11,000}{11,000}$ = -5%

t=2 벤치마크 수익률= $0.4 \times \dfrac{10,600-10,700}{10,700} + 0.4 \times \dfrac{10,700-11,000}{11,000} + 0.2 \times \dfrac{10,400-11,100}{11,100}$

= -2.726%

t=2 수익률차이 = -5% - (-2.726%) = -2.274%

수익률차이의 평균 = (1% - 2.274%) ÷ 2 = -0.637%

추적오차 = $\sqrt{(1-(-0.637)^2+(-2.274-(-0.637))^2}$ = 1.637%

정답 : 1.64%

(물음4)

효율적 시장가설은 증권가격이 증권가격에 영향을 미칠 수 있는 모든 정보를 즉각적으로 충분히 반영하고 있다는 가설이다. 효율적 시장가설이 성립하면 주가지수 대비 초과수익을 실현할 가능성이 낮기 때문에 주가지수를 구성하는 종목들을 포트폴리오로 하는 ETF에 대한 투자는 유효한 주식 투자전략이다.

【문제 5】해설 및 정답

(물음1)

$$(1 + {}_0R_1)^1 = 1.04$$

$$100 = \frac{5}{1.04^1} + \frac{105}{(1 + {}_0R_2)^2} \rightarrow (1 + {}_0R_2)^2 = 1.1030$$

$$100 = \frac{6}{1.04^1} + \frac{6}{1.1030} + \frac{106}{(1 + {}_0R_3)^3} \rightarrow (1 + {}_0R_3)^3 = 1.1938$$

$$1.1030 = 1.04 \times (1 + {}_1f_2)^1 \rightarrow {}_1f_2 = 0.060577$$

$$1.1938 = 1.1030 \times (1 + {}_2f_3)^1 \rightarrow {}_2f_3 = 0.08232$$

정답 : 1.04, 1.103, 6.06%, 8.23%

(물음2)

$$\text{채권D의 가격} = \frac{10}{1.04} + \frac{10}{1.1030} + \frac{110}{1.1938} = 110.8243$$

$$\text{듀레이션} = \left(1 \times \frac{10}{1.04} + 2 \times \frac{10}{1.1030} + 3 \times \frac{110}{1.1938}\right) \div 110.8243 = 2.744668$$

> 맥콜레이 듀레이션 → 만기수익률(YTM)을 이용하여 계산한 듀레이션
>
> 현가듀레이션 → 현물이자율을 이용하여 계산한 듀레이션

정답 : 2.7447

(물음3)

수익률곡선 1% 하향평행 이동 후

$$(1 + {}_0R_1)^1 = 1.03$$

$$(1 + {}_0R_2)^2 = 1.0402^2$$

$$(1 + {}_0R_3)^3 = 1.0508^3$$

$$\text{채권D의 가격} = \frac{10}{1.03} + \frac{10}{1.0402^2} + \frac{110}{1.0508^3} = 113.756$$

$$\text{가격변화율} = 113.756/110.8243 - 1 = 2.6454\%$$

정답 : 2.65%

(물음4)

현재 채권E의 가격 $= \dfrac{100}{1.1938} = 83.7661$

1년 후 채권E의 가격 $= \dfrac{100}{1.103} = 90.6618$

수익률곡선타기 투자수익률 $= 90.6618/83.7661 - 1 = 0.082321$

정답 : 8.23%

【문제 6】 해설 및 정답

(물음1) **원유선도거래**

완전헤지

(1) 미래 현물거래시점과 선물의 만기시점이 일치하여야 하고

(2) 헤지대상과 선물의 기초자산이 동일하여야 함

    → 헤지대상의 수량만큼 선물계약을 반대방향으로 거래

불완전헤지

(1) 베이시스위험이 있거나

(2) 교채헤지의 경우

    → 헤지대상의 베타를 고려한 최소분산헤지비율

<완전헤지인 경우>

헤지대상 = -100,000배럴

$$N=-\frac{Q_s}{Q_f}=-\frac{-100,000}{1,000}=+100계약$$

<불완전헤지인 경우>

$$N=-\beta_{SF}\times\frac{V_s}{V_f}=-0.9\frac{-100,000\times40}{1,000\times45}=+80계약$$

정답 : 100계약 매입

(물음2) **통화선물 완전헤지**

$$N=-\frac{Q_s}{Q_f}=-(-100)\times\frac{1,000\times\$45}{\$100,000}=+45계약$$

3개월 후 지급 원화금액 = $4,500,000 × 1,050원 = 4,725,000,000원

정답 : 45계약 매입, 4,725,000,000원

(물음3) **달러옵션 완전헤지**

H = -S + C -P

S = 100계약 × 1,000배럴 × $45 = $4,500,000

C - P = 4,500,000 × (30원 - 20원) = 45,000,000원

3개월 후 지급금액 = $4,500,000 × 1,020원 + 45,000,000 × (1+0.12 × 3/12)

                           = 4,636,350,000원

정답 : 4,636,350,000원

【문제 7】 해설 및 정답

(물음1) 1기간 이항모형

① $S = \dfrac{S_u \times q + S_d \times (1-q)}{1+k}$ → $18,000 = \dfrac{24,000 \times 0.7 + 16,000 \times 0.3}{1+k}$ → k=20%

 RP = 20% - 10% = 10%

정답 : 10%

② $S = \dfrac{S_u \times p + S_d \times (1-p)}{1+R_f}$ → $18,000 = \dfrac{24,000 \times p + 16,000 \times (1-p)}{1.10}$ → p=0.475

 $C_u = \max[24,000 - 20,000, 0] = 4,000$

 $C_d = \max[16,000 - 20,000, 0] = 0$

 $C = \dfrac{C_u \times p + C_d \times (1-p)}{1+R_f} = \dfrac{4,000 \times 0.475 + 0 \times 0.525}{1.10} = 1,727.2727$

정답 : 1,727.27원

③ $P_u = \max[20,000 - 24,000, 0] = 0$

 $P_d = \max[20,000 - 16,000, 0] = 4,000$

 복제포트폴리오 aS + B

 $aS_u + B(1+R_f) = P_u$ → a × 24,000 + B × 1.10 = 0

 $aS_d + B(1+R_f) = P_d$ → a × 16,000 + B × 1.10 = 4,000

 a=-0.5, B=10,909.09

 P = -0.5 × 18,000 + 10,909.09 = 1,909.09

정답 : 1,909.09원

④ $S - C + P = PV(X)$

 18,000 - C + 1,909.09 = 18,181.82 → C = 1,727.27

정답 : 1,727.27원

(물음2) 2기간 이항모형

① $p = \dfrac{1+R_f - d}{u - d} = \dfrac{1.05 - 0.9}{1.1 - 0.9} = 0.75$

정답 : 0.75

② $\dfrac{C_{uu} - C_{ud}}{S_{uu} - S_{ud}} = \dfrac{C_{uu} - C_{ud}}{12,100 - 9,900} = 0.5$

$\dfrac{C_{du} - C_{dd}}{S_{du} - S_{dd}} = \dfrac{C_{du} - C_{dd}}{9,900 - 8,100} = 0$

$C_{ud} = C_{dd} = 0 \rightarrow C_{uu} = 1,100 = 12,100 - X \rightarrow$ X=11,000

$C = \dfrac{C_{uu} \times p^2 + 2 \times C_{ud} \times p \times (1-p) + C_{dd} \times (1-p)^2}{(1+R_f)^2} = \dfrac{1,100 \times 0.75^2}{1.05^2} = 561.224$

정답 : 11,000, 562.22

(물음3) 2기간 이항모형(배당지급시점과 주가변동시점이 일치하지 않은 경우)

배당지급시점과 주가변동시점이 일치하는 경우 → u,d는 배당조정전 주가기준

배당지급시점과 주가변동시점이 일치하지 않은 경우 → u,d는 배당조정후 주가기준

$S' = S - PV(D)$ = 1,000 - 100 × 0.9252 = 907.48

Su = 907.48 × 1.10 = 998.228

Sd = 907.48 × 0.90 = 816.732

Suu = 998.228 × 1.10 = 1,098.05 → Cuu = 98.05

Sud = 998.228 × 0.9 = 898.41 → Cud = 0

Sdu = 816.732 × 1.1 = 898.41 → Cdu = 0

Sdd = 816.732 × 0.9 = 735.06 → Cdd = 0

$p = \dfrac{1 + R_f - d}{u - d} = \dfrac{1.06 - 0.9}{1.1 - 0.9} = 0.8$

$C = \dfrac{C_{uu} \times p^2 + 2 \times C_{ud} \times p \times (1-p) + C_{dd} \times (1-p)^2}{(1+R_f)^2} = \dfrac{98.05 \times 0.8^2}{1.06^2} = 55.85$

정답 : 55.85원

■ 공인회계사 김 용 석

- 학력 및 자격
  연세대학교 경영학과
  공인회계사(1995), 세무사 (1995)
  미국 공인회계사(1996), CFA등록(2000)

- 경 력
  (전) 삼일(PWC)회계법인, 서강대학교 겸임교수
  (현) 일신회계법인, 이러닝코리아 대표이사

- 강 의
  미래경영아카데미 공인회계사 강의
  AIFA 미국공인회계사 강의

- 저 서
  SMART 심화재무관리(2020)
  SMART 재무관리 입문(2021)
  SMART 객관식 재무관리(2021)
  CPA 1차 대비 정부회계 6판 (2022)
  US CPA Managerial Accounting (2020)
  US CPA Financial Management (2019)
  US CPA Government&Not-For-Profit Accounting (2022)
  US CPA Advanced Accounting (2022)
  만화로 보는 맨큐의 경제학 (2018)
  만화로 보는 에피소드 경영학 (2018)
  만화로 배우는 금융경제이야기(2016)
  만화 왕초보를 위한 회계튜토리얼(2021)

- 연락처 : yskimcfa@naver.com

SMART 재무관리 연습 (6판)

제6판발행 · 2022년 3월 21일

저   자 · 김 용 석
발 행 처 · (주)이러닝코리아
주   소 · 서울특별시 금천구 가산동 60-5 갑을그레이트벨리 A동 503호
전   화 · 02-2106-8992

ISBN 979-11-89168-28-5 (93320)

정가 37,000원